The Theory and Practice of
**Interpretation
& Translation Studies**

통번역학
이론과 실제

박영순 편저

백산출판사

'번역사'라는 자격시험이 도입된 지 20여년이 지났고 1979년 우리나라에 '동시 통역'이라는 학문이 도입된 지도 30여년이 지났지만 '번역학'에 대한 이론적·체계적 이론을 습득할 수 있으며 동시에 실제 '번역'과 '동시 통역'을 익힐 수 있는 적절한 교재를 찾아보기 힘들다는 현실이 본서를 집필하게 된 주요 동기이다.

또한 본서는 동시통역사나 전문 번역사가 되고자 하는 사람은 물론이고, 영어를 공부하고자 하는 일반 사람들도 '말'과 '글'로서의 영어를 통합적으로, 다시 말해 한편으로 문법·독해 중심으로, 다른 한편으로 말하기·듣기 중심으로가 아니라 [발음 – 독해 – 어휘 – 문법] 등 영어 전반을 포괄하는 동시적·일체적 접근을 통해 학습할 수 있는 적절한 교재의 필요성에 부응하여 집필되었다.

본서는 <목차>와 <본서의 구성과 이용방법>을 살펴보기만 해도 확인할 수 있듯이, 어려운 고난도의 영어가 아니라 기초 과정의 영어만이라도 충분히 학습한 독자라면 누구라도 쉽게 익힐 수 있도록 내용을 단계적·체계적으로 구성하였다. 동시에 언어 습득에 있어 가장 중요한 어휘력 향상을 위해 본문에 나오는 주요 어휘는 발음기호까지 영어 사전식으로 정리하여 언제라도 휴대하며 암기할 수 있도록 별책부록 <통번역 기초어휘>에 담았다. 또한 다양한 전체 6시간이 넘는 소리 파일을 대화 단위로 편집하고, MP3 파일로 CD에 담아 구간 반복 청취를 통해 <청취력>을 집중적으로 증대시킬 수 있도록 제작하였다. 아울러 본서는 영문에 대한 보다 더 정확한 이해를 돕기 위해 각각의 영문에 대한 <구문분석>과 상세한 <문법 해설>을 제시하였다. 이로써 독자들은 '말'로서의 영어 그리고 '글'로서의 영어를 통합적으로 학습할 수 있으리라고 본다.

본서를 통해 독자 여러분은 예이츠(W. B. Yeats)나 프로스트(Robert Frost) 같은 뛰어난 국민적 영미시인들이 본인의 육성으로 들려주는 주옥같은 영시를 직접 들을 수 있는 신선한 경험을 할 수 있을 뿐만 아니라 20세기 전후 세계 역사를 이끌어온 미국과 영국의 정치가, 역대 미국 대통령, 그리고 오늘의 세계를 주도하고 있는 주요 국가 지도자들의 육성 연설을 직접 들으면서 현대 세계사의 흐름과 동향을 파악할 수 있는 값진 기회도 갖게 될 것이다.

아울러 본서를 통해 처음 공개되는 영어 어휘에 대한 <Nuance연구>는 지금까지 우리나라 외교 현장은 물론이고 수많은 비즈니스 실무 등에서 잘못 사용되며 많은 국제적인 분쟁을 일으켰던 영어 어휘에 대한 정확한 이해를 얻게 될 것이며 그에 기반한 적합한 용어의 사용에 많은 도움이 될 것으로 본다.

본서가 영어 학습 과정에서 수많은 시행착오를 반복하며 좌절과 절망을 겪어온 독자는 물론이고 동시통역사나 전문 번역사를 꿈꾸는 독자들에게 새로운 지평을 열어주고 그들이 원하는 꿈을 실현하는 데 일조할 수 있기를 간절히 바란다.

끝으로 본서의 출간에 물심양면으로 성원해주신 백산출판사 진욱상 사장님과 진성원 상무님 이하 직원 여러분께 진심으로 감사드립니다.

2015년 3월
현림사 화단의 꽃내음을 맡으며
박 영 순

The Theory and Practice of Interpretation & Translation Studies

내용의 순서

일본 방문을 마치고, 20일 경의선 최북단 지점인 도라산역을 방문하여 김대중 대통령의 연설에 이어 진행된 짧고 차분한 연설이다.

연구 목차

Nuance 목차

The Theory and Practice of Interpretation & Translation Studies

본서의 구성과 이용방법

★ 본서의 구성

1. 본서는 414쪽의 본책 1권, 60쪽의 부록 1권, 그리고 CD 1장으로 구성되어 있으며, CD에 담긴 소리는 MP3 형식의 파일이기 때문에 MP3가 지원되지 않는 구형 CD-Player에서는 작동되지 않습니다.

2. 본서의 모든 소리 파일은 구간 반복을 위해 MP3 형식으로 만들어져 있지만, ≪CD의 MP3 파일을 카세트 테이프로 옮기는 법≫을 통해 카세트 테이프로 소리를 녹음하는 방법을 별도로 설명하고 있습니다.

3. 본서의 소리 파일을 작동시키기 위한 프로그램도 CD 안에 담겨져 있어, 별도의 프로그램을 컴퓨터에 설치하지 않고 CD 안의 Winamp3를 작동시켜도 그 소리를 들을 수 있습니다(2002년 12월 기준 최신 Version인 winamp3_0-full).

4. 본서의 모든 소리는 녹음실에서 연출을 통해 녹음된 소리가 아니라 실제 현장에서 세계 정상들의 생생한 육성을 녹음한 것이기 때문에 약간의 소음이 있을 수 있습니다.

5. 본책 내용 중 ≪제2편 통·번역 기초연습≫과 ≪제3편 통·번역 실제연습≫의 영문 중 중학교 2학년 수준 이상의 모든 단어에 대해서는 휴대하며 암기하기 쉽도록 부록의 ≪통·번역 기초어휘≫에 그 발음기호와 주요 의미, 숙어까지 모두 사전식으로 친절하게 정리되어 있습니다.

> **A**
>
> **abandonment** [əbǽndənmənt] *n.* 포기, 자포자기
> **abet** [əbét] *vt.* 부추기다, 선동하다, 교사하다. †**aid and ~** : 교사하다.
> **abiding** [əbáidiŋ] *a.* 지속적인, 영구적인(enduring, lasting) †**law-abiding citizen** : 준법시민
> **ability** [əbíləti] *n.* 능력, (종종 *pl.*) 수완, 재능, 유자격
> **above** [əbʌ́v] *ad.* 위쪽에, 하늘에, 공중에, 윗자리에 ; *a.* 위에서 말한, 상술의 ; *n.* 이상의 사실 ; *prep.* …보다 위에, …의 앞쪽에 가서, …을 넘어, …보다 오히려, …에 미치지 못하는, …을 초월하여
> **aboveboard** [əbʌ́vbɔ̀ːd] *ad. a.* 공명정대하게(한), 있는 그대로(의)

6. ≪제2편 통·번역 기초연습≫에 대한 번역은 부록의 ≪모범번역≫에 수록되어 있습니다.

7. 본서의 모든 내용에 대한 질의와 응답은 물론 새로운 자료의 제공 등이 다음 주소의 인터넷 홈페이지를 통해 이루어지고 있습니다.

Daum-카페 : http://cafe.daum.net/EnglishKnowHow

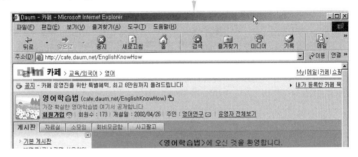

★ 내용의 구성

본서의 내용은 《목차》를 통해서 볼 수 있듯이 다음과 같이 3편으로 구성되어 있습니다.

제1편 : 통·번역학 기초이론
《통역학》과 《번역학》에 관한 국내외·동서양의 모든 이론을 체계적으로 정리, 설명하고 그에 관한 주요 영문 원서의 핵심적인 설명까지 주석으로 본문의 좌측 여백에 첨부함으로써 수많은 영문 원서를 동시에 학습하는, 학습효과의 극대화를 도모하였다.

제2편 : 통·번역 기초연습
비교적 천천히 발음되는 쉬운 영문 자료로부터 시작하여 본격적인 수준까지 도달할 수 있도록 모두 3단계로 나누어 구성하였는데, 그 해설은 다음과 같은 방식으로 이루어졌다.

1) 본문의 구성
① 발음의 변화가 일어나는 부분의 활자를 컬러로 표시하고, 휴지점(pausing point)에 / 표시를 해두었다.
② 각 지문 우측 하단에는 가능한 한 해당 영문의 출전을 명기해두었다.
③ 좌측 상단에는 해당 영문의 소리파일 이름을 표시해두었는데, 각 소리파일 이름은 다음과 같은 식으로 정해졌다.

> IPTR101 제2편 통·번역 기초연습 Grade 1st의 1번 파일 　 IPTR201 제2편 통·번역 기초연습 Grade 2nd의 1번 파일
>
> IPTR301 제2편 통·번역 기초연습 Grade 3rd의 1번 파일 　 Unit0102 제3편 Unit 1의 2번 파일

④ 각 지문 하단에 내용 가운데 주요 어휘 2개를 엄선하여 영어로 풀이된 문제 Vocabulary Drills 를 제시하고, 그 정답은 페이지 우측 하단에 제시함으로써 어휘 실력을 증대시키는 효과뿐만 아니라 영어로 생각하여 영어로 설명할 수 있는 능력을 배양할 수 있도록 하였다.

 ① _____ the principles and rules, set forth in a written document, governing a country
② _____ an official position, especially in an organization, government, etc. ; a place of business with desk, chair, etc.

Answers for Vocabulary Drills ① constitution ② office

 소리분석 ⑤ 각 Vocabulary Drills 아래의 《소리분석》을 통해, 《Grade 1st》에서는 내용 중 발음변화가 일어나는 부분에 대한 설명을, 《Grade 2nd》에서는 발음변화가 일어나는 부분 4곳(지문이 짧으면 예외)을 선정하여 소리나는 대로의 발음기호를 제시, 그 발음기호를 참고하여 CD의 소리를 듣고 받아쓰게 하고, 《Grade 3rd》에서는 발음변화가 일어나는 부분 4곳(원칙적으로)을 선정하여 공란으로 처리한 후 CD의 소리를 듣고 받아쓰게 하는 단계적인 듣기연습을 할 수 있도록 하였다.

 구문분석 ⑥ 《소리분석》이 끝난 후에는 내용 중 1행 이상의 호흡이 길고 그 문장의 구조가 복잡한 경우에 대해서는 《구문분석》을 통해 그 문장의 구조를 분석, 문장에 대한 구조 파악을 기초로 정확한 번역을 할 수 있도록 하였다.

연구 1 ⑦ 아울러 문장의 구조 분석 과정에서 설명되는 주요 문법을 《연구》를 통해 요약, 정리하여 별도로 문법책을 참고할 필요가 없도록 하였다.
⑧ 본문 내용에 대한 《번역》은 부록에 별도로 제시하여 스스로 연습할 수 있도록 하였다.
⑨ 마지막으로 좌측의 여백을 통해 본문에서 말하지 못한 보다 자세한 보충설명을 하거나, 또는 내용과 관련되는 사건 등의 배경 등을 제시하여 보다 심층적인 이해를 할 수 있도록 하였다.
⑩ 이상의 과정을 통해 각 단계를 거치는 동안 《미국식 빠른영어》에 대한 발음·독해·어휘·문법의 전 과정을 동시에 통합적으로 연습할 수 있도록 하였다.

Grade -1st

예 : 본서의 102쪽

IPTR101

I, Lyndon B. Johnson, do solemnly swear / that I will faithfully execute / the office of President of the United States, and will to the best of my ability, preserve, protect, and defend / the Constitution of the United States.

— L. B. Johnson ; Inaugural Address, January 20, 1965 —

Grade -2nd

예 : 본서의 128쪽

IPTR201

Freedom / has many difficulties / and democracy / is not perfect, but we have never had to put a wall up to keep our people in, to prevent them from leaving us. (Applause) I want to / say, on behalf / of my countrymen, who live many miles away / ① [ɔníʌðər sàirəv ðiətrǽnik] _____ , who are far distant from you, that they take /____
② [ðəgréiris praid] / that they have been able to share with you, even from a distance, the story of the last eighteen years. I know of no town, no city, that has been besieged / for eighteen years / that still lives / with the vitality / and the force, and the hope / and the determination of the city of West Berlin. (Applause) While the wall / is the most obvious / and vivid demonstration / of the failures of the Communist system, for all the world to see, we take / ③ [nóusàerisfǽkʃə ninít] _____, for it is, as your mayor has said, ④ [ənəféns nárðunli əgèns hístəri] _____ / but an offense against humanity, separating families, dividing husbands and wives and brothers and sisters, and dividing a people who wish to be joined together. (Applause)

— John F. Kennedy ; Berlin Wall Speech ; June 26, 1963 —

5

10

여기서 제시된 발음기호는 사전식 발음이 아니라 CD를 통해 들려지는 실제 발음을 본서 《제2편 미국식 빠른영어에 있어서의 발음이론의 기초》의 설명에 따라 발음기호로 표기한 것이기 때문에 영어사전 발음과는 다를 수 있습니다.

Grade -3rd

예 : 본서의 165쪽

IPTR311

Hi there. I'm Charsi, the blacksmith / here in camp. It's good to see / ① _____ . Many of our sisters fought bravely against Diablo / when he first attacked the town of Tristram. They came back to us / ② _____ , ③ _____ . Seems like their victory was short-lived, though.... Most of them are now corrupted / by Andarial.

5

이들 받아쓰기 문제에 대해서는 《소리분석》을 통해 정답을 제시하고, 여기서 일어나는 발음의 변화를 설명해두었다.

통번역학 이론과 실제

제3편 : 통·번역 실제연습

미국의 부시, 소련의 푸틴, 중국의 장쩌민, 일본의 고이즈미, 영국의 블레어, 프랑스의 시라크, 독일의 슈뢰더, 그리고 우리나라 김대중 대통령 등이 연설을 하거나 공동기자회견 등을 통해 일문일답을 하는 실제 현장의 육성을 독자들이 들으면서 청취력을 증강시키고, 그 연설 원본을 분석하고 연구하면서 독해력과, 어휘력, 문법 실력 등을 동시에 통합적으로 학습할 수 있도록 구성하였습니다.

① 각 페이지마다 소리변화가 일어나는 활자에 대한 컬러화, 휴지점(/) 표시, 휴지점을 기준으로 하는 구간 순차번역, 주요 문장에 대한 번역 문제화, 본문의 주요 어휘에 대한 영어로 해설된 문제를 통한 영어로 생각하는 훈련, 인접하는 다른 단어의 영향을 받아 발음 변화가 일어나는 부분을 중심으로 하는 듣기 문제 등이 본문을 통해 구성되어 있습니다.

구간반복을 통한 청취력 훈련을 할 수 있도록 각 대화를 단위로 소리를 잘라 파일 이름을 부여했습니다.

각 페이지마다 가장 긴 문장은 피하고 두, 세 번째로 긴 문장을 선정하여 독자 스스로 번역해볼 수 있도록 함으로써 독해력의 향상을 도모하였습니다.

Unit0102

The Prime Minister and I had a wide-ranging discussion about / ways that we can
고이즈미 수상과 저는 · 광범위한 토론을 하였습니다 · 방법에 관하여 · 우리가 협조할 수 있는
cooperate with each other / to fight global terrorism. Most notably, we talked about /
서로 · 세계적인 테러리즘과 싸우기 위해 · 특히 그 중에서도 · 우리는 이야기를 나눴습니다
the need to work in / a way to cut off their funding. The Prime Minister also talked
조치를 취할 필요성에 관하여 · 그들의 자금을 차단할 방법에 있어서 · 2)
about ways that / Japan will share intelligence, that we'll work cooperatively on the
diplomatic front. We had a great discussion.
· 우리는 훌륭한 토론을 하였습니다

② 각 Unit 전체 내용의 1/3에 대해서는 발음의 변화를 가능한 한 모두 설명하고, 1/3에 대해서는 발음의 변화가 일어나는 4곳을 선정하여 소리나는 대로의 발음기호를 제시한 후, 이를 참고로 받아쓰기 연습, 나머지 1/3에 대해서는 빈칸 처리하여 받아쓰기를 연습하게 한 후 ≪소리분석≫을 통해 그 정답을 제시하고 발음이 변화하는 이유를 구체적으로 설명함으로써 단계적인 청취력 훈련을 할 수 있도록 하였다.

Unit0109

In terms of the labor issues, Elaine Chao is developing a list of recommendations, a
5)
list of options, to make sure that the / displaced worker is / given due consideration in
the halls of government. ① [ðætsʌbʤik keimàp æzwél] . There is no consensus yet.
그러한 문제도 고려되었습니다 · 그에 대해서는 의견의 일치가 아직 이뤄지지 않았습니다
There is a desire to work / toward taking care of displaced workers. And both the
노력해야 한다는 요구가 있습니다 · 실직 노동자들을 돌보는 방향으로 · 그리고 의회와 백악관 모두
Congress and the White House will be presenting options.
· 방안을 제출할 예정입니다

Unit0120

They have made the decision / to harbor terrorists. The mission / is to rout out / terror-
그들은 결정을 하였습니다 · 테러범들을 숨겨주기로 · 그 작전은 테러범들을 색출하는 것입니다
ists, ① . Or, as I explained to the Prime Minister
그들을 찾아내고 그들을 재판에 세우기 위해 · 또는 제가 고이즈미 수상께 말씀드린 대로
in Western terms, to smoke them out of their caves, to get them running / ②
서부 영화식 표현으로 · 연기를 피워 그들의 동굴에서 그들을 몰아내고 · 그들을 도주하게 하는 것입니다
.
우리가 그들을 잡을 수 있도록

③ 이렇게 구성된 각 본문의 하단에는 ≪제2편≫과 같은 방식으로 내용 가운데 주요 어휘 2개를 엄선하여 영어로 풀이된 문제 Vocabulary Drills 를 제시하고, 그 정답은 다음 페이지 우측 하단에 제시하여 어휘 실력을 증대시키는 효과뿐만 아니라 영어로 생각하여 영어로 설명할 수 있는 능력을

보기 : 본문 176쪽 하단　　배양할 수 있도록 하였다.

| Vocabulary Drills | ① | _what one is obliged to do by morality, law, a trade, calling, conscience, etc._ |
| | ② | _a feeling or state of togetherness or having the same opinions as others in a group_ |

보기 : 본문 177쪽 우하단 ──→ Answers for Vocabulary Drills ① duty ② solidarity

본문의 받아쓰기 문제로 지정된 4곳만을 설명하고, 여기서 다 말하지 못한 부분에 대해서는 좌측 여백에 보충설명을 해두었다.

④ 오른쪽 페이지에 정리된 해설은 《소리분석》→《구문분석》→《번역》의 순서로 진행하였는데, 각 Unit의 전체 분량 중 첫 1/3은 본문의 내용 중 발음의 변화로 인하여 영어 사전과 다르게 소리나는 거의 모든 단어를 설명하고, 나머지 2/3에 대해서는 받아쓰기 문제로 지정된 부분에 대한 정답과 해설을 하였다.

> 〈소리분석〉 _1._ please**d** and, and a, frien**d** of, and I, discussion about, each other, talke**d** about, work in, am I, with our, in a, have in, coalition of, people is : 연음
>
> _2._ and, friend, joint, against, most, President, statement, world, differen**t** : 말음의 자음 생략

보기 : 본문 183쪽

> 〈소리분석〉 _1._ according to opinion poll : -t/-d의 -r유음화
>
> _2._ And we will not let a terrorist dictate : 자음 뒤 말음의 자음 생략, -t/-d의 -r유음화
>
> _3._ And make no mistake about it : 비음화, 연음, -t/-d의 -r유음화
>
> _4._ a government that has a : 비음화, 자음 뒤 말음의 자음 생략, -t/-d의 -r유음화, 연음

_3._ And make에서 비음화가 발생하는데, [ænd]→[æn+meik]→[æm meik]로, [m, n, ŋ]으로 끝나는 말 +[d, t, v, m, b, g]로 시작하는 말의 관계에서 비음화가 발생한다.

⑤ 그리고 본문의 해설을 통해 언급하지 못한 구문 분석의 보충설명, 숙어(Idiom) 등에 대한 설명은 물론이고 연설의 배경까지 왼쪽 여백에 해둠으로써, 각 연설이나 사건에 대한 깊이 있는 이해를 바탕으로 내용을 이해하고, 문장을 분석할 수 있도록 하였다.

> 〈구문분석〉 _1._ I am really pleased and honored that my _personal friend, and a friend of the United States,_ has come all the way from Japan to express his solidarity **with the American people and our joint battle** against terrorism. ··· ⟨이유⟩의 that-부사절이 쓰인 수동형의 제1형식의 문장이다.
>
> _2._ The Prime Minister and I had a wide-ranging discussion about _ways that we can cooperate with each other to fight global terrorism._ ··· ⟨S + V + O⟩ 구조로, 두 사람 모두가 S가 되고 있으며, _ways_를 선행사로 하는 that-관계절이 오고 있다.

_1._ 감정을 나타내는 동사들은 보통 수동형으로 표시된다. †all the way : ① 도중 내내 ② 먼 길을 무릅쓰고 ③ 美·口 ~의 범위 내에 ④ 美·俗(동의·지지) 전폭적으로, 언제라도, 무조건으로
_4._ †as well : ① 게다가, 더욱이, 더구나 ¶He speaks Russian~. ② 마찬가지로 잘 ¶He can speak Russian~.

일본에 생중계로 방송되었던 까닭에 부시의 말이 끝나는 대로 일본어 통역이 등장하여 일본어로 통역을 하고 있는데, 언어상의 특성 때문에 부시의 영어보다 일본어의 통역이 더 오래 걸린다. 또 고이즈미는 짧은 몇 마디 말밖에 하지 않지만, 통역을 거치지 않고 직접 영어로 하고 있는데, 말하기 보다 알아듣고 이해하는 능력이 훨씬 더 중요함을 생생하게 보여주는 자료이다.

⑥ 또한 해설 왼쪽 여백에는 번갈아 가며 본문 중 언급되는 주요 어휘 하나씩 선정하여 그에 대한 깊이 있는 《Nuance》 해설과 그에 대한 문제, 정답을 실어 기본적인 어휘에 대한 사용법을 확실하게 익힐 수 있는 기회를 마련하였다.

보기 : 본문 177쪽

Nuance '고대(기대)하다'는 뜻의 말들
① **expect** : 어떤 일이 당연히 발생할 것으로 상당한 근거나 확신을 가지고 기대하다, 예상하다. ② **anticipate** : 즐거운 마음과 확신을 가지고 단순히 무엇인가를 expect하는 의미로 나쁜 일에는 쓰지 않는 것이 보통이다. ③ **look forward to** : 즐거운 마음으로 기대를 걸고 학수고대하다. to 다음에는 명사나 동명사를 써야 한다. ④ **want** : '바라다, 원하다'는 의미의 가장 일반적인 말. ⑤ **wish** : 가능·불가능에 관계없이 바라고 있음을 의미한다. ⑥ **hope** : 바람직한 일이 실현 가능하리라 믿고 기대하다. 어떤 좋은 일이 일어나기를 바라는 마음(wish)과 그렇게 되기를 기대하는 마음(expectation)이 복합된 의미이다. ⑦ **desire** : want와 거의 같은 뜻이나 딱딱한 말이다. ⑧ **await** : 무슨 일이 일어날 때 그것을 받아들일 준비가 되어 있음을 의미하여, 좋은 일이나 나쁜 일 모두에 두루 쓰인다.

보기 : 본문 179쪽

Nuance Drills _Fill in the blanks with a suitable word as given:_
¹_____ implies a considerable degree of confidence that a particular event will happen.²_____ implies a looking forward to something with a forecast of the pleasure or distress it promises, or a realizing of something in advance, and a taking of steps to meet it.³_____ implies a desire for something, accompanied by some confidence in the belief that it can be realized. ⁴_____ implies a waiting for, or a being ready for, a person or thing.
(a) anticipate　(b) expect
(c) hope　　　(d) await

※ Answers for Nuance Drills : 1-b, 2-a, 3-c, 4-d

《Nuance Drills》에 대한 정답은 각 문제의 하단에 있습니다

⑦아울러 《구문분석》에 언급되는 주요 문법 사항을 《연구》를 통해 압축하여, 정리해둠으로써 [발음 - 독해 - 어휘 - 문법] 전반에 관하여 동시에 통합적, 일체적 학습을 할 수 있도록 하였다. ─────▶ 보기: 본문 187쪽

⑧마지막으로 《번역》을 오른쪽 하단에 정리해두면서, 본문 중 번역 연습을 해보도록 했던 부분에 대해서는 문장 밑에 밑줄을 그어 바로 확인할 수 있도록 하였다.

보기: 본문 177쪽

연구 19

상황을 나타내는 말과 관계부사 where

…보통 장소를 나타내는 말을 선행사로 받는 관계부사 where는 상황(situation), 환경(circumstance), 경우(case), 초점(point), 사례, 시점 등을 나타내는 말도 넓은 의미의 장소로 보고 선행사로 취한다. ·There are a few *cases where* this rule does not apply.(이 규칙이 적용되지 않는 경우도 간혹 있다.)/ *cf.* ¹There are *cases when* a casual remark cut deep.(무심코 내뱉은 한 마디가 뼈에 사무칠 때도 있다.) ²There may be *occasions when* your help is necessary.(당신의 도움이 필요한 경우가 있을지도 모르겠다.)/ ·This is *an instance where* practice makes perfect.(이것이야말로 실습으로 익힌 기량이 제일이라는 보기이다.)

번역 **부시 대통령:** 1) 저는 테러리즘에 대항하는 우리의 합동전투와 미국 국민들에 대한 자신의 연대감을 표시하기 위해 저의 개인적인 친구이자 미합중국의 친구가 먼길을 무릅쓰고 일본에서 찾아온 것을 진정으로 기쁘고 영광으로 생각합니다.
 고이즈미 수상과 저는 세계적인 테러리즘과 싸우기 위해 우리가 서로 협조할 수 있는 방법에 관하여 광범위한 토론을 하였습니다. 특히 그 중에서도 우리는 그들의 자금을 차단할 방법에 있어서 조치를 취할 필요성에 관한 이야기를 나눴습니다. 2) 고이즈미 수상은 또한 일본이 정보를 공유하고 외교의 일선에서 우리가 협력하여 일할 수 있는 방법에 관하여 말씀하셨습니다. 우리는 훌륭한 토론을 하였습니다.

★ CD의 구성

1. CD에 담겨진 모든 소리파일은 MP3 형식으로 담겨 있어 MP3이 지원되지 않는 구형 CD-Player에서는 작동되지 않습니다.

2. CD의 기본적인 구성은 다음과 같으며, 담겨진 모든 파일에 대해서는 http://home.ahnlab.com/의 V3 와 http://www.myfolder.net/에서 체크되는 Turbo Vaccine에 의한 바이러스 유무를 체크하여 이상이 없음을 확인하였습니다.

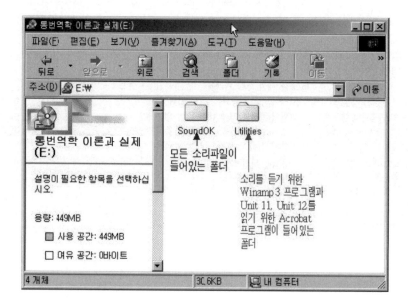

3. CD에 담긴 내용은 다음과 같이 본서의 모든 소리 파일과 그것을 작동시키는 프로그램 Winamp 3 프로그램, 본서의 내용에는 실려있지 않는 Unit 11, Unit 12 본문과 이를 읽게 해주는 Acrobat 한글 프로그램이 담겨 있습니다.

구 분			파일 이름 및 설명(파일의 확장자명 .MP3은 표기를 생략하며, Unit 표기 아래의 시간은 〈분 : 초〉를 말함)								
SoundOK	제2편	Grade 1st	IPTR101	IPTR102	IPTR103	IPTR104	IPTR105	IPTR106	IPTR107	IPTR108	IPTR109
			IPTR110	IPTR111	IPTR112	IPTR113	IPTR114	IPTR115	IPTR116	IPTR117	
		Grade 2nd	IPTR201	IPTR202	IPTR203	IPTR204	IPTR205	IPTR206	IPTR207	IPTR208	IPTR209
			IPTR210	IPTR211	IPTR212						
		Grade 3rd	IPTR301	IPTR302	IPTR303	IPTR304	IPTR305	IPTR306	IPTR307	IPTR308	IPTR309
			IPTR310	IPTR311	IPTR312	IPTR313	IPTR314	IPTR315			
	제3편	Unit01 (18 : 00)	Unit0101	Unit0102	Unit0103	Unit0104	Unit0105	Unit0106	Unit0107	Unit0108	Unit0109
			Unit0110	Unit0111	Unit0112	Unit0113	Unit0114	Unit0115	Unit0116	Unit0117	Unit0118
			Unit0119	Unit0120	Unit0121	Unit0122	Unit0123	Unit0124	Unit0125	Unit0126	Unit0127
			Unit0128	Unit0129	Unit0130						
		Unit02 (25 : 42)	Unit0201	Unit0202	Unit0203	Unit0204	Unit0205	Unit0206	Unit0207	Unit0208	Unit0209
			Unit0210	Unit0211	Unit0212	Unit0213	Unit0214	Unit0215	Unit0216	Unit0217	Unit0218
			Unit0219	Unit0220	Unit0221	Unit0222	Unit0223	Unit0224	Unit0225	Unit0226	Unit0227
			Unit0228	Unit0229	Unit0230						
		Unit03 (51 : 38)	Unit0301	Unit0302	Unit0303	Unit0304	Unit0305	Unit0306	Unit0307	Unit0308	Unit0309
			Unit0310	Unit0311	Unit0312	Unit0313	Unit0314	Unit0315	Unit0316	Unit0317	Unit0318
			Unit0319	Unit0320	Unit0321	Unit0322	Unit0323	Unit0324	Unit0325	Unit0326	Unit0327
			Unit0328	Unit0329	Unit0330	Unit0331	Unit0332	Unit0333	Unit0334	Unit0335	Unit0336
			Unit0337	Unit0338	Unit0339	Unit0340	Unit0341	Unit0342	Unit0343	Unit0344	Unit0345
			Unit0346	Unit0347	Unit0348	Unit0349	Unit0350	Unit0351	Unit0352	Unit0353	Unit0354
			Unit0355	Unit0356	Unit0357	Unit0358	Unit0359	Unit0360	Unit0361	Unit0362	Unit0363
			Unit0364	Unit0365	Unit0366	Unit0367	Unit0368	Unit0369	Unit0370	Unit0371	Unit0372
			Unit0373	Unit0374	Unit0375	Unit0376	Unit0377	Unit0378	Unit0379	Unit0380	Unit0381
			Unit0382	Unit0383	Unit0384	Unit0385	Unit0386	Unit0387	Unit0388		
		Unit04 (9 : 02)	Unit0401	Unit0402	Unit0403	Unit0404	Unit0405	Unit0406	Unit0407	Unit0408	Unit0409
			Unit0410	Unit0411	Unit0412	Unit0413	Unit0414	Unit0415	Unit0416		
		Unit05 (25 : 53)	Unit0501	Unit0502	Unit0503	Unit0504	Unit0505	Unit0506	Unit0507	Unit0508	Unit0509
			Unit0510	Unit0511	Unit0512	Unit0513	Unit0514	Unit0515	Unit0516	Unit0517	Unit0518
			Unit0519	Unit0520	Unit0521	Unit0522	Unit0523	Unit0524	Unit0525	Unit0526	Unit0527
			Unit0528	Unit0529	Unit0530	Unit0531	Unit0532	Unit0533	Unit0534	Unit0535	Unit0536
			Unit0537	Unit0538	Unit0539	Unit0540	Unit0541	Unit0542	Unit0543	Unit0544	Unit0545
			Unit0546	Unit0547	Unit0548	Unit0549	Unit0550				
		Unit06 (51 : 42)	Unit0601	Unit0602	Unit0603	Unit0604	Unit0605	Unit0606	Unit0607	Unit0608	Unit0609
			Unit0610	Unit0611	Unit0612	Unit0613	Unit0614	Unit0615	Unit0616	Unit0617	Unit0618
			Unit0619	Unit0620	Unit0621	Unit0622	Unit0623	Unit0624	Unit0625	Unit0626	Unit0627
			Unit0628	Unit0629	Unit0630	Unit0631	Unit0632	Unit0633	Unit0634	Unit0635	Unit0636
			Unit0637	Unit0638	Unit0639	Unit0640	Unit0641	Unit0642	Unit0643	Unit0644	Unit0645
			Unit0646	Unit0647	Unit0648	Unit0649	Unit0650	Unit0651	Unit0652	Unit0653	Unit0654
			Unit0655	Unit0656	Unit0657	Unit0658	Unit0659	Unit0660	Unit0661	Unit0662	Unit0663
			Unit0664	Unit0665	Unit0666						
		Unit07 (12 : 00)	Unit0701	Unit0702	Unit0703	Unit0704	Unit0705	Unit0706	Unit0707	Unit0708	Unit0709
			Unit0710	Unit0711	Unit0712	Unit0713	Unit0714	Unit0715	Unit0716	Unit0717	Unit0718
			Unit0719	Unit0720	Unit0721	Unit0722	Unit0723	Unit0724	Unit0725	Unit0726	Unit0727
			Unit0728	Unit0729	Unit0730	Unit0731	Unit0732	Unit0733	Unit0734	Unit0735	Unit0736
			Unit0737	Unit0738	Unit0739	Unit0740	Unit0741	Unit0742	Unit0743	Unit0744	Unit0745
			Unit0746	Unit0747	Unit0748	Unit0749	Unit0750	Unit0751	Unit0752	Unit0753	Unit0754
			Unit0755	Unit0756	Unit0757	Unit0758					
		Unit08 (50 : 37)	Unit0801	Unit0802	Unit0803	Unit0804	Unit0805	Unit0806	Unit0807	Unit0808	Unit0809
			Unit0810	Unit0811	Unit0812	Unit0813	Unit0814	Unit0815	Unit0816	Unit0817	Unit0818
			Unit0819	Unit0820	Unit0821	Unit0822	Unit0823	Unit0824	Unit0825	Unit0826	Unit0827
			Unit0828	Unit0829	Unit0830	Unit0831	Unit0832	Unit0833	Unit0834	Unit0835	Unit0836
			Unit0837	Unit0838	Unit0839	Unit0840	Unit0841	Unit0842	Unit0843	Unit0844	Unit0845
			Unit0846	Unit0847	Unit0848	Unit0849	Unit0850	Unit0851	Unit0852	Unit0853	Unit0854
			Unit0855	Unit0856	Unit0859	Unit0858	Unit0859	Unit0860	Unit0861	Unit0862	
		Unit09 (30 : 31)	Unit0901	Unit0902	Unit0903	Unit0904	Unit0905	Unit0906	Unit0907	Unit0908	Unit0909
			Unit0910	Unit0911	Unit0912	Unit0913	Unit0914	Unit0915	Unit0916	Unit0917	Unit0918
			Unit0919	Unit0920	Unit0921	Unit0922	Unit0923	Unit0924	Unit0925	Unit0926	Unit0927
			Unit0928	Unit0929	Unit0930	Unit0931	Unit0932	Unit0933	Unit0934	Unit0935	Unit0936
			Unit0937	Unit0938	Unit0939	Unit0940	Unit0941	Unit0942	Unit0943	Unit0944	Unit0945
			Unit0946	Unit0947	Unit0948	Unit0949	Unit0950	Unit0951	Unit0952	Unit0953	Unit0954
			Unit0955	Unit0956	Unit0957	Unit0958					
		Unit10	Unit1001	Unit1002	Unit1003	Unit1004	Unit1005	Unit1006	Unit1007	Unit1008	Unit1009

	Unit10 (13:05)	Unit1010 Unit1011 Unit1012 Unit1013 Unit1014 Unit1015 Unit1016 Unit1017 Unit1018 Unit1019 Unit1020 Unit1021 Unit1022 Unit1023 Unit1024 Unit1025 Unit1026 Unit1027 Unit1028 Unit1029 Unit1030 Unit1031 Unit1032 Unit1033 Unit1034 Unit1035 Unit1036 Unit1037 Unit1038 Unit1039 Unit1040
	Unit11	Unit11.MP3(29:23) Unit11.PDF
	Unit12	Unit12.MP3(16:09) Unit12.PDF
Utilities	WinAmp 3	2002년 12월 기준 최신 Version인 Winamp 3의 설치 프로그램 winamp3_0-full과 바로 작동시킬 수 있는 프로그램 내용 전부
	Acrobat	2002년 12월 기준 최신 Version인 Acrobat 5.0 설치 프로그램 AcroReader51_KOR과 바로 작동시킬 수 있는 프로그램 내용 전부
	AcroRd32, Studio	Winamp 3와 Acrobat를 컴퓨터에 설치하지 않고 CD 상에서도 작동할 수 있도록 해둔 《바로 가기》 단축키

★ 본서의 효과적인 이용방법

　　본서가 담고 있는 다양한 영문자료의 가치에 대해서는 너무도 많은 사람들이 강조하고 있는 까닭에 더는 말하지 않겠다. 하지만 그에 대한 효과적인 이용 방법도 각 학습자마다 다를 수 있는 까닭에 구체적인 방법을 여기서 한마디로 제시한다는 것은 곤란하고, 기초가 지극히 약한 독자를 대상으로 일반적이며 원론적인 방법론에 대한 몇 가지만 간단히 언급해 두려고 한다.

1. 일단 어휘가 문제다. 연설자가 누가 되었든 간에 그 연설에 나오는 모든 단어 중 모르는 단어는 하나도 없도록 본서의 단어장인 <통·번역 기초어휘>을 중심으로 찾아 그 의미를 파악해두고 그래도 또 모르는 단어가 있다면 단어장 귀퉁이에 메모를 해두어 본문을 본격적으로 연구하기 전에 그 의미와 발음을 충분히 익혀두어야 한다. 모두 37쪽 밖에 되지 않는 분량이므로, 매일 한 쪽씩만 암기한다고 해도 1개월 전후면 충분히 마스터가 가능한 분량이다. 언제 어디서나 항상 휴대하면서 꾸준한 암기를 통해 반복하여 암기하기 바란다. 또 본문 하단에 2문제씩 있는 Vocabulary Drills과 Nuance에 대해서도 꾸준히 연습하면, 어휘 실력을 증대시키는 효과뿐만 아니라 영어로 생각하고 영어로 이해하는 능력과 각 단어의 정확한 사용법을 익히는데 크게 도움이 될 것이다.

2. 위의 과정은 내용을 달리 할 때마다 한번 암기했던 단어라 할지라도 때로는 잊어가면서 반복적으로 본서의 마지막장을 넘길 때까지 꾸준히 해내기를 간곡히 부탁한다. 그렇게만 한다면, 본서 마지막장을 넘겼을 때에는 수학능력시험이나 TOEFL, TOEIC, TEPS 등의 어떤 종류의 시험이든 충분히 대처하고도 남을 수 있는 정도의 단어 실력을 쌓은 스스로를 발견하게 될 것이다.

3. 그 다음으로 각 연설자나 통역관의 발음을 들어가면서 본문의 활자가 컬러로 표시되어 있는 부분에서 "각 발음이 어떤 식으로 소리나고 있는가? 왜 그런 식으로 소리나는가?"하는 의문을 끊임없이 가져보고 해답을 구하면서 들어야만 한다. 그런 연습이 없다면 본서의 학습효과는 크게 떨어질 수밖에 없을 것이다.

4. 단어에 대한 충분한 이해를 전제로 직접 소리를 듣기 전에 전체적인 문장을 휴지점(pausing point)을 지켜가며 가능한 한 정확한 발음으로 빠르게 읽혀질 때까지 10회든 20회든 반드시 크게 소리내어 읽어라. 또 그렇게 읽어가면서 내용 파악을 시도해보라. 그리고 그 내용이 전혀 이해되지 않거든 <구문분석>을 통해 문장의 전체적인 구조를 이해한 후 그 의미를 번역을 보지말고 스스로 파악해 보도록 하자.

소리프로그램의 이용방법

카세트 테이프를 통해 학습을 하는 독자라면 달리 방법이 없기 때문에 논외로 하겠습니다. 소리를 듣고 편집하는 컴퓨터 소프트웨어 프로그램의 종류는 너무도 많아 일일이 다 거론할 수 없지만 여기서는 본서에서 사용하는 각종 Audio Files 재생 전문 프로그램 WinAmp를 중심으로 설명을 해봅니다.

WinAmp는 컴퓨터에서 사용하는 거의 모든 종류의 소리 파일을 재생하는 프로그램[1]으로 알려져 있습니다. 과거와 같이 눈으로만 보면서 문법이나 독해를 중심으로 하는 영어 공부를 하겠다면 이런 프로그램이 필요 없지만, 듣고 말하기가 강조되는 시대의 영어를 공부하기 위해서는 정말 필수적인 프로그램이기 때문이지요.

이들 프로그램은 Free 또는 Share Ware로 인터넷의 심마니(http://file.simmani.com/)나 라이코스 (http:// computer.lycos.co.kr/) 등의 포털 사이트를 통해 쉽게 구할 수 있으며, 또 누구든지 기한이나 기능에 관계없이 무료로 사용할 수 있는 대표적인 프로그램으로, 본서의 CD 안에는 2002년 12월 기준 최신 Version 설치 프로그램 winamp3_0-full이 들어 있습니다.

또한 프로그램을 컴퓨터에 설치하지 않고서도 즉시 실행할 수 있도록 실행 프로그램 자체가 들어 있습니다만, 설치하지 않고 CD 상에서 실행하면 재생에 약간 시간이 걸리니, 컴퓨터 하드디스크의 공간이 부족하지 않다면 설치해서 실행하는 것이 좋겠죠?

끝으로 Real One Player나 Windows Media Player 등과 같은 프로그램도 요즈음에는 MP3 형식을 지원하는 기능을 포함하고 있지만, MP3 전용 프로그램은 아닌 까닭에 재생된 소리의 음질이 전용 프로그램을 이용할 때보다 음질이 나빠질 수 있으므로, WinAmp나 거원시스템의 제트오디오 등과 같은 MP3 전용 프로그램을 이용해서 소리를 듣기 바랍니다.

★ 프로그램의 설치

1. 윈도우의 탐색기나 <설정→제어판→프로그램 추가/제거→설치> 등을 이용하여 설치하려는 프로그램인 winamp3_0-full을 찾아 더블 클릭하면 먼저 등록을 권하는 설명이 있는 <그림 1>과 같은 대화창이 뜨고 여기서 다시 next라고 쓰여진 단추를 연속하여 누르면 <그림 2>와 같은 창이 나타나면서 설치가 시작됩니다.

<그림 1>

---

1) 최근 우리나라는 물론이고 전 세계의 인터넷 방송국을 연결하여 라디오 청취나 TV 시청을 할 수 있을 뿐만 아니라 DVD 등의 비디오 영상까지 재생할 수 있도록 만들어져 있다.

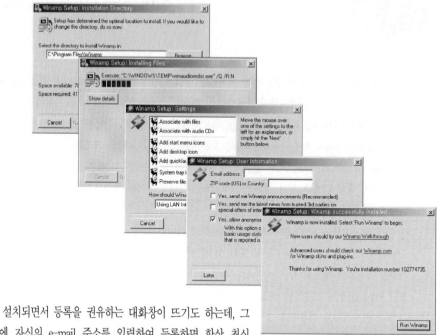

설치되면서 등록을 권유하는 대화창이 뜨기도 하는데, 그곳에 자신의 e-mail 주소를 입력하여 등록하면 항상 최신 Version으로 Up-Grade하면서 사용할 수 있습니다. 물론 무료입니다.

<그림 2>

★ 프로그램의 구성과 구체적인 사용법

<그림 3>

1. 프로그램이 모두 설치되고 나면 <그림 3>과 같은 아이콘이 윈도우 바탕화면에 떠오르고, 이것을 두 번 연속하여 클릭(이하 '더블클릭')하면 <그림 4>와 같은 그림이 떠오르면서 Winamp가 실행되기 시작하는데, 직접 그림을 보면서 각 부분의 기능을 알아보기로 하겠습니다.

ⓐ 를 마우스의 오른쪽 키로 누르면 Exit Winamp라는 키의 이름이 떠오르는데, Winamp의 종료키(Exit Winamp)입니다. 따라서 여길 마우스 왼쪽 키로 클릭하면 Winamp의 모든 작동을 멈추고 꺼지게 됩니다.

ⓑ Windowshade Mode라는 이름을 가진 키입니다. 이곳을 클릭하면 그림이 최소화 크기로 줄어들어 아래 그림과 같은 모양이 되는데, 작아진 그림의 같은 키를 누르면 다시 본래의 모양으로 돌아옵니다.

ⓒ Mimize Wimamp라는 이름을 가진 '최소화' 기능키로 마우스 왼쪽 키로 누르면 윈도우 바탕 화면 바닥의 메뉴바 밑으로 깔리게 됩니다.

ⓓ 작동 가능한 파일의 시간을 보여주는 곳입니다. 파일을 불러 작동시키는 중에 이곳을 마우스의 왼쪽 키로 누르면 시간의 표시 방법이 변하게 됩니다. 파일의 전체 시간이나 남은 시간을 보여주게 되죠.

<그림 4>

ⓔ Volume을 작동시키는 곳이죠. 왼쪽으로 이동시키면 소리가 작아지고 오른쪽으로 이동시키면 소리가 커집니다.

ⓕ 작동 가능한 파일의 이름을 보여주는 곳입니다.

ⓖ 파일을 실행시키면 실행중인 파일의 이름을 보여주는 곳입니다.

ⓗ Main Menu라는 이름을 가진 키로, 마우스의 어느 키로 누르든 왼쪽의 <그림 5>와 같은 메뉴 창이 떠올라 각 부분의 기능을 작동시키게 됩니다.

<그림 5>

<그림 6>

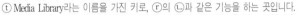

<그림 7>

ⓘ Control Menu라는 이름을 가진 키로, 이곳을 마우스의 왼쪽 키로 클릭하면 <그림 6>과 같은 대화창이, 오른쪽 키로 클릭하면 <그림 5>와 같은 대화창이 떠오르면서 각 부분의 기능을 메뉴창을 통해 조절할 수 있게 됩니다.

ⓙ Previous라는 이름을 가진 키로, 아래 ⓞ의 Open File(s) 키로 열려 실행 중인 소리 파일을 "맨 처음으로 되돌려라"는 명령을 하는 키입니다.

ⓚ Play라는 이름을 가진 키로, 말 그대로 "열려진 파일을 작동시켜 소리가 나오게 하라"는 명령을 하게 되는 키입니다.

ⓛ Pause라는 이름을 가진 키입니다. 일시정지 기능을 수행하는 키이죠.

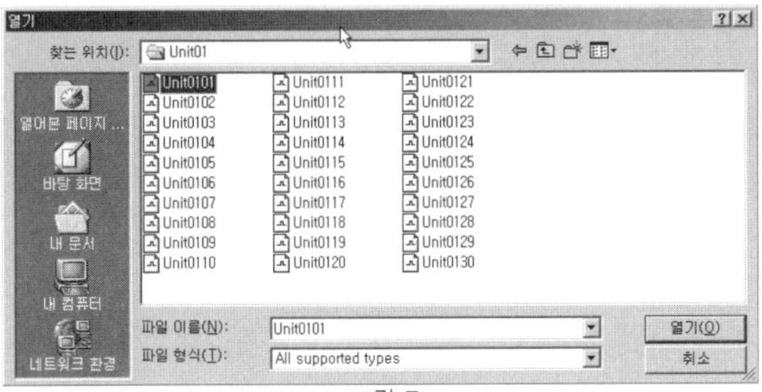

ⓜ Stop 키입니다. 열려진 파일의 소래 재생을 중지시키는 키이죠.

ⓝ Next키입니다. '다음 트랙으로 옮겨라'라는 명령을 하게 되는 키입니다.

ⓞ Open File(s) 라는 이름을 가진 키입니다. 즉, 이곳을 마우스 왼쪽 키로 누르면 <그림 7>과 같이 대화창이 열리면서 원하는 소리 파일이나 비디오 파일을 찾아 불러오게 됩니다.

ⓟ Toggle Crossfading Between Tracks라는 긴 이름을 가진 키로, 이곳을 마우스 왼쪽 키로 누르면 초록색의 불이 켜지거나 꺼지게 되는데, 초록색의 불이 켜지게 해두면 작동을 정지시킬 때까지 무한 반복을 하게 됩니다.

ⓠ Toggle Playlist Shuffling라는 키입니다. 초록불이 켜진 상태가 되도록 해두어야 자동반복을 실행하게 됩니다.

ⓡ Thinger라는 이름을 가진 곳으로, 이곳을 클릭하면 <그림 8>과 같은 그림이 나타나는데, 이곳을 통해서도 Winamp의 다양한 기능을 작동시킬 수 있습니다. 즉, ⓐ은 Playlist Editor라는 키로, 이곳을 누르면 보거나 듣고 싶은 파일의 순서를 조합해서 원하는 순서대로 파일을 작동하게 할 수 있으며, ⓑ Media Library라는 키로 사용자가 자주 불러오는 비디오나 오디오 파일을 정리해서 보여주는 키입니다. 또 ⓒ은 Preferences라는 키로, 이곳을 클릭하면 Winamp 프로그램 전체의 환경을 조절할 수 있으며, ⓓ Video Window라는 이름을 가진 키로, 이곳을 클릭하면 <그림 9>와 같은 화면이 떠오르면서 다양한 형식의 동영상을 볼 수 있게 됩니다. 끝으로 ⓔ은 Advanced Visualization Studio라는 키이며, ⓔ의 오른쪽을 클릭하면 Winamp Browser이 떠오르고, 그곳을 클릭하면 Winamp 홈 페이지에 접속하게 됩니다.

ⓢ Equalizer라는 이름을 가진 키로 음향 조절의 기능을 하는 곳입니다. 고급 음질의 음악을 듣기 위한 목적이 아니라면 굳이 건드릴 필요가 없습니다.

ⓣ Media Library라는 이름을 가진 키로, ⓡ의 ⓑ과 같은 기능을 하는 곳입니다.

ⓤ Playlist Editor라는 이름을 가진 키로, ⓡ의 ⓐ과 같은 기능을 하는 곳입니다.

<그림 8>

<그림 9>

2. 이상과 같은 방법으로 Winamp를 활용하는 외에, ⓡ의 ⓔ Winamp Browser를 이용하여 직접 Winamp 홈페이지를 방문해보면 Winamp 프로그램의 외관을 각자 자신의 취향대로 멋지게 디자인하거나, 각 메뉴를 한글로 바꾸는 등의 다양한 지원을 받을 수 있습니다.

제 1 편

통 · 번역학 기초이론

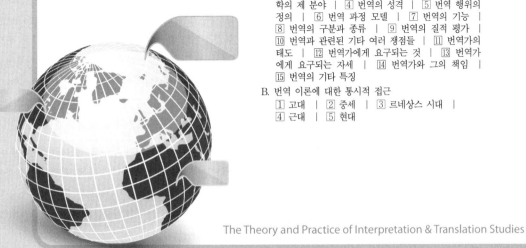

The Theory and Practice of Interpretation & Translation Studies

1 통·번역학의 정의

Translation studies is the academic discipline which is concerned with the study of translation at large, including: literary translation, commercial translation, dubbing and subtitling for the cinema and television (including subtitling for the Deaf and sign-language interpreting of things like news programmes), voice-overs, translating for the stage (drama translation) and for the opera (surtitling). It also includes various forms of oral interpreting (not only simultaneous conference interpreting but also interpreting for the media, for diplomats, in business meetings, in community settings such as tax offices, hospitals, and courts), etc.
— Mona Baker, "Translation Studies and Translator Training in the New Millennium", 2001

통·번역학은 통역과 번역, 즉 원어(source language)로 말하여진 것을 목표어(target language)로 옮기는 통역과 원어로 쓰여진 텍스트를 번역어 텍스트로 옮기는 번역과 관련된 제반 문제들에 관하여 연구하는 학문을 의미한다.

구약 창세기 가운데 바벨탑 건축에 관한 이야기는 다언어의 출현과 그에 따른 통역과 번역의 필요성을 비유적으로 제시하고 있다는 점에서 통역학과 번역학에 관한 논의에서 상징적인 중요성을 지닌다.

온 땅의 구음이 하나이요, 언어가 하나이었더라. 이에 그들이 동방으로 옮기다가 시날 평지를 만나 거기 거하고, 서로 말하되 자, 벽돌을 만들어 견고히 굽자 하고, 이에 벽돌로 돌을 대신하며 역청으로 진흙을 대신하고, 또 말하되 자, 성과 대를 쌓아 대 꼭대기를 하늘에 닿게 하여 우리 이름을 내고 온 지면에 흩어짐을 면하자 하였더니. 여호와께서 인생들의 쌓는 성과 대를 보시려고 강림하셨더라. 여호와께서 가라사대 이 무리가 한 족속이요 언어도 하나이므로 이같이 시작하였으니 이후로는 그 경영하는 일을 금지할 수 없으리로다. 자, 우리가 내려가서 거기서 그들의 언어를 혼잡케 하여 그들로 서로 알아듣지 못하게 하자 하시고, 여호와께서 거기서 그들을 온 지면에 흩으신 고로 그들이 성 쌓기를 그쳤더라. 그러므로 그 이름을 바벨이라 하니 이는 여호와께서 거기서 온 땅의 언어를 혼잡케 하셨음이라. 여호와께서 거기서 그들을 온 지면에 흩으셨더라. (관주 『성경전서』, 1956, p. 13)

조지 스타이너(George Steiner)가 지적했다시피, 실제로 위 이야기 안에는 인류 언어의 다언어성과 그에 따른 의사소통의 문제가 상징적·신화적으로 압축되어 담겨 있다(오늘날의 통역사나 번역가는 인간의 오만과 이에 대한 신의 분노에 찬 응징의 결과인 다언어의 출현과 바벨탑 붕괴에 대해 고맙게 여겨야 할 것이다. 바벨탑 붕괴 이후에 통역과 번역의 필요성이 대두했을 테니까).

바벨탑 이야기가 시사하듯이, 통역과 번역은 유구한 역사를 지니고 있으며, 역사적으로 외교, 교역, 전쟁 등의 부문에서 오랜 세월동안 중요한 역할을 수행해온 작업이다. 그러나 그 유구한 역사와 중요성에도 불구하고 통역과 번역이 학술적으로 천착되어 통역학 및 번역학이라는 정통적인 학문으로 자리매김하기 시작한 역사는 그렇게 길지 않다. 정확히 말하자면, 그 시기는 놀랍게도 1960년대 들어서이다. 통역학과 번역학은 이 시기에 접어들어야 비로소 응용언어학, 비교문학, 기호학 그리고 최신 언어 이론 등의 도움을 받아 하나의 정통 학문으로 정립되게 된다.

그러면 이처럼 통역과 번역이 하나의 정통적인 학문으로 정립되기까지 무수한 세월이 필요했던 이유는 무엇일까? 그 주요한 이유 중의 하나는 통역과 번역을 하나의 단순한 기술로 치부하는 인식에 기인한다. 다시 말해, 많은 사람들이 심지어 그 자신 통역과 번역 작업을 수행하는 일부 사람들조차도 이제껏 통역과 번역을 창의성이 요구되지 않는 〈기술〉과 창의성이 요구되는 〈예술〉의 중간 어디

쫌에 위치하는 작업으로 여겨 왔다. 또 다른 중요한 이유는 통역과 번역이 지니고 있는 그 본질적인 특성에 기인한다. 그 특성은 바로 통역과 번역이 '언제나 이미' 존재하는 원어로 말하여진 연설 또는 원어로 쓰여진 텍스트를 전제로 '그 후에' 존재할 수밖에 없는 작업이라는 점이다. 다시 말해, 탄생의 측면에서 볼 때, 원어로 말하여진 연설과 원어로 쓰여진 텍스트가 주체적·독창적 성격을 띠고 있는 반면, 통역과 번역 텍스트는 예속적·파생적 성격을 띠고 있는 것이다. 이런 이유 때문에, 통역 및 번역 관련 학자들이 통역 및 번역을 학술적으로 이론화하고 체계화하는 일에 나서기를 주저하였으며, 그 결과 통역과 번역이 학문으로 정립되는 데에 오랜 시일이 걸린 것이라 할 수 있다.

2 통역(사)와 번역(가)

2.1 공통점

The interpreter does not string words together. He does not have enough time to piece his mosaic together stone by stone. The method he uses is nothing like that of the translator. Instead, he must quickly take apart the original speech and reassemble it with a certain flair, following the bent of his own character, but particularly the character of the language into which he is interpreting.
— Danica Seleskovitch, *Interpreting for International Conference*, 1978, p. iv

통역사는 번역가와 마찬가지로 의사소통의 중개자 역할을 수행한다. 통역사는 메시지를 전달하고 발신인과 수신인 간에 의사소통이 원활히 이루어지게 하는 책임을 지고 있다. 번역가는 저자의 의도를 제대로 살리고 이것을 독자들에게 전달해 주는 책임을 맡고 있다.

나아가 통역사와 번역가는 문화 전달자로서의 역할을 수행한다. 한 민족의 언어는 그 민족의 문화의 정수가 녹아 있는 그릇이다. 따라서 어떤 말이나 글의 다른 언어로의 바꿈인 통역과 번역은 문화 전달의 행위인 셈이다.

2.2 차이

크리스토퍼 티에리(C. Thiery)에 따르면, 통역과 번역의 차이는 다음과 같다. 첫째, 표현 수단이 다르다. 통역은 표현 수단이 말인데 반해 번역은 표현 수단이 글이다. 둘째, 시간과의 관계가 다르다. 통역은 항상 의사소통이 이루어지는 실제 상황에서 이루어지며, 전달한 메시지의 효과를 즉석에서 확인해 볼 수 있다. 반면, 번역은 대개 혼자서 하는 작업이며, 완성된 번역물이 독자에게까지 전달되는 데는 시간이 걸리고, 독자에 대해서도 모르는 상황에서 이루어진다. 이런 이유로 통역사는 정확한 단어 대신 좀더 총칭적인 용어를 사용해도 되지만 번역가는 정확한 단어를 사용하지 않으면 안된다.

통역은 주어진 시간 내에 해야하지만 번역은 통역에서 요구되는 바와 같은 의미에서의 시간 제한이 없다. 이런 점에서, 통역에는 유연성과 순발력이 필요하며 번역에는 신중함이 필요하다. 이런 연유로, 통역사는 번역가와 달리 시간의 압박 하에 직면하는 "인지적 스트레스(cognitive stress)"를 받는다.
(Daniel Gile, *Basic Concepts and Models for Interpreter and Translator Training*, 1995, p. xiii)

대니얼 길(Daniel Gile)이 주장하듯이, 통역은 연사가 일반적으로 목표어 청취자만을 대상으로 또는 원어 청취자와 목표어 청취자 둘 다를 상대로 말이나 연설을 한다는 점에서 번역과 다르다.

그리고 번역에서와 달리 통역에서는 모든 관련 당사자들 — 연사, 통역사, 청취자 — 이 언어상

호간 및 문화상호간 전이와 연관된 예상되는 곤란을 포함하여 의사소통 상황에 대해 잘 인식하고 있다는 점에서 통역은 번역과 다르다. 그리고 통역에서는 모든 당사자들이 의사소통이 원활히 이루어지기를 바라기 때문에 번역에서보다는 더 많은 협동을 기대할 수 있다. 이에 대한 대니얼 길의 의견을 들어보자.

> Since generally all parties wish to communicate, more cooperation can be expected from them than in translation, where they are aware of a text than of a communication situation. This includes cooperation from speakers, who may try to speak more slowly, enunciate more clearly, choose certain terms and structures and avoid others, and clarify terms and concepts that they would not otherwise bother to explain ...... Cooperation may also be forthcoming from listeners, especially in consecutive, where they can help the interpreter with word equivalents and generally listen sympathetically, though this is not always the case. (Daniel Gile 24)

다니카 셀레스코비치는 통역과 번역의 차이를 다음과 같이 말하고 있다.

> Translation converts a written text into another written text, while interpretation converts an oral message into another oral message. This difference is crucial. In translation, the thought that is studied, analyzed and subsequently rendered in the other language is contained in a permanent setting: the written text. Good or bad, this text is static, immutable in its form and fixed in time. And the translation, equally circumscribed within a written text, is intended, as was the original, for a public the translator does not know. Conference interpreting represents something entirely different. The conference interpreter is there with both speaker and listener, dealing with messages whose fleeting words are important, not because of their form, but almost entirely because of their meaning. He participates in a dialogue, his words are aimed at a listener whom he addresses directly and in whom he seeks to elicit a reaction, and he does this at a speed that is about 30 times greater than that of the translator. (Danica Seleskovitch 2)

베르너 콜러(Werner Koller)는 통역과 번역을 다음과 같이 구분하고 있다.

> 통역학(Dolmetschwissenschaft)은 통역행위에 종사하는 학문이다. 필자는 번역학과 통역학을 구분함이 옳다고 보는데, 그 이유는—그들이 서로 중복되는 언어학적 영역(두 언어가 관여되어 있다는 점, 언어교체 Sprachwechsel가 결정적인 특징이라는 점에서)임에도 불구하고—번역과 통역에서는 서로 상이한 조건 속에서 수행해 나가는 두 가지의 활동이 문제시되기 때문이다. 번역행위와 통역행위는 그 외적인 (의사소통의) 상황에서 차이가 난다. 번역의 수신인은 현재 자리에 있지 않으며, 피이드백(Feedback)이 불가능한 반면, 통역은 수신인이 있다는 조건하에서 수행되며 종종 피이드백이 가능하다. 또한 작업방식(번역은—이상적인 경우에—시간과 결부되지 않으나, 통역은 시간의 제약하에서 수행된다)이나 텍스트의 구현 및 그에 따른 텍스트 이해의 조건(번역의 경우에는 완전한 텍스트가 주어져 있으나 동시 통역의 경우에는 텍스트가 연속적으로 산출 또는 구현된다) 등에 있어서도 양자는 다르다. (Werner Koller, 박용삼 역, 『번역학이란 무엇인가』, 1990, pp. xiii–xiv)

3 통·번역에 요구되는 지식 및 기술

대니얼 길은 통역 및 번역하는 데 요구되는 지식과 기술을 다음과 같이 요약·제시하고 있다.

a. Interpreters and translators must have good passive knowledge of their passive working languages.

b. Interpreters and translators must have good command of their active working languages.

c. Interpreters and translators must have enough knowledge of the subjects of the texts or speeches they process.

d. Translators(interpreters and translators) must know how to Translate.

(Daneil Gile 4-5)

4 통·번역과 언어 및 문화적 배경 지식의 함수 관계

통·번역은 궁극적으로 언어기호 전환 작업이다. 따라서 통·번역을 배우는 학생들의 경우 제 언어의 특성과 친근 관계를 아는 것은 최소한의 기본 지식이라고 할 수 있다. 세계의 언어는 수 천 개에 달한다. 그렇지만 이 수천 개의 언어들은 두 가지 분류법에 의해 분류되는 바, 그 하나는 계통적 분류(genealogical classification)이고 다른 하나는 유형적 또는 형태적 분류(typological or morphological classification)이다. 우선, 계통적 분류에 의하면, 세계언어는 다음과 같이 분류된다.

4.1 인구어족(Indo-European family)

- 인도-이란어파(Indo-Iranian branch) : 인도어(Indian), 이란어(Iranian)
- 슬라브어파(Slavich branch)
- 아르메니아어(Armenian)
- 알바니아어(Albanian)
- 그리스어(Greek)
- 로만스어파(Romance branch)
- 게르만어파(Germanic branch)
- 켈트어파(Celtic branch)
- 토카라어(Tocharian)
- 힛타이트어(Hittite)

4.2 햄-셈어족(Hamito-Semitic family)

- 이집트어(Egyptian)
- 베르베르어(Berbers)
- 쿠시제어(Cushitic)
- 챠드제어(Chadic)
- 셈어파(Semitic branch)

4.3 우랄어족(Uralic family)

- 핀- 우글어파(Finno-Ugric branch) : 핀어(Finnish), 라프어(Lappish), 카레리아어(Karelian), 모르드빈어(Mordvin), 체레스미어(Cheremis), 보챠크어(Votyak), 보굴어(Vogul), 오스챠크어(Ostyak), 헝가리어(Hungarian)
- 사모에드어(Samoyed)

4.4 알타이 제어(Altaic languages)

- 튀르크어(Turkic)
- 몽골어군(Mongolian)
- 만주-퉁구스어군(Manchu-Tungus)

4.5 중국-티베트어족(Sino-Tibetan family)

- 중국어군(Chinese)
- 캄-타이어군(Kam-Tai)
- 티베트-버마어군(Tibeto-Burman)
- 먀오-야오어(Miao-Yao)

4.6 말라이-폴리네시아어족(Malayo-Polynesian family)

- 동 말라이-폴리네시아어
- 서 말라이-폴리네시아어

4.7 드라비다어족(Dravidian family)

오늘날 국제어로 통용되고 있으며 국제 기구에서 통·번역 빈도수가 가장 높은 언어는 영어이다. 따라서 영어가 속해 있는 언어의 계통도를 살펴볼 필요가 있는데, 그것은 다음과 같다.

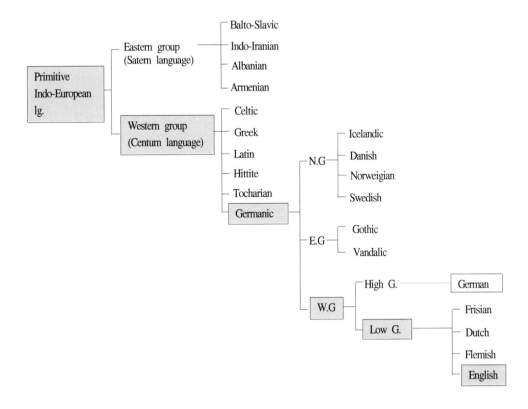

<Indo-European Family of Language(1)>

세계 언어는 유형적으로 또는 형태적으로 다음과 같이 분류된다.

1) 고립어(孤立語: isolating language)

고립어의 특징은 문장을 구성하는 단어가 어형 변화를 하지 않으며, 단어 사이의 문법적 관계가 어순에 의해서만 표시된다는 데에 있다. 중국어가 대표적인 고립어이다.

2) 교착어(膠着語: agglutinative language)

교착어의 특징은 문장을 구성하는 단어가 어형 변화를 하지 않으며, 각 단어의 문법적 관계가 단어 또는 어간에 결합되는 조사 또는 접미사에 의해서 표시된다는 데에 있다. 알타이제어가 대표적인 교착어이다. 우리말도 교착어에 속한다.

[예문] 나는 그녀를 사랑합니다.

위 예문에서 "나"와 "그녀"는 어떤 위치에 있든지 간에 어형변화를 하지 않으며, 뒤에 결합되는

조사 또는 접미사에 의해 주어도 되고 목적어도 될 수 있다. 이 때문에 위 예문의 두 단어의 어순을 바꾸어 "그녀를 나는 사랑합니다"라고 표현해도 그 의미는 변함이 없다.

3) 굴절어(屈折語: inflectional language)

굴절어의 특징은 문장을 구성하는 단어가 변화하면서 문법관계를 표시한다는 데에 있다. 영어가 속해 있는 인구제어는 굴절어이다.

예문 I love her.

위 예문에서 "I"는 그것이 주어의 위치에 있기 때문에 그 형태이고, "her"는 목적어의 위치에 있기 때문에 그 형태인 것이다. 만일 그것들이 다른 격을 띠고 있다면 그 형태가 바뀔 것이다.

4) 포합어(抱合語: incorporating language)

포합어의 특징은 문장을 구성하는 요소가 서로 밀접하게 결합해서 하나의 전체를 이룬다는 데에 있다.

통역에 있어서 원어와 목표어, 그리고 번역에 있어서 원어와 번역어 사이의 친근 관계는 통역 또는 번역의 용이성과 함수 관계에 있다고 할 수 있다.

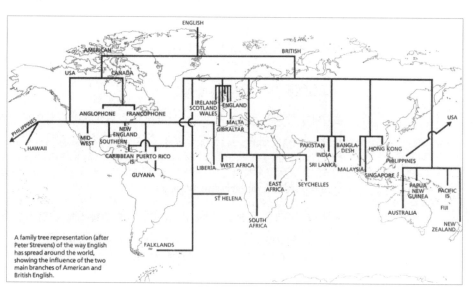

◁세계 영어의 분포(2002년)▷

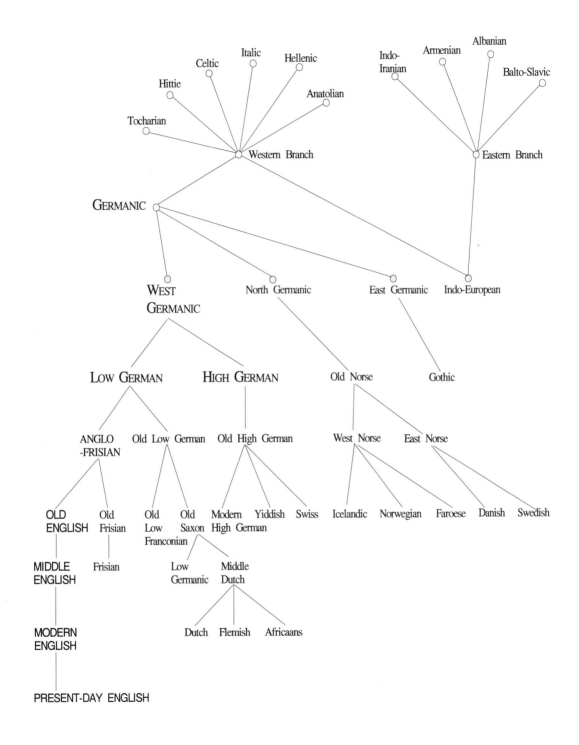

◁Indo-European Family of Language(2)▷

제2장 | 통역 이론

1 통역의 기본 개념

1.1 통역이란 단어의 어원

통역이란 단어의 어원은 "해석하다" 또는 "통역하다"로 번역되는 그리스어 동사 "헤르메네웨인(hermenewein)"과 "해석" 또는 "통역"으로 번역되는 그리스어 명사 "헤르메네이아(hermeneia)"이다. 이들 "헤르메네웨인"과 "헤르메네이아"라고 하는 두 단어는 그리스 신화에 등장하는 헤르메스(Hermes) 신과 연결되어 있다. 정확하게 말하자면, 두 단어는 헤르메스로부터 파생되어 나온 것이다.

"헤르메네웨인"과 "헤르메네이아"는 고대로부터 이어져 내려온 상당수의 텍스트들에서 다양한 형태로 나타난다.

동사 "헤르메네웨인"은 세 가지 기본적인 의미를 지니고 있다. "헤르메네웨인"의 첫 번째 의미는 표현하다(to express), 진술하다(to assert), 말하다(to say) 등이다. "헤르메네웨인"의 두 번째 의미는 설명하다(to explain)이다. 마지막으로 "헤르메네웨인"의 세 번째 의미는 번역하다(to translate)이다.

1.2 통역의 정의

Imagine two people sitting in a room. They may be politicians, businessmen or women, trade unionists or scientists. They wish to discuss their work but speak different languages, and neither speaks the other's language well enough the discussion to be useful. So they call in someone else, who speaks both languages, to explain what each is saying in turn. That person is an interpreter.
—Roderick Jones, *Conference Interpreting Explained*, 1998, p. 3

통역이란 화자·발신자(speaker · sender)의 말 즉 원어(source language)로 구성된 말을 청자·수신자(hearer·receiver)가 사용하고 알아들을 수 있는 말 즉 목표어(target language or receptor language)로 구성된 말로 바꾸어주는 행위를 뜻한다. 가령, 한국어를 영어로 통역하는 경우를 예로 들어보자.

위의 도해가 보여주듯이, 통역사는 한국어를 사용하는 발신자와의 의사소통 관계에서는 〈수신자〉 역할을 수행하고, 영어를 사용하는 수신자와의 의사소통 관계에서는 〈발신자〉 역할을 수행하는 의사소통 중개자로서 1인2역을 수행한다.

2 통역의 목적

통역의 목적은 연설자가 원어로 '전달하고자 하는 것'을 청중이 듣고 온전히 이해할 수 있도록 목표어로 바꾸어주는 것이다. 이 때, '온전한 이해'를 위한 필수조건은 바로 의사소통적 가치의 등

Today, roughly speaking, three forms of interpreting are practised: liaison, consecutive and simultaneous interpreting, in German "Verhandlungsdolmetschen", "Konferenzdolmetschen" and "Simultandolmetzschen" respectively.

A consecutive interpreter changes what has been said in one language into another language, while a simultaneous translator changes what is being said in one language into another language as someone is speaking.

The umbrella term for consecutive and simultaneous interpreting is "Konferenzdolmetschen" (conference interpreting).

Liaison interpreting is by far the oldest form of interpreting, and was practised as far back as ancient times (and even in pre-antiquity). Today it is the most common form of interpreting. This is due to the fact that it includes both diplomatic "Gesprachsdolmetschen" (or "Flusterdolmetschen" for negotiations involving only a small group of people, where the interpreter sits next to or behind his "client") and the large field of "community interpreting" (Carr et al. 1996; Bowen 1998). It is also known as "public service interpreting", and is practised above all in the USA (the classic immigrant country) and more recently also in Germany. Since the term is somewhat imprecise, efforts are underway to replace it with different, more specific terms such as "hospital interpreting", "mental health interpreting" and "social service interpreting".

—Wolfram Wilss, *Translation and Interpreting in the 20th Century,* 1999, p. 13.

가성이다. 이 의사소통적 가치의 등가성은 원어의 어휘와 목표어의 어휘를 일대일 대응해서, 즉 일대일 짝짓기 해서 획득될 수 있는 것이 아니다. 그 이유는 첫째 각 언어가 지닌 고유의 '언어 특징' 때문이고, 둘째 각 언어가 속해 있는 '문화의 차이' 때문이다.

3 통역의 구분

통역은 그것이 이루어지는 공간, 순서, 방식 등에 따라 다양하게 분류될 수 있다. 그리고 대부분의 경우 서로 중복적으로 이루어진다.

3.1 통역이 이루어지는 공간에 따른 구분

통역이 이루어지는 공간에 따라 회의 통역과 수행 통역으로 구분된다. 다니카 셀레스코비치에 따르면, 회의 통역이 처음 등장한 것은 1917년 베르사이유 조약체결을 위한 첫 협상 때이다. 미국과 영국의 대표단 등 일부가 그때까지만 해도 국제적인 외교언어였던 불어를 할 줄 몰랐기 때문에, 두 언어 ― 영어와 불어 ― 를 다 구사할 줄 아는 통역사를 처음으로 쓰게 되었다. 이 자리에서 통역사는 연사가 말한 후에 1인칭으로 통역하였다.

1) 회의 통역

회의가 진행되는 동안 통역사가 회의 참가자의 말을 통역하는 방식으로 회의 참가자의 말 또는 연설을 그의 옆자리에서 또는 별도의 통역 부스에서 통역한다.

2) 수행 통역

특정인을 밀착 수행하면서 그의 말을 또는 그와 상대하는 사람의 말을 통역하는 방식이다. 수행 통역의 경우 통역사는 상대방이 식사하는 동안, 걸어가는 동안, 승용차를 타고 목적지로 가는 동안에도 옆에서 통역을 해야한다.

3) 회담 통역

두 대표 간의 회담을 통역하는 것을 뜻한다. 2인이 회담하는 경우 또는 대화를 하는 경우 1인의 통역자가 두 사람의 말을 통역하는 사례, 그리고 2인의 통역자가 각기 수행하는 사람을 위해 통역하는 사례도 이 범주에 들어간다.

4) 전화 회담 통역

전화로 회담하는 경우 두 사람의 회담자에게 연결된 별도의 수화기와 마이크를 갖춘 통역사가 통역하는 방식이다. 전화회담 통역은 전화 음질에 따라 순차 통역이나 동시 통역으로 진행된다.

양측에 모두 통역사가 있는 경우에는, 대화가 시작되기 전에 각자 담당할 언어를 정해야 한다. 대부분의 경우 상대방의 말을 듣고 전화 회담 당사자에게 통역해주는 것이 바람직하며, 특히 바로 옆에 있는 경우에는 더욱 그렇다.

5) 확대회담 통역

큰 테이블에 마주 앉은 두 대표단 간의 회담을 통역하는 것을 뜻한다. 순차 통역이나 생 동시 통역방식을 채택한다.

6) 공식 연설 통역

특정한 경우 생 동시 통역도 가능하지만, 보통 순차 통역 방식을 채택한다.

7) 기자회견 통역

기자회견하는 내용을 통역하는 것을 말한다.

3.2 통역이 이루어지는 순서에 따른 구분

1) 순차 통역(consecutive interpretation)

화자의 말 또는 연사의 연설이 끝난 후 몇 초 또는 몇 분 뒤에 순차적으로 통역사가 통역하는 방식이다.

이 순차 통역은 제1차 세계대전 이후에 국제연맹에서 전성기를 누렸으며, 최근까지도 유엔 안전보장이사회에서 사용되었다. 오늘날은 상대적으로 덜 사용되고 있다. 최근 통계에 따르면, 전체 국제회의 가운데 10퍼센트 미만이 이 방식으로 통역되고 있다.

2) 동시 통역(simultaneous interpretation)

연사가 연설하는 것과 동시에 또는 불과 몇 초 뒤에 그 내용을 통역하는 방식이다.

동시 통역은 제2차 세계대전 후에 전범을 재판하기 위해 열린 뉘른베르그 법정(the Nuremberg Trials)에서 처음으로 등장했으며, 그 후부터 유엔을 비롯한 EU, UNESCO, FAU, UPU, WHO, OECD, ICAO 등의 유럽 또는 국제 기구에서 널리 쓰여 왔다.

참고 1

▶순차 통역과 동시 통역
1. 순차 통역은 연설이 끝난 얼마 후에 이루어지기 때문에 동시 통역에 비해 연사의 메시지 전체를 분석할 수 있는 시간이 있으며 연설의 향방을 알 수 있는 이점이 있다.
2. 순차통역사는 연사 옆자리에 위치해서 연설을 듣는 사람들과 얼굴을 맞대고 말하며, 그 자신 실제로 화자가 된다. 따라서 순차통역사는 연사 및 듣는 사람들과의 교감 하에 통역을 진행한다. 반면에 동시통역사는 통역부스에 고립되어서 연설을 헤드셋을 통해 듣고 마이크를 사용해 통역하고, 연사의 연설을 듣는 사람들은 이어폰을 통해서 통역을 들으며, 통역사를 보지 못한다.
3. 순차통역사는 연설이 잠시 멈춘 후 통역하기 때문에 자기 자신의 속도로 자연스럽게 통역을 할 수 있다. 반면에 동시통역사는 연사의 말하는 속도에 맞추어 통역해야 하는 부자연스러운 구속을 받는다.

※ One minute of sustained speech corresponds to an average of 150 words.

참고 2

▶동시통역사가 따라야 할 황금률
The simultaneous interpreter must :
· remember they are communicating.
· make the best possible use of the technical facilities.
· ensure they can hear both the speaker and themselves clearly.
· never attempt to interpret something they have not heard or acoustically understood.
· maximize concentration.
· not be distracted by focusing attention on individual problematic words.
· cultivate split attention, with active, analytical listening to the speaker and critical monitoring of their own output.
· use, where possible, short, simple sentences.
· be grammatical.
· make sense in every single sentence.
· always finish their sentences.

(Roderick Jones 77-8)

3.3 통역의 방식에 따른 분류

1) 생 동시 통역(in vivo interpretation)

연사의 옆에서 연사와 같이 큰 소리로 동시에 하는 통역 방식을 말한다.

2) 위스퍼링 통역(whispering interpretation)

회담자의 뒤에서 상대방의 언어를 작은 소리로 통역하는 방식을 말한다.

3.4 최신에 등장한 새로운 방식의 통역

1) TV 통역(TV interpretation)

TV 통역은 외국 영화를 자국민들을 위해 더빙 처리하는 것과 같은 방식으로 이루어지는 통역을 뜻한다.

The observer is struck by the fact that the interpreter manages to do two things at once: listen and speak. But that is not exactly the case. In order to understand what simultaneous interpretation involves, let us look more closely at what happens. When we speak spontaneously our words do not come out in spurts; we do not first think out what we are going to say and then stop thinking while we speak, nor do we stop speaking in order to mentally compose what we are going to say next. On the contrary, our speech is continuous. To be specific, it involves two super-imposed processes in a cause and effect relationship, mental impulses and their oral expression. Seen in time, however, the words are uttered at the precise moment the following thought is conceived; at the precise moment the product of the conceptualizing process is uttered, the mind is already focused on further development of the thought that is to be expressed in the following statement.

The simultaneous interpreter does virtually the same thing as when he is speaking spontaneously. He hears the next sentence while he is stating the preceding idea, yet he does not listen to the next sentence but to the sentence that he himself is delivering. He does, however, hear the meaning of the sentence being delivered by the speaker and it is the meaning that he retains in order to deliver the sentence himself immediately afterwards. Thus, just as when he speaks spontaneously, the words he hears while interpreting are those that he utters, but the

—to Next Page

2) 화상회의 통역(teleconference interpretation)

세계의 다른 지역에서 개최 중인 회의를 화상을 통해 보여주면서 자기 나라 사람을 위해 통역하는 방식을 뜻한다.

3) 릴레이 통역(relay interpretation)

릴레이 통역이란 어떤 회의가 다언어로 진행되고 통역사들이 거기에서 사용되는 언어 모두를 이해하지 못하는 상황 하에서 이루어지는 통역을 뜻한다. 가령, 어떤 회의에서 사용되는 언어들이 한국어, 영어, 중국어인 경우를 예로 들어보자. 중국어 통역사는 한국어는 이해하는데 영어는 이해하지 못한다. 한국어 통역사는 세 언어를 모두 이해한다. 그런데 연설이 영어로 이루어지는 경우, 한국어 통역사는 그것을 한국어로 통역할 것이다. 중국어 통역사는 영어를 통역하는 것이 아니라 한국어 통역사가 한국어로 통역한 내용을 중국어로 통역한다. 그래서 이 경우의 한국어 통역사는 '릴레이 통역사'라고 불린다. 릴레이 통역은 순차 통역에서도 동시 통역에서도 사용될 수 있다.

4 통역과정 모델

1) 고전적인 모델(the classical model)

Speaker → Interpreter → Receiver

위 도해가 보여주듯이 고전적인 모델은 통역과정이 2단계(two-step) 단일 행위로 구성되어 있다고 본다. 이 고전적 모델에 의하면, 통역은 발신자가 원어로 말하는 것을 통역사가 듣고 그 내용을 목표어 수신자에게만 전달하는 행위이다.

2) 의사소통 모델(a communication model)

Speaker ——→ Source-language listener
Interpreter ——→ Target-language listener
Client

의사소통 모델은 발신자가 원어 수신자와 목표어 수신자 모두에게 말하는(또는 연설하는) 상황을 설정한다는 점에서 고전적인 모델과 차이가 난다.

—from Previous Page

thoughts that his mind focuses on are those that will produce his next words. The difference is that, here, the thought he will utter comes from an outside source.
　　　　　　—Danica Seleskovitch 29.

3) 다니카 셀레스코비치(Danica Seleskovitch) 모델

다니카 셀레스코비치는 3단계로 이루어진 다음과 같은 통역과정 모델을 제시하고 있다.

a. Auditory perception of a linguistic utterance which carries meaning. Apprehension of the language and comprehension of the message through a process of analysis and exegesis ;

b. Immediate and deliberate discarding of the wording and retention of the mental representation of the message (concepts, ideas, etc.) ;

c. Production of a new utterance in the target language which must need a dual requirement: it must express the original message in its entirety, and it must be geared to the recipient.

　　　　　　　　　　　　　　　　　　　　　　　　(Danica Seleskovitch 8)

5 통역언어 분류와 조합

통역은 기본적으로 통역사를 매개로 해서 이루어지는 서로 다른 언어를 사용하는 두 당사자간의 의사소통 행위이다. 따라서 통역사는 적어도 두 가지 이상의 언어에 정통해야 한다. 통역과정에서 통역사가 사용하는 언어는 일정 기준에 따라 등급별로 분류되는데 가장 흔히 쓰이는 분류 방식은 A · B · C 분류 방식이다. 　　(Danica Seleskovitch 62–5; 최정화, 「통역입문」, 1988, pp. 27–8)

The source language means the language in which a speech is made in the original, and out of which it is to be interpreted. The target language is the language into which it is to be put, and which the interpreter therefore speaks.

A passive language is a language out of which an interpreter is capable of interpreting. An active language is one which he/or she is capable of interpreting. An interpreter's 'working languages' are the sum of their active and passive languages. It should be noted that source and target on the one hand, and passive and active on the other, do not have the same meaning, the first two referring to a specific circumstances, the latter to the general interpreting capabilities of an individual.
　　　　　　—Roderick Jones 9-10.

A 언어: 모국어

① A.I.I.C.(국제회의 통역사 협회) 규정에 따르면, "통역사의 모국어(또는 모국어와 동일한 수준의 언어)로서 순차 통역이나 동시 통역의 경우 모든 다른 통역 언어를 출발어로 할 때 도착어가 된다."

② C. Thiery에 따르면, "모국어란 환경에 의해 자연 습득되는 것이지 교육으로 얻어지는 것이 아니다. 언어의 자연 습득 시점은 사춘기를 기점으로 소멸된다."

③ D. Seleskovitch에 의하면, "모국어의 경우에는 자신의 생각에 언어를 맞추고, 외국어의 경우에는 자신의 생각을 언어에 맞춘다."

B 언어: 외국어(통역사에 의해 능동적으로 표현되는 언어)

① A.I.I.C. 기준에 따르면, "능동(active) 언어로서 모국어는 아니지만 의사전달을 완벽하게 할 수 있는 언어이다." "일부 통역사는 순차·동시 통역 모든 경우에 이 언어로 통역을 하지만, 일부의 통역사는 순차나 동시 통역 중 한 방식에만 사용한다."

② D. Seleskovitch에 따르면, "표현 언어로 사용되며 모국어로는 볼 수 없는 언어이다."

C 언어: 외국어(통역사에 의해 표현 언어로 사용되지 않는 언어)

① A.I.I.C. 기준에 따르면, "수동(passive) 언어로서 통역사의 표현 언어로 사용되지 않으며 완벽하

게 이해하는 언어로서 듣고 능동 언어로 통역한다."

② D. Seleskovitch에 의하면, "표현보다는 단어, 문장 구성, 숙어의 뜻을 이해하는 데 노력을 집중해야 하는 언어이다."

통역언어 조합이란 A언어로부터 B언어로의 통역(A → B), B언어로부터 A언어로의 통역(B → A), C언어로부터 A언어로의 통역(C→A), 그리고 C언어로부터 B언어로의 통역(C→B) 등의 언어 조합 관계를 가리키는 것이다.

6 통역사의 역할

1) 통역사는 원어로 된 연설을 빠르고, 정확하고, 철저하게 이해·분석한 후

2) 연설가의 말하고자 하는 바를 순발력 있게 적절한 어휘를 구사하여 명확하고 자연스럽게 표현·전달해야 한다.

7 훌륭한 통역사의 자격

Interpreting means visualizing the image that has been created, taking a stand, stating emphatically that "that" is what is meant, and even swaying an audience when necessary. In these three respects the interpreter works like a musician or an actor whose art does not merely involve reproduction or repetition, but successful interpretation. The interpreter enjoys greater freedom than the musician or actor since he is not called upon to strike the note indicated by the composer, or to deliver the line written by the playwright. However, he is subject to a greater constraint, since in order to say "the same thing" as the speaker has said in another language, he must comprehend the total message.
— Danica Deleskovitch 28.

통역사의 책무는 그가 맡은 통역의 성격에 따라 가벼운 것으로부터 중차대한 것에 이르기까지 다양하다. 국제적 통상에 있어서 통역사의 통역의 질에 의해 그것이 성사될 수도 있고 극단적인 경우 실패로 끝날 수도 있다. 그리고 양국의 정상 간의 회담의 경우 통역사의 통역의 질에 의해 양국의 선린우호관계가 증진될 수도 있으며, 반대로 양국이 소원한 심지어 적대적인 관계로 돌아설 수도 있다. 그런데 지극히 상식적인 이야기지만 통역의 질은 결국 통역사의 자질이다. 통역사의 자질을 가늠할 수 있는 여러 요소들이 있다.

7.1 인간성의 측면

인간성의 측면에서, 일반적으로 전문직업인들이 갖추어야 할 소질들은 대략 다음과 같다.
1) 원만한 인간관계
2) 성실성
3) 객관성·분석성·비판성
4) 판단력·창조력·문제해결력
5) 의사전달 및 자기표현 능력
6) 용기·야심
7) 감정안정성·환경적응력

그런데 전문 직업인이면서 동시에 <전인적 작업인(全人的 作業人)>으로서 통역사에게는 추가로

특별히 요구되는 자질들이 있다.

1) 언어와 언어적 표현에 대한 관심·문학적 재능

2) 정신집중력·인내력

3) 음성 및 성량 조절 능력

4) 기억력·상상력

5) 친절한 마음씨·호기심

7.2 통역에 필요한 지식

훌륭한 통역사가 되기 위해 갖추어야 할 요건은 뛰어난 언변과 같이 선천적으로 타고난 것들이 있을 수 있으며, 반면에 주제 지식처럼 후천적으로 계발하고 연마하여 갖추어야 할 것들이 있을 수 있다. 선천적인 것이든 후천적인 것이든 훌륭한 통역사가 갖추어야 할 요건들은 크게 언어 지식과 언어 외적 지식으로 구분되는데 이것들을 세분화하면 다음과 같다.

1) The interpreter must be prefectly fluent in two foreign languages and can handle his native tongue with eloquence and precision.

2) He must have some knowledge of the subject being mentioned or discussed.

3) He must be versatile and be a fast thinker.

4) He must have an inborn curiosity and have the ability to take an interest in each and every area of human activity.

5) He must have nerves of steel, great self-control and acute and sustained powers of concentration.

6) He must be a good public speaker capable of arousing his audience and, if necessary, convincing them.

위에서 언급된 요건에 첨언하자면, 의사소통적 가치의 중개자로서 통역사는 바로 그 의사소통 과정에 개입하게 되는데, 이 때 통역사에게 중요한 것은 상황인식 능력이다. 이 때, 상황인식 능력이란 현재 이루어지고 있는 회담이나 연설의 목적을 정확히 파악할 수 있는 능력을 의미한다. 다시 말해, 통역사는 누가, 누구에게, 어떤 상황에서, 어떤 말을 하는가를 항상 주의 깊게 살펴 정확히 파악할 수 있어야 한다.

일본학자 國弘正雄 등은 통역사가 갖추어야 할 지식으로 다음과 같은 것들을 제시하고 있다.

1) 어학상의 지식

2) 의사전달에 관한 지식

3) 비언어적 지식

4) 통역 방법·기술에 관한 기술

5) 의뢰자의 전문분야에 관한 지식

6) 직업실무 지식

위에 제시된 요건들에서 특기할 만한 것은 비언어적 지식과 직업실무지식이다. 비언어적 지식이란 통역할 때 통역사의 자세, 시선 처리 등에 관한 지식을 뜻한다. 그리고 직업실무 지식이 있는데, 이것에는 통역 건을 어떻게 수주하는지, 보수 계약은 어떻게 하는지, 연설문을 받으려면 누구와 접촉해야 하는지, 통역부스 안에서의 통역 기기들은 어떻게 다루어야 하는지 등 여러 실무적 지식이 포함되어 있다.

한편 통역사가 갖추어야 할 요건으로 위에서 언급되지 않은 그러나 매우 중요한 요소를 하나 더 추가하자면, 그것은 바로 문화적 맥락에 관한 지식이다. 통역 과정의 세 개별 주체들, 즉 발신자·통역사·수신자는 진공 상태에 존재하는 것이 아니라 역사적 및 사회적 요소들에 의해 구성되는 문화적 맥락 속에 존재한다. 이런 이유로, 통역사가 발신자 및 수신자와의 의사소통적 교감 하에서 제대로 통역을 할 수 있기 위해서는 그는 발신자와 수신자들이 각기 속해 있는 사회 또는 국가의 문화적 맥락을 이해해야만 한다. 그리고 통역사가 발신자와 수신자의 문화적 맥락을 이해하기 위해서는 그들이 각기 속해 있는 사회 또는 국가의 역사·문화·정치·경제·풍속·관습·지리 등에 관한 지식을 갖추고 종합적으로 조망하고 연관시킬 수 있는 능력을 갖추어야 한다.

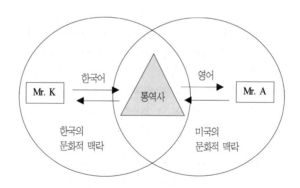

8 통역사의 제약

통역사는 번역가와 마찬가지로 한계 내 자유재량권을 갖는다. 다시 말해 그는 원어 연설을 목표어로 전환하는 경우 상당한 재량권을 갖는다. 다시 말해 그는 의사소통적 가치의 등가성을 훼손하지 않는 범위 내에서 청중들의 이해를 돕기 위해 연설의 내용에 첨가와 생략을 가할 수 있다. 이렇게 함으로써 그는 내용과 느낌 면에서 동일한 효과를 연출하여 청중들에게 전달할 수 있는 것이다. 그렇다고 해서 그는 통역사로서 연설자가 '전달하고자 하는 것'을 뛰어 넘어 그의 '의도'를 추정해서까지 해석·전달해서는 안된다. 통역사의 역할은 연설자가 말하고자 하는 바를 충실히 전달하는 것이기 때문이다.

9 통역 훈련 학습법

1) 단락 및 문장 청취(meaning-unit or sentence listening)

의미를 구성하는 단락이나 문장을 끊어가면서 청취하고 이것을 통역한다. 이것이 숙달되면 듣는 분량을 늘여 몇 문장 또는 한 절을 통역한다. 이 경우 한번 들어서 안 들리는 부분은 반복·청취하여 왜 안 들리는 지를 확인한다.

2) 모방(mimicking) 및 따라하기(shadowing)

이 훈련 방식은 테이프의 화자보다 약간 늦게 화자의 말을 모방하여 따라하는 방식이다. 이 경우, 자기의 말을 귀로 직접 들을 수 있는 특수 헤드셋을 활용하면 큰 도움이 된다. 그리고 화자의 말을 따라서 발음한 것을 녹음하여 나중에 들어보는 것은 자신의 발음이나 억양을 교정하는 데에도 도움이 된다.

3) 받아쓰기(dictation)

테이프를 통해 화자의 말을 듣고 원어 그대로 받아쓰는 방식으로, 청음 집중도 및 정확성을 높이는 데 도움이 된다.

4) 내용 기록(note-taking)

내용기록은 테이프의 화자의 말을 듣고, 핵심적인 내용만을 원어로 또는 목표어로 간략하게 적어두는 것이다. 이 훈련과 작성된 내용 기록에 의거하여 화자의 말을 목표어로써 말로 표현하는 훈련을 병행하는 것이 효과적이다.

내용기록은 특히 '순차 통역'에서 매우 긴요하게 쓰인다. 왜냐하면 내용기록은 일종의 기억장치, 즉 순차 통역을 할 때 연사로부터 듣고 이해한 내용을 통역사가 기억하는 것을 촉발시켜주는 기억보조장치 역할을 수행하기 때문이다.

내용 기록에 있어서는 따로 정해진 일정한 방식이 존재하지 않기 때문에 통역 훈련시 각자 자기 고유의 내용 기록 요령 또는 방식을 터득해야 한다. 그리고 이 때 가장 중요한 것은 목표어로 표현하고자 할 때 명료하고도 순발력 있게 표현할 수 있도록 쉽게 기억나게 할 수 있는 내용 기록방식이어야 한다는 것이다.

> **참고 3**
>
> ▶▶ **무엇을 기록하는가?**
> 통역사는 기억을 보조하기 위해 그리고 기억하는 노력을 경감하기 위해 다음과 같은 것들을 기록해야 한다.
>
> 1. The first things to be noted should be the **main ideas**.
> 2. Then, just as in the mental analysis of a speech one has to identify the links and separations between ideas, so these links and **separations** should appear in the notes.
> 3. A third element that should always be part of an interpreter's analysis of a speech, and which should also appear in the notes, is the **point of view** being expressed.
> 4. Fourth, we have already noted that delegates need to know 'what happened when', and that the **tenses of verbs** are therefore important.
>
> 이것들 이외에 기록해 두어야 하는 것으로는 다음과 같은 것들이 있다. 이것들의 공통점은 통역사가 쉽사리 기억할 수 없으며, 기억하기 위해 노력하고 싶지 않은 것들이라는 점이다.

5. There are **numbers**, including dates.

6. There are **proper names**.

7. Lastly, **lists** should always be noted as completely as possible.

다음은 전대미문의 미 공습테러가 발생한 2001년 9월 11일, 24시간 뉴스채널인 미국 CNN을 청취하면서 동시 통역하는 과정에서 '에...음...' 등의 불필요한 말이 섞여 나오는 등 통역이 영 매끄럽지 못했던 이유에 대하여 현재 한국외국어대학교 통역번역대학원에서 제자양성에 힘쓰고 있는 곽중철 교수가 2001년 10월 15일 스포츠서울과 인터뷰한 내용의 일부이다.

··· CNN 뉴스통역을 세상에서 가장 어려운 통역 중 하나로 꼽았다. 그리고 TV의 동시 통역이 미흡해 보일 수밖에 없는 이유를 차근차근 설명했다.

일단 동시 통역은 자신이 통역할 내용이 무엇인지 정확히 알아야 잘 할 수 있다. 국제회의 경우, 통역을 의뢰 받으면 회의 주제나 관련 전문용어, 연설문 등을 사전에 입수, 충분히 준비할 수 있는 시간적 여유가 있어 큰 어려움이 없다. 그러나 뉴스통역은 불시에 사고가 발생하는 데다 통역사들조차 급박한 상황에서 아무런 사전 준비 없이 통역에 임하기 때문에 매끄러운 통역을 기대한다는 것 자체가 어불성설이라는 것이다. 이 때문에 방송계 일각에서는 뉴스 통역을 위한 전문 통역사의 양성이 매우 시급하다는 지적도 일고 있기도 하다.

'잘해야 본전'이라는 이유로 경험이 풍부한 통역사들은 방송뉴스통역을 아예 기피하고 있는 현실은 또 다른 문제점이다. 대부분의 통역대학원 졸업생들은 IT나 금융, 컨설팅 분야를 중심으로 취업, 통·번역사로 활동한다. 그중 최고 수준의 통역사는 역시 국제회의 통역사. 이번 테러참사가 벌어진 9월 중순은 통역의 성수기로 실력 있는 고참 통역사들은 이미 각종 국제회의에 예약이 돼 있었고, 당일 갑작스런 섭외는 어려웠던 것이다. ··· 이하 생략

http://service.sportsseoul.com/special/zine/m4/read.asp?num=10&page=1

10 통역사가 사전에 파악해두어야 하는 사항

연설의 내용을 정확하게 이해하고, 이것에 의거하여 올바르게 통역하기 위해 통역사는 다음의 사항들을 파악해야 한다.

1) 연사가 어떤 사람인가(Who is the speaker?)

연사의 직업과 정치적 견해, 지위, 성격, 이력이나 경력 등은 연설의 메시지에 그 고유의 특징을 결정짓는 중요한 요소가 되기 때문에 연사가 어떤 사람인가를 아는 것은 연설의 목적 및 내용 파악에 있어 필수적이다.

2) 연설의 목적(the purpose of the speech)

당연한 이야기지만, 연설은 특정한 목적을 띠고 이루어지기 때문에 연설의 메시지를 보다 빨리 쉽게 이해하기 위해서는 반드시 그 목적이나 주제 등을 사전에 파악해야 한다. 예컨대, 어떤 연설이나 모임의 주제가 국제적인 공업표준화에 관한 것이라면 그에 관한 어휘나 관련 지식을 사전에 준비하고 파악해두면 통역 현장에 임해서도 보다 더 쉽게 빨리 이해할 수 있는 것이다. 철자가 같은 영어 어휘라도 분야에 따라 전혀 다른 의미로 사용되는 경우는 너무도 많으며, 그래서 각종 어휘에 대한 뉘앙스 차이의 이해가 통·번역가에게는 매우 중요한 것이다.

3) 연설의 내적 논리(the inner logic of the speech)

훌륭한 연설은 좋은 글과 마찬가지로 그 나름의 내적 논리 또는 논리적 일관성을 지니고 있다. 따라서 연설의 내적 논리 또는 논리적 일관성의 파악은 연설의 내용을 이해하는 데 매우 긴요하다. 특히 돌발적인 상황의 발생, 가령 음향상태가 좋지 않다든지, 통역장비가 불량이라든지, 마이크의 플러그가 제대로 끼어 있지 않다든지 등의 이유로 연사의 말을 부분적으로 제대로 듣지 못한 경우에 매우 유용하다.

11 연설 내용 분석을 위한 다양한 방법

연설의 내용을 정확히 이해하기 위해서는 그 내용을 분석해야 하는데 다음과 같은 기술들이 유용하다.

(Danica Seleskovitch, pp. 43-52)

1) Reference to Pre-existing Knowledge

이 기술은 연사로부터 유입되는 정보를 통역사가 사전에 알고 있는 지식을 참고하여 이해하는

것을 말한다. 이 기술은 연사로부터 새로 받아들인 정보와 통역사가 이미 알고 있는 사전 지식을 연계시키는 것을 포함하고 있다.

2) Visualization

이 기술은 통역사가 연사로부터 들은 내용을 시각화하여 심상(mental image)으로 전환시키는 기술이다. 이 기술은 연설의 내용이 무엇을 묘사하는 것일 때 특히 유용하게 쓰일 수 있다.

3) Observing Style

이 기술은 연설의 스타일, 즉 격식을 차린 스타일인가 격식을 차리지 않은 스타일인가, 현실적 스타일인가 고상한 스타일인가, 대화체 스타일인가 공식적 스타일인가 등을 파악하는 것을 말한다. 이것을 파악하기 위해서는 통역사는 연설을 통해 드러나는 연사의 어조·연사의 특정 어휘 선택·그 특정 어휘에 담겨 있는 뉘앙스 등을 주의 깊게 관찰해야 한다. 이 기술은 특히 감정 표현 연설(the emotional speech)인 경우 매우 유용하다. 감정표현 연설이란 웃음을 이끌어 내거나, 감사를 표시하거나, 조의를 표하는 등의 목적을 띤 연설을 말한다. 가령 식후 연설, 개회 연설, 장례 연설 등이 그것들이다.

4) Identifying Sequences

이 방법은 연설 내용의 시간적 순서(연속성)를 인지하고 각각의 새로 전개되는 내용에 정신을 집중하는 방법을 뜻한다.

5) Association of Ideas with Terms

이 방법은 연설가가 제시하는 아이디어를 듣고 목표어에 상응하는 용어를 갖고 있는 용어를 연상하는 방법이다.

A. 번역 이론에 대한 동시적 접근

1 번역학의 정의

앙드레 르페베르(Andre Lefevere)는 1978년에 문학과 번역에 관한 루벵학술회의 논문집의 짧은 부록에서 번역학을 "번역물의 생산과 기술 과정에서 제기되는 제반 문제(the problems raised by the production and description of translations)"와 관련된 학문으로 정의하고 있다.

번역이 그 유구한 역사에도 불구하고 하나의 학문 분과로 정립된 것은 1960년대에 들어서이다. 그리고 'Science of Translating'(Nida 1964), 'Science of Translation'(Wilss 1982) 또는 'Translatology' 등으로 다양하게 불리던 '번역학'이란 용어가 'Translation Studies'로 통일된 것은 1980년대 들어서이다(Translation Studies는 1972년 James Homes에 의해 처음 사용되었다). 이처럼 번역이 뒤늦게 하나의 학문으로 정립되고, '번역학'이라는 용어의 통일이 어렵게 이루어진 데에는 여러 가지 이유가 있다.

1) 번역에 대한 폄하적 태도

Hilaire Belloc은 1931년 그의 저서 *On Translation*에서 번역의 지위에 관한 문제를 다음과 같이 요약해 놓았는데, 이 말은 오늘날에도 정확히 적용될 수 있는 말이다.

> The art of translation is a subsidiary art and derivative. On this account it has never been granted the dignity of original work, and has suffered too much in the general judgement of letters. This natural underestimation of its value has had the bad practical effect of lowering the standard demanded, and in some periods has almost destroyed the art altogether. The corresponding misunderstanding of its character has added to its degradation: neither its importance nor its difficulty has been grasped.

2) 번역을 비교문학의 부차적인 한 분과이거나 언어학 특히 응용언어학의 특수 분야에 불과한 것으로 여기는 입장의 존속

3) 번역을 외국어 교육 과정의 한 고유 부문으로 인식

2 번역학의 대상

번역학의 대상은 원어로 되어 있는 텍스트를 목표어의 문자로 재현하는 과정으로서의 '번역행

위'와 또 이러한 과정의 결과로서 나온 '번역텍스트'이다.

3 번역학의 제 분야

1) Susan Bassnett-McGuire의 경우(1991)

Susan Bassnett-McGuire는 번역학이 상당히 넓은 분야를 포괄하고 있다고 하면서 그것을 대략 네 가지 일반적인 관심 영역으로 나누고 있다. 이 중 둘은 원어 텍스트와 관련지어 목표어 텍스트의 기능적인 양상을 중시한다는 점에서 "결과물 지향적(product-oriented)" 성격을 띠고 있고, 나머지 둘은 번역 과정에서 실제로 발생하는 일을 분석하는 데 중점을 둔다는 점에서 "과정 지향적(process-oriented)" 성격을 띠고 있다. 그가 분류한 네 가지 영역은 다음과 같다.

The first category involves the *History of Translation* and is a component part of literary history. The type of work involved in this area includes investigation of the theories of translation at different times, the critical response to translations, the practical processes of commissioning and publishing translations, the role and function of translations in a given period, the methodological development of translation and, by far the most common type of study, analysis of the work of individual translators.

The second category, *Translation in the TL culture*, extends the work on single texts or authors and includes work on the influence of a text, author or genre, on the absorption of the norms of the translated text into the TL system and on the principles of selection operating within that system.

The third category, *Translation and Linguistics*, includes studies which place their emphasis on the comparative arrangement of linguistic elements between the SL and the TL text with regard to phonemic, morphemic, lexical, syntagmatic and syntactic levels. Into this category come studies of the problems of linguistic equivalence, of language-bound meaning, of linguistic untranslatability, of machine translation, etc. and also studies of the translation problems of non-literary texts.

The fourth category, loosely called *Translation and Poetics*, includes the whole area of literary translation, in theory and practice. Studies may be general or genre-specific, including investigation of the particular problems of translating poetry, theatre texts or libretti and the affiliated problem of translation for the cinema, whether dubbing or sub-titling. Under this category also come studies of the poetics of individual translators and comparisons between them, studies of the problems of formulating a poetics, and studies of the interrelationship between SL and TL texts and author-translator-reader. Above all in this section come studies attempting to formulate a theory of literary translation.

2) 베르너 콜러의 경우

베르너 콜러는 번역학의 제분야를 좀더 세분화하여 다음과 같이 제시하고 있다.
A. 번역 이론
B.1. 언어학적·언어쌍 중심적인 번역학
B.2. 텍스트중심 번역학
C. 학문적 번역비평
D. 응용번역학
E. 번역학의 이론사 부문
F. 번역학의 번역사 및 수용사 부문
G. 번역행위의 교수법

4 번역의 성격(the nature of translation)

번역을 무엇으로 규정할 것인가? 여러 학자들은 다음과 같은 다양한 정의를 제시하고 있다.

> Translation is a science.
> Translation is an art.
> Translation is a craft.
> Translation is a skill.
> Translation is an operation.
> Translation is a language activity.
> Translation is communication.
> Translation is a communicative process which takes place within a social context.
> Translation is a social activity.

> (Liu Zhongde, *Ten Lectures on Literary Translation*, 1998, p. 1)

번역에 대한 이와 같은 성격 규정의 다양함은 번역이 지닌 복합적인 성격을 증거한다. 그렇지만 Liu Zhonde가 지적하다시피, 이러한 다양한 성격 규정들 가운데 가장 중요한 것은 처음 두 가지이다. 왜냐하면 그것들이 번역에 대한 두 학파 즉 "과학 학파(the school of science)"와 "예술 학파(the school of art)"를 대표하기 때문이다. 이러한 입장은 서구 학자들의 경우에도 마찬가지다.

> Some scholars, such as Theodore Savory, define translation as an 'art'; others, such as Eric Jacobsen, define it as a 'craft'; whilst others, perhaps more sensibly, borrow from German and describe it as a 'science'. Horst Frenz even goes so far as to opt for 'art' but with qualifications, claiming that 'translation is neither a creative art nor an imitative art, but stands somewhere between the two.'

> (Susan Bassnett-McGuire 4-5)

번역이 과학인가 예술인가의 논란의 단초는 본질적으로 번역이 지닌 기본적 특성에 기인하는 바 크다. 번역은 본질적으로 '창조적'이며 동시에 '파생적'인 속성을 지니고 있기 때문이다. 번역이 지닌 이러한 두 가지 특성 중 어느 것을 더 내세우는가가 시대별로 사회별로 번역에 대한 인식 및 평가에 지대한 영향을 끼쳤다.

오늘날은 예전에 비해 번역의 창조적 속성을 지지하는 입장이 우세해지고 있는 형편이다. 이런 입장을 견지하는 대표적인 학자로 Octavia Paz이 있다. Octavia Paz는 모든 텍스트는 — 원작이든 번역 작품이든 간에 — 독창적이면서 동시에 다른 텍스트의 번역이라는 전제하에 번역을 다음과 같이 규정하고 있다.

> Every text is unique and, at the same time, it is the translation of another text. No text is entirely original because language itself, in its essence, is already a translation: firstly, of the non-verbal world and secondly, since every sign and every phrase is the translation of another sign and another phrase. However, this argument can be turned around without losing any of its validity: all texts are original because every translation is distinctive. Every translation, up to a certain point, is an invention and as such it constitutes a unique text.
>
> (Octavio Paz, *Traducción*, 1971, p. 9)

5 번역 행위의 정의(the definition of translating)

번역은 원어로 쓰여진 텍스트를 목표어로 쓰여진 텍스트로 바꾸는 작업이다. 이 정의에서 핵심 단어는 '텍스트'라는 단어이다. 번역 작업은 빈 껍질이라고 할 수 있는 언어 자체가 아니라 텍스트, 즉 의미를 대상으로 한다.

번역이란 한 언어에 속한 언어 단위, 즉 단어를 그것에 해당하는 다른 언어 단위로 대체시키는 단순한 일대일 대응 작업이 아니다. 기계번역의 여러 가지 문제점들이 이를 잘 증명해 주고 있다.

리처드 팔머(Richard E. Palmer)의 정의

번역은 「이해에 이르는」 기본적인 해석 과정의 특수한 형식이다. 우리는 이러한 과정을 통하여 어색하고 낯설며 이해할 수 없는 것을 그 자신의 이해가능한 언어로 바꾸게 된다. 번역자는 헤르메스 신이 행하는 바와 마찬가지로 하나의 세계를 다른 낯선 세계와 매개해 준다. 번역을 한다고 하는 것은 — 번역기를 통해 나온 번역의 결과를 보면 잘 알 수 있는 바와 같이 — 단순히 원어에 대응하는 동의어 찾기의 기계적인 문제가 아니다. 왜냐하면 번역자는 두 개의 서로 다른 세계를 매개하고 있기 때문이다. 우리는 번역을 통해 언어 자체가 세계에 대한 다리를 이어주는 해석을 포함하고 있다는 사실을 인식하게 된다. 이 경우 번역자는 개개의 표현들을 번역할 경우에조차도 이 세계를 그 전제로서 감득하고 있어야 한다. 우리가 말이 우리의 세계관을 실제로 형성하는 방식을 보다 충분하게 알 수 있게 되는 것은 오직 번역에 의해서 이다. 이는 세계관에 대해서뿐만 아니라 지각에 대해서도 마찬가지이다. 언어는 분명히 문화적 경험의 저장소이다. 왜냐하면 우리는 언어라고 하는 이 매개 속에서 그리고 이 매개를 통해 살아갈 뿐만 아니라, 이 언어의 눈을 통해 사물을 보기 때문이다.

6 번역과정 모델

1) Eugene Nida의 번역의 정의와 모델(1982 : 33)

Eugene Nida는 번역을 "기호해독과 재기호화의 과정(a process of decoding and recoding)"으로 설명하면서 다음과 같은 해석 모델을 제시하고 있다.

SOURCE LANGUAGE TEXT		RECEPTOR LANGUAGE TRANSLATION
ANALYSIS		RESTRUCTURING
X	TRANSFER →	Y

Eugene Nida는 위 번역 모델을 제시하는 한편으로 번역에 있어서의 초점이 바뀌어야 한다고 주장하고 있다.

> The older focus in translating was the form of the message, and translators took particular delight in being able to reproduce stylistic specialties, e.g., rhythms, rhymes, plays on words, chiasmus, parallelism, and unusual grammatical structures. The new focus, however, has shifted from the form of the message to the response of the receptor. Therefore, what one must determine is the response of the receptor to the translated message. This response must then be compared with the way in which the original receptors presumably reacted to the message when it was given in its original setting.

이처럼 번역 과정의 고찰에서 수신자를 중시한다는 점에서 나이다는 수신자 중심적 번역관을 지니고 있다. 그의 이런 번역관은 그가 일반 번역이론가들이 널리 사용하는 '목표어(target language)'라는 용어 대신 '수신자 언어(receptor language)'라는 용어를 사용하는 데에서 분명히 드러난다. 이런 점에서 나이다의 번역 이론은 사회언어학적인 번역 이론의 범주에 들어간다고 할 수 있다.

2) 크리스틴 듀리에의 번역과정 모델

크리스틴 듀리에 교수의 '번역의 대응식 이론과 해석적 이론'은 번역이 단순히 단어 바꾸기 작

업이 아님을 설득력 있게 보여준다(좀 길지만 인용하기로 한다). (최정화 편,『통역과 번역을 제대로 하려면』, 1989, pp. 12~4)

우리는 이제 번역하는 작업의 중심부까지 왔습니다. 이제는, 번역의 해석적 이론과 대응식 이론에 대해서 말씀드리겠습니다.

대응식 이론은 가장 보편적인 번역의 방식이지만, 전문번역의 필요에는 잘 부응하지 못합니다. 대응식 이론을 도식화하면 다음과 같습니다.

① 출발어 텍스트를 읽으면서 모르는 단어의 상응어를 사전에서 찾아내고,

② 해석될 언어요소들이 어떤 식으로 배합되었는지를 이해한 후,

③ 도착어로 출발어 텍스트에 가장 잘 맞도록 번역을 합니다.

우리는 고대언어, 즉 라틴어와 그리스어의 숙달과정에서 이 방식을 적용해왔으며, 현재 쓰이는 언어에서도 적용되고 있는 것이 사실입니다. 그러나, 이 방법은 작가가 말하고자 하는 바를 완전히 파악하기도 전에 도착어의 상응하는 단어를 찾게 되므로, 번역사는 신이 말할 수 있는 범위를 넘게되는 단점이 있으며, 이는 그 다음 단계인 이해단계에서 문제를 일으킬 수 있습니다. 그러므로, 저는 번역의 해석적 이론을 제안하는 바이며, 도표로 표기하면 다음과 같습니다.

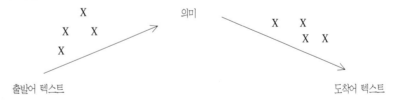

위 도표는 두 개의 축으로 되어 있습니다. 첫 번째 축은 이해하기 위해 출발어 텍스트에서 의미파악을 향해 올라가는 것이며, 다른 축은 자신이 이해한 의미에서 독자를 이해시키기 위해 도착어 텍스트로 내려가는 것입니다. 저는 일부러 두 개의 축 사이에 공간을 남겨놓음으로써, 출발어 텍스트의 언어와 도착어 텍스트의 언어 간에 직접적인 접촉이 없다는 것을 나타내고자 했습니다. 전에 저는 특히 『전문번역의 학술적 기본(1988)』이라는 책에서 해석적 이론을 위의 도표 대신 삼각형으로 나타냈습니다. 삼각형의 정점은 재표현하기 위해서 파악해야 하는 의미를 가리킵니다. 또, 삼각형의 정점과 밑변과의 사이를 멀리 떼어놓음으로써, 번역가가 의미에 도달하기까지 거쳐야 하는 모든 과정을 나타내고자 했습니다. 삼각형의 밑변은 한 언어에서 다른 언어로 직접 넘어가는 대응식 방법의 일직선에 해당하는 것입니다. 삼

If we treat text merely as a self-contained and self-generating entity, instead of as a decision-making procedure and an instance of communication between language users, our understanding of the nature of translating will be impaired. It is a problem which besets all attempts to evaluate translations by analytic comparison of ST (source text) to TT(target text), a product-to-product comparison which overlooks the communication process. Critiques of individual translations abound. But from the perspective of translation studies, what is needed is systematic study of problems and solutions by close comparison of ST and TT procedures. Which techniques produce which effects? What are the regularities of the translation process in particular genres, in particular cultures and in particular historical periods?

— B. Hatim and I. Mason, *Discourse and the Translator*, 1990, p. 3.

각형의 높이는 번역가가 출발어 텍스트 구조에 대해 어느 정도 거리를 두고 잠시 생각해보는 시간을 나타낸 것입니다. 고찰해 보건대, 저는 이 공백을 남김으로써, 이해의 단계인 첫 번째 상향축이 언어 지식 없이 머리 속에서 하나의 이미지 형성에 도달하게 되는 것을 나타내고자 하였습니다. 이 이미지는 이미 출발 언어에서는 도출되어 나왔지만, 아직 도착어로 표현되지 않은 상태입니다.

이해와 표현 단계에서는 여러 가지 요소가 작용합니다. 그래서 저는 위의 양축에 작은 xxx 표를 하였습니다. 이 해석적 이론 방식의 우위성은 도착어로 넘어가기 전에 이해 과정이 완벽히 이루어진다는 사실에 있습니다. 도착어 텍스트는 출발어 텍스트의 단순한 투사가 아니라 완전히 이해된 의미의 표현인 것입니다.

듀리에 교수의 해석적 번역의 도표는 번역 과정을 잘 나타내주고 있다. 그에 의하면, 번역은 이해 단계와 표현 단계로 구성되어 있는데, 이해 단계에서는 출발어에 대한 언어 지식·문맥 분석·주제 지식의 세 가지 요소가 작용한다. 다음은 표현 단계로서 여기에서는 도착어에 대한 언어 지식·수신자·텍스트의 용도 등 세 가지 요소가 작용한다. 듀리에 교수가 제시한 표현 단계의 구성 3요소에 하나를 덧붙이자면 번역가의 문장 표현력이다. 이 문장 표현력에는 어휘 구사 능력, 문장 표현 능력 등이 포함된 것으로서 기실 번역 텍스트의 승패를 가를 정도로 중요한 요소라고 할 수 있다.

번역의 대상은 전달하고자 하는 생각이나 사실이지, 원어 텍스트에서 사용된 생각이나 사실의 표현 방식인 언어 그 자체는 아니라고 할 수 있다. 그러므로 번역가는 의미나 사실을 정확히 파악한 후, 이를 목표어 텍스트에 표현할 수 있어야 한다. 결국 번역가는 남을 이해시키기 의해서 먼저 자신이 텍스트가 전달하고자 하는 메시지를 이해해야 한다. 그러므로 번역 작업은 번역가가 먼저 텍스트를 이해하고, 이를 표현하는 2단계로 구성되어 있다고 할 수 있다.

이해 단계에서 번역가는 다음과 같은 단계를 거친다.

첫째, 텍스트의 독서를 통해 텍스트의 의미를 완벽하게 인지하여 동화한다.
둘째, 텍스트의 임무 또는 목적을 파악한다.

듀리에 교수에 의하면, 표현 단계에서 번역가는 다음과 같은 6단계로 번역 작업을 수행한다.

첫째, 번역물이 얻고자 하는 독자들의 반응이 무엇인가를 파악한다.
둘째, 번역 의뢰인에게 도착어로 미칠 영향이 출발어 텍스트와 같은 것인지를 확인한다.
셋째, 전달할 정보를 골라낸다.
넷째, 잠재 독자가 기대하는 바에 의거, 모든 정보요소를 총괄하여 도착어로 텍스트를 재구성한다.
다섯째, 글로 표현하는 단계로 넘어 간다.
여섯째, 번역가는 자신이 번역한 텍스트를 다시 읽으면서, 원문이 의도했던 효과가 확실히 나타나 있는가를 확인한다.

3) 쿠르트 코온의 번역과정의 모델

쿠르트 코온은 자신의 심리언어학적 이론을 바탕으로 하여 다음과 같은 번역과정의 모델을 제시하고 있다.

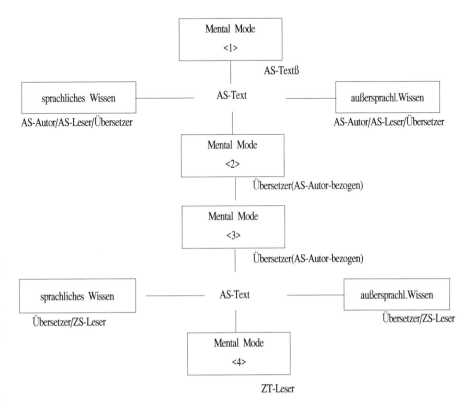

심재기씨는 위 모델을 다음과 같이 설명하고 있다.

원어텍스트의 저자(생산자)는 자신이 전달하고자 하는 바를 자신의 심상(Mental Mode-1) 속에 갖고 있는데, 이것을 자신의 언어적·언어외적 지식을 바탕으로 하여 원어텍스트를 작성한다. 이 원어텍스트의 독자(수용자)인 번역자는 자신의 원어지식과 원어문화에 대한 지식을 동원하여 이 텍스트를 읽고 이해하고 해석하여 자기 나름대로 원어텍스트에 대한 심상(Mental Mode-2)을 구성한다. 그는 이 심상을 바탕으로 하여 번역에서 어떻게 옮겨놓을 것인가에 대해 궁리하여 다시 또 하나의 심상(Mental Mode-3)을 구성하는 바, 이것이 번역작업의 근간을 이룬다. 이것에 입각하여 번역자는 자신의 번역어의 언어지식 및 언어외적 지식을 동원할 뿐만 아니라, 예상 독자의 언어적·언어외적 지식을 감안하여 번역텍스트를 작성한다. 번역을 통한 이와 같은 소통과정의 마지막 단계에서 번역어의 독자는 번역텍스트를 읽고 이해하여 심상(Menatl Mode-4)을 구성하게 된다. 이러한 번역과정의 모델에서 중요한 점은 네 단계의 심상들이 언제나 일치할 수는 없다는 사실이다. 특히 〈심상-2〉에서 〈심상-3〉으로 가는 과정에서는

원어텍스트의 상황과 번역의 상황의 차이점들이 나타나기 때문에 위에서 언급한 바와 같이 번안(Bearbeitung)의 과정이 ─ 경우에 따라 차이는 있지만 ─ 필요불가결하다고 코온은 주장하고 있다.

4) B. Hatim과 I. Mason 번역과정 모델(Discourse and the translator, pp. 21-22)

이들의 번역과정 모델은 삼단계로 이루어졌다는 점에서 여타의 번역과정 모델과 유사하지만 세 번째 단계에 평가 단계를 삽입하고 있다는 점에서 특이하다.

(1) Comprehension of source text :

   (a) parsing of text (grammar and lexis)

   (b) access to specialized knowledge

   (c) access to intended meaning

(2) Transfer of meaning :

   (a) relaying lexical meaning

   (b) relaying grammatical meaning

   (c) relaying rhetorical meaning, including implied or inferable meaning, for potential readers.

(3) Assessment of target text :

   (a) readability

   (b) conforming to generic and discoursal TL conventions

   (c) judging adequacy of translation for specific purpose.

7 번역의 기능

1) 텍스트 이해의 정도를 재는 시금석으로서의 기능

이것은 특히 외국어 수업에서 그 기능이 잘 발휘된다. 자신의 언어로 번역해봄으로써 과연 텍스트를 제대로 이해했는지, 이해하기 어려운 곳은 어디인지를 알 수 있게 된다.

2) 원어텍스트의 비평 기능

번역가는 번역과정에서 언어적이고 내용적인 관점에서 원어텍스트가 종종 얼마나 부정확하고, 애매하며 또 비논리적일 수 있는가 하는 점을 파악하게 된다.

3) 문화교류의 매개체로 기능

특정 사회의 문물이나 사상의 표현 수단인 언어는 그 사회의 문화의 진수가 표현 또는 전달되는 수단이다. 번역을 통해 한 사회의 문화의 진수가 다른 사회에 전달됨으로써 궁극적으로는 양국의 문화의 교류 및 소통이 이루어지게 된다.

4) 의사소통의 기능

번역은 언어장벽을 효과적이고도 경제적으로 극복하여 인간활동의 모든 영역에서 의사소통을 가능하게 해준다.

8 번역의 구분과 종류

8.1 번역 대상의 형태에 따른 구분

1) 출판번역

• 해외 출판물, 주로 해외서적의 국내 출판을 겨냥한 번역을 말한다.

출판번역은 '문예번역(literary translation)'과 '비문예번역(non-literary translation)'으로 나뉜다. '문예번역'의 1차 대상은 순수문학이지만 최근에는 논픽션, 미스터리·공포·추리·공상과학·판타지 소설, 그리고 로맨스, 아동문학 등이 늘어나는 추세에 있다. '비문예번역'의 대상은 학술서적, 교양서적, 실용서적, 비즈니스 관련 서적, 미술서적, 그림책 등이다.

2) 미디어번역

• 영화, 비디오, CD-Rom, DVD-Rom, 신문, 잡지 등 미디어 매체를 대상으로 하는 번역이다.

8.2 언어학적 제 양상에 따른 구분

로만 야콥슨(Roman Jacobson)은 그의 논문 '번역의 언어학적 양상에 관하여 On Linguistic Aspects of Translation'에서 번역을 다음과 같이 세 가지 유형으로 분류하고 있다.

1) Intralingual translation, or rewording (an interpretation of verbal signs by means of other signs in the same language).
2) Interlingual translation or translation proper (an interpretation of verbal signs by means of some other language).
3) Intersemiotic translation or transmutation (an interpretation of verbal signs by means of nonverbal sign system).

8.3 목적에 따른 구분

　듀리에 교수는 번역을 교육적 번역과 전문적 번역으로 나누고 그 성격을 다음과 같이 설명하고 있다.

1) 교육적 번역

* 교육적 번역이란 외국어를 습득하고 이를 숙달하는 과정에서 행해지는 번역 연습을 말한다.

　교육적 번역은 교수가 학생에게 지식을 전수하고, 동시에 자신의 교수법에 대한 반응을 알 수 있는 하나의 수단이다. 사실, 수업 시간에 학생들이 함께 말로 번역하는 경우에는 교수가 학생들의 번역 과정을 지도하며, 또 이를 통하여 학생들이 꼭 알아야 하는 어휘나 문법을 가르치게 되는데 이러한 과정을 통해서 교사는 지식을 전수하게 된다.

　학생 각자가 번역하여 제출했을 경우와 시험 형식으로 치러지는 번역을 통해서도 교수는 학생들에게 지도한 교수법이 얼마나 적절했는지, 학생들이 공부하여 자신의 것으로 만들었는지를 짐작할 수 있다. 또한 이러한 과제 및 시험 결과를 토대로 교수가 어떠한 수준으로 수업을 이끌어갈지도 결정할 수 있다. 이런 의미에서, 번역은 교수에게 있어서 양방향성 교수도구라고 할 수 있다.

　라보(E. Lavault)에 따르면 "교육적 번역의 근본 목적은 교육에 있습니다. 즉, 교육적 번역의 궁극적 목적은 그 텍스트의 의미를 전달하는 것이라기보다는 번역 행위 그 자체이고, 그에 부수된 여러 기능, 즉 언어의 습득과 숙달, 언어 지식의 기반이 얼마나 견고한가를 점검해 보는 등의 여러 기능을 충족시키는 것입니다."

(최정화 편, 『통역과 번역을 제대로 하려면』, 12-4)

2) 전문 번역

* 전문 번역에서 번역 작업의 대상은 언어가 아닌 메시지, 즉 의미이다.

The most widespread and best known type is school translation, insofar as virtually everyone experiences it in school. Its aims are to improve and/or test students' passive and active knowledge of a foreign language: translating into the foreign language shows and improves writing ability in that language, or at least the ability to write foreign language texts following lexical and syntactic choices induced by the source-language text; translating from the foreign language improves and demonstrates comprehension of words and linguistic structures in that language.

—Daniel Gile 22.

Professional Translation is aimed at a Receiver (reader or listener) other than the Translator him-or herself, a rater, or a corrector of the Translation: in professional Translation, the Receiver is essentially interested in the Text, in whatever "message" it carries, and/or in the Sender (author or speaker), not in the Translator or in the Translation process.

—Daniel Gile 22.

8.4 번역 대상에 따른 구분

이 구분은 독일의 번역학자 베르너 콜러에 의한 구분이다. 콜러는 번역을 크게 '실용적 번역(pragmatische Übersetzung)'과 '문학 번역(literarische Übersetzung)'으로 구분한다. 그에 따르면 실용적 번역은 "모든 종류의 사물적 산문", 즉 과학·기술 텍스트, 법률 텍스트, 정치 텍스트, 상업 텍스트 등 모든 양태의(문학 외적인) 실용적 성격을 띤 텍스트의 번역을 뜻한다. 그리고 문학번역은 말 그대로 순수문학이든 대중문학이든 "모든 종류의 예술적 산문과 시"의 번역을 의미한다. 이러한 번역 구분은 기본적으로 <텍스트 장르 중심적>이다. 즉 그 구분은 텍스트를 형식 성분의 기능에 따라 구분하는 자세와 그 궤를 같이 한다. 콜러는 텍스트를 다음과 같이 두 종류로 구분하고 있다.

① 실용텍스트(pragmatische Texte)
— 형식은 어떠한 고유가치도 지니지 않으며 내용에 절대적으로 종속된다.

② 문학텍스트(literarische Texte)
— 형식과 내용이 서로 변증법적인 관계를 이루고 있다.   (Werner Koller 101)

8.5 전문 번역과 문학 번역

전문서적의 경우 저자는 익명이거나, 한정적인 독자층을 갖고 있다. 그러나 전문서적의 독자층은 한정되어 있긴 하지만 명확히 규정된 잠재 독자층이다. 반대로 문학 작품의 경우, 작가는 명확하게 규정되지 않은 독자층을 대상으로 글을 쓴다. 따라서 전문(서적) 번역과 문학 작품 번역은 그 성격이 다르다. 전문 서적 번역의 경우 번역가는 독자를 가장 먼저 염두에 두게 된다. 반면에 문학 작품 번역의 경우, 번역가는 독자나 독자의 반응이 아니라 작가가 말하고자 하는 바를 그의 번역 지침으로 삼는다. 즉 번역가를 이끄는 것은 독자가 아니라 작가이다.

문학 작품 번역에서의 궁극적 목적은 독자가 아니라 작가가 작품에서 표현하고자 한 것이다. 따라서 번역가는 작가의 의도를 충실히 재현해야 하는 책임이 있다. 따라서 문학 번역에서 번역가는 작가가 어떤 의도로 이런 단어를 사용했는지, 왜 이런 식으로 단어를 배열했는지를 충분히 연구해야 한다. 반면 전문 번역에서는 원문의 표현 방식은 단지 이것이 낳는 효과와 관련해서만 고려될 뿐이며, 따라서 번역문의 표현이 다를 수도 있다. 그러나 문학번역에서는 문체·특징·특수성·작가의 개성 등도 전달해야 한다.

전문 번역의 경우, 번역가의 주관이 개입될 여지가 없다. 반면에 문학 작품 번역의 경우, 번역가의 주관이 개입될 여지가 있다. 번역하는 과정에서 번역가의 개성·경험·감정 등이 자신도 모르는 사이에 원문에 투영될 수 있기 때문이다. 따라서 문학 번역의 경우 번역가는 가능한 한 본인의 주관성을 원문에 투영하는 것을 자제해야 되며, 번역가는 투명한 존재로 작가의 뒤로 물러서 있어야 한다.

8.6 방법에 따른 구분

번역가 안정효씨는 자신의 저서 『안정효의 영어 길들이기: 번역편』에서 직역과 의역으로 구분하는 것을 거부하고 "좋은 번역"과 "나쁜 번역"이 있을 따름이라고 말한다. 그의 말에는 일리가 있다. 그러나 통념적으로 사람들이 직역과 의역을 구분하여 사용하고 있는 것도 사실이다. 구태여 직역과 의역을 정의하자면 다음과 같다.

1) 직역

- 직역은 원어로 쓰여진 텍스트의 단어 하나 하나를 목표어의 단어로 대체시키는 작업이다.

예문 What brought you here? → 무엇이 당신을 여기에 오게 했습니까?

2) 의역

- 의역은 원어로 쓰여진 텍스트의 단어를 하나하나 대체하는 것이 아니라, 상황에 맞게 목표어로 옮겨놓은 것이다.

예문 What brought you here ? → 당신은 여기에 왜 왔습니까? = Why did you come here?

위 직역의 경우 우리말 어법에 비추어 볼 때 매우 부자연스러운 해석이라고 할 수 있다. 미국인의 경우 두 가지 영어 표현 중 어느 것을 더 선호할까?

3) 축어역(word-for-word translation)과 의미역(sense-for-sense translation)

예문 He is an excellent driver.

위 예문은 축어적으로 "그는 훌륭한 기사이다."라고 해석하면 차운전을 직업으로 하는 사람으로서 훌륭하다는 의미가 된다. 그렇지만 이 말을 한 사람이 원래 의도한 것은 "그는 운전을 잘 한다." 즉 영어로 "He drives well."과 같은 의미로 말하고자 한 것이었다. 그러나 "He is an excellent taxi driver."의 경우는 "그는 훌륭한 택시 기사이다."로 축어적으로 해석하는 경우가 "그는 택시를 잘 몬다."로 해석하는 경우 보다 더 정확하며 의미의 혼동이 없다.

8.7 번역의 중심을 어디에 둘 것인가에 의한 구분

1) 작가 중심적 번역(author-centered translation)

이 번역은 원어텍스트의 작가가 살아 있어서 그를 잘 알고 있거나 그와 접촉을 가질 수 있는 상황에서 번역가가 작가의 의도된 의미에 대해 알고 있는 것에 비추어서 하는 번역을 뜻한다.

2) 텍스트 중심적 번역(text-centered translation)

이 번역은 법률 계약서·종교 텍스트·광고 텍스트·정치적 연설 등처럼 작가의 위상보다 텍스트의 성격이나 가능한 의미의 범위가 더 중요한 텍스트에 적용되는 번역을 뜻한다.

3) 독자 중심적 번역(reader-centered translation)

이 번역은 특정한 부류의 독자들의 반응을 염두에 두고 이루어지는 번역을 뜻한다. 문학 특히 시 텍스트의 번역에 적용된다.

8.8 문장-구역(文章-口譯, sight translation)

문장-구역은 주어진 문장을 눈으로 쫓아가며 의미를 구성하는 단락마다 끊어가면서 순서대로 말로써 번역하는 방식이다.

8.9 번역 이론가들에 의한 구분

1) Newmark에 의한 구분(1981)

- **semantic translation** : It attempts 'to render, as closely as the semantic and syntactic structures of the second language allow, the exact contextual meaning of the original.'
- **communicative translation** : It attempts to produce on its readers an effects as close as possible to that obtained on the readers of the source language.

2) House에 의한 구분(1997)

- **overt translation** : An *overt* translation is one in which the addresses of the translation text are not directly addressed : thus an *overt* translation is one which must overtly be a translation not, as it were, a "second original".
- **covert translation** : A *covert* translation is a translation which enjoys the status of an original source text in the target culture. The translation is *covert* because it is not marked pragmatically as a translation text of a source text but may, conceivably, have been created in its own right.

3) Levy에 의한 구분(1969)

- **환상주의적 번역 방법**
  ─ 번역어텍스트의 독자에게 원문을 읽고 있는 듯한 환상을 심어주는 번역 방법이다.

Sight translation is rather infrequent in interpreting. It consists of "reading" a source-language text aloud in the target language. It occurs when delegates receive a text and want to have it translated orally on the spot, or when a speech segment has been read from a text and has to be interpreted consecutively.

In sight translation, the Listening and Analysis Effort becomes a Reading Effort, and the Production Effort remains, but there does not seem to be a Memory Effort similar to the one in the simultaneous mode or the consecutive mode, since the information is available at any time on paper. Moreover, sight translation is not paced by the source-language speaker. In other words, two major interpretation constraints are not present in this type of translation.
— Daniel Gile 183.

• 반환상주의적 번역 방법

— 이 번역 방법은 독자에게 환상을 갖지 않게 하는 번역 방법이다. 그래서 번역어텍스트 독자는 그 자신이 원문이 아니라 번역어 텍스트를 읽고 있다는 것을 항상 의식할 수 있다.

9 번역의 질적 평가(evaluation of translation)

9.1 등가성(等價性, equivalence)

번역은 원어텍스트와 번역어텍스트 사이의 관계를 포함한다. 이 관계가 바로 등가성이다. 번역어텍스트가 원어텍스트의 충실한 재현·재생산이 될 것으로 기대될 때, 이 등가성은 의미와 형식의 동일성(identity)으로 정의된다. Susan Basnet-McGuire에 의하면, 번역에 있어서 등가성의 문제는 전반적으로 기호들 자체의 관계, 기호와 그 의미, 또 기호를 사용하는 사람들 간의 상관성에 따라 발생한다.

1) Popovic이 제시하는 등가성의 유형(1976)

Popovic은 번역의 등가성을 정의하면서 번역으로 인해 일어나는 변화를 다음의 몇 가지로 구분하여 제시하고 있다.

(1) *Linguistic equivalence*, where there is homogeneity on the linguistic level of both SL and TL texts, i.e. word for word translation.

(2) *Paradigmatic equivalence*, where there is equivalence of 'the elements of a paradigmatic expressive axis', i.e. elements of grammar, which Popovic sees as being in higher category than lexical equivalence.

(3) *Stylistic (translational) equivalence*, where there is 'functional equivalence of elements in both original and translation aiming at an expressive identity with an invariant of identical meaning'.

(4) *Textual (syntagmatic) equivalence*, where there is equivalence of the syntagmatic structuring of a text, i.e. equivalence of form and shape. (E. A. Nida, p. 159)

2) Pierce가 제시하는 등가성의 유형

(1) syntactic

(2) semantic

(3) pragmatic

3) Nida가 제시하는 등가성의 유형(1964)

(1) formal equivalence

형식적 등가는 형태상으로나, 내용상으로나, 메시지 그 자체에 주의를 집중한다. 그러한 번역에

서 시(詩)는 시로, 문장은 문장으로, 개념은 개념으로 일치시키는 것에 주안점을 둔다. 이러한 형식지향적 관점에서 보면, 수신자 언어의 메시지는 가능한 한 원본언어의 여러 요소들에 가깝게 일치시켜야 하는 것이다. 이 말은 예를 들어 수신자 문화의 메시지가 정밀성과 정확성의 기준을 결정하는 원본문화의 메시지와 항상 비교된다는 것을 의미한다.

(2) dynamic equivalence

역동적 등가란 형식적 등가와는 달리 번역이 목표어에서 완전히 자연스럽게 작용하고 또 직접적으로 이해될 수 있는 수준의 등가를 뜻한다. 또한 이 말은 번역본이 마치 원문처럼 읽혀질 수 있어야 함을 뜻한다. 역동적 등가의 번역은 표현의 완벽한 자연스러움을 추구하며, 수신자로 하여금 수신자가 자신의 문화라는 맥락에서 중요한 행동양식과 연관을 맺도록 해준다. 그러나 이것이 수신자가 메시지를 이해하기 위해 원본 언어맥락의 문화 유형들을 이해할 것을 요구하는 것은 아니다.

(E. A. Nida, p. 159)

4) **W. Koller**가 제시하는 등가성의 유형(1979 : 215f)

(1) denotative equivalence

(2) connotative equivalence

(3) text-normative equivalence

(4) pragmatic equivalence

(5) formal-aesthetic equivalence

한편 원어텍스트와 목표어텍스트 사이의 등가성에 제약을 가하는 여러 요소들이 존재하는데, 베르너 콜러는 그것들을 다음과 같이 제시하고 있다.

(Werner Koller, 117-118.)

① 원어와 목표언어, 원어 텍스트와 목표언어 텍스트의 의사소통배경의 차이에 근거를 두는 언어적 차이점들

② 번역본의 대상이 되는 서로 다른 수신자 집단들

③ 상이한 번역 목표들

④ 특정한 역사적 상황에 있는 번역자가 행사하는 원어 텍스트에 대한 서로 다른 해석

⑤ 원어 텍스트들의 다의성, 특히 목표어 텍스트에서 달리 해결되는 문학 영역에서의 다의성

9.2 충실성(忠實性, faithfulness)

번역의 핵심적 쟁점은 원문에 대한 충실성에 중점을 둘 것인가 아니면 독자들의 이해도를 돕는 쪽에 중점을 둘 것인가에 놓여 있다. 이에 따라 여러 번역 텍스트가 산출될 수 있다.

① 충실하고도 아름다운 여인 : 원어텍스트에 충실하고 번역어 표현도 훌륭한 번역

② 충실하지만 아름답지 않은 여인 : 원어텍스트에 충실하지만 번역어 표현이 훌륭하지 않은

The issue of fidelity is probably the most basic and widely discussed component of Translation. Setting aside the question of translation competence, theoreticians have wondered whether translation can be "fully" faithful while retaining the editorial (or literary) merit of the source-language text. The most obvious problem with fidelity stems from the well-known fact that languages are not isomorphic: in other words, there is no one-to-one correspondence between them as regards lexical elements ("words") or linguistic structures associated with rules of grammar, stylistic rules, etc. In particular, there is no automatic equivalence between words in the source and target languages, and apparently similar structures may have different uses and different connotations. Hence the famous "belles infideles" and "traduttore traditore," and the idea, defended in particular by George Mounin (1963), that translation is an "approximation" at best.

— Daniel Gile 48.

번역

③ 충실치 못하지만 아름다운 여인 : 원어텍스트에 충실하지 못하지만 번역어 표현이 훌륭한 번역

④ 충실치 못하고 아름답지도 않은 여인 : 원어텍스트에 충실하지 못하고 번역어 표현도 훌륭하지 않은 번역

(cf. 쓰지 유미, pp. 148 이후)

충실성은 다음과 같은 여러 수준에서도 점검할 수 있다.

① 내용 충실성(content fidelity)

② 형식 충실성(form fidelity)

③ 언어적 충실성(linguistic fidelity)

④ 문체 충실성(style fidelity),

9.3 번역불가성(飜譯不可性, untranslatability)

Catford는 번역이 불가능한 유형을 "언어적(linguistic)"인 것과 "문화적(cultural)"인 것 둘로 나누고 있다. 언어학적 차원에서 볼 때, 번역이 불가능하다는 것은 원어에 해당하는 사항어가 목표어에는 사전적, 문장론적으로 없다는 것을 의미한다. 그리고 문화적 차원에서 볼 때, 번역이 불가능하다는 것은 목표어의 문화에 원어의 문화에 해당하는 상관된 상황적 특색이 없다는 것을 뜻한다.

Popovic는 번역불가능한 경우를 다음과 같이 두 가지 유형으로 나누고 있다.

1) A situation in which the linguistic elements of the original cannot be replaced adequately in structural, linear, functional or semantic terms in consequence of a lack of denotation or connotation.

2) A situation where the relation of expressing the meaning, i.e. the relation between the creative subject and its linguistic expression in the original does not find an adequate linguistic expression in the translation.

Eugene Nida(1982)는 정확한 번역은 불가능하다는 것을 인정하는 바탕 위에서 번역에 임해야 한다고 주장한다. 그 이유로서 그는 두 언어 사이에 완전한 대응의 부재를 들고 있다.

그리고 더욱이 두 언어 사이에서의 완전한 대응이라는 것을 기대할 수는 없다. 실제적으로, 영어가 전문술어까지 합하여 100만 단어를 넘는 풍부한 어휘를 자랑하는 국제어임에도 불구하고 히브리어나 희랍어를 영어로 번역할 때 그러한 완전한 상응을 기대할 수는 없다. 예를 들면, 히브리말의 "헤쎄드(hesed)"를 "loving kindness(사랑스러운 친절)"이나 "covenant love(맹약의 사랑)"으로 번역할 때, 전달될 수 없는 많은 의미가 가려진 채로 남는다. 왜냐하면, 이 히브리 단어 속에는 族丈과 그의 臣民 사이에 존재하는 상호 충성과 부조에서 오는 전체적 사회 구조를 포함하고 있으며, 이러한 관계는 우리 서구인에게는 매우 소원한 것이며 상상하기조차 힘든 것이기 때문이다. 이와 마찬가지로 「요한복음」 첫 구절에 나오는 "로고스(logos)"의 경우에도 이 희랍어의 의미의 풍요함과 다

양함에 상응하는 영어 단어는 존재하지 않는다. "워드(Word, 말씀)"라는 번역에 있어서 로고스는 워드 그 자체는 아니다.

그렇기 때문에 하나의 메시지가 표현되고 있는 양식이 그 의미의 본질적 관건을 구성하고 있을 때 그 말을 타언어로 바꾸는 데 있어서 명백한 제약이 따른다는 것을 정직하게 인정하지 않으면 안 된다. 이런 종류의 "의미"의 있는 그대로의 재현은 불가능하다고 본다. 이런 이유로 Susan Bassnett-McGuire(1991)는 번역가는 다음의 사항을 받아들여야 한다고 주장하고 있다.

1) Accept the untranslability of the SL phrase in the TL on the linguistic.
2) Accept the lack of a similar cultural convention in the TL.
3) Consider the range of TL phrases available, having regard to the presentation of class, status, age, sex of the speaker, his relationship to the listeners and the context of their meeting in the SL.
4) Consider the significance of the phrase in its particular context — i.e. as a moment of high tension in the dramatic text.
5) Replace in the TL the invariant core of the SL phrase in its two referential systems(the particular system of the text and the system of culture out of which the text has sprung).

번역, 특히 문학 번역의 불가성을 내세운 또 하나의 인물로 야콥슨(Jacobson)을 들 수 있다. 그는 "차이 속의 등가성(equivalence in difference)"이라는 유명한 번역 개념을 도입한 인물인데, 그는 문학 텍스트에서는 통사적 및 형태적 요소들도 각기 의미를 지니기 때문에 문학텍스트는 본질상 번역이 불가능하며 단지 창조적인 치환(creative transposition)만이 가능할 뿐이라고 주장하였다.

10 번역과 관련된 기타 여러 쟁점들

번역이 시작된 이래로 번역과 관련된 여러 쟁점들이 시대와 사회에 따라 약간씩 다른 양상을 띠고서 논의되어 왔다. 그 중 어떤 쟁점들은 입장을 달리하는 사람들 사이에 격한 논쟁을 불러일으키는 사안이 되기도 했다.

10.1 산출물로서의 번역 대 과정으로서의 번역(Translation as Product vs. Translation as Process)

이 쟁점은 <창작물 대 창작과정>의 쟁점과 그 궤를 같이 한다. 결국 이 쟁점은 창작에서와 마찬가지로 번역에서도 독자가 결과와 과정 가운데 어느 것에 더 관심을 갖느냐와 관련된 쟁점이다. 그리고 이 쟁점은 독자가 누구인가와도 밀접하게 관련된 쟁점이다. 일반 독자의 경우, 번역과정에 보다는 결과물인 번역텍스트에 더 관심을 기울이며 그에게 있어서 번역은 번역 행위의 결과물인 번역텍스트를 의미한다. 즉 그는 번역을 과정으로 보는 대신에 산출물로 본다. 반면에 전문 독자 — 번역비평가 또는 번역이론가 — 의 경우, 번역텍스트 못지 않게 번역과정 또한 그의

An alternative definition, given below, makes a second crucial point by distinguishing 'process' from 'result':

The process or result of converting information from one language or language variety into another... The aim is to reproduce as accurately as possible all grammatical and lexical features of the 'source language' original by finding equivalents in the 'target language'. At the same time all factual information contained in the original text... must be retained in the translation.

It is this distinction which we wish to take up now. In the definition we have just seen, the term 'translation' is given two meanings. We would suggest that
— to Next Page

—from Previous Page

there are, in fact, three dis-
tinguishable meanings for the
word. It can refer to:
 (1) translating: the process (to
translate; the activity rather than
the tagible object);
 (2) a translation: the product of
the process of translating (i.e. the
translated text);
 (3) translation: the abstract
concept which encompasses both
the process of translation and the
product of that process.
—Roger T. Bell 12-3

주된 관심사이다. 그러므로 그에게 있어 번역은 번역텍스트를 뜻할 수도 있고 번역과정을 뜻할 수도 있는 것이다.

10.2 번역물에 대한 판단에 있어서의 객관성·주관성(Objectivity/Subjectivity)

이것은 특정 번역물의 장점과 단점에 대한 판단이 객관성을 얼마나 담보할 수 있는가의 문제에 대한 논쟁이다. 이것은 결국 번역비평의 문제이다. 실제로 많은 번역이론가들이 번역물에 대한 방법론적 및 체계적인 가치 평가 기준을 제시해왔다. 그들은 또한 번역에 관한 논의에서 일관성과 정확성을 증진시키는 것을 목표로 하는 일련의 분석 매개변수들을 공들여 마련하기도 했다.

10.3 축어역 대 자유역(Literal Translation vs. Free Translation)

이 쟁점은 고대로부터 현대에 이르기까지 계속적으로 제기되어온 것으로서 번역의 방식을 어떻게 할 것인가에 관한 것이다. 즉 글자 그대로 번역할 것인가 아니면 의미를 재현하기 위해 자유롭게 번역할 것인가를 둘러싼 쟁점이다.

10.4 형식적 등가성 대 역동적 등가성(Formal Equivalence vs. Dynamic Equivalence)

이 쟁점은 원어텍스트와 번역어텍스트의 등가성을 어떤 차원에서 설정할 것인가에 관한 것이다. 유진 나이다(Eugene Nida)의 등가성의 구분은 하나의 바람직한 지침 구실을 한다.

formal equivalence : closest possible match of form and content between Source Text and Target Text.
dynamic equivalence : principle of equivalence of effect on reader of Target Text.

이 두 가지 등가성 가운데 역동적 등가성에 대한 강조가 증가 중인 것이 오늘날의 추세이다.

10.5 형식 대 내용(Form vs. Content)

이 쟁점은 형식에 우선권을 줄 것인가 아니면 내용에 우선권을 줄 것인가와 관련된 쟁점이다. 그러나 엄밀하게 말하자면 이 쟁점은 원어텍스트의 형식을 번역어텍스트에서 어떻게 다룰 것인가에 관한 쟁점이다. 내용 전달이 주목적인 텍스트의 경우 비교적 간단히 결정 내릴 수 있겠지만, 내용과 형식이 불가분의 관계를 맺고 있는 텍스트의 경우—문학텍스트 가운데 특히 시의 경우 대부분 그렇다—쉽게 결정 내릴 수가 없다. 더구나 글의 표현 방식과 스타일을 형식 개념에 포함시킬 경우 이 쟁점은 더욱 더 복잡해진다.

11 번역가의 태도

In order that a translator may be enabled to give a complete transcript of the ideas of the original work, it is indispensably necessary that he should have a perfect knowledge of the language of the original and a competent acquaintance with the subject of which it treats. If he is deficient in either of these requisites, he can never be certain of thoroughly comprehending the sense of the author....
—Roger T Bell 210.

Eugene Nida는 성서번역에 언급하면서 번역가가 취해야 할 태도에 언급하고 있는데 이것은 성서 이외의 텍스트의 번역가에게도 요구되는 태도라고 할 수 있다. 우선, 그는 번역가가 수신자언어 (receptor language)에 대해 취해야 할 태도를 다음과 같이 제시한다. (Nida and Taber, 1982, pp. 3-6)

1) Each language has its own genius(각 언어는 자기 고유의 특성을 지니고 있다).

In the first place, it is essential to recognize that each language has its own genius. That is to say, each language possesses certain distinctive characteristics which give it a special character, *e.g.*, word-building capacities, unique patterns of phrase order, techniques for linking clauses into sentences, markers of discourse, and special discourse types of poetry, proverbs, and song. Each language is rich in vocabulary for the areas of cultural focus, the specialties of the people, *e.g.*, cattle (Anuaks in the Sudan), yams (Ponapeans in Micronesia), hunting and fishing (Piros in Peru), or technology (the western world). Some languages are rich in modal particles. Others seem particularly adept in the development of figurative language, and many have very rich literary resources, both written and oral.

2) To communicate effectively one must respect the genius of each language(효과적으로 전달하기 위해서는 각 언어의 특성을 존중해야만 한다).

Rather than bemoan the lack of some feature in a language, one must respect the features of the receptor language and exploit the potentialities of the language to the greatest possible extent. Unfortunately, in some instances translators have actually tried to "remake" a language. For example, one missionary in Latin America insisted on trying to introduce the passive voice of the verb into a language which had no such form. Of course, this was not successful. One must simply accept the fact that there are many languages which do not have a passive voice. They merely choose to report actions only as active.

Rather than force the formal structure of one language upon another, the effective translator is quite prepared to make any and all formal change necessary to reproduce the message in the distinctive structural forms of the receptor language.

3) Anything that can be said in one language can be said in another, unless the form is an essential element of the message(한 언어에서 말하여질 수 있는 모든 것은, 그 형식이 메시지의 본질적 요소를 이루지 않는 한, 타 언어에서도 다 말하여질 수 있다).

For the average person the potential and actual equivalence of languages is perhaps the most debated point about translation. He does not see how people who have no snow can understand a message in the Bible that speaks about "white as snow." If the people do not know snow, how can they have a word for it? And

if they do not have a word for it, then how can the Bible be translated? The answer to this question is both complex and varied. In the first place, many people have a word for snow, even if they have not themselves experienced it, for they have heard about the phenomenon. Second, in other instances, people do not know snow, but they have "frost" and they speak about the two with the same term. Third, many languages have equivalent idioms, *e.g.*, "white as egret feathers," or "white as fungus"(if there is an especially white form of fungus) ; or they may use a nonmetaphor to express the concept "white as snow," such as "very, very white." The point is that snow as an object is not crucial to the message.

4) To preserve the content of the message the form must be changed(메시지의 내용을 보존하기 위해서는 그 형식이 변해야만 한다).

If all languages differ in form (and this is the essence of their being different languages), then quite naturally the forms must be altered if one is to preserve the content.

The extent to which the forms must be changed in order to preserve the meaning will depend upon the linguistic and cultural distance between languages.

다음으로, Eugene Nida는 번역가가 원어(the source language)에 대해 취해야 할 태도에 대해 다음과 같이 언급하고 있다. (Nida, 1982, 3-6)

1) The languages of the Bible are subject to the same limitations as any other natural language(『성서』의 언어들은 모든 자연언어가 지니고 있는 동일한 제약성을 필연적으로 수반한다).

Greek and Hebrew are simply languages, like any other languages, and they are to be understood and analyzed in the same manner as any other ancient tongues. They both possess extraordinarily effective means of communication, even as all languages do; and they also have their liabilities, even as all languages do.

2) The writers of the Biblical books expected to be understood(『성서』의 저술은 이해되기 위한 것이었다).

Writing to be understood might seem to be a truism, but for some persons it is a startling revelation, for many individuals have assumed that the Bible is not a book to be understood. One person, for example, who began to read Today's English Version remarked, "This must not be the Bible; I can understand it."

3) The translator must attempt to reproduce the meaning of a passage as understood by the writer(번역가는 한 구절의 의미를 재현하는 데 있어서 『성서』의 기록자에 의하여 이해된 의미를 재현하도록 노력해야 한다).

Next in importance to a faithful transfusion of the sense and meaning of an author is an assimilation of the style and manner of writing in the translation to that of the original. This requisite of a good translation, though but secondary in importance, is more difficult to be attained than the former; for the qualities requisite for justly discerning and happily imitating the various characters of style and manner are much more rare than the ability of simply understanding an author's sense. A good translator must be able to discover at once the true character of his author's style.
—Douglas Robinson 210.

Translators can be required to perform highly creative work, as when they translate poems or other literature. Their work may also involve the acquisition and some deep processing of specialized information, in particular— but not exclusively—in scientific and technical translation. In other circumstances, translation involves low-level "recoding" of business letters, road signs, directions for hotel guests, tourists, etc. Translators may have to accept much responsibility, for instance when translating or interpreting important political speeches and legal texts; on the other hand, they may have a modest role, for instance when translating the menu for a cafeteria. Their educational level varies from top academic qualifications to the very modest primary school level. Depending on circumstances, some enjoy much social prestige as "creators" in their own right or as highly skilled language mediators, while others are regarded as minor clerical staff. Their work may be aimed at a single person, or be subject to much exposure, for instance when they interpret for television or translate a best-selling book. Some earn a great deal of money, and others have very low salaries. In other words, although they share the same title of "interpreters" or "translators," the question arises whether they can all really be considered to share the same occupation.
— Daniel Gile 2.

The principle of attempting to reproduce the meaning of a passage as understood by the writer may seem so obvious as not to be worth saying, but there is much more here than one might suspect. For example, some persons insist that in translating the Greek of the New Testament one must go back to the Aramaic and understand Jesus' words in terms of what he must have said in Aramaic. But the translator is bound to ask himself: What was it that Luke, writing in his day, understood by the Greek that he used?

Not only must we avoid going behind the writer; we must also avoid going ahead of the writer in exegeting and understanding his language.

12 번역가에게 요구되는 것

1) 뛰어난 외국어 실력

• 외국어에 관한 기본 지식 — 풍부한 어휘력 및 문법 지식 — 을 갖추고 있고, 문장 독해력이 뛰어나야 한다.

2) 자국어 표현 능력

• 이 능력에는 자국어 어법에의 정통과 수려한 문장력이 포함된다.

3) 다양한 분야에 대한 폭넓은 풍부한 지식 및 상식의 구비

• 번역은 다양한 분야를 대상으로 하기 때문에 평상시 부단한 독서 및 연구를 통해 풍부한 지식과 상식을 구비하는 노력을 기울여야 한다.

4) 자료 조사의 철저한 준비성

• 이것은 해당 특정 전문분야의 번역에 있어 필수적으로 요구되는 자세이다. 전문 용어의 이해를 위해 각종 전문 서적 및 사전을 참고하여 번역에 있어 철저를 기하는 태도가 요구된다.

한편, 그 자신이 뛰어난 번역가인 안정효는 번역가가 갖추어야 할 능력에 대해 다음과 같이 말하고 있다.

당연한 얘기이지만 번역이란 두 가지 언어를 구사하는 작업이고, 따라서 양쪽 언어를 모두 자유롭게 구사하는 능력이 필요하다. 번역은 한 문화권에 속하는 원작자를 위해 작품이 지닌 문학성을 제대로 살려줘야 할 뿐 아니라 다른 문화와 언어권에 속하는 독자에게도 올바른 이해와 감동을 느끼게끔 역시 최선을 다해서 봉사해야 한다는 이중의 책임이 따르기 때문이다.

따라서 외국어에 능통해야 한다는 것은 기본 조건에 지나지 않고, 이해하는 능력 자체만으로는 번역에 임할 준비가 충분하지 못하다는 뜻이다. 예를 들어 영어에서 우리말로 번역할 때는 아무리 뛰어난 영어 실력이라고 해도 그런 실력은 흔히 원문의 뜻을 파악하는 수단에 지나지 않는다.

원문의 이해보다 훨씬 중요한 요소는 파악한 내용을 독자가 사용하는 언어로 정확히 표현하고 전달할 수 있는 능력이다.

13 번역가에게 요구되는 자세

번역가 안정효는 번역가에게 요구되는 자세에 대해 다음과 같이 말하고 있다.

마감을 잘 지키고 번역을 꼼꼼히 해내는 성실성이 있어야 한다. 이렇듯 번역을 하려면 문학 작품은 물론이요 영화나 텔레비전 시리즈의 제목, 심지어는 외국 아이들이 즐겨 먹는 과자의 이름이나 슈퍼마켓 체인 따위에 대해서도 해박해야 한다.

번역을 하기 위해서 알아야 하는 '상식'에는 끝이 없고, 번역가는 다방면에서 많은 지식을 습득하는 공부를 계속해야 한다.

14 번역가와 그의 책임

번역가는 자신의 번역의 잘못에 대해 책임을 면할 수가 없다. 그의 잘못은 다양한 원인에서 비롯된다. 가령 다의성을 지닌 단어의 뜻을 잘못 적용한 데에서 기인할 수도 있고, 구문을 잘못 파악한 데서 올 수도 있다. 그러나 동일한 잘못이라도 텍스트가 어떤 성격의 것이냐에 따라 그 잘못의 비중은 달라질 수 있다. 콜러에 의하면, 텍스트는 대략 세 가지 종류로 분류될 수 있다. 전문적인 텍스트, 사물텍스트, 허구적인 텍스트 등이 바로 그것들이다(베르너 콜러, 박용삼 역, 79쪽). 이렇게 분류된 텍스트와 번역가 책임 문제를 짚어보면 다음과 같다.

① **전문적인 텍스트**: 전문 분야 학술 서적 등이 이 부류에 속한다. 이러한 텍스트의 경우 번역가의 책임은 무엇보다도 전문적인 용어 및 개념 번역의 정확성과 명료성 그리고 논리적 일관성에 두어진다.

② **사물텍스트**: 실용적인 성격을 띤 텍스트들이 이 부류에 속한다. 이러한 텍스트의 경우 번역가의 책임은 일차적으로 텍스트 안에서 언어적으로 중개된 현실과 관계하는 사물들의 사실관계의 정확성과 진실성에 주어진다.

③ **허구적인 텍스트**: 이 부류 텍스트 가운데 대표적인 것이 문학 작품이다. 이러한 텍스트의 경우 번역가의 책임은 텍스트의 형식적 및 미학적 내용과 그것들의 구성, 그리고 독특한 개별언어적인 표현 방식 등의 독창성 또는 참신성 등에 두어진다. 이 경우 내용의 사실성 및 진실성은 사물텍스트에서와 같은 높은 중요성은 띠지 않는다. 그렇기 때문에, 설령 번역가가 어떤 내용을 다소 사실과 어긋나게 기술하거나 부정확하게 묘사한다고 해도 사물텍스트의 번역가만큼의 비난을 받지는 않는다.

15 번역의 기타 특징

1) 일방성 또는 불가역성

원어로 쓰여진 텍스트를 목표어로 재현한 것을 다시 역번역할 경우, 즉 번역어 텍스트를 다시 원래의 원어로 번역할 때 그 출발점이 되었던 원어 텍스트는 결코 산출되지 않는다.

2) 상이한 번역텍스트의 산출 가능성

원어 텍스트-목표어 텍스트 관계에 있어서, 하나의 원어 텍스트에 대하여 의사소통상의 등가 관계에 있다고 판단할 수 있는 상이한 목표어 텍스트들의 산출이 가능하다. 이것은 통시적 관점 — 동일한 원어 텍스트가 서로 다른 시기에 상이한 목표어 텍스트들로 번역되는 경우 — 에서 뿐만 아니라, 공시적 관점 — 서로 다른 번역가들이 동일한 시기에 동일한 텍스트를 상이하게 번역하는 경우 — 에도 적용된다.

(Werner Koller 114-115)

B. 번역에 대한 통시적 접근

Susan Bassnet-McGuire는 번역학에 대한 동시적인 접근(synchronic approach) 못지 않게 통시적인 접근(diachronic approach) 역시 중요하다고 역설하면서, 동시에 통시적인 접근의 어려움에 대해 다음과 같이 지적하고 있다.

> Complete introduction to Translation Studies could be complete without consideration of the discipline in an historical perspective, but the scope of such an enterprise is far too vast to be covered adequately in a single book, let alone in a single chapter.

서로 다른 문화와 시대의 번역에 대해 어떻게 인식해왔으며 번역의 역할과 기능이 어떻게 변천해왔는가를 추적하고자 할 때에 부딪치는 첫 번째 문제는 시대 구분이다.

Lotman이 지적했듯이 인간의 문화란 동적인 체계를 가진 것이기 때문에 시간을 기준으로 어느 시대를 구분하는 것은 사실상 불가능하다. 시간의 경직된 틀 안에서 문화 발전의 단계를 구분하려는 시도는 이러한 동적인 성향과 정면으로 어긋나는 일이다.

그러나 엄청난 길이의 역사 전체를 하나로 다룰 수도 없는 일이고, 각기 다른 시대에 유행했던 번역 개념이 존재했다는 것 또한 사실이기 때문에, 번역사(飜譯史)를 기술하는 학자들은 이런 고충을 염두에 두고서 자기 나름의 기준을 정해서 시대 구분을 하였다.

필자의 경우 서구문화사의 시대 구분을 따르기로 하였는 바 그 이유는 그것이 첫째 널리 인정 받는 구분 방식이라는 점과 둘째 포괄적인 성격을 띠고 있다는 점 때문이다.

1 고대

Human beings have been living and dying for some four million years, but they have been writing for fewer than six thousand. The earliest form of writing, Sumerian cuneiform script, was born humbly in Mesopotamia to facilitate agricultural and commercial bookkeeping. Other systems soon appeared in Egypt and China. Wherever writing existed, it was regarded as a divine gift and became the exclusive privilege of an elite or a powerful aristocratic class. In Egyptian mythology, for example, the invention of writing is attributed to Thoth, the god of knowledge, language and magic, who served as adviser and scribe to the other gods. The word "hieroglyphics", in fact, means "sacred inscriptions". With writing, history was born. Translation, too. Archaeologists have uncovered Sumerian-Eblaite vocabularies inscribed in clay tablets that are 4500 years old (Dalnoky 1977). These bilingual lists attest to the existence of translation even in remotest history. Writing quickly became the preferred medium for commercial contracts, religious teachings, law and literature. In ancient civilizations, scribes were the masters of writing, teaching and translation. They performed most administrative functions and controlled both the sacred and secular sciences. There is no doubt that they played a role in the invention of writing, but their names have been erased with the passage of time.

— Jean Delisle et al. ed., *Translators Through History*, 1995, p. 7.

통역과 마찬가지로 번역은 태고 적부터 존재한 직업·일이다.

성경에 나오는 바벨탑 이야기는 그것이 신화이든 역사적 사실이든 간에 통역과 번역이 태고 적부터 필요한 일이었음을 시사하는 상징적 이야기이다.

> Now the whole world had one language and a common speech. As men moved eastward, they found a plain in Shinai and settled there.
>
> They said to each other, "Come, let's make bricks and bake them thoroughly." They used bricks instead of stone, and tar for mortar. Then they said, "Come, let us build ourselves a city, with a tower that reaches to the heavens, so that we may make a name for ourselves and not be scattered over the face of the whole earth."
>
> But the Lord came down to see the city and the tower that the men were building. The Lord said, "If as one people speaking the same language they have begun to do this, then nothing they plan to do will be impossible for them. Come, let us go down and confuse their language so they will not understand each other."
>
> So the Lord scattered them from there over all the earth, and they stopped building the city. That is why it was called Babel — because there the Lord confused the language of the whole world. From there the Lord scattered them over the face of the whole earth.　(International Bible Society, Holy Bible, New International Version, p. 10)

이 바벨탑 사건 이후 인간의 언어는 서로 갈라져서 서로 다른 언어를 사용하는 사람들 사이에 의사소통이 이루어질 수 없었으며 의사소통을 위해 통역과 번역이 필요했다.

1.1 오리엔트 지역

유프라테스강과 티그리스강을 중심으로 형성된 메소포타미아 문명은 그 개방형 지형으로 말미암아 언어가 다른 이민족의 잦은 침입과 그로 인한 왕조의 교체가 이루어진 지역이며, 동시에 인적 및 물적 교류가 가장 활발하게 이루어진 지역이다. 이로 인해 그 어느 곳보다도 이민족 간의 원활한 의사소통을 위해 통역 및 번역이 절실히 요구되는 지역이었다.

실제로 고대 메소포타미아 문명권에서는 아득히 먼 옛날에도 번역 행위가 이루어졌음을 실증하는 자료들이 존재한다.

Communication comes from the Latin *communico* (to share) and is the act of sharing or imparting a share of anything. In its vital sense, it means a sharing of ideas and feelings in a mood of mutual understanding. It is a two-way process in which a speaker must have a listener and a writer a reader with whom to share the experience. This understanding is achieved only if the parties "speak the same language"—only, that is, if the words communicated mean the same thing to both. If a customer asks the shopkeeper for a meter of cloth or a kilo of sugar, it doesn't matter very much how long a metre is or how heavy a kilo. What does matter is that metre or kilo mean the same thing to both. This identity of meaning is at the heart of all effective communication; it is the key to the proper use of all language in business and society.
　　　　　　　　　— L. Gartside 1.

그 가운데 사전은 메소포타미아 문명권에서 아주 오랜 옛날부터 번역 활동이 존재했음을 증거하는 훌륭한 자료이다.

쓰지 유미가 지적하듯이, 기원전 1900년 무렵부터 수메르-아카드 사전이 등장한다. 이 사전은 수메르어 단어의 발음을 아카드어로 표시했고 뜻도 아카드어로 적어놓았다. 그 뒤 똑같은 사전이 아시리아어와 바빌로니아어로도 만들어졌다. 이런 두 나라 말 사전을 만든 것이 번역의 시작이었다.

고대 메소포타미아에서 이루어진 번역 활동의 실상을 엿볼 수 있는 좋은 예로 들 수 있는 것이 세계에서 가장 오래된 문학으로 일컬어지는 영웅서사시 『길가메시』의 전파다. 여기서 말하는 번역은 한 문화가 낳은 서사시가 조금씩 다른 언어 형태로 표현되고 전달되었다는 뜻에서의 번역이다.

서사시 『길가메시』의 일부분은 고대 메소포타미아 문명권에 속한 거의 모든 언어에서 발견된다. 원래는 수메르어로 쓰였지만 수메르어로 발견되는 것은 전체 줄거리의 극히 일부에 지나지 않는다. 바빌로니아어, 후르어, 히타이트어로도 이 서사시의 단편적 내용이 발견되었다. 완성된 형태로 남아 있는 것은 아시리아어 판인데 기원전 7세기에 아시리아를 통치했던 아수르바니팔의 왕궁 서고에서 발견되었다.

같은 오리엔트 문명권인 이집트에서도 번역 활동이 존재했다는 증거가 있다.

가령, 벨기에의 역사가 앙리 반 오프가 쓴 『서양번역사』에 따르면 이집트 고왕국 시대(기원전 3000년경)에 이미 번역이 행해졌음을 엿볼 수 있는 기록이 낡은 파피루스에서 발견되었다고 한다.

▲B.C.2360년에 제작된 것으로 추정되는 설형문자(쐐기 문자, cuneiform letters)

1.2 로마

유럽의 경우, 로마 시대 이전에도 번역이 타민족과의 교류를 위해 필요한 것이었으리라는 것은 충분히 미루어 짐작할 수 있는 일이다. 그러나 로마 시대 이전의 경우는 자료의 부족으로 인해 번역이 얼마나 활발히 이루어졌는가를 알기란 매우 어렵다. 그렇지만 로마 시대의 번역에 대해서는 오늘날까지도 남아 있는 자료 덕분에 상당히 알 수 있다.

로마 시대에 번역이 활발히 이루어진 이유는 여러 가지가 있지만 우선 타민족에 대한 활발한 정복 사업을 들 수 있다. 다시 말해, 타민족에 대한 침략과 정복이 가장 왕성했던 로마 시대는 그 어느 시대보다도 본격적인 의미에서의 통역과 번역이 활발히 이루어졌던 시대라고 할 수 있다. 침략과 정복을 통해 로마제국은 방대한 지역에 걸쳐 여러 민족과 나라를 거느리고 있었기 때문에 통역이나 번역이 활발하게 이루어질 수 있는 환경인 bilingualism과 trilingualism, 심지어 multi-lingualism이 자연스럽게 조성되었던 것이다. 이런 점에서, 에릭 야콥슨(Eric Jacobson)이 "번역은 로마의 발명품이다(translation is a Roman invention)"라는 말은 설득력이 있다.

제국이 안정되기 전에는 군사적 목적에서의 통역이나 번역이 주로 이루어졌겠지만 제국이 안정되고 번영을 구가하던 시절에는 문화예술적 목적에서의 통역이나 번역이 발달했으리라고 추정해

볼 수 있다. 이 점이 로마 시대에 번역이 발달한 두 번째 이유가 된다. 로마 시대의 예술관과 번역의 발달 사이에는 긴밀한 상관성이 존재한다.

그리스의 작가들은 예술을 자연의 모방으로 보았다. 이들의 예술관을 계승한 로마 시대의 작가들은 예술을 그리스 고전의 모방으로 보았다. 이런 연유로, 로마 시대의 작가들은 과거 특히 그리스 시대의 위대한 작가의 작품들을 우수성의 전범으로 인정하고, 예술 창작을 그들을 모방하고 그들과 경쟁하는 행위로 여겼다. 나아가 로마의 작가들은 이러한 모방과 경쟁을 통해 높은 예술적 성취를 이룰 수 있다고 보았다. 이런 입장에 서서, 롱기누스는 자신의 글 "On the Sublime"에서 이러한 모방 행위가 표절이 아니라 "아름다운 형식, 비유 또는 다른 예술 작품으로부터 인상을 얻는 것과 비슷하다"고 말하고 있다.

로마 시대의 작가들의 이러한 예술관은 그들의 언어관에도 반영되어 있다. 가령 호라티우스의 경우, 그는 기존의 구태의연한 대상들을 표현하기 위한 새로운 용어들을 만들어 내는 경우에도 그 근거를 그리스 작가들에게 둘 것을 권고하고 있다.

New and lately coined words will also be accepted if they are drawn from the Greek fountain; but the spring must be tapped sparingly.

한 마디로, 로마 시대의 작가들에 있어, 번역은 모방의 한 중요한 양상이었다.

▲ 키케로(Cicero, 106-43 B.C.)

특히 로마 시대의 대표적인 작가였던 키케로(Cicero, 106-43 B. C.)나 호라티우스(Horatius, 영어명 Horace, 65-8 B. C.)의 글들은 번역에 언급하고 있는 중요한 자료들이다. 이 글들은 번역에 대한 당대 작가들의 견해를 알 수 있는 자료인 동시에 번역에 대한 당대인들의 인식을 이해할 수 있는 중요한 자료이다. 우선 키케로의 경우, 그는 가장 유명한 로마의 웅변가이자 수사학자였다. 서구 번역사상 최초의 번역 이론가라는 평판을 얻고 있는 키케로는 동시대 로마인들이 그리스인들의 작품들을 선호하고 라틴 작품들을 거부하는 것에 대해서도 부정적이지만, 그리스 작품이 라틴어로 번역된 것을 기꺼이 읽으면서도 자기들의 국어인 라틴어에 대해 경멸하는 것에 대해서도 반대한다. 키케로의 번역관은 다음의 진술에 잘 담겨있다.

If I render word for word, the result will sound uncouth, and if compelled by necessity I alter anything in the order or wording, I shall seem to have departed from the function of a translator.

위 글은 키케로가 번역에 있어서 중용적 입장의 중요성을 견지하고 있었음을 보여준다. 그는 단어 대 단어로 바꾸는 축어역에 대해서뿐만 아니라 번역가가 자신의 필요에 의해 임의로 어순이나 어법을 바꾸는 것에 대해서도 부정적으로 보았다.

다음으로, 호라티우스는 중부 이탈리아에서 해방된 노예에게서 태어났다. 그는 모든 로마의 서정시인들 및 풍자시인들 가운데 가장 위대한 시인 중의 하나였다. 번역에 대한 호라티우스의 입장은 키케로의 입장과 매우 유사하다. 다음의 글은 번역에 대한 호라티우스의 번역관을 잘 반영하고 있는 글이다.

> A theme that is familar can be made your own property so long as you do not waste your time on a hackneyed treatment; not should you try to render your original word for word like a slavish translator, or in imitating another writer plunge yourself into difficulties which shame, or the rules you have laid down for yourself, prevent you from extricating yourself.

위 글은 여러 가지 중요한 사실을 시사한다. 그 첫째는 호라티우스 시대에 이미 오늘날까지도 논란의 여지가 있는 "축어적 번역(word-for-word translation)"과 "의미역(sense-for-sense translation)" 사이의 구분이 존재했다는 사실이다. 그 둘째는 축어적 번역보다는 의미역을 더 선호했다는 점이다.

2 중세

2.1 서구 세계 ― 르네상스 시대 이전

1) 영국의 경우

▲ 웨섹스의 왕 Alfred

고대 영국의 역사는 로마인, 앵글로-색슨족 그리고 노르만족 등과 같은 이민족의 침입과 정복으로 점철되어 있다. 이로 인한 지배민족과 피지배민족의 공존은 통역과 번역이 이루어질 수 있는 자연스런 환경, 즉 bililingualism 또는 trilingualism을 조성하였다. 이런 환경은 특히 1066년에 있은 노르만 정복(the Norman Conquest) 이후에 보편화되었다. 다시 말해, 지배계급인 궁정 영주나 법관들은 프랑스어를, 고위 성직자는 프랑스어와 라틴어를 사용하였고, 왕과 영주의 지방 관리인은 일반인이 색슨어를 쓰고 있었으므로 프랑스어와 앵글로-색슨어를 공용하지 않을 수 없었으며, 피지배계급인 앵글로-색슨족인 일반인들은 앵글로-색슨어, 즉 고대 영어를 사용하였다.

고대 영국에서의 통역과 번역 작업의 활성화에 이바지한 또 한 가지 요인은 앵글로-색슨족들의 기독교에로의 개종이다. 영국에서의 기독교 개종은 국지적으로 서서히 진행되었는데, 켄트(Kent)의 왕이나 노썸브리아의 왕 Edwin 등의 개종에 따라 신하들도 개종했고 이리하여 로마 교황이 파견한 전도사들의 감화는 매우 신속하게 퍼져나갔다.

중세 시대에 영국에서 번역 활동이 가장 활발하게 이루어진 것은 웨섹스의 왕 Alfred 치세 하에서이다. 그는 군인·항해가·입법자 등으로서의 재질을 고루 갖추고 있을 뿐만 아니라 그 자신 문학자이자 문학 진흥을 위해 헌신적인 노력을 기울인 왕이었다.

알프레드는 전쟁과 재난으로 황폐해진 나라에 학문을 진작시키기 위해 최선의 노력을 기울였다. "내가 이 왕국을 다스리게 되었을 때, 기도서를 영어로 번역할 만한 사람이 템즈강 이남에는 없었던 것 같다"고 자탄할 정도로 학문에 관심이 많았던 그는 귀족과 부유한 자유민의 자제들을 교육시키기 위해 큰 학교를 설립하였다.

그는 글을 많이 남겼는데 저작자라기보다는 상당히 정밀한 번역가였다. 그는 말 하나 하나를 정확히 가려서 썼고 사상은 깊이 검토해서 진정한 뜻을 찾은 후에 정확한 영어로 옮겼다고 말했다.

흥미 있는 대목에 마주치면 그는 자기가 쓴 구절을 삽입했다. 그의 목적은 유익하다고 생각되는 원전을 라틴어를 잊어버린 국민에게 알리는 데 있었다. 그는 과거를 알아야 한다는 강력한 믿음을 영국민에게 심어주기 위해 집필하도록 한 비드 Bede의 『영국교회사』 Ecclesiastical History, 5세기 스페인의 성직자가 쓴 책으로 로마 제국이 기독교를 따르고 이교도를 버린 결과 패망했다는 관념을 반박하기 위해 고대문명의 흥망성쇠를 더듬어 추적한 책인 오로시우스 Orosius의 『세계사』 Universal History, 그리고 도덕성이 결여된 성직자의 교본으로 쓴 그레고리우스 대교황의 『성직자의 계율』 Pastoral Care를 번역하여 그 중 50부를 국내의 주교와 수도원에 배부하였다. 외환에 시달리는 나라를 통치하는 비상한 고난을 겪어가면서 라틴 원전 『성직자의 계율』을 영어로 번역했다는 기록을 보면 참으로 기이하고도 찬양할 만한 일이다. 특히 이 철학적인 왕의 마음에 꼭 들었으리라고 생각되는 보에티우스 Boetius(ca. 480-524)의 작품으로 5세기의 고전인 『철학의 위안』 Consolation of Philosophy, 그리고 성 어거스틴의 『대화록』 Soliloquies도 번역했다.

(박 영배, 『앵글로색슨족의 역사와 언어』, p.274)

중세 시대 영국의 대표적인 번역 작가는 제프리 초오서(Geoffrey Chaucer, ca. 1343-1400)이다. 그는 13세기의 프랑스의 시 '장미 이야기 Roman de la Rose'를 번역하였다. '장미 이야기'의 1부는 기욤 드 로리스(Guillaume de Lorris)가 쓴 우의시(allegory)인데, 꿈의 형식을 빌려 한 젊은이의 연애과정을 이야기하고 있는 시이다. 기욤은 이 시를 미완성으로 남겨놓았다. 그런데 그가 죽고 난 후 장 드 묑(Jean de Meum)이 거기다가 엄청난 양의 속편을 덧붙였다. 이 프랑스 시를 영어로 옮긴 14세기의 번역본 중에서 단지 단편적인 한 부분만이 우리에게 전해져 내려오고 있는데, 그나마도 번역자의 이름에 대해서는 아무런 언급이 없다. 학자들은 이 단편의 처음 1,700행이 초오서의 번역일 것이라는 데 일반적으로 동의한다.

초오서가 '장미 이야기'를 번역했던 것은 1460년대의 일로 생각된다. 이 연대 동안에 그는 아마 다른 프랑스 작품들도 번역했을 것이며, 그 연대의 말에 가서 그는 최초의 주요 작품인 '공작부인의 책' Book of the Duchess를 썼다. 이 작품은 1368년에 죽은 존 오브 곤트(John of Gaunt)의 아름다운 첫아내 블랑쉬 오브 랭카스터(Blanche of Lancaster)의 죽음을 애도한 엘레지인데 이 작품이 완성된 것은 아마 1369년 초일 것이다. 이 시의 많은 8음절의 시행들은 초오서와 동시대의 프랑스 시인 장 프루아사르(Jean Froissart)의 여러 작품들로부터 그리고 프루아사르와 동향인인 기욤 드 마쇼(Guillaume de Machaut)로부터 그리고 기타 다른 프랑스인들로부터 직접 번역된 것이다.

초오서는 1470년대에 보에티우스에 대한 큰 존경심의 표시로 그의 『철학의 위안』을 공들여서 산문으로 번역하였다. 1385년에 완성되었을 성싶은 그의 가장 긴 시 '트로일러스와 크리세이드' Troilus and Criseide는 복카치오의 '일 필로스트라토' Il Filostrato(사랑에 빠진 사람)을 번안한 것이다. 복카치오의 작품도 상당히 높은 수준의 작품이기는 하지만, 초오서는 그것을 인간의 언어로 쓰여진 가장 아름다운 연애시의 하나로 재생해 놓았다.

윌리엄 캑스턴(William Caxton, ca. 1422-1491)은 영국에 인쇄술을 최초로 들여온 인물이다. 그는 영어로 인쇄된 최초의 서적들 가운데 하나인 토마스 말로리 경(Sir Thomas Malory)의 『아더 왕의 죽음

▲William Caxton과 그의 인쇄공장

Morte Darthur』(1485)을 인쇄했다. 동시에 그는 트로이의 멸망을 다룬 책을 번역·인쇄하였다. 이런 점에서, 영어로 인쇄된 최초의 책은 번역서였던 것이다.

2) 프랑스의 경우

이 시대 다른 나라에서와 마찬가지로 프랑스에서도 라틴어는 학문과 예술의 언어였으며, 동시에 각종 공식 문서의 언어였다. 하지만 일반 민중들은 통속어를 사용하였으며 중세 말로 접어들면서 이 통속어가 국어로서 확립되어 가는 동시에 라틴어를 제치고 학문과 예술의 언어로 자리 잡게 된다. 이 과정에서 중요한 역할을 수행한 것이 바로 번역이며, 번역이 그러한 역할을 수행할 수 있는 환경을 조성한 것은 바로 발루아 왕조의 후원과 장려이다.

쓰지 유미가 지적하다시피, 특히 중세 말엽의 프랑스에서 발루아 왕조가 다스리던 시대(1328년부터 1589년까지)는 프랑스 역사상 번역가의 위상이 가장 높았던 시대였다. 이 시대는 번역가가 왕이나 귀족의 적극적인 후원을 받았고 자신의 번역서에 머리말을 썼으며, 번역은 저술과 동등한 대접을 받았던 시대였다.

문자로 적힌 프랑스 문학은 거의 번역에서 시작되었으며, 프랑스어로 문학작품다운 것이 쓰여진 것은 11세기 무렵에 들어와서 이다. 기독교와 라틴어가 지배하던 이 당시 가장 비중 이 컸던 장르는 역시 그리스도교 순교자와 수난자의 생애를 다룬 성자전·성녀전으로서 이것들은 거의 다 라틴어로부터의 번역이나 번안이었다.

성서의 경우, 13세기에 들어서서 프랑스어로 번역되었다. 1226년부터 1239년까지 파리에서 집단적으로 이루어졌다고 해서 이것을 '파리 성서'라고 부른다.

번역서 가운데 종교 관련 번역서가 주류를 이뤘지만 상당수의 문학 작품들 또한 번역되었다. 가령 기록에 남아 있는 12세기의 프랑스 최초의 여류 시인 마리 드 프랑스는 『이솝이야기』를 번역하였다. 동시대에 활약한 크레티앙 드 트루아는 『트리스탄 이야기』와 같은 뛰어난 작품을 무수히 쓴 중세 최고의 작가인데 오비디우스의 『연애술』, 『변신 이야기』를 번역하였다. 13세기의 인물 장 드 묑은 『장미 이야기』의 속편을 쓰는 한편으로 번역에도 손을 대 베게티우스의 『군사 개요』와 보에티우스의 『철학의 위안』 등을 번역하였다.

14세기에 주목할 만한 번역가로 피에르 베르슈일(1290?-1361)이 있다. 그는 파리의 살롱테로아 대수도원장을 역임한 바 있는데 국왕 장 2세의 명에 의해 리비우스의 『로마건국사』를 번역하였다. 그는 이 번역에서 라틴어에는 있지만 프랑스어에는 없는 다양한 용어를 프랑스식으로 바꿔 쓰고 새로운 단어를 만드는 등 고전의 번역에 새로운 방식을 도입하였다.

장 2세의 아들 샤를 5세는 학문과 예술의 후원과 고전의 번역에 대한 열의에서 아버지를 능가했는데, 그는 고대의 작품을 읽힘으로써 신하들을 교화할 의도로 몇 사람의 번역가를 동원해 고전의 번역을 맡겼다. 그의 명을 받고 그의 시의였던 에블라르 드 콩티는 아리스토텔레스의 『자연

학」을, 라울 드 플레르는 성 아우구스티누스의 『신국』을, 시몬 드 에스탕은 로마의 역사가 발레리우스 막시무스의 『저명언행록』을 프랑스어로 옮겼다. 특히 니콜 오렘(1320?-1382)은 샤를 5세 휘하의 번역가들 중에서 특수한 위치를 차지한 인물로서 프랑스어가 라틴어와 마찬가지로 지식과 학문을 전수하는 언어가 될 수 있다는 확고한 신념을 가지고 번역에 임한 최초의 번역가였다. 그는 샤를 5세의 요청에 따라 아리스토텔레스의 『니코마코스 윤리학』, 『정치학』, 『경제학』, 『천체론』을 프랑스어로 번역하였다.

(쓰지 유미, pp. 43-47)

2.2 비잔틴 제국

330년 5월 11일, 콘스탄티누스 대제는 유럽과 아시아의 교차로이자 고대 도시 비잔티움이 있던 자리인 보스포루스 해안가에 새로운 도시 콘스탄티노플을 세웠다. 이로써 1453년 5월 29일, 정복자 메메드 2세가 이끄는 터키 군대가 콘스탄티노플에 입성함으로써 종말을 고하게 된 비잔틴 제국이 출현하게 되었다.

▲Constantinus I

비잔틴 제국의 위세는 중세의 모든 사람들을 열광시켰다. 최초의 기독교 도시로서 고대 문화의 마지막 피난처였던 비잔틴은 그리스 철학자 아리스토텔레스와 플라톤의 철학을 신앙과 결합시키는 지혜를 가졌다. 따라서 비잔틴은 이후 아랍 회교도 세계에 전파될 그리스·로마 문화 유산의 역사, 나아가 유럽 문명사의 빼놓을 수 없는 연결 고리 역할을 수행하였다. 이런 점에서, 브린튼의 다음과 같은 언급은 매우 적절하다.

> 비잔티움이 없었더라면, 틀림없이 플라톤과 아리스토텔레스, 호메로스와 소포클레스는 망실되었을 것이다. 이런 손실이 서구문명에 무엇을 가져왔을 것인지, 그로 말미암아 우리가 과학과 사상, 도덕과 윤리에 있어 얼마나 낙후했을 것인지, 우리의 문화적 유산이 얼마나 빈약해졌을 것인지 우리는 상상조차 할 수 없다. 이들 죽은 과거의 산 작품들을 간직하여 우리에게 넘겨 준 것은 비잔티움의 공헌인 것이다.
>
> (브린튼 외, 『세계문화사 上』, p. 321)

비잔틴 제국은 이러한 중차대한 역할을 포기할 뻔하였다. 콘스탄티누스는 312년에 이제까지 탄압의 대상이던 기독교도들의 신앙의 자유를 허용하고, 나아가 325년 니케아 공의회를 통해 기독교를 제국의 종교로 받아들였다. 이 후, 기독교화한 제국에서는 반대로 그리스·로마 문화는 이교적이라는 이유로 경시되었으며, 이러한 태도는 529년 당시 회개하지 않는 이교라고 비난받던 아테네의 아카데미의 폐쇄에서 그 절정에 도달하였다.

그러나 다행스럽게도 그리스·고대 문화는 이교라는 이유로 경시되기는 했지만 줄곧 교육의 기초가 되어왔으며 결국 9세기에는 복권되었다. 이 과정에서 프셀로스, 아레타스, 포티우스와 같은 비잔틴의 석학과 필경사들은 그리스·로마 유산의 보존이라는 중요한 역할을 수행하였다.

비잔틴에서의 번역 활동은 전교 활동과 밀접히 관련되어 있다. 862년 키릴로스와 메토디오스는

제국 북쪽에 있는 모라비아인과 불가리아인을 교화시키기 위해 성경과 예식을 슬라브어로 번역하였다. 이를 위해 이 문헌학자들은 슬라브인의 구어(口語)를 발명했는데, 이것이 키릴 문자이다.

비잔틴의 블라디미르는 989년 러시아인을 개종시켜서 기독교를 보급하였는데 이 때 역시 번역이 상당한 기여를 했다.

비잔틴의 번역사 기술에서 빼놓을 수 없는 것은 바로 『로마법 대전』의 번역이다. 529년부터 유스티니아누스(527~565)는 트리보니아누스에게 새법전을 편찬하게 했다. <법률집> 속에 판례법을 모아 수록하고, 학생들을 위해 입문서인 <법률요강>을 만들도록 하였다. 모든 작업은 5년이 채 안 되어 완결되었다. 이것이 바로 후대의 모든 법의 필수불가결한 원천이 된 『로마법 대전』이다. 이 법전을 완성한 유스티니아누스는 남이 자신의 문집을 평하는 것을 금하였다. 그러나 그것은 그리스어로 번역되어야 했다. 왜냐하면 이 법전은 행정언어인 라틴어로 쓰여져 있는 반면, 시민들은 그리스어를 사용하고 있었기 때문이다.

레오 6세(886~912) 때에는 희랍어역 개정 『로마법대전』이라는 새로운 법령집이 나왔다.

이 법령집은 특히 레오 6세 자신의 법률을 새로 모은 한 권 때문에 주목할 만한 것인데, 여기서 황제는 절대주의가 아직 완숙하지 않았던 그전의 시기에 나온 법률을 많이 버렸던 것이다.

비록 괄목할 만한 성과는 없었지만 비잔틴 제국에서의 번역은 법률 분야 이외에서도 이루어졌다. 설교·성자전·약간의 연대기와 역사 및 『바실 디게네스 아크리타스』, 『바를라암과 이오사아프』를 포함한 그 밖의 비잔티움 문학작품들이 슬라브어로 번역되고 보급되었다. (브런튼, p. 372)

2.3 아랍인들의 역할

서구 중심의 유럽 문화에 익숙해 있는 우리가 중세 시대에 아랍인들이 유럽 문화의 발달에 기여한 공로에 대해 무지한 것은 어쩌면 당연한 일이다. 그렇지만 아랍인들이 유럽의 과학 및 철학의 발전에 끼친 영향은 과소평가되어서는 안될 만큼 지대한 것이었다. 이런 점에서 유럽 번역사에 대한 쓰지 유미의 다음의 발언은 매우 중요한 내용을 담고 있다.

"번역을 통해서 문화는 주체를 바꿔가며 이동해왔다. 아테네를 중심으로 발전한 그리스 문화에서 알렉산드리아의 헬레니즘으로 계승된 지적 유산은 아랍어로 번역되어 바그다드라는 새로운 중심지에서 생명을 얻었다. 그리고 아랍어에서 라틴어로 번역이 이루어지면서 유럽의 '문명개화'가 발빠르게 진행되었다."

이처럼 아랍인들이 유럽의 문명 개화에 이바지할 수 있었던 것은 정복 전쟁을 통한 그리스 헬레니즘 문화의 지적 중심지를 자기 영토 내에 복속시키고, 나아가 번역 사업을 통해 그리스의 지적 유산을 보존하였다가 나중에 유럽인들에게 전달해준 때문이다.

부연하면, 마호메트가 632년 타계한 후 그의 이념을 계승한 칼리프들은 주변 지역에 대한 정복 사업을 벌여 불과 한 세기 동안 서쪽으로는 스페인 및 포르투갈의 거의 전 지역을, 동쪽으로는 지금의 파키스탄 부근까지 아시아, 아프리카, 유럽에 걸쳐 거대한 제국을 건설했다. 이 대정복전

쟁으로 말미암아 그리스 헬레니즘 문화를 계승한 지적 중심지 거의 모두가 이슬람교도의 지배 아래 들어갔던 것이다. 이리하여 아랍 세계는 자연스럽게 그리스의 지적 유산을 계승하게 되었다.

아랍 세계가 고대 그리스의 지적 유산을 계승·보존하게 된 또 하나의 연유는 동로마제국이 멸망한 후 비잔틴제국으로 피신한 그리고 비잔틴 제국에서 그리스의 과학 및 철학을 연구하던 많은 학자들이 아랍 세계로 피신한 때문이다. 부연하면, 그리스 과학 및 철학을 연구하던 많은 학자들은 기독교를 제국의 종교로 받아들인 황제들이 그리스의 과학과 철학을 이교도들의 학문이라 하여 그것을 연구하는 학자들을 탄압하는 사태가 발생하자 아랍 세계로 학문적 망명을 떠나게 된다. 이들이 아랍의 지적 중심지에 정착함으로써 아랍세계는 자연스럽게 그리스의 지적 유산을 계승·보존할 수 있게 된 것이다.

희랍고전이 최초로 번역된 것은 크리스찬 시리안들(Christian Syrians)이었다. 이들은 4·5세기에 메소포타미아의 에데사학원(the school of Edessa)에서 아리스토텔레스의 저작을 시리아어로 번역하였고 그 뒤 계속해서 페르시아에서 기타 희랍고전을 페르시아어로 번역하였다. 제 이 단계의 번역작업은 다시 이 시리아어로 번역된 희랍고전을 아랍어로 옮기는 작업이었고 이 때 아랍사상가들을 지배한 사상은 신플라톤주의였다. 따라서 이런 고전번역과정에서 희랍고전, 특히 아리스토텔레스의 저작들의 체계는 신플라톤주의적으로 윤색되어지고 또 페르시아의 동방종교사상과 결합되어 아랍 특유의 철학을 형성시킨다. 이러한 아랍철학을 대표하는 철학자로서 아랍동방권에서 아비세나(Avicenna 혹은 Ibn Sina, 980-1037)를, 아랍서방권에서 아베로스(Averroes 혹은 Ibn Rusd, 1126-1198)를 들수 있다. 아베로스는 아리스토텔레스의 천재에 압도되어 그의 작품을 인간지성의 최상의 성취로 간주하고 그에 대한 방대한 주석을 달았다(김 용욱, 『철학탐마대기완성』, p. 168). 그의 아리스토텔레스 주석서는 아라비아어에서 라틴어로 옮겨져서 아리스토텔레스 자신의 희랍어 원전보다 먼저 서구 기독교세계에 이용되었다. 그러므로 서구 중세 스콜라철학자들의 아리스토텔레스 이해는 아베로스의 주석에 힘입은 바가 크다.

▲ Averroes 혹은 Ibn Rusd,
1126-1198

아랍 세계에서 진정한 번역의 시대가 시작된 것은 압바스 왕조(750-1258) 때이다. 압바스 왕조의 군주들은 그리스어 필사본을 수집하는 데 심혈을 기울였다. 그리스 서적들은 전리품으로 대접받았으며, 칼리프들은 거액의 돈을 쏟아부어 그리스어 책들을 사들였다. 이러한 분위기에 편승하여 압바스 왕조에 이르러 번역에 대한 정열이 사회 전반으로 확산되었다.

특히 칼리프 마문은 번역 사업에 적극적이었는데, 그의 치세(813~833)는 칼리프시대의 문명의 전성기를 획한다고 흔히 말한다. 그는 바그다드에 천문대를 짓고 대학을 세우고, 희랍과 인도의 과학자와 철학자의 위대한 저작들을 아라비아어로 번역하도록 명령하였다. (브린튼, p. 384)

압바스 왕조 당시 다양한 언어로 쓰여진 수많은 저작들이 아랍어로 번역되었지만 가장 기본이 된 것은 그리스 헬레니즘의 지적 유산이다. 실제로 중세·유럽에서 그리스 헬레니즘과의 인연이 거의 끊겼던 시대에도 아랍 세계는 그리스의 과학과 철학의 주요 저작을 거의 전부 자기들 말로 옮겨놓았다. 플라톤과 아리스토텔레스의 철학서, 히포크라테스와 갈레누스의 의학서, 아르키메데스와 유클리드, 그리고 프톨레마이오스의 수학 및 천문학서 등이 가장 잘 알려진 번역 대상들이

었다. 이렇게 아랍 세계에서 번역해 놓은 책이 다시 유럽의 언어로 중역됨으로써 방치된 채 멸실 위기에 놓여 있던 그리스어로 쓰여진 방대한 문헌을 되살리고 그리스 헬레니즘 문화를 소생시키는 역할을 수행하였다. 따라서 만약 유럽의 지적 유산의 핵심을 이루는 이러한 서적들이 아랍 세계에 의해서 번역·보존되어 나중에 유럽 세계에 전해지지 않았더라면 유럽의 지적 유산은 커다란 결함을 지니고 있었을 것이다. 그리고 실제로 애석하게도 이 당시 아랍어로 번역되지 못한 책들 가운데 문헌상으로는 나와 있지만 오늘날까지 전해지지 못하고 있는 책들이 상당수가 있다.

이렇게 해서 이슬람교도는 비잔티움인과 같이 철학과 과학의 고전적 저작의 보존자와 수정자의 역할을 분담하게 된 것이다. 그리고 마침내 12세기 이래로 서방이 고대 학문의 훌륭한 음식을 받아들일 준비가 되고 또 갈망했을 때에 그들 앞에 그것을 내놓을 수 있었던 것은 희랍인과 아울러 시실리와 스페인의 이슬람교도였다.

(브린튼, p. 387)

2.4 중국에서의 번역

중국에서의 번역 사업은 인도 불경의 번역을 중심으로 이루어졌다. 이에 대한 김용옥 교수의 지적을 들어보자.

> 과연 인도불전의 漢譯이 없이 중국불교의 전개가 가능했을까? 여기서 말하는 "중국불교" (Chinese Buddhism)란 "중국화된 불교"(Sinicized Buddhism)를 말하는 것이며, 전문술어로는 "格意化된 大乘佛敎"(Mahayana Buddhism)를 말한다. 魏晋南北朝시대의 중국의 최고급 지성인들의 지적 활동이 바로 이 佛典의 번역사업에 투여되었던 것이다. 후우 지엔(苻堅, 338-385)의 비호 아래 長安에 살면서 百餘萬言의 經典을 번역해낸 따오안(道安, 312-385)을 선두로, 계속해서 長安에서 활약한 쿠마라지바(鳩摩羅什)가 벌인 공전의 大譯經사업(74部 384卷), 또 그를 도운 중국의 天才 썽자오(僧肇, 384-414), 안식인 아버지와 중국인 어머니 사이에서 태어나 삼론을 완성한 지짱(吉藏, 549-623), 『손오공』의 주인공으로 우리에게 익히 알려진 쉬앤짱(玄奘, 602-664)이 俱舍·唯識계통의 경전을 1,335권(75부)이나 번역해낸 일 등등, 이루 헤아릴 수 없는 중국의 지성인들이 그들의 청춘과 인생을 모두 이 "번역"을 위해 불살랐던 것이다.

(김용옥, 『동양학 어떻게 할 것인가』, p. 123)

위에 언급된 인물들에 의해 북방인도의 인도아리안계통의 표음언어인 산스크리트어나 그것의 통속형태(vernacular)인 팔리어로 쓰여진 불전이 한역되어, 나중에 동아시아 여러 나라 즉 한국이나 일본에 전달됨으로써 불교가 널리 전파되기에 이르게 된다.

3 르네상스 시대

르네상스의 시대적 특징을 설명하는 가장 일반적인 방식 중의 하나는 르네상스를 중세와 관련지어 설명하는 방식이다. 이러한 방식 중 가장 대표적인 것 중의 하나는 르네상스를 중세의 연속으로 보는 연속론이다. 이 입장을 견지하고 있는 대표적인 역사가는 바로 『중세의 가을』을 쓴

호이징가(Huizinga)이다. 그는 르네상스적인 많은 요소들이 14, 15세기를 통해서도 존속하고 있다고 주장하면서 르네상스를 그 자신의 책 제목대로 중세의 가을로 명명했었다. 이와 반대편에 선 입장이 단절론이다. 이 입장을 대표하는 인물은 『이탈리아에 있어서의 르네상스 문화』를 쓴 창조적 천재 야콥 부르크하르트(Jacob Burckhardt)이다. 부르크하르트는 르네상스를 인간의 지성과 개성의 전반적인 각성 또는 재생, 즉 근대 세계의 출발이라고 주장하였으며, 그 근본적인 동인을 고대의 부흥과 그것이 이탈리아인의 민족적 천품과 결합한 데서 찾았다. 두 입장 다 일리가 있다. 르네상스 시대는 중세적인 요소가 일부 잔존하였고 그러면서 중세와는 구별되는 근대적인 요소가 막 태동하는 시대였기 때문이다. 이런 점에서, 르네상스는 엄밀히 말해 중세에서 근대로 넘어가는 과도기로 보는 것이 타당하다.

르네상스의 주요한 특징인 그리스·로마의 고전 문학이나 예술의 부흥은 번역이 활성화될 수 있는 최적의 상황을 조성하였다.

쓰지 유미가 주장하고 있다시피, 번역이 제 세상을 만난 시대, 그것이 르네상스다. 16세기 프랑스는 시인이건 작가건 학자건 이른바 글을 쓰는 문필가이면 너도나도 번역에 뛰어든 시대라고 해도 좋다.

왜 번역이 돌연 각광을 받게 되었을까? 먼저 활판 인쇄가 보급되어 책이 대량으로 나돌면서 가격이 떨어져서 순식간에 독자층이 넓어졌다는 점을 들 수 있다. 그리스어와 히브리어는 고사하고 라틴어조차 모르는 사람들이 고대 문화를 접하고 싶을 경우, 당시까지는 아직 '통속어'로 불렸던 프랑스어로 번역된 책에 당연히 의존할 수밖에 없었다.

> 그리스·로마의 고전 문화가 갖는 가치를 재발견하려는 움직임은 이처럼 통속어로 고전 문학을 읽을 수 있고, 각종 교양을 통속어를 통해 습득할 수 있는 시대의 도래와 맞물려 있는 것이다.
>
> (쓰지 유미, 『번역사 산책』, p. 85)

위 인용문에서 쓰지 유미는 프랑스를 예로 들었는데 이런 현상은 영국의 경우에도 마찬가지였다. 독일인 구텐베르크에 의해 발명된 활판인쇄술이 그것을 배우고 익힌 윌리엄 캑스틴에 의해서 영국에 도입되었다. 그리하여 15세기 동안에는 글을 읽고 쓸 수 있는 사람의 숫자가 점점 불어나서 그 결과 초서의 시대보다 훨씬 더 많은 사람들이 글자를 읽을 수 있게 되었다. 15세기 초에는 약 30퍼센트의 국민이, 그리고 1540년 무렵에는 약 60퍼센트의 국민이 영어를 읽을 수 있었던 것으로 추산된다. 이런 분위기에 편승하여 성경 및 고전 번역이 활기를 띠게 되었다.

독서 대중의 증가 및 책 가격의 하락이외에 번역의 활성화에 기여한 또 한 가지 요인은 이제까지 '통속어(vernacular)'로 불리며 등한시되어 온 자국어의 위상에 대한 각성과 그것의 위상 제고 노력이다. 르네상스 이전 세대의 지식인들은 라틴어로 글을 쓰는 것이 자연스러운 일이었다. 라틴어는 전달 매체로서의 보편성과 항구성을 지닌 언어인 반면 자국어는 상대적으로 미숙하고 불안정한 언어로 보였기 때문이다. 그리하여 그들은 고대 로마의 작가들을 그들의 언어인 라틴어로 모방하였다. 그러나 이탈리아와 프랑스 그리고 영국에서는 다같이 이 무익하고 굴종적인 모방행

위에 대한 반발이 일어나고 있었다. 게다가 그보다도 더 중요한 것은 국민적 감정 그 자체가 가슴속에서 자국어의 사용을 명한다는 사실이었다. 만약 자국민의 언어가 희랍어나 라틴어처럼 세련되고 품위 있는 것이 못된다면, 그렇다면 그만큼 더 식자들은 그것을 연구하고 그것으로 가장 야심적인 작품을 씀으로써 그것을 갈고 닦아야 할 것이 아니겠는가?

(M. H. 에이브럼즈 외, 『노튼 영문학 개관 I』, p. 85)

자국어 위상 제고를 위해 많은 심혈을 기울인 프랑스의 대표적인 작가 중의 하나는 조아생 위 벨레(Joachim Du Bellay)이다. 그는 "프랑스어에 그리스어와 라틴어에 버금가는 예술성과 품격을 불어넣으려는 운동을 벌이던 젊은 시인 집단 '플레아드파'의 대표적 인물 가운데 한 명"이다(쓰지 유미, 89). 그는 『프랑스어의 옹호와 예증』 Defense et Illustration de la Langue Francaise에서 자신의 언어관을 다음과 같이 피력하였다.

> … the value of a language is not inherent in the language itself, but depends upon what great and fine works are written in that language.

(M. H. Abrams, *The Norton Anthology of English Literature*, p. 478)

영국인으로서 뒤 벨레와 같은 입장을 견지한 인물은 에드먼드 스펜서의 스승이자 머천트 테일러스 스쿨(the Merchant Taylor's School)의 교장이었던 리쳐드 멀캐스터(ca, 1530-1611)이다. 그는 영어의 어휘가 팽창해 가는 현상과 탐험과 식민 활동에서의 영국의 성장, 즉 세계적 강국으로 부상해 가는 영국의 모습을 연계시켜서 해석하기도 하였다. 그는 열렬한 애국주의적 자세를 견지하면서 자신의 영어 옹호론을 다음과 같이 개진하였다.

> I do write in my natural English tongue, because though I make the learned my judges, which understand Latin, yet I mean good to the unlearned, which understand but English… For is it not indeed a marvelous bondage, to become servants to one tongue for learning's sake the most of our time, with loss of most time, whereas we may have the very same treasure in our own tongue, with the gain of most time? our own bearing the joyful title of our liberty and freedom, the Latin tongue remembering us of our thralldom and bondage? I love Rome, but London better; I favor Italy, but England more; I honor the Latin, but I worship the English.

리처드 케어루(Richard Carew) 또한 이런 시류에 편승한 작가이다. 그는 '영어의 우수성에 관한 서한 Epistle on the Excellency of the English'이라는 제목의 글에서 영어의 다양성을 근거로 영어의 우수성을 예찬하였다: "(내가 믿기로는) 하나의 사건을 우리말보다 더 다양하게 전달할 수 있는 언어는 없다. 알기 쉽게 그리고 격언과 은유를 통해서."

자국어 위상 제고 노력이외에 이 시대에는 외국문학을 번역 또는 모방하여 소개하는 일이 이루어졌다. 이러한 일을 한 대표적인 인물 중의 하나는 영국인 토마스 와이어트 경(Sir Thomas Wyatt the Elder, 1503-1542)이다. 그는 켄트의 알링턴에서 태어나 케임브리지의 세인트 존스 칼리지(St. John's

▲Sir Thomas Wyatt the Elder

College)에서 교육을 받았다. 그는 생애의 대부분을 궁정인과 외교관으로서 보냈다. 그는 성인 시절의 대부분을 해외에서 보냈다. 그가 외국문학, 특히 이탈리아 문학에 흥미를 느끼고 있었다는 것은 이탈리아의 소네트(sonnet) 작가들인 페트라르카(Petrarch), 산나자로(Sannazzaro), 알라마니(Alamani) 등의 시를 번역하고 모방한 데서 명백히 나타난다.

와이어트가 영국문학에 기여한 것 가운데 가장 중요한 것은 소네트의 소개이다. 복잡한 압운 형식을 가진 14행시인 소네트는 와이어트에 의해서 영국에 소개되었다. 시의 주제는 대부분 페트라르카의 소네트에서 따왔지만 압운 형식은 다른 이탈리아의 본보기에서 따온 것이다.

한편, 스타이너(T. R. Steiner)가 『영국번역이론: 1650-1800 english translation theory 1650-1800』에서 주장하듯이, 조오지 채프먼(George Chapman)은 번역의 특성 및 조건에 대해 상세한 언급을 시도한 최초의 영국 작가이다. 그는 그의 최초의 호머 번역인 『일곱 권으로 된 일리아드 Seaven Bookd of the Iliad』에서 다음과 같은 짧은 번역 이론을 제시하고 있다.

> The worth of a skillful and worthy translator is to observe the sentences, figures and formes of speech proposed in his author, his true sense of height, and to adorne them with figures and formes of oration fitted to the originall in the same tongue to which they were translated…

문예부흥운동이 진행되는 한편으로 종교개혁과 반종교개혁의 열풍이 온 사회에 회몰아치고 그에 따른 종교재판과 이단자 처형이 횡행하던 시대에 번역이 활성화된 것은 번역가들의 목숨을 건 노력에 기인한다. 교회의 입장에서 볼 때 이교적인 성향을 띤 그리스·로마의 문학과 예술의 부흥 그리고 고전의 번역은 달가운 행동이 아니었다. 나아가 번역은 항상 감시와 검열의 대상이었다. 이런 상황에서 당시의 번역가는 언제라도 이단으로 낙인찍혀 처형당할 위험을 감수해야만 하였다. 영국의 성경번역가였던 윌리엄 틴들(William Tyndale)이 박해를 받고 국외로 추방되었다가 마침내 1536년에 순교한 것은 그 한 예이다. 또 한 가지 예는 프랑스인 에티엔 돌레(Etienne Dolet, 1509-46)의 경우이다. 그는 번역 원칙을 이론화한 최초의 인물들 가운데 하나이다. 그는 "한 언어를 다른 언어로 훌륭하게 번역하는 방법(La maniere de bien traduire d'une langue en autre)"이라는 글에서 번역가를 위한 다섯 가지 원칙을 확립하였다.

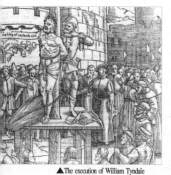
▲The execution of William Tyndale

1) The translator must fully understand the sense and meaning of the original author, although he is at liberty to clarify obscurities.
2) The translator should have a perfect knowledge of both Sl and TL.
3) The translator should avoid word-for-word renderings.
4) The translator should use forms of speech in common use.
5) The translator should choose and order words appropriately to produce the correct tone.

돌레가 이단으로 단정받고 처형된 것은 그가 플라톤의 『악시오코스』를 번역하면서 "무로 돌아간다(rien du tout)"는 세 단어를 덧붙인 것 때문이다. 파리대학 신학부는 이 세 단어가 영혼의 불

멸성을 부정하는 표현이라는 이유로 그를 이단으로 단정하였던 것이다. 이 단정의 결과, 그는 1547년 8월 3일 37세 되던 생일날 파리 모펠 광장에서 교수형에 당한 뒤 다시 화형에 처해졌다.

(쓰지 유미, 105쪽)

틴들과 돌레가 처형당한 것은 오늘날의 시각에서 보면 정말 황당무계한 일이지만 그 당시로서는 흔한 것이었다. 그들은 교회의 시각에서 보면 이단의 죄를 범한 자인 동시에 교회의 언어인 라틴어를 거부함으로써 라틴어가 상징하는 교회의 권위를 침범한 자들인 것이다. 이런 점에서, 처형이라는 극단적인 방법을 동원한 것은 그 당시 국왕권 및 세속화에 의해 도전 받던 교회가 흔들리는 권한 및 체제를 지켜내고자 하는 안간힘의 발로라고 할 수 있다.

4 근대

서구에서 근대는 대략 17세기 중엽부터 19세기 말까지를 일컫는다. 그러나 이 시기는 다른 시기에 비해 짧지만 문예사적 관점 — 특히 영국의 문예사적 관점 — 에서 볼 때 각기 지향하는 바가 다른 더 짧은 시기들의 연속이라고 할 수 있다. 따라서 크게 세 시기로 구분하기로 한다.

4.1 신고전주의 시대

1) 영국

영국에서 신고전주의 문학이 등장하기 직전에 문학 활동을 한 인물로서 번역 이론을 개진한 인물로 존 데넘(John Denham, 1615-1669)이 있다. 번역에 관한 그의 이론은 그의 시 '목사 피도의 번역에 대하여 리처드 팬쇼 경에게 To Sir Richard Fanshawe upon his Translation of Pastor Fido' (1648)와 그의 번역작 『트로이의 멸망 The Destruction of Troy』(1656)의 서문에 나타나 있다.

> for it is not his business alone to translate language into language, but Poesie into Poesie; and Poesie is of so subtle a spirit, that in pouring out of one language into another, it will all evaporate; and if a new spirit be not added in the transfusion, there will remain nothing but a Caput mortuum, there being certain Graces and Happiness peculiar to every Language, which gives life and energy to the words···

위에서 데넘은 번역이 단순히 한 언어를 다른 언어로 바꾸는 작업을 넘어서 새로운 정신을 추가하는 작업임을 천명하고 있다. 그는 원작의 핵심적 정신을 추출하여 목표어로 재창출하는 것을 번역가의 임무로 보았다.

영국에서는 1660년에 차알스 2세가 대륙을 스무 해나 유랑한 끝에 다시 왕위에 복귀하자 프랑스의 풍습, 스타일, 기호가 한꺼번에 영국을 침범하였다. 프랑스의 피에르 코르네유(Pierre Corneille, 1606-84), 장 라신(Jean Racine, 1639-99) 그리고 유명한 몰리에르(Moliere, 1622-73) 같은 극작가들의 영향이 영

국의 무대에 그 모습을 드러내었다. 이러한 작가들이 쓴 극본이 번역되어 영국의 무대 위에서 공연되는 한편, 그들의 작품과 영국작가들의 작품 사이에 세밀한 비교가 시도되었다.

영국에서 신고전주의의 초석을 다진 존 드라이든(John Dryden, 1631-1700)은 '오비디우스의 서한 Ovid's Epistles'(1680)의 서문에서 번역을 다음과 같이 세 가지 유형으로 나누고 있다.

All translation, I suppose, may be reduced to these three heads.

First, that of metaphrase, or turning an author word by word, and line by line, from one language into another. Thus, or near this manner, was Horace his Art of Poetry translated by Ben Johnson. The second way is that of paraphrase, or translation with latitude, where the author is kept in view by the translator, so as never to be lost, but his words are not so strictly followed as his sense; and that too is admitted to be amplified, but not altered. Such is Mr. Waller's translation of Virgil's Fourth Aeneid. The third was is that of imitation, where the translator (if now he has not lost that name) assumes the liberty, not only to vary from the words and sense, but to forsake them both as sees occasion; and taking only some general hints from the original, to run division on the groundwork, as he pleases. Such is Mr. Cowley's practice in turning two Odes of Pindar, and one of Horace, into English.

이 세 가지 유형 중에서 드라이든은 번역가가 어떠한 기준을 충족시키기만 한다면 두 번째 유형이 보다 더 균형 잡힌 방법이라고 여겼다.

새뮤얼 존슨으로부터 "영국 번역의 입법가(the lawgiver of English translation)"라는 명예스러운 호칭을 부여받은 드라이든은 『오비드의 서한 Ovid's Epistles』(1680)을 위시한 그의 여러 번역서 서문에서 여러 가지 번역 규칙을 제시하였다. 우선 그는 번역가의 필수 요건을 다음과 같이 제시하였다.

1. Be a poet.
2. Be master of both the language of the original and his own.
3. Understand the characteristics that individuate his author.
4. Conform his genius to that of the original.
5. Keep the sense "sacred and inviolable" and be literal where gracefulness can be maintained.
6. Make his author appear as "charming" as possible without violating his real character.
7. Be attentive to the verse qualities of both the original and English poem.
8. Make the author speak the contemporary English he would have spoken.
9. Do not improve the original.
10. Do not follow it so closely that the spirit is lost.

(T. R. Steiner, p. 28)

▲Alexander Pope

알렉산더 포우프(Alexander Pope, 1688-1744) 또한 영국 번역사에서 빼놓을 수 없는 인물이다. 그는 그

시대의 여러 주요 작가들 중에서 오로지 문필로만 생활을 영위한 유일한 작가였다. 앵글리칸 처치(Anglican Church)가 국교로 정해진 나라에서 로마 카톨릭 신자로서 그는 대학에 입학할 수도, 투표를 할 수도, 혹은 공직 생활을 할 수도 없었기 때문에, 시에 대한 재능을 계발하여 문필을 직업으로 택하였던 것이다. 그는 명예를 위해서뿐만 아니라 돈벌이를 위해서도 착수했던 호머(Homer)의 『일리아드』, 『오딧세이』 번역 덕분에 많은 돈을 벌어 교외에서 신사생활을 영위해 나갈 수 있었다. 이런 점에서, 포우프는 문필만으로도 생활을 영위할 수 있다는 것을 시범으로 보여준 최초의 작가였다. 그는 또한 자기가 번역할 의향을 밝히고 공개적으로 구매할 사람들을 예약 받고 번역에 착수하여 성공을 거둔 최초의 작가이기도 하다.

포우프는 드라이든과 마찬가지로 글자그대로의 번역과 지나친 의역은 피할 것을 권고하고 있다.

It is certain no literal Translation can be just to an excellent Original in a superior Language: but it is a great Mistake to imagine (as many have done) that a rash Paraphrase can make amends for this general Defect; which is no less in danger to lose the Spirit of an Ancient, by deviating into the modern Manners of Expression.

(T. R. Steiner, p. 91)

새뮤얼 존슨(Samuel Johnson, 1709-84)은 그의 저서 『시인전 Lives of the Poets』 중 '포우프전(Life of Pope)'(1779-1781)에서 번역 과정 중 내용을 첨가하는 것에 관해 논의하면서, 만약 이로 인해 작품의 품위가 올라가고 또 삭제되는 부분이 없다면 이는 확실히 바람직하다고 말했다. 그의 이런 주장은 최상의 칭찬을 받는 번역가에 대한 다음의 발언에서도 확인할 수 있다.

There is undoubtedly a mean to be observed. Dryden saw very early that closeness best preserved an author's sense, and that freedom best exhibited his spirit; he, therefore, will deserve the highest praise, who can give a representation at once faithful and pleasing, who can convey the same thoughts with the same graces, and who, when he translates, changes nothing but the language.

알렉산더 타이틀러(Alexander F. Tytler)는 작가로서 뛰어난 명성을 얻지는 못했지만 영국 번역사에서는 주목을 요하는 작가이다. 그는 번역 과정에 대해 영어로 쓰여진 최초의 체계적인 연구서인 『번역의 원리 The Principles of Translation』라는 책을 1791년에 출판한 작가이기 때문이다. 이 책에서 타이틀러는 번역의 세 가지 기본원리를 제시하였다.

1) The translation should give a complete transcript of the idea of the original work.
2) The style and manner of writing should be of the same character with that of the original.
3) The translation should have all the ease of the original composition.

타이틀러는 비록 원작의 일부를 생략하거나 추가해서라도 원작의 모호한 부분을 명확히 하는 것이 번역가의 의무의 일부라는 데는 동의했지만, 드라이든이 번역에 끼친 영향에 반발하여 드라

이든의 "의역(paraphrase)" 개념이 지나치게 느슨한 번역을 유발시켜 왔다고 주장하였다. 또한 그는 18세기에 유행하던 번역가·화가 비유를 변용하여 번역가는 원작과 같은 색채를 사용할 수는 없지만, 그럼에도 불구하고 그의 그림에 '똑같은 힘과 효과(the same force and effect)'를 부여해야 한다고 주장하였다.

(수잔 베스넷, p. 63)

2) 프랑스

쓰지 유미는 벨 앵피델(Belles Infideles)이라는 어휘를 빌어 이 시대 번역의 특징을 재미있게 설명하고 있다.

> 프랑스어에 벨 앵피델(Belles Infideles)이라는 표현이 있다. 글자 그대로 말하면 '부실한 미녀'인데 '아름답지만 원문에 충실하지 않은 번역'을 가리키는 말이다. 어원은 17세기로 거슬러 올라간다.
>
> 페로 다블랑쿠르(1606-1664)라는 유명한 번역가가 있었다. 문장이 뛰어나고 학식도 깊어서 로마의 역사가 타키투스, 그리스의 풍자시인 루키아노스, 그리스의 역사가 크세노폰 등 아주 넓은 범위에 걸쳐 대작을 번역했다. 아름다운 페로의 번역문은 당시 프랑스에서 가장 사랑받은 문학작품으로 손꼽힐 정도였다. 하지만 대학자 메나쥐(1613-1692)는 1654년경 페로의 번역을 이렇게 비판했다. 그의 번역은 "내가 투르에서 깊이 사랑한 여자를 연상시킨다. 아름답지만 부실한 여인이었다…."

사실 17세기의 프랑스는 부실한 미녀가 영화를 누리던 시대였다. 이 시대에 이루어진 번역의 대다수는 독자에게 잘 읽히는 것을 철칙으로 삼았기 때문에 삭제도 예사로 알았고, 마음 내키는 대로 덧붙이는 것도 예사로 알았다고 해도 과언이 아니다.

나아가 쓰지 유미는 부실한 미녀들을 창조해낸 작가들로 "호라티우스와 세네카를 비롯하여 다수의 번역을 남긴 미셸 드 말로르(1600-1681), 작가이며 키케로, 리비우스의 번역자이기도 했던 피에르 뒤 리에르(1605-1658), 타키투스와 플라톤과 키케로를 번역한 루이 지리(1596-1668) 등"을 제시하고 있다. 이들을 통해 비록 부실한 미녀가 탄생하고 이에 대한 비판이 고조되기도 했지만 이 시대는 번역 작업이 그 어느 시대보다 더 왕성하게 이루어진 시대였다. 이 시대만 해도 번역의 권위가 인정되던 시대였기 때문이다.

그러나 모든 번역가가 부실한 미녀의 탄생에 나선 것은 아니다. 쓰지 유미는 이런 입장에 선 대표적인 번역가로 안 르페브르 다시에(1651?-1720)를 제시하고 있다. 그녀는 당대 최고 수준의 그리스어·라틴어 문헌학자로서 호머의 서사시 『일리아드』, 『오딧세이』 등을 번역하였다. 그녀는 우아함과 섬세함을 원하는 당대의 번역의 조류에 분연히 맞서 자기 원칙을 확고하게 고수하였다. 그녀의 번역의 원칙은 원문의 참뜻과 아름다움을 가급적 충실하게 전달하는 것이었다.

이 시대 이후 번역은 문학 세계에서 그것이 누리던 권위를 상실하게 된다. 그 주된 이유는 번역을 더 이상 독창적인 작업으로 받아주지 않는 분위기가 형성되었다는 점에 있다. 또 한 가지 이유는 이 당시 이후부터는 예전처럼 고대 문화나 문학을 본받고 따라야 할 귀중한 전범으로 여기지 않는 태도가 서서히 형성되기 시작한 점이다. 여기에 이미 공고해진 자국어의 우수성에 대한

자부심과 자국 문학의 훌륭함에 대한 자긍심의 대두를 추가적 이유로 덧붙일 수 있다.

4.2 낭만주의 시대

낭만주의는 작가를 창조적인 천재로 보고, 작품을 창의적인 상상력의 소산으로 여기는 예술관을 그 주요 특징으로 한다.

이러한 예술관은 번역 개념에도 반영되어 나타난다.

번역에 대한 두 가지 상반되는 이론적 경향이 19세기 초에 대두하였다. 그 하나는 번역을 사상의 한 범주로 찬양하고 번역가를 원작자의 천재성을 인식하여 목표어와 그 문학을 풍요롭게 하는 창의적인 천재로 보는 것이었고, 이와 상반되는 다른 하나는 번역을 원작이나 원작자를 알리는 상대적으로 기계적인 기능을 가지는 작업으로 인식하는 생각이었다. 후자의 경향은 부실한 미녀에 경도되었던 17, 18세기에 대한 반동으로 원문과 번역문의 단어를 일대일 대응시키는 축어역의 활성화에 잘 반영되어 나타났다.

한편, 동일한 예술관에 그 근거를 두고 있지만 위에서 제시한 개념들과는 다른 번역 개념이 불거져 나왔는데 그것은 바로 '번역불가성(untranslatability)' 개념이다. 즉, 한 개인의 독창적인 상상력의 소산인 작품이 과연 온전하게 번역될 수 있을 것인지가 주요한 논쟁거리로 대두하였다. 더구나 창의적인 사상을 언어로 담아서 표현할 수 있을 지에 대한 심오한 언어철학적 의문이 존재하는 상황에서 이러한 생각들은 번역불가성의 이론에 위험스러울 정도로 가까이 다가가 있는 생각들인 것이다.

1) 영국

번역불가성은 아니라고 하더라도 번역을 헛된 행위로 치부한 영국 낭만주의 시인은 셸리(P. B. Shelley, 1792-1822)이다.

▲P. B. Shelley

> Sounds as well as thoughts have relation both between each other and towards that which they represent, and a perception of the order of those relations has always been found connected with a perception of the order of the relations of thoughts. Hence the language of poets has ever affected a certain uniform and harmonious recurrence of sound, without which it were not poetry, and which is scarcely less indispensable to the communication of its influence, than the words themselves, without reference to their particular order. Hence the vanity of translation; it were as wise to cast a violet into a crucible that you might discover the formal principle of its colour and ordour, as seek to transfuse from one language into another the creation of a poet. The plant must spring again from its seed, or it will bear no flower—and this is the burthen of the curse of Babel.

셸리의 주장은 그 자신 고대 그리스의 작품들, 독일의 괴테, 스페인의 칼데론, 이탈리아의 단테의 작품들을 번역한 열성적인 번역가였다는 사실에 비추어 볼 때 아이러니컬하다.

2) 독일

독일 낭만주의의 선구자이자 소위 '질풍노도(Sturm and Drang)'의 주도적 인물인 헤르더(Johann Gottfried von Herder, 1744-1803)는 괴테를 위시하여 그림(Grimm), 슐레겔(Schlegel), 훔볼트(Humboldt) 형제, 그리고 헤겔(Hegel)과 딜타이(Dilthey)에 이르기까지 위대한 낭만주의 사상가들에게 직접적으로 지대한 영향을 끼쳤다. 그는 국민문학의 향상 및 발달에 지대한 관심을 기울였는데, 번역이 바로 이와 같은 역할을 수행할 수 있다고 확신하였다.

▲Johann Gottfried von Herder

> The best translator must be the best critic ; if only one could run that backwards as well, and bind the two together ⋯
>
> Where is the translator who is at once philosopher, philologist, and poet? He shall be the morning star of a new day in our literature ⋯
>
> And a second and higher level: if only there were translators who wouldn't just study their author in order to transfer the meaning of the original text into our tongue, "but would also seek out his characteristic tonalizations, would capture the soul of his writing style, indeed the very strokes of his pen, his phrases and colourings, his ruling disposition, the genius and the heart of his poetry." To be sure, this is a lot to expect; but for my ideal translator, still not enough.
>
> (Douglas Robinson, p. 214)

▲Johann Wolfgang Goethe

노발리스(Friedrich Leopold, Baron von Hardenberg, 1772-1801)는 낭만주의 시대 번역 개념의 하나인 창의적 작업이라는 인식을 지녔던 작가이다.

> One submits to true translation out of a kind of poetic morality, out of the sacrifice of one's own desires — out of a genuine love of beauty and the literature of the fatherland. To translate is to write poetry, every bit as creative an undertaking as writing one's own works — and harder, and rarer.
>
> In the end all poetry is translation.
>
> (Douglas Robinson, p. 213)

▲G. W. F. Hegel

독일 낭만주의 시대 학자·비평가·시인이자 그 자신 번역가였던 슐레겔(August Wilhelm von Schlegel, 1767-1845) 역시 시비평에 대한 중요한 발언을 하였다.

> The translation of poetry must be controlled by whether one directs one's efforts toward the work or its author. There are works, typical of highly refined eras, that reveal little of who the artist as person *is*, only what he *can do* — that empower us to judge only of his talents. Poetic perfection is the only goal of these works, and should be their only criterion of excellence. Aesthetic defects *per se* are irrelevant. In these cases, then, why should the translators not be permitted to spare his reader these defects, to smooth over the rough spots, to clarify obscurities,' to rectify misrepresentations, to touch things up? On the other hand, the more identical the work's character is with its creator, the more it is a reflex imprint of his inner self, the more dutybound the translator is to render faithfully his idiosyncratic faults, his obstinacy, the gaps and misdirections in his education

—for all these things are psychologically and morally significant, and often intimately intertwined with his noblest features.

독일이 낳은 가장 위대한 문호인 괴테(Johann Wolfgang von Goethe, 1749-1832) 역시 번역을 위한 두 가지 경구를 제시하였다.

There are two maxims for translation: the one requires that the foreign author be brought over to us so that we can look upon him as our own; the other that we cross over to the foreign and find ourselves inside its circumstances, its modes of speech, its uniqueness.

(Douglas, p. 222)

괴테는 번역을 세 가지로 구분하고 있다.

1) The first familiarizes us with the foreign country on our own terms.
2) ··· one seeks to project oneself into the circumstances of the foreign country, but in fact only appropriates the foreign meaning and then replaces it with one's own.
3) Here one seeks to make the translation identical with the original, so that the one would no longer be in the stead but in the place of the other.

(Douglas Robinson, pp. 222-223)

독일에서 영국의 셸리와 마찬가지로 번역불가성을 주장한 인물은 바로 슐라이허마허(Friedrich Schleiermacher, 1768-1834)이다. 그는 이 시기의 독일어권에서 번역의 제문제에 관하여 가장 중요한 이론적인 논문인 「번역의 상이한 방법들에 관하여 On the Different Methods of Translation(Ueber die verschiedenen Methoden des Uebersezens」(1813)를 저술하였다. 이 논문에서 그는 번역은 근본적으로 이해의 과정 그리고 이해시키는 과정, 즉 해석학적 과정이라고 주장하였다. 그리고 그는 학문이나 예술 텍스트(철학적인 그리고 시적인 텍스트)는 번역불가능한 것으로 간주하였다. 그는 그 이유로서 "학문이나 예술에서는, 무엇이 말해졌고, 그것이 어떻게 언어적으로 파악되었는가 하는 점이 개별 언어 특유의 방식과 결부되어 있기 때문이다. 언어는 내용의 운반자일 뿐만 아니라, 언어는 그 자체가 내용이며 그리고 이 내용들을 한정한다. 달리 말해서, 우리가 해당 텍스트를 타당하게 이해하고자 한다면, '언어의 정신', 즉 언어 자체 내에서 생각되어진 것 안으로 몰입해야 한다." 그렇지만 이 정신 작용은 모국어 사용자에게나 가능한 것이다.

▲Friedrich Schleiermacher

4.3 빅토리아조 시대

1) 영국

빅토리아조 번역의 특징은 소수의 지적인 독자들을 위한 작업의 성격을 띠고 있다는 점이다. 매슈 아놀드(Matthew Arnold, 1822-68)는 이러한 태도를 지녔던 작가중의 하나이다. 그는 '호머 번역에 관하여; On Translating Homer'라는 제목의 강의에서 번역가에게 다음과 같은 충고를 하였다.

> Let not the translator, then, trust to his notions of what the ancient Greeks would have though of him; he will lose himself in the vague. Let him not trust to what ordinary English reader thinks of him; he will be taking the blind for his guide. Let him not trust to his own judgment of his own work; he may be misled by individual caprices. Let him ask how his work affects those who both know Greek and can appreciate poetry.

또 한 가지 특징은 번역을 목표어의 독자들로 하여금 원어 그대로의 원작에 접하게 하는 하나의 수단으로 인식하게 되었다는 점이다. 자연스럽게 이러한 인식은 번역을 더 이상 자신들의 문화를 풍요롭게 하는 수단으로 여기지 않게 만들었다. 이러한 태도에 의해 형성된 문화와 교육 개념은 번역의 위상을 하락시키는 결과를 낳았다.

빅토리아조 시대에는 번역에 대한 서로 상반된 개념이 공존했다. 그 하나는 번역가를 창조적인 예술가가 아니라 원문의 내용을 전달하는 사람으로 치부하는 입장인데, 원작가와 번역가는 '주인-하인'식 수직적 관계에 놓이게 된다. 단테 가브리엘 로셋티는 번역가의 예속적 처지에 대해 다음과 같이 언급하고 있다.

> often would he avail himself of any special grace of his own idiom and epoch, if only his will belonged to him; often would some cadence serve him but for his author's structure ─ some structure but for his author's cadence…

다른 하나는 번역가를 원작에 대해 자유롭게 변용을 가할 수도 있는 재창조의 예술가로 여기는 입장이다. 이런 입장을 견지한 인물은 에드워드 핏제럴드(Edward Fitzgerald, 1809-1883)이다. 에드워드 핏제럴드는 12세기 페르시아의 수학자·천문학자·교사인 오마르 카야암(Omar Khayyam)의 4행시 'The Rubaiyat of Omar Khayyam'(1858)를 개작·번역한 작가이다. 이 개작·번역시는 그의 다른 그리스·라틴 작품의 번역물들과 마찬가지로 출판 초기에는 대체로 무시당하였다. 그러나 단테 가브리엘 로셋티(D. G. Rossetti)의 주목을 받은 후 열광적인 인기를 끌어 여러 판이 출판되었다. 그러나 전문가들은 핏제럴드의 이 번역시가 원작에 충실했는지 아닌지에 대해 많은 논쟁을 벌였다.

핏제럴드는 1851년 페르시아의 시에 관한 한 논문에서 다음과 같이 진술하였다.

> It is an amusement to me to take what liberties I like with these Persians, sho, (as I think) are not Poets enough to frighten one from such excursions, and who really do want a little Art to shape them.

윗 글에서 핏제럴드는 문화적으로 뒤떨어진 나라의 원작에 대해 번역가가 충실의 책임을 벗어나 자유롭게 개작할 수 있는 권리가 있는 듯한 자세를 취하고 있다.

2) 프랑스

▲Rosetta Stone

로제타 스톤의 발견은 세계 번역사에서 하나의 경이에 해당하는 사건이다. 로제타 스톤의 발견은 2000여년 동안 신비의 베일에 가려져 있던 이집트의 세계가 바로 그 신비의 베일을 벗고 세상에 출현하는 계기를 제공했기 때문이다. 다시 말해, 모래 속에 묻혀 인류의 기억 속에서 증발되어 버린 세계가 새롭게 떠올라 후세대를 향해 거대한 물음표와 감탄사를 동시에 안겨 주었다. 피라미드, 신전, 조상(彫像)의 형태를 띠고 있는 이 돌의 문명, 돌의 세계를 해독하기 위해 수많은 모험가와 학자들이 눈과 연필과 흙손으로 도전해왔고, 신비에 싸여 있던 상형문자가 비로소 베일을 벗고 말하기 시작했다. 잊혀졌던 고대 이집트 문명으로 하여금 입을 열게 한 가장 큰 공로자는 로제타 스톤의 상형문자를 해독한 장 프랑수아 샹폴리옹이다.

로제타 스톤에 얽힌 이야기는 다음과 같다.

1799년 8월 공병 장교 피에르 부샤르는 로제타 근처에서 쥘리앙 요새를 건설하기 위한 기초공사를 감독하고 있었다. 그는 인부들이 부수고 있던 오래된 벽 내부에서 새까만 돌 하나를 발견했는데, 그 돌에는 문자가 가득 담겨 있었다. 므누 장군에게 그 사실을 보고하자 장군은 알렉산드리아로 보내라고 지시했고, 알렉산드리아에 있던 학자들은 그 돌이 비석임을 확인했다. 비석의 위 부분에서는 상형문자 문장, 가운데 부분에서는 아랍어로 보이는 초서체 문장, 그리고 아래 부분에서는 그리스어 문장을 볼 수 있었다. 원정대에 소속되어 있던 고전학자들은 아래 부분에 새겨진 문장을 해석하여 이것이 프톨레마이우스 5세(B.C. 196년)가 내린 칙령의 사본이라는 사실을 밝혀냈다.

프랑스군이 영국군에게 항복한 후 프랑스 학자들이 이 로제타 스톤을 프랑스로 가져가고자 애썼으나, 영국외교관이었던 해밀턴이 프랑스행 선박에 숨겨져 있던 로제타 스톤을 찾아내 전리품으로 압수했다. 다행스럽게도, 로제타 스톤의 중요성을 인식했던 프랑스 학자들은 여러 개의 압형(押型)과 복사본을 만들어 두었다. 프랑스군 샹폴리옹 대위는 열두 살 먹은 조카 장 프랑수아 샹폴리옹에게 복사본을 주었다. 이 복사본에 감동한 샹폴리옹은 상형문자를 해독해야겠다는 결심을 했고, 그 해독 작업에 박차를 가한 결과 1822년 9월 14일 마침내 샹폴리옹은 "이집트 문자가 글자마다 하나의 의미를 나타내는 표의문자인가, 아니면 글자마다 하나의 음을 나타내는 표음문자인가?"하는 의문을 풀어내, 이집트어가 표의문자인 동시에 표음문자라는 사실을 깨달았다. 그는 1828년 7월 31일 제자이자 친구인 로셀리니가 이끄는 이탈리아 탐험대를 따라 15개월 동안 알렉산드리아에서 아스완까지 이집트 방방곡곡을 여행하면서 가는 곳마다에서 문자로 쓰인 것을 해독한 후 자신이 내린 결론이 틀림없음을 확인하였다. 그는 이 결과를 『음성 상형문자의 알파벳에 관하여』라는 책으로 발표하였다. (장 베르쿠테, 송숙자 역, 『잊혀진 이집트를 찾아서』, 1995: 88)

3) 독일

쇼펜하우어(Arthur Schopenhauer, 1788-1860)는 번역의 근본적인 불충분성을 지적한 철학자이다.

▲Arthur Schopenhauer

Hence the necessary inadequacy of all translations. It is almost never possible to transpose a sentence pregnant with meaning and character from one language into another so as to make precisely and perfectly the same impression on a speaker of the second. Even in a bare prose the finest translation will at best stand in the same relation to its original as a piece of music does to its transposition into another key. Those who know music will know what this means. It is the reason why every translation must remain inert, its style stiff, forced, unnatural- or else free, which is to say it makes do with an a peu pres['pretty close'], and is thus false. A library full of translations is like an art gallery hung with copies. Translations of the ancients are surrogates for the originals, like chicory coffee for the real thing. Poems cannot be translated, only recast, and that is always a hit-or-miss affair.

(Douglas Robinson, p. 247)

4) 중국

이 장에서는 다른 장에서와 달리 중국의 책들이 외국인에 의해 해외로 번역된 사실을 다루기로 한다. 이러한 번역은 그 번역을 통해 중국이라는 나라와 중국적인 것들이 다른 나라 사람들에게 소개되었다는 점에서 커다란 의의가 있다.

▲Matteo Ricci

중국문헌의 번역에 있어 가장 주목을 요하는 인물은 일찍이 기독교를 포교하기 위해 중국에 파견된 마테오 리치이다. 제수이트 선교사 마테오 리치(Matteo Ricci, 1552-1610)는 중국에서 『天主實義』, 『交友論』, 『乾坤體義』, 『幾何原本』 등의 저작을 통해 서양을 소개하는 데 심혈을 기울였지만, 또 그의 활동은 서구라파에 많은 영향을 끼쳤다. (김용옥, 『東洋學 어떻게 할 것인가』, p. 131)

이 과정에서 번역이 중요한 역할을 하였다. 그는 중국 소주에 있을 때부터(1589) 기독교의 전파를 위해서는 유교를 이해해야 한다는 자세로 『四書』를 공부했으며 1594년에 이 『四書』의 라틴어 번역을 완성하였다.

서양에서의 중국학 연구의 초석을 놓은 인물로 제임스 레게(James Legge, 1815-1897)가 있다. 그는 영국 런던의 전도회의 일원으로서 옥스퍼드대학의 초대 중국학 교수를 역임한 바 있다. 그가 방대한 중국의 고전을 영역하여 정본화한 것은 이미 19세기 중하반기의 일이다. 바꾸어 말하자면, 오늘날 우리가 기독교 성경을 가지고 있는 것처럼, 영어문화권에 중국고전의 정본(Standard Texts)이 확립된 것이 백 년을 넘는다. 이 레게의 번역은 왕 타오(王韜, 1828-?)라는 당대 중국의 해박한 저널리스트의 도움을 받아 홍콩과 스코틀랜드 等地에서 이루어진 것인데, 이 번역 사업은 『論語』, 『大學』, 『中庸』, 『孟子』, 『書經』, 『詩經』, 『春秋左傳』, 『易經』, 『禮記』 그리고 『老子道德經』, 『莊子』를 포괄한다. 이 레게의 번역은 이 古典들의 전통적 註疏의 완전한 이해에 뒷받침되어 상세한 주해가 붙어 있으며, 번역의 정확성은 물론, 이 번역 자체가 중국의 註釋學史上 그 나름대로 一家를 이룬다. 나의 판단으로는 우리나라에 지금까지도 레게에 필적할 수 있는 번

역은 존재치 아니하며, 심지어 20세기 중국에서도 그에 미칠 수 있는 白話번역이 존재치 아니한다. 그리고 아이러니컬하게 영어문화권에서조차도 레게 번역을 능가하는 번역이 그 뒤로 별로 나오질 않았다. 이렇게 완벽한 번역이 19세기에 성립된 뒤로는 서양에서의 모든 동양학 연구가 그 번역을 토대로 이루어져 있다. 오늘날까지도 모든 논문이 古典引用의 경우에는 그 유명한 레게本의 頁項을 정확하게 인용한다. 막스 베버의 중국 연구도 레게의 번역이 없이는 불가능했었다는 사실을 기억해야 할 것이다.

제임스 레게에 못지 않게 중국학연구에 기여한 인물로 프랑스인 에두아르 샤방느(Edouard Chavannes)가 있다. 그는 우리나라에는 아직까지도 중국학연구의 제일 기본서적이라고 평가되는 쓰마 치엔의 『史記』의 완역이 부재한 실정인데 일찍이 19세기 말에 상세한 해제와 텍스트크리틱을 첨가한 『史記』의 완역을 시도하였다.　　　　　　　　　　　(김 용옥, 『東洋學 어떻게 할 것인가』, pp. 132-33)

5 현대

수잔 배스넷이 지적하다시피, 20세기 번역학에 있어 가장 중요한 발전은 1920년대 소련 학자들과 뒤에 프라하 언어학파 및 그 제자들이 해놓은 기초작업이다. 볼로시노프(Volosinov)는 마르크시즘과 철학에 대해, 무카로프스키(Mukarovsky)는 예술의 기호학, 야콥슨(Jacobson), 프로차카(Prochazka), 레비(Levy)는 번역에 대해 연구하였는데, 이들의 연구는 번역 이론을 확립하는 데 새로운 기준을 만들어주었고 또 번역이란 외국어에 대한 지식이 빈약한 사람들도 어설픈 지식으로 할 수 있는 노력과는 거리가 먼, 랜돌프 퀴크(Randolph Quirk)가 말하듯이 "작가가 할 수 있는 가장 어려운 작업 중의 하나"라는 것을 보여주었다.

5.1 50년대의 번역 이론

1950년대 들어 언어학에 관심이 기울여지고 또 기계번역이 실험적으로 이루어지자 동유럽에서는 번역학이 빠른 속도로 발전하였다. 그러나 영어 사용권에서는 번역학이라는 학문의 생성이 이보다 느린 속도로 진행되었다.

20세기 중반에 이르기까지 번역 이론의 중심을 이룬 것은 규범적 번역 이론과 기술적 번역 이론이다.

1) 규범적 번역 이론(Prescriptive Translation Theory)

고대로부터 현대에 이르기까지 이 번역 이론은 하나의 주류를 형성해왔다. 이 입장을 견지한 이론가들은 번역의 방법을 규범화하려는 입장에서 〈무엇이 올바른 번역 방법인가?〉, 〈올바른 번역은 이러저러한 번역이다〉, 〈번역 이론은 무엇이 올바른 번역인지를 판별할 수 있는 기준을 제시할 수 있어야 한다〉는 등등의 명제를 내세워왔다. 그리고 실제로 그런 기준을 제시해왔다. 가령, 『문학번역가를 위한 지침서 A Handbook for Literary Translators』(1991) 가운데 다음 한 구절은 그

좋은 예이다.

> The translation should be a faithful rendition of the work into English; it shall neither omit anything from the original text nor add anything to it other than such verbal changes as necessary in translating into English.

2) 기술적 번역 이론(Descriptive Translation Theory)

• 제임스 호움즈(James Holmes), 레이몬드 브뢱(Raymond Van Den Broeck), 수전 배스넷(Susan Bassnett) 등

이 번역 이론에 입각한 이론가들은 번역 현상을 기술하는 일에 중점을 두어 왔다. 다시 말해 이들은 번역 과정과 방법, 그리고 이러한 번역 방법들이 역사적으로 어떻게 사용되어 왔는지를 기술하는 일에 주력해왔다. 나아가 이들은 이러한 기술을 통해 다양한 종류의 번역 작품들을 더 잘 이해할 수 있는 방법을 모색하고 나아가 번역 독자들의 이해를 돕는 것을 목적으로 삼았다.

대표적 이론가 중의 하나인 호움즈(James Holmes)는 번역에 있어서 어느 것에 중점을 두느냐에 따라 이 기술적 번역 이론이 번역 기능 중심적(function-oriented), 번역 과정 중심적(process-oriented), 그리고 번역 결과물 중심적(product-oriented) 분야로 나누어 질 수 있다고 주장한 바 있다(James Holmes, 1988).

5.2 60년대의 번역연구

1960년대 이후부터 비로소 번역은 고등학술기관의 강좌로 채택되고 학술적 조명을 받으며 진지한 비평의 대상이 되었다. 이 때부터 번역에 대한 과학적 접근이 이루어지기 시작하였다. 60년대 들어 서로 대립적인 입장에서 과학적인 접근을 통해 번역연구에 나선 두 그룹은 언어학파와 문예학파이다.

1) 언어학적 접근

• 카데(Kade), 야콥슨(Jacobson), 윰펠트(Jumpelt), 하우스(House), 콜러(Koller) 등
• 1960년대에 등장

이들은 언어학에 입각하여 번역에 있어서 가변적인 요소들은 가능한 한 모두 배제하고 번역의 규칙성과 객관적 기준을 정하는 것을 목표로 하고 있다. 이런 관점에서 그들은 주관적인 측면이 큰 역할을 담당하는 문학텍스트의 번역은 그 연구 대상에서 제외하였다.

이들은 또한 번역텍스트의 형식은 가변적인 것으로 내용은 불변적인 것으로 간주하고 내용을 우위에 두는 입장을 취했다.

이들은 소통이론적 입장에 의거하여 번역 과정을 <원어작가에 의한 기호화(encoding) ⇨ 번역가에 의한 기호전환(transcoding) ⇨ 독자에 의한 기호해독(decoding)>으로 이어지는 과정으로 본다. 그들은

이 번역과정에서 기호전환이 번역연구의 핵심이라고 보고 바로 이 기호전환의 문제를 규명하는 일에 주력하였다.

2) 문예학적 접근

- 롤프 클뢰퍼(Rolf Kloepfer), 후고 프리드리히(Hugo Friedrich), 조지 슈타이너(George Steiner), 프리트마 아펠(Friedmar Apel) 등

- 1960년대에 등장

이들의 공통된 주장은 문학번역은 언어학적·소통이론적 관점에서 접근할 수 없다는 것이다. 이들은 언어학파 학자들이 문학텍스트의 특성으로 지목한 주관적인 것 또는 개별적인 것이 문학텍스트의 요체이기 때문에 그것들을 가변적인 것 또는 우연적인 것들이라 하여 배제하는 입장을 취하는 언어학적 번역 이론으로는 문학번역을 논할 수 없다는 입장을 취하고 있다. 언어학파 학자들이 자신들의 연구에서 주로 번역과정의 규명에 주력한 것과 달리 이들은 번역의 역사 및 번역관의 역사를 주요 연구대상으로 삼았다.

5.3 번역연구의 새로운 접근 방법

80년대 중반부터는 앞에서 언급한 두 그룹 즉 언어학적 접근 및 문예학적 접근을 지향하는 이론가들에게서 기존의 접근 방식의 문제점을 인식하고 새로운 접근 방법을 모색하고자 하는 움직임이 활발하게 이루어졌다.

심재기씨가 요약하여 지적하듯이, 80년대 중반부터 번역문제를 다루는 학자들의 여러 그룹에서 돌파구를 찾기 위한 노력들이 나타나고 있다. 토마스 쿤(Thomas Kuhn)이 말한 바와 같은 학문연구의 새로운 틀(new paradigm)을 추구하는 번역연구에서의 이러한 흐름들에서 공통적으로 발견되는 것은 번역을 문화적 연관관계의 관점에서 고찰하는 경향이다. 여기서 문화적 연관관계란 번역에 있어서의 시간적·공간적 연관관계를 의미하는 것으로서 번역이라는 소통과정에 참여하는 원어텍스트의 작자, 원어텍스트의 독자 및 번역텍스트의 작자로서의 번역자, 그리고 번역텍스트의 독자가 처해 있는 사회·문화적 배경 전반을 일컫는다.

심재기씨는 나아가 최근 번역 이론의 추세에 공통된 특징에 대한 스넬-혼비의 지적을 소개하고 있다.

> 첫째로 번역을 언어적 전환이라기보다는 〈문화적 전환〉(cultural transfer)의 관점에서 연구한다는 점이고, 둘째로 번역을 단순한 기호전환의 과정으로서가 아니라, 〈소통행위〉(act of communication)로 파악하는 점, 셋째로 원어텍스트가 지니는 형식의 측면에 주목하기보다는 〈번역텍스트의 기능〉(function of the target text)의 연구를 지향하는 추세, 넷째로 텍스트를 일종의 동떨어진 언어표본이 아니라, 사회·문화적 배경을 지닌 것으로 보는 경향이 있다는 것이다.

위에서 제시된 최근의 번역 이론의 추세를 따르는, 그리고 번역연구에 있어서의 새로운 접근 방법을 모색한 대표적인 이론가 그룹으로 <목적이론 그룹>과 <조작이론 그룹>을 들 수 있다.

1) 기능주의(Functionalist Group) 또는 목적이론 그룹(Skopostheorie Group)

• 언어학적 번역연구를 지향

• 1980년대에 등장

• 페어메어(Hans J. Vermeer), 카타리나 라이스(Katharina Reiss), 쿠르트 코온(Kurt Kohn), 한스 호니히(Hans G. Honig), 폴 쿠스마울(Paul Kussmaul) 등

이 그룹의 입장은 페어메어와 라이스의 공저 『일반 번역 이론의 정초 Grundlegung einer allgemeinen Translationstheorie』(1984)에 잘 피력되어 있다. 이들은 기본적으로 언어학적 접근 방식을 따르고 있지만 번역을 두 언어 사이의 기호전환으로 여기는 종래의 언어학적 번역 이론으로부터 탈피하여 번역은 번역의 목적에 좌우된다라는 명제에서 출발한다: "모든 번역에서 지배적인 것은 목적이다. 번역의 목적 설정이 다르면 텍스트의 번역 방법이 달라지게 된다." 그들의 번역 이론이 '목적이론(Skopostheorie)'이라고 불리는 것도 이 때문이다. 이 이론은 번역자에게 초점을 두며, 그에게 더 많은 자유와 책임을 부여한다. 다시 말해, 이 이론의 주창자들인 라이스와 페어메어는 번역자를 피동적인 기호전환 수행자로 보지 않고 능동적인 번역텍스트 생산자로 여긴다. 따라서 이들은 번역자가 번역과정에서 우선적으로 고려해야 할 것은 '누구를 위하여'와 '어떤 목적으로' 번역할 것인가라는 점을 강조하였다. 이들의 주장에 의하면, 원어텍스트는 더 이상 "신성한 원전(sacred original)"이 아니다. 번역의 목적은 더 이상 원어텍스트로부터 연역될 수 없으며 대신 번역텍스트 독자들의 기대와 필요에 달려 있다.

한스 호니히가 작성한 다음의 도표는 기능주의 번역이론가들과 다른 번역이론가들을 비교하는데 매우 유익하다.

FUNCTIONALIST		NON-FUNCTIONALIST
	Translator	
Is loyal to his client		Faithful to the author
Must be visible		Should be invisible
	Trnaslation process should be	
Target text oriented		Source text oriented
	Aim of translation is	
Communicative acceptability		Linguistic equivalence
	Translation tools taken from	
Psycho-, sociolinguistics		Contrastive linguistics
text linguistics		lexical semantics
(supporting decisions)		(applying rules)
	Analogy	
Building bridges		Crossing rivers

2) 조작이론 그룹(Manipulation Theory Group)

- 람베르트(J. Lambert), 르페브르(A. Lefevere), 투리(G. Toury), 헤르만(Theo Hermans) 등
- 문예학적 번역연구를 지향
- 1970년대 말에 등장

이들의 입장은 이들이 1985년에 간행한 논문집 『문학의 조작. 문학번역연구 The Maniplation of Literature. Studies in Literary Studies』의 편집인인 테오 헤르만(Theo Hermans)이 쓴 서문에 실린 다음의 표현에 압축되어 있다.

> From the point of the target literature, all translation implies a degree of manipulation of the source text for certain purpose.

헤르만스는 이 그룹의 연구방향의 특징을 몇 가지 용어로 규정하고 있는데, 그 용어들은 "기술적(descriptive)", "번역텍스트 중심의(target-oriented)", "기능적(functional)" 그리고 "체계에 관한(systemic)" 등이다.

이들은 번역 이론을 비교문학의 한 분야로 간주하고 있다.

이들은 '기술 번역연구(descriptive translation study)'를 지향하는 바, 기드온 투리의 다음 발언은 이 그룹의 입장을 잘 드러낸다.

> translations are fact of target cultures; on occasion facts of a special status, sometimes even constituting identifiable (sub)systems of their own, but of the target culture in any event.　(Gideon Toury, *Descriptive Translation Studies and Beyond*, p. 29)

이 그룹은 문학 번역은 하나의 특정한 언어공동체에서 이루어지는 문화적 현상으로 고찰되어야 한다는 기본 명제에 충실하다. 이들은 번역이 그 특성과 범위가 확정되어 있는 것이 아니라, 특정 문화체계 내의 제반 관계들과 밀접하게 연관되어 있는 행위라고 본다. 이들은 번역텍스트와 이것이 속한 사회의 문학 및 문화 전반에서 차지하는 위상을 주요 연구 대상으로 삼았다. 따라서 이들에게는 번역의 제작과 수용에 영향을 미치는 번역텍스트가 속한 사회의 문학과 문화 규범을 밝혀내는 작업이 주요 연구과제로 등장하였다.

5.4 최근의 번역 이론

최근의 번역 이론은 여타 학문 분야와 마찬가지로 최신 비평이론의 영향을 크게 보여주고 있다.

1) 포스트-모더니즘적·해체주의적 접근

- Graham, de Man, Benjamin, Derrida, Venuti, Gentzler 등

이들은 철학적 및 사회학적으로 유리한 위치에서 번역을 비판적으로 재고하는 것을 꾀한다. 이들은 영어로부터의 또는 영어로의 번역 방향에 반영되어 있는 불평등한 권력 관계, 영어로부터의 일방적인 번역을 통한 영어의 헤게모니의 증대, 반대로 영어로 번역되는 외국 텍스트의 숫자의 감소를 폭로하는 작업 등을 떠맡는다. 그들은 또한 번역 행위를 보다 더 눈에 띄게 하려고 애쓰며, 번역 텍스트의 숨겨진 선정 과정 그리고 몇 가지 번역 전략의 채택 이유와 그 전략의 효과를 드러냄으로써 번역가가 국민문학의 형성 및 문학 정전에 영향을 미치는 데 있어서 지니고 있는 참다운 힘을 보여주려고 한다. 그들은 또한 번역 이론들과, 개개 번역 행위들을 — 이것들이 지닌 "카니발적(cannibalistic)" 및 "제국주의적(imperialistic)" 성격을 지적하면서 — 비판적으로 검토한다. 이들의 견해에 의하면, 번역은 한편으로 제국주의적 문화 침략의 주요한 도구 기능을 수행한다. 그러나 다른 한편으로 번역은, 식인풍습의 은유가 시사하듯이, 원전을 집어삼키는 것, 다시 말해 원전을 먹어치우고, 흡수하고, 텍스트 전환하는 것을 의미한다. 이 과정에서 원전은 "잡아먹히고", 원전과 번역 사이의 경계와 위계는 사라진다. 따라서 번역가는 원전의 모방적 재현가가 아니라 텍스트 전환자로서의 중요한 목소리를 획득하고 약자로서의 자기-지우기 역할을 벗어난다.

이 접근 방법의 대표자인 데리다는 원전 대 번역의 이분법을 비판적으로 재고하면서, 원전이든 번역이든 둘 다 일관된 의미론적 통일체를 이루지 못하며, 그것들은 원전 작가의 의도를 항상 넘어서는 차연적이고 다원적인 의미들로 구성되어 있을 뿐이라고 주장한다. 이로써 원전 및 원전 작가의 우월적 지위는 부인된다. 푸코는 심지어 창조적 주체로서의 원전 작가의 개념조차 해체한다. 그에 의하면, 원전 작가는 실제적인 개인이 아니라 일련의 주관적인 입장들일 뿐이다. 그리고 이 주관적인 입장들은 단일한 조화로운 효과들에 의해서가 아니라 간격과 불연속에 의해 결정지어진다.

(Juliane House, pp. 9-10)

2) 페미니즘적 접근

• Susanne de Lotbinière-Harwood, Barbara Godard, Susanne Jill Levine, Homi Bhabha, Gayatri Spivak, Alice Jardine, Toril Moi, Jane Gallop

이들은 1960년대 말 1970년대 초에 등장한 페미니즘 운동에 자극받아 이를 번역연구에 적용한 번역이론가들이다. 이들은 프랑스 페미니스트들인 Hélène Cixous, Luce Irigaray, Julia Kristeva 등의 작품을 번역하여 소개하면서 그들의 영향을 받았다.

이들은 전통적 위계질서와 성분화를 그 특징으로 하는 남성중심(또는 남근중심) 사회에서 여성과 번역이 동일한 대우를 받고 있다고 보았다. 즉 이들은 여성과 번역을 온전한 남성과 온전한 창작에 비해 '결함 있는' 존재로 치부하고, 사회적 및 문학적 사다리의 맨 아래 참에 두려고 하는 인식이 아직도 불식되지 않고 있다고 여겼다. 때문에 이들은 그러한 인식을 뒷받침하는 개념들의 정체를 밝히고 비판하는 것을 목표로 하였다.

이들이 정체성과 언어에 대해 깊은 관심을 기울인 것은 이 때문이다. 이들은 언어가 어떻게 여

성의 억압에 있어서 역할을 수행하는가, 언어가 어떻게 사회적 불평등을 제도화하고 지속시키는가, 그리고 언어가 어떻게 가부장적 권위의 정당화 도구로서의 역할을 하는가 등의 질문을 제시하고 그 답을 구하려 노력하였다. 구체적으로, 이들은 남성중심적 문법과 어휘에 의해 여성이 지속적으로 억압당하고 침묵해야했는지를 구명하는 일에 적극적으로 나섰다.

또한, 이들은 번역이 여성화되어 온 과정을 연구하고, 번역과 여성을 함께 폄하하는 가부장적·남성중심적 권위 구조를 교란시키려 하였다. 이 과정에서 이들이 문제삼은 것 중의 하나는 '충실성' 개념이다. '충실성'은 그 의미상 누구 또는 무엇인가에의 '예속'을 전제하고 있는 개념이다. 번역에 있어서 그것은 작가에 대한, 또는 원전에 대한 충실성을 의미한다. 때문에 작가 또는 원전에 충실하지 않은 번역(작품)은 잘못된 번역으로 치부되기 십상이다. 작가 또는 원전에 충실하지 않은 번역을 가리키기 위해 동원된 "부정한 여인(les belles infidèles)"이란 표현을 이들 페미니즘적 번역이론가들이 번역을 여성화하여 폄하하는 대표적인 표현으로 보고 비판하는 것도 이 때문이다. 이런 이유로, 이들 역시 '충실성'의 개념을 사용하기는 하지만, 그 '충실성'은 원전의 작가에 대한 것도 독자에 대한 것도 아닌, 글쓰기 기획 그 자체에 대한 '충실성'이어야 한다고 주장하였다.

세부적으로, 이들 페미니즘 번역이론가들은 자신들이 강한 애착을 느낄 수 있는 페미니즘 글들을 발견하는 일에 나섰을 뿐만 아니라, 여성의 텍스트는 여성 번역가에 의해서, 남성의 텍스트는 남성번역가에 의해서 번역되는 것이 더 좋은 것인지 아니면 아무 연관성이 없는 것인지 등을 구체적인 번역작품의 연구를 통해 구명하고자 하였다.

3) 탈식민주의적 접근

• Vicente L. Rafael, Eric Cheyfitz, Tejaswini Niranjana, Talal Asad, Johannes Fabian, James T. Siegel

이 접근 방식은 1980년대 중·후반에 인류학·인종학·식민지 역사로부터 영향을 받아 탄생하였다. 특히 이 접근 방식은 제1세계 인류학자와 제3세계 민족들 사이의 언어와 의사소통 문제에 관심을 갖게된, 문화충돌에 관심 있는 역사가들로부터 많은 도움을 받았다. 이 접근 방식을 채택한 탈식민주의 번역이론가들이 주로 문화상호간 교류 및 소통에 지대한 관심을 기울인 것도 이와 무관하지 않다.

이들은 제국주의 식민 시대와 독립 후의 번역의 역할에 대해 공통된 인식을 공유하고 있었다. 더글래스 로빈슨이 주장했다시피, 번역은 다음과 같은 역할을 수행했었다.

- as a channel of colonization, parallel and connected with education and the overt and covert control of markets and institutions ;
- as a ligntning-rod for cultural inequalities continuing after the collapse of colonialism ; and
- as a channel of decolonization

(*Translation and Empire* p. 31)

이와 같은 번역의 역할에 대한 이해에 근거하여, 탈식민주의 번역이론가들은 구체적인 번역 작

품 연구를 통해 식민지들이 식민주의의 문화적 유산에 어떻게 반응했으며, 그것을 어떻게 동화하고, 또한 저항하거나 극복했는가를 연구하였다.

References :

대한성서공회, 『관주성격전서』, 서울 : 대한성서공회, 1956.

베르너 콜러 지음, 박용삼 역, 『번역학이란 무엇인가』, 서울 : 숭실대학교 출판부, 1990.

심재기, '최근 문학비평이론의 흐름과 번역 비평의 나아갈 길', 『번역연구』, 서울 : 한독문학번역
       연구소, 1993.

쓰지 유미 지음, 이희재 옮김, 『번역사 산책』, 서울 : 궁리, 2001.

안정효, 『영어 길들이기 - 번역편』, 서울 : 현암사, 1996.

최정화, 『통역입문』, 서울 : 신론사, 1988.

최정화, 『통역과 번역을 제대로 하려면』, 서울, 신론사, 1989.

Baker, Mona. *In Other Words*. London and New York : Routledge, 1992.

Bassnett, Susan and Trivedi, Harish. ED. *Post-Colonial Translation*. London and New York : Routledge,
       1999.

Bassnett-McGuire, Susan. *Translation Studies*. London and New York : Routledge, 1991.

Bell, Roger T. *Translation and Translating : Theory and Practice*. London and New York : Longman,
       1991.

Beylard-Ozeroff, Ann. *Translators' Strategies and Creativity*. Amsterdam: John Benjamins Publishing,
       1998.

de Beaugrande, Robert. *Factors in a Theory of Poetic Translating*. Assen: Van Gorcum & Co., 1978.

Delisle, Jean. Ed. *Translators Through History*. Amsterdam: John Benjamins Publishing, 1995.

Dingwaney, Anuradha and Maier, Carol.   Ed. *Between Languages and Cultures*. Pittsburg : Univ. of
       Pittsburg Press, 1995.

Drills, With. Ed. *Notes on Translation*. Santa Ana, California: Summer Institute of Linguistics, 1965.

Gentzler, Edwin. *Contemporary Translation Theories*. London and New York: Routledge, 1993.

Gile, Daniel. *Basic Concepts and Models for Interpreter and Translator Training*. Amsterdam : John
       Benjamins Publishing, 1995.

Gutt, Ernst-August. *Translation and Relevance*. Oxford : Basil Blackwell Ltd., 1991.

Haatim, B. and Mason, I. *Discourse and the Translator*. London and New York : Routledge, 1990.

Hatim, Basil. *Communication Across Cultures*. Exeter : Univ of Exeter Press, 1997.

Henisz-Dostert, Bozena et.als. *Machine Translation*. The Hague : Mouton Publishers, 1979.

Hewson Lance and Martin, Jacky. *Redefining Translation*. London and New York : Routledge, 1991.

Holmes, James S. Ed. *The Nature of Translation*. Mouton : Publishing House of the Slovak Academy of
       Sciences, 1970.

Kiraly, Donald C. *Pathways to Translation*. Kent, Ohio : The Kent State Univ. Press, 1995.

Lefevere, Andre. *Translating Literature.* New York : The Modern Language Association of America, 1992.

Newton, John. Ed. *Computers in Translation.* London and New York : Routledge, 1992.

Nida Eugene A. *Language Structure and Translation.* Stanford : Stanford Univ. Press, 1975.

Nida, Eugene A. and Taber, Charles R. *The Theory and Practice of Translation.* Leiden : E. J. Brill, 1982.

Nida, Eugene A. *Toward a Science of Translating.* Leiden : E. J. Brill, 1964.

Nord, Christiane. *Text Analysis In Translation.* Amsterdam : Rodopi, 1991.

Nord, Christiane. *Translating as a Purposeful Activity.* Manchester : St. Jerome Publishing, 1997.

O'Hagan, Minako. *The Coming Industry of Teletranslation.* Clevedon : Multilingual Matters Ltd., 1996.

Parks, Tim. *Translating Style.* London and Washington : Cassel, 1998.

Pym, Anthony. *Method in Translation History.* Manchester : St. Jerome Publishing, 1998.

Robinson, Douglas, *Translation and Empire.* Manchester : St, Jerome Publishing, 1997.

Robinson, Douglas. *Western Translation Theory.* Manchester : St. Jerome Publishing, 1997.

Sager, Juan C. *Language Engineering and Translation.* Amsterdam : John Benjamins Publishing, 1994.

Schaffner, Christina. Ed. *Translation and Norms.* Philadelphia : Multilingual Matters Ltd., 1999.

Schaffner, Christina. Ed. *Translation and Quality.* Clevedon : Multilingual Matters Ltd., 1998.

Seleskovitch, Danica, *Interpreting for Internal Conferences,* Washington, D.C. : Pen and Booth, 1978

Simon, Sherry. *Gender In Translation.* London and New York : Routledge, 1996.

Sofer, Morry. *The Translator's Handbook.* Rockville, Maryland : Schreiber Publishing, Inc., 1996.

Steiner, George. *After Babel: Aspects of Language and Translation.* Oxford : Oxford Univ. Press, 1975.

Steiner, T. R. *English Translation Theory :* 1650-1800. Amsterdam : Van Gorcum, Assen, 1975.

Toury, Gideon. *Descriptive Translation Studies and Beyond.* Amsterdam : John Benjamins Publishing, 1995.

Venuti, Lawrence. Ed. *The Translation Studies Reader.* London and New York : Routledge, 2000.

Venuti, Lawrence. *The Scandals of Translation.* London and New York : Routledge, 1998.

von Flotow, Luise. *Translation and Gender.* St. Jerome Publishing, 1997.

Wilss, Wolfram. *Translation and Interpreting in the 20th Century : Focus on German.* Amsterdam : John Benjamins Publishing, 1999.

Zlateva, Palma. Ed. *Translation as Social Action.* London and New York : Routledge, 1993.

제2편

통 · 번역 기초연습

The Theory and Practice of Interpretation & Translation Studies

제2편 통·번역 기초연습
Grade -1st

각각의 지문 아래의 설명을 읽고 해당하는 단어를 본문에서 찾아 쓴 후, 주어진 문장의 번역을 공란에 쓰시오(모범번역은 단어장에 있음).

IPTR101

I, Lyndon B. Johnson, do solemnly swear / that I will faithfully execute / the office of President of the United States, and will to the best of my ability, preserve, protect, and defend / the Constitution of the United States.

— L. B. Johnson ; Inaugural Address, January 20, 1965 —

Vocabulary Drills ①_____ *the principles and rules, set forth in a written document, governing a country*
② _____ *an official position, especially in an organization, government, etc. ; a place of business with desk, chair, etc.*

많은 미국의 대통령들 중 잠깐 동안의 교사생활과 32년 동안의 오랜 의정 생활을 거친 까닭인지 일반 국민대중의 입장을 이해하는 마음이 많았던 것으로 보인다. JFK의 암살로 부지불식간에 대통령에 취임하고 월남전을 치른 대통령으로 유명하기도 하지만, 의료보험제도·빈곤과의 전쟁·흑인에 대한 인종차별 철폐를 위한 Civil Right 등을 통한 '위대한 사회 건설'을 위해 노력한 것으로도 유명하다. 그런 까닭인지 그의 연설은 육성이 전해지는 역대 미국의 대통령 연설 중 그 호응이 가장 차분해서 영어에 능통한 사람에게는 답답하다고 느껴질 정도이며, 그래서 통·번역 기초연습을 위한 청취력 향상 학습 자료 중 첫 번째로 소개한다. 이것은 다른 모든 미국 대통령들과 마찬가지로 대통령에 취임하면서 맹세한 '선서'이다.

▶▶ **관련 문법**: 주어에 대한 동격관계, 동사의 강조

 소리분석 *1.* that I : [ðæt ai]로 읽기 쉬우나, that이 명사로 쓰일 때는 강형으로 [ðæt]으로 발음되지만, 접속사나 관계대명사로 쓰일 때는 약형으로 [ðət]으로 발음하고, 강모음과 약모음 사이에 쓰인 -t/-d는 -r로 유음화하고, 자음으로 끝나는 말 다음에 모음으로 시작하는 말이 오고 그 사이에 휴지(Pause)가 없을 때는 이어서 발음하는 연음이 발생한다는 규칙 등에 의해 [ðærai]로 발음된다.

2. office of, best of : 자음으로 끝나는 말 다음에 모음으로 시작하는 말이 오면서 연음

3. President, and, defend : 자음 뒤 말음에 쓰인 자음의 발음 생략(주로 -nt/-nd/ -rt/-rd에서 발생)

구문분석 *1.* I, Lyndon B. Johnson, do solemnly swear *that I will faithfully execute the office of President of the United States, and will to the best of my ability, preserve, protect, and defend the Constitution of the United States.* ··· 기본적으로 <S + V + O> 구조의 문장이며, O로 that-명사절이 쓰였다. that-절에는 조동사와 술어동사가 <A, and B> 형태로, 또 B의 위치에서는 술어동사가 <X, Y, and Z> 형식으로 나열되고 있으며, 그 구조는 모두가 <S + V + O> 구조이다.

번역

IPTR102

　A hound dog / found a bone / and held it tightly / in his mouth. He growled / and scowled / at anyone / who attempted to take it / away. Off / into the woods / he went to bury his prize. When he came / to a stream, he trotted / over the footbridge / and happened to glance / into the water. He saw his own reflection. Thinking / it was
5　another dog / with a bigger bone, he growled / and scowled / at it. The reflection growled / and scowled back.

　"I'll get THAT bone too," thought the greedy dog, and he snapped his sharp teeth / at the image / in the water. Alas, his own big bone / fell with a splash, out of sight, the moment / he opened his mouth / to bite!

— The Dog and His Bone : http://www.storyarts.org/library —

Vocabulary Drills ③_____ *a narrow bridge to be used only by people on foot, especially for crossing railway lines at a station*
④_____ *one of a set forming a dental structure in the mouth used for biting and chewing*

Answers for Vocabulary Drills ① constitution ② office ③ footbridge ④ tooth

처음 소개한 자료가 좀 딱딱한 것 같아 아주 쉬운 것을 선택해 보았다. 이번에 소개하는 것은 우리가 어려서 즐겨듣던 고대 그리스의 우화작가 이솝(Aesop) 이야기의 "The Dog and His Bone"라는 우화이다. 이런 종류의 짧은 동화를 Text를 보여주며 Audio로 들려주는 인터넷 사이트가 국내외를 막론하고 매우 많은데(본 저자의 홈페이지에 사이트 안내 있음), 여기 소개하는 것은 http://www.story-arts.org/library/ 에서 무료로 공개한 것을 다운받은 것이다. 이것도 어렵다면 그때는 정말 자신의 수준을 더 낮추어 유아를 대상으로 하는 영어로 시작해야 한다.
※ water에서는 -t/-d의 -r유음화가 나타나고 있고, 2의 out of도 빠르게 발음하면 -t/-d의 -r유음화로 [áu-rəv] 로 발음되었을 것이다.

▶ **관련 문법**: 부사의 부사적 용법 <목적>, 공통관계, 직접화법, <동시동작>의 부사절

소리분석 **1.** hound, and, growled, scowled, moment : 자음 뒤 말음의 자음 생략

2. found a, held it, take it, with a, at it, with a, out of : 연음

3. attempted to, went to, happened to : 겹자음의 발음 생략

4. get THAT, thought the, at the : 조음점 동화

구문분석 **1.** He growled and scowled at **anyone** *who attempted to take it away.* … 부정대명사를 선행사로 하는 관계대명사는 that이 원칙이나, who가 왔다.

2. Off into the woods he went to bury his prize. … <분리·이탈>을 뜻하는 전치사 off가 쓰였다.

3. *When he came to a stream,* he **trotted over** the footbridge and **happened to** glance into the water. … <때>를 나타내는 부사절이 먼저 오고, 하나의 주어를 공통요소로 술어동사가 and로 연결된 주절이 왔는데, 주절에는 '우연히 ~하다'는 의미의 happen to가 쓰였다.

4. *Thinking it was another dog with a bigger bone,* he growled and scowled at it. … 주절의 시제와 동시동작의 부대상황을 나타내는 현재분사가 문두에 오고, 주절이 왔다.

5. "I'll get THAT bone too," thought the greedy dog, and he *snapped* his sharp teeth *at* the image in the water. … †snap at : ~을 덥석 물다.

6. Alas, his own big bone fell **with** a splash, out of sight, the moment he opened his mouth to bite! … <양태>를 나타내는 전치사 with, '~하자마자'(as soon as)의 뜻으로 쓰여 접속사처럼 쓰인 the moment 등에 주의해야 한다.

번역

IPTR103

There once was a shepherd boy / who was bored / as he sat on the hillside / watching the village sheep. To amuse himself / he took a great breath / and sang out, "Wolf! Wolf! The Wolf is chasing the sheep!" The villagers came running / up the hill / to help the boy / drive the wolf away. But / when they arrived / at the top / of the hill, they found / no wolf. The boy laughed / at the sight / of their angry faces. "Don't cry 'wolf', shepherd boy," said the villagers, "when there's no wolf!" They went grumbling back / down the hill.

Later, the boy sang out / again, "Wolf! Wolf! The wolf / is chasing the sheep!" To his naughty delight, he watched the villagers run / up the hill / to help him drive the wolf away. When the villagers saw / no wolf / they sternly said, "Save your frightened song / for when there is / really something wrong! Don't cry 'wolf' / when there is / NO wolf!"

But the boy just grinned / and watched them go / grumbling down the hill / once more.

Later, he saw a REAL wolf / prowling about his flock. Alarmed, he leaped to his feet / and sang out / as loudly as he could, "Wolf! Wolf!" But / the villagers / thought he was trying to fool them / again, and so they didn't come.

At sunset, everyone wondered / why the shepherd boy / hadn't returned to the village / with their sheep. They went up the hill / to find the boy. They found him weeping. "There really was a wolf here! The flock has scattered! I cried out, "Wolf!" Why didn't you come?"

An old man / tried to comfort the boy / as they walked back to the village. "We'll help you look for the lost sheep / in the morning," he said, putting his arm around the youth, "Nobody believes a liar... even when he is telling the truth!"

— *The Boy Who Cried Wolf* : http://www.storyarts.org/library—

| Vocabulary Drills | ⑤ | _____ to hurry quickly after someone or something to catch them, (syn.) to purse |
| | ⑥ | _____ a group of certain animals, such as sheep, goats, chickens, and geese |

이번에도 이솝(Aesop) 이야기 중에서 선택한 것으로, 누구나 한번쯤 들어보았던 "The Boy Who Cried Wolf"라는 우화이다. 아동용 동화라고 쉽게 볼 것만은 아님을 IPTR102를 통해 느꼈을 것이다. 영어는 문장이 조금만 길어진다 싶으면, 거기에는 관계대명사, 분사, 동명사, 부정사가 딸리거나 접속사가 오기 마련이다. 결국 영문에 대한 번역·통역 능력, 청해력을 증대시키기 위해서도 다른 경우와 마찬가지로 기본적인 문법과 어휘에 대한 이해가 충실해야만 함을 충분히 느낄 수 있는 기회가 될 것이다. 이러한 이솝 우화 등을 통한 프로그램의 흠이라면, 배경음악이 청취에 방해가 된다는 것, 대화체의 Drama식으로 구성되었더라면 더 좋았을텐데...하는 아쉬움이 남는다.

하지만 너무 천천히 읽는 바람에 청취력의 첫 단추라 할 수 있는 휴지의 원칙이 지나치리만큼 철저히 지켜지고 있다. 그러나 휴지점 또한 문법을 기초로 이루어진다. 결국 청취력 증대를 위해서도 문법은 필수적인 것이다.

2. †to one's + 추상명사: ~하게도 / drive + O + away: ~을 몰아내다, 쫓아내다.

4. †look for: 돌보다.

▶ **관련 문법**: 관계절의 격변화, 독립부정사, 명령문의 형식, as ~ as one can, Nexus, even의 용법

소리분석

1. was a, as he, sat on, took a, cried out, An old, believes a : 연음

2. laughed, Don't, found, went, arrived, frightened, grinned, didn't, hadn't returned, old, comfort, lost, around : 자음 뒤 말음의 -d / -t음의 발음 생략(주로 -nt / -nd / -rt / -rd에서 주로 나타남)

3. Later, scattered, putting : 강모음과 약모음 사이에서의 -t / -d의 -r 유음화

4. himself, Wolf, help : 설측음의 dark 'l'

5. at the, said the, watched the, tried to : 조음점 동화

6. leaped to, with their : 겹자음의 발음 생략

구문분석

1. There once was *a shepherd boy who was bored as he sat on the hillside* watching the village sheep. ··· <유도부사 + V + S> 구조로, S를 선행사로 하는 *who*-관계절이 문장 끝까지 이어지고, 그 안에 <때>를 나타내는 *as*-부사절이 오고 있으며, 이 *as*-부사절과 동시동작의 부대상황인 현재분사가 뒤따르고 있다.

2. *To his naughty delight*, he *watched* the villagers *run* up the hill to *help* him *drive* the wolf away. ··· <지각동사 + O + OC로서의 원형부정사>, 부사적 용법으로 <목적>을 의미하는 to-inf., <help + O + OC로서의 원형부정사>가 왔다.

3. *When the villagers saw no wolf* they sternly said, "Save your frightened song for *when there is really something wrong*! ···" 앞에 쓰인 when-절은 <때>를 나타내는 부사절이지만, 뒤에 쓰인 when-절은 <때>를 의미하는 것은 같으나, 앞에 쓰인 전치사 for의 O가 되는 명사절이다.

4. "We'll *help* you *look* for the lost sheep in the morning," he said, *putting his arm around the youth*, "**Nobody** believes a liar... even when he is telling the truth!" ··· <help + O + OC로서의 원형

부정사>, 부대상황의 현재분사가 왔으며, '~하는 것은 없다'는 뜻의 부정주어가 사용되고 있다.

| 번역 |

IPTR104

It was many and many a year ago,
    In a kingdom / by the sea,
That a maiden / there lived whom / you may know
    By the name of / Annabel Lee ; —
5 And this maiden / she lived / with no other thought
    Than to love / and be loved / by me.
She was a child / and *I* was a child,
    In this kingdom / by the sea,
But we loved / with a love that / was more than love —
10   I and my Annabel Lee —
With a love that / the winged seraphs of heaven
    Coveted her and me.

And this was the reason / that, long ago,
    In this kingdom / by the sea,
15 A wind / blew out / of a cloud / by night
    Chilling / my Annabel Lee ;
So that her high-born kinsman came
    And bore her away from me,
To shut her up / in a sepulchre
20   In this kingdom / by the sea.

The angels, not half / so happy in Heaven,
    Went envying / her and me : —

Yes! that was the reason (as all men know,

    In this kingdom / by the sea)

25 That the wind / came out of a cloud, chilling

    And killing / my Annabel Lee.

But our love / it was stronger / by far / than the love

    Of those / who were older than we —

    Of many / far wiser than we -

30 And neither the angels / in Heaven above,

    Nor the demons down / under the sea,

Can ever dissever my soul / from the soul

    Of the beautiful / Annabel Lee : —

For the moon / never beams / without bringing me dreams

35   Of the beautiful / Annabel Lee ;

And the stars / never rise / but I see the bright eyes

    Of the beautiful / Annabel Lee ;

And so, all the night-tide, I lie down / by the side

Of my darling, my darling, my life / and my bride,

40   In her sepulchre / there by the sea —

    In her tomb / by the side / of the sea.

— Edgar Allan Poe ; Annabel Lee, http://www.elycia-webdesign.com/seasonal/halloween.html#5a —

Vocabulary Drills ⑦ _____ the place of God, angels, and the souls of dead people who have been given eternal life

⑧ _____ the time without sunlight between sunset and sunrise in a 24-hour period

이번에는 19세기 미국의 대표적인 시인 중의 한 명인 Edgar Allan Poe(1809~1849)의 Annabel Lee를 Alexander Scourby라는 성우가 낭독한 것을 인터넷에서 다운받은 것이며, 또 다른 파일 IP TR104_A는 Alexander Scourby라는 시인이 낭독한 것이다. 비교해서 들어보는 것도 또 다른 느낌을 줄 수 있을 것이다. 약간 갈라는 느낌이 없지는 않으나, 그 시의 아름다움과 미국식 발음의 유려함 등을 느낄 수만 있다면, 청취력이나 번역 능력의 증대에 크게 도움이 되리라 믿는다. 할 수만 있다면 암기하는 것이 더더욱 좋을 것이다. 20세기 문학의 마지막 스타일 리스트라는 '쉬전 손택'의 말처럼 이런 영시의 감상은 사실 '해석'하면 안된다. 본래의 영시 그대로 듣고 영어로 이해하는 방법을 여기서 연습해보는 것 또한 귀중한

🔊 소리분석) 1. and many, and me : 비음화

2. In a, That a, name of, was a, and I, But we, with a, of a, seraphs of, shut her, in a, Went envying, as all, came out of a, than we : 연음(자모음으로 끝나는 말 + 모음으로 시작하는 말의)

3. Annabel Lee, from me, night-tide : 겹자음의 발음 생략

4. And, child, wind : 자음 뒤 말음의 자음 생략

5. was stronger, than the : 조음점 동화

💡 구문분석) 1. *It* was many and many a year ago, in a kingdom by₁ the sea *that* a maiden there lived *whom* you may know by₂ the name of Annabel Lee ⋯ It was ~that 강조구문, 본래 <유도부사 there + V + S>의 구조이나, 여기서는 주어 a maiden의 강조를 위해 맨 앞으로 왔으며, 이를 선행사로 하는 *whom*-관계절이 왔다. '~일지도 모른다'는 의미의 <불확실한 추측>을 나타내는 조동사 may, '~의 곁(옆·가까이)에'라는 의미로 <장소>를 뜻하는 전치사 by₁, '~으로'라는 의미로 <수단>을 나타내는 전치사 *by*₂ 등이 사용되고 있다.

Answers for Vocabulary Drills ⑦ heaven ⑧ night

기회가 되리라 믿지만, 우리는 영시 감상
이 목적이 아니며, 영어 공부는 또 공부니
만큼 분석과 번역을 해보도록 하자.

2. 두 개의 to-inf.가 능동과 수동형으로
왔다.

3. 전치사 with가 <양태>를 의미할 때
는 -ly형의 부사로 바꿔 쓸 수 있는
경우가 많다. ex) with care→
carefully / with ease→easily

5. bore는 앞에 쓰인 came과 함께 과거
시제로 bear의 과거형이며, sepul-
chre는 sepulcher로도 쓰는 tomb
(무덤)라는 뜻이다. †bear away：
vt. 가지고(빼앗아) 가버리다, 쟁취하다.
/ shut up: 1) (집을) 잠그다, 문닫
다. 2) 가두다, 감금하다. 3) 침묵시키다.

6. 비교급 수식어구에는 even, still,
much, far, by far이 있음을 기억
해두자.

8. †lie down: 1) 드러눕다. 2) 굴복하
다.

▶▷ **관련 문법:** 조동사 may의
용법, 전치사 by와 with의
여러 가지 의미, <so that>
구문, 강조도치, 비교급, 이중
부정 · 부분부정 · 전체부정

2. And *this maiden she* lived with no other thought than *to love* and *be loved* by me. ··· *this maiden* 과 *she* 는 S로 동격이고, <소유>를 의미하고 있는 전치사 with가 쓰였다.

3. But we loved *with₁ a love that₁* was more than love —I and my Annabel Lee —*with₂ a love that₂ the winged seraphs of heaven coveted her and me.* ··· <양태>를 뜻하는 전치사 with, 각 with의 O를 선행사로 하는 두 개의 *that*-관계절이 왔다.

4. And this was *the reason that, long ago, in this kingdom by the sea, a wind blew out of a cloud by night chilling my Annabel Lee* ··· 앞의 내용을 대신하는 대명사로 쓰인 주어 this, *the reason* 을 선행사로 하는 *that*-관계절, 본문의 술어동사와 부대상황의 동시동작을 뜻하는 현재분사가 쓰였다.

5. So that her high-born kinsman *came* and *bore* her *away* from me, to shut her up in a sepulchre in this kingdom by the sea. ··· 전체적으로 앞의 내용과 어울려 <so that 결과> 구문이 되고 있다.

6. But our love it was *stronger by far than* the love *of those who* were older than we — *of many far wiser than* we. ··· 비교급이 쓰이고 있는데, 그 비교급에 대한 수식어구가 따라오고 있다.

7. And *neither* the angels in Heaven above, *nor* the demons down under the sea, can ever *dissever* my soul *from* the soul of the beautiful Annabel Lee ··· <neither A nor B : A도 B도 아니다>의 전체부정이 쓰였다.

8. For the moon *never* beams *without* bringing me dreams of the beautiful Annabel Lee; and the stars *never* rise *but* I see the bright eyes of the beautiful Annabel Lee; and so, all the night-tide, I lie down by the side of my darling, my darling, my life and my bride, *in her sepulchre there by the sea —in her tomb by the side of the sea.* ··· 이중부정으로 강한 긍정을 의미하고 있으며, 문장 끝에는 반복을 통한 강조 효과를 위해 같은 의미의 다른 명사(sepulchre, tomb)가 쓰이고 있다.

연구 2

이중부정(Double Negation)

1) <부정어+un—, without, fail to but, nothing, who·which·that-clause> 등의 형태로 긍정보다는 의미가 약하되 말하는 사람의 주저(躊躇)를 나타내는 표현법으로, 이때 주로 사용하는 부정의 형용사에는 uncommon, unattractive, unknown, unusual 등이 있는데, 부정어를 반복 사용함으로써 부정을 강조하는 속어적인 표현과는 다르다.
· This is *not unknown* to you.(이 일은 당신도 어느 정도는 알고 있는 일입니다. = You are to some extent aware of this.)

2) 라틴어 표현법에서 유래된 것으로, 부정어의 이중 사용에 의한 품위있고 강조적인 강한 긍정을 뜻한다. · There is *no one* who did *not* feel sympathy for the victims of the accident.(그 사고의 희생자들을 동정하지 않는 사람은 아무도 없었다. = Every felt sympathy~)/ · *Nobody* had *nothing* to eat.(무언가 먹을 것이 없는 사람은 아무도 없었다. = Everyone had something to eat.)/ · She is *not unattractive* woman.(그녀는 매력이 없는 여자는 아니다.)/ · It *never* rains *but* it pours.(비만 왔다하면 퍼붓는다.)/ · He *never* comes *without* being late.(그는 출석했다하면 지각이다.)

cf. I *don't* want *no* iced coffee.(나는 냉커피가 싫다.)/ · I *wouldn't* let you touch me, *not* if I was starving.(내가 굶어 죽는다고 하더라도, 당신이 내 몸에 손대지 못하도록 하겠다.)/ · I *don't* have *nothing* to lose.(잃어버릴 것이라고는 아무것도 없다. ··· nothing = anything)/ · *No one never* said *nothing*.(아무도 아무 말도 하지 않았다. = No one ever said anything.)/ · I *can't hardly* see *nothing* in here.(이곳에서는 거의 아무것도 볼 수 없었다.) ··· 이는 무교육자나 어린이들의 표현방식에서나 찾아볼 수 있는 비표준적인 표현으로 그 사용을 피하는 것이 좋다.

번역

IPTR105

An assassin's bullet / has thrust upon me / the awesome burden / of the Presidency. I am here today / to say I need your help ; I cannot bear this burden alone. I need the help / of all Americans, and all America (Applause) This Nation has experienced a profound shock, and in this critical moment, it is our duty, yours and mine, as the
5　Government of the United States, to do away with uncertainty and doubt and delay, and to show that we are capable of decisive action (Applause) ; that from the brutal / loss of our leader / we will derive not weakness, but strength ; that we can and will act / and act now.

— *L. B. Johnson ; Address to Joint Session of Congress, November 27, 1963*—

Vocabulary Drills　⑨ _____ *a person who kills another, usually for a reward or political reasons*
　　　　　　　　⑩ _____ *a round, usually pointed piece of metal (lead or steel) shot out of a gun*

※ 다시 LBJ의 연설이다. JFK의 불행한 일로 갑자기 대통령에 취임 한 5일 뒤 미 의회에 나가 JFK의 명복과 함께 국민들의 단합을 호소하는 내용에서 일부를 발췌하였다. 소리분석은 같은 형식의 발음의 변화가 2개 이상 나타나는 경우에 한하여 설명하였는데, need your 는 [d, t, s, z + j]의 관계에서 발생하는 융합, help는 설측음의 dark 'l', need the는 조음점 동화에 해당한다.

소리분석 *1.* An assassin's, thrust upon, of all Americans, and all America, has experienced a, and in, is our, yours and, Government of, with uncertainty, capable of, decisive action, loss of our : 연음

2. profound, moment, Government, States : 자음 뒤 말음에 쓰인 자음의 발음 생략

3. critical, it is, duty, United, leader : 강모음과 약모음 사이에 쓰인 -t / -d음의 -r 유음화

4. upon me, and mine : 비음화

※ dark 'l'은 후설모음인 [u, ə, 이를 삽입시키는 기본으로 발음하는 까닭에 help는 [heup], film은 [fium], built 는 [biut]로 들리게 된다.

구문분석 *1.* This Nation has experienced a profound shock, and in this critical moment, *it* is our duty, yours and mine, *as* the Government of the United States, *to do away with* uncertainty₁ and doubt₂ and delay₃, and *to show* that₁ we are capable of decisive action ; that₂ from the brutal loss of our leader we will derive not weakness, but strength ; that₃ we can and will act and act now. ··· 가주어 *it*에 대한 두 개의 to-inf.가 진주어로 왔는데, 첫 번째 to-inf.에 이어지는 전치사 *with* 의 O로 3개의 명사가 <A and B and C> 형태로 이어지고, 두 번째 to-inf.의 O로 3개의 *that*-절이 semi-colon(;)으로 이어지고 있다.

※ thrust (up)on (a person): ~에게 억지로 떠맡기다, 떠맡겨 팔다, 강요하다./ do away with: 1) ~을 없애다, 폐지하다. 2) (사람 등을) 죽이다.

1. †derive A from B: A로부터 B를 이끌어내다, 얻다./ not A but B : A가 아니라 B이다.

▶ **관련 문법:** 군동사, <not A but B> 용법

번역 _____
_____
_____
_____
_____
_____

IPTR106

　The Great Society / is a place where every child can find knowledge to enrich his mind / and to enlarge his talents. It is a place where leisure is a welcome chance to build and reflect, not a feared cause of boredom / and restlessness. It is a place where the city of man / serves not only the needs of the body and the demands of

5 commerce / but the desire for beauty / and the hunger for community.

It is a place where man can renew contact with nature. It is a place which honors creation for its own sake / and for what it adds to the understanding of the race. It is a place where men are more concerned with the quality of their goals / than the quantity of their goods.

10 But most of all, the Great Society / is not a safe harbor, a resting place, a final objective, a finished work. It is a challenge constantly renewed, beckoning us toward a destiny / where the meaning of our lives matches the marvelous products / of our labor.

— *L. B. Johnson ; Address on The Great Society, May 22, 1964* —

Vocabulary Drills ⑪ _____ *an area with many thousands of people living and working close together, (syn.) a metropolis*
⑫ _____ *any of the groupings of human beings according to genes, blood types, color of skin, eyes, hair, etc.*

※ 이것은 LBJ가 임기 내내 추구하던 개혁과 빈곤퇴치를 위한 정책의 기조였던 the Great Society(위대한 사회) 연설의 일부이다.

소리분석) *1*. is a, It is a, cause of, needs of, demands of, of all, final objective, toward a : 연음

2. child, find, mind, and, build, reflect, finished : 자음 뒤 말음의 자음 생략

3. talents, products : 3개 이상 중첩된 복합자음군에서의 중간 자음 생략

4. of boredom, but the : 조음점 동화

5. city, not only, beauty, what it adds : -t / -d 의 -r 유음화

연구 3
문장과 주어의 기본 개념
1) 문장(sentence) : 일반적으로 주어와 술어동사 역할을 할 수 있는 말을 포함한 둘 이상의 단어들이 하나의 완전하고 통일된 의미 전달을 위해 규칙적인 순서에 따라 각자의 주어진 문법적 역할에 적합한 형태로 결합된 것으로, 대문자로 시작하여 마침표 등의 일정한 문장부호로 끝난 것이어야 한다. ※ 한 단어로만 문을 이루는 경우는 문장어(sentence-word)라 한다. ·Thanks! / ·Fire! / ·Silence! / ·What!
2) 주어(subject of sentence) : 주어란 문장이 의미하는 상태나 동작의 주체가 되는 말로 주부(主部 : subject) 중 형용사나 관사 등의 수식어구를 제외한 단어(subject word)를 말하는데, 주격의 명사나 그 상당어구로 표시되며, 하나의 절(clause)이나 문장(단문 ; simple sentence)에는 하나의 주어만이 오고 둘 이상이 오는 경우에는 적절한 접속사에 의해 연결되어야 한다. 즉, 주어가 될 수 있는 많은 주격의 명사나 그 상당어구인 ⓐ 명사, ⓑ 대명사, ⓒ 동명사, ⓓ to-부정사, ⓔ 명사구, ⓕ 명사절, ⓖ 동격어구, ⓗ 인용어구, ⓘ 기타 <the + 형용사>, <the + 분사>, <부사 등이 명사 상당어구가 되는 경우> 등이 있다.

1. A와 B는 또 다시 접속사 and로 연결된 명사로 구성되어 있다. 그 연결된 요소의 구성이 서로 같음에 주목하고, 장소를 선행사로 하는 관계부사가 쓰였다.

2. 관계절의 목적어를 꾸미는 전치사 for 의 목적어로 다시 관계사 *what*에 의한 명사절이 쓰인 혼합문이다. †for its own sake : 그 자체를 위해서

▶ 관련 문법 : 관계부사 where 의 용법, <not only A but also B>의 용법, 부대상황의 현재분사, 비교급

구문분석) *1*. It is *a place* where the city of *man serves* **not only** *the needs of the body and the demands of commerce* **but** *the desire for beauty and the hunger for community.* ··· *a place*를 선행사로 하는 *where*-관계절, <not only A but also B : A뿐만 아니라 B도>가 쓰였다.

2. It is *a place* which honors creation *for* its own sake and *for* what it adds to the understanding of the race. ··· *a place*를 선행사로 하는 *which*-관계절이 왔으며, <for + O>가 *and*로 연결되고 있다.

3. It is *a place* where men are more concerned with **the quality** of their goals than **the quantity** of their goods. ··· †be concerned with : ~에 관심이(관계가) 있다.

4. It is a challenge constantly renewed, *beckoning* us **toward a destiny** where the meaning of our lives matches the marvelous products of our labor. ··· *beckoning*은 부대상황의 분사구문이다.

번역 _____

_____

_____

_____

Answers for Vocabulary Drills ⑪ city ⑫ race

IPTR107

MY COUNTRYMEN AND MY FRIENDS :

Tonight / my single duty / is to speak / to the whole of America.

Until four-thirty o'clock / this morning / I had hoped against hope / that some miracle / would prevent a devastating war in Europe / and bring to an end / the invasion of
5 Poland / by Germany.

For four long years / a succession of actual wars / and constant crises / have shaken the entire world / and have threatened in each case / to bring on the gigantic conflict / which is today / unhappily / a fact.

It is right that I should recall to your minds / the consistent / and at time successful
10 efforts of your Government / in these crises / to throw the full weight / of the United States / into the cause / of peace. In spite of spreading wars / I think that we have every right / and every reason / to maintain as a national policy / the fundamental moralities, the teachings of religion (and) the continuation of efforts / to restore peace —because some day, though the time may be distant, we can be of even greater
15 help / to a crippled humanity.

— *Franklin Delano Roosevelt ; Fireside Chats on the European War, September, 3, 1939* —

Vocabulary Drills ⑬ _____ *act or event (something good or welcome) which does not follow the known laws of nature*
⑭ _____ *standards, beliefs about what is right and wrong behavior, especially regarding sex*

이것은 1939년 9월 3일 독일이 폴란드에 선전포고와 함께 침공을 개시하던, 제2차 세계대전이 발발하던 날 진행된 것으로, FDR이 대통령에 취임한 이후 백악관에 방송시설을 해두고 경제공황에 시달리던 국민들을 위로하고 용기를 주는 한편 당시의 국내 정치상황과 세계정세를 차분하고 감미로운 목소리로 방송해오던 Fireside Chat(노변정담)의 일환으로 진행된 연설 중의 일부이다. FDR은 역대 미국 대통령 중 그 목소리가 가장 감미롭고 부드러운 대통령으로 알려져 있기도 하다. <소리분석> 중 *1.*의 humanity는 -t가 반드시 -r이 아니라 -d로도 소리나는 것을 보여 주고 있으며, *2.*의 spite of에서는 -t의 -r유음화가 일어나고 있는 중간 정도의 발음이 들려진다. 또 efforts에서는 3개 이상 종합된 복합자음군에서의 중간 자음의 발음 생략이 일어나고 있다.

🔊 **소리분석**) *1.* duty, United, that we, moralities, greater, humanity : -t / -d 의 -r유음화

2. of America, in Europe, an end, invasion of, succession of actual, efforts of your, spite of, as a, teachings of, of efforts, of even : 자음으로 끝나는 말에 이어지는 모음으로 시작하는 말의 연음

3. some miracle, time may, at time : 겹자음의 발음 생략

4. hoped against, and, end, Poland, constant, Government, distant : 자음 뒤 말음의 자음 생략

💡 **구문분석**) *1. Until four-thirty o'clock this morning* I had hoped against **hope that** *some miracle* **would prevent** *a devastating war in Europe* **and bring** *to an end the invasion of Poland by Germany.* ··· 전치사의 목적어인 **hope**와 동격을 이루는 **that**-절을 포함하는 제1형식의 혼합문이다.

2. For four long years **a succession of actual wars and constant crises** *have shaken* the entire world *and have threatened* in each case to bring on **the gigantic conflict which** *is today unhappily a fact.* ··· **a succession~crises**를 주어로 하고 술어동사를 접속사 and로 연결하는 제1형식 문장으로, 문미에 관계절이 오면서 혼합문이 되고 있다.

3. It is right **that** *I should recall to your minds the consistent and at time successful efforts of your Government in these crises to throw the full weight of the United States into the cause of peace.* ··· 가주어 **it**와 진주어로 쓰인 **that**-명사절로 이루어진 문장으로, **that**-절에서는 *recall to one's mind*(생각나게 하다, 상기시키다) 전부가 하나의 술어동사처럼 쓰이고 있다.

Answers for Vocabulary Drills ⑬ miracle ⑭ morality

1. 과거완료 시제가 쓰이고 있음을 유의해
야 한다. †hope against hope：
요행을 바라다. / bring to an end：
끝내다, 마치다.

3. 목적어는 이어지는 *the efforts*가 되며,
여기에 and로 이어지는 형용사, 형용사
적 용법의 to-부정사(*to throw*)가 계
속되고 있다.

▶▶ **관련 문법**：문장의 형식, 관
계대명사, 현재완료, 양보의
부사절

4. *In spite of spreading wars* I think that we have *every right and every reason* to maintain *as* a national policy *the fundamental moralities, the teachings of religion* (and) *the continuation of efforts* to restore peace ─ because some day, though the time may be distant, we can be of even greater help to a crippled humanity. ⋯ 주절의 목적어가 되고 있는 that-절 안의 목적어를 수식하는 형용사적 용법의 to-부정사에 자격을 나타내는 전치사 *as*가 오고, 부정사 to maintain의 목적어가 <A, B, and C> 형태로 나열된 후 다시 이를 수식하는 형용사적 용법의 to-부정사가 쓰였다.

번역

IPTR108

   Mr. Vice-President, Mr. Speaker, members / of the Senate / and the House of Repre-sentatives：Yesterday, December 7, 1941 ─ a date which will live / in infamy ─ the United States of America / was suddenly and deliberately attacked / by naval and air forces / of the empire / of Japan.

5   The United States was at peace / with that nation / and, at the solicitation / of Japan, was still in conversation / with its government / and its emperor / looking toward the maintenance of peace / in the Pacific. Indeed, one hour after / Japanese air squadrons had commenced bombing / in the American island of Oahu / the Japanese ambassador to the United States / and his colleague / delivered / to our secretary of state / a formal 10 reply / to a recent American message. And, while this reply stated / that it seemed useless to continue the existing diplomatic / negotiations, it contained no threat / or hint / of war / or of armed attack.

   It will be recorded / that the distance of Hawaii / from Japan / makes it obvious / that the attack was deliberately planned / many days / or even weeks ago. During the 15 intervening time / the Japanese government / has deliberately sought / to deceive the United States / by false statements / and expressions of hope / for continued peace.

   The attack yesterday / on the Hawaiian Islands / has caused severe damage / to American naval / and military forces. I regret to tell you that very many American lives / have been lost. In addition, American ships have been reported torpedoed on the 20 high seas / between San Francisco and Honolulu.

─ *Franklin Delano Roosevelt ; Congressional Declaration of War on Japan, December 8, 1941* ─

⑮ one of two or more persons working together and usually having similar rank and duties
⑯ a naval weapon driven by its own motor in the water that explodes when it hit a vessel

이것은 1941년 진주만에 일본의 기습적인 침략을 당한 후, 미 의회에 나아가 일본에 대하여 선전포고를 하는 FDR의 연설 중에서 발췌한 것이다. 가장 감미롭다는 FDR의 목소리가 단호하고, 침착하며, 그 발음이 빨라지기도 하는 것을 느낄 수 있을 것이다.

1. President, and, government, island 등도 여기에 해당한다.

2. was at, still in, with its, distance of, makes it, weeks ago 등도 여기에 해당한다.

※ statements는 복합자음군에서의 중간 자음의 생략이 일어나고 있다.

1. dash(—)로 묶여진 부분은 앞에 한 말, 즉 Yesterday에 대한 보충적인 부연설명에 불과한 관계절이다.

2. 문미의 현재분사는 부대상황을 나타내고 있다.

4. 주절은 〈S+V+O〉 구조이다.

6. 문미에는 〈수단〉을 뜻하는 부사구가 왔는데, 이는 두 명사를 〈A and B〉로 연결하여 hope를 공통으로 받는다.

▶ 관련 문법: 공통관계, 가주어 It의 용법, dash(—)의 용법, 문장의 형식, while의 다양한 용법과 의미

🔊 **소리분석**

1. attacked, toward, commenced, recent, hint, planned, lost : 자음 뒤 말음의 자음 생략

2. members of, States of America, naval and air, and its emperor, maintenance of, one hour, Japanese air, American island, of Oahu, of armed attack, and expressions of, In addition, torpedoed on : 연음

3. will live, with that, false statements, regret to : 겹자음의 발음 생략

4. United, stated, that it, diplomatic, recorded, reported : -t/-d의 -r 유음화

5. was suddenly, at the, was still, formal reply, that the, have been : 조음점 동화

💡 **구문분석**

1. Mr. Vice-President, Mr. Speaker, members of the Senate and the House of Representatives : Yesterday, December 7, 1941 — *a date which will live in infamy* — the United States of America was suddenly and deliberately attacked by naval and air forces of the empire of Japan. ⋯ 부수적인 요소를 제거한 주요소만을 보면 〈the United States of America was attacked by ~〉가 전부이며, 나머지는 모두가 다 부사적 수식어이다.

2. **The United States was** at peace with that nation and, at the solicitation of Japan, **was** still in conversation with its government and its emperor *looking toward the maintenance of peace in the Pacific.* ⋯ 두 개의 나열된 술어동사 was는 주어를 공통으로 가지고 있다.

3. Indeed, *one hour after Japanese air squadrons had commenced bombing in the American island of Oahu* the **Japanese ambassador** to₁ the United States **and his colleague delivered** to₂ our secretary of state **a formal reply** to₃ a recent American message. ⋯ 〈S+V+O〉 구조의 문장으로, 〈때〉를 나타내는 부사구가 문두에 왔다.

4. And, *while this reply stated that it seemed useless to continue the existing diplomatic negotiations,* it contained no threat or hint of war or of armed attack. ⋯ 여기서의 while은 문두에 쓰여서 '~하지만, ~할지라도'의 뜻으로 〈양보〉의 종속절을 이끄는 접속사이다.

5. It will be recorded *that₁* **the distance of Hawaii from Japan** *makes it obvious that₂ the attack was deliberately planned many days or even weeks ago.* ⋯ 문두의 It은 가주어로 진주어는 *that₁* 이하 모두가 되는데, *that₁*-절은 또다시 it을 가목적어로 하면서 *that₂*-절을 진목적어로 하고 있다.

6. *During the intervening time* the Japanese government has deliberately sought to deceive the United States *by false statements and expressions* **of** *hope for continued peace.* ⋯ 문두에는 〈때〉를 나타내는 부사구가 오고, 〈S+V+O〉 구조의 주절이 왔다.

7. I regret to tell you *that very many American lives have been lost.* ⋯ 주절의 시제는 현재, 직접목적어로 쓰인 *that*-명사절의 시제는 현재완료(결과)라는 점을 주목하자.

연구 4
주어가 될 수 있는 말들
① 명사 • A *week* has seven days./ • *Tom* loves Susan. ② 대명사 • *He* lived on his salary./ • *It's* no use crying over spilt milk. ③ 동명사 • *Seeing* is believing./ • *Taking care* of the children is my responsibility. ④ to-부정사 • *To teach* is not easy./ • *To give up smoking* is very hard.〈명사적 용법〉 ⑤ 명사구 • *Through the park* is the nearest way. ⑥ 명사절 • *What he said* is true./ • *How you do it* is important./ • *Whether he is a student or not* is a big doubt. ⑦ 동격어구 • They were *themselves* busy that day. ⑧ 인용어구 • *"Don't tell me a lie"* is what he actually said to me. ⑨ 기타 • *The rich* are not always happy.(= Rich people)〈the+형용사〉/ • *The accused* was sentenced to death.〈the+분사〉/ • *Now* is the best time to study hard.〈부사 등이 명사 상당어구가 되는 경우〉

번역

When I find myself / in times of trouble
Mother Mary comes to me
Speaking words of wisdom, let it be.

And in my hour of darkness
5 She is standing / right in front of me
Speaking words of wisdom, let it be.

Let it be, let it be. Let it be, let it be.
Whisper words of wisdom, let it be.

And when the broken hearted people
10 Living in the world agree,
There will be an answer, let it be.

For though / they may be parted
there is still a chance / that they will see
There will be an answer, let it be.

15 Let it be, let it be. Let it be, let it be.
There will be an answer, let it be.
Let it be, let it be. Let it be, let it be.
Whisper words of wisdom, Let it be.

Let it be, let it be. Let it be, let it be.
20 Whisper words of wisdom, Let it be.

And when the night / is cloudy,
There is still a light that shines on me,
Shine on until tomorrow, let it be.

I wake up / to the sound of music
25 Mother Mary comes to me
Speaking words of wisdom, let it be.

Let it be, let it be. Let it be, let it be.
There will be an answer, let it be.
Let it be, let it be, Let it be, let it be,
30 Whisper words of wisdom, let it be.

— Beatles ; Let it be, 1970, http://www.locom.co.kr/pop.htm —

Vocabulary Drills ⑰ _____ a civil disturbance, crisis (riot, criminal act, etc.); difficulty, distress, especially by accident
⑱ _____ sound or combination of sounds forming a unit of the grammar, or vocabulary of a language

이것은 1970년 Beatles의 해산설과 함께 미국에서 예약으로만 370만 매가 팔려나가며 선풍적인 인기를 끌었던 *Let it be*라는 Pop-Song이다.

잠시 긴장되는 내용에서 벗어나 편안한 마음으로 들어보며, 거기서 일어나는 발음의 변화와 함께 번역하지 않고서도 바로 영어로 이해될 수 있도록 연구해보는 것도 청취력, 번역력을 증대시키는데 크게 도움이 되리라 여겨 음질이 비교적 깔끔하지 못하지만, 감히 수록한다.

보다 깨끗한 음질을 원한다면 명시된 사이트를 직접 방문하면 깔끔하게 들어볼 수 있을 것이다.

1. words of에서도 연음이 일어나는데, 그 전에 먼저 중첩된 복합중자음에서의 중간 자음 탈락이 일어난다.

소리분석 *1.* When I, times of, world agree, an answer, wake up, still a, shines on, sound of : 연음

2. find, And, standing, front of, hearted, parted : 자음 뒤 말음의 자음 생략

3. in my, on me : 비음화

4. is standing, is still, that they, when the : 조음점 동화

5. let it, right in : -t/-d의 -r 유음화

구문분석 *1.* When I find myself in times of trouble, Mother Mary comes to me, *speaking words of wisdom*, let it be. …〈때〉를 나타내는 부사절에 이어, 본문의 술어동사 comes와 부대상황의 동시동작을 뜻하는 현재분사가 온 후, 〈권유〉의 명령문이 이어지고 있다.

2. *And in my hour of darkness* she is standing *right in front of me*, speaking words of wisdom, let it be. … *right*은 '바로'의 뜻을 가진 부사이다.

3. And when *the broken hearted* people *living in the world* agree, there will be an answer, let it be. … agree를 여기서는 '동의하다'로 옮기기보다는 '(서로) 화합하다'는 식으로 하는 것이 좋다.

4. For though they may be parted, there is *still a chance that they will see*. … '여전히'의 뜻으로 부사로 쓰인 *still*, 주어인 *a chance*와 동격을 이루는 that-절이 이어지고 있다.

5. And when the night is cloudy, there is still *a light that shines on me*, shine on until tomorrow, let it be. … 여기서의 let it be는 조건문으로 옮기는 것이 좋겠다.

6. I wake up to the sound of music, Mother Mary comes to me *speaking words of wisdom*, let it be. … I 앞에 〈때〉를 나타내는 접속사인 when이 생략되었다.

1. †Mother Mary : 카톨릭 교회에서 말하는 성모 마리아(Virgin Mary)을 지칭하는 것으로 꿈속에 나타난 어머님의 말씀을 회상하며 이 곡을 썼다고 전해진다. / †let it be : 그냥 내버려두다, 순리에 맡기다, 본래대로 놔두다, 상관하지 않다.

3. 주어인 the people에 전치수식의 과거분사, 후치수식의 현재분사가 동시에 수식하고 있다.

6. †wake up : 일어나다, (잠에서) 깨어나다.

▶▶ **관련 문법** : 조건절을 대신하는 어구, 부대상황의 현재분사, still의 여러 가지 용법과 의미

연구 5

추가보어(Quasi-predicative : 유사보어)
… 현재의 상태만으로도 완전한 문장에 추가되어 주어에 대하여 보어적 관계에 놓이는 말로(따라서 그 사이에 적절한 형태의 be-동사를 넣어 말이 성립된다), 이러한 추가보어가 될 수 있는 말에는 보어의 경우와 같이 ⓐ 형용사 ⓑ 명사 ⓒ 분사 ⓓ 전치사구 등이 있으며, 다음과 같이 두 형식으로 나누어 생각할 수 있다.
1) [S+V : 완전문+추가보어]
· She married *young*.(= She married when she was young. : 그녀는 어려서 결혼을 했다.) / He died *a beggar*.(= He died as beggar. : 그는 거지로 죽었다.)
2) [S+V+O : 완전문+추가보어]
· He beat his sister *black and blue*.(그는 누이를 멍이 들도록 때렸다.) / She asked him *in tears* to come again.(그녀는 눈물을 흘리며 그에게 다시 와달라고 했다.) *cf.* She was in tears when she asked him to come again.

명령법(imperative mood)(1)
… 직설법, 가정법과 함께 법(Mood)을 이루는 3형태 중 하나인 명령법이란, 명령, 권유, 금지, 의뢰 등과 같이 말하는 사람의 욕구나 욕망을 나타내는 표현법으로, ⓐ동사원형으로 시작하는 것이 보통이고, ⓑ부정명령인 경우에는 동사원형 앞에 부정어를 위치시키며, ⓒ강조할 때는 do 동사를 문두에 두고 강세를 두고, ⓓ1·3인칭에 대한 명령은 〈Let+목적어+동사원형〉의 형태를 취하며 이때의 부정은 let 앞에 Don't를 두는 경우와 동사원형 앞에 not을 두는 두 형식이 있다. ⓔ또 내용과 형식에 따라 〈명령법+and〉, 〈명령법+or〉 형식의 [조건명령]과 〈명령법+wh-clause〉, 〈명령법+as-clause〉, 〈명령법+everso+형용사〉, 〈명령법+A or B〉 형태의 [양보명령]으로 구분하기도 하며, ⓕ이러한 명령의 의미는 반드시 동사원형이 아닌 조동사 shall, should, must, have to, to be to, ought to 등을 이용하거나 단순히 명사나 부사 또는 부사구만으로 나타내는 경우도 있다.

번역

_____
_____
_____
_____
_____
_____
_____

IPTR110

The whole purpose of Republican oratory these days / seems to be to switch labels. The object is to persuade the American people that the Democratic Party was responsible / for the 1929 crash / and the depression, and that the Republican Party was responsible for all / social progress / under the New Deal. (Laughter)

5   Now, imitation / may be the sincerest form / of flattery — but I am afraid that / in this case it is the most obvious common / or garden variety / of fraud. (Laughter and Applause)

  Of course, it is perfectly true / that there are enlightened, liberal elements / in the Republican Party, and they have fought hard and honorably to bring the Party up to 10 date / and to get it in step / with the forward march of American progress. But these liberal elements / were not able to drive the Old Guard Republicans / from their entrenched positions.

  Can the Old Guard pass itself off / as the New Deal? (Laughter) I think not. (Laughter)

15   We have all seen / many marvelous stunts / in the circus / but no performing elephant / could turn a hand-spring / without falling flat / on his back. (Laughter & Applause)

  I need not recount to you the centuries of history / which have been crowded into these four years / since I saw you last.

  There were some — in the Congress and out — who raised their voices against our 20 preparations for defense — before and after 1939 — objected to them, raised their voices against them / as hysterical war mongering, who cried out against our help / to the Allies / as provocative and dangerous. We remember the voices. They would like to have us forget them now. But in 1940 and 1941 — my, it seems a long time ago — they were loud voices. Happily they were a minority / and — fortunately for our-25 selves, and for the world — they could not / stop America. (Applause)

— Franklin Delano Roosevelt ; The 'Fala' Speech, September, 23, 1944 —

Vocabulary Drills   ⑲ _____   *a violent hit against something, usually with damage, an accident, (syn.) a smashup*
⑳ _____   *the largest earthbound mammal, with four legs, usually gray skin, a trunk, and long tusks*

이것은 FDR이 생전에 사랑하던, 그리고 당시 세계에서 가장 유명한 개로 알려졌던 강아지의 이름을 따서 "'Fala' 연설"이라고도 불리는 것으로, FDR이 4번째 연임에 성공하는 1944년 대통령 선거를 위한 민주당 선거자금 모금 후원회에서의 연설의 일부이다. 공황 탈출의 성공과 제2차 세계대전의 승리로 접어들어 편안한 분위기에서 여유롭게 위트를 섞어가며 연설하고 있다.

소리분석   *1.* march of American, pass itself off, centuries of, since I, voices against, cried out : 연음

2. persuade the, of flattery, of fraud, have fought, raised their, forget them : 조음점 동화

3. Democratic Party, flattery, variety, get it in, crowded into, provocative, minority : -t / -d의 -r 유음화

4. sincerest, most, forward, hard and, Old Guard, elephant, recount, last, world : 말음의 자음 생략

5. marvelous stunts : 겹자음의 발음 생략

6. elements : 3개 이상 중첩된 복합자음군에서의 중간 자음의 생략

Answers for Vocabulary Drills   ⑲ crash   ⑳ elephant

 구문분석 *1.* The object is to persuade *the American people that the Democratic Party was responsible for the 1929 crash and the depression, and that the Republican Party was responsible for all social progress under the New Deal.* ⋯ <S + V + C> 구조의 문장에서 보어로 to-inf.가 왔는데, to-inf.는 <persuade + O(사람) + that-절 : ~에게 ⋯을 납득시키다> 구조로 이어지고 있다.

2. Now, imitation may be the sincerest form of flattery — but I am afraid *that in this case it is the most obvious common or garden variety of fraud.* ⋯ **†common or garden** : 흔히 볼 수 있는

3. Of course, *it* is perfectly true *that there are enlightened, liberal elements in the Republican Party, and they have fought hard and honorably to bring the Party up to date and to get it in step with the forward march of American progress.* ⋯ <S + V + C> 구조로 가주어 it와 진주어로 쓰인 that-명사절로 이루어진 문장이다.

4. I need not recount to you **the centuries of history** *which have been crowded into these four years since I saw you last.* ⋯ <S + V + O> 구조의 문장으로 목적어를 선행사로 하는 관계절이 이어지고 있는데, <of + 추상명사 → 형용사구>에 의해 *of history*는 목적어를 후치수식하는 형용사구가 되고 있다. **†crowd into** : 채워 넣다, 밀어 넣다.

5. There were *some* — in the Congress and out — **who raised** *their voices against our preparations for defense* — before and after 1939 — *objected to them,* **raised** *their voices against them as hysterical war mongering,* **who cried out** *against our help to the Allies as provocative and dangerous.* ⋯ some을 선행사로 하는 두 개의 who-관계절로 이루어진 제1형식 문장이다.

1. purpose of, am afraid, liberal elements, have all, turn a, on his, have us, seems a, time ago 등도 모두 연음에 해당하며, on his에 서는 유성음화한 'h'음을 볼 수 있다.

2. that the, afraid that, that there, But these, have been 등도 모두 조음점 동화에 해당한다. 또 in the, from their는 흔치는 않으나, [s, z, l, n, r + ð]에서 [ð]가 탈락하고 [s, z, l, n, r] 발음만 들리는 현상이 나타나고 있다.

3. but I, not able, But in에서도 -t/ -d의 -r유음화가 일어나고 있다.

3. **†up to date** : 이날(오늘날)까지의, 최신식으로, 현대적으로, (시대 등에) 뒤지지 않고/ **†in step** : 보조를 맞추어, 일치(조화)하여

▶ **관련 문법** : 관계대명사와 선행사, 가주어 It, <of + 추상명사>, 문장의 형식

번역

IPTR111

A proclamation — The Allied armies, through sacrifice and devotion / and with God's help / have wrung from Germany / a final and unconditional surrender. The western world has been freed / of the evil forces / which for five years and longer / have imprisoned the bodies / and broken the lives / of millions upon millions of free-born

5 men. They have violated their churches, destroyed their homes, corrupted their children, and murdered their loved ones. Our Armies of Liberation have restored freedom / to these suffering peoples, whose spirit / and will / the oppressors could never enslave.

Much remains to be done. The victory won / in the West / must now be won in the
East. The whole world / must be cleansed / of the evil / from which half the world has
been freed. United, the peace-loving nations have demonstrated in the West / that
their arms are stronger by far / than the might of the dictators / or the tyranny of
military cliques / that once called us / soft / and weak. The power of our peoples to
defend themselves against all enemies / will be proved in the Pacific war as it has
been proved / in Europe.

For the triumph of spirit / and of arms which we have won, and for its promise to
the peoples everywhere, who join us in the love of freedom, it is fitting that / we, as
a nation, give thanks to Almighty God, who has strengthened us / and given us the
victory.

— Harry S. Truman ; Broadcast on the Surrender of Germany, May 8, 1945 —

Vocabulary Drills ㉑ _____ members of which support each other and shut out others from their company
㉒ _____ the giving up of something of great value to oneself for a special purpose, or to benefit somebody else

이것은 1945년 4월 14일 FDR의 갑작스
러운 죽음으로 대통령에 승계한 지 25일만
에 유럽의 아이젠하워 장군으로부터 독일
의 항복에 관한 보고를 받은 후 백악관에
서 미 전역의 국민들에게 유럽으로부터의
승리를 전하는 트루먼의 짧은 라디오 연설
이므로, 그 소리가 이 또한 깔끔하지는 못
하지만, 이 연설이 주는 역사적 가치가 매
우 큰 까닭에 일부를 발췌하여 수록한다.
전쟁의 와중에서 백악관에 들어온 최초의
대통령이며, 반세기 동안 대학 교육을 받
지 않고 대통령이 된 최초의 인물로 조야
(粗野)한 농부들이 사용하던 언어와 전쟁
터의 표현이 사용하던 거친 언어와 투박한
발음으로 유명한 대통령이기도 하다.

1. sacrifice and, final and, years
and, Armies of, arms are, called
us, of our 등도 모두 연음이 일어나
고 있다. 또 have violated에서는 겹
자음의 발음 생략이 일어나고 있다.

1. 주어 다음에 comma(,)를 둔 다음
through sacrifice and devotion
and with God's help 라는 부사구가
온 후에 술어동사 have가 왔는데, 앞
에 쓰인 comma(,)로 미루어 부사구
의 끝인 help 다음에도 comma(,)가
와야 보다 정확한 표현이다.

3. 비교급을 강조하는 말에는 even, still,
much, far, by far 등이 있다.

🔊 소리분석

1. Allied armies, have imprisoned, millions upon, millions of, loved ones, themselves against,
proved in, as it, in Europe, triumph of, of arms, join us in, love of, strengthened us, given us : 연음

2. world, soft, and, against : 자음 뒤 말음의 자음(주로 -d / -t 음) 생략

3. imprisoned the, of free-born, violated their, destroyed their, corrupted their, murdered their, that
their, defend themselves, of freedom : 조음점 동화

4. upon millions, free-born men, and murdered : 비음화

5. violated, United, demonstrated, dictators, it is fitting, Almighty : -t / -d 의 -r 유음화

💡 구문분석

1. The Allied armies, *through sacrifice and
devotion and with God's help* have wrung from
Germany *a final and unconditional surrender.* ···
<wring A from B : B를 강요하여 A를 얻어내다, B에
게서 A를 억지로 빼앗다> 에서 A가 수식하는 형용사를
동반하여 긴 까닭에 후치되고 있다(균형도치).

2. The western world *has been freed of the evil forces
which for five years and longer have imprisoned the
bodies and broken the lives of millions upon millions of
free-born men.* ··· <free A of(from) B : A를 B에서 벗

연구 6

제거 · 박탈동사

··· rob, deprive, stripe, bereave, despoil, cure, rid, relieve, free,
clear, ease, cheat, heal 등과 같은 제거·박탈·경감·탈취 등의 의미를 가지
는 동사는 <제거되는 물건의 소유자 또는 장소>를 목적어로 하고 <제거되는
물건>은 전치사 of에 이끌리는 부사가 된다.   · This medicine will
cure(heal) you *of* your disease.(이 약을 복용하면 병이 나을 것입니다.) /
· He was *robbed of* his money and *stripped of* his clothes.(그는
돈을 강탈당하고 옷을 빼앗겼다.) / · What's the best way to *rid* a house
of rats?(쥐를 퇴치하는 최선의 방법은 무엇입니까?) / · Can I *ease* you *of*
your burden?(제가 부담을 덜어드릴 수 있을까요?) *cf.* I had five pounds
stolen from me.(나는 5파운드를 강탈당했다.) / My bicycle has been
stolen from the garage.(내 자전거를 차고에서 도둑맞았다.) ··· 이들의 수동형
은 <제거 당하는 사람>을 주어로 내세워 I *was robbed of* my
purse.(by a robber) 식으로 나타내게 된다.

어나게 하다, 구하다, 제거하다> 에서 B를 선행사로 하는 관계절이 이어지고 있으며, 관계절의 조동사
have는 술어동사 *imprisoned*와 *broken* 모두에 걸리고 있다.

3. United, the peace-loving nations have demonstrated in the West *that their arms are stronger by
far than the might of the dictators or the tyranny of military cliques that once called us soft and weak.*

Answers for Vocabulary Drills ㉑ clique ㉒ sacrifice

▶▷ **관련 문법**: 강조도치와 균형도치, 가주어 it, 관계절, 군동사와 대명사인 목적어

··· 목적어로 쓰인 that-명사절이 문장 끝까지 이어지고 있으며, 그 안에 *military cliques*를 선행사로 하는 관계절이 문미에 이어지고 있다.

4. For *the triumph* of spirit and of arms *which we have won*, and for its promise to *the peoples* everywhere *who₁ join us in the love of freedom*, it is fitting that we, as a nation, give thanks to Almighty *God, who₂ has strengthened us and given us the victory*. ··· *the triumph*를 선행사로 하는 *which*-관계절, *the peoples*을 선행사로 하는 *who₁*-관계절, *God*을 선행사로 하는 *who₂*-관계절이 쓰이고 있으며, it은 가주어이고 that-명사절이 진주어가 되고 있다.

> [번역]
>
> _____
>
> _____
>
> _____
>
> _____
>
> _____
>
> _____
>
> _____

IPTR112

Communism is based on the belief / that man is so weak and inadequate / that he is unable to govern himself, and therefore requires the rule of strong masters.

Democracy / is based on the conviction / that man has the moral and intellectual capacity, as well as the inalienable right, to govern himself / with reason / and justice.

5 (Applause)

Communism subjects the individual / to arrest / without lawful cause, punishment without trial, and forced labor as the chattel of the state. It decrees what information / he shall receive, what art / he shall produce, what leaders / he shall follow, and what thoughts / he shall think.

10 Democracy maintains that government is established for the benefit of the individual, and is charged with the responsibility / of protecting the rights of the individual / and his freedom / in the exercise of his abilities. (Applause)

Communism maintains that / social wrongs can be corrected only by violence.

Democracy has proved that social justice / can be achieved / through peaceful change.

15 Communism holds that the world is so deeply divided / into opposing classes / that war is inevitable.

Democracy holds that free nations / can settle differences justly / and maintain lasting peace.

20 These differences between communism and democracy / do not concern the United States alone. People everywhere / are coming to realize / that what is involved / is material well-being, human dignity, and the right to believe in and worship God.

I state these differences, not to draw issues / of belief / as such, but because the actions resulting / from the Communist philosophy / are a threat to the efforts of free nations / to bring about world recovery and lasting peace.

— *Harry S. Truman ; Inaugural Address, January 20, 1949* —

Vocabulary Drills ㉓ _____ *the seizure or holding of a person, usually by police, for breaking the law*
㉔ _____ *a legal processing before a judge or judge and jury to establish facts and decide guilt or innocence*

이것은 제2차 세계대전의 승리라는 전리품으로 재선에 성공한 Truman의 취임식 연설에서 발췌한 것으로 공산주의와 민주주의의 차이, 공산주의에 대한 경고를 담고 있는 부분이다.

1. man is, weak and, is unable, rule of, based on, moral and, well as 등도 모두 연음되고 있다.

2. is so, of free, proved that, as the, what thoughts 등에서도 조음점 동화가 나타나고 있다.

3. leaders, responsibility, settle, United 등도 -t/-d의 -r유음화에 해당한다.

1. 종속접속사 that은 1) 명사절을 이끌어 ① 주어나 ② 보어, ③ 목적어(that-절을 목적어로 취하지 못하는 동사도 있음), ④ except, save, but, besides, beyond 등이나 또는 in that 형태로 전치사의 목적어(의미상 부사절), ⑤ 동격절(that이 생략되지 않음), ⑥ 주장·명령·요구·제안·소망의 동사 다음에 쓰이거나, 2) 부사절을 이끌어 ① in order나 so와 함께 <목적>을, ② so, such와 함께 <결과>를, ③ 감정의 형용사 다음에 와서 <원인·이유>를, ④ that-절에 should를 써서 <판단의 기준> 등을 의미한다.

†be based (up)on : ~을 기초로 하고 있다, ~을 바탕으로 하고 있다.

4. †be charged with : (의무·책임 등을) 지우다, 부과하다.

5. †be divided into : 나누다, 분할하다.(※ ~in two[half]에서만 전치사 in을 씀)

6. †believe in : ~의 존재를 믿다.

🔊 소리분석) 1. Communism is based on, government is, rights of, exercise of his abilities, corrected only, world is, communism and, States alone, is involved, believe in and, efforts of : 연음

2. requires the, maintains that, holds that the, state these, as such, because the : 조음점 동화

3. inadequate, that he, chattel of, abilities, divided, inevitable, what is : -t/-d의 -r유음화

4. arrest, punishment, art, government, established, involved, Communist : 자음 뒤 말음의 자음 생략

5. without trial, with the, right to, not to, threat to : 겹자음의 발음 생략

💡 구문분석) 1. Communism is based on *the belief that₁ man is so weak and inadequate that₂ he is unable to govern himself, and therefore requires the rule of strong masters.* ··· 전치사 on의 목적어와 동격을 이루는 that-절이 문장 끝까지 이어지며, 그 안에 <결과>를 나타내는 <so ~ that ··· : 너무 ~해서 ···하다> 구문이 사용되고 있다. 따라서 *that₁*은 동격접속사, *that₂*는 종속접속사가 된다.

2. Democracy is based on *the conviction that₁ man has the moral and intellectual capacity, as well as the inalienable right, to govern himself with reason and justice.* ··· 전치사 on의 목적어와 동격을 이루는 that-절이 문장 끝까지 이어지며, 이 that-절 안의 목적어가 <B as well as A : A뿐만 아니라 B도 역시>로 연결되고 있다. 여기서의 with는 <양태>의 부사구를 이끄는 전치사로 쓰이고 있다.

3. It decrees *what information he shall receive, what art he shall produce, what leaders he shall follow, and what thoughts he shall think.* ··· 의문형용사 what에 이끌리는 명사절을 목적어로 하여 <A, B, C and D>식으로 나열하고 있다.

4. Democracy maintains *that government is established for the benefit of the individual, and is charged with the responsibility of protecting the rights of the individual and his freedom in the exercise of his abilities.* ··· 목적어로 쓰인 that-명사절의 주어에 대한 술어동사가 *and*로 연결되고 있으며, 전치사의 목적어가 되고 있는 동명사 *protecting*의 목적어도 *and*로 연결되고 있다.

5. Communism holds *that the world is so deeply divided into opposing classes that war is inevitable.* ··· <결과>를 의미하는 <so ~ that ··· : 너무 ~해서 ···하다> 구문이 사용되고 있다.

6. People *everywhere* are coming to realize *that what is involved is material well-being, human dignity, and the right to believe in and worship God.* ··· 목적어로 명사절이 되고 있는 that-절 안의 주어로 what-관계절이 오고 보어들이 <A, B, and C> 형태로 나열되어 있으며, 관계절의 술어동사

Answers for Vocabulary Drills ㉓ arrest ㉔ trial

involved 다음에는 there가 생략되었다고 볼 수 있다.

▶▷ **관련 문법** : 결과구문, 관계대
명사 what의 용법, 병치법,
that-절의 용법

7. I state these differences, ***not*** to draw issues of belief as such, ***but*** because the actions *resulting from the Communist philosophy* are a threat to the efforts of free nations *to bring about world recovery and lasting peace.* ⋯ 술어동사 state에는 <not A but B> 문형이 연결되어 설명되어 있으며, the actions은 현재분사가, the efforts는 to-inf.가 후위 수식하고 있다.

번역

IPTR113

Soldiers, Sailors and Airmen / of the Allied Expeditionary Forces : You are about / to embark upon the Great Crusade, toward which we have striven these many months. The eyes of the world / are upon you. The hopes and prayers / of liberty-loving people / everywhere / march with you. In company with our brave Allies / and brothers-in-arms
5 on other Fronts / you will bring about the destruction of the German war machine, the elimination of Nazi tyranny / over oppressed peoples of Europe, and security for ourselves in a free world.

Your task will not be an easy one. Your enemy is well trained, well equipped and battle-hardened. He will fight savagely.

10 But this is the year 1944! Much has happened since the Nazi triumphs of 1940 - 41. The United Nations have inflicted upon the Germans / great defeats, in open battle, man-to-man. Our air offensive / has seriously reduced / their strength in the air / and their capacity to wage war on the ground. Our Home Fronts / have given us an overwhelming superiority / in weapons and munitions of war, and placed at our
15 disposal great reserves of trained fighting men. The tide has turned! The free men of the world are marching together / to victory!

I have full confidence / in your courage, devotion to duty / and skill in battle. We will accept / nothing less than full / victory!

Good Luck! And let us all beseech the blessing of Almighty God / upon this great /
20 and noble / undertaking.

— General Dwight D. Eisenhower ; D-day Speech - Order of the Day, June 6, 1944 —

Vocabulary Drills ㉕ _____ any person in the airforce who is not above the rank of a noncommissioned officer
㉖ _____ to step in a formal way, such as soldiers or musical band members in a parade ; to progress, move ahead

이것은 1944년 6월6일 당시 연합군 최고
사령관 아이젠하워 장군이 사상 최대규모
의 대함대로 나치 독일이 점령하고 있던
프랑스의 노르망디 해안에 상륙하기 전 상
륙부대 장병들의 사기를 북돋우기 위해 전
하는 짧은 'D-day 연설'의 전문이다. 그
런데, 여기서 IKE는 well equipped
and battle-hardened. 부분은 읽지 않
고 지나가고 있음을 발견할 수 있다.

1. Sailors and, upon you, with
our, eyes of, an easy, this is,
Allied Expeditionary, embark
upon, in open, strength in,
placed at, reserves of, men of,
skill in, us all 등에서도 연음이 일
어나고 있다.

1. †**be about to**: ~할 예정(작정)이
다.(※be about to는 be going to
보다 임박한 미래에 대하여 사용한다.)
/ embark upon: ~에 착수하다./
the Great Crusade: 십자군 전쟁,
성전

2. †**in company with**: ~와 함께/
brothers-in-arms: 전우/ bring
about: 야기하다, 해내다.

4. †**be at(in) a person's disposal**
: ~의 마음대로 처분할 수 있다, 임의
로 쓸 수 있다.

▶ **관련 문법**: 관계대명사의 계
속적 용법, 병치법, 군동사,
기원문의 형식

소리분석 *1.* brothers-in-arms on other, destruction of, elimination of, peoples of Europe, ourselves in a, have inflicted upon, given us an overwhelming, weapons and munitions of, of Almighty : 연음

2. world, oppressed, man-to-man : 자음 뒤 말음의 자음 생략

3. about the, But this, have full : 조음점 동화

4. United, fighting, duty, let us, Almighty : -t /-d의 -r 유음화

구문분석 *1.* You *are about to* embark upon **the Great Crusade**, *toward* **which** *we have striven these many months.* ··· **Crusade**를 선행사로 하는 계속적 용법의 **which**-관계절이 쓰였다.

2. *In company with* **our brave Allies** *and* **brothers-in-arms** *on other Fronts you will bring about* **the destruction** *of the German war machine,* **the elimination** *of Nazi tyranny over oppressed peoples of Europe,* **and security** *for ourselves in a free world.* ··· 군동사로 이루어진 술어동사의 목적어 3개가 <A, B, and C> 형태로 연결되고 있으며, 주요소를 제외한 나머지는 모두 부사적 수식어이다.

3. Our air offensive has seriously reduced **their strength** *in the air* **and their capacity** *to wage war on the ground.* ··· 술어동사의 목적어로 두 개의 명사가 and로 연결되고 있다.

4. Our Home Fronts **have given** us an overwhelming superiority in weapons and munitions of war, **and placed at our disposal** great reserves of trained fighting men. ··· 주어를 공통요소로 현재완료를 이루는 조동사 have에 두 개의 술어동사가 and로 이어지고 있다.

5. And **let us all beseech** the blessing of Almighty God upon this great and noble undertaking. ··· <let + O + OC로서의 원형부정사> 형태의 기원문이 쓰였다.

번역

_____

_____

_____

_____

_____

_____

_____

_____

_____

IPTR114

Happiness lies not in the mere possession of money ; it lies in the joy of achievement, in the thrill of creative effort.

The joy and moral stimulation of work / no longer must be forgotten / in the mad chase of evanescent profits. These dark days will be worth all they cost us / if they
5 teach us that our true destiny / is not to be ministered unto / but to minister to ourselves and / to our fellow men. (Applause)

Answers for Vocabulary Drills ㉕ airman ㉖ march

Recognition / of the falsity of material wealth as the standard of success / goes hand in hand with the abandonment / of the false belief that public office / and high political position / are to be valued only by the standards / of pride of place / and personal profit ; and there must be an end / to a conduct in banking and in business / which too often has given to a sacred trust / the likeness of callous and selfish wrongdoing. (Applause)

Small wonder / that confidence languishes, for it thrives only on honesty, on honor, on the sacredness of obligations, on faithful protection, on unselfish performance ; without them / it cannot live.

Restoration calls, however, not for changes in ethics alone. This Nation asks for action, and action now. (Applause)

— *Franklin Delano Roosevelt ; The Inaugural Address, March 4, 1933* —

Vocabulary Drills ㉗ _____ the presentation before an audience of a ceremony or work of art (drama, music, dance, etc.)
㉘ _____ making something especially a building, look like it did when it was new, (syn.) renovation

이것은 본 저자들이 입수한 것으로, 녹음기가 발명된 이래로 그래도 들어줄 만한 정도의 음질을 유지하는 가장 오래된 소리로, 경제 대공황(Great Depression)으로 인한 절망으로 신음하던 미국에 당시의 New York 주지사였던 FDR이 대통령에 당선되어 취임하며 했던 취임식 연설의 일부이다.

그런데, 수많은 역대 미국 대통령들의 실제 육성을 분석한 결과, 소위 천재로 알려진 대통령들은 연설문을 읽고 그대로 연설하지 않고 아주 사소한 부분이지만, 약간씩 고쳐 읽고 있음을 발견할 수 있는데, 여기서도 그렇다. 즉, ~selfish wrong-doing은 ~selfishness wrongdoing으로, This Nation asks for action은 This Nation is asking for action으로 읽고 있는 것 등이 그것이다.

2. possession of, lies in, an end of achievement, thrill of, on honor, creative effort, worth all, wealth as, standard of, valued only, pride of, ministered unto, ourselves and, thrives only 등에서도 모두 연음이 일어난다. 또 cost us, conduct in 등에서는 연음되면서 생략되던 [t]발음이 되살아나 발음되고 있음을 볼 수 있다.

1. 또 조건절의 직접목적어로 쓰인 that-명사절의 보어가 <not A but B> 형태로 이어지고 있다.

🔊 **소리분석** **1.** not in, creative, that our, political : -t / -d의 -r 유음화

2. chase of evanescent, teach us that our, hand in hand, public office, and in, likeness of callous and, sacredness of obligations, on unselfish, changes in ethics alone, and action : 연음

3. achievement, evanescent, hand, abandonment, must, end, sacred trust : 자음 뒤 말음의 자음 생략

4. not to, but to, with the, action now : 겹자음의 발음 생략

5. as the, it thrives, without them : 조음점 동화

💡 **구문분석** **1.** These dark days will be worth *all they cost us if they teach us that our true destiny is **not to** be ministered unto **but to** minister to ourselves and to our fellow men.* ⋯ 서술적 용법으로만 쓰이면서 목적어를 취하는 형용사인 worth가 왔는데, 그 목적어로 *all*이 오고 이를 선행사로 하는 관계사 *that*이 생략된 상태이다.

┌─ 연구 7 ─────────┐
worth + 명사, 명사절, 동명사
⋯ worth는 서술용법으로만 쓰이고, like, unlike, near와 함께 전치사처럼 목적어를 취하는 형용사로, 이때의 목적어로는 명사, 명사절, 동명사 등이 오게 되는데, 전치사와는 달리 비교변화를 하고 very가 수식을 받을 수 있다는 차이가 있다. · The book is *worth ten dollars.*(그 책은 10달러의 가치가 있다.)/ · The book is *worth reading.*(그 책은 읽을 가치가 있다. ⋯ 이때의 동명사는 수동의 의미를 가진다.)/ · The experiment was *worth his while.*(그 실험은 그에게 가치가 있었다. ⋯ '나라면 그렇지 않겠지만'의 의미 내포)/ · The five-year economic development plan is *worth while.*(그 5개년 경제개발계획은 가치가 있다.)
└──────────────┘

2. Recognition *of the falsity of material wealth as the standard of success* goes hand in hand with the abandonment *of the false belief that public office and high political position are to be valued only by the standards of pride of place and personal profit* ; and there must be an end to **a conduct** *in banking and in business* **which** too often has given to a sacred trust the likeness *of callous and selfish wrongdoing.* ⋯ semi-colon(;)을 중심으로 두 개의 문장이 이어지고 있는데, 앞 문장에서의 술어동사는 '보조를 맞추다'는 뜻의 go hand in hand with이고, *the false belief*와 동격을 이루는 that-절이 semi-colon(;) 앞까지 이어지고 있다. 또 semi-colon(;) 이하에서는 **a conduct**를 선행사로 하는 관계절이 문장 끝까지 계속되는데, <of + 형용사 + 명사 → 형용사구>의 표현이 사용되고 있으며, *the likeness*가 has given의 직접목적어가 된다.

Answers for Vocabulary Drills ㉗ performance ㉘ restoration

3. semi-colon(;) 앞의 주어진 요소만 보면 Small wonder와 불완실한 관계인 that-절만 있는 불완전한 문장이 되고 말아, 가주어-술어동사가 생략되고 보어와 진주어 that-절만 있는 문장으로 보아야 한다.

▶ **관련 문법**: worth의 용법, 관계대명사의 생략, semi-colon(;), <of + 형용사>, 부정어가 주어로 쓰이는 경우

3. Small wonder *that confidence languishes, for it thrives only on honesty, on honor, on the sacred-ness of obligations, on faithful protection, on unselfish performance* ; without them it cannot live. ··· 준부정어로 쓰인 Small 앞에 가주어와 be-동사 It is가 생략되었다.

번역
_____

I will arise and go now, and go to Innisfree,
And a small / cabin build there, of clay and wattles made :
Nine bean-rows will I have there, a hive for the honey-bee ;
And live alone in the bee-loud glade.

5 And I shall have some peace there, for peace comes dropping slow,
Dropping from the veils / of the morning / to where the cricket sings ;
There midnight's / all a glimmer, and noon a purple glow,
And evening / full of the linnet's wings.

I will arise and go now, for always night and day
10 I hear lake / water lapping with low sounds by the shore ;
While I stand on the roadway, or on the pavements grey,
I hear it / in the deep / heart's core.

— W. B. Yeats ; The Lake Isle of Innisfree —

Vocabulary Drills ㉙ _____ *(of water) to hit against something with small movements and soft sound*
㉚ _____ *a line of things, people, pictures, etc., placed front to back or side by side*

이번에는 20세기 초반의 대표적인 시인 중의 한 명인 William Butler Yeats (1865~1939)의 초기 대표작 중의 하나인 *The Lake Isle of Innisfree*를 그의 실제 육성으로 들어보자. 녹음기가 개발되어 막 실용되기 시작하던 때에 녹음된 것으로 그의 말년의 육성이다.

🔊 소리분석) **1.** arise and, And a, will I, live alone in, And I, all a, noon a, And evening / full of, linnet's wings, arise and, While I, stand on : 연음

2. and, pavements, heart's : 자음 뒤 말음의 자음 생략(3개 이상 중첩된 복합중자음의 중간 자음 생략)

3. build there : 조음점 동화

4. and noon : 겹자음의 발음 생략

💡 구문분석) **1.** I *will₇ arise₁* and *go₂* now, and *go₃* to Innisfree, and a small cabin *build₄* there, of clay and wattles made : nine bean-rows *will₈* I *have₅* there, a hive for the honey-bee ; and *live₆* alone in the bee-loud glade. ··· 술어동사 1~4는 조동사 *will₇*에, 5~6은 *will₈*에 연결되고 있으며, *build₄*의

Answers for Vocabulary Drills ㉙ lap ㉚ row

1. 시·청각적 이미지를 연출하고 있는 첫 단락(stanza)의 4행에서 장모음의 반복 사용을 통한 평화로운 분위기를 더욱 강조하고 있다.

2. 앞에 있는 말에 대한 구체적인 설명을 하고 있는 semi-colon(;), 후치수식 현재분사가 쓰였다.

3. 첫 단락에 대한 echo로 시작하여, 유동음 [1] 발음의 반복 사용을 통해 청각적 이미지의 극대화를 꾀하고 있다.

※ 이처럼 시·청각적인 이미지를 보여주기 위해 은유(metaphor)나 직유(simile)보다 운율(rhythm)이 특히 강조되는 영시인 까닭에 수록했다.

▶▶ **관련 문법**: 관계부사 where, 목적어의 도치, 분사의 용법

목적어로 쓰인 a small cabin은 강조를 위해 도치되었다.

2. And I shall have some **peace** there, for **peace** comes *dropping slow, dropping from the veils* of the morning *to where the cricket sings*; there midnight's all a glimmer, and noon a purple glow, and evening full of the linnet's wings. ⋯ <from A to B>가 쓰였으며, B의 위치에 (the place) where-명사절이 왔다.

3. I *will arise* and *go* now, for always night and day I *hear* lake water *lapping with low sounds by the shore*; *while* I stand *on the roadway*, or *on the pavements grey*, I *hear* it *in the deep heart's core.* ⋯ *lapping*은 앞에 있는 명사를 후위 수식하는 현재분사, '~의 옆에'라는 의미로 <장소·위치>를 뜻하는 전치사 *by*가 쓰이고, **stand**를 수식하는 <장소>를 나타내는 부사구가 or로 연결되어 있다.

> 번역

My first job / after college / was as a teacher / in Cotulla, Texas, in a small Mexican-American school. Few of them could speak English and I couldn't speak much Spanish.

My students were poor / and they often / came to class without breakfast / and hungry. And they knew even in their youth / the pain of prejudice. They never seemed to know / why people disliked them, but they knew it was so / because I saw it / in their eyes.

I often walked home / late in the afternoon after the classes were finished / wishing there was more that I could do.

But all I knew / was to teach them / the little that I knew, hoping that I might / help them / against the hardships / that lay ahead.

And somehow you never forget what poverty / and hatred can do / when you see its scars / on the hopeful face / of a young child.

I never thought / then, in 1928, that I would be standing here / in 1965. It never even occurred to me in my fondest dreams / that I might have the chance / to help the sons and daughters of those students, and to help people like them all over this country. But now I do have that chance. And I'll let you in on a secret — I mean to use it. (Applause)

And I hope that / you will use it with me. This is the richest, most powerful country / which ever occupied this globe. The might of past empires / is little compared to ours. But I do not want to be the president / who built empires, or sought grandeur, or extended dominion. I want to be the president / who educated young children / to the wonders of their world. (Applause)

I want to be the President / who helped to feed the hungry / and to prepare them to be taxpayers / instead of tax eaters. (Applause)

I want to be the President who helped the poor / to find their own way / and who protected the right of every citizen / to vote / in every election. (Applause)

I want to be the President who / helped / to end hatred / among his fellow men / and who promoted / love / among the people of all races, all regions and all parties. (Applause)

I want to be the President who helped to end war / among the brothers / of this earth. (Applause)

— L. B. Johnson ; Address to Congress : We Shall Overcome, March 15, 1965 —

Vocabulary Drills ③①_____ an opinion based on general dislike or good feelings, rather than fact or reason
③②_____ a necessary payment on incomes, sales, etc., to the government

이번에는 노예 상태의 흑인들을 해방시킨 지 100년이나 되었지만, 여전히 그들에 대한 투표권이 주어지지 않았던 1965년, 흑인에 대한 투표권을 부여하게 되는 계기가 되었던 LBJ의 대 의회 연설이다.

1. first, couldn't, world, find, most, past, breakfast, finished, against, want 등도 모두 말음의 자음 생략이 일어나고 있다.

2. was as a, in a, and I, even in, late in, classes were, all I, when you, of a 등에서도 연음이 일어나고 있다.

5. But all, daughters of, educated 등에서도 -t/-d의 -r유음화가 일어나고 있다.

🔊 **소리분석** **1.** child, standing, fondest, students, richest, president : 자음 뒤 말음의 자음 생략

2. pain of, walked home, sons and, all over, let you in on a, use it, This is, might of, built empires, wonders of, right of every, in every, of all, regions and all, this earth : 연음

3. and they, in their, seemed to, disliked them, but they, was so, in their, occurred to, those students, mean to, occupied this, compared to, helped to feed the, protected the : 조음점 동화

4. could do, its scars, people like, extended dominion : 겹자음의 발음 생략

5. little that I, instead of, eaters, citizen, promoted, parties : -t/-d의 -r유음화

💡 **구문분석** **1.** *Few of them* could speak English and I couldn't speak much Spanish. ⋯ 준부정어가 주어로 왔는데, 이런 경우에는 '~하는 것은 없다'는 식으로 우리말로 옮긴다.

2. They never seemed *to know why people disliked them*, but they knew *it was so because I saw it in their eyes*. ⋯ <S + V + C, but S + V + O> 구조의 문장으로, to-inf.가 C로 쓰였으며, but 이하에서는 knew의 O로 that-절이 왔는데, that이 생략되었다.

3. I often walked home late in the afternoon *after the classes were finished* **wishing** *there was more that I could do*. ⋯ <S + V> 구조의 주절 술어동사와 동시동작을 나타내는 부대상황의 현재분사 *wishing*이 쓰이고 있으며, *more*를 선행사로 하는 관계절이 이어지고 있다.

4. But *all I knew* was *to teach* them *the little that I knew*, hoping that I might help them against *the hardships* that lay ahead. ⋯ <S + V + C> 구조로 주어 *all*을 수식하는 관계절이 왔는데, 관계사 that 이 생략되었으며, C가 되고 있는 to-inf.의 DO를 선행사로 하는 또 다른 관계절이, 부대상황의

Answers for Vocabulary Drills ③① prejudice ③② tax

현재분사로 시작하는 comma(,) 다음의 문미에서도 *the hardships* 를 선행사로 하는 관계절이 왔으며, 분사 구문을 이루는 동사는 미래지향성 동사라는 사실에 주목해야 한다.

5. *It never even occurred to me in my fondest dreams that I might have the chance to₁ help the sons and daughters of those students, and to₂ help people like them all over this country.* ··· 가주어 *It*, 진주어 *that*-절, 가정법 과거의 *might have*, *the chance* 를 수식하는 두 개의 to-inf., 그리고 두 번째 to-inf.인 *help* 는 OC로 동사원형 *like* 를 취하였다.

6. to-inf. 1,2는 관계절의 술어동사 helped의 O로 쓰인 명사절 용법, 3은 2의 O로 쓰인 *them* 을 후위수식하는 형용사적 용법이다.

7. *helped* 는 <O+OC로서의 원형부정사>를 취하고 있다(help나 bid는 to-inf.가 오기도 함).

▶▶ **관련 문법:** 관계대명사의 생략, 부정어가 주어가 되는 경우, 부대상황의 현재분사, 미래지향성 동사, 이중한정

6. I want to be *the President who helped to₁ feed the hungry and to₂ prepare them to₃ be taxpayers instead of tax eaters.* ··· 관계절에 3개의 to-inf.가 쓰였다.

7. I want to be *the President who₁ helped the poor to₁ find their own way and who₂ protected the right of every citizen to₂ vote in every election.* ··· *the President* 를 선행사로 하는 두 개의 관계절(이중한정)이 왔으며, *to₁*-inf.는 OC로, *to₂*-inf.는 명사 *right* 를 후위 수식한다.

8. I want to be *the President who₁ helped to end hatred among his fellow men and who₂ promoted love among the people of all races, all regions and all parties.* ··· *the President* 를 선행사로 하는 두 개의 관계절이 오고 있다(이중한정).

> **연구 8**
>
> **미래지향성 동사와 to-부정사 및 분사, 동명사**
>
> ··· hope, wish, want, intend, expect, promise, think, suppose, mean 등의 동사는 부정사와 함께 쓰일 때는 그 의미가 말하는 당시 (현재의) 사실이나 상황을 뜻하는 것이 아니라 장래 사실을 뜻하기 때문에 미래지향성 동사라고도 하는데, ① <미래지향성 동사+단순부정사: 미래시제>, ② <미래지향성 동사의 과거형+완료부정사: 실현되지 않은 희망이나 기대에 대한 유감>을 나타내며, <미래지향성 동사의 현재형+완료부정사: 미래완료>를 나타낸다. · He hopes *to finish* it in a week.(그는 그것을 한 주일 안에 끝내기를 희망한다.=He hopes that he *will finish* it in a week.) / · He hoped *to finish* it in a week.(그는 그것을 일주일 안에 끝내기를 희망했다. ··· 그러나 그 결과는 알 수 없음=He hoped that he *would finish* it~.) / · He expected *to have done*.(그렇게 하기를 기대했으나 하지 못했다.=He had expected *to do* so.=He expected *to do* so, but he *could not*.) ··· 이러한 미래지향성 동사의 시제관계는 동명사나 분사에도 거의 그대로 적용된다. · Is there any hope of his *getting* the position? (동명사: 그가 자리를 차지할 가망성이 있습니까?=Is there any hope that *he will get* ~?) / · I intend *going* there.(동명사: 나는 그곳에 갈 작정이다. = I think I *will go* ~.) / · The two parted, *promising*(*pledging*) to meet again.(분사: 두 사람은 다시 만날 것을 약속하고 헤어졌다.) / · But all I knew was to teach them the little that I knew, *hoping* that I might help them against the hardships that lay ahead.(분사: ···, 앞으로의 고난에 대비하여 제가 그들을 도울 수 있기를 바라면서, ~.)

번역

_____
_____
_____
_____
_____
_____
_____
_____
_____
_____
_____
_____
_____
_____
_____

IPTR117

As President of the United States, I proclaim Sunday, September second, 1945 / to be V-J Day — the day of formal surrender by Japan. It is not yet the day / for the formal proclamation / of the end of the war / or of the cessation of hostilities. But it

is a day / which we Americans shall always remember as a day of retribution — as we
5 remember that other day, the day of infamy.

 From this day we move forward. We move toward a new era / of security at home.
With the other United Nations / we move toward a new and better world of peace /
and international goodwill and cooperation.

 God's help has brought us / to this day of victory. With His help / we will attain that
10 peace and prosperity for ourselves / and all the world / in the years ahead.

— Harry S. Truman ; Broadcast on Japanese Surrender, September 1, 1945 —

Vocabulary Drills ㉝ | *punishment for or a demand for repayment for a wrong or harm*
㉞ | *to recall, bring something from the past to mind ; to celebrate, observe, such as with a party, flowers, etc.*

이것은 1945년 9월 2일 제2차 세계대전의 승리를 공식적으로 발표하는 연설의 일부이다. 도쿄만 요코하마 항구에 정박해있던 Missouri호 함상에서 MacArthur 장군이 연합군 총사령관 자격으로 일본 정부의 대표로부터 항복문서 서명을 받기 전날 라디오를 통해 미 전역으로 전해진 트루먼의 감격에 찬 연설에서 1945년 5월 8일의 독일 항복 때와는 달리 트루먼도 조금은 흥분된 그러나 예의 그 투박하고 차분한 목소리로 진주만을 공격했던 일본이 공식적으로 항복했음을 발표하고 있다.

※ 원문에는 surrender by Japan으로 되어 있으나, Truman은 surrender of Japan으로, and international goodwill and cooperation에서는 cooperation을 앞의 world of 다음에 읽고 있다. / all the에서는 [s, z, l, n, r + ð]에서 [ð]가 탈락하고 [s, z, l, n, r] 발음만 들리는 현상이 나타나고 있다.

▶▶ 관련 문법 : 지시대명사 it, <of + 추상명사>, 전치사 with 의 용법

🔊 소리분석) **1.** President, second, forward, world : 자음 뒤 말음의 자음 생략

2. United, hostilities, But it, better, brought us, prosperity : -t / -d 의 -r 유음화

3. It is, end of, is a, as a, as we, of infamy, toward a, years ahead : 연음

4. yet the : 조음점 동화

5. With the : 겹자음의 발음 생략

💡 구문분석) **1.** It is ***not yet*** the day for *the formal proclamation of₁ the end of₂ the war or of₃ the cessation of₄ hostilities.* ··· 'September second, 1945'를 가리키는 지시대명사 it로 시작하는 문장이다. 전치사 of₁₋₃는 모두 of₂₋₄로 연결되는 명사들을 *proclamation*에 연결되고 있다.

2. But it is *a day which we Americans shall always remember as a day of retribution —as we remember that other day, the day of infamy.* ··· 'September second, 1945'를 가리키는 지시대명사 it에 이끌리는 <S + V + C> 구조의 문장으로 보어를 선행사로 하는 관계절이 오고 있다.

3. *With the other United Nations* we move toward a new and better world of peace and international goodwill and cooperation. ··· <동반>을 의미하는 전치사 With에 의한 부사구가 문두에 쓰인, <S + V> 구조의 문장으로 <of + 추상명사 → 형용사구>의 관계를 보여주는 of peace~가 왔다.

4. *With His help* we will attain *that peace and prosperity **for** ourselves **and all the world*** in the years ahead. ··· <S + V + O> 구조의 문장으로 전치사 *for*의 목적어에 주의해야 한다.

번역 |

연구 9 |
무인칭 대명사(impersonal) it
···비인칭 대명사라고도 하는 것으로, 인칭대명사 it이 기후·날씨·명암·시간·거리·상황 등을 의미하는 경우로 가주어(형식주어)로 쓰인 it와 함께 it의 특수용법에 해당한다. · *It* has been cloudy all day.(온종일 구름이 끼는 날씨였다. ··· 날씨·기후)/ · *It* is still quite dark.(아직도 매우 어두웠다.···명암)/ · *It*'s just nine.(정각 9시입니다.···시간)/ · *It* is five years since I saw you last.(당신을 마지막으로 본 후 5년이 지났습니다.···기간)/ · How far is *it* from here to the station?(여기서 역까지 얼마나 멉니까?···거리)/ · *It*'s five minutes' walk.(걸어서 5분 걸리는 거리입니다.)/ · *It* seemed as though we had been forgotten by the world.(우리는 세상에서 잊혀진 것처럼 보였다. ··· seem, appear, happen 등의 주어로)

Answers for Vocabulary Drills ㉝ retribution ㉞ remember

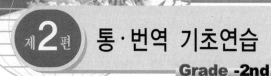
다음 영문의 CD를 잘 듣고 발음기호로 표기된 부분을 영문으로 고쳐 쓰고, 각 지문 아래의 설명을 읽고 해당하는 단어를 본문에서 찾아 쓴 후, 주어진 문장의 번역을 공란에 쓰시오(모범번역은 단어장에 있음).

IPTR201

Freedom / has many difficulties / and democracy / is not perfect, but we have never had to put a wall up to keep our people in, to prevent them from leaving us. (Applause) I want to / say, on behalf / of my countrymen, who live many miles away / ① [ɔníʌðər sàirəv ðiətrǽnik] _____ , who are far distant from you, that they take /

5 ② [ðəgréiris praid] / that they have been able to share with you, even from a distance, the story of the last eighteen years. I know of no town, no city, that has been besieged / for eighteen years / that still lives / with the vitality / and the force, and the hope / and the determination of the city of West Berlin. (Applause) While the wall / is the most obvious / and vivid demonstration / of the failures of the Communist system,

10 for all the world to see, we take / ③ [nóusæ̀risfǽkʃə ninít] _____ , for it is, as your mayor has said, ④ [ənəféns náròunli əgèns hístəri] _____ / but an offense against humanity, separating families, dividing husbands and wives and brothers and sisters, and dividing a people who wish to be joined together. (Applause)

— John F. Kennedy ; Berlin Wall Speech ; June 26, 1963 —

Vocabulary Drills ①_____ the condition of being free, having the power to act and speak without restrictions
②_____ the breaking of a law or rule ; something that hurts other's feeling, (syn.) an affront

Chairman Khrushchev에 의한 소련과 동독의 군대가 1961년 8월 13일 거의 2층 높이가 되는 시멘트 장벽으로 베를린시의 중심을 가로지르면서 건설한 장벽 인근 베를린의 Rudolph Wilde 광장에서 수백만 청중을 대상으로 행해진 JFK의 연설에서 일부를 발췌한 것이다. 그러다 보니 스피커의 울림과 청중의 환호로 그 소음이 엄청나지만, 그 장벽과 본 연설을 계기로 전후 독일과 세계는 동서로 분할되고 첨예한 냉전의 대립이 계속되는 세계 역사의 중요한 분기점이 되는 것이기에 선정했다. 또한 JFK의 조금 빠른 듯 하면서도 씩씩하고 분명한 육성을 통해 전해지는 휴지점을 기준으로 하는 각 의미부, 즉 각각의 말 덩어리들이 마치 하나의 단어처럼 발음되면서 미국식 빠른 영어의 전형을 느낄 수 있는 기회가 될 것으로 믿어 싶는다.

🔊 소리분석) 1. on the other side of the Atlantic : [s, z, l, n, r + ð]에서 [ð]가 탈락하고 [s, z, l, n, r] 발음만 들리는 현상, 연음, -nt / -nd / -rt / -rd에서의 -t / -d음의 탈락 등이 일어나고 있다.

2. the greatest pride : 강모음과 약모음 사이에 쓰인 -t / -d의 -r유음화

3. no satisfaction in it : -t / -d의 -r유음화, 연음

4. an offense not only against history : 연음, -t / -d의 -r유음화, 자음 뒤 말음의 자음 생략

💡 구문분석) 1. Freedom has many difficulties and democracy is not perfect, but we have never had *to₁ put* a wall up *to₂ keep* our people in, *to₃ prevent* them from leaving us. ··· <S₁ + V₁ + C₁ + and + S₂ + V₂ + C₂, but + S₃ + 완료형 have to + 동사원형 + O> 구조의 문장으로, but 이하에는 have to의 완료형이, to₁-inf.는 wall을 후위 수식하는 형용사적 용법, to₂-inf.는 부사적 용법(목적)으로 쓰였다.

2. I want to say, *on behalf of* my countrymen, who *live many miles away on the other side of the Atlantic*, who *are far distant from you, that₁ they take the greatest pride that₂ they have been able to share with you, even from a distance, the story of the last eighteen years.* ··· 목적어로 쓰인 to-inf.의 목적어가 되는 것은 세 번째의 comma(,) 다음에 쓰인 *that₁*-명사절 전부가 되며, 관계절 둘은 모두 삽입어구 전치사의 목적어를 선행사로 하는 계속적 용법이다. 또 *that₁*-명사절 안에 또 다른 *that₂*-명사절이, to say의 목적어가 되는 *that₁*-명사절의 목적어가 되고 있다.

1. †**prevent A from B** : A가 B하는 것을 막다, 방해하다.(※stop, keep, hinder, prohibit, refrain, disable, abstain, enjoin, protect, forbid, deter, dissuade, interdict 등도 같은 문형을 취하며, 이때의 전치사 from이 생략되기도 한다. 또 from 다음에는 명사나 동명사와 같은 명사 상당어구만이 올 수 있다.)

2. †**on behalf of** : ~을 대신(대표)하여, ~을 위하여(on a person's behalf)/ **on the other side of** : ~의 다른 쪽(면)/ **far from** : ~으로부터 멀리 떨어진, 먼/ **take (a) pride of**(in, that-절) : ~을 자랑하다, 자랑으로 여기다./ **share with** : ~와 함께 나누다(하다), 공유하다.

▶ **관련 문법** : to-inf.의 용법, 관계대명사 who, that의 용법, 부대상황의 분사구문, <not only A but also B>

3. I know of no town, no city, *that₁ has been besieged for eighteen years that₂ still lives with the vitality and the force, and the hope and the determination of the city of West Berlin.* ⋯ 두 개의 that-관계절이 town, city를 선행사로 하는데, that₁은 계속적 용법이 아니다. 관계대명사 that은 계속적 용법에는 쓰이지 않으며, 여기의 comma(,)는 선행사의 나열과 연설에서 휴지(pause)를 두어 강조하기 위해서다.

4. While the wall is *the most obvious and vivid* demonstration of the failures of the Communist system, *for all the world to see,* we take no satisfaction in it, for it is, *as your mayor has said,* an offense **not only** against history **but** an offense against humanity, ***separating families, dividing husbands and wives and brothers and sisters, and dividing a people who wish to be joined together.*** ⋯ <S+V+C> 구조의 <기간 또는 한계>의 부사절, <S+V+O> 구조의 주절, <S+V+C> 구조로 <이유>를 말하는 부사절이 오고 있는데, 마지막 부사절에는 삽입어구가 들어있고, 보어가 <not only A but also>로 이어지며, it이 가주어, separating 이하가 진주어로 쓰였다.

번역

In the long history of the world, only a few generations /① [hæ̀bin grǽniðə ròul]
/of defending freedom /in its hour of maximum danger. I do not shrink from this responsibility — ② [ái wél kəmìt] . (Applause) I do not believe /③ [ðǽ rei əvə̀s] / would exchange places with any other people /or any other generation. The energy, the
5   faith, the devotion /which we bring to this endeavor /will light our country and all who serve it — and the glow from that fire /can truly light the world.

And so, my fellow Americans : ask not /what your country can do for you — ask what you can do for your country. (Applause)

My fellow citizens of the world : ask not /what America will do for you, but what
10   together we can do /for the freedom of man. (Applause)

Finally, whether you are /citizens of America /or citizens of the world, ④ [ǽskəvəs híːər]
/the same high standards /of strength and sacrifice /which we ask of you. With a good conscience /our only sure reward, with history the final judge of our deeds, let us go forth to lead the land we love, asking His blessing /and His help, but knowing
15   that here on earth /God's work /must truly be our own. (Applause)

— John F. Kennedy ; Inaugural Address, January 20, 1961 —

이번에도 수십만 군중들이 외치는 함성과 스피커의 잡음소리가 뒤섞여 귀가 다 멍멍하고 머리가 지끈거릴 정도로 소음이 극심하다. 그렇다고 뺄 수도 없다.

이것이 바로 저 유명한 케네디의 "조국이 여러분을 위해 무엇을 해줄 수 있는 지를 묻지 말고…"라 외치던 실제 육성의 연설이기 때문이다. 이것은 JFK가 닉슨과의 힘겨운 선거운동 끝에 간신히 승리하여 취임하면서 했던 취임식 연설의 일부이다. 시끄러워 귀가 멍멍하고 머리가 지끈거려도 한번은 연구할 필요가 있는 중요한 명문장인 것이다.

▶ **관련 문법**: only의 용법, 공통관계, 부정명령문, <not A but B>, 부대상황의 현재분사

소리분석 *1.* have been granted the role : 조음점 동화, -nt/-nd에서의 -t/-d음의 생략

2. I welcome it : 연음

3. that any of us : 강모음과 약모음 사이에 쓰인 -t/-d의 -r유음화, 연음

4. ask of us here : 연음

구문분석 *1.* *In the long history of the world*, only a few generations have been granted the role *of defending freedom in its hour of maximum danger.* … 흔히 수식하는 말 바로 앞에 쓰이는 only, 현재완료수동형의 술어동사가 쓰인 <S+V+O> 구조의 문장이다.

2. The energy, the faith, the devotion *which we bring to this endeavor* will light **our country** and **all** who serve it —**and the glow** *from that fire* can truly light the world. … 주절에는 3개의 주어가 관계절의 수식을 받으며 comma(,)로 나열되어 있고, 두 개의 목적어가 and로 연결되고 있으며, 마지막 목적어는 관계절의 수식을 받고 있다. 그리고 등위절이 접속사 and로 이어지는 문장이다.

3. And so, my fellow Americans : **ask not** what your country can do for you —**ask** what you can do for your country. … 부정의 명령문으로 Don't나 Never를 사용하는 일반적인 경우와는 달리 시적인 표현이나 옛날 표현처럼 <일반동사+not> 형식으로 썼다. *cf.* **Tell** me **not** in the mournful number, "Life is but an empty dream" ("인생은 덧없는 꿈"이라고 슬픈 노래로 내게 말 마소.)

4. My fellow citizens of the world : **ask not** *what America will do for you,* **but** *what together we can do for the freedom of man.* … 여기서는 명령문의 술어동사 ask의 목적어가 <not A but B>로 연결되어 있어 긍정의 명령문이 되고 있다.

5. *With a good conscience our only sure reward,* **with** *history the final judge of our deeds,* let us go forth *to lead* the land *we love,* **asking** His blessing and His help, but **knowing** that here on earth God's work must truly be our own. … <부대상황>을 의미하는 전치사 with 이하의 내용은 Nexus를 이루고 있으며(A good conscience *is* our only sure reward. ; History *is* the final judge of our deeds.), 후반부의 현재분사도 동시동작의 <부대상황>을 의미하여 본문의 술어동사를 수식한다.

> **연구 10**
>
> **only의 주요 용법**
> … 형용사나 접속사로 쓰이는 경우도 있으나 주로 부사로 사용되는 말로, 부사 only는 수식하는 어·구·절의 앞·뒤에 놓이며, 문장을 수식할 때는 술어동사 앞에 놓이게 되는데, 그 위치에 따라 의미가 달라지므로 우리말로 옮길 때 주의를 요한다. • He can *only* guess.(그는 단지 추측할 수 있을 뿐이다. … 동사 수식) / • *Only* he can guess.(오직 그만이 추측할 수 있다. … 주어 수식) / • an *only* son(이때의 only는 형용사로 외아들) / • the *only* son(다른 아들이 있는가의 여부에 관계없음) / • He studied hard for exam *only* to fail.(그는 열심히 공부했으나 결국 실패했다. … 결과를 의미)

번역

_____
_____
_____
_____
_____
_____
_____

IPTR203

① [ǽnd nau ðíéniznìər]

And so I face / the final curtain

MY friend, I'll say it dear

I'll state my case / of which I'm certain

5 I've lived / a life that's full

I traveled each / and every highway

And more, much more than this

I did it / my way

② [riɡréts áivhæ̀rəfju:]

10 But then again / too few to mention

I did / what I had / to do

And saw it through / without exemption

③ [aiplǽn í:ʃʃà:rid kɔ:s]

Each careful step / along the byway

15 And more, much more than this

I did it / my way

Yes, there were times / I'll sure you knew

When I bit off / more than I could chew

But through it all / when there was doubt

20 I ate it up / and spit out

I faced it all / and I stood tall

And did it / my way

I've loved, I've laughed and cried

I've had my fill, my share of losing

25 And now / as tears subside

I find it all / so amusing

To think / I did all that

④ [ǽmmèi áisei nátinə ʃáiwèi]

Oh, no, oh no not me

30 I did it / my way

For what is a man, what has he got

If not himself / then he has naught

To say / the things / he truly feels

And not the words / of one who kneels

35 The record shows / I took the blows

And did it / my way

Yes, it was / my way

— Frank Sinatra ; My Way, http://www.locom.co.kr/pop-m.htm —

Vocabulary Drills ⑤ _____ a cloth covering usually hanging in front of a window or theater stage
⑥ _____ a serious conclusion, such as destruction or death ; the last part of something, (syn.) the extremity

이번에는 잘 알려진 Pop Song 중의 하나인 My Way를 정확한 발음과 발성, 호흡으로 받아쓸 수 있을 정도로 멋있게 부르는 Frank Sinatra의 육성과 함께 연구해본다. CD의 IPTR203_A는 같은 노래를 Elvis Aron Presley가 부르는 것이다. 또 다른 느낌으로 들려지며, 발음의 차이를 느낄 수 있을 것으로 여겨진다.
반복하는 말이지만, 보다 깔끔한 음질로 감상하고 싶다면 직접 인터넷의 명시된 사이트 등을 방문해서 들어보기 바란다.

🔊 소리분석 **1.** And now / the end is near: and는 천천히 발음하는 까닭에 [d]를 발음하고 있으나, end에서는 -nd / nt / rt / rd 에서의 -t / -d음 탈락 규칙에 따라 탈락하고, [n]이 이어지는 모음에 연음된다.

2. Regrets, I've had a few: regrets의 강세가 확실하게 들려오며, -t / -d 의 -r유음화가 일어나고 있다.

3. I planned / each chartered course : -nd / -nt / -rd / -rt 에서의 -t / -d음 탈락, 겹자음의 발음 생략

4. And may I say / not in a shy way: And의 -d는 생략되고 -n으로 끝나면서 이어지는 m-과 비음화가 일어났는데, 문제는 not in 사이에서 -t가 연음되어 발음되고, in a도 연음이 일어나고 있다.

💡 구문분석 **1.** MY friend, I'll say it dear, I'll state *my case of which I'm certain* … MY friend나 dear

Answers for Vocabulary Drills ⑤ curtain ⑥ end

1. †be certain~ : ~을 확신하다(※ certain 다음에 올 수 있는 말은 ① <of + 명사나 동명사: 사람을 가리키는 대명사를 주어로>, ②<to inf.>, ③ that-절(이때는 가주어인 it를 주어로) 등이 있으며, 모두 '~을 확신하다, 확실히 ~하다'는 의미가 되고, certain 대신에 sure가 쓰이기도 한다.)

5. †see (a thing) through(out): '일을 끝까지 해내다' / without exemption : 예외 없이(without exception)

7. †bite off : 물어 떼다, 떼어 먹다, (방송 프로 등을) 중간에 끊어 내다./ to bite off more than one can chew : 능력 이상의 일을 하려고 하다, 너무 어려운 일을 시도하다.

8. †eat up : 다 먹어버리다, 소비하다, 열중하다./ spit out : 뱉다, 토하다.

▶ **관련 문법** : few의 용법, 관계대명사 which, 2어 동사 (군동사), may의 용법, 독립부정사

모두 호격으로 쓰였고, 목적어인 *my case* 를 선행사로 하는 *which*-관계절이 이어지고 있다.

2. I've lived *a life that's full*, I traveled *each and every* highway ⋯ 목적어인 *a life*를 선행사로 하는 *that*-관계절이 왔다. †**each and every** : 한 모조리(= *each and all*)

3. And more, much more than *this*, I did it my way ⋯ *this*는 앞서 말한 I've lived ~, I traveled ~ highway 내용 전부를 가리키는 대명사로 쓰였으며, it는 <상황>을 뜻하는 비인칭대명사로 쓰였다.

4. Regrets, I've had *a few*, but then again *too few* to mention ⋯ a few는 <긍정>이고, 부정관사 없이 few 홀로 쓰면 준부정어가 되어 <부정>의 뜻인데, too가 few를 수식하고 있다.

5. I did *what I had to do*, and saw it through without exemption ⋯ '~해야만 한다'는 의미의 have to, what-관계절이 쓰였다.

6. I planned each *chartered course*, each careful step along the byway ⋯ 앞서의 traveled each~와 연결시켜, planned는 planned to travel(여행하려고 마음먹었고)로 이해할 수 있으며, chartered course 는 '특허(면허)하다'는 의미인 charter에서 '허락된 길, 즉 널리 인정된 길'로 옮기는 것이 좋다.

7. Yes, there were *times I'll sure you knew* **when** *I bit off more than I could chew* ⋯ *I'll sure you knew* 는 삽입어구로 쓰였고, *times*를 선행사로 하는 *when*-관계절이 쓰인 1형식의 복문이다.

8. But *through it all when there was doubt*, I *ate* it *up* and spit out ⋯ <때>를 뜻하는 부사절이 앞에 온 <S + V₁ + O and V₂> 구조로, V₁이 2어동사로 O가 대명사이므로, <V + O + ad.>의 어순이 되었다.

9. I *faced* it all and I *stood tall*, and did it my way ⋯ face는 '정면으로 대하다, 용감하게 맞서다'는 의미의 동사로 쓰였고, stand tall은 <속어>로 '1) ~할 준비가 되어있다. 2) 당당히 맞서다'는 뜻이다.

10. I've had my fill, my share of losing, and now as tears subside, I find it all so amusing ⋯ fill은 소유격의 대명사와 함께 명사로 '내가 원하는 양'이라는 뜻으로 쓰여, '내가 원하는 양을 채워도 보았다'에서 '맘껏 가져도 보았다'로 옮기고, 마지막은 <find + O + OC로서의 현재분사> 구조이다.

11. To think *I did all that*, and *may* I say not in a shy way ⋯ <조건>을 의미하는 독립부정사가 문두에 오고, '~해도 좋다'는 의미의 may가 쓰였다.

12. *For* what is a man, what has he got, *if not himself* then he has naught ⋯ '불구하고'의 뜻으로 접속사처럼 쓰이는 *For*, *if* (he has) *not himself*의 생략인 조건절이 쓰였고, *himself*는 '그 스스로'라는 의미에서 '주체'라는 의미로 우리말로 옮긴다.

13. To say the *things* he truly feels, and not the words of *one who kneels* ⋯ 이어지는 관계절의 선행사로 쓰이는 *the things*를 목적어로 하는 <조건> 의미의 독립부정사, *one*을 선행사로 하는 *who*-관계절이 쓰였다.

14. The record shows *I took the blows* and did it my way ⋯ *I took the blows* 는 shows의 O가 되는 명사절로 앞에 that이 생략되었다. †**take the blows** : 세파에 시달리다.

번역

IPTR204

Are these the beginnings / of profound changes in the Soviet state? Or are they taken gestures, intended to raise false hopes in the West, or to strengthen the Soviet system / without changing it? We welcome / change and openness ; for we believe that freedom / and security / ① [gòurəgérər] , ② [ðæði ədvǽnsəv júːmən líbəri]   /

5 can only strengthen the cause / of world peace. There is one sign / the Soviets can make that would be unmistakable, that would advance dramatically the cause / of freedom and peace.

General Secretary Gorbachev, if you seek peace, ③ [ifjə síːk prʌspérəri]   / for the Soviet Union / and Eastern Europe, if you seek liberalization : Come here / to this gate!

10 Mr. Gorbachev, open / this gate! (Applause) Mr. Gorbachev, tear down this wall! (Applause)

I understand the fear of war / and the pain of division that afflict this continent — and I pledge to you my country's efforts / to help overcome these burdens. To be sure, we in the West must resist / Soviet expansion. So we must maintain defenses of unassailable strength. Yet we seek peace ; so we must strive / to reduce arms / on

15 both sides.

Beginning 10 years ago, the Soviets challenged / the Western alliance with a grave new threat, hundreds of new and more deadly SS-20 nuclear missiles, capable of striking / every capital in Europe. The Western alliance responded by committing itself to a counter-deployment / unless the Soviets / agreed to negotiate a better solution ;

20 namely, the elimination of such weapons / ④ [ɔm bóu saiz]   . For many months, the Soviets refused to bargain in earnestness. As the alliance, in turn, prepared to go forward with its counter-deployment, there were difficult days —

25 days of protests / like those during my 1982 visit to this city — and the Soviets / later walked away from the table.

— *Ronald W. Reagan ; Remarks at the Brandenburg Gate, June 12, 1987* —

Vocabulary Drills ⑦ _____ *to talk about the conditions of a sale, agreement, or contract*
⑧ _____ *a moveable barrier that closes an open space in a wall, fence, city, etc.*

이번에도 1961년 8월 12일에 세워진 같은 베를린 장벽을 무대로 하면서 24년의 세월을 건너 뛰어 JFK 대신 Reagon이 같은 장소에서 하는 연설에서 일부를 발췌하였다. 이 연설이 있은 2년 후인 1989년 11월 9일 제2차 세계대전 이후 첨예한 냉전의 상징이었던 베를린 장벽이 붕괴되고, 그러면서 이 연설은 그것을 예언한 것으로 더욱 유명해졌는데, 역대 미국 대통령 중 방송국의 스포츠 프로그램 아나운서를 지낸 까닭에 미국식 빠른영어를 가장 정확하게 발음한다고 평가되는 Reagon의 유려하고 명확한 발음이 더욱 가치가 있어 선정했다.

🔊 소리분석) *1.* go together : 강모음과 약모음 사이에 쓰인 -t/-d와 -ð의 -r 유음화

2. that the advance of human liberty : 조음점 동화, 연음, -rt/-rd/-nt/-nd에서의 -t/-d음의 생략

3. if you seek prosperity : 연음, -t/-d의 -r 유음화

4. on both sides : 비음화, 말음의 -d/t 음의 생략, 조음점 동화

💡 구문분석) *1.* Or are they taken gestures, *intended to raise* false hopes in the West, or *to strengthen* the Soviet system without changing it? ··· or 다음의 to-inf.도 앞에 있는 *intended*에 이어진다.

2. We welcome change and openness ; for we believe *that freedom and security go together, that the advance of human liberty can only strengthen the cause of world peace.* ··· <원인·이유>를 의미하는 for-종속절의 술어동사 believe의 O로 두 개의 that-명사절이 왔다.

3. There is *one sign* the Soviets can make *that₂* would be unmistakable, *that₃* would advance dramatically the cause of freedom and peace. ··· *one sign*을 선행사로 세 개의 that-관계절이 왔다.

4. General Secretary Gorbachev, *if you seek peace, if you seek prosperity for the Soviet Union and Eastern Europe, if you seek liberalization : Come* here to this gate! Mr. Gorbachev, *open* this gate! Mr. Gorbachev, *tear down* this wall! ··· '~한다면, ···하라'는 의미인 <조건명령>의 구조에 3개의 조건절, 3개의 명령문이 연결되고 있다.

5. I understand *the fear₁* of war and *the pain₂* of division that afflict this continent ─ and I pledge to you *my country's efforts₃* to help overcome these burdens. ··· <S₁ + V₁ + O₁ and O₂ ─ and S₃ + V₃ + O₃> 구조로 O₂를 선행사로 하는 관계절이 오고 있다.

6. Beginning 10 years ago, the Soviets challenged the Western alliance *with a grave new threat, hundreds of new and more deadly SS-20 nuclear missiles, capable of striking every capital in Europe.* ··· <S + V + O> 구조의 단문으로, 주요소를 제외한 나머지는 모두 부사적 수식어구이다.

7. The Western alliance responded by *committing itself to* a counter-deployment *unless* the Soviets *agreed to* negotiate a better solution ; namely, the elimination of such weapons on both sides. ··· if ~ not의 의미로 <부정의 조건절>을 유도하는 unless가 사용되었다.

8. As the alliance, in turn, prepared to go forward with its counter-deployment, there were difficult days ─ *days of protests like those during my 1982 visit to this city* ─ and the Soviets later walked away from the table. ··· <때>의 As-부사절이 먼저 온 후 <유도부사 + V + S> 구조의 주절이 왔는데, dash(─) 이하는 모두 S에 대한 보충적인 부연설명에 불과하다.

1. †intend to~ : ~할 작정이다, ~하려고 생각하다(intend to, mean to, plan to 모두 비슷한 뜻으로 쓰이나, intend to의 결의의 정도가 가장 강하다).

2. †go together : 1) 같이 가다, 동반하다. 2) 어울리다, 조화되다. 3) 回 연인으로 사귀다. 4) (사물이) 공존하다, 양립하다.

3. one sign 다음에 관계대명사 that₁이 생략되었다.

4. †tear down : (건물 등을) 헐다, 헐 제하다.

6. <수단·도구>를 뜻하는 전치사 with가 사용되고 있다.

7. †commit oneself to : 1) ~해야만 하는 처지가 되다. 2) 헌신(전념)하다. 3) 약속하다. 4) 언질을 주다./ agree to inf. : ~에 동의(승낙·찬성)하다.

8. †in turn : 차례로, 번갈아/ go forward : (일·계획 등을) 진행시키다, (일 등이) 진행되다, 행하여지다.

▶▶ 관련 문법 : intend to의 용법, 조건명령, for와 because의 차이, unless의 용법, dash(─)의 용법

번역
_____
_____
_____
_____
_____
_____

Answers for Vocabulary Drills ⑦ bargain ⑧ gate

IPTR205

Of the nations of the world, Korea alone, up to now, is the sole one / which has risked its all / against communism. The magnificence / of the courage / and fortitude of the Korean people defies description. (Applause) They have chosen / to risk death / rather than slavery. Their last words / to me were : "Don't scuttle the Pacific."

5 (Applause) ① [aihǽv ʤʌs lef juərfáiriŋsʌnz inkərí:ə]＿＿＿＿＿＿. They have met all tests there, and I can report to you without reservation / that they are splendid / in every way. (Applause)

It was my constant effort / to preserve them / and end this savage conflict honorably / and with the least loss of time / and a minimum sacrifice of life. Its growing 10 bloodshed / has caused me the deepest anguish / and anxiety. Those gallant men / will remain often / in my thoughts ② [ǽndìm maipréiərz ɔ́:lweiz]＿＿＿＿. (Applause)

I am closing my fifty-two years / of military service. (Applause) ③ [hwènai ʤɔ́ini á:mi]＿＿＿＿, even before the turn of the century, it was the fulfillment / of all of my boyish hopes / and dreams.

15 The world has turned over / many times / since I took the oath / on the plain at West Point, and the hopes and dreams / have long since vanished, but I still remember the refrain / of one / of the most popular / barracks ballads of that day / which proclaimed most proudly / ④ [ðǽróul sóulʤərs névər dai ðei ʤʌs féirəwèi]＿＿＿＿.

And like the old soldier of that ballad, I now close my military career / and just fade 20 away, an old soldier / who tried to do his duty / as God gave him the light / to see that duty. Good-bye. (Applause)

— *Douglas MacArthur ; Old Soldiers Never Die, April 19, 1951* —

Vocabulary Drills ⑨ ＿＿＿＿＿＿ *worry, nervous fear with or without reason about what will happen in the future*
⑩ ＿＿＿＿＿＿ *to oppose openly, refuse to obey ; to dare or challenge somebody to do something thought impossible*

이번에는 유명한 맥아더(MacArthur)의 노병연설에서 일부를 발췌하였다. 1880년에 태어났으니, 이때는 벌써 70이 넘은 노인 맥아더이지만, 아직도 힘찬 목소리로 은퇴의 변을 토해내고 있다. 기회가 된다면 언제라도 날카로운 통찰력과 설득력을 갖춘 유려한 문체의 명문장가로도 유명한 그의 연설 전부를 꼭 연구해보길 바란다.

소리분석 *1.* I have just left / your fighting sons / in Korea : 말음의 자음 생략, -t / -d 의 -r 유음화

2. and in my prayers / always : 천천히 말하다보니 and는 -d 가 연음되어 발음되고 있다. 비음화

3. When I joined the army : 연음, 조음점 동화, [s, z, l, n, r + ð]에서의 [ð] 생략

4. that old soldiers never die ; they just fade away : -t / -d 의 -r 유음화, 말음의 자음 생략

Answers for Vocabulary Drills ⑨ anxiety ⑩ defy

1. 여기서의 alone이나 sole은 모두 only의 뜻으로 쓰였다./ †up to now: 지금까지

4. †take(swear) the oath: 선서하다, 명세하다(make an oath)./ turn over: ~을 뒤집다, 뒤집어엎다./ fade away: (희미해져) 사라지다.

▶▷ 관련 문법: 관계대명사의 용법, 전치사 with의 의미, even의 용법.

🔆 구문분석 **1.** Of the nations of the world, Korea alone, up to now, is *the sole one which has risked its all against communism.* ··· <S + V + C> 구조에 C를 선행사로 하는 관계절이 이어지고 있다.

2. It was my constant effort *to preserve them* and *end this savage conflict honorably* and **with** *the least loss of time and a minimum sacrifice of life.* ··· to preserve와 to end가 진주어로 쓰인 to-inf. 가 되고 있으며, having의 의미로 쓰인 **with**에 loss와 sacrifice가 연결되고 있다.

3. When I joined the army, even before the turn of the century, *it* was the fulfillment of all of my boyish hopes and dreams. ··· 뒤에 온 before를 강조하는 부사로 쓰인 even, 명사로 '전환, 변화, 선회' 등의 의미인 turn, 앞에 쓰인 When-부사절 중 I joined the army라는 사실을 가리키는 대명사로 쓰인 *it* 등에 주의해야 한다.

4. The world has turned over *many times since I took the oath on the plain at West Point,* and the hopes and dreams have long since vanished, but I still remember the refrain of one *of the most popular barracks ballads of that day which proclaimed most proudly that old soldiers never die; they just fade away.* ··· '오래 전에'의 의미로 쓰인 long since, '후렴(chorus)'이라는 의미로 쓰인 refrain과 이것을 선행사로 하는 which-관계절, '당시의'의 뜻으로 쓰인 of that day, 관계절 술어동사의 목적어가 되고 있는 that-명사절 등에 주의해야 한다.

5. And like *the old soldier* of that ballad, I now close my military career and just fade away, *an old soldier who tried to do his duty as God gave him the light to see that duty.* ··· comma(,) 다음의 내용은 주어 I(맥아더 자신)에 대한 보충설명이다.

번역

 IPTR206

General Westmoreland, General Grove, distinguished guests, and gentlemen of the Corps!

As I was leaving the hotel / this morning, a doorman asked me, "① [ʍéərəju dáun fər]

_____, General?" And when I replied, "West Point," he remarked, "Beautiful

5 place. Have you ever been there before?" (Laugher)

No human being / could fail to be deeply moved / by such a tribute as this. Coming from a profession I have served so long, and a people / I have loved so well, it fills me / with an emotion / I cannot express. ② [bʌ ði səwɔ́:d] _____ / is not intended primarily / to honor a personality, but to symbolize / a great moral code — the code / of conduct / and

10 chivalry / of those / who guard / this beloved land of culture / ③ [æ̀ néinʃən disén]　　　　, that is the meaning of this medallion. For all eyes and for all time, it is an expression / of the ethics / of the American soldier. That I should be integrated in this way / with so noble an ideal / arouses a sense of pride / and yet / of humility / which will be with me always.

15 Duty... Honor... Country... those three hallowed words / reverently dictate / ④ [hwʌ̀ʃə ɔ́:təbi]　　　　, what you can be, what you will be. They are your / rallying points ; to build courage / when courage seems to fail ; to regain faith / when there seems to be little cause for faith ; to create hope / when hope becomes / forlorn. Unhappily, I possess / neither that / eloquence of diction, that poetry of imagination, nor that / brilliance *20* of metaphor / to tell you / all that they mean. The unbelievers / will say they are but words, but a slogan, but a flamboyant phrase. Every pedant, every demagogue, every cynic, every hypocrite, every troublemaker, and, I am sorry to say, some others of an entirely different character, will try to downgrade them / even to the extent / of mockery and ridicule.

— *Douglas MacArthur ; Farewell Address(Duty, Honor, Country), May 12, 1962* —

Vocabulary Drills ⑪ 　　　　　　 *a negative person, someone who thinks others do things only for money and pleasure*
⑫ 　　　　　　 *a political leader who gets power by exciting the peoples's emotions, especially fears and prejudices*

이번에도 맥아더(MacArthur)의 연설이지만, 이것은 그가 죽기 2년 전 82세의 노인일 때 그가 전에 교장을 지냈던 West Point에 참석하여 생도를 대상으로 그 생애 마지막으로 한 연설이다.

영혼을 울리는 늙은 사자의 마지막 표효와 같이 조금은 그렁거리며 쥐어짜는 듯한 낮은 목소리로 군인으로서의 삶과 조국에 대한 신념, 애정을 표현하고 있어 깊은 감동을 주고 있는 위대한 이 연설을 통해 언급되고 있는 duty, honor, country는 미국 West Point 사관학교 문장(紋章)에 새겨진 글귀이며, 1898년에 정식 교훈으로 채택된 말이기도 하다.

🔊 소리분석) *1.* Where are you downed for : 전해지는 실제 원고는 Where are you headed for로 되어 있으나, MacArthur는 대신 downed 로 말하고 있는데, p.p.형이어야 함을 주의해야 한다. [-nd]의 [-d]는 발음되지 않으나, 앞에 있는 are로 미루어 유추해야 한다(자음 뒤 말음의 자음 생략).

2. But this award : [bʌt ði səwɔ́:d]로도 들리나 좀 더 빨라지면 조음점 동화가 일어나 But의 [-t]는 이어지는 [-ð]에 동화되어 들리지 않는다.

3. and ancient descent : 자음 뒤 말음의 자음 생략

4. what you ought to be : [hwʌ̀ʃə ɔ́:təbi]로 발음되어 융합, 겹자음의 발음 생략에 그치고 있으나, 더 빠르면 [—ɔ́:rəbi]로 발음되어 -t / -d 의 -r 유음화까지 일어난다.

💡 구문분석) *1.* **No human being** could *fail to* be deeply moved by such a tribute as this. … 부정주어가 사용되고 있으며, <이중부정>의 용법이 쓰이고 있는 수동태의 문장이다.

2. *Coming from a profession I have served so long, and a people I have loved so well*, it **fills** me with an emotion I cannot express. … *a profession* 을 선행사로 하는 관계절이 있는 분사구문이 문두에 오고 있다. †**fill A with B** : A를 B(의 감정으)로 가득 채우다.

3. But this award is *not* intended primarily *to honor* a personality, *but to symbolize* a great moral code ─ the code of conduct and chivalry of *those who guard this beloved land of culture and ancient descent*, that is the meaning of this medallion. … <not A but B>의 구조에 의해 to-부정사가 be intended 에 공통으로 연결되고 있으며, dash(─) 이하에는 주절의 code를 부연하여 보충 설명

Answers for Vocabulary Drills ⑪ cynic ⑫ demagogue

※ †be downed for: ~로 내려가다, 가다(be headed for). cf. be down for: (경기의 출전자·파티의 역할 등이) 리스트에 이름이 있다.

4. <so+형용사+a+명사>의 어순이 사용되고 있는데, [too, as, how, however] 등도 같은 어순을 취하며, [what, such, quite, rather]는 <such+a+형용사+명사>의 어순을 취한다.

5. 영어 단어가 가지는 의미의 다양성을 잘 보여주는 문장이며, 그렇게 여러 상황에서 각각의 뜻으로 쓰인 의미를 잘 알고 있을 때에야 비로소 옳은 번역, 정확한 번역을 할 수 있는 좋은 보기가 되는 문장이다.

9. †downgrade A to the extent of B: A를 B의 수준(정도)까지 비하하다, 격하하다, 깎아 내리다.

▷ 관련 문법: 관계대명사의 용법, 동격관계, 이중부정, 어의(語義)의 다양성, only의 뜻을 가지는 말들

하는 내용이 이어지고 있다.

4. That I should be integrated in this way with so noble an ideal arouses a sense *of pride and yet of humility which will be with me always.* … that-절이 주어로 쓰였으며, 목적어로 쓰인 a sense를 수식하는 전치사의 목적어를 선행사로 하는 관계절이 이어지고 있다.

5. Duty... Honor... Country... those three hallowed words reverently dictate *what you ought to be, what you can be, what you will be.* … 술어동사로 쓰인 dictate 다음에 comma(,)로 나열된 3개의 절이 목적어로 쓰였는데, 여기서의 dictate는 우리가 흔히 아는 '받아쓰다'는 의미가 아니다.

6. They are *your rallying points*; *to build courage when courage seems to fail*; *to regain faith when there seems to be little cause for faith*; *to create hope when hope becomes forlorn.* … semi-colon(;) 다음에 이어지는 각각의 to-inf.들은 모두 보어로 쓰인 points를 후위 수식하는 형용사적 용법의 to-inf.들이며, 여기서의 rallying의 의미도 주의해야 옳은 번역이 된다.

7. Unhappily, I possess *neither* that eloquence of diction, that poetry of imagination, *nor* that brilliance of metaphor *to tell you all that they mean.* … <neither A nor B: A도 B도 아니다>는 상관접속사에 의해 O들이 연결되며, 문미의 to-inf.는 이 O들을 후위 수식하는 형용사적 용법이다.

8. The unbelievers will say they are *but* words, *but* a slogan, *but* a flamboyant phrase. … 여기에 쓰인 but은 모두 only의 의미로 쓰인 부사들이다.

9. *Every pedant, every demagogue, every cynic, every hypocrite, every troublemaker, and, I am sorry to say, some others of an entirely different character,* will try to *downgrade* them even *to the extent of* mockery and ridicule. … 조동사 will 앞에 있는 모든 말들이 주어가 되는 <S+V+O> 구조의 문장이다.

【번역】

연구 11

동격(appositives)

… 낱말이나 어구를 문장 중의 다른 말이나 어구와 나란히 두어 부연 설명하거나 보충 설명하는 관계인 동격의 표시는 ① 앞뒤에 comma(,)를 두는 방법, ② 전치사 of를 이용하는 방법, ③ 점착어(adherent)라고도 불리우는 바로 나란히 두는 방법의 세 가지 형태가 있으며, ⓐ 명사, ⓑ 대명사, ⓒ 명사구, ⓓ 명사절에서 찾아볼 수 있는데, 전치사 of를 이용한 동격관계인 <N₁ + of + N₂>는 보통 다음과 같은 의미를 나타낸다.

1) N₂라는 N₁
· the continent *of* America: 아메리카라는 대륙 / · the name *of* Annabel Lee: 애너벨리라는 이름

2) 비유를 나타내어 N₂의 N₁
· Someone threw a stone in the pond *of* her heart.: 누군가가 그녀의 마음의 호수에 돌 하나를 던져 넣었다.

3) N₁과 같은 N₂(of + a + 명사)
· He was a brute *of a husband.*: 그는 짐승과 같은 남편이었다. / · She was an angel *of a girl.*: 그녀는 천사같은 소녀였다.

IPTR207

To form a new Administration of this scale and complexity/ is a serious undertaking/ in itself, but it must be remembered/ that we are at the preliminary stage of one of the greatest battles/ in history, that we are in action at many points in Norway, and in Holland, that we have to be prepared in the Mediterranean, that the air battle is
5 continuous/ and that many, preparations have to be made here/ at home. In this crisis/ I hope I may be pardoned/ if I do not address the House at any length today. I hope that any of my friends/ and colleagues, or former colleagues, who are affected / by the political reconstruction, will make all allowance for lack/ of ceremony/ with which it has been necessary to act. I would say to the House, as I said to those
10 who have joined the Government ; ①[àihæv nʌ́θiŋ tuɔ́:fər bət blʌd tɔil ænswét] _____
'.

We have before us an ordeal of the most grievous kind, We have before us many, many long months of struggle/ and of suffering. You ask, what is our policy? I will say : It is to wage war, by sea, land and air, with all our might/ and with all the strength that God can give us : to wage war against a monstrous tyranny, never
15 surpassed/ in the dark, lamentable catalogue/ of human crime. That is our policy. You ask, What is our aim? I can answer/ in one word : ②[víktəri víktəri ætɔ́:l kɔ́:sts] _____ , victory, in spite of all terror, victory, however long/ and hard the road may be ; for without victory, there is no survival. Let that be realised ; no survival for the British Empire ; no survival for all that the British Empire/ has stood for, no survival for the
20 urge and impulse of the ages, that mankind will move forward towards its goal. But I take up my task/ with buoyancy and hope. I feel sure that our cause/ will not be suffered to fail among men. At this time I feel entitled to claim/ the aid of all, and I say, 'Come, then, ③[létəs goufɔ́:wər təgéðər] _____ / ④[wiðáuər junáitid stréŋθ] _____ .'

— *Winston Churchill ; Blood, Toil, Tears, and Sweat, May 13, 1940* —

Vocabulary Drills ⑬ _____ the ability to return quickly to high spirits after being in low spirits or receiving bad news
⑭ _____ a salty moisture produced by the body through the skin when it is overheated, (syn.) perspiration

이번에는 세월을 훌쩍 뛰어 넘어 2차 세계대전이 발발하여 독일군이 네덜란드-벨기에-룩셈부르크를 점령하고 마침내는 프랑스를 향해 진격을 하던 때, 유화론자이던 W. H. Chamberlain 정부에 뒤이어 W. Churchill(1874-1965)이 새로이 수상에 임명된 후 의회에서 한 연설의 일부를 발췌한 것이다. 이미 67세의 고령에 달했음에도 불구하고 힘차고 강단있는 육성을 통해 영국식 영어 발음이 미국식 발음과 어떤 차이를 가지는 지를 일부나마 엿볼 수 있는 기회가 될 것이다. 하지만, 1953년 '제2차 세계대전'이라는 작품으로

🔊 소리분석 **1.** I have nothing to offer/ but blood/ toil/ tears/ and sweat : and에서 말음의 자음 생략만 일어나고, 나머지는 모두 우리나라 영어 사전의 발음이 그대로 소리나고 있다.

2. Victory - victory - at all costs : at all에서 연음되는 것에 그치고 있다.

3. let us go forward together : 연음, 조음점 동화가 일어나고 있다.

4. with our united strength : 연음

💡 구문분석 **1.** *To form a new Administration of this scale and complexity is a serious* undertaking *in itself*, but *it* must be remembered ***that***₁ *we are at the preliminary stage of one of the greatest battles in history,* ***that***₂ *we are in action at many points in Norway, and in Holland,* ***that***₃ *we*

Answers for Vocabulary Drills ⑬ buoyancy ⑭ sweat

노벨문학상을 수상할 정도로 산문에도 뛰어난 재능을 가졌기 때문인지 문장의 구조나 호흡이 결코 간단하지 않다. 주의를 기울여야 파악이 가능하다.

1. †**in itself**: 그 자체로서, 원래, 본질적으로/ **be in action**: 전투(교전) 중에 있다.

2. that-절의 술어동사는 앞에 쓰인 미래지향성동사 hope의 영향을 받아 미래시제로 표시된 will make all allowance이 된다.
†**make** (no) **allowance(s) for**: 참작하다(하지 않다.)

6. †**at all costs**: 어떤 비용(희생)을 치르고라도(at any cost), 어떻게 해서든지

7. realised 다음에 without victory가 생략되어 있다. †**stand for**: 1) ~을 나타내다, 대리(대표)하다, 표상하다. 2) 지지하다, 편들다. 3) 참다, 버티다(부정문에서)./ **move forward** (backward): 전진(후퇴)하다.

▶▷ 관련 문법: 관계대명사의 용법, 전치사로 쓰인 but, to-inf.의 용법, 문장의 구조, 부정주어

have to be prepared in the Mediterranean, that₄ the air battle is continuous and that₅ many, preparations have to be made here at home. ··· 먼저 명사적 용법의 to-inf.가 주어로 쓰인 <S + V + C> 구조의 주절이 온 후, 가주어 it와 진주어로 쓰인 5개의 that-절로 구성된 <역접>의 대등절이 오고 있다.

2. I hope *that any of my friends and colleagues, or former colleagues, who are affected by the political reconstruction, will make all allowance* for lack of **ceremony with** *which it has been necessary to act.* ··· 이어지는 계속적 용법의 who-관계절의 선행사가 되기도 하는 **any of~former colleagues** 모두가 주어로 왔고, 다시 문미의 전치사의 목적어로 쓰인 **ceremony**를 선행사로 하는 which-관계절이 왔다.

3. I would say to the House, **as** *I said to* **those** *who have joined the Government*; 'I have nothing to offer but blood toil tears and sweat'. ··· '~와 같이, 마찬가지로'의 뜻으로 접속사로 쓰인 **as**-절 안에 **those**를 선행사로 하는 who-관계절이 있으며, but은 except의 뜻으로 쓰였다.

4. We have before us **an ordeal** *of the most grievous kind, we have before us* many, *many long months of struggle and of suffering.* ··· <S₁ + V₁ + O₁, S₂ + V₂ + O₂> 구조로, O₂에 두운(頭韻: alliteration)을 주어 강조하고 있다.

5. It is *to wage war, by sea, land and air,* **with** *all our might and* **with** *all the strength that God can give us:* **to wage war** *against a monstrous tyranny, never surpassed in the dark, lamentable catalogue of human crime.* ··· 두 개의 to-inf.가 C로 쓰인 <S + V + C> 구조로, 주요소를 제외한 나머지는 모두 부사적 수식어인 단문이다.

6. Victory - victory - *at all costs, victory, in spite of all terror, victory, however long and hard the road may be*; for without victory, there is no survival. ··· <양보>를 뜻하는 *however*-부사절까지 사용하여 반복에 의한 '승리'의 강조를 하고 있다.

7. Let that be realised; *no* survival for the British Empire; *no* survival for **all that₁** the British Empire *has stood for, no* survival for the **urge and impulse** *of the ages, that₂ mankind will move forward towards its goal.* ··· <권유>의 명령문, 부정주어, *all*을 선행사로 하는 **that₁**-관계절, **urge and impulse**를 선행사로 하는 **that₂**-관계절이 쓰였으며, realise는 realize의 영국식 표기이다.

8. At this time I feel **entitled** to claim the aid of all, and I say, 'Come, then, let us go forward together with our united strength.' ··· <S₁ + V₁ + C₁, and S₂ + V₂> 구조로 과거분사가 C₁으로 왔다.

번역

IPTR208

One night, returning home, much intoxicated, from one of my haunts about town, ___
① [àifǽnsiðǽðə kǽt] ___ / avoided my presence. I seized him ; when, in his fright at my
violence, he inflicted / a slight wound / ② [əpɔ́m mai hǽn] ___ / with his teeth. The fury / of a
demon / instantly possessed me. I knew myself no longer. My original soul / seemed, at
5   once, to take its flight / ③ [frəmái bádi] ___ ; and a more than fiendish / malevolence,
gin-nurtured, thrilled every fibre / of my frame. I took / from my waistcoat-pocket / a
pen-knife, opened it, grasped / the poor beast / by the throat, and deliberately / cut / ___
④ [wʌ́ nəvìts áiz] ___ / from the socket! I blush, I burn, I shudder, while I pen the damnable
atrocity.

10   When reason returned / with the morning? When I had slept off the fumes / of the
night's debauch? I experienced a sentiment / half of horror, half of remorse, for the
crime / of which I had been guilty ; but it was, at best, a feeble / and equivocal feeling,
and the soul / remained untouched. I again / plunged into excess, and soon drowned / in
wine all memory of the deed.

— *Edgar Allan Poe ; Black Cat, United States Saturday Post, August 19, 1843* —

Vocabulary Drills ⑮ _____ *to become red in the face from nervousness or shame ; a reddened face*
⑯ _____ *hurt or injury to the living tissue of the body, caused by cutting, shooting, tearing, etc. as the result of attack*

🔊 소리분석) **1.** I fancied that the cat : 조음점 동화[d + ð → ð, t + ð → ð]

2. upon my hand : 비음화, 자음 뒤 말음의 자음 생략

3. from my body : 겹자음의 발음 생략

4. one of its eyes : 연음

💡 구문분석) **1.** *One night, returning home, much intoxicated, from one of my haunts about town,* I
fancied *that the cat avoided my presence.* ⋯ 부사구와 부대상황의 현재분사가 앞에 쓰인 <S + V +
O> 구조로 O에 that-명사절이 왔으며, that-절도 또한 <S + V + O> 구조이다.

2. I seized him ; when, *in his fright at my violence,* he inflicted a slight wound *upon my hand with
his teeth.* ⋯ <전치사 + 추상명사 → 부사구>가 <때>를 나타내는 부사절의 삽입어구로 쓰인 <S₁ + V₁
+ O₁ ; when + S₂ + V₂ + O₂> 구조이다.

3. My original soul seemed, at once, to take its flight from my body ; and *a more than fiendish
malevolence, gin-nurtured,* thrilled every fibre of my frame. ⋯ '진(gin) 주(酒)에 찌든' 즉, '술에 찌
든'의 뜻으로 쓰인 *gin-nurtured* 는 and 이하의 주어 *a more*를 후위 수식한다.

4. I *took* from my waistcoat-pocket *a pen-knife*, *opened* it, *grasped* the poor beast *by* the throat,
and deliberately *cut* one of its eyes from the socket! ⋯ took에 대한 O는 *a pen-knife*가 되며, 이어
지는 it은 이것을 대신한다. 이어지는 일련의 동작이 과거시제로 표현되고 있다.

5. I experienced a sentiment half of horror, half of remorse, for *the crime of which I had been
guilty* ; but it was, at best, a feeble and equivocal feeling, and the soul remained untouched. ⋯ 주

이번에는 장르를 바꿔 Edgar Allan
Poe의 유명한 단편 소설의 하나인 *Black
Cat*을 Richard Graham이라는 성우가
미국의 한 라디오 방송국에서 낭독하는 것
을 인터넷으로 다운받아 그 일부를 발췌한
다. 기회가 되어 그 전부를 읽고 들어보며
감상한다면 청취력·독해력·어휘력의 증대
는 물론이고 한여름의 무더위쯤은 싸늘하
게 식혀줄 수 있을 것이다.

1. about은 '주위에(around)'의 의미로
쓰였다.

3. †take(wing) one's flight : 낡다,
비상하다. / every fiber of one's
being : 온 몸, 온 마음(※fibre는 영
국식 표기이다.)

※sleep (it) off : (두통 등을) 잠을 자
서 고치다. / drown (oneself) in
drink : 술에 빠지다.

5. †at (the) best : 잘해야, 기껏해야

▶ 관련 문법 : <전치사 + 추상
명사>의 용법, 부대상황의
현재분사, 시제일치

절의 술어동사 experienced와 관계절의 술어동사가 시제 차이를 보여주고 있으며, it는 주절의 목적어인 a sentiment를 가리킨다.

번역 _____

_____

_____

_____

_____

_____

 IPTR209

Two roads / diverged / in a yellow wood,
And sorry / I could not travel both
And be one traveler, long I stood
① [æn lúk ɖɑu nwʌ́n æzfáə̀rəz áikəd] _____

5 To where / it bent in the undergrowth ;

Then / took the other, as just as fair,
② [æn hǽviŋ pəræps ðə bérər kleim] _____,
Because it was grassy / and wanted wear ;
Though as for that / the passing there
10 Had worn them / really about the same,

And both / that morning equally lay
In leaves no step / had trodden black.
③ [ou aiképðə fiə:rs fərənʌ́ðər dei] _____ !
Yet knowing / how way leads on to way,
15 I doubted if / I should ever come back.

I shall be telling this / with a sigh
Somewhere ages and ages hence :
Two roads / diverged in a wood, and I—
I took the one / less traveled by,
20 ④ [æn ðérəz meidɔ́:lə dífərəns] _____.

— Robert Frost ; The Road Not Taken —

Vocabulary Drills ⑰ _____ to let out a deep breathe slowly and with a sound, usually expressing tiredness, sadness, or satisfaction
⑱ _____ to have on one's body, such as clothes, glasses, or jewelry ; to reduce the material of by continued use

소리분석 1. And looked down one / as far as I could : 말음의 자음 생략, 조음점 동화, 연음, 연음의 'r'

Answers for Vocabulary Drills ⑰ sigh ⑱ wear

이번에는 또 장르를 바꿔 누구나 한번쯤은 들어보았던, 우리말로 흔히 '가지 못한 길'(*The Road Not Taken*)로 알려진 영시를 Robert Lee Frost(1874-1963) 본인의 육성으로 들어볼 기회를 마련하였다. 일찍이 JFK의 취임식에서 자작시를 낭송하였으며, 훗날 그가 죽었을 때는 JFK가 직접 추모 연설을 했을 정도로 미국의 계관시인과 같은 존재였던 그의 노년의 실제 육성을 통해 감상하며 암송할 수 있도록 하는 것도 영어의 발음이나 문장의 이해에 크게 도움이 되리라 여겨진다.

2. 또 one은 대명사로 '내가 선택하지 않은 다른 길(another road which I didn't take)'을 가리키며, 이어지는 where-관계절의 선행사가 된다.

3. fair는 '아름다운(beautiful)', *claim*은 '(사물이 사람의 주의 등을) 끌다'라는 뜻으로 '아마도 더 많이 걸어야 될 길이라고 생각했기 때문에', *wear*는 '(사람이 입어·사용해서) 헤어지게 하다, 닳게 하다'는 의미에서 '닳아짐을 원했기 때문에' 즉, '사람이 다닌 자취가 적어'로 옮겨졌다.

†**as for**: (보통 문두에 써서) ~에 관해서는, ~은 어떠냐 하면

5. †**lead on**: 1) (계속하여) 안내하다. 2) 꾀어 끌어들이다, (사람을 속여) ~ 하게 하다.

▶ 관련 문법: though의 용법, 분사구문, 동등비교, 부정주어구문, 가정법 미래, 유사관계대명사 no

2. And having perhaps the better claim: 말음의 자음 생략, -t / -d의 -r 유음화

3. Oh, I kept the first / for another day: 조음점 동화, 말음의 자음 생략

4. And that has made all the difference: 말음의 자음 생략, -t / -d의 -r 유음화, 연음, [s, z, l, n, r + ð]에서의 [ð]발음 생략

구문분석 *1.* Two roads *diverged* in a yellow wood, and sorry I could not travel both. ⋯ 앞에 *There were*가 생략되었다고 볼 수 있는 문장으로, *diverged*는 앞에 있는 명사(주어)를 후위 수식하고 있으며, both는 Two roads *diverged*를 가리키는 대명사로 쓰였다.

2. And be one traveler, long I stood, and looked down *one* as far as I could, *to where* it bent in the *undergrowth*; ⋯ long은 강조를 위해 <S + V> 앞에 왔다.

3. Then took the other, as just as *fair*, and having perhaps the better *claim*, because it was grassy and wanted *wear*; though as for that the passing there, had worn them really about the same. ⋯ 동등비교와 <원인·이유>의 현재분사가 쓰였으며, though는 추가적인 종속절을 이끌어 '~이기는 하지만'의 뜻으로 쓰였다. as for 다음의 that은 지시대명사로서 앞 문장의 내용을 대신하고 있다.

4. And both that morning equally lay, in leaves *no* step had *trodden black*. ⋯ tread의 과거분사인 trodden이 타동사로서 목적보어로 쓰인 black을 취하고 있으며, leaves와 no 사이에 목적격의 관계대명사 which가 생략되었다.

5. Oh, I kept the first for another day!, yet knowing how way *leads on* to way, I doubted if I should ever come back. ⋯ <원인·이유>의 현재분사, 선택의문문, 가정법 미래가 쓰였다.

6. I shall be telling *this* with a sigh, somewhere ages and ages hence, *two roads diverged in a wood, and I —I took the one less traveled by, and that has made all the difference.* ⋯ <with + 추상명사→부사>, 미래진행형이 왔는데, *this*는 two roads diverged~를 대신하는 대명사로 왔다.

번역

Robert Frost said:

Two roads diverged / in a wood, and I —
I took the one less traveled by,
① [ǽnðǽrəz méiɾɔ́:lə dífərəns]   .

5 I hope that / road will not be the less traveled by, and I hope your commitment to the Great Republic's interest / in the years to come / will be worthy of your long inheritance / ② [sínʃə bigíniŋ]_____ .

This day / devoted to the memory of Robert Frost / ③ [ɔ́:fər sə nà:pərtjú:nəri]_____ / for reflection / which is prized / by politicians as well as by others, and even by poets, for

10 Robert Frost was one of the granite figures of our time in America. He was supremely two things : an artist / and an American. A nation reveals itself not only by the men it produces / but also by the men it honors, the men it remembers.

In America, our heroes have customarily run / to men of large accomplishments. But today / this college and country / honors a man / whose contribution was not to our

15 size / but to our spirit, ④ [nátə áuər pəlírikəl bəlí:fs]_____ / but to our insight, not to our self-esteem, but to our self-comprehension.

In honoring Robert Frost, we therefore can pay honor / to the deepest sources / of our national strength. That strength takes many forms, and the most obvious forms are not always / the most significant. The men who create power / make an indis-

20 pensable contribution / to the Nation's greatness, but the men who question power / make a contribution just as indispensable, especially when that questioning / is disinterested, for they determine / whether we use power / or power uses us.

—*John F. Kennedy ; Remarks at Amherst College, Massachusetts, October 26, 1963*—

Vocabulary Drills ⑲ _____ *ability to see or know the truth, intelligence about something, (syn.) perception*
⑳ _____ *a place where cars, trucks, and buses can travel, especially one narrower than a street or highway*

소리분석 *1.* And *that* has *made all the* difference : 말음의 자음 생략, -t / -d의 -r 유음화, [s, z, l, n, r+ð]에서의 [ð]음의 탈락 등이 일어나며, R. Frost가 직접 낭독할 때와 또 다른 느낌을 준다.

2. since your beginning : 융합[d, t, s, z+j→ʤ, ʧ, ʃ, ʒ]

3. offers an opportunity : 연음, -t / -d의 -r 유음화

4. not to our political beliefs : 겹자음의 발음 생략, -t / -d의 -r 유음화

구문분석 *1.* I *hope₁* that road *will* not be the less traveled by, and I *hope₂* your commitment to the Great Republic's interest in the years to come *will* be worthy of your long inheritance since your beginning. ··· 미래지향성 동사인 두 개의 *hope*가 사용되었으며, *hope₁* 다음에는 명사절을 이끌고 있는 접속사 that이 표시되었지만, *hope₂* 다음에는 생략되었다.

2. **This day** *devoted to the memory of Robert Frost* **offers an opportunity** *for reflection* **which** *is prized by politicians as well as by others, and even by poets*, for Robert Frost was one of the granite figures of our time in America. ··· 주어로 쓰인 **This day**는 과거분사에 의한 후치수식을 받고 있고, O인 **an opportunity**를 선행사로 **which**-관계절이 이어지고 있는데, **which**-관계절 안에는 <B as well as A : A뿐만 아니라 B도 역시>가 쓰였다. 또 앞서의 문장에 대한 <원인·이유>를 부가적으

이번에는 JFK의 거의 마지막 연설이며, 미국 사회에서 예술의 가치를 논한 기념비적 연설로 평가받는 *Amherst College*에서 행해진 Robert Frost에 대한 추모 연설에서 일부를 발췌하였다. JFK는 이 연설을 한 후 한 달도 안되는 11월 22일 달라스를 달리던 차안에서 암살로 사망하였다. 앞서의 JFK 연설들과는 달리 이번의 연설은 그 소리가 비교적 깨끗하여 JFK의 씩씩하고 힘찬 목소리를 통해 전해지는 발음을 똑똑하게 알아들을 수 있을 것이다.

1. †be worthy : ~할만한 가치가 있다, ~하기에 족하다(※뒤에 <of+명사, 동명사> 또는 <to+동사원형> 형태가 오게 된다).

Answers for Vocabulary Drills ⑲ insight ⑳ road

로 설명하는 접속사 for와 <동격>의 of가 사용되고 있다.

3. A nation reveals itself ***not only*** by the men it produces ***but also*** by the men it honors, the men it remembers. ··· <not only A but also B: A뿐만 아니라 B도 역시>가 쓰였으며, **the men** 다음에는 목적격의 관계대명사 whom이 생략되었다.

4. But today this college and country honors ***a man whose*** *contribution was* **not** *to our size* **but** *to our spirit,* **not** *to our political beliefs* **but** *to our insight,* **not** *to our self-esteem,* **but** *to our self-comprehension.* ··· O로 쓰인 ***a man***을 선행사로 하는 ***whose***-관계절, <not A but B: A가 아니라 B이다>가 쓰였다.

5. The men **who** *create power* make an indispensable contribution to the Nation's greatness, but the men **who** *question power* make a contribution just as indispensable, especially *when that questioning is disinterested,* for they determine **whether** we use power **or** power uses us. ··· **the men**을 선행사로 하는 두 개의 **who**-관계절, 간접의 선택의 문문이 쓰이고 있다.

▶▶ 관련 문법: for와 because의 차이, 목적격과 소유격의 관계절, <not A but B>, <B as well as A>, <not A but B>, 간접의문문, 선택의문문, 미래지향성 동사

> **연구 12**
> **for와 because의 차이와 원인·이유의 접속사**
> 1) for는 <이익·영향·경의·목적지·행선지·목적·의향·대상·용도·대비·지정한 날짜·시간·거리·수량·금액·대용·대표·교환·보상·찬성·지지·원인·이유·관련·기준·속성·대비·비율> 등의 다양한 의미를 가지는 전치사나 등위접속사로 쓰인 말이며, 부사로는 사용되지 않고 전치사로서의 용법이 두드러진다. 특히 접속사로 사용될 때에는 comma(,)나 semi-colon(;) 다음에 와서 앞에 쓰인 말의 부가적인 설명을 하는 용법으로 사용되는데, 구어체에는 별로 사용되지 않는다.
> 2) because ① because가 가장 강한 뜻의 <원인·이유>를 의미한다. ② as는 부차적·우연적인 <원인·이유>를 나타내는 말로 주로 구어체에 사용한다. ③ since는 상대방이 뻔히 알고 있는 <원인·이유>를 설명할 때 사용된다.

번역

IPTR211

I would have preferred / to carry through to the finish / whatever the personal agony it would have involved, and my family / unanimously / urged me to do so. But the interests of the nation / must always come / before any personal considerations. From the discussions I have had with Congressional / and other leaders, I have concluded /
5　that because of the Watergate matter / I might not have the support of the Congress / that I would consider necessary / to back the very difficult decisions / and carry out the duties of this office in the way / the interests / of the nation / will require.

① [àihǽv névər bì:n əkwírər]　　　　.

10 To leave office before my term is completed is opposed to every instinct / in my
body. But as President / ② [aimʌs pùði íntris] _____ / of America first.

③ [əmérikə níːzə fúːl tàim prézədən] _____ / and a full-time Congress, particularly at this time
/ with problems / we face at home and abroad.

To continue / to fight through the months ahead for my personal vindication / would
almost totally absorb the time and attention of both the President / and the Congress
15 / in a period when our entire focus / should be / on the great issues of peace abroad
and prosperity / ④ [wiðàu rinfléiʃə nərhóum] _____ .

Therefore, I shall resign / the Presidency effective at noon tomorrow.

Vice President Ford / will be sworn in as President / at that hour / in this office. As I
recall the high hopes / for America / with which we began this second term, I feel a
20 great sadness / that I will not be here in this office / working on your behalf / to
achieve those hopes in the next two and a half years.

But in turning over direction of the Government to Vice President Ford / I know, as I
told the nation when I nominated him for that office 10 months ago, that the
leadership / of America / will be in good hands.

25 In passing this office / to the Vice President / I also do so with the profound sense /
of the weight of responsibility / that will fall / on his shoulders tomorrow, and therefore
/ of the understanding, the patience, the cooperation he will need / from all Americans.

— Richard M. Nixon ; Resignation Speech, August 8, 1974 —

Vocabulary Drills ㉑ _____ *natural tendency to behave in a certain way without reasoning or training*
㉒ _____ *to propose someone for election to a position ; to appoint someone to a position*

이번에는 Nixon 대통령이 Watergate
사건으로 대통령직 사임을 발표하는 연설
의 일부를 발췌하였다. 전액장학금을 받으
며 명문 듀크대학 법대를 마치고, 1946년
33세의 나이로 미 하원의원 당선, 1950년
에는 37세의 나이로 최연소 공화당 상원의
원, 1953년부터 1961년까지 8년 동안
IKE 정부의 부통령을 지낸 소위 준비된
대통령이라는 평가를 받았던 그의 비통한
사임 연설이 차분한 목소리로 진행되다보
니 정확한 미국식 빠른영어의 발음을 익히
기에 오히려 더 적합하다. 물론 그 문장도
훌륭하여 영문 이해력을 증강시키는데, 좋
은 자료가 되리라 여겨진다.

🔊 소리분석 *1.* I have never been / a quitter : -t / -d 의 -r 유음화

2. I must put the interests : 말음의 자음 생략, 조음점 동화, 복합자음군에서의 중간 자음의 생략

3. America needs a full-time President : 연음, 말음의 자음 생략

4. without inflation at home : -t / -d 의 -r 유음화, 연음

💡 구문분석 *1.* I **would have preferred** to carry through to the finish *whatever the personal agony it*
would have involved, and my family unanimously urged me to do so. ··· **would have preferred** 과
would have involved 로 미루어 서법(가정법) 조동사가 사용되고 있음을 미루어 짐작할 수 있어야 한
다. 즉, 과거에 이루지 못한 사실에 대한 반대를 의미하는 가정법 과거완료[If + S + had + p.p., S +
would + have + p.p.]가 사용되고 있으며, 여기에 <양보>의 부사절이 쓰이고 있는 것이다.

2. *From the discussions I have had with Congressional and other leaders,* I have concluded **that₁**
because of the Watergate matter I might not have **the support** *of the Congress* **that₂** *I* **would**
consider *necessary to back the very difficult decisions* **and carry out** *the duties of this office in the way*

2. †might: <불확실한 추측>을 나타내어 '~할 지도 모른다'.
4. <on+동명사> 보다 as soon as의 의미가 약한 <in+동명사>가 사용되고 있으며, turn over A to B는 'A를 B에게 인계하다, 넘기다'는 의미이고, 여기에 사용된 as는 직유의 관용구를 만들어 '~와 같이'의 뜻으로 쓰이는 접속사이다.

the interests of the nation will require. ··· the discussions 을 선행사로 하는 관계대명사 which 가 생략되어 있음을 주의하고(앞에 전치사가 있으므로 that은 올 수 없음), <S + V + O> 구조의 주절에 목적어로 that₁-명사절이 이어지고, the support를 선행사로 하는 that₂-관계절의 조동사 would 는 술어동사 consider 와 carry out 을 받고 있다.

3. America needs a full-time President and a full-time Congress, particularly at this time with problems we face at home and abroad. ··· <소유·소지>의 의미로 쓰인 전치사 with와 이의 목적어를 선행사로 하는 관계절이 이어지고 있다. <S + V + O₁ and O₂> 구조의 문장이다.

4. But in turning over direction of the Government to Vice President Ford I know, as I told the nation when I nominated him for that office 10 months ago, that the leadership of America will be in good hands. ··· 부수적인 요소를 제외한 주요소만 보면 'I know that the leadership of America ~'로 <S + V + O> 구조의 문장이다.

5. In passing this office to the Vice President I also do so with the profound sense of the weight of responsibility that will fall on his shoulders tomorrow, and therefore of the understanding, the patience, the cooperation he will need from all Americans. ··· so 는 pass this office를 대신하며, 이어지는 관계절의 수식을 받고 있는 of the weight와 of the understanding ~은 모두 the profound sense에 걸리고 있다.

▶ 관련 문법 : 가정법 과거완료, 관계절, 전치사 with의 용법, 문장의 구조

| 번역 |

연구 13 문장의 구성 요소(Element of the Sentence)

주요소(Principle Element)			
주부		술 부	
주어 +	술어동사 ·················· 제 1형식 : Tom is here. / He sleeps. / There is a pen.		
	술어동사 + 주격보어 ············· 제 2형식 : Tom is young. / He is a student.		
	술어동사 + 목적어 ············· 제 3형식 : Tom loves Susan.		
	술어동사 + 간접목적어 + 직접목적어 ···· 제 4형식 : Tom writes Susan a love letter.		
	술어동사 + 목적어 + 목적(격)보어 ····· 제 5형식 : They considered Tom smart.		

종요소(Subordinate Element)		독립요소(Absolute Element)
수식어구	연결어구	감탄사 : 기쁨, 슬픔, 놀라움 등의 감정을 나타내는 말
주부부속 ① 주어의 수식어구	전치사	호격어 : 이름으로 부를 때 쓰는 명사나 대명사로 주격
술부부속 ② 술어동사의 수식어구	접속사	독립어구 : 구문상 독립되어 있는 구(Phrase)나 절(Clause)
③ 보어의 수식어구		삽입어구 : 문중에 삽입되어 설명이나 주석을 하는 구나 절
④ 목적어의 수식어구		
전문부속 ⑤ 문장의 수식어구		

※ 상당어구(Equivalent) : 어떤 단어나 어군이 그 본래의 품사 기능을 갖지 않고 다른 품사의 기능이나 역할을 하는 경우를 통칭하는 말로 일반적으로 명사 상당어구, 형용사 상당어구, 부사 상당어구의 3가지가 가장 널리 언급된다.

IPTR212

Let us / learn together / and laugh together / and work together / and pray together / confident / ① [ðǽrinði én] _____ / we will triumph together / in the right. (Applause) The American dream / endures. ② [wimʌs wʌnsəgén hæfúl fèiθ] _____ / in our country / and in one another. I believe / America can be better. We can be even stronger / than before.

5　Let our recent mistakes / bring a resurgent commitment / to the basic principles of our Nation, for we know / that if we despise our own government / we have no future. We recall in special times / when we have stood / briefly, but magnificently, united. In those times / no prize / was beyond our grasp.

But we cannot dwell upon / remembered glory. We cannot afford / to drift. We reject 10　the prospect / of failure / or mediocrity / or an inferior quality of life / for any person. Our Government / must at the same time / be both competent / and compassionate.

③ [wi hævɔːlréri faun] _____ / a high degree / of personal liberty, and we are now struggling to enhance / equality / of opportunity. Our commitment / to human rights / must be absolute, our laws / fair, our natural beauty / preserved ; the powerful must 15　not persecute / the weak, and human dignity / must be enhanced.

We have learned / that "more" / is not necessarily "better", that even our great Nation has / its recognized limits, and that we can neither / answer all questions nor solve all problems. We cannot afford to do / everything, nor can we afford / to lack boldness / as we meet the future. ④ [sóu rəgérər] , in a spirit of individual sacrifice for 20　the common good, we must / simply do our best

— Jimmy Carter ; Inaugural Address, January 20, 1977 —

Vocabulary Drills　㉓ _____ *having the ability to do something well, having good or excellent skills*
　㉔ _____ *to treat people unjustly or cruelly, causing hardship and suffering, usually for differences in belief*

이번에는 2002년 현재도 건강하게 정력적인 활동을 하며 2002년 노벨 평화상을 수상한 Jimmy Carter 전 미국 대통령의 취임식 연설의 일부를 발췌하였다. 그 때만 해도 젊은 씩씩한 목소리로 힘차게, 그러면서 지나치리만큼 휴지를 두어 차근 차근 연설하고 있는 그의 연설이 미국식 빠른영어의 발음과 영문에 대한 이해를 넓혀 주는데 크게 도움이 될 것으로 믿는다.

🔊 소리분석) *1.* that in the end : -t / -d의 -r유음화, 자음 뒤 말음의 자음 생략

2. We must once again have full faith : 말음의 자음 생략, 연음, 조음점 동화

3. We have already found : 연음, -t / -d의 -r유음화, 자음 뒤 말음의 자음 생략

4. So, together : -t / -d의 -r유음화

💡 구문분석) *1.* Let us *learn together* and *laugh together* and *work together* and *pray together* confident *that in the end* we will triumph together *in the right.* ··· <Let + O + OC> 구조의 명령문으로, OC로 쓰인 원형부정사가 접속사 and로 나열되고 있는데, 인상적인 묘사를 위해 and가 반복적으로 쓰였을 뿐이다.

2. Let our recent mistakes bring a resurgent commitment *to the basic principles of our Nation,* for we know *that if we despise our own government we have no future.* ··· <Let + O + OC> 구조의 권유의 명령문으로, OC로 쓰인 원형부정사가 목적어를 취하고 있으며, comma(,)나 semi-colon(;) 다음에서 앞에 한 말에 대한 부가적인 설명을 하는 문어에만 쓰이는 접속사인 for가 쓰이고 그 종속절 안

Answers for Vocabulary Drills　㉓ competent ㉔ persecute

의 목적어로 조건절과 귀결절을 포함하는 that-명사절이 쓰인 혼합문이다.

3. *Our commitment to human rights* **must be** absolute, our laws fair, our natural beauty preserved ; *the powerful* **must not** persecute *the weak*, and human dignity **must be** enhanced. … semi-colon(;) 앞에는 〈S + V + C〉 구조의 문장 3개가 comma(,)로 나열되어 있는데, 둘째와 셋째 문장에서는 동사가 반복 회피를 위해 생략되어 있다. 또 *the powerful* 과 *the weak* 는 〈the + 형용사 = 복수보통명사〉라는 형용사의 명사적 용법이다.

4. We have learned *that "more" is not necessarily "better", that even our great Nation has its recognized limits,* and *that we can* **neither** *answer all questions* **nor** *solve all problems.* … 〈S + V + O〉 구조의 문장으로 목적어로 that-명사절 3개가 나열되어 있으며, 마지막의 that-절 안에는 〈neither A nor B〉라는 이중부정의 상관접속사가 쓰이고 있다.

▶▶ 관련 문법 : 명령법, 혼합문, for와 because의 차이, 이중부정, the + 형용사

번역

┌ **연구 14** ┐

문장구조의 기타 주요 개념

1) 수식어구(modifier)란 명사나 동사 등과 함께 쓰여 그 의미를 한정하거나 설명해주는 말로, ⓐ 명사를 수식하는 형용사적 수식어와, ⓑ 동사나 형용사, 부사, 문장 전체 등을 수식하는 부사적 수식어의 두 종류가 있다.

2) 상당어구(equivalent)란 어떤 단어나 어군이 그 본래의 품사적 기능을 갖지 않고 다른 품사의 기능이나 역할을 하는 경우를 통칭하는 말로 명사 상당어구, 형용사 상당어구, 부사 상당어구의 3가지가 있다.

3) 술어동사는 한정동사(finite verb)라고도 하며, 주어와 함께 문장을 구성하는 가장 기본적인 요소로 문장이 나타내는 동작이나 상태를 나타내는 말이다. 따라서 명령문에서 전치사나 부사만 남고 생략되는 경우를 제외하고는 술어동사가 없는 문장은 미완성인 문장이 되는데, 다음과 같은 특징을 갖는다. ⓐ 주어와 함께 쓰여 주어의 인칭(person)과 수(number)의 제한을 받는다. 즉 현재시제의 경우, 주어가 3인칭 · 단수일 때, 일반동사에는 -s(es)를 붙이고, be-동사는 is, do는 does, have는 has로 나타내게 된다. ⓑ 시제(tense)와 법(mood)에 따른 제한을 받아 형태적 변화를 한다. ⓒ 일반적으로 평서문(declarative sentence)의 경우에는 주어 바로 뒤에 온다. ⓓ 하나의 절(clause)에는 원칙적으로 하나의 동사가 오고, 둘 이상이 올 경우에는 적절한 접속사에 의해 연결되어야 한다. ⓔ to-부정사, 분사, 동명사 등의 준동사(verbid)는 술어동사가 되지 못한다.

4) 동사의 종류와 문장의 형식

① 주어의 유무를 기준으로 하는 구분

② 목적어의 유무를 기준으로 하는 구분(태의 전환 가, 불가의 기준이 되기도 한다.)   ③ 보어의 유무를 기준으로 하는 구분

한정동사(정동사, 술어동사)

자동사 ─ 불완전자동사 ── 제2형식(S + V + C) ── 완전동사

완전자동사 ── 제1형식(S + V) ── 불완전동사

타동사 ─ 완전타동사 ─ 1개의 목적어 ── 제3형식(S + V + O)

2개의 목적어 ── 제4형식(S + V + I.O + D.O)

불완전타동사 ── 제5형식(S + V + O + O.C.)

비한정동사(준동사 : 부정사, 분사, 동명사)

④ 동사의 직능을 기준으로 하는 구분 : 본동사, 조동사   ⑤ 동사의 활용을 기준으로 하는 구분 : 규칙동사, 불규칙 동사

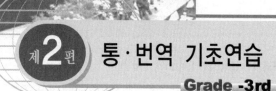

다음 영문의 CD를 잘 듣고 밑줄 친 빈칸 부분을 받아쓰고, 각 지문 아래의 설명을 읽고 해당하는 단어를 본문에서 찾아 쓴 후, 주어진 문장의 번역을 공란에 쓰시오.(모범번역은 단어장에 있음)

IPTR301

I am not unmindful / that some of you have come here / out of great trials and tribulations. Some of you have come fresh from narrow jail cells. Some of you have come from areas where your / quest for freedom / left you battered by the storms of persecutions / and staggered by the winds of police brutality. You have been the
5 veterans of creative suffering. Continue to work with the faith / that unearned suffering / is redemptive. Go back to Mississippi, go back to Alabama, go back to South Carolina, go back to Georgia, go back to Louisiana, go back to the slums and ghettos of our northern cities, knowing that somehow this situation / can and will be changed. Let us not wallow in the valley of despair. ① _____ / today, my friends,
10 (Applause) so even though / we face the difficulties / of today and tomorrow. I still have a dream. ② _____ .

I have a dream / that one day / this nation will rise up / and live out the true meaning of its creed ; we hold these truths to be self-evident / ③ _____ .
(Applause)

15 I have a dream, that one day on the red hills of Georgia / the sons of former slaves and the sons of former slave owners / will be able to sit down together at the table of brotherhood.

I have a dream, that one day / even the state of Mississippi, a state / sweltering with the people / in injustice, sweltering with the heat of oppression, will be transformed
20 into an oasis of freedom and justice.

I have a dream, that my four little children / ④ _____ / where they will not be judged by the color of their skin but by the content of their character.

I have a dream today! (Applause)

— *Martin Luther King ; "I have a dream" Speech ; August 28, 1963* —

Vocabulary Drills ① _____ *a path, such as for hiking or horseback riding ; traces, tracks, such as footprints or pieces of information*
② _____ *someone who has served in armed forces of their country, especially during at war*

이번에는 M.L. King 목사의 저 유명한 연설 I Have Dream에서 일부를 발췌하였다. 1964년 제2의 노예해방선언으로 평가되는 '시민권 법령'의 입법화를 성공시키는 등의 인권 운동에 대한 공로가 인정되어 노벨평화상을 수상하기도 했던 그의 이 연설은 너무도 유명한데, 기회가 된다면 그 전문를 연구해보기 바란다.

소리분석 **1.** I say to you : -t / -d의 -r유음화

2. It is a dream deeply rooted in the American dream : -t / -d의 -r유음화, 연음

3. that all men are created equal : -t / -d의 -r유음화, 연음

4. will one day live in a nation : 연음, 기능어의 발음 약화

구문분석 **1.** Some *of you* have come from *areas where your quest for freedom left you* **battered by**

Answers for Vocabulary Drills ① trail ② veteran

※18~19행의 sweltering with the heat of injustice을 King 목사는 sweltering with the people in injustice으로 바꿔서 말하고 있는데, 원문처럼 heat를 반복하는 것보다 people로 바꿔말하는 것이 하나의 문장에서는 같은 단어의 반복 사용을 피해야 한다는 원칙에 비추어 더 자연스러운 표현이 된다. with의 사이에 겹자음의 발음 생략[ð+ð]이 일어나고 있으며, people in injustice에서는 연음이 연이어 일어나고 있다.

▶ 관련 문법: 관계절, semi-colon(;)의 용법, 현재분사, <not only A but also B>의 용법

the storms of persecutions *and staggered by* the winds of police brutality. ⋯ <출신>을 나타내는 전치사 from의 목적어를 선행사로 하는 관계부사절이 왔는데, 이 관계절에서 주어가 무생물 주어라는 점을 주의하여 부사적으로 그 뜻을 옮겨야 할 것이다. 또 관계절의 술어동사 left는 <leave + O + adj. as OC> 형태로 쓰여 '보어를 ⋯한 상태가 되게 하다'는 의미를 형성한다는 점, OC로 쓰인 과거분사가 and로 연결되고 있다는 점 등에 주의해야 한다.

2. I have a dream *that one day this nation will rise up and live out* the true meaning of its creed ; we hold these truths to be self-evident that all men are created equal. ⋯ <S + V + O> 구조의 문장에서 목적어와 동격을 이루는 that-절이 이어지고 있으며, 그 동격절의 술어동사가 and로 연결되고 있다. 또 semi-colon(;) 다음에는 바로 앞에 있는 명사 creed에 대한 부연 설명이 이어지고 있다.

3. I have a dream, that one day even the state of Mississippi, *a state sweltering with* the heat of injustice, *sweltering with* the heat of oppression, will be transformed into an oasis of freedom and justice. ⋯ 목적어와 동격을 이루는 that-절이 오고, 이 that-절에서 주어와 동격이 되는 명사가 comma(,) 다음에 왔으며, 그 명사를 후위 수식하는 현재분사 2개가 나열되고 있다.

4. I have a dream, *that my four little children will one day live in a nation where they will not be judged by the color of their skin but by the content of their character.* ⋯ <S + V + O> 구조의 문장으로, 목적어와 동격을 이루는 that-절이 문장 끝까지 계속되는 가운데 that-절의 전치사 in의 목적어를 선행사로 하는 관계부사절이 이어지고 있으며, 그 안에 <not A but B: A가 아니라 B이다>는 표현이 사용되고 있다.

번역

IPTR302

South Korea, co-host of the World Cup football finals,① _____ /
2-1 Tuesday to reach the quarterfinals.

The Koreans partied late into the early hours / of Wednesday, after their team rallied to tie Italy at 1-1 / in the closing minutes of regulation / play and then scored a
5 "golden goal" / in the closing minutes of extra time / ② _____ .

The Koreans had never before reached / ③ _____, and now they are through to the quarterfinals.

There was major disappointment for the home side / early in the match in Daejeon, when Ahn Jung Hwan / had a penalty kick / in the fifth minute blocked.

10　Christian Vieri / scored in the 18th minute to give the Italians the lead, which they held until the 88th minute / when Seol Ki Hyeon equalized / for South Korea.

The match went into extra time tied at 1-1 / and looked like it might be decided / by a penalty shootout. But Ahn made up / for his earlier miss / and scored the game-winner for Korea / in the 117th minute.

15　That sent fans / all over the country into celebration. Tens-of-thousands gathered in the plaza to watch the match on huge video screens / and cheer together. Calling the game "awesome," Korean fan So Yong-Won said "I cheered my national team, the Korean national team. So powerful. You just

20　wanted to start crying."

And with South Korea's shocking 2-1 victory over Italy, the football team from one of the host countries moves into the World Cup quarterfinals / ④ _____

25　_____ / in Gwangju.

— *VOA-News ; S. Korea Reaches World Cup Quarterfinals, Parke Brewer, June 18, 2002* —

Vocabulary Drills ③ _____ *a punishment, such as a fine or prison term, imposed for breaking rules or laws*
④ _____ *a score in some sports, such as soccer or hockey ; the place used for scoring points ; an objective, purpose*

소리분석 *1.* stunned Italy in extra time : 조음점 동화, 연음

2. to win their second round match : [s, z, l, n, r + ð]에서의 [ð] 발음의 탈락, 말음의 자음 생략

3. the second round : 자음 뒤 말음의 자음 생략

4. to face Spain on Saturday : 겹자음의 발음 생략, 연음, -t/-d의 -r 유음화

구문분석 *1.* **South Korea, co-host** *of the World Cup football finals,* **stunned** Italy in extra time 2-1 Tuesday to reach the quarterfinals. … 주어와 동사 사이에 대한 동격이 comma(,)로 묶여 있다는 것을 빼고는 <S + V + O>의 단문으로, 주요소를 제외한 나머지는 모두 부사적 수식어이다.

2. The Koreans partied *late into the early hours of Wednesday,* **after** their team rallied to tie Italy at 1-1 in the closing minutes of regulation play and then scored a "golden goal" in the closing minutes of extra time to win their second round match. … <S + V> 구조의 제1형식 문장에 <때>를 나타내는 *after*-부사구가 쓰였다.

3. There was major disappointment for the home side early in the match in Daejeon, **when** Ahn

이번에는 아직도 기억에 생생한 지난 2002 한·일 월드컵에서 우리나라가 이탈리아를 물리치던 소식을 전하는 VOA-News를 선정하였다. 민간에 의해 운영되는 일반의 방송과는 달리 1942년 미 국무부 정보국 산하기관의 하나로 창설된 관영방송으로, 오늘날 세계 각국의 53개 언어로 방송되고 있으며, 지난 1992년부터는 인터넷을 통해 방송 서비스를 실시하면서 Script도 함께 제공하고 있어 시사영어나 영어 청취력을 공부하는 우리나라의 많은 사람들이 즐겨찾는 방송이기도 하다.

※8~9행의 in Daejeon, when는 기능어의 생략이라기보다 읽지 않은 것 같고, 15행 Tens-of-thousands~부터 20행 ~crying."까지 한국 관중의 반응 소개, 25행의 in Gwangju 등에서 기자는 원고와 달리 상당부분은 고쳐서 방송하고 있음을 발견할 수 있다.

1. †extra time: 연장전 / the quar-
terfinals: 준준결승(*cf.* semi-
final: 준결승)

2. party가 동사로 사용되고 있는 문장이
다.(*vi.* 통·속 (파티에서) 진탕 놀다,
파티에 가다.)

4. †scored the lead: 선취점을 내다.

▷ 관련 **문법**: 문장의 형식과
구조, 관계대명사, <with +
추상명사>

Jung Hwan **had a penalty kick** in the fifth minute **blocked.** ··· <have + O + p.p. as OC> 구조로
'~을 경험하다, 당하다'의 <수동>를 나타내는 have가 술어동사로 쓰인 <때>를 나타내는 **when**-부
사절이 뒤따르는 <유도부사 There + V + S> 구조의 1형식 문장이다.

4. Christian Vieri scored in the 18th minute to give the Italians the lead, **which they held until the**
88th minute when Seol Ki Hyeon equalized for South Korea. ··· 앞 문장의 the lead를 선행사로
하는 계속적 용법의 **which**-관계대명사가 쓰였으며, **which**-관계절 안에 **when**-부사절이 들어있다.

5. Calling the game "awesome," Korean fan So Yong-Won said "I cheered my national **team, the**
Korean national team. ··· cheered의 O에 대한 동격이 되는 명사가 마지막 comma(,) 다음에 왔다.

6. And with South Korea's shocking 2-1 victory over Italy, the football team *from one of the host*
countries moves into the World Cup quarterfinals to face Spain on Saturday in Gwangju. ··· 본문
의 술어동사와 부대상황의 동시동작을 의미하는 <with + 추상명사→부사구>가 문두에 쓰인 <S +
V> 구조의 제1형식 문장이며, 주 요소를 제외한 나머지는 모두 부사적 수식어구에 불과하다.

번역

_____

_____

_____

_____

_____

_____

_____

_____

_____

_____

IPTR303

South Korea's victory / was a long time / in the making. They've played in more than
a dozen World Cup games / stretched over decades / but as we mentioned, ①_____
_____ / they've won. Tim Lister followed the frenzy.

A night South Korea / had long waited for. Hours before the start of the match /
5 thousands have gathered in the streets of Seoul / to watch the action on big screens /
②_____. Many have skipped work / or school / to gain the best spot.

By kickoff, tens of thousands had arrived, bedecked in the red shirts / of their team.
They clung to trees, even a pagoda, peered from office windows, shouting them-
selves hoarse / even before / a ball was kicked.

10 The biggest cheer perhaps / for the team's Dutch coach / Guus Hiddink. Anticipation /
and a tinge of apprehension / were tangible. In fifteen attempts, South Korea had
never won a match / at the World Cup finals.

But this campaign was soon off /to a dream start /with Hwang Sun-hong /side footing the ball past the Polish goalkeeper /after 25 minutes. Mr. Hiddink seemed /at
15 least mildly pleased.③＿＿＿＿＿＿＿＿. The Polish team /were outwitted and outplayed /and a second goal for Korea /seemed inevitable. Fifteen minutes /into the second half, it came a fierce drive from Yoo Sang-chul /and victory was secure.

Brimming with confidence, the South Korean team /will go into the next match /fully expecting /④＿＿＿＿＿＿＿＿＿＿. And the football frenzy grouping the
20 country /seems destined for /even greater heights.

A night of extraordinary pride and national passion /on the streets of Seoul and indeed throughout South Korea. It's been a long way /for the South Koreans ; forty-eight
25 years, in fact, for their first victory in a World Cup finals match. But tonight /it came 2-nil over Poland. Tim Lister, CNN, Seoul.

—CNN-News ; Korea, Dream's Come True!, Tim Lister, June 14, 2002 —

Vocabulary Drills ⑤ ＿＿＿＿＿＿ *a person who leads, teaches, and trains people in sports or in acting, singing, etc.*
⑥ ＿＿＿＿＿＿ *to make something larger, to fill available space or time by pushing outward or pulling*

이번에는 CNN-News로 듣는 한국의 16강 진출 소식인데, 빠르지만 오히려 IPTU302의 VOA-News보다 차분하며, 발음의 변화가 크게 일어나지 않고 있음을 발견할 수 있다. 그러나 대부분의 VOA-News가 IPTU302처럼 빠른 것은 아니며, 빠르기로만 말하자면 AP, CNN, VOA-News 순서라고 말할 정도로, IPTU302가 특별한 경우라고 할 것이다.

소리분석 *1.* this is the first time : 연음, 자음 뒤 말음의 자음 생략
2. put up for the World Cup : -t / -d 의 -r 유음화, 자음 뒤 말음의 자음 생략
3. Then /the party began : -nt / -nd / -rt / -rd 에서의 -t / -d 음의 생략
4. to make it to the second round : 연음, 자음 뒤 말음의 자음 생략

1. †play in : 1) 연주를 하다. 2) 경기를 (시합을) 하다, 경기에 참여하다. 3) (운동기구 등을) 사용함으로써 익히다.
2. †put up : 1) (기 등을) 올리다, (천막을) 치다. 2) 게시하다, 고시하다. 3) (건축물을) 짓다. 4) 발표하다, (극을) 상연하다.
3. †cling to : (담쟁이 등이 벽에) 달라붙다, (사람·짐승 등이 손발로) 매달리다, 달라붙어 안떨어지다(stick), 달라붙다./ shout oneself hoarse : 목이 쉬도록 소리를 지르다.
4. †be off to + 명사 : (본래의 상태에서 벗어나) ~한 상태가 되다.

구문분석 *1.* They've played in *more than a dozen* World Cup games stretched over decades but as we mentioned, this is *the first time* *they've won.* ··· <S₁ + V₁, S₂ + V₂ + C₂> 구조에, C₂를 선행사로 하는 관계절이 왔고, p.p.로 쓰인 stretched는 World Cup games를 후위 수식한다.

2. *Hours before the start of the match* thousands have gathered in the streets of Seoul *to watch* the action on big screens put up for the World Cup. ··· <S + V> 구조의 단문으로, 주요소를 제외한 나머지는 모두 부사적 수식어구로, 부사적 용법(목적)의 to-inf.가 쓰였다.

3. They *clung to trees*, even *a pagoda, peered* from office windows, shouting themselves hoarse even before a ball was kicked. ··· 술어동사는 *clung*과 *peered* 두 개가 되며, *clung to*의 O는 *trees*와 *a pagoda*가 되며, 부대상황의 현재분사가 이어지고 있다.

4. But this campaign was soon off to a dream start *with Hwang Sun-hong side footing the ball past the Polish goalkeeper after 25 minutes.* ··· 전치사 *with*가 <이유>를 나타내는 의미상의 주어(Hwang Sun-hong)를 동반하는 분사구문을 유도하고 있다.

5. *Brimming with confidence,* the South Korean team will go into the next match *fully expecting to*

Answers for Vocabulary Drills ⑤ coach ⑥ stretch

make it to the second round. … <양태>를 나타내는 현재분사가 문두에 오고, <동시동작>의 현재분사가 문미에 이어지는 <S + V> 구조의 단문이다.

6. A night of extraordinary pride and national passion *on the streets of Seoul* and indeed *throughout South Korea.* … is brimming over 등의 술어동사가 on the streets 앞에 생략된 불완전한 문장이다.

7. It's been a long way for the South Koreans ; forty-eight years, in fact, for their first victory in a World Cup finals match. … It는 first victory를 가리킨다.

▶▶ **관련 문법**: 분사의 수식관계와 분사구문, 문장의 개념, 비인칭주어 it, 접속사처럼 쓰이는 명사구

번역 _____

_____

_____

_____

_____

_____

_____

_____

_____

_____

분사(participle)와 분사구문

1) 분사란 부정사나 동명사와 마찬가지로 준동사(Verbids)의 하나로 문장의 술어동사로 쓰이지는 않지만 ① be–동사와 함께 진행형이나 수동형, ② have–동사와 함께 완료형을 만들고, ③ 자체의 보어와 목적어를 가질 수 있고, ④ 부사 상당어구에 의해 수식을 받는 등의 동사적 성질과 명사의 앞·뒤에 쓰여 ⑤ 그 명사를 수식하는 한정적 용법과, ⑥ 보어로서의 역할을 하는 서술적 용법으로 사용되는 형용사적 성질을 가지는 말로 기본적으로 현재분사와 과거분사의 두 종류가 있다.

2) 분사구문(participle construction)이란, 문장 전체를 수식하는 부사적 수식어구로 쓰이면서 접속사의 도움을 받지 않고서도 실질적으로 하나의 독립된 절과 같은 역할을 하는 분사구(participle phrase)를 말하는데, 구에 불과한 까닭에 자체의 주어를 갖지는 못하고 본문의 주어가 분사구문의 의미상의 주어가 되는 것이 원칙이다. 이러한 분사구문은 문장을 간결하게 하기 위해 사용되는 문어적인 표현으로 일상적인 구어에서는 부사절을 이용하여 표현하는 것이 보통인데, 그 의미를 기준으로 ① 때(time), ② 원인·이유(cause or reason), ③ 조건(condition), ④ 양보(concession), ⑤ 부대상황(attendant circumstance) 등으로 나눈다.

🔊 IPTR304

There's a world / where you see, hear, and feel things / like never before.

Where design / ① _____ .

This is the world / of Samsung.

And everyone is invited.

Vocabulary Drills ⑦ _____ *to intend for a certain goal or purpose ; to form mental plans for ; to draw sketches or plans for*
⑧ _____ *one of the five feelings of the body — sight, hearing, taste, smell, and touch*

이번에는 우리나라 기업의 해외 광고를 실어본다. 광고는 그 특성상 가능한 한 널리 사용하여 전달력이 좋은 평이한 어휘를 사용하며, 그 발음 속도가 빠르지 않고 반복적이라는 점 등에서 영어 청취력과 어휘 및 독해력 증강에 크게 도움이 될 것이다.

🔊 **소리분석** **1.** awakens all your senses : 연음

💡 **구문분석** **1.** There's *a world where* you see, hear, and feel things like never before. … S를 선행사로 하는 관계절이 오고 있는데, 여기서의 things는 '사물'이라는 뜻으로 옮긴다.

번역 _____

_____

_____

_____

IPTR305

The Sonata.

①_____, V6 power, and a generous elastic features / including the ability / and leave it / all behind.

The Sonata from Hyundai.

5 With the freedom of America's best warranty plan.

Hurry in / ②_____ / with 0.9% APR financing now.

Vocabulary Drills ⑨_____ ready to give, giving; given freely, plentiful, (syn.) ample; not unkind, forgiving, (syn.) magnanimous
⑩ a guarantee of quality; a guarantee that facts are true about property, money, etc.

앞에서 삼성의 해외광고를 보았으니, 이 번에는 현대의 해외 광고도 한번 봐야 공평할 것 같다. 현대차 중 소나타에 대한 해외광고를 실어 본다.

1. feature는 여기서 '사양'이라는 뜻으로 쓰였다. / †leave it all behind: 모든 것을 능가하다.

2. APR은 annual percentage rate, 즉 '연리'라고 번역된다.

▶▶ 관련 문법: 전치사 with의 용법, 조건명령

소리분석 1. With front and side air bags: 자음 뒤 말음의 자음 생략, -t/-d의 -r유음화
2. and get the Sonata: 자음 뒤 말음의 자음 생략, 조음점 동화, -t/-d의 -r유음화

구문분석 1. The Sonata, *With* front and side air bags, V6 power, and a generous elastic features including the ability and leave it all behind. ··· 주어격인 The Sonata 다음에 술어동사를 생략하고, having의 의미로 <소지>의 뜻을 나타내는 전치사 *with*가 쓰였다.
2. Hurry in *and* get the Sonata with 0.9% APR financing now. ··· 조건명령이 사용되었다.

번역

IPTR306

April is the cruellest / month, breeding   -1
Lilacs / out of the dead land, ①_____   0
_____, stirring   1
Dull roots / with spring rain.   2
②_____, covering   3
Earth in forgetful snow, feeding   4
A little life / with dried tubers.   5
③_____, coming over the Starnbergersee 6
With a shower / of rain; we stopped in the colonnade, 7
And went on in sunlight, into the Hofgarten,   8
And drank coffee, and talked / for an hour.   9
Bin gar keine Russin, stamm' aus Litauen, echt deutsch. 10
And when we were children, staying at the archduke's, 11

Answers for Vocabulary Drills ⑨ generous ⑩ warranty

My cousin's, he took me out on a sled,   12

And I was frightened. He said, Marie,   13

Marie, hold on tight.④ _____ .   14

In the mountains, there you feel free.   15

I read, much of the night, and go south / in the winter.   16

— T. S. Eliot ; The Waste Land, 1948 —

Vocabulary Drills ⑪ _____ the part of a plant that grows downward into the soil and brings food and water into the plant
⑫ _____ to move something (such as a spoon) in a circular motion through a liquid or mixture ; to move slightly

이번에는 1888년 미국의 뉴잉글랜드에서 태어났지만 1927년 영국인으로 귀화하여 영국국교의 신도로 개종하고 1965년 영국에서 사망한, 1948년에는 노벨 문학상을 수상하기도 했던, 20세기 대표적인 영국의 시인 중의 한 명인 엘리어트(T. S. Eliot)의 황무지(The Waste Land) 중의 1번째 장인 THE BURIAL OF THE DEAD의 일부를 발췌하여 그가 직접 낭독하는 육성과 함께 수록한다. 기회가 된다면 그 전부를 직접 육성으로 들으며 감상해보는 것도 청취력이나 영문 이해력 증강에 크게 도움이 될 것이다.
1. and의 [d]가 발음되나, 이어지는 desire의 [d]와 겹치고 있다.

1. †out of : ~로부터(from)
3. †come over : ~을 넘어오다.

▶▷ 관련 문법 : 부대상황의 분사구문, 시제의 일치

🔊 소리분석 1. mixing Memory and desire : 겹자음의 발음 생략

2. Winter kept us warm : 연음

3. Summer surprised us : 연음

4. And down we went : 자음 뒤 말음의 자음 생략(주로 -nt / -nd / -rt / -rd 에서)

💡 구문분석 1. April is the cruellest month, **breeding** Lilacs out of the dead land, **mixing** Memory and desire, **stirring** Dull roots with spring rain. … 주절의 시제와 부대상황의 동시동작을 나타내는 현재분사가 이어지고 있는 <S + V + C> 구조의 단문이다.

2. Winter kept us warm, **covering** Earth in forgetful snow, **feeding** A little life with dried tubers. … <S + V + O + OC> 구조의 단문에 부대상황의 동시동작을 나타내는 현재분사가 이어지고 있다.

3. Summer surprised us, **coming** over the Starnbergersee With a shower of rain ; we **stopped** in the colonnade, And **went** on in sunlight, into the Hofgarten, And **drank** coffee, and **talked** for an hour. … <S₁ + V₁ + O₁> 구조에 부대상황을 나타내는 현재분사가 이어지는 하나의 절이 온 후, semi-colon(;) 뒤에 <S₂ + V₂, and V₃, And V₄ + O₄, and V₅> 구조의 또 다른 절이 이어지고 있다.

4. And *when we were children*, **staying** at the archduke's, My cousin's, he took me out on a sled, And I was frightened. … the archduke's와 My cousin's는 동격이며, <때>를 나타내는 when-부사절이 먼저 온 후, <S₁ + V₁ + O₁, And S₂ + V₂> 구조의 주절이 이어지고 있다.

번역

_____

_____

_____

_____

_____

IPTR307

Good morning. I'm Laura Bush, and I'm delivering this week's radio address / to kick off a world-wide effort / to focus on the brutality / ① _____ / by the al-Qaida terrorist network / and the regime / it supports / in Afghanistan, the Tablian.

Answers for Vocabulary Drills ⑪ root ⑫ stir

That regime is now in retreat / across much of the country, and the people of
Afghanistan —especially women— are rejoicing. Afghan women know, through hard
experience, what the rest of the world is discovering :② _____
_____ / is a central goal / of the terrorists. Long before the current war began, the
Taliban and its terrorist allies / were making the lives of children and women / in
Afghanistan / miserable. Seventy percent of the Afghan people / are malnourished. ③ _____
_____ / won't live past the age of five / because health care / is not
available. Women have been denied access to doctors / when they're sick. Life under
the Taliban / is so hard and repressive, even small displays of joy / are outlawed —
children aren't allowed to fly kites ; their mothers face beatings for laughing out loud.
Women cannot work outside the home, or even leave their homes / by themselves.

The severe repression and brutality against women / in Afghanistan / is not / a matter
of legitimate religious practice. ④ _____ / have condemned the brutal
degradation of women / and children / by the Taliban regime. The poverty, poor health,
and illiteracy that the terrorists and the Taliban / have imposed on women / in
Afghanistan / do not conform / with the treatment of women in most of the Islamic
world, where women make important contributions in their societies. Only the terror-
ists / and the Taliban forbid education to women. Only the terrorists / and the Taliban /
threaten to pull out women's fingernails / for wearing nail polish. The plight / of women
/ and children / in Afghanistan / is a matter of deliberate human cruelty, carried out by
those who seek / to intimidate / and control.

— Laura Bush ; Radio Address about Women and Children in Afghanistan ; November 17, 2001 —

Vocabulary Drills ⑬ _____ to express disapproval of somebody or something strongly ; to find legally guilty or unfit
⑭ _____ something that holds up or bears the weight of something else ; to hold up or bear the weight of

이번에는 2002년 현재의 미국 First
Lady인 *Laura Bush*가 미국의 대통령
부인으로서는 처음으로 대통령의 라디오
주례 연설을 대신 맡아 96년 탈레반 정권
의 집권 이후 벌어진 아프가니스탄에서의
여권(女權) 유린을 규탄하던 연설의 일부
이다. 지금까지 듣던 남성들만의 목소리와
는 달리 발음의 변화가 분명하고 또렷하게
들리면서 청취력 증강에 크게 도움이 될
것으로 보인다.

※본 라디오 주례연설은 FDR이 취임한
후 경제 대공황에 신음하던 국민들을 상
대로 하는 Fireside Chats(노변정담)
을 시초로 지금까지 진행되어 왔는데,
*Laura Bush*가 First Lady로서는
최초로 연설을 한 것이다.

1. †kick off: 1) 걷어차다. 2) (회합 등
을) 시작하다./ focus on: ~에 초
점을 맞추다(집중하다).

 소리분석 *1.* against women and children : 자음 뒤 말음의 자음 생략, 연음

2. The brutal oppression of women : -t / -d의 -r 유음화, 연음

3. One in every four children : 연음

4. Muslims around the world : 연음, 자음 뒤 말음의 자음 생략

구문분석 *1.* I'm Laura Bush, and I'm delivering this week's radio address *to₁ kick off a world-
wide effort to₂ focus on the brutality* against women and children by the al-Qaida terrorist
network *and the regime* it supports in Afghanistan, the Taliban. ··· <S₁ + V₁ + C₁, and S₂ + V₂ + O₂>
구조로, 부사적 용법(목적)으로 쓰인 to₁-inf.가 먼저 왔으며, 형용사적 용법으로 앞에 쓰인 명사를 수
식하는 to₂-inf.가 이어지고 있다. 또 *to₂ focus on*의 O가 <A and B>로 연결되고 있다.

2. That regime is now in retreat across much of the country, and the people of Afghanistan —
especially women — are rejoicing. ··· <S₁ + V₁, and S₂ + V₂ + C₂> 구조의 중문이다.

3. Long before the current war began, the Taliban and its terrorist allies were making *the lives*

Answers for Vocabulary Drills ⑬ condemn ⑭ support

2. †be in retreat: 퇴각하다.

3. †long before: 훨씬 전에
   cf. before long: 이윽고, 머지 않아

5. †conform with(to): (사람이 규칙
   ·습속 등에) 따르다.

6. †carry out: 수행하다, 실행하다.

▶▷ **관련 문법**: to-부정사의 용
   법, 문장의 구조, 관계절

of children and women in Afghanistan miserable. ··· *the lives of children and women*이 목적어로 쓰인 <S+V+O+OC> 구조로 주요소를 제외한 나머지는 모두 부사적 수식어이다.

4. **Life** *under the Taliban* is so hard and repressive, even small **displays** of joy are outlawed─children *aren't allowed* to fly kites ; their mothers *face* beatings for laughing out loud. ··· <S₁+V₁+ C₁, S₂+V₂+C₂> 구조 다음에 dash(─)를 두고 hard and repressive한 사례들이 열거되고 있다.

5. The poverty, poor health, and illiteracy *that the terrorists and the Taliban have imposed on women in Afghanistan* do not conform with the treatment of women in *most of the Islamic world, where women make important contributions in their societies.* ··· 주어를 선행사로 하는 *that*-관계절이 온 후에 술어동사 do not conform with가 오고, *the Islamic world*를 선행사로 하는 *where*-관계절이 뒤따르고 있다.

6. The plight *of women and children in Afghanistan* is a matter of deliberate human cruelty, *carried out by **those who** seek to intimidate and control.* ··· <S+V+C> 구조에 C를 후위수식하는 과거분사가 관계절까지 이끌고 있다.

┌─────┐
│ 번역 │
└─────┘

─────────────────────────────────────
─────────────────────────────────────
─────────────────────────────────────
─────────────────────────────────────
─────────────────────────────────────
─────────────────────────────────────
─────────────────────────────────────
─────────────────────────────────────
─────────────────────────────────────
─────────────────────────────────────

[IPTR308]

Profound and powerful forces / are shaking and remaking our world, and the urgent question of our time / is whether we can make change our friend / and not our enemy.

This new world has already enriched the lives of millions of Americans /① _____

_____. But when most people are working harder for less ; when

5 others cannot / work at all ; when the cost of health care devastates / families and threatens / to bankrupt many of our enterprises, great and small ; when fear of crime robs law-abiding citizens of their freedom ; and when millions of poor children / cannot even imagine the lives we are calling them to lead ─ we have not made / change our friend.

10 We know we have to face hard truths and take strong steps. But we have not

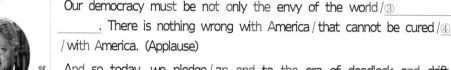

done so. Instead, we have drifted, and that drifting has eroded our resources, fractured our economy, and shaken our confidence.

Though our challenges are fearsome, so are our strengths. Americans have ever been a restless, questing, hopeful people. And we must bring to our task today / the vision and will of those who came before us.

② _____, to the Civil War, to the Great Depression / to the civil rights movement, our people have always mustered the determination / to construct from these crises the pillars / of our history.

Thomas Jefferson believed that to preserve the very foundations of our nation, we would need dramatic change / from time to time. Well, my fellow American, this is our time. (Applause)

Our democracy must be not only the envy of the world / ③ _____. There is nothing wrong with America / that cannot be cured / ④ _____ / with America. (Applause)

And so today, we pledge / an end to the era of deadlock and drift — and a new season / of American renewal has begun. (Applause)

— *William Jefferson Clinton ; Inaugural Address ; January 20, 1993* —

| Vocabulary Drills | ⑮ | _____ to make someone healthy by using medicines and treatments, to heal ; the healing of a disease |
| | ⑯ | _____ to make tiny, quick, repeated movements, usually from fear or cold, (syns.) to tremble, quiver |

이번에는 지난 1993년에 있었던 Bill Clinton 대통령의 취임식 연설의 일부를 발췌한 것이다. 당시 46세의 나이로 JFK 다음으로 가장 젊은 나이로 대통령에 취임하는 그였던 만큼 그 취임식 연설 또한 힘차고 씩씩한 발음으로 연설하고 있다.

소리분석 *1.* who are able to compete and win in it : 연음, 자음 뒤 말음의 자음 생략

2. From our revolution : 연음

3. but the engine of our own renewal : 조음점 동화, 연음

4. by what is right : -t / -d 의 -r 유음화

구문분석 *1.* Profound and powerful forces *are shaking* and *remaking* **our world**, and the urgent question of our time is *whether we can make change our friend and not our enemy.* … 주어진 문장은 <S + V + O> 구조의 단문과 <S + V + C> 구조의 단문이 연결된 중문이다. 앞에 쓰인 단문에서는 주어와 술어동사가 and로 연결되어 있고, 뒤에 쓰인 단문에서의 보어는 whether-명사절이 되고 있는데, 여기서 <not A but B>의 용법이 도치되어 사용되고 있다.

2. †rob A of B : A로부터 B를 빼앗다, 강탈하다.

2. But when most people are working harder for less ; when others cannot work at all ; when the cost of health care devastates families and threatens to bankrupt many of our enterprises, great and small ; when fear of crime robs law-abiding citizens of their freedom ; and when millions of poor children cannot even imagine the lives we are calling them to lead — we have not made change our friend. … 여기서의 *when*은 때를 의미하지 않고 if의 의미로 쓰인 종속접속사이다. 주절은 we have not ~ 이하로 <S + V + O + OC> 구조의 제5형식이다.

3. Instead, we have drifted, and that drifting *has eroded* our resources, *fractured* our economy, and

shaken our confidence. ··· <S + V> 구조의 단문과 <S + V + O> 구조의 단문이 연결된 중문으로 뒤에 쓰인 문장의 술어동사가 나열되고 있음을 주의해야 한다.

4. And we must bring to our task today the vision and will of those *who came before us*. ··· will 다음에 전치사가 왔다는 것으로부터 그것이 명사임을 알 수 있어야 한다. 앞에 쓰인 정관사 the에 연결되어 vision과 함께 전치사 of를 받고 있다.

5. †from time to time: 때때로, 이 따금

5. Thomas Jefferson believed *that to preserve the very foundations of our nation, we would need dramatic change from time to time*. ··· 주어진 문장은 <S + V + O> 구조의 제3형식 문장으로, 목적어로 that-절(명사절)이 왔는데, 그 명사절도 <S + V + O>의 구조이며, *to preserve ~ nation*는 부사적 용법(목적)의 to-inf.이다.

6. Our democracy must be *not only* the envy of the world *but* the engine of our own renewal. ··· 주어진 문장은 <S + V + C> 구조로, 보어에 <not only A but also B>의 용법이 사용되고 있다.

▶▶ 관련 문법: 문장의 구조, 관계절, when의 용법, 정관사 the의 용법, to-부정사의 용법, <not only A but also B>

7. There is nothing wrong with **America** *that cannot be cured by* **what** *is right with America*. ··· 유도부사 There에 의한 제1형식 문장으로 전치사의 목적어로 쓰인 **America**를 선행사로 하는 *that*-관계절 속에 다시 *what*-관계절(명사절)이 들어있는 혼합문이다.

번역

_____
_____
_____
_____
_____
_____
_____
_____
_____
_____
_____
_____
_____
_____

IPTR309

South Korea's surprising run at the World Cup football finals /① _____ / with Japan has come to an end.

Before a boisterous sellout / crowd of about 65,000 fans, wearing mostly the home team's red, South Korea and Germany battled up and down the field / in a scoreless
5 first half. Each managed / only two shots on goal, but the best chance was / by the Koreans.

After the break the pace picked up, but it took 30 more minutes / for the Germans to finally break through. Oliver Neuville /② _____ / sent a low crossing pass that split / two Korean defenders. The ball rolled to an onrushing

10 Michael Ballack, whose initial shot was saved / by the Korean goalie, but the deflection went right back to him, and Ballack easily kicked it into the goal / in the 75th minute.

It was then left to the German defenders / to preserve the shutout / and they did. They have allowed only one goal / in their six matches.

German coach Rudi Voeller said / he was proud of his team's effort. "I think we
15 played / very well / early on / and right from the start," he said. "And we were very compact / in defense. We changed the defense around / a bit and played / with a line of four (in the back), and throughout the game we were able to create goal-scoring opportunities. I think we were the deserved winners / of this match."

Michael Ballack / also had scored the lone goal in Germany's quarterfinal win / over the
20 United States / last Friday. However, he will miss / Sunday's World Cup championship match / (in Yokohama, Japan) because a few minutes before he scored, he received his second yellow card / in the knockout / phase of the tournament. He'd also gotten one against Paraguay / ③_____.

Coach Voeller said Ballack's play was key. "We have to give him the highest respect,"
25 he said. "It is a great pity that / he will miss the final. Not only because he scored the goal was / he one of the best players, though it's more or less his duty, but / even though he knew that with another yellow card / he would miss the final, he still committed that tactical foul which was absolutely necessary. So he placed himself at the service / not only of the team / but of the whole of Germany. So I think not only
30 myself as a coach, but the entire country / will stand and applaud him."

As for the host / South Koreans, their Dutch coach Guus Hiddink, ④_____ / their night. "We had some threats," he said. "We didn't have big chances, but neither did / the
35 Germans have a lot of chances. But you have to be realistic and say they are a little bit more experienced / and you can see that in the end, that will pay (off)."

And Germany's 1-0 win over South Korea / pays
40 off in a trip to the World Cup championship match on Sunday / in Yokohama, Japan.

— VOA-News; S. Korea's World Cup Dream Comes to an End, Parke Brewer, June 25, 2002 —

Vocabulary Drills ⑰_____ *a large group of people close together, (syn.) a throng; a group of friends, similar people*
⑱_____ *a contest, game between participants; a similarity, harmony; to be similar to something else; to equal*

소리분석 *1.* that it is co-hosting: -t / -d 의 -r 유음화

Answers for Vocabulary Drills ⑰ crowd ⑱ match

이번에는 지난 2002 한·일 월드컵에서 우리나라가 독일과 4강전을 치른 모습을 전하는 VOA-News를 수록한다.

1. 현재분사도 형용사의 상당어구이며, 형용사는 명사 상당어구만을 수식한다. 따라서 현재분사인 surprising의 수식을 받는 run은 명사가 될 수밖에 없다. 그래서 *2.*에서도 앞·뒤의 형용사 상당어구들의 수식을 받고 있는 crowd는 명사로 전치사 Before의 목적어로 쓰였다. / †come to an end: 끝나다.

3. the break를 선행사로 하는 목적격의 관계절이 오면서 관계대명사 which가 생략되었다. †pick up: 1) (집어) 올리다, 채집하다. 2) (사람을) 알게되다, 찾아내다. 3) (지식·이익·정보 등을) 얻다, 포착하다. 4) (배·차 등이) 도중에 태우다. 5)완쾌하다, 경기가 좋아지다, 속도를 더하다. / break through : 1)강행 돌파하다, ~을 헤치고 나아가다. 2) (새 발견 등으로 장애 등을) 극복하다. 3)(햇빛 등이) 새어들다. 4)(법률 등을) 어기다.

8. that₁은 접속사, that₂는 지시대명사로 쓰였다. †pay off: 성과를 거두다.

---

2. sped down the right side and: 겹자음의 발음 생략, -t/-d의 -r유음화, 말음의 자음 생략

3. in the second round: 자음 뒤 말음의 자음 생략

4. said it/just/was not: -t/-d의 -r유음화, 말음의 자음 생략, 기능어의 발음 생략

구문분석 *1.* **South Korea's surprising run** at *the World Cup football finals* that it is co-hosting with Japan has come to an end. ··· run이 명사로 주어로 쓰인 것을 파악하는 것이 먼저이다. <S + V> 구조의 복문으로, *finals*를 선행사로 하는 *that*-관계절이 포함되어 있다.

2. Before a boisterous sellout **crowd** *of about 65,000 fans*, *wearing mostly the home team's red*, South Korea and Germany battled up and down the field in a scoreless first half. ··· comma(,)로 묶여 삽입된 현재분사는 앞에 쓰인 명사를 후위수식하고 있으며, <전치사 + 명사>의 부사구가 문두에 온 <S + V> 구조의 단문이다.

3. *After the break the pace picked up*, but it took 30 more minutes for the Germans to finally break through. ··· <부사구 + S + V, but S′ + V′ + O′> 구조로, but 이하는 가주어 it, <for + 목적어>의 의미상의 주어, 진주어로 쓰인 to-inf. 등으로 이루어졌다.

4. **The ball rolled** to an onrushing *Michael Ballack, whose initial shot* was saved by the Korean goalie, but **the deflection** went right back to him, and **Ballack** easily kicked it into the goal in the 75th minute. ··· **The ball**이 주어인 <S₁ + V₁> 구조의 주절에 이어 <접속사 + 대명사>의 의미를 가지는 계속적 용법의 *whose*-관계절이 온 후, <but S₂ + V₂, and S₃ + V₃ + O₃> 구조의 대등절이 이어지고 있다.

5. We **changed** the defense *around a bit* **and played** *with a line of four* (in the back), and *throughout the game* we **were able to create** goal-scoring opportunities. ··· <S₁ + V₁-₁ + O₁ and V₁-₂, and S₂ + V₂ + O₂> 구조의 문장이다.

6. However, he will miss Sunday's World Cup championship match (in Yokohama, Japan) **because** *a few minutes before he scored*, **he received his second yellow card** in the knockout phase of the tournament. ··· [S₁ + V₁ + O₁ {because (before S₃ + V₃) S₂ + V₂ + O₂}] 구조의 혼합문이다.

7. **Not only** *because he scored the goal* was he one of the best players, *though it's more or less his duty*, **but** even though he knew *that with another yellow card he would miss the final*, he still committed *that tactical foul which was absolutely necessary*. ··· <not only A but (also) B: A뿐만 아니라 B도 역시>가 쓰였으며, <원인·이유>의 부사절, <양보>의 부사절, <양보>의 부사절로 이루어진 <역접>의 부사절 등이 먼저 온 후에 <S + V + O> 구조의 주절이 왔는데, O를 선행사로 하는 *which*-관계절이 이어지는 복잡한 혼합문이다.

8. But you **have to be** realistic and₁ *say* they are a little bit more experienced and₂ you can see that₁ in the end, that₂ will pay (off). ··· 술어동사로 쓰인 be와 say가 조동사 *have to*에 이어지며, *say* 다음에는 that이 생략된 that-명사절이 왔으며, and₂ 다음에 <S + V + O> 구조의 대등절이 이어지는데, see의 O로 that₁-절이 왔다.

▶▷ **관련 문법**: 문장의 구조, 관계절, <not only A but also B>, 형용사의 역할, 명사의 역할

9. And Germany's 1-0 **win** *over South Korea* pays off in a trip to the World Cup championship match on Sunday in Yokohama, Japan. … **win**이 명사로서 주어로, pays가 술어동사로 쓰인 <S + V> 구조의 단문으로, 주요소를 제외한 나머지는 모두 부사적 수식어구이다.

번역

IPTR310

Hi, greetings, stranger. I'm not surprised to see your kind here. Many adventurers have travelled this way / ① _____ .

No doubt / you've heard about the tragedy / that befell the town of Tristram. Some say that Diablo, the Lord of Terror, ② _____ .

5   I don't know / if I believe that / but / a Dark Wanderer / did travel this route a few weeks ago. He was headed east to the mountain pass / guarded by the Rogue Monastery.

Maybe it's nothing, but / evils seems to have trailed in his wake. You see, shortly after the Wanderer went through, the Monastery's Gates to the pass / were closed /
10   and strange creatures began ravaging the countryside.

Until it's safer outside / the camp and the gates are re-opened, I'll remain here / with my caravan. I hope to leave for Lut Gholein / before the shadow that / fall over Tristram / consumes us all. ③ _____ , I'll
15   take you along.

You should talk to Akara, too. She seems to be the leader / of this camp. ④ _____ .

Vocabulary Drills ⑲ _____ *an evil, often dangerous man ; a person who enjoys tricks and teasing*
⑳ _____ *a drama in which somebody suffers because of a personal flaw or hostile outside forces or event*

Answers for Vocabulary Drills ⑲ rogue ⑳ tragedy

이번에는 2002년 현재 StarCraft와 함께, 국내는 물론이고 전 세계적으로 가장 많은 사람들이 즐기고 있다고 평가되는 컴퓨터 게임의 하나인 Diablo II에 나오는 이야기 중에서 선택하였다. 우리의 주변에는 영어공부를 위한 자료가 엄청나게 많으며, 우리가 흔히 즐기는 게임 중에도 얼마든지 있다. 그 모든 것에 관심을 가지고 이해하려고 노력하는 가운데, 영문에 대한 이해력이나 청취력이 증가될 수 있음을 보여주는 좋은 보기가 될 것이다.

1. †no doubt: 1)의심할 바 없이, 물론 2)필시, 아마도(probably) / hear about: ~에 관한 소문을 듣다(of 다음에는 사람, from 다음에는 소문의 출처가 오게 된다).
5. †leave for: ~로(을 향해) 떠나다. / fall over: ~의 위에 엎어지다, ~을 덮치다, ~너머에 떨어지다.
6. †take along (with): ~을 같이 데리고 가다, 휴대하다.

▶ 관련 문법: 관계절, if-명사절, until에 의한 부사절, 문장의 구조, 가정법, 미래지향성동사

🔊 소리분석) 1. since the recent troubles began: 조음점 동화, 자음 뒤 말음의 자음 생략
2. walks the world again: 조음점 동화, 연음
3. If you're still alive then: 연음
4. Maybe she can tell you more: 연음

💡 구문분석) 1. No doubt you've heard about **the tragedy that** befell the town of Tristram. ··· 전치사 about의 O로 쓰인 **the tragedy**를 선행사로 하는 **that**-관계절이 오고 있다.
2. I don't know if I believe that but a Dark Wanderer did travel this route a few weeks ago. ··· 술어동사 know의 O로 or not이 올 수 없는 '~인지 아닌지'(whether)의 뜻인 if-명사절, 다시 believe의 O로 쓰인 that-명사절 등으로 구성된 <S + V + O> 구조의 혼합문이다.
3. You see, shortly after the Wanderer went through, the Monastery's Gates to the pass were closed and strange creatures began ravaging the countryside. ··· 술어동사 see 다음에 명사절을 이끄는 접속사 that이 생략되었으며, that-절은 <S₁ + V₁ and S₂ + V₂ + O₂> 구조이다.
4. Until it's safer outside the camp and the gates are re-opened, I'll remain here with my caravan. ··· <때>를 나타내는 부사절은 가까운 미래시제를 대신하여 현재시제로 표현된다는 것을 기억하자. 그래서 Until-부사절은 의미는 미래이면서도 미래시제인 주절과는 달리 현재시제로 표현되었다.
5. I hope to leave for Lut Gholein before the shadow that fall over Tristram consumes us all. ··· <미래지향성 동사 + 단순시제의 to-inf.>가 술어동사로 쓰였으며, <before + S + V + O> 구조의 부사절이 뒤따르고 있는데, 부사절의 주어 바로 뒤에는 그 주어를 선행사로 하는 **that**-관계절이 이어지고 있다.
6. If you're still alive then, I'll take you along. ··· 가정법 현재가 쓰였다.

[번역]

ⓘPTR311

Hi there. I'm Charsi, the blacksmith / here in camp. It's good to see /① _____. Many of our sisters fought bravely against Diablo / when he first attacked the town of Tristram. They came back to us /② _____ , ③ _____. Seems like their victory was short-lived, though.... Most
5 of them are now corrupted / by Andarial.

Vocabulary Drills ㉑ _____ a group of people that support a particular cause, idea, or movement ; a cabin in the countryside
㉒ _____ dishonest ; to make dishonest ; to change something to a bad state or wrong purpose, (syn.) to pervert

Answers for Vocabulary Drills ㉑ camp ㉒ corrupt

이번에도 Diablo II에 나오는 이야기 중에서 짧은 이야기를 선택해보았다.

소리분석 *1.* some strong adventurers around here : 연음, 자음 뒤 말음의 자음 생략

2. true veterans : 강모음과 약모음 사이에 쓰인 -t/-d의 -r유음화

3. bearing some really powerful items : -t/-d의 -r유음화

구문분석 *1.* It's good *to see* some strong adventurers around here. ··· 가주어 it, 진주어 to-inf.가 쓰인 〈S + V + C〉 구조의 단문으로, to-inf.의 목적어가 뒤따르고 있다.

2. **Many of our sisters** fought *bravely against Diablo when he first attacked the town of Tristram.* ··· {S₁ + V₁ + (when S₂ + V₂ + O₂)} 구조의 복문이다.

▶ **관련 문법**: 문장의 구조, 추가보어, 현재분사

3. They came back to us **true veterans**, *bearing some really powerful items.* ··· They came back to us까지만 해도 완전한 문장이다. 그런데, 분사를 동반한 **true veterans**이 뒤따르고 있는데, 이처럼 완전한 문장에 이어지는 보충적인 보어를 추가보어라 한다.

[번역]

___

IPTR312

Several hundred / North Korean supporters / have arrived in the South Korean city / of Pusan / ①_____. The visit marks the largest contingent / of North Koreans / to enter the South / since the Korean War / of the early 1950s. ②
_____ .

5 It's being hailed / ③_____. An estimated 370 / cheering North Korean musicians, sailors and reporters / are joining more than 300 North Korean athletes and team staff / for the two-week long Asian Games.

The games officially kick off / on Sunday, and organizers say the North and South Korean teams / will march together / in the opening ceremony / under a special Korean
10 unification flag.

The North Korean supporters / arrived at a port near Pusan / on Saturday, their ship flying the unification flag / as it neared land. Women in traditional, brightly colored robes / waved their own flags from the deck, while a 150-member
15 brass band / played a North Korean tune called "Happy to See You." South Korean fishermen and civilians / on some 50 boats / ④_____ / to welcome the visitors from the North. On shore, South Koreans cheered / as they hoisted unification flags and banners /

20 and chanted "Unified Korea."

Until now, North Korea, which has been separated from the South / since the Korean War, has refused to participate in all the major sporting events / hosted by South Korea / including the 1998 Olympic Games / and this year's World Cup soccer finals.

This contingent of visitors / is the latest / in an unprecedented flurry of openings / to 25 the outside world / by the normally reclusive North.

— *VOA-News ; Hundreds of North Korean Supporters Arrive in South for Asian Games, Steve Herman, September 28, 2002* —

Vocabulary Drills ㉓ _____ *to shout with delight, admiration, or support ; a shout of delight, approval, or support*
㉔ _____ *to make a judgement about (the price of something) ; to figure the amount or extent of, (syn.) to calculate*

이번에는 지난 2002년 9월 29일 분단이후 반세기의 세월을 넘어서 최초로 북한이 부산에서 개최된 제14회 부산아시안게임에 참여했음을 전하는 VOA-News를 들어볼 기회를 마련해보자. 지금까지 꾸준하게 본 서의 과정을 따라 학습해온 독자라면 차분하고 분명한 발음, 적당한 속도로 전해지는 본 News 정도는 거의 대부분 받아쓸 수 있을 정도로 알아듣고 이해할 수 있는 수준이 되었으리라 믿는다.

🔊 **소리분석** *1.* to attend the Asian Games : 자음 뒤 말음의 자음 생략

2. The visit is a sign / of improving inter-Korean / relations : -t/-d의 -r 유음화, 연음

3. as a landmark visit : 연음, -nt/-nd/-rt/-rd에서의 -t/-d음 생략

4. rode out to sea : 연음, 겹자음의 발음 생략

💡 **구문분석** *1.* *Several hundred North Korean* **supporters** have arrived *in the South Korean city of Pusan to attend the Asian Games.* ··· <S + V> 구조의 문장으로 주요소를 제외한 나머지는 모두 부사적 수식어이며, 부사적 용법(목적)의 to-inf.가 쓰였다.

3. 이처럼 전치수식어로 쓰일 수 있는 말에는 관사, 형용사나 그 상당어구(과거분사·현재분사·수사), 형용사적 명사(인칭대명사·부정대명사·의문대명사·지시대명사 등의 형용사적 용법)로, 한마디로 말해서 관사와 형용사 상당어구뿐이라고 할 수 있는데, 이들의 역할이 이어지는 명사 앞에서 그 명사의 의미나 역할을 일정하게 한정·제한시켜준다고 해서 그 모두를 가리켜 한정사(deter- miners)라고도 한다.

5. 분사구문의 의미상의 주어는 원칙적으로 본문이 주어와 일치하는 것이 원칙이지만, 예외적으로 다른 경우를 절대 주격구문이라고 하며, 의미상의 주어가 되는 주격의 명사를 분사 앞에 위치시키게 되며, 이때도 물론 일반의 분사구문처럼 때, 이유, 조건, 양보, 부대상황 등의 의미를 갖게 된다.

6. both나 all 등의 한정어, 관사·지시형용사 다음에 이어지는 일반 형용사의 나열은 <수량 + 성질 + 고유 + 물질 + 형용사적 용법의 명사>(ex. both the *two lovely little oval brilliant new purple Chinese wooden jewel*

2. The visit marks **the largest contingent of North Koreans** *to enter the South since the Korean War of the early 1950s.* ··· <S + V + O> 구조에 앞에 쓰인 명사를 후위 수식하는 형용사적 용법의 to-inf., <since + 과거시제> 등이 쓰였다.

3. *An estimated 370 cheering North Korean* **musicians, sailors and reporters** are joining more than 300 North Korean athletes and team staff *for the two-week long Asian Games.* ··· 문두에 쓰인 *An ~ Korean*는 다음의 주어가 되는 복수명사를 수식하는 전치수식어이고, <A, B and C> 형태로 연결된 주어, 현재진행형의 술어동사로 이루어진 문장이다.

4. The games officially kick off on Sunday, and organizers say **the North and South Korean teams** will march *together in the opening ceremony under a special Korean unification flag.* ··· <S₁ + V₁, and S₂ + V₂ + O₂> 구조의 문장으로, O₂가 접속사 that이 생략된 <S₃ + V₃> 구조의 that-명사절이다. *together ~ Korean unification flag*는 모두 부사적 수식어에 불과하다.

5. The North Korean supporters arrived *at a port near Pusan on Saturday,* their ship *flying the unification flag as it neared land.* ··· <S + V> 구조의 단문으로 현재분사가 이어지고 있는데, 분사의 의미상의 주어가 본문의 주어와 다른 독립분사구문이다.

6. **Women** *in traditional, brightly colored robes* **waved** their own flags *from the deck, while a 150-member brass band played a North Korean tune called "Happy to See You."* ··· 주어가 되는 명사 뒤에 전치사구가 이어지고 있는데, 형용사가 comma(,)로 나열되어 명사 *robes*를 수식하고 있다.

7. *On shore,* South Koreans cheered *as they* **hoisted** unification flags and banners *and* **chanted** "Unified Korea." ··· <S₁ + V₁> 구조의 문장에 <as + S₂ + V₂₋₁ + O₂₋₁ and V₂₋₂ + O₂₋₂> 구조의 <때 :

Answers for Vocabulary Drills ㉓ cheer ㉔ estimate

boxes)의 순서로, 또 성질형용사의 나열은 <대소·형상 + 성질·상태 + 연령·신구 + 소속·국적 + 재료>(ex. These **three tall kind old American** ladies can speak English.) 순서로 쓰는 것이 보통이다.

8. †participate in: ~에 참가하다.

▶▷ **관련 문법**: 문장의 구조, since의 용법, 형용사의 나열, 관계절, 독립분사구문

~하면서>를 나타내는 부사절이 오고 있는데, O₂₋₁도 <A and B> 구조로 이어지고 있다.

8. Until now, **North Korea**, *which has been separated from the South since the Korean War*, has refused to participate in **all the major sporting events** *hosted by South Korea including the 1998 Olympic Games and this year's World Cup soccer finals.* ⋯ <S + V + O> 구조에 S를 선행사로 하는 *which*-관계절이 삽입어구로 왔으며, O로 쓰인 to-inf.에 대한 전치사구를 이루고 있는 **sporting events**를 수식하는 후치수식 과거분사가 이어지고 있다.

9. This contingent *of visitors* is the latest *in an unprecedented flurry of openings to the outside world by the normally reclusive North.* ⋯ <S + V + C> 구조로, 주요소를 제외한 나머지는 모두 부사적 수식어구이다.

> 번역
> _____
> _____
> _____
> _____
> _____
> _____
> _____
> _____
> _____

IPTR313

Great nations like great men must keep their word. When America says something America means it, whether a treaty /① _____ / or a vow made on marble steps. (Applause) We will always try to speak clearly, for candor is a compliment, but subtlety, too, ② _____. While keeping our alliances and friendships /
5 around the world strong, ever strong, we will continue the new closeness with the Soviet Union, consistent / both with our security and with progress. One might say that our new relationship / in part reflects the triumph / of hope / and strength / over experience. But hope is good, and so are strength / and vigilance.

Here today / are tens of thousands of our citizens / who feel the understandable
10 satisfaction of those who have taken part in democracy / and seen their hopes fulfilled. But my thoughts / have been turning the past few days / to those who would be watching at home / to an older fellow who will throw a salute / by himself when the flag goes by, and the women / who will tell her sons the words of the battle hymns. ③ _____. I mean that on days like this, we
15 remember / that we are all / part of a continuum, inescapably connected by the ties that bind.

Our children are watching in schools /④ _____. And to them I say, thank you / for watching democracy's big day. For democracy belongs to us all, and freedom / is like a beautiful kite that can go higher and higher with the breeze. And to all I say : No matter what your circumstances or where you are, you are part of this day, you are part of the life / of our great nation. (Applause)

— George H. Bush ; Inaugural Address ; January 20, 1989 —

Vocabulary Drills ㉕ _____
㉖ _____

understanding gained through doing something ; to feel or know by personal involvement in
a hand, usually the right one, raised to the forehead to recognize or honor someone

이번에는 2002년 현재의 미국 대통령인 George W. Bush의 아버지인 George H. Bush의 취임식 연설에서 일부를 발췌하여 수록했다. 본서의 제4편의 중심 인물인 G. W. Bush 대통령의 연설을 듣다보면, 그의 목소리가 아버지인 G. H. Bush의 목소리, 빠르기 등과 매우 비슷함을 느낄 수 있을 것이다. 실제로 부시 현정부의 각료들 또한 당시의 사람들 상당수가 그 당시의 사람들이라고 한다.

🔊 **소리분석** *1.* or an agreement : 연음, 자음 뒤 말음의 자음 생략

2. is good and has its place : -t / -d 의 -r 유음화, 자음 뒤 말음의 자음 생략, 연음

3. I don't mean this to be sentimental : 말음의 자음 생략, 조음점 동화, -nt / -nd 에서의 -t / -d음 생략

4. throughout our great land : -t / -d 의 -r 유음화, 자음 뒤 말음의 자음 생략

💡 **구문분석** *1.* *When America says something,* America means it, *whether a treaty or an agreement or a vow made on marble steps.* ⋯ 때를 나타내는 부사절과 양보를 나타내는 부사절이 있지만, <S + V + O> 구조의 제3형식 문장이다. †means it : (농담이 아니고) 진실을 말하는 것이다.

2. *While keeping our alliances and friendships around the world **strong**, ever **strong**, we will continue the new closeness with the Soviet Union, consistent **both** with our security **and** with progress.* ⋯ <keep + O + adj. as OC>가 분사로 쓰이고 있는데, 그 의미를 강조하기 위해 접속사가 분사 앞에 쓰이고 있으며, 두 개의 OC가 접속사 and로 연결되고 있다. 주절은 <S + V + O> 구조이며, the new closeness를 뒤에서 간접적으로 수식하는 형용사 consistent에 대한 부사구가 <both A and B> 형태로 연결되고 있다.

3. One might say that our new relationship *in part* reflects the triumph *of hope and strength over experience.* ⋯ <S + V + O> 구조로 O로 that-절이 왔으며, 그 that-절도 또한 제3형식 구조이다.

4. Here today are tens of thousands of our citizens *who feel the understandable satisfaction of those who have taken part in democracy and seen their hopes fulfilled.* ⋯ Here는 장소를 나타내는 부사인 동시에 문장을 유도하는 허사이고, 주어를 선행사로 하는 who-관계절 안에 또 다른 who-관계절이 들어있는 혼합문이다.

5. But my thoughts have been turning the past few days *to those who₁ would be watching at home to an older fellow who₂₁ will throw a salute by himself when the flag goes by, and the women who₂₂ will tell her sons the words of the battle hymns.* ⋯ 무생물주어 구문으로 상당히 긴 문장이다. 무생물주어가 오고 있으므로 부사구나 부사절처럼 그 의미를 바꿔 번역하는 것이 좋다. 부수적인 요소를 모두 제거하면 (∼ my thoughts have been turning *to those* ∼)가 되는데, *those*를 선행사로 하는 관계절이 문장 끝까지 이어지고 있으며 그 안에 두 개의 관계절이 *and*로 이어지고 있다. 즉, 관계절 안의 술어동사 be watching to 의 목적어는 *an older fellow* 와 *the women* 이 된다.

6. I mean that *on days like this,* we remember *that we are all part of a continuum, inescapably*

Answers for Vocabulary Drills ㉕ experience ㉖ salute

*connected by the ties **that bind**. ⋯ 전체적으로 <S+V+O> 구조의 제3형식 문장으로, 목적어가 명사절인 *that*-절이 왔으며, 그 *that*-절 안에 다시 목적어(명사절)로 쓰인 *that*-절이 오고 있으며, 또 다시 그 안에 관계절인 ***that***-절이 오고 있는 혼합문이다.

▶▷ **관련 문법**: 문장의 구조, 관계절, <접속사+분사>의 용법, 유도부사, 무생물주어 구문, 양보의 부사절

7. *No matter what your circumstances or where you are*, you are part of this day, you are part of the life of our great nation. ⋯ 양보의 부사절을 이끌고 있는 *No matter* 는 *what*-절과 *where*-절 모두를 받고 있으며, 주절은 comma(,)로 나열되고 있다.

> 번역

IPTR314

West Point is the crucible / that prepares you / for this challenge. West Point, driven by a simple code known /① _____ : ② _____ . Duty — the mission, the troops, selfless professional service, a career of service, a lifetime of service. Honor — your word is your bond. Truth, honesty and character are your
5 watchwords / never to be forgotten. Country — your oath / to the country rests on our constitution / which rests on the will of the American people. Our Army is truly / a people's Army. This simple code / is not something West Point gives to you. It is something / that West Point /③ _____ . For all its beauty and history, West Point is a pile of stone / until you bring it to life every day. You can
10 inscribe Duty, Honor, Country / on every granite block / and it would mean nothing / unless those words / are engraved / in your heart. You bring the code alive / every day by the dozens of decisions / you make every day. To live by that code / you are inspired / by these surroundings, the memories of the long gray line. Members of the long gray line / as well who have gone before you / to show the way. And now it is
15 your turn / to nourish the legend of West Point / by your actions, and by your commitment to a lifetime of service / to the nation. So be proud of the choice / you have made / to serve your fellow citizens. In this time of cynicism, be proud to uphold / this ultimate responsibility of citizenship. Prepare yourselves well / to be the

20 warrior / leaders / of the nation. Remember to take care of those who'll be entrusted to your care / and they will take care of you. Always / live by the code / inscribed / in your heart.

I thank you from the bottom of my heart / for this award / which allows me in a very small way / ④ _____ / and a part of your tradition. Good
25 Luck. God Bless you. And thank you for letting me visit / once more. Thank you.

— General Colin Powell ; Thayer Award Acceptance Speech ; September 15, 1998 —

Vocabulary Drills ㉗ _____ *a prize (honor, praise, etc.) given to someone for outstanding performance ; to give a prize to someone*
㉘ _____ *a relationship of trust (cooperation, friendship, love), connection ; to become friends, especially to trust, like*

소리분석 **1.** throughout the land : 조음점 동화, 자음 뒤 말음의 자음 생략

2. Duty, Honor, Country : -t / -d의 -r 유음화

3. helps you give to yourselves : 설측음의 dark 'l', 연음

4. to become a part of West Point : 연음, -rt / -rd / -nt / -nd에서의 -t / -d음의 생략

구문분석 **1.** West Point, driven by a simple code known throughout the land : Duty, Honor, Country. ··· 주어로 보이는 West Point와 과거분사만으로 구성된 불완전한 문장이다.

2. Duty — the mission, the troops, selfless professional service, a career of service, a lifetime of service. ··· dash(—)가 술어동사 is의 역할을 하고 있는 불완전한 문장이다.

3. Country — your oath *to the country* rests on **our constitution which** *rests on the will of the American people.* ··· <S + V> 구조에 전치사구, 전치사의 목적어를 선행사로 하는 관계절로 이루어진 복문이다.

4. *For all its beauty and history,* West Point is **a** *pile of stone* **until** *you bring it to life every day.* ··· <S₁ + V₁ + C₁>의 구조에 <until S₂ + V₂ + O₂> 구조의 종속절이 뒤따르고 있다.

5. You can inscribe Duty, Honor, Country *on every granite block* and it would mean nothing **unless** *those words are engraved in your heart.* ··· '~하고서야 비로소 ···하다'는 의미를 갖는 <부정어 + unless>가 쓰인 <S₁ + V₁ + O₁ and S₂ + V₂ + O₂ unless S₃ + V₃> 구조이다.

6. *To live by that code* you are inspired by these surroundings, the memories of the long gray line. ··· 부사적 용법으로 <조건>을 뜻하는 to-inf.가 문두에 온 수동형의 <S + V> 구조의 문장이다.

7. And now *it* is your turn *to nourish* the legend of West Point **by your actions**, and **by your commitment** *to a lifetime of service to the nation.* ··· 가주어 it, 진주어 to-inf.가 쓰인 <S + V + C> 구조의 단문이다.

8. Remember *to take care of* **those who'**ll *be entrusted to your care* and they will take care of you. ··· <명령문 + and> 구조의 조건명령이 사용되고 있다.

9. I thank you *from the bottom of my heart* for **this award which** *allows me in a very small way to become* **a** *part of West Point and* **a part** *of your tradition.* ··· <S + V + O> 구조에 전치사의 목적어를 선행사로 하는 관계절이 오고 있다.

이번에는 2002년 현재 미국의 국무장관이자 1993년 이라크 전쟁 당시 사막의 폭풍(Desert Thunder) 작전 당시 연합군 총사령관이었던 Colin Powell이 1998년 미국 합참의장을 끝으로 예편을 하면서 지난 IPTR206의 MacArthur 장군과 똑같은 장소에서 같은 상을 수상하면서 미 육군사관학생들을 대상으로 하는 연설에서 발췌하였다. 그러나 군인 Powell의 마지막 연설인 셈인데, 힘차고 분명한 그의 연설이 미국식 빠른영어의 정확한 발음을 익히는 데 크게 도움이 될 것으로 여겨져 선정하였다.

1. is a place가 주어가 될 수 있는 말인 **West Point** 다음에 생략되었다고 볼 수 있다.

3. †rest on(upon) : ~에 달려있다. (※rest 대신 rely, depend, trust, lie, count, fall back, plan, hinge, based, build 등이 와도 비슷한 의미를 갖는다)

4. †bring A to B : A를 B에 가져다주다(초래하다).

8. †take care of : ~을 돌보다(care for, look after).

※13~14행에 쓰인 *Members of the long gray line* as well *who have gone before you to show the way.*도 불완전한 문장이다. 술어동사가 될 수 있는 말이 없다. 앞에 If you think라는 말이, 뒤에는 you will be inspired.라는 말이 생략되었다고 보아야 할 것이다.

▶ **관련 문법** : 문장의 구성과 기본 개념, 조건명령문, <부정어 + unless>, 관계절, 가주어 it와 진주어로서의 to-inf.

번역

_____

_____

_____

_____

_____

_____

_____

_____

IPTR315

Thank you, thank you. Well, first let me say, on behalf of / Hillary and Chelsea and / myself, we thank you for coming, ① _____.

② _____. When you leave the White House, you wonder if you'll ever draw a / crowd again. (LAUGHTER) So it was nice / to come in here and see so many
5 old friends. General Hawkins, thank you. And thank you, Linda, for / your service in the White House / and for your service here at Andrews. I would like to thank / the Honor Guard / and the representatives of all the military services behind us / for rendering honors to me / this one last time / on this important day / in our country's life.

10 When I was walking down the / rows, looking at the young men and women who were standing behind me, ③ _____ / how fortunate we are / to have people of their caliber willing to sacrifice and serve / the United States. And being their commander in chief was / one of the great honors / of my life. Let's give them another hand, they were great. (APPLAUSE)

15 ④ _____, I had / a very good morning, and I think / we all did. We had / sort of a bittersweet goodbye at the White House. We went around and said goodbye / to all the staff there, took a last look at all the rooms, welcomed / Vice President and Mrs. Gore, and then President and Mrs. Bush and / Vice President and / Mrs. Cheney, and Andy Card, the new White House chief of staff. We had a nice
20 little visit. Then we went down to / Capitol / Hill together and / conducted the inaugural ceremonies / as prescribed by the Constitution of the United States.

I / was really grateful / that the band was here today. Some of you have heard me say that / one of
25 my great fears / is that I won't know / where I am / for four or five months because / I'll walk into a big room and no one will play a song anymore.

But / I want all of you to know / that I feel, as John Podesta did, we walked out of the Oval Office / for the last time / today / about 10:30, and — no, no about 10:00 — and he was tearing up / a little bit. He just looked, he said, "We did a lot of good. We did a lot of good. We did a lot of good." (APPLAUSE)

The whole... (APPLAUSE) We did a lot of good. (APPLAUSE) Thank you. Thank you. Thank you. I gave my farewell address / the other night on television, I hope you do so / radio address this morning.

— *William Jefferson Clinton ; Farewell Speech on Radio ; January 18, 2001* —

Vocabulary Drills ㉙ _____ state of watchfulness against attack, danger or surprise ; to defend especially by watching for danger
㉚ _____ general attention to customers' needs in a business (store, restaurant, etc.) ; to provide goods and services

이번에는 2001년 1월 18일 성추문이라는 어려운 역경을 극복하고 전후 최대의 경제적 호황을 가져온 성공한 대통령으로 퇴임하는 클린턴이 퇴임 전날, 워싱턴 근교의 앤드루스 공군기지의 격납고에서 열린 환송행사에서 의장대를 사열한 후 편안한 마음으로 마치 대담을 하듯 홀가분하게 이야기하는 고별연설 가운데 일부를 발췌하였다. 미국식 빠른영어의 가장 사실적인 모형을 볼 수 있을 것으로 여겨 선정한다.

소리분석 *1.* we're glad to see you : 기능어의 발음 생략, 조음점 동화

2. You know how it is : 기능어의 발음 생략, -t / -d의 -r 유음화

3. I thought again : -t / -d의 -r 유음화

4. Let me say to all of you : -t / -d의 -r 유음화, 연음

구문분석 *1.* And thank you, Linda, for your service in the White House and for your service here at Andrews. ··· †thank A for B : B에 대하여 A에게 감사하다, 사의를 표하다.

2. I would like to **thank** *the Honor Guard* and *the representatives* of all the military services behind us for *rendering honors to me* this one last time on this important day in our country's life. ··· 이 또한 기본적으로 <thank A for B>가 쓰인 단문으로, A의 위치에 오는 명사가 and로 연결되고 있다.

3. When I was walking down the rows, *looking at* *the young men and women who* were standing behind me, I thought again **how fortunate** we are to have people of their caliber willing *to sacrifice* and *serve* the United States. ··· 부대상황을 뜻하는 현재분사의 수식을 받는 <때>를 나타내는 부사절이 앞에 온 후 <S + V + 목적어로써의 감탄의 명사절>이 왔다.

※on behalf of(on a person's behalf) : 1) ~을 대신하여, 2) ~을 대표하여, 3) ~을 위하여 / **give a hand** : 박수갈채를 보내다, 돕다.

3. 감탄문의 어순 <how + 형용사·부사 + 주어 + 동사>, <what + a + 형용사·명사 + 주어 + 동사>를 기억해두어야 한다.
†willing to : 기꺼이 ~하다.

4. And it is a source of pride for **people who** *have worked hard*, I had a very good morning, and I think *we all did.* ··· <And S₁ + V₁ + C₁, S₂ + V₂ + O₂, and S₃ + V₃ + that-clause as O(S₃₁ + V₃₁)> 구조의 문장으로, C₁를 수식하는 전치사구의 명사를 선행사로 하는 **who**-관계절이 오고 있다.

5. We **went₁** around and **said₂** goodbye to all the staff there, **took₃** a last look at all the rooms, **welcomed₄** Vice President and Mrs. Gore, and then President and Mrs. Bush and Vice President and Mrs. Cheney, and Andy Card, the new White House chief of staff. ··· 주어 We에 대한 술어동사 4개가 이어지고 있는 단문이다.

6. Then we **went** down to Capitol Hill together and **conducted** the inaugural ceremonies *as prescribed by the Constitution of the United States.* ··· we에 2개의 술어동사가 쓰인 단문이다.

7. Some of you have heard me say that₁ **one of my great fears** is **that₂** *I won't know* where I am *for four or five months* because I'll walk into a big room and no one will play a song anymore. ··· 지각동사에 이어지는 목적어 다음의 OC로서의 원형부정사에 대한 목적어로 <S + V + C> 구조의 that₁-명사절이 *five months*까지 이어지는데, C에 **that₂**-명사절이 오고 또 다시 그 안에 where-간접

Answers for Vocabulary Drills ㉙ guard ㉚ service

8. †a variety of: 갖가지의, 다양한, 가지각색의

의문의 명사절이 또 들어있는 혼합문에 이어, <원인·이유>를 뜻하는 because-부사절이 왔다.

8. But I want all of you to know that I feel, *as John Podesta did*, we walked out of the Oval Office for the last time today about 10:30, and ─ no, no about 10:00 ─ and he was tearing up a little bit. … *as*-부사절이 삽입절로 오고, I feel 다음에 명사절을 이끄는 that-접속사가 생략되었다.

▶▶ **관련 문법**: 문장의 구조, 부대상황의 현재분사, 지각동사, 감탄문, 관계절

번역

연구 16

시제(tense)

…시제란 동작과 상태의 시간적 관념을 표현하기 위해 동사가 갖는 시적(時的)인 변화를 말하는데, 현재·과거·미래를 중심으로 기본시제·진행형·완료형·완료진행형이 있어 모두 12시제가 된다.

1) 영어 동사의 12시제는 다음의 표와 같이 정리할 수 있다.

2) 현재시제는 ①현재의 동작이나 상태, ②현재의 습관적인 동작, ③불변의 사실이나 진리, ④역사적 현재나 극적(劇的)인 현재, ⑤옛 사람의 말 등을 인용할 때, ⑥시간이나 조건의 부사절에서 또는 가까운 미래나 미래시제를 대신하여 또는 현재완료 시제를 대신하여 사용된다.

※ 현재의 습관적인 동작을 나타내는 경우에는 alway, everyday 등의 빈도를 나타내는 부사나 go, start, leave, come, reach, return, set, fall, arrive, sail 등의 왕래발착을 의미하는 동사와 함께 쓰이는 경우가 많다.

3) 과거시제는 ①과거 일정시점의 동작·상태·습관, ②과거의 경험, ③가정법 과거, ④불변의 진리나 역사적 사실, ⑤시간의 부사절에서 과거완료의 대용으로 사용된다.

			active voice(능동)	passive voice(수동)	원형	수동	진행	완료	기본시	원형
현재		기 본	He *writes* a letter.	It *is written by* him.	쓰	어지				다
		진 행	He *is writing* it.	It *is being written by* him.	쓰	어지	고있			다
		완 료	He *has written* it.	It *has been written by* him	쓰	어지		었		다
		완료진행	He *has been writing* it.	(없 음)	쓰		고있	었		다
과거		기 본	He *wrote* a letter.	It *was written by* him.	쓰	어지				다
		진 행	He *was writing* a letter.	It *was being written by* him.	쓰	어지	고있			다
		완 료	He *had written* it.	It *had been written by* him.	쓰	어지		었		다
		완료진행	He *had been writing* it.	(없 음)	쓰		고있	었		다
미래		기 본	He *will write* a letter.	It *will be written by* him	쓰	어지				다
		진 행	He *will be writing* it.	(없 음)	쓰	어지	고있			다
		완 료	He *will have written* it.	It *will have been written by* him.	쓰	어지		었		다
		완료진행	He *will have been writing* it.	(없 음)	쓰		고있	었		다

※ 우리말의 수동(피동) 보조어간에는 '어지' 외에 '이, 히, 리, 기' 등도 있으며, 현재진행의 보조어간에는 '는, ㄴ' 이 있다. 또 '쓰고 있다'로 말할 때 '있다'는 조동사가 된다.

제3편

통 · 번역학 실제연습

International Campaign Against Terror Grows

2001년 미 뉴욕에 9.11 테러가 발생한 직후인 9월 25일, 그 수습에 여념이 없는 Bush 대통령을 위로하러 방문한 일본의 Koizumi 수상과 함께 한 Bush 대통령의 공동 기자회견 연설이다. 짧게 한 두 마디 밖에 하지 않지만, Koizumi의 영어 발음을 직접 들을 수 있는 기회도 있다. 유창한 미국식 발음으로 말하기보다 그 미국식 발음을 알아듣고 이해하는 능력이 더 중요함을 보여주는 연설이다. 각 페이지 밑줄 친 부분을 번역하고, 하단의 설명을 읽고 해당하는 단어를 본문에서 찾아 써라.

President Bush : I am really pleased and honored that / my personal friend, and a friend of the United

Unit0101 1)
States, has come all the way from / Japan to express his solidarity / with the American

people / and our joint battle against terrorism.

Unit0102 The Prime Minister and I had a wide-ranging discussion about / ways that we can
고이즈미 수상과 저는   광범위한 토론을 하였습니다   방법에 관하여   우리가 협조할 수 있는
cooperate with each other / to fight global terrorism. Most notably, we talked about /
서로   세계적인 테러리즘과 싸우기 위해   특히 그 중에서도   우리는 이야기를 나눴습니다
the need to work in / a way to cut off their funding. The Prime Minister also talked
조치를 취할 필요성에 관하여   그들의 자금을 차단할 방법에 있어서   2)
about ways that / Japan will share intelligence, that we'll work cooperatively on the

diplomatic front. We had a great discussion.
                         우리는 훌륭한 토론을 하였습니다

Unit0103 Not only am I pleased with the / great cooperation that / we're having with our friend,
저는 기쁘게 생각할 뿐만 아니라   훌륭한 협조에 대하여   우리의 동맹국 일본이 보여준
the Japanese ; I am most pleased / that the Saudi Arabians / yesterday cut off relations
            저는 매우 기쁘게 생각합니다   어제 사우디아라비아가 관계를 단절한 것과
with the Taliban, and that President Putin, in a strong statement to the world, talked
탈레반과   푸틴 대통령이   세계에 대한 강력한 성명을 통해
about the cooperation that Russia / and the United States / will have in / combatting
협조에 관하여 이야기한 것을   러시아도 미합중국과 마찬가지로 투쟁할 것이라는
global terrorism / as well.
세계적인 테러리즘과

Unit0104 The coalition of / legitimate governments and
연합은   정통적인 정부들과
freedom-loving people is strong. People will
평화를 사랑하는 사람들의   강력합니다   사람들은
contribute / in different ways to this coalition.
공헌할 것입니다   다양한 방법으로   이 연합에
But the mission won't change. The duties of
그러나 작전은 바뀌지 않을 것입니다   연합의 임무들은
the coalition may alter, but the mission won't
                        바뀔 수 있지만   작전은 변경되지 않을 것입니다
alter. And that is to / rout out / and destroy
            그리고 그것은 색출하는 것이며 파괴하는 것입니다
international terrorism.
국제적인 테러리즘을

Vocabulary Drills ①_____ what one is obliged to do by morality, law, a trade, calling, conscience, etc.
                 ②_____ a feeling or state of togetherness or having the same opinions as others in a group

일본에 생중계로 방송되었던 까닭에 부시의 말이 끝나는 대로 일본어 통역이 등장하여 일본어로 통역을 하고 있는데, 언어상의 특성 때문에 부시의 영어보다 일본어의 통역이 더 오래 걸린다. 또 고이즈미는 짧은 몇 마디 말밖에 하지 않지만, 통역을 거치지 않고 직접 영어로 하고 있는데, 말하기 보다 알아듣고 이해하는 능력이 훨씬 더 중요함을 생생하게 보여주는 자료이다.

1. 감정을 나타내는 동사들은 보통 수동형으로 표시된다. †all the way : 1)도중 내내 2)먼 길을 무릅쓰고 3)[美·口] ~의 범위 내에 4)[美·俗](동의·지지) 전폭적으로, 언제라도, 무조건으로

4. †as well : 1)게다가, 더욱이, 더구나 ¶He speaks Russian~. 2)마찬가지로 잘 ¶He can speak Russian~.

🔊 **소리분석** *1.* pleased and, and a, friend of, and I, discussion about, each other, talked about, work in, am I, with our, in a, have in, coalition of, people is : 연음

2. and, friend, joint, against, most, President, statement, world, different : 말음의 자음 생략

3. honored that, about the, that the, is strong, But the : 조음점 동화

4. United, solidarity, battle, had a, notably, need to, cut off, that we'll, diplomatic, Not only, Putin, combatting, legitimate, duties, rout out : 강모음과 약모음 사이의 -t/-d의 -r 유음화

💡 **구문분석** *1.* I am really pleased and honored that my personal friend, and a friend of the United States, has come all the way from Japan to express his solidarity **with the American people and our joint battle** against terrorism. ⋯ <이유>의 that-부사절이 쓰인 수동형의 제1형식의 문장이다.

2. The Prime Minister and I had a wide-ranging discussion about *ways that we can cooperate with each other to fight global terrorism.* ⋯ <S + V + O> 구조로, 두 사람 모두가 S가 되고 있으며, *ways*를 선행사로 하는 that-관계절이 오고 있다.

3. The Prime Minister also talked about *ways that Japan will share intelligence, that we'll work cooperatively on the diplomatic front.* ⋯ *ways*를 선행사로 하는 that-관계절이 오고 있다.

4. **Not only** am I pleased with the great **cooperation** that we're having with our friend, the Japanese ; I **am** most **pleased that** the Saudi Arabians yesterday cut off relations with the Taliban, **and that** President Putin, *in a strong statement to the world,* talked about the **cooperation** that Russia and the United States will have in combatting global terrorism as well. ⋯ <not only A but (also) B : A뿐만 아니라 B도 역시>의 'but also'를 semi-colon(;)이 대신하고 있다.

번역 **부시 대통령** : 1) 저는 테러리즘에 대항하는 우리의 합동전투와 미국 국민들에 대한 자신의 연대감을 표시하기 위해 저의 개인적인 친구이자 미합중국의 친구가 먼길을 무릅쓰고 일본에서 찾아온 것을 진정으로 기쁘고 영광으로 생각합니다. 고이즈미 수상과 저는 세계적인 테러리즘과 싸우기 위해 우리가 서로 협조할 수 있는 방법에 관하여 광범위한 토론을 하였습니다. 특히 그 중에서도 우리는 그들의 자금을 차단할 방법에 있어서 조치를 취할 필요성에 관한 이야기를 나눴습니다. 2) 고이즈미 수상은 또한 일본이 정보를 공유하고 외교의 일선에서 우리가 협력하여 일할 수 있는 방법에 관하여 말씀하셨습니다. 우리는 훌륭한 토론을 하였습니다.
우리의 동맹국 일본이 보여준 훌륭한 협조에 대하여 저는 기쁘게 생각할 뿐만 아니라 어제 사우디아라비아가 탈레반과의 관계를 단절한 것과 푸틴 대통령이 세계에 대한 강력한 성명을 통해 러시아도 미합중국과 마찬가지로 세계적인 테러리즘과 투쟁할 것이라는 협조에 관하여 이야기한 것을 매우 기쁘게 생각합니다.
정통적인 정부들과 평화를 사랑하는 사람들의 연합은 강력합니다. 사람들은 다양한 방법으로 이 연합에 공헌할 것입니다. 그러나 작전은 바뀌지 않을 것입니다. 연합의 임무들은 바뀔 수 있지만, 작전은 변경되지 않을 것입니다. 그리고 그것은 국제적인 테러리즘을 색출하는 것이며 파괴하는 것입니다.

Nuance **'고대(기대)하다'는 뜻의 말들**
①expect : 어떤 일이 당연히 발생할 것으로 상당한 근거나 확신을 가지고 기대하다, 예상하다. ②anticipate : 즐거운 마음과 확신을 가지고 단순히 무엇인가를 expect하는 의미로 나쁜 일에는 쓰지 않는 것이 보통이다. ③look forward to : 즐거운 마음으로 기대를 걸고 학수고대하다. to 다음에는 명사나 동명사를 써야 한다. ④want : '바라다, 원하다'는 의미의 가장 일반적인 말. ⑤wish : 가능·불가능에 관계없이 바라고 있음을 의미한다. ⑥hope : 바람직한 일이 실현 가능하리라 믿고 기대하다. 어떤 좋은 일이 일어나기를 바라는 마음(wish)과 그렇게 되기를 기대하는 마음(expectation)이 복합된 의미이다. ⑦desire : want와 거의 같은 뜻이나 딱딱한 말이다. ⑧await : 무슨 일이 일어날 때 그것을 받아들일 준비가 되어 있음을 의미하여, 좋은 일이나 나쁜 일 모두에 두루 쓰인다.

연구 17

상관접속사(Correlative Conjunction)(1) ⋯⋯⋯⋯ **연구 18** 에 계속(p.179)
⋯ 기능을 기준으로 하는 등위접속사나 종속접속사와는 달리 단순접속사, 복합접속사, 구 접속사(Phrasal Conjunction) 등과 함께 형태를 기준으로 하는 구분에 속하는 상관접속사는 한 쌍의 어구가 서로 호응하는 접속사와 같은 역할을 하는 것으로 이들이 연결하는 요소들은 서로 같은 문법적 성분이어야 한다.

1) not only A but (also) B : A뿐만 아니라 B도 역시 ⋯ only 대신에 merely(simply, solely, alone)가 쓰이기도 하며, 뒤에 too나 as well(besides, likewise, except, save)이 오기도 한다. 숨어들은 강조되고 있는 B에 일치시키며, 같은 의미를 가지는 as well as로 바꿔 쓸 때는 A와 B의 위치가 서로 달라진다. · *Not only the pupils but also the teacher was laughing.*/ · I wrote *not only to my parents, but (also) to my brother.*/ · *Not only did I wrote to my parents, but I (also) wrote to my brother.*/ · *Not only Shakespeare was a writer, but also he was an actor.*(= Shakespeare was *an actor as well* as a writer.)/ · He speaks *not only English but (also) Russian.* = He speaks Russian *as well as English.* = He speaks *both English and Russian.*/ · His were *not merely crimes of theft but of violence against elderly people.*/ · We are apt to forget that the man who owns land and cherishes it and works it well is the source of our stability as a nation, *not only in the economic but the social sense as well.*

※ 본문의 밑줄 친 부분을 번역하고, 하단의 설명을 읽고 해당하는 단어를 본문에서 찾아 써라.

Unit0105 The Prime Minister understands / this requires a long-term vision, requires a patience /
고이즈미 수상께서는 　　　　알고 계셨습니다 이 일이 오랜 기간의 관찰을 요구하고 　　　　인내를 요구한다는 것을
amongst both our people. And it also requires a determination / and a strong will. I
양국 국민들 사이에 　　　　그리고 그 또한 결의와 강한 의지를 요구합니다
know he's got a determination and strong will, and he knows I am determined / and
저는 그가 결의와 강한 의지를 갖고 있다는 것을 알고 있으며 　　　　그는 알고 있습니다 제가 결연하며
willful in this struggle.
이 싸움에서 완고하다는 것을

Mr. Prime Minister.
고이즈미 수상

Prime Minister Koizumi : I'm very pleased / to say, we are friends. Had a great talk, friendly. And / I convey /
Unit0106 　저는 말할 수 있게 되어 매우 기쁩니다 우리가 친구라는 것을 우호적으로 훌륭한 대화를 가졌습니다 그리고 저는 전했습니다
what I am thinking. We Japanese / are ready to stand by the United States to fight
제가 생각하는 바를 　　우리 일본인들은 도울 준비가 되어 있습니다 　　　미합중국이 테러리즘과 싸우는 것을
terrorism. We could make sure / of this global / objective. We must fight terrorism / with
우리는 확인할 수 있었습니다 　이 세계적인 목적을 　　우리는 테러리즘과 싸워야만 합니다
a determination / and a patience. Very good meeting. Fantastic meeting.
결의와 인내를 가지고 　　　매우 좋은 만남이었습니다 환상적일만큼

President Bush : I'll take a few questions.
Unit0107 몇 가지 질문을 받겠습니다

Q : Mr. President, on the domestic front, sir, why not extend unemployment and health
3)
insurance / benefits to airline workers? And what do you think of the proposals / to put
4)
reservists and military police on airplanes, and to allow pilots / to carry guns?

President Bush : Well, we're looking at / all options — this doesn't require translation, by the way —
Unit0108 글쎄요 우리는 모든 선택 방안들을 검토하고 있는 중입니다 이 말은 통역할 필요가 없습니다 　　　　아무튼
we're looking at / all options / as to how to enhance / airline security. I had a breakfast
우리는 모든 선택 방안들을 검토하고 있는 중입니다 　　항공기의 안전을 증대할 수 있는 방법에 대한 저는 아침 식사를 했습니다
this morning / with leaders / of the Senate and the
오늘 아침 상하 양원의 지도자들과 함께
House. This was one of the topics we discussed.
이것이 화제 중의 하나였습니다 우리가 토론한
Secretary of Transportation Mineta is coming over
교통부 장관 Mineta가 건너올 예정입니다
this afternoon to present me with / some of the
오늘 오후에 　　저에게 제출하기 위해 그 조건들 중 몇 개를
options. And I look forward to working with
그리고 저는 고대하고 있습니다 의회와 함께 하기를
Congress / to put some concrete steps in place / that
확실하고 적절한 조치를 취하는데 있어서
will assure the American public that the government /
미국의 일반 대중에게 보장하려는 　　　정부와
and the airlines are doing as much as we can / to
항공사들은 우리가 할 수 있는 최선을 다하고 있다는 것을
enhance security and safety.
안보와 안전을 증대시키기 위해

Vocabulary Drills ③ _____ *the ability to accept discomfort, pain, or troubles while waiting calmly for something*
④ _____ *person trained and licensed to take ships into or out of a harbor, along a river, through a channel, etc.*

소리분석 *1.* understands, friends, reservists : 3개 이상 중첩된 복합자음군에서의 중간음 탈락

2. requires a, both our, And it, and a, with a, take a, health insurance, think of, police on airplanes, all options, was one of, some of, steps in, airlines are : 연음

3. it also, Had a, United, meeting, what do, security, that will, safety : -t/-d의 -r 유음화

4. determined, stand, President, front, extend unemployment and : 자음 뒤 말음의 자음 생략

5. great talk, enhance security : 겹자음의 발음 생략

---

1. <S₁+V₁+O₁, and S₂+V₂+O₂> 구조이다.

3. †**What do you think of~?** : '~에 대하여 어떻게 생각합니까?'라는 의미로 How do you think?라고 말해서는 안된다. 이에 대한 응답은 I think with my mind.라고 밖에 답할 수 없기 때문이다. *cf.* 1)**How do you like~?** : ~은 어떻습니까?, 마음에 드십니까?, ~을 어떻게 생각하십니까?

2)**What(How) about~?** : ~은 어떻습니까? 모두 흔히 사용하는 표현이지만 엄밀히 말하면 What about~?는 상대방의 감상이나 의견을 묻거나 권유할 때 쓰는 표현이고, How about~?은 제안이나 권유에 쓰는 표현이다.

5. †**look forward to**+동명사 : ~을 고대하다(*anticipate*)./ **in place** : 적당한, 적절한

구문분석 *1.* I know *he's got a determination and strong will*, and he knows *I am determined and willful in this struggle.* ··· O가 되는 that-명사절의 that이 생략되었다.

2. Mr. President, on the domestic front, sir, why not **extend** unemployment and health insurance benefits **to** airline workers? ··· †**extend A to B** : A를 B까지(로) 연장(확대)하다.

3. And **what do you think of the proposals** *to put* reservists and military police on airplanes, and *to allow* pilots to carry guns? ··· *the proposals*을 후위 수식하는 두 개의 형용사적 용법의 to-inf.가 쓰이고 있다. †**allow A to-inf.** : A에게 ~할 것을 허락하다.

4. Well, we're looking at all options — this doesn't require translation, by the way — we're looking at all options **as to** *how to enhance airline security.* ··· **as to**의 목적어가 되고 있는 <how + to-inf.> 구조의 명사적 용법이 쓰이고 있다. †**look at** : ~을 자세히 보다, 고찰하다.

5. And I *look forward to* working with Congress to put some concrete **steps** in place *that will assure the American public* that the government and the airlines are doing as much as we can to enhance security and safety. ··· *steps*를 선행사로 하는 *that*-관계절의 술어동사로 쓰인 assure의 DO로 that-절이 왔다.

번역 이 일이 오랜 기간의 관찰을 요구하고 양국 국민들 사이에 인내를 요구한다는 것을 고이즈미 수상께서는 알고 계셨습니다. 그리고 그 또한 결의와 강한 의지를 요구합니다. 저는 그가 결의와 강한 의지를 갖고 있다는 것을 알고 있으며, 그는 이 싸움에서 제가 결연하며 확고하다는 것을 알고 있습니다.

고이즈미 수상

고이즈미 수상 : 저는 우리가 친구라는 것을 말할 수 있게 되어 매우 기쁩니다. 우호적으로 훌륭한 대화를 가졌습니다. 그리고 저는 제가 생각하는 바를 전했습니다. 우리 일본인들은 미합중국이 테러리즘과 싸우는 것을 도울 준비가 되어 있습니다. 우리는 이 세계적인 목적을 확인할 수 있었습니다. 우리는 결의와 인내를 가지고 테러리즘과 싸워야만 합니다. 환상적일만큼 매우 좋은 만남이었습니다.

부시 대통령 : 몇 가지 질문을 받겠습니다.

질문자 : 3) 부시 대통령께 외교 문제에 대하여 여쭙겠는데, 항공 종사자에게는 왜 실직과 건강보험 수혜를 확대 적용시키지 않습니까? 4) 재향군인이나 무장 경찰을 비행기에 탑승시키고 조종사에게 권총 휴대를 허가하자는 제안을 어떻게 생각하십니까?

부시 대통령 : 글쎄요, 우리는 모든 선택 방안들을 검토하고 있는 중입니다 — 이 말은 통역할 필요가 없습니다 — 아무튼 우리는 항공기의 안전을 증대할 수 있는 방법에 대한 모든 선택 방안들을 검토하고 있는 중입니다. 저는 오늘 아침 상하 양원의 지도자들과 함께 아침 식사를 했습니다. 이것이 우리가 토론한 화제 중의 하나였습니다. 오늘 오후에 교통부 장관 Mineta가 그 조건들 중 몇 개를 저에게 제출하기 위해 건너올 예정입니다. 그리고 저는 안보와 안전을 증대시키기 위해 정부와 항공사들은 우리가 할 수 있는 최선을 다하고 있다는 것을 미국의 일반 대중에게 보장하려는 확실하고 적절한 조치를 취하는데 있어서 의회와 동참하기를 고대하고 있습니다.

연구 18

상관접속사(Correlative Conjunction)(2)

2) **both A and B** : A와 B 모두 ··· 어구의 연결에 별 제약없이 사용되지만 문장의 연결에는 사용되지 아니한다.

· **Both** *Keats* **and** *Shelley* were romantic English poets./ · John can speak **both** *French* **and** *German.*/ · He gave me **both** *food* **and** *money.*(이때의 **both** *food* and *money*는 **not only** *food* but **also** *money*나 **not merely** *food* but **also** *money*로 말할 수도 있을 것이며, 모두를 나타내는 *food* and *money*는 **as well as** *food.* = He gave me *food*, and *money* **as well**.로도 말할 수 있다. 그리고 이때의 as well 대신 *besides*, *into the bargain*, *in addition*, *additionally*가 와도 같은 의미가 된다.

·········· **연구 72**에 계속(p.375)

Nuance Drills *Fill in the blanks with a suitable word as given:*

¹_____ implies a considerable degree of confidence that a particular event will happen. ²_____ implies a looking forward to something with a forecast of the pleasure or distress it promises, or a realizing of something in advance, and a taking of steps to meet it. ³_____ implies a desire for something, accompanied by some confidence in the belief that it can be realized. ⁴_____ implies a waiting for, or a being ready for, a person or thing.

(a) anticipate   (b) expect
(c) hope   (d) await

Answers for Vocabulary Drills ③ patience ④ pilot

통번역학 이론과 실제

※CD를 듣고 공란에 들어갈 말을 받아쓴 후 본문의 밑줄 친 부분을 번역하고, 하단의 설명을 읽고 해당하는 단어를 본문에서 찾아 써라.

 Unit0109

In terms of the labor issues, Elaine Chao is developing a list of recommendations, a
list of options, to make sure that the / displaced worker is / given due consideration in
the halls of government. ① [ðætsʌbʤik keimʌp æzwél] . There is no consensus yet.
그러한 문제도 고려되었습니다   그에 대해서는 의견의 일치가 아직 이뤄지지 않았습니다
There is a desire to work / toward taking care of displaced workers. And both the
노력해야 한다는 요구가 있습니다   실직 노동자들을 돌보는 방향으로   그리고 의회와 백악관 모두
Congress and the White House will be presenting options.
방안을 제출할 예정입니다

Q : Mr. President, you mentioned Saudi Arabia. What does this mean in terms of isolating
Unit0110 대통령 각하   각하께서는 사우디아라비아에 대하여 언급했습니다   그것은 무슨 뜻입니까?   탈레반 격리의 관점에서 보면
the Taliban? And would you now / encourage Pakistan / to do the same?
그리고 귀하는 이제 파키스탄에게도 권하려고 합니까?   그렇게 하도록

President Bush : Well, we've gotten / broad cooperation from Pakistan. We're most pleased with their
Unit0111 글쎄요   우리는 폭넓은 협조를 얻어내고 있습니다   파키스탄으로부터   우리는 특히 감사하고 있습니다
response. They are a country that has — going to be, obviously, deeply affected / by
그들의 대응에   그들은 국가입니다   분명하고도 깊이 영향을 받고 있으며, 받을 예정인
actions we may or may not take in that part of the world.
작전에 의해 우리가 그 지역에 개입할지 또는 개입하지 않을지도 모르는

Unit0112 It's very interesting that the Prime Minister shared with me the fact that his country
has provided / $40 million in humanitarian assistance to the Pakistanis, and I want to
thank him for that. We, too, are providing humanitarian assistance for people in that
우리도 또한 인도적인 지원을 제공할 예정입니다   그 지역에 사는 사람들을 위해
world, as are the Saudis. And that's an important part of the coalition, to understand
사우디가 그런 것처럼   그리고 그것은 연합의 중요한 부분입니다   이해하기 위한
that / ② [wʌnəvði íːʃuz təmèik ʃúərðæt] / Pakistan is a stable / country, and that /
그러한 결과가 확실히 해준다는 것을   파키스탄이 안정된 국가라는 것과
whatever consequences may occur as a result of acts that we may or may not take /
작전의 결과가 어떻게 되든지 간에   우리가 착수할지 안할지도 모르는
③ [izwʌn ðǽrwi dúːðəbés wikəntumǽniʤ] .
그것이 우리가 처리할 수 있는 최선 중의 하나라는 것을

In terms of …
그 문제에 대해 …

Q : Isolation of the Taliban.
Unit0113 탈레반의 격리

President Bush : Oh, isolating the Taliban? Well, I think most people in the world understand / that I
Unit0114 아, 탈레반의 격리라 했죠?   글쎄 저는 생각합니다 세상의 대부분의 사람들은 받아들였다고
was very serious, and they're serious, when
제가 매우 심각했으며   그들은 신중했다고 우리가 말씀드렸을 때
we say if you harbor a terrorist, you're just
만약 누구든 테러범들을 보호한다면   범죄를 저지르는 것이라고
as guilty / as the terrorist. ④ [ðætspríri áisəleirid
테러범과 같은   그들은 매우
itsíːms láiktəmi] .
고립되어 있다고 저는 생각합니다

Vocabulary Drills ⑤ _____ a person devoted to improvement of the human condition
⑥ _____ a time period, such as in elected office or education ; a word or expression that describes something

180 | 제3편 통·번역학 실제연습

🔊 **소리분석** *1.* That subject came up as well : 자음 뒤 말음의 자음 생략(주로 -d/-t 음), 연음

2. one of the issues is to make sure that : 연음, 기능어의 축약

3. is one that we do the best we can to manage : 연음, -t/-d의 -r 유음화, 말음의 자음 생략

4. That's pretty isolated, it seems like to me : -t/-d의 -r 유음화

💡 **구문분석** *1.* In terms of the labor issues, Elaine Chao is developing a list of recommendations, **a list of options,** *to make sure that the displaced worker is given due consideration in the halls of government.* ··· 현재진행형, comma(,)로 묶인 a list of recommendations에 대한 동격어구와 이를 후위 수식하는 형용사적 용법의 to-inf. 등에 주의해야 한다.

2. They are a country that *has —going to be,* obviously, deeply *affected* by actions we may or may not take in that part of the world. ··· *has* (affected and) *going to be affected*를 dash(—)로 묶으며 *affected*를 생략하고 있다.

3. It's very interesting **that₁** *the Prime Minister shared with me* **the fact** *that₂ his country has provided $40 million in humanitarian assistance to the Pakistanis, and I want to thank him for that₃.* ··· 가주어 It, 문장 끝까지 계속되어 진주어로 쓰인 that₁-절, **the fact**와 동격을 이루는 that₂-절, that₂-절을 대신하는 지시대명사로 쓰인 that₃ 등에 주의해야 한다.

4. And *that₁*'s an important part of the coalition, to understand **that₂** one of the issues is to make sure *that₃ Pakistan is a stable country, and that₄ whatever consequences may occur as a result of acts* **that₅** *we may or may not take is one* **that₅** *we do the best we can to manage.* ··· best 다음에 생략된 것까지 포함하면 모두 6개의 that이 쓰이고 있다.

5. Well, I think most people in the world understand *that I was very serious, and they're serious, when we say if you harbor a terrorist, you're just as guilty as the terrorist.* ··· think 다음에 O가 되는 명사절을 유도하는 접속사 that이 생략되었다.

---

1. †**in terms of** : 1) ~의 말로, 특유의 표현으로, 2) ~에 의하여, ~으로 환산하여, 3) ~에 관하여, ~의 점에서 보면

2. '~일지도 모른다'는 《불확실한 추측》을 뜻하는 may를 써서 아프간 침공 작전에 대한 명확한 언급을 피하고 있다.

4. *that₁*은 앞서의 문장 내용을 대신하는 대명사, *that₂*와 *that₄*는 understand의 O가 되는 명사절을 이끈 접속사, *that₃*는 make sure의 O가 되는 명사절을 이끄는 접속사, *that₅*는 앞에 있는 *one*을 선행사로 하는 관계대명사이며, 생략된 것은 *best*를 선행사로 하는 관계대명사이다.

5. serious는 한 문장 안에서 '진지한, 중대한'의 두 의미로 쓰이고 있다.

Nuance '**결과**'를 뜻하는 말들

①**result** : 어떤 원인·조건·전제의 최종적인 결론으로 나타나는 결과로 '성과·성적'으로 나타나게 된 과정이 평가되고, 구체적인 것을 보여주는 경우가 많다. 또 원인(cause)의 작용을 끝나게 하는 결과(effect)를 의미하며, 그 행동의 끝이나 최후의 단계를 암시하는 까닭에 경마·경기·시험에 대해서는 result라고 하지만, consequence라 하지 않는다. 그러나 문맥에 따라서는 result, consequence, effect 모두 서로 같은 의미로 쓰이는 경우도 많다. ②**effect** : cause의 상대되는 말로, 어떤 원인으로 발생하는 가장 강력하고 직접적인 결과이며, 단시간 내에 나타나는 것을 암시한다. ③**consequence** : 원인에 대한 직접적이기는 하지만 effect만큼 긴밀하지는 않은, 어떤 사건과 관련하여 계속적 필연적으로 나타내 대방면에 영향을 까치는 결과로 복수형으로 쓰이는 경우가 많다. 예컨대, 질병은 과로나 부주의의 effect이나, 명성을 잃는 것은 마땅치 않은 행동의 consequence이며, 다음 세대에 영향을 미치는 전쟁의 consequence라는 식으로 표현한다. ④**fruit** : 좋은 결과, 성과 ⑤**issue** : result의 뜻에 해결(solution)의 의미가 내포되어 있어 어떤 문제의 결말이나 해결점이 되는 결과를 가리킨다. ⑥**outcome** : issue보다 결말의 의미가 약해 종종 구체적으로 뚜렷하지 않은 result를 나타내는데, issue나 outcome은 결과에만 초점을 두고, 과정에 대한 평가는 고려되지 않는다.

번역 **5)** 노동 문제에 관해서는, Elaine Chao가 권고안 목록을 만들고 있는 중인데, 그 선택 목록은 실직자들에게 정부 사무소에서 정당한 배려가 주어져야 한다는 것을 분명히 하는 것입니다. 그러한 문제도 고려되었습니다. 그에 대해서는 아직 의견의 일치가 이뤄지지 않았습니다. 실직 노동자들을 돌보는 방향으로 노력해야 한다는 요구가 있습니다. 그리고 의회와 백악관 모두 방안을 제출할 예정입니다.

질문자 : 대통령 각하, 각하께서는 사우디아라비아에 대하여 언급했습니다. 탈레반 격리의 관점에서 보면 그것은 무슨 뜻입니까? 그리고 이제 파키스탄에게도 그렇게 하도록 권하려고 합니다?

부시 대통령 : 글쎄요, 우리는 파키스탄으로부터 폭넓은 협조를 얻어내고 있습니다. 우리는 그들의 대응에 특히 감사하고 있습니다. 그들은 우리가 그 지역에 개입할지 또는 개입하지 않을지도 모르는 작전에 의해 분명하고도 깊이 영향을 받고 있으며, 받을 예정인 국가입니다.

6) 고이즈미 수상께서 그의 나라가 파키스탄에 인도적 지원으로 4억 달러를 제공했다는 사실을 저와 함께 한 것은 매우 흥미로운 것이며, 저는 그에 대하여 그에게 감사하고 싶습니다. 그 지역에 사는 사람들을 위해 사우디가 그런 것처럼, 우리도 또한 인도적인 지원을 제공할 예정입니다. 그리고 그것은 그러한 결과가 파키스탄이 안정된 국가라는 것과 우리가 착수하지 않할지도 모르는 작전의 결과가 어떻게 되든지 간에, 그것이 우리가 처리할 수 있는 최선 중의 하나라는 것을 확실히 하기 위한 연합의 중요한 부분입니다.

그 문제에 대해 ···

질문자 : 탈레반의 격리.

부시 대통령 : 아, 탈레반의 격리라 했죠? 글쎄, 세상의 대부분의 사람들은 제가 매우 심각하며 누구든 만약 테러범들을 보호한다면, 그는 테러범과 같은 범죄를 저지르는 것이라고 말씀드렸을 때 그들이 매우 신중하게 받아들였다고 저는 생각합니다. 그들은 매우 고립되어 있다고 저는 생각합니다.

Answers for Vocabulary Drills ⑤ humanitarian ⑥ term

※ CD를 듣고 공란에 들어갈 말을 받아쓴 후 본문의 밑줄 친 부분을 번역하고, 하단의 설명을 읽고 해당하는 단어를 본문에서 찾아 써라.

Q : Mr. President, ① [əkɔ́:riŋtu əpínjənpoul]_____, about 90 percent of the Japanese are
Unit0115   7)
concerned / that Japan support of the U.S. military action / could trigger terrorist

attacks on Japan, itself. Do you have anything / to say to them to, to their concern?
          각하께서는 그들에게 하실 말씀이 있습니까?   그들의 걱정에 대하여

President Bush : Well, I think this : I think 100 percent of the Japanese people ought to understand /
Unit0116   글쎄요, 이렇게 생각합니다   8)
that we're dealing with evil people / who hate freedom and legitimate governments,

and that now is the time / for freedom-loving people to come together to fight

terrorist activity. We cannot be — we cannot fear terrorists. We can't let terrorism /
                        우리는   우리는 테러범들을 두려워해서는 안됩니다   우리는 테러가
dictate our course of action. ② [ænwìəl nát lérətérəris diktéit]_____ / the course of
우리의 작전 방침을 지시하도록 허락해서는 안됩니다 그리고 우리는 테러범들이 명령하도록 허락해서는 안되며   방침을
action / in the United States ; and I'm sure the Prime Minister feels the same way
미합중국의 작전   저는 확신합니다   고이즈미 수상도 같은 식으로 생각하고 있다고
about Japan.
일본에 관하여

Unit0117   No threat, no threat / will prevent freedom-loving people from defending freedom. ③ [æm
          어떤 위협도, 자유를 사랑하는 사람들이 자유를 지키는 것을 막을 수 있는 위협이란 존재하지 않습니다
mèik nou mistéi kəbáurit]_____ : This is good versus evil. These are evildoers. They have
이에 관해서는 오해가 있을 수 없습니다   이것은 선과 악의, 대결입니다   그들은 악행자들입니다
no justification for their actions. There's no religious justification, there's no political
그들의 행동에는 정당화될 여지가 전혀 없습니다   종교적으로든 정치적으로든 정당화될 수 없습니다
justification. The only motivation is evil. And the Prime Minister understands that, and
              유일한 동기는 악 뿐입니다   그리고 고이즈미 수상은 그것을 이해하고 있으며
the Japanese people, I think, understand that as well.
일본 국민들도   제 생각에는 마찬가지로 그것을 이해하고 있습니다

Q : Mr. President, amid signs of increasing turmoil in Afghanistan / and signs that there
Unit0118   대통령 각하   아프가니스탄에서 날로 늘어가는 혼란의 징후 중에   그리고 징후 중에서
may be splits within the Taliban regime itself, do you believe / that the people of
탈레반 정권 자체가 분열될 것 같은   각하는 믿습니까?
Afghanistan, themselves, are trying to liberate / themselves from the Taliban rule, and
아프가니스탄 국민들 스스로가   탈레반의 법률로부터 해방되려고 노력하는 중이라는 것을
would you support / that as part of your campaign against terrorism?
그리고 각하께서는 지원할 것입니까   테러리즘에 저항하는 각하의 노력에 대한 한 편으로

President Bush : We have no / issue / and no anger / toward the citizens of Afghanistan. We have
Unit0119   우리는 아무런 문제나 분노가 없습니다   아프가니스탄 국민들에 대해서는   우리는 명백히
obviously serious problems / with the Taliban government. They're an
                중대한 문제를 가지고 있습니다   탈레반 정권에 대해서   그들은
incredibly repressive government, ④ [əgʌ́vəmmən ðəræzə]_____ / value
믿을 수 없는 억압적인 정부이며   가치 체계를 가진 정부입니다
system that's hard for many in America, or
              미국의 대다수 사람들에게 곤란한   혹은
in Japan, for that matter, to relate to.
일본의   그 문제와 관련하여
Incredibly repressive toward women.
여성에 대하여 믿을 수 없을 정도로 억압적인

Vocabulary Drills ⑦ _____   *a strong feeling often with a show of hate about what someone or something is doing to you, (syn.) rage*
                   ⑧ _____   *a survey of public opinion by putting questions to a representative selection of persons*

3. And make에서 비음화가 발생하는데, [ænd]→[æn+meik]→[æm meik]로, [m, n, ŋ]으로 끝나는 말+[d, t, v, m, b, g]로 시작하는 말의 관계에서 비음화가 발생한다.

소리분석 *1.* according to opinion poll : -t / -d의 -r 유음화

2. And we will not let a terrorist dictate : 자음 뒤 말음의 자음 생략, -t/-d의 -r 유음화

3. And make no mistake about it : 비음화, 연음, -t / -d의 -r 유음화

4. a government that has a : 비음화, 자음 뒤 말음의 자음 생략, -t / -d의 -r 유음화, 연음

---

1. <호격+부사구>가 문두에 왔다.

2. that₁-절에서는 evil people을 선행사로 하는 who-관계절이 왔고, that₂-절에서는 now가 주어로 먼저 오고 C로 쓰인 the time을 후위 수식하는 to₁-inf., <목적>의 부사적 용법으로 쓰인 to₂-inf. 등에 주의해야 한다.

3. 사역동사 let은 허락·방임, make는 강제, bid는 명령, have는 명령·부탁의 의미를 내포한다.

4. 부정어나 준부정어가 주어로 쓰이면 '~하는 것(사람)은 없다'는 뜻으로 우리말로 옮긴다(There is no~).

5. 호격에 이어 amid에 의한 부사구가 문두에 왔으며, that은 signs과 동격을 이루는 명사절을 이끄는 접속사, that₂는 believe의 O로 쓰여 명사절을 유도하고, that₃는 support의 O인 명사절을 유도하는 접속사이다.

구문분석 *1.* Mr. President, *according to opinion poll*, about 90 percent of the Japanese are concerned that *Japan support of the U.S. military action could trigger* terrorist attacks on Japan, itself. ··· 술어동사 concerned와 that-절 사이에 전치사 about가 생략되었다.

2. I think *100 percent of the Japanese people* ought to understand that₁ *we're dealing with evil people* who hate freedom and legitimate governments, and that₂ now is the time for freedom-loving people to₁ come together to₂ fight terrorist activity. ··· think의 O로 쓰인 that가 생략된 that-명사절의 술어동사 understand의 O로 두 개의 that-절이 왔다.

3. And we will not *let* a terrorist *dictate* the course of action in the United States ; and I'm sure the Prime Minister feels the same way about Japan. ··· <사역동사+O+OC로서의 원형부사>가 왔다.

4. *No threat, no threat* will prevent freedom-loving people from defending freedom. ··· 부정주어가 왔으며, <prevent A from+동명사, 명사 : A가 ~하는 것을 막다(방해하다)> 용법이 쓰였다.

5. Mr. President, *amid signs of* increasing turmoil in Afghanistan *and signs that₁* there may be splits within the Taliban regime itself, do you believe *that₂ the people of Afghanistan, themselves, are trying to liberate themselves from the Taliban rule*, and would you support *that₃* as part of your campaign against terrorism? ··· <V+S+O> 구조인 의문문이다.

6. They're an incredibly *repressive government, a government that₁ has a value system that₂'s hard for many in America, or in Japan, for that₃ matter, to relate to.* ··· that₁은 *government*를, that₂는 *system*을 선행사로 하는 관계대명사이고, that₃는 지시형용사이다.

Nuance Drills *Fill in the blanks with a suitable word as given:*

¹_____ is applied to that which is directly produced by an action, process, or agent and is the exact correlative of cause. ²_____ suggests that which follows something else on which it is dependent in some way, but does not connote as direct a connection with cause. ³_____ stresses that which is finally brought about by the effects or consequences of an action, process, etc. ⁴_____, in this connection, suggests a result in which there is emergence from difficulties or conflict. ⁵_____ refers to the result of something that was in doubt.

(a) issue   (b) consequence
(c) result   (d) effect
(e) outcome

번역 **질문자 : 7)** 대통령 각하, 여론조사에 따르면, 미국의 군사 작전에 대한 일본의 지원이 일본 본토에 대한 테러범들의 공격을 촉발시킬 수도 있다고 약 90%의 일본 국민들이 우려하고 있다고 합니다. 각하께서는 그들의 걱정에 대하여 그들에게 하실 말씀이 있습니까?

부시 대통령 : 글쎄요, 이렇게 생각합니다. **8)** 우리는 자유와 합법적인 정부를 미워하는 악한 사람들을 처리하는 중이며, 지금은 테러범들의 활동과 싸우기 위해 자유를 사랑하는 사람들이 단결해야 하는 때라는 것을 100%의 일본 국민들은 이해해야만 한다고 저는 생각합니다. 우리는, 우리는 테러범들을 두려워해서는 안됩니다. 우리는 테러가 우리의 작전 방침을 명령하도록 허락해서는 안됩니다. 그리고 우리는 테러범들이 미합중국의 작전 방침을 명령하도록 허락할 수 없으며, 고이즈미 수상도 일본에 관하여 같은 식으로 생각하고 있다고 저는 확신합니다.

어떤 위협도, 자유를 사랑하는 사람들이 자유를 지키는 것을 막을 수 있는 위협이란 존재하지 않습니다. 이에 관해서는 오해가 있을 수 없습니다. 이것은 선과 악의 대결입니다. 그들은 악한자들입니다. 그들의 행동은 정당화될 여지가 전혀 없습니다. 종교적으로든, 정치적으로든 정당화될 수 없습니다. 유일한 동기는 악뿐입니다. 그리고 고이즈미 수상은 그것을 이해하고 있으며, 제 생각에는, 일본 국민들도 마찬가지로 그것을 이해하고 있습니다.

질문자 : 대통령 각하, 아프가니스탄에서 날로 늘어가는 혼란의 징후 중에 그리고 탈레반 정권 자체가 분열될 것 같은 징후 중에서 아프가니스탄 국민 스스로가 탈레반의 법률로부터 해방되려고 한다고 믿으며, 테러리즘에 저항하는 각하의 노력에 대한 한 편으로 각하께서는 지원할 것입니까?

부시 대통령 : 아프가니스탄 국민들에 대해서 우리는 아무런 문제나 분노가 없습니다. 우리는 명백히 탈레반 정권에 대해서 중대한 문제를 가지고 있습니다. 그들은 믿을 수 없는 억압적인 정부이며 그 문제와 관련하여 미국이나 혹은 일본의 대다수 사람들에게 곤란한 가치 체계를 가진 정부입니다. 여성에 대하여 믿을 수 없을 정도로 억압적인.

※ Answers for Nuance Drills : 1-d, 2-b, 3-c, 4-a, 5-e

※CD를 듣고 공란에 들어갈 말을 받아쓴 후 본문의 밑줄 친 부분을 번역하고, 하단의 설명을 읽고 해당하는 단어를 본문에서 찾아 써라.

Unit0120 They have made the decision / to harbor terrorists. The mission / is to rout out / terror-
그들은 결정을 하였습니다　　　　　테러범들을 숨겨주기로　　그 작전은 테러범들을 색출하는 것입니다
ists, ①
　　　그들을 찾아내고 그들을 재판에 세우기 위해　　　또는 제가 고이즈미 수상께 말씀드린 대로
in Western terms, to smoke them out of their caves, to get them running / ②
서부 영화식 표현으로　　연기를 피워 그들의 동굴에서 그들을 몰아내고　　　그들을 도주하게 하는 것입니다
　　　　.
우리가 그들을 잡을 수 있도록

Unit0121 The best way to do that, and one way to do that / is to / ask for the cooperation / of
9)
citizens within Afghanistan who may be tired of having the Taliban in place, or tired
of having / Osama bin Laden, people from foreign soils, in their own land, willing to
finance / this repressive government.

Unit0122 I understand the reality / of what's taking place inside / Afghanistan, and we're going to
10)
have a — listen, as I've told the Prime Minister, we're angry, but we've got a clear
vision. We're upset, but we know what we've got to do. And the mission / is to bring
　　　우리는 당황했지만　　　알고 있습니다　우리가 무엇을 해야하는 지를　　그리고 그 작전은
these particular terrorists to justice, and at the same time, send a clear signal, Terry,
이 특별한 테러범들을 재판에 부쳐 처벌하는 것이며　　그리고 동시에　　　분명한 경고를 보내는 것입니다
that says if you harbor a terrorist, if you aid a terrorist, ③　　　　　, you're
Terry가 말했듯이　테러범들에게 은신처를 제공하거나　테러범들에게 도움을 주거나　테러범들을 숨겨주면
just as guilty / as the terrorists.
당신은 테러범들과 같은 범죄를 저지르는 것이라는

Unit0123 And this is an administration — we're not into nation-building, we're focused on justice.
그리고 우리는 정부입니다　　　　　정부 청사 안에 있지 않고　　정의의 심판에만 주목하고 있는
And we're going to get justice. It's going to take a while, probably. ④
그리고 우리는 정의를 획득할 것입니다　　그것은 아마도 시간이 걸릴 것입니다　　그러나 저는 인내가 있는 사람입니다
____. Nothing will diminish my will / and my determination — nothing.
　　그 어떤 것도 저의 의지나 결의를 감소시키지 못할 것입니다　　　그 어떤 것도

Q : Mr. President, do you expect / any financial support also from
Unit0124 대통령 각하　　　어떤 재정적인 지원이 있을 것으로 예상합니까?
Japan, including …
요르단으로부터

President Bush : Financial proposals?
Unit0125 재정적인 제안 같은 것?

Q : Yes.
예

Vocabulary Drills ⑨ _____ a hole in the ground, usually with an opening in the side of a hill or mountain
　　　　　　　⑩ _____ the real world of objects and living things as it is in fact and not a romantic or idealistic view of it

1~2. 일반적인 현상은 아니나 부시의 발음처럼 빠른 발음에 주로 나타나는 현상으로, th- 발음이 강모음과 약모음 사이에 쓰이면 -t/-d발음처럼 -r발음으로 유음화하기도 하는데, to find them, get them 등이 그러하다.

1. 주어와 술어동사는 앞 문장의 주어와 술어동사 The mission is가 된다. 문미의 so 다음에는 that이 생략된 <목적>을 뜻하는 부사절이 오고 있다.

†smoke A out of+장소: 연기를 피워 ~에서 쫓아(몰아)내다.

4. 우리말로 옮길 때는 harbor와 hide의 의미상 차이에 주의해야 한다. ※Terry Yonkers: 9.11 테러가 발생하던 날, 미국 국방성 소속 민간인 공군 군무원으로 테러범에 의한 항공기의 충돌로 국방성 건물이 파괴되던 현장에 있던 사람

Nuance '알다·이해하다'를 뜻하는 말들

① understand: '이해하다'는 의미의 가장 일반적인 말로, 이해 결과의 지식이나 이해·양해하고 있다는 사실을 강조하며, 지적인 이해뿐만 아니라 감정적·경험적 이해와 연민·동정·통찰력까지도 암시하지만, 눈으로 분간할 때에는 쓰이지 않는다. ② comprehend: 완전한 이해에 이르기까지의 심적 과정을 강조하는 말로 주로 지적인 이해에 한정하여 사용하며, 어떤 것을 철저하게 이해한 후 다른 개념이나 사실과의 관계에 이르기까지 계산는 것이지만, understand는 그 의미뿐만 아니라 거기에 함축된 뜻까지 충분히 이해하는 것이다. ③ appreciate: 표면적으로나 일견으로는 보이지 않는 어떤 것의 참된 가치나 실체 등을 바로 이해·인식·평가하다. ④ apprehend: 불완전하기는 하지만 알아내어 깨닫았다는 의미를 내포한다. understand 보다 지적인 노력을 필요로 하는 이해에 사용한다. ⑤ know: 어떤 것의 '사실이나 진실을 알다'라는 의미의 일상 용어. 사람에 대하여 사용할 경우, know는 완전한 파악을 의미하여 He can't fool me; I know him too well처럼 사용하므로, 안면이 있는 것에 불과한 때에는 I am acquainted with him으로 말하고 know를 써서는 안된다. ⑥ see: '마음으로 보다, 읽어서 알다'는 의미에서 '이해하다, 알다'의 구어가 되었다. 美·俗로는 got it이라는 표현도 사용한다. ⑦ catch: '마음으로 붙잡다'는 의미에서 '이해하다'는 뜻의 구어 ⑧ grasp: catch와 같은 뜻의 구어 ⑨ make out: 이해하다, 분간하다는 의미의 일상용어 ⑩ make oneself understood: 자기의 말뜻을 상대방에게 이해시키다.

---

1. to find them and bring them to justice : 조음점 동화, 자음 뒤 말음의 자음 생략

2. so we can get them : 조음점 동화

3. if you hide terrorists : 연음, 조음점 동화

4. But I'm a patient man : 연음, 자음 뒤 말음의 자음 생략

구문분석 *1.* Or, as I explained to the Prime Minister in Western terms, *to smoke* them out of their caves, *to get* them running *so* we can get them. … 앞 문장에 계속되는 말로, 접속사 Or, as-부사절, The mission~에 대한 SC로 쓰인 두 to-inf.와 <목적>의 so that-부사절로 이루어졌다.

2. The best way to_1 do that, and one way to_2 do that is to_3 *ask* for the cooperation of citizens within Afghanistan *who may be tired* of having the Taliban in place, *or tired of having* Osama bin Laden, people *from foreign soils, in their own land, willing to_4 finance this repressive government.* … <S + V + C> 구조로 to_3-inf.가 C로 쓰였으며, to_{1-2}-inf.는 앞에 있는 명사를 후위 수식하는 형용사적 용법으로 쓰였다. 또 문미의 comma(,) 다음에 쓰인 현재분사에 의한 분사구문 willing to ~는 Osama bin Laden과 people을 후위 수식하고 있다.

3. I understand *the reality* of *what's taking place inside Afghanistan,* and we're going to have a — listen, *as I've told the Prime Minister,* we're angry, but we've got a clear vision. … <$S_1 + V_1 + O_1$, and $S_2 + V_2$, $S_3 + V_3$, but $S_4 + V_4 + O_4$> 구조의 중문으로, comma(,)로 묶인 as에 의한 부사구가 삽입어구로 쓰이고 있다.

4. And the mission is *to bring* these particular terrorists *to* justice, and at the same time, *send* a clear signal, Terry, that says if you harbor a terrorist, if you aid a terrorist, if you hide terrorists, you're just as guilty as the terrorists. … <bring A to B: A를 B에 데려오다>와 *send*가 부정사를 이루는 *to*에 연결되어 C가 되고 있다.

5. *Nothing* will diminish my will and my determination — *nothing*. … 부정어(준부정어)가 주어로 쓰이면 보통 '~하는 것(사람)은 없다'로 우리말로 옮기지만, 앞 뒤 문맥에 맞춰 적절히 다듬어야 한다.

번역 그들은 테러범들을 숨겨주기로 결정을 하였습니다. 그 작전 임무는 그들을 찾아내고 그들을 재판에 세우기 위해 테러범들을 색출하는 것입니다. 또는 서부 영화식 표현으로 제가 고이즈미 수상께 말씀드린 대로, 연기를 피워 그들의 동굴에서 그들을 몰아내고 우리가 그들을 잡을 수 있도록 그들을 도주하게 하는 것입니다.

9) 그러기 위한 최선의 방법과 그렇게 하기 위한 한 가지 방법은 탈레반을 그들의 영토에 보호하는데 지쳤을 지도 모르고, 이 억압적인 정부에 기꺼이 재정지원을 하고 있는 Osama bin Laden과 외국에서 온 사람들을 그들의 영토 안에 보호하는 데 지쳤을지 모르는 아프가니스탄에 살고 있는 국민들의 협조를 부탁하는 것입니다.

10) 저는 아프가니스탄 내에서 일어나고 있는 일들의 실상을 이해하고 있으며, 고이즈미 수상께 말씀드렸던 것처럼 우리는 경청할 예정입니다. 우리는 화가 났지만, 우리는 분명한 전망을 가지고 있습니다. 우리는 당황했지만, 우리가 무엇을 해야하는 지를 알고 있습니다. 그리고 그 작전 임무는 이 특별한 테러범들을 재판에 부쳐 처벌하는 것이며, 동시에 Terry가 말했듯이, 테러범들에게 은신처를 제공하거나 테러범들에게 도움을 주거나 테러범들을 숨겨주면, 테러범들과 같은 범죄를 저지르는 것이라는 분명한 경고를 보내는 것입니다.

그리고 우리는 정부 청사 안에 있지 않고 정의의 심판에만 주목하고 있는 정부입니다. 그리고 우리는 정의를 획득할 것입니다. 그것은 아마도 시간이 걸릴 것입니다. 그러나 저는 인내가 있는 사람입니다. 그 어떤 것도 저의 의지나 결의를 감소시키지 못할 것입니다, 그 어떤 것도.

질문자: 대통령 각하, 요르단으로부터 어떤 재정적인 지원이 있을 것으로 예상합니까?

부시 대통령: 재정적인 제안 같은 것?

질문자: 예

※CD를 듣고 공란에 들어갈 말을 받아쓴 후 본문의 밑줄 친 부분을 번역하고, 하단의 설명을 읽고 해당하는 단어를 본문에서 찾아 써라.

President Bush [Unit0126] : You mean, related to our…
당신 말은 그러니까…

Q : For the entire mission against terrorism.
테러리즘에 저항하는 전체적인 작전에 대하여

President Bush : For our — well, first of all, the Prime Minister, as he said, talked about $40 million of
우리 전체— 글쎄요 무엇보다도 먼저 고이즈미 수상은 그가 말했지만 이야기했습니다 4억 달러의 지원을
aid to Pakistan.① _____. And I repeat the reason why : a
파키스탄에 대한 그것은 매우 중요한 기여입니다 그리고 저는 그 이유를 반복해서 말씀드립니다
stable Pakistan / is very important to a stable world. After all, Pakistan has / nuclear
안정적인 파키스탄은 매우 중요합니다 안정적인 세계를 위해 아무튼 파키스탄은 핵무기를 가지고 있으며
weapons, and we want stability / in countries / that may have nuclear weapons. And
우리는 안정을 원합니다 많은 나라에서의 핵무기를 가지고 있을지도 모르는
so that's a very important / financial contribution.
그래서 그것은 매우 중요한 재정적인 기여입니다

[Unit0127] Remember, this war will be fought / ② _____. ③
기억하십시오 이 전쟁은 치러질 것입니다 다양한 전선에서 그것은 전쟁들과 다를 것입니다
_____. There's very little that's conventional about it. It's different. And so,
우리가 보아왔던 그 전쟁에서 전통적인 것들을 찾아보기 힘들 것입니다 그것은 다른 것입니다 그래서
for example, the sharing of information / is vital / ④ _____. It's
예를 들면 정보의 공유는 필수적입니다 테러리즘을 찾아내고 색출하는데 그것은 극히 중요합니다
vital that we have a cooperative relationship. It's vital that / if we hear anything / that
우리가 협조적인 관계를 유지한다는 것은 그것은 매우 중요합니다 우리가 듣기라도 한다면
may affect the security of Japan, that we're forthcoming with that information. And
일본의 안보에 영향을 끼칠지도 모르는 어떤 것이든 우리가 그 정보에 접근하는 것은 그리고 그 반대도
vice-versa.
마찬가지입니다

[Unit0128] And so the resources — again, you — the tendency is to think in terms of a con-
11)
ventional war, where people might put / money in to support a military operation.
That's not the kind of war we're talking about now. And so resources will be
그것은 지금 우리가 말하고 있는 종류의 전쟁이 아닙니다 12)
deployed / in different ways — intelligence-gathering, diplomacy, humanitarian aid, as
well as cutting off resources. And one effective tool / in getting these people / is to cut
그리고 효과적인 방법의 하나는 이 사람들을 항복하게 하는
off their money. And yesterday I made an announcement here / about how we intend
그들의 자금을 차단하는 것입니다 그리고 어제 저는 이곳에서 선언을 했습니다 우리가 어떻게 할 것인지에 대하여
to do so.

Prime Minister Koizumi [Unit0129] : I believe there are many ways to cooperate. It is one way to provide / financial
저는 많은 방법이 있다고 믿습니다 협조를 하는 데에는 하나의 방법이지만 재정적인 지원을 하는 것도
assistance, but there are diplomatic means, there are ways to provide medical
외교적인 수단도 있으며 의료 지원을 제공하는 방법도 있으며
assistance, there is assistance to refugees, there is ways to transport supplies. And I
피난민에 대한 지원도 있으며 보급품을 수송하는 방법도 있습니다 저는 믿습니다
believe these are all / various ways in which we can cooperate.
그러한 모든 것들이 다양한 방법이라고 우리가 협조할 수 있는

President Bush [Unit0130] : Thank you all very much.
여러분 모두 정말 고맙습니다

[Vocabulary Drills] ⑪ _____ skill in handling personal, business, and governmental relationships, (syn.) tact
⑫ _____ a person trying to leave bad living conditions, such as oppression, war, hunger, etc.

이번에는 고이즈미 수상이 일본어로 말하고 그의 통역이 등장하여 영어로 옮겨주고 있는 것을 들을 수 있다.

🔊 **소리분석** *1*. That's a very important contribution : 연음, 자음 뒤 말음의 자음 생략

2. on a variety of fronts : 연음, -t/-d의 -r 유음화, 조음점 동화, 복합자음군에서의 중간 자음 탈락

3. It is not like wars that we're used to : -t/-d의 -r 유음화, 기능어의 축약, 조음점 동화

4. to find and rout out terrorism : 자음 뒤 말음의 자음 생략, 기능어의 축약, -t/-d의 -r 유음화

💡 **구문분석** *1*. After all, Pakistan has nuclear weapons, and we want stability in countries that may have nuclear weapons. ··· <S₁ + V₁ + O₁, and S₂ + V₂ + O₂> 구조의 중문이다.

1. †**after all** 1) 문두에 쓰일 때: 아무튼, 하지만 ¶~, we are friends. 2) 문미에 쓰일 때: 역시, 결국 ¶He had many things to do, but he decided to go to the concert ~.

2. It is not like wars that we're used to. ··· †**be used to** : ~에 익숙해져 있다(be accustomed to).

4. †**in terms of** : 1) ~의 말로, 특유의 표현으로, 2) ~에 의하여, ~으로 환산하여, 3) ~에 관하여, ~의 점에서 보면

3. *It's* vital *that₁* if we hear **anything** *that₂ may affect the security of Japan, that₃* we're forthcoming with *that₄* information. ··· 가주어로 쓰인 *It, that₁,₃*은 진주어, *that₂*은 **anything**을 선행사로 하는 관계대명사, that₄는 지시형용사로 쓰였다.

5. †**B as well as A** = not only A but also B: A뿐만 아니라 B도 역시

4. And so the resources — again, you — the tendency is **to think in terms of** a conventional war, *where people might put money in to support a military operation.* ··· <상황>을 선행사로 하는 계속적 용법의 관계부사 where가 쓰이고 있다.

5. And so resources will be deployed in different ways — intelligence-gathering, diplomacy, humanitarian aid, **as well as** cutting off resources. ··· dash(—) 이하에서는 바로 앞에 있는 말에 대한 보충적인 설명이 계속되고 있는데, <B as well as A : A뿐만 아니라 B도 역시>가 쓰이고 있다.

6. *It* is one way *to₁* **provide** financial assistance, but there are diplomatic means, there are ways *to₂ provide* medical assistance, there is assistance to refugees, there is ways *to₃ transport* supplies. ··· *It*는 가주어, *to₁*-inf.이 진주어, *to₂₋₃*-inf.은 앞에 쓰인 명사를 후위 수식하는 형용사적 용법이다.

번역 **부시 대통령** : 당신 말은 그러니까…
질문자 : 테러리즘에 저항하는 전체적인 작전에 대하여.
부시 대통령 : 우리 전체 — 글쎄요, 무엇보다도 먼저, 고이즈미 수상, 그도 말했지만, 그는 파키스탄에 대한 4억 달러의 지원을 이야기했습니다. 그것은 매우 중요한 기여입니다. 그리고 저는 그 이유를 반복해서 말씀드립니다. 안정적인 파키스탄은 안정적인 세계를 위해 매우 중요합니다. 아무튼, 파키스탄은 핵무기를 가지고 있으며, 우리는 핵무기를 가지고 있을지도 모르는 많은 나라에서의 안정을 원합니다. 그래서 그것은 매우 중요한 재정적인 기여입니다.
　이 전쟁은 다양한 전선에서 치러질 것이라는 것을 기억하십시오. 그것은 우리가 보아왔던 전쟁들과 다를 것입니다. 그 전쟁에서 전통적인 것들을 찾아보기 힘들 것입니다. 그것은 다른 것입니다. 그래서 예를 들면, 정보의 공유는 테러리즘을 찾아내고 색출하는데 필수적입니다. 우리가 협조적인 관계를 유지한다는 것은 극히 중요합니다. 일본의 안보에 영향을 끼칠지도 모르는 어떤 것이든 우리가 듣기라도 한다면 우리가 그 정보에 접근하는 것은 매우 중요합니다. 그리고 그 반대도 마찬가지입니다.
　11) 그래서 지원들, 다시 말하지만, (사람들의) 경향은 군사적인 작전을 지원하기 위하여 재정적인 지원을 할지도 모르는, 재래식 전쟁의 관점에서 생각하는 것입니다. 그것은 지금 우리가 말하고 있는 종류의 전쟁이 아닙니다. 12) 그래서 자원의 차단뿐만 아니라 정보 수집, 외교, 인도적인 지원 등의 자원도 다른 방식으로 배치될 것입니다. 그리고 그러한 사람들을 회복하게 하는 효과적인 방법의 하나는 그들의 자금을 차단하는 것입니다. 그리고 어제 저는 이곳에서 우리가 어떻게 할 것인지에 대하여 선언을 했습니다.
고이즈미 수상 : 저는 협조를 하는 데에는 많은 방법이 있다고 믿습니다. 재정적인 지원을 하는 것도 하나의 방법이지만 외교적인 수단도 있으며, 의료 지원을 제공하는 방법도 있으며, 피난민에 대한 지원도 있으며, 보급품을 수송하는 방법도 있습니다. 저는 그러한 모든 것들이 우리가 협조할 수 있는 다양한 방법이라고 믿습니다.
부시 대통령 : 여러분 모두 정말 고맙습니다.

연구 19
상황을 나타내는 말과 관계부사 where
···보통 장소를 나타내는 말을 선행사로 받는 관계부사 where는 상황(situation), 환경(circumstance), 경우(case), 초점(point), 사례, 시정 등을 나타내는 말도 넓은 의미의 장소로 보고 선행사로 취한다. · There are a few **cases** where this rule does not apply.(이 규칙이 적용되지 않는 경우도 간혹 있다.) / *cf.* There are **cases** when a casual remark cut deep.(무심코 내뱉은 한 마디가 뼈에 사무칠 때도 있다.) ²There may be **occasions** when your help is necessary.(당신의 도움이 필요한 경우가 있을지도 모른다.) / · This is **an instance** where practice makes perfect.(이것이야말로 실습으로 익힌 기량이 제일이라는 보기이다.)

Nuance Drills *Fill in the blanks with a suitable word as given:*

¹ _____ and² _____ are used interchangeably to imply clear perception of the meaning of something, but more precisely,³ _____ stresses the full awareness or knowledge arrives at, and⁴ _____ the process of grasping something mentally. ⁵ _____ implies sensitive, discriminating perception of the exact worth or value of something.
(a) appreciate (b) understand
(c) comprehend

※ Answers for Nuance Drills : 1-b, 2-c, 3-b, 4-c, 5-a

Unit 2

President Bush and President Jiang Zemin

About U.S., China Stand Against Terrorism

미국의 Bush 대통령이 9.11 테러사태의 수습으로 여념이 없는 가운데, 9.11 이후 최초로 열리는 대규모 다자간 회의인 제9차 아시아·태평양경제협력체(APEC) 정상회의(2002. 10. 20 개최)에 참석하기 위해 중국을 방문하여 회의 전날인 19일 중국의 강택민 주석과 함께 공동으로 기자회견에 참석, 중국과 미국의 관계개선 및 9.11 사태의 처리 경과와 향후의 전망 등을 밝히고 있는 연설이다. 각 페이지 밑줄 친 부분을 번역하고, 하단의 설명을 읽고 해당하는 단어를 본문에서 찾아 써라.

President Jiang : Mr. President, ladies and gentlemen, I've just had a very good talk / with President
Unit0201 부시 대통령   신사 숙녀 여러분   저는 지금 막 훌륭한 대화를 가졌습니다   부시 대통령과
Bush. This is our first meeting, and we have had an in-depth exchange of views / and
1)
reached a series of consensus / with respect to such major issues / as Sino-U.S.
relations, counterterrorism, and maintenance of world peace / and stability.

 China and the United States are two countries / with significant influence in the world.
중국과 미국은 두 나라입니다   세계에 중요한 영향을 끼치는
As such, we share common responsibility / and interest / in maintaining peace and
그와 같은 자격으로 우리는 공통의 책임과 관심을 공유하고 있습니다   평화와 안전을 유지하는 데에
security / in the Asia Pacific / and the world at large, promoting regional and global
아시아 태평양 지역과 넓게는 세계의   지역과 세계의 경제적 성장과 번영을 촉진하며
economic growth and prosperity, and working together / with the rest of the inter-
함께 하면서   여타 국제 사회와
national community / to combat terrorism.
테러리즘과 싸우는

China attaches importance / to its relations with the United States / and stands ready
중국은 중요성을 부여하고 있으며   미합중국과의 관계에   준비를 하고 있습니다
to make joint efforts with the U.S. side / to develop a constructive and cooperative
미합중국 측과 함께 공동의 노력을 위해   건설적이며 협조적인 관계로 발전시키기 위한
relationship.

 We live in a world of diversity. Given the differences in national conditions, it is not
우리는 다양한 세상에 살고 있습니다   국가적인 조건의 차이점들을 인정한다면   그것은 놀랄 일이 아닙니다
surprising / that there are certain disagreements / between China and the United States.
어떤 의견 차이가 존재한다는 것은   중국과 미합중국 사이에
I believe that different civilizations / and social systems / ought to have long-term
2)
coexistence / and achieve common development / in
the spirit of seeking common ground / while shelving
differences.

Vocabulary Drills ① _____ *a high level of government, laws, written language, art, music, etc., within a society or culture*
② _____ *keeping something in good condition, such as by cleaning, painting, and fixing it*

소리분석 *1.* President, respect, world, significant, joint, different, ground : 말음의 자음 생략

2. ladies and, had a, This is our, had an in-depth, reached a series of, maintenance of, influence in, peace and, growth and, rest of, develop a constructive and, live in a world of, differences in, spirit of : 연음

3. with the, combat terrorism, ought to : 겹자음의 발음 생략

구문분석 *1.* This is our first meeting, and we have had an **in-depth exchange** of views and reached **a series of consensus** with respect to such major issues *as Sino-U.S. relations, counterterrorism, and maintenance of world peace and stability.* ··· $<S_1 + V_1 + C_1,$ and $S_2 + V_2 + O_2$ and $+ V_3 + O_3>$ 구조의 중문이다.

2. As such, we **share** common responsibility and **interest** in maintaining **peace and security** in the Asia Pacific and the world at large, *promoting regional and global economic growth and prosperity, and working together with the rest of the international community to combat terrorism.* ··· $<S_1 + V_1 + O_1$ and $V_2>$ 구조의 문장으로, 주 요소를 제외한 나머지는 모두 부사적 수식어구이다.

3. China **attaches** importance **to** its relations with the United States and₁ **stands** ready *to make* joint efforts with the U.S. side *to develop* a constructive and₂ cooperative relationship. ··· $<S_1 + V_1 + O_1$ and₁ $V_2 + C_2>$ 구조로, and₂은 relationship을 수식하는 형용사를 연결하고 있다.

4. Given the differences in national conditions, *it* is not surprising *that there are certain disagreements between China and the United States.* ··· 문두에 Being이 생략된 과거분사에 의한 <가정>의 분사구문이 왔으며, 가주어 it, 진주어 that-절이 쓰이고 있다.

5. I believe that different *civilizations and social systems* ought to **have** long-term **coexistence** and **achieve** common development *in the spirit of* seeking common ground while shelving differences. ··· 주어가 <A and B> 형태로 왔으며, <have(타동사) + 추상명사 → 자동사>가 쓰였다.

---

1. †**with respect to**: ~에 대해서(는), ~에 관해서(는)(*as regards*) / **such A as B**: B와 같은 A / Sino-[sinou, sáinou]는 연결형 접두사로 '중국의~'의 뜻으로 쓰이는 말이다.

2. 문미에는 부대상황을 나타내는 두 개의 분사구문이 이어지고 있다.

3. 보통 '부착하다, 붙이다'는 뜻을 가지는 attach가 여기서는 '(중요성을) 두다, 부여하다'는 뜻으로 쓰여 <attach A to B:B에 A의 가치를 두다>는 의미이다. †**make efforts**: 노력하다, 애쓰다.

5. †**in the spirit of**+동명사, 명사: ~의 정신(마음)으로

Nuance '의견·견해'의 뜻을 가지는 말

① opinion: 남이 물어올 때 그에 대한 개인적인 판단이나 기호·감정에 영향을 받은 확실성이 불충분한 근거에 따른 자신의 결론으로 내놓을 수 있는 의견이다. 따라서 겸손을 내포하는 의견이기도 하지만, 소심하게 비치기도 한다. ② view: opinion과 비슷하나 '자기의 독자적인 것으로 반드시 타인의 동조를 얻을 필요까지는 없음'을 암시하며, 사물을 보는 각도에 따른 심적인 태도, 어떤 일에 대한 개인적인 평가나 의견 ③ sentiments: 감정이 개입된 생각으로 opinion이 생각한 결과로써의 의견인데 비하여, 이것은 생각 이전에 갖고 있던 개인적인 정서, 감정 등을 의미한다. ④ belief: 어떤 일의 '진실·존재·가치'에 대한 믿음이라는 의미의 일반적인 말 ⑤ conviction: belief와 비슷하나 남에게 말할 것을 전제로 하지 않으며, 어떤 일이 옳다고 생각하는 자신의 신념, 확신을 의미한다. ⑥ persuasion: 종교적인 신념·신앙·신조와 같은 의견

번역 **강태민 주석** : 부시 대통령, 신사 숙녀 여러분, 저는 부시 대통령과 지금 막 훌륭한 대화를 가졌습니다. 1) 이것이 우리의 첫 만남인데, 우리는 심도있게 의견을 교환하였으며, 중국과 미국의 관계, 테러리즘에 대한 응징 그리고 세계의 평화와 안정의 유지와 같은 그런 주요한 문제에 대하여 일련의 의견일치에 도달하였습니다.

중국과 미국은 세계에 중요한 영향을 끼치는 두 나라입니다. 그와 같은 자격으로 우리는 테러리즘과 싸우는 여타 국제 사회와 함께 하면서 지역과 세계의 경제적 성장과 번영을 촉진하며, 아시아 태평양 지역과 세계 전체의 평화와 안전을 유지하는 데에 공통의 책임과 관심을 공유하고 있습니다.

중국은 미합중국과의 관계에 중요성을 부여하고 있으며, 건설적이며 협조적인 관계로 발전시키기 위한 공동의 노력을 위해 미합중국과 함께 준비를 하고 있습니다.

우리는 다양한 세상에 살고 있습니다. 국가적인 조건의 차이점들을 인정한다면, 중국과 미합중국 사이에 어떤 의견 차이가 존재한다는 것은 놀랄 일이 아닙니다.

2) 저는 서로 다른 문명과 사회 체제가 장기적으로 공존해야만 하며, 차이를 인정하면서 공동의 관심사를 추구하는 정신을 공동으로 계발해야만 한다고 믿습니다.

연구 20

조건절 대응어구 ······ [연구 77] 을 참조할 것(p.389)

'···'라고 가정하면, ~이 주어지면'의 의미로 가정법의 if 접속사를 대신하는 말들에는 다음과 같은 것들이 있다.

· Provided(또는 providing) that~.
 = It being provided that~.
· Granting(또는 granted) that~. = Even if ~.
· As(So) long as~ = if only~, ···.
· Given that ~.
· Suppose(또는 supposing) ~. · In case (that) ~.
· On condition (that) ~. · Once~.
· Unless~ = If ~not~.
· **Suppose** you were in my place, what *would* you *do*?(만약 당신이 내 입장이라면, 당신은 무엇을 하겠습니까?) / · **Granting that** it *is* true, it does not matter to me.(그것이 사실이라 해도 나와는 상관이 없다.)

 Unit0204 The Sino-U.S. relations / are currently faced with the important opportunities / of
중국과 미합중국과의 관계는 　　지금 맞이하고 있습니다 　　중요한 기회를
development. We will conduct / high-level strategic dialogue, advance exchanges / in
발전의 　　3)
cooperation / in economic, trade, energy, and other fields, and strengthen consultation /
and coordination / on major international and regional issues.

I'm confident that / so long as the two sides / keep a firm hold / of the common
저는 확신하고 있습니다 　　두 나라가 굳은 관계를 유지하는 한 　　공통의 관심사에 대한
interests of the two countries, properly handled, bilateral ties, especially the question
두 나라의 　　적절하게 처리되는 　　쌍방의 유대 　　특히 타이완 문제와
of Taiwan, in accordance with the three Sino-U.S. joint communiques, the relations
3개의 중국과 미국의 공동 성명에 따른 　　중국과 미국의 관계는
between / China and the United States / will continuously move forward.
계속적으로 진전을 볼 것으로

President Bush : Mr. President, thank you very much. I, too, felt like we had a very good meeting. I've
Unit0205 강택민 주석 　　많은 감사를 드립니다 　　저 역시 우리가 매우 훌륭한 회담을 가졌다고 느낍니다
come to Shanghai / because China and other Asia Pacific nations are important
저는 상해에 왔습니다 　　중국과 다른 아시아 태평양 국가들이 중요한 동반자이기 때문에
partners in the global coalition against terror.
테러에 저항하는 국제적인 연합에

 Unit0206 I've also come because the economic future of my nation and this region / are
저는 또한 왔습니다 　　우리나라와 이 지역의 경제적인 미래가 　　불가분의 것이기 때문에
inseparable. The nations of APEC share the same threat, and we share the same
APEC 국가들은 같은 위협을 공유하고 있으며 　　우리는 같은 희망을 공유하고 있습니다
hope / for greater trade and prosperity.
더 위대한 교역과 번영을 위한

Unit0207 Thank you so much for hosting this meeting. You and the city of Shanghai / have
이러한 모임을 주관한 것에 대하여 여러분께 감사를 드립니다 　　여러분과 상해시는
done an outstanding job. Mr. President, I visited this city 25 years ago — a little over
현저한 업적을 이룩하였습니다 　　강택민 주석 　　저는 25년 전에 이 도시를 방문했습니다
25 years ago. Then I could not have imagined / the dynamic and impressive Shanghai /
25년 조금 더 전에 　　그때 저는 상상할 수 없었습니다 　　역동적이고 인상적인 상해를
of 2001. It's an impressive place, and I know you're proud.
2001년의 　　이곳은 인상적인 곳이며 　　저는 여러분의 자부심을 알고 있습니다

 Unit0208 It's a tribute to the leadership / of the current officials of Shanghai, as well as to your
4)
leadership as a former mayor, Mr. President.

 Unit0209 We have a common understanding / of the magnitude of the threat / posed by
우리는 공동의 이해를 가지고 있습니다 　　거대한 위협에 대한
international terrorism. All civilized nations / must join together to defeat this threat.
국제적인 테러리즘에 의해 제기된 　　모든 시민 국가들은 　　단결해야만 합니다 　　이러한 위협을 물리치기 위해
And I believe that the United States / and China can accomplish a lot / when we work
그리고 저는 믿습니다 　　미합중국과 중국은 많은 것을 이룩할 수 있다고 　　우리가 단합하면
together / to fight terrorism.
테러리즘과 싸우기 위해

Vocabulary Drills ③ ＿＿＿＿＿＿＿＿＿ *the act of working with somebody toward a common goal*
④ ＿＿＿＿＿＿＿＿＿ *a person who works for a government or other organization*

여기서 드디어 부시의 목소리가 등장하는데, 9.11 테러의 영향과 공식적인 외교석상이기 때문인지 많이 차분해진 발음으로 또박또박 말하고는 있지만, 그 특유의 빠른 발음은 어쩔할 수 없어 '미국식 빠른 영어'의 발음 변화를 그대로 보여 주고 있다. 빠르게 발음되는 미국식 영어의 청취력을 연습할 수 있는 좋은 기회가 되리라 여겨진다.

2. important, President

3. interests of의 경우, 먼저 3개 이상 중첩된 복합중자음에서의 중간음 탈락이 일어난 후 연음되며, outstanding이나 current officials of, And I에서는 강모음과 약모음 사이에 쓰인 -nd/-nt/ -rt/-rd에서의 -d/-t음의 생략이 먼저 일어난 후 연음되고 있다. have a, And I 등도 연음에 해당한다.

1. †in cooperation (with): ~와 협조하여

2. <so long as>에 의한 부사절은 <S+ V+O>의 구조, 여기서는 the two sides~communiques까지 지배하고 있다. †so long as: ~하는 한/ in accordance with: ~에 따라, 일치하여

5. as a former mayor의 as는 '~로서'의 의미로 쓰인 전치사이다. 즉, 강택민이 1985년 상해 시장을 지낸 것을 지적하고 있다.

Nuance Drills *Fill in the blanks with a suitable word as given:*

1 _____ applies to a conclusion or judgement which, while it remains open to dispute, seems true or probable to one's own mind. 2 _____ refers to the mental acceptance of an idea or conclusion, often a doctrine or dogma proposed to one for acceptance. A 3 _____ is an opinion affected by one's personal manner of looking at things. A 4 _____ is a strong belief about whose truth one has no doubts. 5 _____ refers to an opinion that is the result of deliberation but is colored with emotion. 6 _____ refers to a strong belief that is unshakable because one wishes to believe in its truth.

(a) view   (b) opinion
(c) persuasion (d) belief
(e) conviction (f) sentiment

🔊 **소리분석** ***1.*** with the, against terror, tribute to, fight terrorism : 겹자음의 발음 생략

2. development, confident, hold, felt, current, international : 자음 뒤 말음의 자음 생략

3. advance exchanges, regional issues, keep a, interests of, in accordance, thank you, nations are, I've also, nation and, nations of APEC, done an outstanding, years ago, It's an impressive, current officials of, leadership as a, accomplish a, when we : 연음

4. had a, meeting, partners, greater, prosperity, city, visited, little, United : -t/-d의 -r유음화

5. visited this, defeat this, that the : 조음점 동화

💡 **구문분석** ***1.*** We will *conduct* high-level strategic **dialogue**, *advance* **exchanges** in cooperation in economic, trade, energy, and other fields, and *strengthen* **consultation** and **coordination** on major international and regional issues. ··· <S + V₁ + O₁, V₂ + O₂ and V₃ + O₃ and O₄> 구조의 중문이다.

2. I'm confident *that* **so long as** the two sides keep a firm hold *of the common interests of the two countries*, properly handled, **bilateral ties**, especially **the question of Taiwan**, in accordance with the three Sino-U.S. joint communiques, **the relations** *between China and the United States* will continuously move forward. ··· *that*-이하는 <so long as>에 의한 부사절이 딸린 제3형식 문장으로, 주절의 주어는 **the relations**가 되고, **the question of Taiwan**는 **bilateral ties**의 동격어이다.

3. I've come to Shanghai *because China and other Asia Pacific nations are important partners in the global coalition against terror*. ··· <이유>의 부사절이 딸린 제1형식 문장이다.

4. The nations of APEC *share* the same threat, and we *share* the same hope *for greater trade and prosperity*. ··· <S₁ + V + O₁, and S₂ + V + O₂> 구조의 중문이다.

5. It's a tribute **to the leadership** of the current officials of Shanghai, *as well as* **to your leadership** as a former mayor, Mr. President. ··· <B as well as A : A뿐만 아니라 B도 역시>가 쓰였다.

6. And I believe that the United States and China can accomplish a lot *when we work together to fight terrorism*. ··· <S + V + O> 구조에 <조건 의미의 때>를 뜻하는 부사절이 오고 있다.

번역 중국과 미합중국과의 관계는 지금 발전의 중요한 기회를 맞이하고 있습니다. 3) 우리는 고위급의 전략적 대화를 나눌 것이고, 경제, 교역, 에너지 그리고 여타 분야에 있어서 협력의 교류를 진전시킬 것이며, 주요 국제적이며 지역적인 문제에 대한 상담과 조정을 강화할 예정입니다.

　두 나라가 두 나라의 공통의 관심사, 즉 적절하게 처리되는 쌍방의 유대, 특히 중국과 미국의 3개의 공동성명에 따른 타이완 문제에 대하여 확고한 관계를 유지하는 한 중국과 미국의 관계는 계속적으로 진전을 볼 것으로 저는 확신하고 있습니다.

부시 대통령 : 강택민 주석, 많은 감사를 드립니다. 저 역시 우리가 매우 훌륭한 회담을 가졌다고 느낍니다. 저는 중국과 다른 아시아 태평양 국가들이 테러에 저항하는 국제적인 연합에 중요한 동반자이기 때문에 상해에 왔습니다.

　저는 또한 우리나라와 이 지역의 경제적인 미래가 불가분의 것이기 때문에 왔습니다. APEC 국가들은 같은 위협을 받고 있으며 동시에 우리는 더 위대한 교역과 번영을 위한 같은 희망을 공유하고 있습니다.

　이러한 모임을 주관한 것에 대하여 여러분께 감사를 드립니다. 여러분과 상해시는 현저한 업적을 이룩하였습니다. 강택민 주석, 저는 25년 전, 25년 조금 더 전에 이 도시를 방문했습니다. 그때 저는 역동적이고 인상적인 2001년의 상해를 상상할 수 없었습니다. 이곳은 인상적인 곳이며, 저는 여러분의 자부심을 알고 있습니다.

　4) 이것은 전시장으로서 강주석의 지도력에 뿐만 아니라 지금의 상해 공무원들의 지도력에 바치는 찬사입니다.

　우리는 국제적인 테러리즘에 의해 제기된 거대한 위협에 대한 공동의 이해를 가지고 있습니다. 모든 시민 국가들은 이러한 위협을 물리치기 위해 단결해야만 합니다. 그리고 저는 테러리즘과 싸우기 위해 우리가 단합하면, 미합중국과 중국은 많은 것을 이룩할 수 있다고 믿습니다.

Answers for Vocabulary Drills ③ cooperation ④ official

※ Answers for Nuance Drills : 1-b, 2-d, 3-a, 4-e, 5-f, 6-c

 Unit0210

The President / and the government of China / responded immediately / to the attacks
강주석과 중국 정부는   즉각적으로 반응을 보였습니다   9월 11일의 공격에
of September 11th. There was no hesitation, there was no doubt / that they would
5)
stand with the United States and our people / during this terrible time.

 Unit0211

There is a firm commitment by this government / to cooperate in intelligence matters,
6)
to help interdict financing of terrorist organizations. It is —President Jiang and the
                                                                        그것은 강주석과
government / stand side by side with the American people / ① [æzwì fáiði sí:vəl fɔːs]   .
중국 정부가   보조를 같이 하는 것입니다   미국의 국민들과   우리가 이 악의 세력과 싸우는 동안

 Unit0212

China is a great power. And America wants a constructive relationship / with China.
중국은 위대한 세력입니다   그리고 미국은 중국과 건설적인 관계를 원합니다
We welcome a China / that is a full member of world community, ② [ðərizət pí:s wiðis
우리는 중국을 환영합니다   세계 공동체의 정회원이 되어   평화를 유지하는
néibərz]   . We welcome and support China's accession into the World Trade
주변국들과   우리는 환영하고 지지합니다   세계무역기구에 중국이 가입하는 것을
Organization. We believe it's a very important development that will benefit / our two
                    우리는 믿습니다   그것은 매우 중요한 발전이라고   이익이 되는   우리 두 나라의
peoples / and the world.
국민들과 세계에

 Unit0213

In the long run, the advance of Chinese prosperity depends on China's full integration /
긴 안목으로 보아   중국 번영의 증진은   중국의 완전한 융화에 달려 있습니다
into the rules and norms of international institutions. And in the long run, economic
규칙과 규범에 대한   국제기구의   그리고 결국은
freedom and political freedom / will go hand in hand.
경제적인 자유와 정치적인 자유가   동반하여 나아갈 것입니다

 Unit0214

We've had a very / broad discussion, including / the fact that the war on terrorism /
우리는 매우 광범위한 범위의 토론을 하였습니다   사실을 포함하여   대 테러전은
must never be an excuse to persecute minorities. I explained my views on / Taiwan /
구실이 되어서는 결코 안된다는   소수를 박해하기 위한   저는 타이완에 관한 저의 견해를 설명했습니다
and preserving regional stability in East Asia. I stressed the need to combat / the
동아시아의 지역적인 안보를 유지하는 것에 관하여   저는 투쟁의 필요성을 강조했습니다
proliferation of weapons of mass destruction / and missile technology.
대량 파괴 무기와 미사일 기술의 확산에 대한

 Unit0215

Today's meetings / convinced me that / ③ [wìkən bil dənáuər kàmə níntris]   . Two
오늘의 만남은 제게 확신을 주었습니다   우리가 우리 공동의 이익을 기대할 수 있다는
great nations will rarely agree on everything ; ④
두 위대한 나라가 모든 것에 합의를 하는 것은 드물 것이지만
[ai ʌndərstǽ nət]   . But I assured the President /
저는 그것을 이해합니다   하지만 저는 강주석에게 보장합니다
that we'll always deal with our differences / in
          우리는 항상 우리의 의견 차이들을 다룰 것이라는 것을
a spirit of mutual respect. We seek a
상호 존중의 정신에서   우리는 관계를 추구합니다
relationship / that is candid, constructive / and
          솔직하고 건설적이며 협조적인
cooperative.

Vocabulary Drills ⑤ _____ an organization that helps or serves people in the area of health, education, or work
⑥ _____ a group of people working together for a purpose, such as a business or a hobby

4. 일반적인 현상은 아니나 부시의 발음처럼 빠른 발음에 주로 나타나는 현상으로, th- 발음이 강모음과 약모음 사이에 쓰이면 -t/-d발음처럼 -r발음으로 유음화하거나 -nd/-nt 다음에 오면 -d/-t와 함께 생략되기도 한다.
understand that [ʌndərstǽ nət]

2. †prevent A from+동명사, 명사: A가 ~하는 것을 방해(금지)하다. ··· 이 때의 prevent 외에 stop, keep, hinder, prohibit, refrain, disable, abstain, enjoin, protect, forbid, deter, dissuade, interdict 등도 같은 문형을 취하며, 이때의 전치사 from이 생략되기도 한다.

3. †depend(rely, lie, count, trust, fall back, hinge, based, plan, build) (up)on=be dependent (up)on=have dependence (up)on: ~에 의지하다, 믿다, 달려있다.

🔊 **소리분석** *1.* as we fight this evil force : 조음점 동화[t+ð→θ], 연음

2. that is at peace with its neighbors : -t/-d의 -r유음화, 연음, 자음 뒤 말음의 자음 생략

3. we can build on our common interests : 연음, 3개 이상 중첩된 복합중자음에서의 중간음 탈락

4. I understand that : 자음 뒤 말음의 자음 생략(주로 -t/-d)

💡 **구문분석** *1.* There was no hesitation, there was no doubt *that they would stand with the United States and our people during this terrible time.* ··· <there+V+S> 구조의 1형식으로, doubt 다음에 of나 as to가 생략된 명사절인 that-절이 왔다.

2. There is a firm commitment by this government *to cooperate* in intelligence matters, *to help interdict* financing of terrorist organizations. ··· government를 후위 수식하는 형용사적 용법의 to-inf. 두 개가 오고 있으며, prevent나 prohibit, forbid 등과 같은 의미와 용법으로 쓰이는 interdict가 왔다.

3. *In the long run*, the advance of Chinese prosperity *depends on* China's full integration *into* the rules and norms of international institutions. ··· '긴 안목으로 보아, 결국은'의 뜻을 가지는 in the long run, '~에 달려있다'는 의미의 depend (up)on이 쓰였다.

4. We've had a very broad discussion, *including the fact that the war on terrorism must never be an excuse to persecute minorities.* ··· *the fact*와 동격을 이루는 *that*-절이 오고 있으며, *excuse*는 '용서하다'는 뜻이 아니라 '~의 구실이 되다'는 뜻으로 쓰였다.

5. I explained my views *on Taiwan and preserving* regional stability in East Asia. ··· *preserving*은 동명사로 *Taiwan*과 함께 전치사 *on*의 목적어로 쓰였다.

6. Two great nations will *rarely* agree on everything ; I understand that. ··· 빈도부사인 동시에 준부정어인 *rarely*가 쓰여, 조동사와 본동사 사이에 쓰였다.

7. But I assured the President that we'll always *deal with* our differences *in a spirit of* mutual respect. ··· 술어동사가 과거(assured)임에도 that-절의 시제가 미래로 시제일치의 예외이다.

Nuance '힘·세력'의 뜻을 가지는 말
① power: 어떤 일을 해낼 수 있는 '힘·능력'을 뜻하는 일반적인 말로 잠재적인 능력을 포함한다. 때로는 strength와 같은 뜻으로 쓰이나, power가 더 능동적인 의미를 가져 the strength of a machine(기계의 힘), its power to do work(그것의 작동하는 힘)과 같이 표현한다. ② force: 완력·폭력을 뜻하는 말로, 활동이 없을 때도 사용하는 power나 strength와는 달리 power가 외부로 행사될 때의 힘이며, 실제로 사용된 힘으로 '세력·효력'의 의미를 갖는다. ③ energy: 일을 하는데 발휘되는 잠재적이며 축적된 power의 양을 암시하며, force와는 달리 외적인 행사를 시사하지는 않으며, '정력·활력'의 의미를 내포한다. ④ might: 인간이 지니는 권력·무력 등의 강력한 힘 ⑤ strength : 개인의 행위나 행동을 가능케 하는 힘으로 power나 force가 가지는 내부적인 힘이며, '강도'를 암시한다. 즉, strength가 작용하여 force가 된다. ⑥ potency: 어떤 결과·효과를 가져오는 잠재적인 힘

번역 강주석과 중국 정부는 9월 11일의 공격에 즉각적으로 반응을 보였습니다.
5) 그 공포의 기간 동안 그들이 미합중국과 우리 국민들을 지지할 것이라는 데에 전혀 망설임도 없었고, 의심도 없었습니다.
6) 정보 문제에 협조하고 테러법들의 조직에 자금 지원을 금지하는데 돕겠다는 이 정부에 의한 굳은 약속이 있습니다. 그것은 우리가 이 악의 세력과 싸우는 동안 미국의 국민들과 강주석 및 중국 정부가 보조를 같이 하는 것입니다.
중국은 위대한 세력입니다. 그리고 미국은 중국과 건설적인 관계를 원합니다. 우리는 세계 공동체의 정회원이 되어 주변국들과 평화를 유지하는 중국을 환영합니다. 우리는 세계무역기구에 중국이 가입하는 것을 환영하고 지지합니다. 그것은 우리 두 나라의 국민들과 세계에 이익이 되는 매우 중요한 발전이라고 우리는 믿습니다.
긴 안목으로 보아 중국 번영의 증진은 국제기구의 규칙과 규범에 대한 중국의 완전한 융화에 달려 있습니다. 그리고 결국은 경제적인 자유와 정치적인 자유가 동반하여 나아갈 것입니다.
우리는 테러리즘에 관한 전쟁은 소수를 박해하기 위한 구실이 되어서는 결코 안된다는 사실을 포함하여 매우 광범위한 범위의 토론을 하였습니다. 저는 타이완과 동아시아의 지역적인 안보를 유지하는 것에 관한 저의 견해를 설명했습니다. 저는 대량 파괴 무기와 미사일 기술의 확산에 대한 투쟁의 필요성을 강조했습니다.
오늘의 만남은 제게 두 위대한 나라가 모든 것에 합의를 하는 것은 드물 것이지만, 우리가 우리 공동의 이익을 기대할 수 있다는 확신을 주었습니다. 저는 그것을 이해합니다. 하지만 저는 우리는 항상 상호 존중의 정신에서 우리의 의견 차이들을 다룰 것이라는 것을 강주석에게 보장합니다. 우리는 솔직하고 건설적이며 협조적인 관계를 추구합니다.

연구 21
빈도부사와 준부정어
··· always, usually, often, sometimes, seldom, rarely, barely, hardly, scarcely, never, ever, once, occasionally, regularly, frequently 등의 빈도부사는 1) Be-동사 뒤에, 2)일반동사 앞에, 3)조동사와 본동사 사이에 위치하며, 이중 seldom, rarely, barely, hardly(almost not), scarcely는 few, little 등과 함께 준부정어로 쓰이는데, 일반적으로 hardly는 정도나 가능성에, scarcely는 분량에, seldom, rarely는 빈도에, little은 양에, few는 수를 나타내는데 사용된다.

Answers for Vocabulary Drills ⑤ institution ⑥ organization

Unit0216 I leave my country / ① [æ̀rə véridífikʌ̀l taim] . ② [bʌ́ðis mí:riŋiz impɔ́:rən] / ③ [bikɔ́:zəv
저는 저의 나라를 떠났습니다   매우 어려운 때에   7)
ðəkæmpéi nəgèns térə]   , because of the ties between two great nations, because
the opportunity and hope that / trade provides for both our people.

Unit0217 I regret, Mr. President, I couldn't accept your / invitation to visit Beijing, but it will
저는 강주석에게 유감을 표합니다   제가 주석의 초청을 받아들일 수 없어서   북경 방문   하지만
happen at a different time.
다른 때에는 가능할 것입니다

President Jiang : Next time.
다음 번에

President Bush : That's right. ④ [θǽŋkju fəjə hɔ̀spətérəri]   .
그럽시다   주석의 환대에 감사를 드립니다

Q : I'm a correspondent / from China Central Television. Recently, there has been improve-
Unit0218 저는 특파원입니다   중국 중앙 텔레비전의   최근   개선이 있었습니다
ment / in Sino-U.S. relations. Just now you've had your first meeting / with President
중국과 미국의 관계에는   지금 주석께서는 첫 만남을 가졌습니다   부시 대통령과
Bush. How would you envisage / the future growth of the bilateral ties?
주석께서는 어떻게 생각하십니까?   양국 유대의 장래 발전에 대하여

President Jiang : The developments of international situation / has, time and again, shown that, despite
Unit0219 국제적인 상황의 발전은   되풀이해서 보여주고 있습니다
our disagreements / of this type or that, the two countries / share extensive common
이런 저런 형태의 의견 차이에도 불구하고   두 나라는 공유하고 있음을   대규모의 공통적인
responsibility and interest / on major issues / that bare on the survival and development
책임과 관심을   주요 문제에 관한   인류의 생존과 발전에 관계가 있었던
of mankind.

Unit0220 I'm pleased to note that, recently, there has been improvement / in our bilateral ties.
저는 특별히 언급하게되어 기쁩니다   최근에 개선이 있었음을   우리 양국 간의 유대에
The two sides / have maintained close consultation and cooperation / on major issue of
양국은   긴밀한 상의와 협조를 유지해오고 있습니다   주요 문제에 관하여
counterterrorism. We've also made new headway / in our economic and trade fields / in
보복 테러의   우리는 또한 새로운 진전을 이루었습니다   우리의 경제와 교역 분야에서
such exchanges and cooperation.
그러한 거래와 협조에 있어서의

China and the United States are different / in their national conditions, so it's normal
중국과 미합중국은   다릅니다   그들의 국가적인 조건이   그래서 그것은 정상적입니다
that / there are certain disagreements / between us. So long as both sides / respect
우리 사이에 어떤 의견 차이가 존재한다는 것은   8)
each other, treat each other / with sincerity, enhance trust through / frequent exchange
of views, then the disagreements can get addressed properly.

Vocabulary Drills ⑦ _____ *friendly treatment of others, especially in giving food, drink, and a comfortable place to be*
⑧ _____ *the duration of existence, especially as measured in days, months, years, etc.*

1. difficult time의 경우, [t+t]에 의한 겹자음의 발음 생략으로 볼 수도 있으나, 그렇게 자음 발음의 중복으로 생략이 발생하기 전에 이미 difficult의 [t]가 자음 뒤 말음의 자음 생략에 의해 생략된다.

🔊 소리분석 **1.** at a very difficult time : -t/-d의 -r 유음화, 자음 뒤 말음의 자음 생략

2. But this meeting is important : 조음점 동화, -t/-d의 -r 유음화, 자음 뒤 말음의 자음 생략

3. because of the campaign against terror : 연음, 자음 뒤 말음의 자음 생략

4. Thank you for your hospitality : 연음, -t/-d의 -r 유음화

💡 구문분석 **1.** But this meeting is important ***because of*** *the campaign against terror,* ***because of*** *the ties between two great nations,* ***because the opportunity and hope*** *that trade provides for both our people.* ··· <이유>를 나타내는 because에 의한 부사구와 부사절이 연이어 오고 있으며, ***the opportunity and hope***를 선행사로 하는 that-관계절이 오고 있다.

2. happen에는 기본적으로 '1) (일·사건 등이) 일어나다, 생기다. 2) 우연히 ~하다'의 두 가지 의미가 있어, 여기서는 '가능하다'는 뜻이 되고 있다.

2. I regret, Mr. President, I couldn't accept your invitation *to visit Beijing*, but it will happen *at a different time.* ··· 호격인 Mr. President가 삽입어구로 오고, 술어동사의 O로 쓰인 that-명사절(that은 생략)이 오고 있는데, but 이하의 will happen을 조심하여 우리말로 옮겨야 한다.

3. that-절의 주어 앞에 <양보>의 부사구가 먼저 온 후에 <S'+V'+O'> 형식이 왔다. 또 O'는 <A and B>로 연결된 명사가 되고 있으며, 다시 O'를 수식하는 부사구를 이루는 명사 issues를 선행사로 하는 that-관계절이 왔는데, that-절의 술어동사 bare는 '관계(영향)이 있다'는 의미의 자동사 bear의 과거형이다.

3. The developments of international situation has, *time and again*, shown ***that***, *despite our disagreements of this type or that, the two countries share extensive common* **responsibility and interest on major issues that** bare on the survival and development of mankind. ··· <S+V+O> 구조로, O에 that-명사절이 왔다.

†despite : ~에도 불구하고/time and again : 몇 번이고, 되풀이해서 (*again and again, time and time*)

4. China and the United States are different in their national conditions, so **it**'s normal *that there are certain disagreements between us.* ··· 가주어 **it**, 진주어로 쓰인 that-절이 왔다.

5. So long as both sides **respect** each other, **treat** each other with sincerity, **enhance** trust through frequent exchange of views, than the disagreements can get addressed properly. ··· <조건>의 부사절이 먼저 왔는데, 주어 both sides를 공통요소로 3개의 술어동사가 오고 있으며, 주절의 address는 '처리하다'(*treat, deal with*)는 뜻으로 쓰였다.

연구 22

as long as, so long as(1) ···p.393 <연구80>에 계속
··· as long as는 *while*(~ 하는 사이는, 동안에는)의 의미로 극적인 뜻이 포함되며, so long as는 *provided that*(~ 하는 이상은), *if only*(~ 하기만 하면)의 뜻으로 소극적인 의미가 있기는 하나 서로 혼용된다. 이에 반하여 as far as는 *to that extent, degree or distance*(~까지, ~만큼)의 뜻으로 또 장소를 나타내는 말의 앞에서는 (~까지)의 뜻으로 적극적인 확대의 의미로, so far as는 *in such a degree*(~의 끝까지, ~만큼)의 뜻으로 소극적인 제한을 의미한다. 또 <so far as+to-부정사>는 (~하기까지)의 극단적인 의미를 가진다. · My parents shall want for nothing *as long as* I live.(내가 살아있는 한 부모님들께서 부족함이 없게 해드리겠다.)/ · The new mayor seems to be an able man *as far as* rumors go.(평판으로 보아 새로 부임한 시장은 대단히 수완이 좋은 사람으로 보인다.)/ · *So far as* I know, he is a man of good conduct.(내가 아는 한 그는 품행이 단정한 사람이다.)/ · Any novel will do, *so long as* it is interesting.(재미만 있으면 어떤 소설이라도 좋다.)

Nuance Drills *Fill in the blanks with a suitable word as given:*

¹ _____ refers to the inherent capacity to act upon or affect something, to endure, to resist, etc. ² _____, somewhat more general, applies to the ability, latent or exerted, physical or mental, to do something. ³ _____ usually suggests the actual exertion of power, especially in producing motion or overcoming opposition. ⁴ _____ suggests great or overwhelming strength or power. ⁵ _____ specifically implies latent power for doing work or affecting something. ⁶ _____ refers to the inherent capacity or power to accomplish something.

(a) power   (b) potency
(c) strength   (d) might
(e) energy   (f) force

번역 저는 매우 어려운 때에 저의 나라를 떠났습니다. 7) 그러나 이번 두 정상의 만남은 테러와의 전쟁 때문에, 두 위대한 나라 사이의 유대 때문에, 교역이 우리 두 나라 국민들에게 제공하는 기회와 희망 때문에 중요합니다.

저는 제가 주석의 북경 방문 초청을 받아들일 수 없어서 강주석에게 유감을 표합니다. 하지만 다른 때에는 가능할 것입니다.

강택민 주석 : 다음 번에.

부시 대통령 : 그럽시다. 주석의 환대에 감사를 드립니다.

질문자 : 저는 중국 중앙 텔레비전의 특파원입니다. 최근 중국과 미국의 관계에는 개선이 있었습니다. 지금 주석께서는 부시 대통령과 첫 만남을 가졌습니다. 양국 유대의 장래 발전에 대하여 주석은 어떻게 생각하십니까?

강택민 주석 : 이런 저런 형태의 의견 차이에도 불구하고, 국제적인 상황의 발전은 두 나라는 인류의 생존과 발전에 관계가 있었던 주요 문제에 관한 대규모의 공통적인 책임과 관심을 공유하고 있음을 되풀이해서 보여주고 있습니다.

저는 최근에 우리 양국 간의 유대에 개선이 있었음을 특별히 언급하게 되어 기쁩니다. 양국은 보복 테러의 주요 문제에 관하여 긴밀한 상의와 협조를 유지해오고 있습니다. 우리는 또한 그러한 거래와 협조에 있어서의 우리의 경제와 교역 분야에서 새로운 진전을 이루었습니다.

중국과 미합중국은 그들의 국가적인 조건이 다릅니다. 그래서 우리 사이에 어떤 의견 차이가 존재한다는 것은 정상적입니다. 8) 우리 모두가 서로를 존경하고, 서로를 성실하게 대우하고, 견해의 빈번한 교환을 통해 신뢰를 증진하기만 한다면, 의견 차이는 적절하게 처리될 수 있습니다.

Answers for Vocabulary Drills ⑦ hospitality ⑧ time

※ Answers for Nuance Drills : 1-c, 2-a, 3-f, 4-d, 5-e, 6-b

Unit0221

Just now, ① _____, ② _____ / had an extensive and
방금   부시 대통령과의 회담에서   우리는 다시 한번 광범위하고 깊이 있는 의견을 나누었습니다
in-depth exchange of views / on bilateral relations. We also reached important
                                양국 간의 관계에 관하여   우리는 또한 중요한 의견일치에 도달하였습니
consensus. We stand ready / to work together with the U.S. side / to increase our
                                    9)
exchanges and cooperation, enhance understanding and trust, and develop / a

constructive and cooperative relations between us.

I'm convinced / that so long as the three signed U.S. joint communiques / and
저는 확신하고 있습니다   3개의 조인된 미국 공동의 성명과
fundamental norms / governing international relations are adhered to, and so long as /
기초적인 규범들이   국제관계를 지배하는   지켜지기만 하면   그리고
the problems between us, especially the problem of Taiwan — the question of Taiwan /
양국 간의 계획들이   특히 타이완 문제가
is properly addressed, then there will be a bright future / of our relationship.
적절하게 처리되기만 하면   그러면 양국 관계에 밝은 미래가 있을 것임을

Q : Thank you, Mr. President. Thank you, sir, for having us here. Mr. President, do you
감사합니다 강주석   감사합니다   이곳으로 우리를 불러주어서   10)
Unit0222
know yet / whether there is a definite link / between the anthrax attacks / and any

foreign interests, particularly al Qaeda or Iraq? And separately, there's a report that /
                                                      그리고 다른 문제로   보고가 있습니다
we have special forces in southern Afghanistan now. Can you confirm that the ground
우리측이 특수부대를 유지하고 있다는   지금의 남부 아프가니스탄에   확인해줄 수 있겠습니까?   지상전이
war has begun?
시작되었는 지

And a quick question to our host, sir. Do you support the U.S. military / action in
그리고 우리의 강주석께 간단한 질문 하나 여쭙니다   귀하는 미국의 군사작전을 지지합니까?
Afghanistan, which President Bush says could last / one or two years?
아프가니스탄에서의   부시 대통령이 지속될 것이라고 말하는   1년이나 2년

President Bush : First, I spent some time explaining / to the President / of my determination / to bring
먼저   저는 설명하느라 상당한 시간을 보냈습니다   강주석에게   저의 결심을
Unit0223
people to justice / that murdered our citizens. And I told the President / that our nation
우리 국민들을 살해한 사람들을 재판에 회부해 처벌하겠다는   그리고 저는 강주석에게 말했습니다
will do what it takes / to bring them to justice, ③ _____. And,
우리 국민들은 그들을 재판에 회부해 처벌하는 일을 해낼 것이라고   아무리 오랜 시간이 걸려도
Ron, I don't know / the time, but I do know the desire.
Ron 기자   기간은 내가 모르겠습니다 하지만 그런 열망은 알고 있습니다

Unit0224

And secondly, I explained to the President / that
그리고 둘째로   저는 강주석에게 설명하였습니다
we will hold people accountable / who harbor
우리는 사람들에게 책임지게 할 것이라고   은신처를 제공한
terrorists. ④ _____.
테러범들에게   그러한 것들이 우리가 하고 있는 일입니다

Vocabulary Drills ⑨ _____ a disease, often deadly, of warm-blooded animals, especially cattle and sheep
⑩ _____ to make secure something is right by checking it again, (syn.) to verify

4. 일반적인 현상은 아니나 부시의 발음처럼 빠른 발음에 주로 나타나는 현상으로, th- 발음이 강모음과 약모음 사이에 쓰이면 -t/-d발음처럼 -r발음으로 유음화하거나 -nd/-nt 다음에 오면 -d/-t와 함께 생략되기도 한다.
And that's[æ nats]

1. to₁-inf.은 '(적용범위를 한정하여) ~하기에'의 의미를 갖는 부사적 용법이고, to₂-4-inf.는 <목적>을 뜻하는 부사적 용법이다. 또 to₂-inf. 이하의 부정어에서는 전치사 to가 생략되고 있다. † **stand ready**: 언제라도 ~할 마음이다, ~할 준비가 되어 있다.

2. 첫 <so long as>는 주어가 두 개이며, 두 번째에는 주어가 dash(─)로 부연 설명되고 있다. †**be convinced of**(that~): ~을 확신하다. / **be adhered to**: ~을 고집하다, 신봉하다, 고수하다, 철저히 지키다.

5. 문미에는 **people**을 선행사로 하는 that-관계절이 왔다. † **spend A ~ing**: ~하느라 A를 소비하다. / **bring A to B**: A를 B에 데려오다.

Nuance **'시작하다'의 뜻을 가지는 말**
① **begin**과 **commence**: 1)'시작하다'는 의미의 일반적인 말이며, commence는 라틴계의 격식을 차린 말로 의식이나 소송 등의 시작에 사용한다. 2)begin은 목적어로 부정사나 동명사 어느 쪽을 취해도 상관없이 동명사를 취하면 '갑자기, 별안간'의 의미를 내포하며, commence는 보통 동명사를 취한다. 3)begin은 자동사·타동사 모두로 사용되지만, commence는 주로 타동사로 쓰인다. 4)begin은 end의 반대이지만, commence는 complete의 반대이다. ② **start**: begin에 대한 일상용어로, 사람이 시작할 의사를 가지고 시작하는 일에 쓰이며, 정지 상태에서의 새로운 시작과 첫 출발점을 강조하고, 뒤에는 보통 동명사가 온다. '~에 첫발을 내딛다, 착수하다'는 뜻으로 결과는 언급하지 않는다. ④ **inaugurate**: 의식 등의 시작에 쓰인다. ⑤ **start in, start out**: [美·口] 시작하다. ⑥ **set in**: 특수한 상태에 들어서는 날씨에 대하여 주로 사용한다. ⑦ **set about**: 일상 용어 ⑧ **set to**: 특히 진지하게 또는 끈기를 가지고 시작하다. ⑨ **undertake**: 주의와 노력을 기울여 어떤 일이 이루어지도록 착수하다, 시도하다.

🔊 소리분석 **1.** in my meeting with President Bush : 비음화, -t/-d의 -r 유음화, 말음의 자음 생략

2. we once again : 연음

3. no matter how long it takes : -t/-d의 -r 유음화, 겹자음의 발음 생략

4. And that's exactly what we're doing : 자음 뒤 말음의 자음 생략, -t/-d의 -r 유음화

💡 구문분석 **1.** We stand ready **to₁ work** together with the U.S. side **to₂ increase** our exchanges and cooperation, **enhance₃** understanding and trust, and **develop₄** a constructive and cooperative relations between us. … 모두 4개의 to-inf.가 쓰였다.

2. I'm convinced that **so long as** the three signed U.S. joint communiques and *fundamental* **norms** *governing international relations* are adhered to, and **so long as** the problems *between us, especially the problem of Taiwan* ─ the question *of Taiwan* is properly addressed, then there will be a bright future of our relationship. … <조건>을 의미하는 <so long as> 두 개가 쓰였다.

3. Mr. President, do you know yet *whether there is a definite link between the anthrax attacks and any foreign interests*, particularly al Qaeda or Iraq? … 술어동사가 know인 까닭에 <Yes-No Question의 간접의문문>이 왔으며, 부사 yet의 용법과 의미에 주의해야 한다.

4. Do you support the U.S. **military action** in Afghanistan, *which President Bush says could last one or two years*? … **military action**을 선행사로 하는 which-관계절이 왔다.

5. First, I spent some time explaining to the President of my determination to bring **people** to justice *that murdered our citizens*. … <S + V + O + ─ing(OC로서의 현재분사)> 구조이다.

6. And I told the President that our nation will do **what it takes to bring them to justice**, *no matter how long it takes*. … that-절의 O로 쓰인 what-관계절, <양보>의 부사절이 쓰였다.

7. And secondly, I explained to the President that we will hold **people** accountable *who harbor terrorists*. … hold는 '(약속·의무·책임 등을) 지키게 하다'는 뜻으로 쓰였다.

번역   방금 부시 대통령과의 회담에서 우리는 양국 간의 관계에 관하여 다시 한번 광범위하고 깊이 있는 의견을 나누었습니다. 우리는 또한 중요한 의견일치에 도달하였습니다. 9) 우리는 우리의 거래와 협조를 증진시키기 위해, 이해와 신뢰를 증진시키기 위해 그리고 우리 사이의 건설적이고 협조적인 관계를 발전시키기 위해 미국과 함께 일하는 것을 지지할 준비가 되어 있습니다.
  3개의 조인된 미국 공동의 성명과 국제관계를 지배하는 기초적인 규범들이 지켜지기만 하고 양국 간의 계획들, 특히 타이완 문제가 적절하게 처리되기만 하면 그러면 양국 관계에 밝은 미래가 있을 것임을 저는 확신하고 있습니다.

질문자: 감사합니다, 강주석. 이곳으로 우리를 불러주어서 감사합니다. 10) 부시 대통령께서는 탄저병과 특히 al Qaeda나 이라크와 같은 어떤 외국의 이익 사이에 명확한 관련이 있는지 어떤지 알고 있습니까? 그리고 다른 문제로, 지금의 남부 아프가니스탄에 우리측이 특수부대를 유지하고 있다는 보고가 있습니다. 지상전이 시작되었는지 확인해줄 수 있겠습니까?

부시 대통령: 먼저, 저는 강주석에게 우리 국민들을 살해한 사람들을 재판에 회부해 처벌하겠다는 저의 결심을 설명하느라 상당한 시간을 보냈습니다. 그리고 아무리 오랜 시간이 걸려도 우리 국민들은 그들을 재판에 히부해 처벌하는 일을 해낼 것이라고 저는 강주석에게 말했습니다. Ron 기자, 기간은 내가 모르겠습니다만, 그런 열망은 알고 있습니다.
  그리고 둘째로, 저는 강주석에게 우리는 테러범들에게 은신처를 제공한 사람들에게 책임지게 할 것이라고 설명하였습니다. 그러한 것들이 우리가 하고 있는 일입니다.

연구 23
원형부정사를 써야만 하는 경우(1)
…동사의 원형(root)을 그대로 쓰는 까닭에 흔히 원형부정사(root-Infinitive)라고 하는 이것을 'to 없는 부정사'(Infinitive without to, bare Infinitive)라고도 하며, 1)조동사 다음, 2)<지각동사+O+root as OC>, 3)<사역동사+O+root as OC>, 4)기타 관용적인 표현 ① had better(best) 다음, ② would(또는 had) rather(또는 sooner) 등의 다음, ③ may(might) as well 또는 may well 다음, ④ cannot but 다음, ⑤ do nothing but 다음, ⑥몇 개의 부정사가 반복되면 보통 두 번째 이하에서, ⑦ 미국 회화체에서는 be-동사 다음, ⑧ '~을 제외한'의 뜻을 가지는 but, except, save, besides, than 다음, ⑨ Why~ 또는 Why not~으로 유도되는 의문문에 사용하는 것이 보통이다.

Unit0225 I will not comment upon / military operations. I made it very clear from the outset / of
저는 논평하지 않을 것입니다   군사 작전에 대해서는   11)
this campaign / that I will not respond / to rumors / and information that seeps into the

public consciousness, for fear of disrupting / the operations that are taking place. But

let me reiterate what I've told / the American people and the world. We will use
하지만 반복하겠습니다   제가 미국 국민들과 세계에 말씀드렸던 것을   우리는 이용할 것입니다
whatever means are necessary / to achieve our objective.
필요한 무슨 수단이든   우리의 목적을 달성하기 위해

Unit0226 Thirdly, I do not have a direct—I don't have knowledge of a direct link / of the
셋째   저는 모릅니다   저는 직접적인 관계에 대하여 아는 것이 없습니다
anthrax incidents / to the enemy. But I wouldn't put it past them. These are evil
탄저병 사건과   적과의   그러나 저는 그 문제를 이전의 그들에게 맡겨두지 않을 것입니다 그것들은 악한 사람들이며
people / and the deeds that have been conducted on the American people are evil
그 행동들은   미국 국민들에게 저질러진   악한 행동입니다
deeds. And anybody who would mail / anthrax letters, trying to affect the lives of
그리고 탄저병 편지들을 보내려는 사람들은 누구든지   삶에 영향을 주려고
innocent people, is evil. And I want to say this as clearly as I can, that anybody in
무고한 사람들의   흉악합니다   그리고 저는 말씀드리고 싶습니다 분명히   미국에 살고 있는 사람은 누구든지
America / who will use this opportunity /①_____, will think it's funny as
우리 국민들을 위협하기 위해 이 기회를 이용할 생각이 있는   그것이 재미있다고 생각할
a hoax /②_____, will be held accountable and will be
장난으로   그 위협에 어떤 혼란을 주는   책임을 져야할 것이며
prosecuted.
기소될 것이라는 점을

Unit0227 ③_____—now is the time—for us to stand up against terror,
미국에서는 지금이 때입니다   지금이 바로 그럴 때입니다   우리가 테러에 저항하여 일어서고
and for American citizens / to unite against terror. And we're looking, we're on the
그리고 미국 국민들이   테러에 저항하여 단결해야 할   그리고 우리는 주시하고 있으며 우리는 찾고 있습니다
search to find out / who's conducting these evil acts.
누가 그러한 악한 짓을 했는지

Unit0228 I'm also pleased that / the government is responding very quickly, that people who
저는 또한 기쁩니다   정부가 매우 빠르게 반응을 보여주어서
have been exposed to anthrax / are getting the necessary / treatments. I think it's very
탄저병에 노출된 사람들이   필요한 치료를 받고 있어서   저는 그것이 매우 중요하다고 생각합니다
important for people of all the world / to understand that if anthrax—if people are
세계의 모든 사람들이   이해하는 것이   만약 탄저병이   만약 사람들이
exposed to anthrax, there is a treatment for it. And it's very important for all our
탄저병에 노출된다면   그에 대한 치료가 있어야 한다는 것을   12)
governments / to react and respond as quickly / as possible to make sure the citizens

who get exposed / receive the necessary antibiotics.④_____.
미국에서 우리는 그렇게 하고 있습니다

Unit0229 And the American people also have got to understand / that we will make sure that
그리고 미국의 국민들은 또한 이해해야만 합니다   우리는 확실히 하고 있다는 것과
there is ample supplies, as we deal with this evil act, that we'll make sure there's
충분한 물자보급이 이루어지는 것을   우리가 이 악한 행위를 처리하면서   확실히 하고 있다는 것을
ample supplies / available for the American people.
미국의 국민들이 이용하기에 충분한 물자 보급이 이루어지는 것을

Vocabulary Drills ⑪_____ *a remark, opinion (often criticism) ; to express an opinion about something, explaining and / or criticizing it*
⑫_____ *general talk, gossip, hearsay which cannot by verified and is of doubtful accuracy*

🔊 소리분석 **1.** to threaten our citizens : 연음, -t/-d의 -r유음화

2. to put out some kind of threat : -t/-d의 -r유음화, 자음 뒤 말음의 자음 생략, 연음

3. Now is the time in America : 연음

4. And we're doing that in America : -t/-d의 -r유음화, 연음

💡 구문분석 **1.** I made it very clear *from the outset of this campaign that I will not respond to rumors and information that seeps into the public consciousness*, for fear of disrupting *the operations that are taking place*. … 가목적어 it, 진목적어 that-절이 쓰였다.

2. And **anybody** *who would mail anthrax letters, trying to affect the lives of innocent people*, is evil. … <S+V+C> 구조인데, S를 선행사로 하는 who-관계절, S를 수식하는 현재분사가 온 후에 V가 왔다.

3. Now is the time in America — now is the time — **for us** *to stand up* against terror, and **for American citizens** *to unite* against terror. … 의미상의 주어가 딸린 to-inf.가 오고 있다.

4. I'm also pleased **that** the government is responding very quickly, **that** *people who have been exposed to anthrax* are getting the necessary treatments. … <원인>을 뜻하는 that-부사절이 왔다.

5. I think **it**'s very important **for people** of all the world *to understand* that if anthrax — if people are exposed to anthrax, there is a treatment for it. … think의 O로 that이 생략된 that-절이 왔다.

6. And **it**'s very important **for all our governments** *to react and respond* as quickly as possible to make sure **the citizens** *who get exposed receive the necessary antibiotics*. … 가주어 it, 의미상의 주어, 진주어 to-inf.가 쓰였으며, **the citizens**를 선행사로 하는 who-관계절이 쓰였다.

7. And the American people also have got to understand **that** *we will make sure that there is ample supplies, as we deal with this evil act,* **that** *we'll make sure there's ample supplies available for the American people.* … understand의 O로 2개의 **that**-절이 왔으며, 각각의 **that**-절 안의 O로 또 다른 *that*-절이 왔는데, 두 번째 *that*-절에서는 *that*이 생략되었다.

1. †from(at) the (very) outset: 처음부터(에)/ **for fear of**(that~절): ~이 두려워, ~을 하지 않도록/ **take place**: (사건 등이) 일어나다, (행사 등을) 개최하다.
3. to-inf.는 모두 C를 수식한다.
4. 두 번째 that-절의 주어를 선행사로 하는 who-관계절이 오고 있다.
5. 본문의 O로 쓰인 that-절에는 가주어 it, 의미상의 주어, 진주어 that-절이 오고 있다.

Nuance Drills *Fill in the blanks with a suitable word as given:*

¹_____, the most general of these terms, indicates merely a setting into motion of some action, process, or course. ²_____, the more formal term, is used with reference to a ceremony or an elaborate course of action. ³_____ carries the particular implication of leaving a point of departure in any kind of progression. ⁴_____, in this connection, refers to the carrying out of the first steps in some course or process, with no indication of what is follow. ⁵_____ suggests a formal or ceremonial beginning or opening.

(a) start   (b) commence
(c) initiate   (d) begin
(e) inaugurate

번역

저는 군사 작전에 대해서는 논평하지 않을 것입니다. <u>11) 저는 이 전쟁의 시초부터 진행 중인 작전의 혼란을 피하기 위해 대중 의식에 스며드는 소문이나 정보에 반응하지 않을 것이라고 분명히 했습니다.</u> 하지만 제가 미국 국민들과 세계에 말씀드렸던 것을 반복하겠습니다. 우리는 우리의 목적을 달성하기 위해 필요한 무슨 수단이든 이용할 것입니다.

셋째, 저는 모릅니다. 저는 탄저병 사건과 적과의 직접적인 관계에 대하여 아는 것이 없습니다. 그러나 저는 그 문제를 이전의 그들에게 맡겨두지 않을 것입니다. 그것들은 악한 사람들이며, 미국 국민들에게 저질러진 그 행동들은 악한 행동입니다. 그리고 무고한 사람들의 삶에 영향을 주려고 탄저병 편지들을 보내려는 사람들은 누구든지 흉악합니다. 그리고 그것을 그 위협에 어떤 혼란을 주는 재미있는 장난으로 생각하고 우리 국민들을 위협하기 위해 이 기회를 이용할 생각이 있는 미국에 살고 있는 사람은 누구든지 책임을 져야할 것이며 기소될 것이라는 점을 저는 분명히 말씀드리고 싶습니다.

미국에서는 지금이 때입니다. 지금이 바로 우리가 테러에 저항하여 일어서고, 미국 국민들이 테러에 저항하여 단결해야 할 그럴 때입니다. 그리고 우리는 누가 그러한 악한 짓을 했는지 알아내기 위하여 주시하고 있으며, 찾고 있습니다.

저는 또한 정부가 매우 빠르게 반응을 보여주면서, 탄저병에 노출된 사람들이 필요한 치료를 받고 있어서 기쁩니다. 저는 만약 탄저병이, 만약 사람들이 탄저병에 노출된다면, 그에 대한 치료가 있어야 한다는 것을 세계의 모든 사람들이 이해하는 것이 매우 중요하다고 생각합니다. <u>12) 그리고 감염된 시민들이 필수 항생제를 투여받는 것을 확실히 하기 위해 우리의 모든 정부 기관들이 가능한 한 빨리 반응하고 조치를 취하는 것은 매우 중요합니다.</u> 미국에서 우리는 그렇게 하고 있습니다.

그리고 우리가 이 악한 행위를 처리하면서, 충분한 물자 보급이 이루어지는 것을 확실히 하고 있다는 것과 미국의 국민들이 이용하기에 충분한 물자 보급이 이루어지는 것을 확실히 하고 있다는 것을 미국의 국민들은 또한 이해해야만 합니다.

Answers for Vocabulary Drills ⑪ comment ⑫ rumor

※ Answers for Nuance Drills : 1-d, 2-b, 3-a, 4-c, 5-e

(President Bush's comments translated.)

President Bush : Couldn't have said it any better. (Laughter.)

[Unit0230] 이 보다 더 멋지게 통역하는 것을 본 적이 없군요

President Jiang : In my discussion with President Bush this morning, I've made clear that/①_____

[Unit0231] 오늘 아침 부시 대통령과 얘기를 나누면서   저는 분명히 했습니다

/ of all forms. And what we have done/ in the past / has shown

우리는 모든 형태의 테러에 반대한다는 것을   그리고 우리가 과거에 했던 모든 것들은   보여주고 있습니다

this attitude of ours/ very clearly. We hope that/ anti-terrorism efforts / can have

그러한 우리의 태도를 매우 분명하게   우리는 희망합니다   반테러리즘을 위한 노력이

clearly defined targets. And efforts should hit/ accurately, and also avoid/ innocent

명백하게 정의된 목표를 지닐 수 있기를   그리고 노력들은 정확하게 적중해야만 하며   동시에 무고한 사상자를 피해야만 할 것입니다

casualties. And what is more,②_____ / should be brought into

13)

full play.

I'd also/ like to make a comment / on anthrax.③_____. And I think

저도 탄저병에 대해서 한 말씀 드리겠습니다   저도 그에 대해서는 들은 바가 있습니다   14)

with regard to this/ problem, all countries/ should take a unanimous stand, because

it's a public hazard. We should all unite/ and work to prevent it/ from spreading any

우리 모두는 단합할 것이며   그것이 더 이상으로 확산되지 않도록 노력할 것입니다

further.

That's the end of the press conference. Thank you.

이것으로 기자회견을 마칩니다   감사합니다

[Vocabulary Drills] ⑬_____ *a professional meeting, convention, usually at a big hotel ; a private business meeting among people*

⑭_____ *an object, animal, or person aimed at with a bullet, arrow, rock, etc.*

🔊 **소리분석** **1.** we are opposed to terrorism : 조음점 동화

2. I've also heard about it : 연음, -t/-d의 -r유음화

3. the role of the United Nations : 연음, -t/-d의 -r유음화

1. †be(stand) opposed to : ~에 반대하다, 반대편에 서다.

2. †what is more : 게다가, 더욱이 / bring into play : 활동시키다, 이용하다.

3. †hear of : 1)(기별·소식을) 듣다. 2) 꾸중(벌)을 받다. 3) ~을 용납하다, 찬성하다./ hear from : 1)~에게서 편지를 받다. 2)~에게서 벌(비난)을 받다.

💡 **구문분석** **1.** *In my discussion with President Bush this morning*, I've made clear *that we are opposed to terrorism of all forms.* … <S + V + OC + O> 구조로, that-절이 O로 오면서 도치되었다.

2. And *what is more*, the role of the United Nations **should** be brought into full play. … 관계대명사 what의 관용적 표현, <당위>의 should가 쓰였다.

3. I've also heard about it. … †**hear about** : (~에 관한 소문·꾸지람·상세한 이야기 등을) 듣는다.

4. And I think *with regard* to this problem, all countries **should** take a unanimous stand, because it's a public hazard. … <with + 추상명사→부사>, <당위>의 should가 쓰였다.

번역 **부시 대통령** : 이 보다 더 멋지게 통역하는 것을 본 적이 없군요.

강태민 주석 : 오늘 아침 부시 대통령과 얘기를 나누면서, 우리는 모든 형태의 테러에 반대한다는 것을 저는 분명히 했습니다. 그리고 우리가 과거에 했던 모든 것들은 그러한 우리의 태도를 매우 분명하게 보여주고 있습니다. 우리는 반테러리즘을 위한 노력이 명확하게 정의된 목표를 지닐 수 있기를 희망합니다. 그리고 노력들은 정확하게 적중해야만 하며, 동시에 무고한 사상자(의 발생)를 피해야만 할 것입니다. 13) 그리고 나아가서 국제연합의 역할이 완전하게 수행될 수 있어야만 합니다.
  저도 탄저병에 대해서 한 말씀 드리겠습니다. 저도 그에 대해서는 들은 바가 있습니다. 14) 그리고 저는 그것이 대중적인 위험인 까닭에 모든 나라들이 이 문제에 대해 일치된 입장을 보여야만 할 것이라고 생각합니다. 우리 모두는 단합할 것이며, 그것이 더 이상으로 확산되지 않도록 노력할 것입니다.
  이것으로 기자회견을 마칩니다. 감사합니다.

연구 24

전치사 + 추상명사

1) with(without, in, by, on, to…) +추상명사→부사구(반복적인 부사의 사용을 피하여 문장의 어조를 부드럽게 하기 위해 사용된다.) ① He listened to me *with patience*.(그는 참을성 있게 내 말을 경청했다.=patiently : 양태를 의미) / She can speak English *with great fluently*.(그녀는 영어를 매우 유창하게 말할 수 있다.=very fluently) ② I accepted his offer *without doubt*.(나는 의심없이 그의 제안을 받아들였다.) ③ He held up the prize *in triumph*.(그는 의기양양하게 상품을 높이 쳐들었다.… 상태나 상황을 의미) ④ Do you think the house was burnt down *by accident* or *design*.(저 집이 불에 탄 것이 실수라고 생각합니까 아니면 고의라고 생각합니까?… 행위의 원인·수단·방법) ⑤ He does such a thing *on purpose* to annoy you.(그는 당신을 괴롭히기 위해 고의로 그런 일을 한다. … 흔치않은 표현으로 목적·결과를 의미) ⑥ The meat was cooked *to perfection*.(그 고기는 완전히 요리되었다. … 흔치않은 표현)

2) of(at) +추상명사→형용사구 ① *Of* what *avail* is it?(그것이 무슨 쓸모가 있습니까?=available : 성질이나 크기를 의미) / I think it *of great use*.(그것은 많은 용도가 있을 것으로 생각한다.=useful) ② They saw the people *at rest* there.(그들은 그곳에서 사람들이 쉬고 있는 것을 보았다. … 상태·종사를 의미) / Each member is *at liberty* to the state his own view.(각 회원들은 자유롭게 자신의 의견을 진술할수 있다.)

Nuance Drills *Fill in the blanks with a suitable word as given :*

¹_____, the most general of these terms, indicates merely a setting into motion of some action, process, or course.²_____, the more formal term, is used with reference to a ceremony or an elaborate course of action. ³_____ carries the particular implication of leaving a point of departure in any kind of progression. ⁴_____, in this connection, refers to the carrying out of the first steps in some course or process, with no indication of what is follow.⁵_____ suggests a formal or ceremonial beginning or opening.

(a) start   (b) commence
(c) initiate   (d) begin
(e) inaugurate

Nuance '말하다·이야기하다'의 뜻을 가지는 말

① **talk** : (마음을 터놓은) 소수의 사람들과 이치에 맞는 대화를 하는 경우에 쓰이는데, 듣는 사람이 존재함을 암시하며, 입이나 언어를 사용하여 뜻을 알 수 있는 소리를 발하는 것을 가리킨다. speak와는 달리 남에게 들려주고 싶은 이야기를 하는 것으로, 말하는 심적인 태도나 이야기의 내용(다소 빈약하고 깊이가 없는 시시한 것), '좌담, 환담'의 분위기에 중점을 두는 표현이다. 따라서 단 한 마디의 말인 경우는 speak한다고는 할 수 있어도 talk한다고 하기는 관란한 것이다. ② **speak** : '이야기하다, 말하다'는 뜻의 일반적인 말이며, 의사전달이나 일정한 내용을 전하기 위해 하나 이상의 낱말을 발하는 동작에 중점을 두는 말로, talk보다 격식을 갖춰 중요한 내용을 말하는 까닭에 '연설하다'는 뜻도 포함한다. ③ **say** : speak하여 자신의 생각을 비롯한 어떤 내용을 전하다. 어린 아이는 speak할 수는 있지만 say하지는 못하고, 먼저 speak를 하다가 생각이 형성되면서 say하게 된다는 점에서 speak 보다 say가 내용에 중점을 두고 있음을 알 수 있는데, 그래서 *speak* English라는 말은 할 수 있어도, *say* English라는 말은 하지 않는 것이다. 또한 연설 등은 speak한다고 하고, 이야기는 tell한다고 하지만, 이들을 say한다고는 않으며, 기도를 say한다고는 하지만, speak나 tell한다고는 하지 않는다. 그리고 say는 직·간접의 인용구 앞에 흔히 사용하며, tell이 어떤 취지나 줄거리를 전하는 것에 중점을 두는 것에 비해, say는 그 말을 그대로 옮기는 행위에 중점을 둔다. 따라서 What did he *tell* you?(그가 무슨 말을 했어요?)와 What did he *say*?(그가 뭐라고 했어요?)는 다른 의미이다. ④ **tell** : 방법에 관계없이 눈앞의 상대에게 어떤 정보의 전달 행위를 강조하

는 말이므로, 반드시 speak나 talk하지 않고 노래나 몸짓으로 해도 무방하다는 점에서 narrate나 relate와 비슷하지만, 1)알리려는 정보와 피전달자의 존재가 강조되며, 2)미래에 대한 예측이 포함되며, 3) 보다 구어적인 표현이라는 점에서 이들과 다르다. 또 speak는 그 전하려는 내용이 표시되지 않으면 tell로 바꿔 말할 수 없으며, tell(=say to) him that~처럼 종종 say to와 같은 뜻으로 쓰이기도 하는데, 이때의 tell은 say보다 구어적인 표현이다. 그리고 직접화법을 간접화법으로 바꿀 때 IO가 있으면 say 대신 tell을 사용하는데, 이때는 전치사 to를 사용하지 않는다. ⑤ **state** : 다소 딱딱한 표현으로, 명확한 말로 이유를 설명하며 상세히 say하다. ⑥ **utter** : 말이나 소리를 입으로부터 내는 행위를 강조한다. ⑦ **converse** : talk의 딱딱한 말로 사상이나 의견 따위의 교환을 의미하는데, 명사형인 conversation이 더 널리 사용된다. ⑧ **mention** : 언급하여 화제에 올린다. ⑨ **remark** : 구어로, 생각나는 대로 간단히 비평하며 의견을 말한다. ⑩ **relate** : tell 보다 따스 딱딱하며, 품위있는 말로 상세히 tell한다. ⑪ **narrate** : relate 보다 더 딱딱한 말로, 모험이나·전설 등을 이야기하는 것을 말한다. ⑫ **gossip** : 쓸데없는 이야기를 지껄이는 것으로, 특히 같이 동석하고 있지 않은 남의 일에 대하여 이러쿵저러쿵 이야기하는 것으로 사교계나 신문 등의 험담, 만평 등이 그것이다. ⑬ **chat** : 특별한 목적없이 친한 사람끼리 모여 talk하는 일로 '수다떨다, 한담하다'는 뜻을 가지며, 종종 명사형을 써서 have a chat고도 말한다. ⑭ **chatter** : 아무 생각 없이 부질 없는 이야기를 수다스럽게 지껄여대는 일로, 보통 여자들의 수다에 사용한다. ⑮ **discourse** : 일정한 주제에 대한 자세하고 광범위한 이야기를 암시하며 '강연하다, 담화하다'는 뜻으로 사용한다.

Answers for Vocabulary Drills ⑬ conference ⑭ target

※ Answers for Nuance Drills : 1-d, 2-b, 3-a, 4-c, 5-e

Unit 3

President Bush and President Putin
Talk to Crawford Students

time 51:38

2001년 9.11 테러가 발생한 후인 11월 15일 Texas주 Crawford의 Crawford 고등학교를 방문한 Bush 대통령과 러시아의 Putin 대통령이 고등학생들과 나누는 연설과 대담이다. Bush의 9.11 테러에 대한 유감과 al Qaeda에 대한 정의의 심판을 내리겠다는 의지를 피력하는 짧은 연설에 이어 Putin의 연설, 학생들과의 일문일답으로 구성되어 있으나 상당히 빠르게 발음되고 있어, 주의를 기울여 들어야 한다. 그리고 각 페이지 밑줄 친 부분을 번역하고, 하단의 설명을 읽고 해당하는 단어를 본문에서 찾아 쓰라.

President Bush : Thank you all. Sit down, please. Thank you all for that warm welcome. This is a/
Unit0301   여러분 모두 감사합니다   자, 앉으세요   여러분 모두의 따뜻한 환영에 감사드립니다   오늘은
great day for Central Texas. It's a great day because Laura and I have had the honor
Texas 중부의 위대한 날입니다   저와 Laura가 영광스럽게도 맞이하였기에 위대한 날입니다
of welcoming / the Putins to our beloved state. It's a great day because it's raining.
              Putin 대통령 일행을 우리의 사랑하는 주에   비가 내리고 있는 까닭에 대단한 날입니다
(Laughter)

Unit0302   It's a great day, as well, because I just got off the telephone / with two Central Texas
오늘은 또한 대단한 날입니다   제가 전화를 막 끊었기 때문에   중부 Texas의 두 여성과
women, Heather Mercer, who used to live in Crawford — (applause) — and Dayna
         Crawford에 살아왔던 Heather Mercer와   Dayna Curry라는
Curry. They both said to say thanks to / everybody / for their prayers. They realize
         그들 두분 다 고마움을 표했습니다   기도를 해준 모든 사람들에게   그들은 깨닫고 있습니다
there is a good and gracious God. Their spirits were high / and they love America.
1)   그들의 정신은 고상했으며   그들은 미국을 사랑하고 있습니다
(Applause)

Unit0303   I remember clearly when I stood up in front of the Congress and said we have three
저는 분명히 기억하고 있습니다   제가 의회의 입구에 섰을 서서   우리가 갖고 있다고 말했던 때를
/ conditions / to the Taliban. One, release / those who are being detained ; two, destroy
   Taliban에게 3가지 조건을   2)
terrorist training camps / so that country can never be used for terror again / either

against us or against Russia, for example ; three, bring al Qaeda to justice.

Unit0304   Yesterday I was able to report to the nation / that one
어제   저는 국민 여러분께 보고할 수 있었습니다
of those conditions had been met, with the release /
그러한 조건들의 하나가 충족되었다는 것을   석방과 구출이라는
and rescue / of the humanitarian aid workers. And make
인도주의적 원조 봉사자들의   그리고 그에 대한 오해가
no mistake about it, the other two will be met —
없어야 할 것입니다   다른 두 조건들이 충족되어야 함에
particularly bringing al Qaeda to justice.   (Applause)
특히 al Qaeda를 정의의 심판대에 세우는 일에

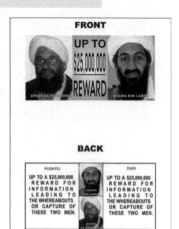

Vocabulary Drills ①_____ the law when it is applied or carried out in a fair way, fairness
                  ②_____ the nonphysical part of a person, made up of a thoughts, emotions, etc., the soul

al Qaeda의 근거지인 아프가니스탄을 평정하고 일단 어느 정도 사태를 수습함으로써 자신감을 회복한 까닭인지 Bush의 연설 속도가 그 대상이 고등학생인데도 불구하고 상당히 빠르다. 기능어의 발음을 과감하게 생략하는가 하면, 휴지(Pause)를 충분히 두지 않고 말을 이어서 하고 있어 기초가 약한 독자라면 따라가기 벅찰 수도 있지만, 반복을 거듭하며 꾸준히 연습한다면 충분히 알아들을 수 있을 것이다.

2. †**get off with**: 영국 구어에서는 with 다음에 사람을 가리키는 명사가 와서 '이성과 친해지다'는 뜻을 가지기도 한다. ¶I ~ a cute boy from No-ttingham.

4. †**used + to inf.**: 과거의 습관적인 동작이나 상태 *cf.* [1] would는 과거의 불규칙적인 습관을 뜻하기도 한다. [2] be used to 다음에는 명사나 명사 상당어구(또는 수동형의 to-inf.)가 와서 '~에 익숙하다'(be accustomed to)의 뜻을 가진다.

🔊 소리분석) *1.* Thank you, This is a, It's a, and I, because I, live in, is a, love America, stood up in, against us, that one of, mistake about : 자음 뒤에 모음으로 시작하는 말이 오면서 연음

2. Sit down, great day, had the, with two, used to, both said to : 조음점 동화

3. Putins, got off, good and, Qaeda, about it : -t/-d의 -r유음화

4. beloved, Crawford, and, front, detained, terrorist, used, against : 말음의 -d/-t음 생략

💡 구문분석) *1.* It's a great day *because Laura and I have had the honor of welcoming the Putins to our beloved state.* … <날씨>를 뜻하는 비인칭주어 it가 주어인 주절이 오고, 그에 대한 <이유>를 나타내는 부사절이 쓰였다. †**welcome A to B** : A를 B에 오는 것을 환영하다.

2. It's a great day, as well, because I just got off the telephone with two Central Texas women, Heather Mercer, who used to live in Crawford and Dayna Curry. … †**as well** : [1]~도, 게다가, 더욱이 ; [2]마찬가지로 잘 / **get off** : ~에서 떨어지다, 떼어놓다. / **used to** : ~하곤 했다.

3. They *both* said *to say thanks to everybody for their prayers.* … both는 주어와 동격인 대명사로 쓰이고, to-inf.가 O로 쓰인 <S + V + O> 구조의 문장이다.

4. One, release *those who are being detained* ; two, destroy terrorist training camps **so that** country **can** never be used for terror again *either* against us *or* against Russia, for example ; three, bring al Qaeda to justice. … *those*를 선행사로 하는 관계절, 부사절로 <목적>을 뜻하는 <so that ~ can>, <either A or B : A나 B>, '정의'와 '판사'의 의미를 가지는 justice 등에 주의해야 한다.

5. Yesterday I was able to report to *the nation that one of those conditions had been met, with the release and rescue of the humanitarian aid workers.* … <S + V + O> 구조의 문장으로 that-절이 O로 왔고, meet는 '충족시키다, 만족시키다(satisfy)'는 뜻으로 쓰였다.

번역 **부시 대통령** : 여러분 모두 감사합니다. 자, 앉으세요. 여러분 모두의 따뜻한 환영에 감사 드립니다. 오늘은 Texas 중부의 위대한 날입니다. 저와 Laura가 영광스럽게도 Putin 대통령 일행을 우리의 사랑하는 주에 맞이하였기에 위대한 날입니다. 비가 내리고 있는 까닭에 대단한 날입니다.

　오늘은 또한 제가 Heather Mercer와 Dayna Curry라는 Crawford에 살아왔던 중부 Texas의 두 여성과 통화를 막 끝냈기 때문에 대단한 날입니다. 그들 두분 다 기도를 해준 모든 사람들에게 고마움을 표했습니다. 그들은 1) 선하고 인자하신 하나님이 계시다는 것을 깨닫고 있습니다. 그들의 정신은 고상하였으며 미국을 사랑하고 있습니다.

　제가 의회의 입구에 서서 Taliban에게 우리가 다음과 같은 3가지 조건을 갖고 있다고 말했던 때를 저는 분명히 기억하고 있습니다. 2) 첫째, 억류하고 있는 사람들을 석방할 것, 둘째, 예컨대, 우리나 Russia에 반대하는 테러를 위해 그 나라가 다시는 이용될 수 없도록 테러리스트의 훈련 캠프를 파괴할 것, 셋째, al Qaeda를 정의의 심판대에 세울 것

　저는 어제 인도주의적 원조 봉사자들의 석방과 구출이라는 그러한 조건들의 하나가 충족되었다는 것을 국민 여러분께 보고할 수 있었습니다. 그리고 다른 두 조건들이 충족되어야 한다는 것, 특히 al Qaeda를 정의의 심판대에 세우는 것에 대한 오해가 없어야 할 것입니다.

Nuance '**국민**'의 뜻을 가지는 말
①**people** : 문화적·사회적·지리적 관점에서 사람들의 한 집단, 통치자에 대한 피통치자로서의 국민이며, 일정 지역의 거주민 ②**nation** : 통일된 영토에서 문화·습관이 같고 독립된 하나의 정부하에 통일된 사람의 집단으로, 정치적 측면에서 본 국민을 가리키며 여러 peoples로 구성되는 수도 있을 수 있고, 고대 그리스처럼 하나의 people이 여러 nations로 나뉠 수도 있다. ③**race** : 체질·체격상의 특징·풍속·언어 등이 공통된 사람들의 집단으로서의 국민(folk) ④**citizen** : 국적과 시민권을 가진 사람으로서의 국민이며, 귀화한 외국인을 포함한다. ⑤**country-man** : 동포, 동향인 ⑥**national** : 외국 거주자의 동포 ⑦**subject** : people을 엄밀히 국왕으로부터 구분하여 말하는 백성, 신민

연구 25
부사절을 유도하는 접속사들(1)
… 부사절(Adverb Clause)이란 한 문장의 일부로 자체의 주어와 술어동사를 갖추고 전체 문장의 부사적 역할, 즉 동사(주로), 형용사, 자신 이외의 다른 부사 또는 문장 전체를 수식하는 절로, 접속사와 관계부사에 의해 이끌려 장소, 때, 시간, 목적, 양보, 원인·이유, 비교, 조건, 결과, 비교, 추이·정도·상태, 제외, 대응, 제한 등의 뜻을 가지는 것을 말하는데, 그 주요한 것을 보면 다음과 같다.
1) 목적 · Speak clearly **so that** the audience *will* understand you.(청중들이 당신의 말을 알아들을 수 있도록 분명하게 말하세요.) … 이때의 so는 생략한 경우도 많고 미국의 구어에서는 that을 생략하고 so만 쓰기도 하며, 조동사로는 보통 can(could), may(might), will(would) 등이 사용되며, 격식을 차리는 문장에서 간혹 should가 사용되는 것을 볼 수 있으나 shall은 거의 사용되지 않는다. / · Please turn off the light **so I can** sleep.(잠을 잘 수 있도록 불 좀 꺼주세요.) / · Father sent me a message **so** (that) I might be encouraged.(아버지께서는 내가 용기를 내도록 메시지를 보내주셨다.) / · We eat **in order**(so) **that** we *may*(can) live.(우리는 살기 위해 먹는다.) / · He is keeping quiet **that** he *may not* disturb his father.(그는 아버지에게 방해가 되지 않도록 조용히 있다.)(=**for fear** (that) he **should** disturb his father.)
········· 연구 32 에 계속(p.231)

Answers for Vocabulary Drills ① justice ② spirit

※ 본문의 밑줄 친 부분을 번역하고, 하단의 설명을 읽고 해당하는 단어를 본문에서 찾아 써라.

Unit0305

I wanted to bring President Putin to / Crawford. I wanted him to see / a state that
저는 Putin을 Crawford에 모셔오고 싶었습니다   저는 그에게 주를 보여주고 싶었습니다
Laura and I love. I particularly wanted to be able to introduce him to the citizens of
Laura와 제가 사랑하는   저는 특히 그에게 소개하고 싶었습니다   Crawford의 시민들을
Crawford, because this part of the state represents the independent-minded nature of
왜냐하면 그 지방은 대표하기 때문입니다   텍사스 사람의 독립정신을
Texans. It represents the hard-working Texans, people who have great values — faith /
그곳은 근면한 텍사스 사람을 대표합니다   위대한 가치를 지니고 살아가는 사람들인   신앙과 가족이라는
and family. The people here, Mr. President, love their country, and they like countries /
대통령 각하, 이곳에 있는 국민들은   그들의 나라를 사랑합니다   그리고 그들은 나라들을 좋아합니다
that work with America / to keep the peace. (Applause)
미국과 함께 하는   평화를 지키기 위해

Unit0306

We had a great dinner last night ; we had a little Texas barbecue, pecan pie —
우리는 지난밤 훌륭한 저녁 식사를 했습니다   우리는 약간의 텍사스시 바비큐와 피칸 파이를 먹었고
(laughter) — a little Texas music. And I think the President really enjoyed himself. I
텍사스식 음악을 즐겼습니다   그리고 저는 대통령께서 즐거우셨을 것으로 생각합니다
told him / he was welcome to come back / next August — (laughter) — to get a true
저는 그가 내년 8월에 와도 환영을 받을 것이라고 말했습니다   Crawford의 진정한 맛을 즐기기 위해
taste of Crawford. (Laughter) He said, fine, and maybe you'd like to go to Siberia in
그는 훌륭하다면서   제가 어쩌면 Siberia에 가고 싶어할 것이라고 말했습니다
the winter. (Laughter and applause)
겨울에

Unit0307

It's my honor also to introduce President Putin to Crawford. I bet a lot of folks here,
Putin 대통령을 Crawford에 소개하는 것은 또한 저의 영광입니다.   3)
particularly the older folks, never dreamt / that an American President / would be

bringing the Russian President / to Crawford, Texas. (Laughter) A lot of people never
                                                                    4)
really dreamt that an American President / and a Russian President / could have

established the friendship that we have.

Unit0308

We were enemies for a long period of time. When I was in high school, Russia was
우리는 오랜 기간 동안 적이었습니다   제가 고등학교에 다닐 때도   러시아는
an enemy. Now the high school students can know Russia as a friend ; that we're
적이었습니다   오늘날의 고등학교 학생들은 러시아를 친구로 여길 수 있습니다
working together / to break the old ties, to establish a new spirit / of cooperation / and
우리는 오랜 장애물들을 제거하기 위해 함께 일하는 중입니다   새로운 협조와 신뢰 정신을 수립하기 위해
trust / so that we can work together to make the world more peaceful.
세상을 더욱 평화롭게 만들기 위해 함께 일할 수 있도록

Vocabulary Drills ③ _____   a part of a country that has its own government and laws in addition to those of the country
④ _____   the sense of flavor that comes from experiencing foods and liquids on the tongue

2. President

4. [h] 발음이 모음이나 유성음 사이에 쓰일 때 또는 기능어와 같은 중요하지 않는 단어에 쓰일 때에는 생략되어 유성음화한다. 그래서 wanted him, introduce him, enjoyed himself, told him 등의 [h]음은 생략된 채 연음되고 있다.

🔊 **소리분석**

1. wanted to, citizens, part of, get a, go to, bet a lot of, that an, could have, that we're : 강모음과 약모음 사이에 쓰인 -t/-d의 -r 유음화

2. Crawford, and, independent, next, Crawford, dreamt, world : 말음의 -d/-t음의 생략

3. wanted, minded, introduce : -nt/-nd 에서의 -t/-d음의 생략

4. citizens of, with America, had a, taste of, folks here, an American, and a, period of, When I was in, an enemy, as a, establish a : 연음

5. state that, established the : 조음점 동화

6. part of the state : 기능어의 축약

💡 **구문분석**

1. I particularly wanted *to be able to introduce* him to the citizens of Crawford, because this part of the state represents the independent-minded nature of Texans. … nature가 '자연'이 아니라 '천성, 인간성, 성질'의 뜻으로 쓰였다. †introduce A to B : A를 B에 소개하다.

2. The people here, Mr. President, love their country, and they like countries *that work with America to keep the peace.* … <S₁+V₁+O₁, and S₂+V₂+O₂> 구조로 O₂에 that-관계절이 쓰였다.

3. I *told* him he *was* welcome to come back next August to get a true taste of Crawford. … <S+V+IO+that-clause as DO> 구조로 DO에 that-절이 왔는데, that은 생략되었고, 과거사실을 말하는 술어동사가 오면서 시제일치에 의해 that-절도 과거시제로 표현되었다.

4. I bet a lot of *folks* here, particularly *the older folks, never dreamt that an American President would be bringing the Russian President to Crawford, Texas.* … 술어동사 bet 다음에 명사절을 이끄는 접속사 that이 생략된 문장으로, 시제일치에 의해 조동사 would가 that-절에 사용되었다.

5. A lot of people never really dreamt that *an American President and a Russian President* could have established *the friendship that we have.* … 문미에는 that-관계절이 O로 쓰인 that-절 안에 들어있다.

6. Now the high school students can *know* Russia *as* a friend ; that we're working together *to₁ break* the old ties, *to₂ establish* a new spirit *of cooperation and trust* **so that** we **can** work together *to₃ make* the world more peaceful. … 부사적 용법의 <목적>을 뜻하는 to-inf., <목적>을 뜻하는 부사절을 이루는 <so that ~can>이 쓰였다. †know A as B : A를 B로 알다.

Nuance Drills Fill in the blanks with a suitable word as given :

¹_____ is either a politically independent country, or one of the ²_____ making up a country such as the US. A ³_____ is a group of people, perhaps with their own language and history, and usually but not always living in the same area. The mass of the population in a country are the ⁴_____ or (less commonly) the ⁵_____, according to whether one thinks of them politically or from the point of view of their ancient customs, dress, beliefs, etc.

(a) people (b) folk
(c) nation (d) state
(e) states

번역 저는 Putin을 Crawford에 모셔오고 싶었습니다. 저는 그에게 Laura와 제가 사랑하는 주를 보여주고 싶었습니다. 저는 특히 그에게 Crawford의 시민들을 소개하고 싶었습니다. 왜냐하면 그 지방은 텍사스 사람의 독립정신을 대표하기 때문입니다. 그곳은 신앙과 가족이라는 위대한 가치를 지니고 살아가는 사람들의 근면한 텍사스 사람들을 대표합니다. 대통령 각하, 이곳에 있는 국민들은 그들의 나라를 사랑합니다. 그리고 그들은 평화를 지키기 위해 미국과 함께 하는 나라들을 좋아합니다.

우리는 지난밤 훌륭한 저녁 식사를 했습니다. 우리는 약간의 텍사스식 바비큐와 피칸 파이를 먹었고 텍사스식 음악을 즐겼습니다. 그리고 저는 대통령께서 즐거우셨을 것으로 생각합니다. 저는 그가 Crawford의 진정한 맛을 즐기기 위해 내년 8월에 와도 환영을 받을 것이라고 말했습니다. 그는 훌륭하다면서 제가 어쩌면 겨울에 Siberia에 가고 싶어할 것이라고 말했습니다.

Putin 대통령을 Crawford에 소개하는 것은 또한 저의 영광입니다. 3) 이곳의 많은 사람들, 특히 나이드신 분들은 어떤 미국 대통령이 러시아 대통령을 Crawford에 모셔 오리라고는 결코 꿈꾸어본 적도 없다고 저는 장담합니다. 4) 많은 사람들은 미국의 대통령과 러시아의 대통령이 우리가 가진 것과 같은 우의를 다질 수 있으리라고 정말 꿈꾸어본 적이 없었습니다.

우리는 오랜 기간 동안 적이었습니다. 제가 고등학교에 다닐 때도 러시아는 적이었습니다. 오늘날의 고등학교 학생들은 러시아를 친구로 여길 수 있습니다. 우리는 세상을 더욱 평화로운 만들기 위해 함께 일할 수 있도록 새로운 협조와 신뢰 정신을 수립하고 오랜 장애물들을 제거하기 위해 함께 일하는 중입니다.

Answers for Vocabulary Drills ③ state ④ taste

※ Answers for Nuance Drills : 1-d, 2-e, 3-c, 4-a, 5-b

※ 본문의 밑줄 친 부분을 번역하고, 하단의 설명을 읽고 해당하는 단어를 본문에서 찾아 써라.

Unit0309 Russia has been a strong partner / in the fight against terrorism. It's an interesting /
러시아는 강력한 동반자였습니다　　　　테러리즘과의 싸움에 있어서　　　　그것은 재미있는
story for me to report. I was on Air Force One / the day of the attack, working my
이야기입니다　제가 보고하는 것은　저는 공군 1호기에 탑승하고 있었고　공격의 날에　돌아오고 있는 중이었으며
way back to Washington via Louisiana and Nebraska — (laughter) — making sure that
Louisiana와 Nebraska를 거쳐 Washington으로　　　　　　　분명히 했습니다
the President was safe and secure. The first phone call I got from a foreign leader /
대통령이 안전하고 무사하다는 것을　　　　제가 외국의 지도자로부터 받은 최초의 전화는
was President Putin. He told us that / he recognized that I had put our troops on
Putin 대통령이었습니다　그는 우리에게 말했습니다　그는 알고 있다고　제가 우리의 군대에 경계 태세를 취하도록 한 것을
alert. I did so because, for the first time in a long period of time, America was under
저는 그렇게 했습니다　　오랜 기간이 지나 처음으로　　　　미국이 공격을 받고 있기 때문에
attack. It only happened once — twice, I guess — the War of 1812 and Pearl Harbor.
　　　　그것은 오직 한 번 있었을 뿐입니다　제가 추측하기로는 2번입니다만　1812년과 진주만 전쟁 때의

Unit0310 In the old days when America put their troops on attack, Russia would have
5)
responded and put her troops on alert, which would have caused the American
President maybe to put / a higher alert, and Russia a higher alert, and all of a
sudden, we would have had two conflicts instead of one. But not this President. This
그러나 이 대통령은 그렇지 않았습니다 6)
President recognized we're entering into a new era / and his call was, don't worry, we
know what you're up against, we stand with you and we will not put our troops on
alert, for the good of the United States of America. (Applause)

Unit0311 I brought him to my ranch because, as the good people in this part of the world
저는 그를 저의 목장에 모셨습니다　　　　　세계의 이 지역에 사는 착한 사람들이 알고 있는 것처럼
know, that you only usually invite your friends into your house. Oh, occasionally, you
사람들은 보통 자신의 친구들만을 자신의 집에 초청하기 때문에　　　　아 이따금
let a salesman in, or two, but — (laughter) But I wanted the Putins to see how we
여러분은 영업사원 한 두 명도 초청하지만　　　그러나 저는 Putin에게 우리가 어떻게 살고 있는지 보여주고 싶었습니다
live. And even though we changed addresses, our hearts are right here / in our home
그리고 우리가 비록 주소를 바꾸었지만　　　우리의 마음은 바로 이곳에 있습니다　　우리의 고향인
state.
텍사스주

Unit0312 We've got a lot to do together. We've had great discussions in Washington, as well
우리는 함께 해야만 하는 많은 일들이 있습니다　　우리는 이곳 Texas에서 뿐만 아니라 Washington에서도 훌륭한 대화를 가졌습니다
as here in Texas. We're both pledging to reduce the / amount of nuclear weapons,
우리 모두는 맹세하고 있습니다　감축할 것을　핵무기의 양을
offensive weapons, we have in order to make the world more secure. We're talking
공격적인 무기의　　　　우리는 질서를 유지할 것입니다　세계를 더욱 더 안전하게 하기 위해　우리는 대화를 나누고 있습니다
about ways to cooperate in / anti-terrorism and anti-proliferation. We're talking about
테러리즘의 반대와 그 확산의 반대에 협조하는 방법에 대하여　　　　우리는 대화를 나누고 있습니다
ways to / make sure / our economies can grow together. What we're talking about is a
우리의 경제를 성장시킬 수 있는 확실한 방법을　　　　　우리가 나누는 대화의 주제는
new relationship — a relationship that will make your lives better / when you get older,
새로운 관계입니다　　여러분의 삶을 더 좋게 만드는 새로운 관계　　　여러분이 더 나이를 먹었을 때
and it will make your kids' lives better / as they grow up.
그것은 여러분의 자녀들의 삶을 더 좋게 만들 것입니다　그들이 성장함에 따라

Vocabulary Drills ⑤ _____ *a person who joins together with one or more people for a common purpose*
　　　　　　　　⑥ _____ *to make something smaller in size or weight ; to lessen in severity, importance, etc.*

1. when America, on attack

2. me to, leader, Putin, that I, put our, good of. 또 brought him, part of, order … 에 대해서도 저자는 흔히 -t/-d의 -r유음화로 설명하곤 했으나, entering, wanted … 등과 같이 묶어 강모음과 약모음 사이에 쓰인 -rt/-rd/-nt/-nd에서 -t/-d가 탈락되었다고 보아도 무방하다.

🔊 **소리분석**

1. It's an interesting, was on Air Force One, safe and, troops on alert, period of, happened once, and all of a, on alert, States of America, in our, as well as here : 연음

2. fight against, would have, instead of, United, let a, But I, right here, got a lot to, cooperate, What we're, about is, that will, better : -t/-d의 -r유음화

3. against terrorism, first time : 겹자음의 발음 생략

4. that the, recognized that, put their, caused the, not this, great discussions : 조음점 동화

5. President, against, stand, alert, amount of, world : 자음 뒤 말음의 자음 생략

💡 **구문분석**

1. I was on Air Force One the day of the attack, *working* my way back to Washington via Louisiana and Nebraska, *making* sure that the President was safe and secure. … 제1형식의 문장에 부대상황의 현재분사가 comma(,)로 이어지고 있다.

2. the old days를 선행사로 하는 when-관계절에 이어 가정법 과거완료를 뜻하는 서법조동사가 쓰였다.

3. †stand with : 지지하다./ put A on alert : A로 하여금 경계하게 하다.

4. have in order(질서를 유지하다) 다음에 <목적>을 뜻하는 부사적 용법의 to-inf.가 오고 있다.

2. In *the old days when* America *put their troops on attack*, Russia **would have responded** and **put** her troops on alert, *which would have caused* the American President maybe to put a higher alert, and Russia a higher alert, and all of a sudden, we **would have had** two conflicts instead of one. … 앞에 쓰인 구(phrase)나 절(clause) 전체를 선행사로 하는 관계대명사 *which*가 쓰였다.

3. This President recognized we're entering into a new era and his call was, *don't worry, we know what you're up against, we stand with you and we will not put our troops on alert, for the good of the United States of America.* … comma(,) 다음에는 Putin의 전화 통화 내용을 전달자의 표현으로 고치지 않고 그가 한 말 그대로 전달하는 묘출화법이 쓰였으며, *we know*의 O로 *what*-관계절이 왔다.

4. We're both pledging to reduce the amount *of nuclear weapons, offensive weapons*, we have in order to make the world more secure. … the amount *of*의 목적어들이 comma(,)로 나열되었다.

Nuance '싸움·전투'의 뜻을 가지는 말

① **battle** : war가 계속 중인 동안의 개개 전투를 가리키는 일반적인 말이나 규모가 크고 몇 시간만이 아니라 몇 일간 계속되는 것을 가리키기도 한다. ② **war** : 전쟁 전체를 가리킨다. ③ **warfare** : 명사나 형용사와 함께 쓸 때 주로 사용한다. ¶land ~ 육상전 / chemical ~ 화학전 ④ **campaign** : 군사적인 연속 작전이나 정치적인 운동 ⑤ **fight** : 싸우는 행위를 가리키며, battle 보다 개인적인 싸움으로 quarrel과 대조되는 말이다. battle에 참여하는 사람이 모두 fight한다고 할 수는 없으며, battle에는 많은 fight가 포함된다. ⑥ **conflict** : 육체적인 격렬한 충돌을 가리키는 말로, fight, struggle에 대한 문어적인 표현이다. ⑦ **combat** : conflict와 마찬가지로 fight 보다 위엄있는 표현으로, 부락 대 부락, 사람과 사람의 싸움 등에 사용한다. ⑧ **contest** : 다툼, 논쟁, 경쟁의 일반적인 말로, 문학, 미술, 경기 등에 사용된다. ⑨ **engagement** : 교전, 회전을 뜻하는 말로 battle 보다 딱딱한 군사 용어이다. ⑩ **encounter** : 소부대 사이의 우발적인 교전이나 전투 등을 가리킨다. ⑪ **action** : 단시간의 국부적인 간헐적 전투로 전쟁 중의 작은 사건을 뜻한다. ⑫ **strife** : 다툼, 불화의 뜻으로 흔히 말이나 행동으로 싸우는 것을 말한다. ⑬ **struggle** : 투쟁, 분투, 격렬하고 오래 끄는 contest를 뜻한다. ⑭ **quarrel** : 주로 개인간의 말다툼을 뜻한다. ⑮ **brawl** : 거리의 치고 받고 떠들썩한 말다툼의 싸움을 뜻한다. ⑯ **skirmish** : 작은 접전, 충돌, 논쟁 등을 가리킨다.

번역 테러리즘과의 싸움에 있어서 러시아는 강력한 동반자였습니다. 제가 보고하는 것은 재미있는 이야기입니다. 공격의 날에 저는 공군 1호기에 탑승하여 Louisiana와 Nebraska를 거쳐 Washington으로 돌아오고 있는 중이었으며, 대통령인 제가 안전하고 무사하다는 것을 분명히 했습니다. 제가 외국의 지도자로부터 받은 최초의 전화는 Putin 대통령이었습니다. 제가 우리의 군대에 경계 태세를 취하도록 한 것을 알고 있다고 그는 말했습니다. 저는 한참만에 처음으로 미국이 공격을 받고 있기 때문에 그렇게 했다고 말했습니다. 그것은 제가 추측하기로는 1812년과 진주만 전쟁 때의 2번입니다만, 오직 한번 있었을 뿐입니다.

5) 과거에 미국이 자신의 군대에 경계 태세를 취하도록 하면 러시아는 반응을 보이며 그 군대도 경계 태세를 취하곤 했었는데, 그런 일은 미국의 대통령으로 하여금 더 높은 경계 태세를 취하게 하고 그리고 러시아는 또 경계를 높이고 그리고 어느 순간 우리는 한 번도 아니고 두 번의 전쟁을 겪어야 했습니다. 그러나 이 대통령은 그렇지 않았습니다. 6) 이 대통령은 우리가 새로운 시대에 진입하고 있음을 이해하였고 그의 통화는 '걱정하지 마라, 우리는 당신에게 무슨 일이 일어났는지 알고 있다. 우리는 당신을 지지하며 미합중국의 이익을 위해 우리의 군대에 경계 태세를 취하도록 하지는 않을 것이다'라고 말했습니다.

세상의 이 지역에 사는 착한 사람들이 알고 있다시피, 사람들은 보통 자신의 친구들만을 자신의 집에 초청하기 때문에, 저도 그를 저의 목장에 모셨습니다. 아, 이따금 여러분은 영업사원 한 두 명도 초청하지만. 그러나 저는 Putin에게 우리가 어떻게 살고 있는지 보여주고 싶었습니다. 그리고 우리가 비록 주소를 바꾸었지만, 우리의 마음은 우리의 고향 텍사스주 바로 이곳에 있습니다.

우리에게는 함께 해야 할 많은 일들이 있습니다. 우리는 이곳 Texas에서 뿐만 아니라 Washington에서도 훌륭한 대화를 가졌습니다. 우리 모두는 핵무기와 공격적인 무기의 양을 감축할 것을 맹세하고 있습니다. 우리는 세계를 더욱 더 안전하게 하기 위해 질서를 유지할 것입니다. 우리는 우리의 경제를 성장시킬 수 있는 확실한 방법에 대하여 대화를 나누고 있습니다. 우리가 나누는 대화의 주제는 여러분이 더 나이를 먹었을 때 여러분의 삶을 더 좋게 만들고, 그것은 여러분의 자녀들이 성장함에 따라 그들의 삶을 더 좋게 만드는 새로운 관계입니다.

Answers for Vocabulary Drills ⑤ partner ⑥ reduce

※ 본문의 밑줄 친 부분을 번역하고, 하단의 설명을 읽고 해당하는 단어를 본문에서 찾아 써라.

Unit0313

But in order to have a new relationship, it requires a new style of leader. And it's my
그러나 새로운 관계를 갖기 위해서는   새로운 스타일의 지도자가 필요합니다   그리고 영광스럽게도
honor to welcome to Central Texas / a new style of leader, a reformer, a man who
새로운 스타일의 지도자를 중부 Texas에 환영하고 있습니다   개혁가
loves his country as much as I love mine ; a man who loves his wife as much as I
제가 우리나라를 사랑하는 것만큼이나 자신의 나라를 사랑하는 사람   제가 저희 안사람을 사랑하는 것만큼 그의 부인을 사랑하는 사람
love mine ; a man who loves his daughters / as much as I love my daughters ; and a
제가 우리 딸들을 사랑하는 것만큼이나 그의 딸들을 사랑하는 사람
man who is going to make a huge difference in making the world more peaceful, by
거대한 차별화를 만들어가고 있는 사람   세계를 더욱 평화롭게 하는데 있어서
working closely with the United States — please welcome Vladimir Putin. (Applause)
미합중국과 긴밀하게 일함으로써   Vladimir Putin을 환영해주시기 바랍니다

President Putin :
Unit0314

Dear friends, when we were riding here / in the presidential car, I'll divulge to you a
7)
small secret of ours. The First Lady of the United States told me, you know, some
                        미합중국의 영부인께서는 제게 말했습니다   여러분도 알겠지만,
kind of special people live here. These are people / with a special kind of pride / of
어떤 특별한 사람들이 이곳에 살고 있다고   그들은 특별한 자부심을 가진 사람들입니다
their position / and of their heritage. And the more I come to know the President of
그들의 지위와 유산에 대한   그리고 미합중국의 대통령에 대하여 더 많이 알면 알수록
the United States, the more I realize that the First Lady was right — he is right from
                        저는 영부인께서 옳았다는 것을 깨닫습니다   그는 바로 출신이며
the heart of Texas / and he is a Texan. And, herself, being a wise woman, she
텍사스 중심부   그는 텍사스인입니다   또한 그녀 스스로가 현명한 여성인 까닭에
complimented her husband in an indirect and very sensible way. (Laughter and
그녀는 그녀의 남편에게 간접적이며 매우 재치있는 방법으로 경의를 표했습니다
applause)

Unit0315

My wife and myself are also trying / to help ourselves as we go along this life. And it
저의 안사람과 저 자신도 노력하고 있습니다   서로를 도우려   살아가면서
gives me pleasure to introduce my First Lady, my wife, Lyudmila Putin. (Applause)
그리고 저의 영부인, 제 안사람 Lyudmila Putin을 소개하는 것은 즐거운 일입니다

Unit0316

And like President Bush did, I would also like to congratulate / three Texans / and two
8)
people from Waco, with the liberation by the U.S. official forces / and their withdrawal
from the land of Afghanistan. (Applause)

Unit0317

Of course, it is very important to be born / under a happy star / and to have destiny
물론   행복한 별 아래서 태어나는 일은 중요한 것입니다   원하는 방향으로의 운명을 갖는다는 것
facing your way. And, indeed, I'm in agreement
                        그리고 진정으로 저는 동의하고 있습니다
with the President, perhaps God / was looking
대통령께   아마도 하나님께서도 바라보고 있었을 것입니다
quite positively on this.
이 일을 매우 긍정적으로

Vocabulary Drills ⑦ _____ *beliefs, traditions, history, etc. passed from one generation to the next*
⑧ _____ *the influence of uncontrollable forces on the course of life and its events, fate ; the future, final result*

여기서부터 드디어 Putin의 소련 말 연설과 통역이 나오기 시작한다. 그런데 그 발음이 유연하지 못하고, Putin의 소련 말 연설의 Volume이 크게 녹음되어 있어 통역사의 영어 발음을 알아듣기가 힘들다. 하지만, 그것이 실제상황이니, 주의를 기울여 알아듣도록 노력하는 것 외에는 달리 방법이 없다.

🔊 **소리분석** *1.* But in, leader, daughters, United, Putin : -t/-d 의 -r 유음화

2. in order, have a, requires a, And it's, and a, difference in, of ours, with a, is a, in an indirect, help ourselves, And it, land of Afghanistan, I'm in agreement : 연음

3. world, President, agreement : 자음 뒤 말음의 자음 생략(주로 -nt/-nd/-rd/-rt 의 -d/-t 발음)

4. with the, that the : 조음점 동화

💡 **구문분석** *1.* And *it*'s my honor *to welcome* to Central Texas a **new style of leader, a reformer, a man₁** *who loves his country as much as I love mine* ; **a man₂** *who loves his wife as much as I love mine* ; **a man₃** *who loves his daughters as much as I love my daughters* ; and **a man₄** *who is going to make a huge difference in making the world more peaceful, by working closely with the United States* — please welcome Vladimir Putin. ··· 가주어 it에 대한 진주어로 쓰인 <to welcome A(사람) to B(장소)> 구조에서 많은 수식어와 5개의 동격어구가 딸린 A를 B 뒤에 위치시킨 형태이다.

2. right은 부사로 쓰여, is right from의 from을 수식하고, heart는 '~의 중심 (핵심)'이라는 뜻으로 쓰였다.
†be(come, originate) from : ~의 출신이다, 산(産)이다, ~으로부터 오다.

2. And the more *I come to know the President of the United States*, the more *I realize that the First Lady was right* — he is right from the heart of Texas and he is a Texan. ··· <the more S′ + V′, the more S + V : S′가 V′하면 할수록, S가 V한다>는 점증비교급이 사용되고 있다.

3. And, herself, *being a wise woman*, she complimented her husband in an indirect and very sensible way. ··· <이유>를 나타내는 현재분사의 분사구문이 쓰였다.

4. And like President Bush did, I would also like to congratulate *three Texans and two people from Waco*, with the liberation by the U.S. official forces and their withdrawal from the land of Afghanistan. ··· congratulate의 O는 모두 5명이며, 일반적으로 '철수'를 뜻하는 withdrawal을 여기서는 '구조(rescue)'의 의미로 옮기는 것이 더 좋다.

5. Of course, *it* is very important *to be born* under a happy star and *to have* destiny facing your way. ··· 가주어 it에 대하여 진주어 to-inf. 2개가 오고 있다. destiny facing your way에서 facing은 현재분사 로 앞의 명사를 후위 수식하여 '자신의 길을 직시하는 운명'이라는 뜻으로 옮긴다.

Nuance Drills *Fill in the blanks with a suitable word as given:*

¹_____ denotes conflict between armed forces in a war and implies a large-scale, prolonged contest over a particular area. ²_____ the more formal term, stresses the actual meeting of opposing forces, with no restrictive connotation as to duration. A ³_____ is a series of military operations with a particular objective and may involve a number of battles. ⁴_____ usually suggests a chance meeting of hostile forces. ⁵_____ refers to a brief, light encounter between small detachments. ⁶_____ stresses the detailed operations of active fighting. ⁷_____ the most general of these terms, simply implies armed fighting, without further qualification.

(a) combat   (b) engagement
(c) battle   (e) campaign
(f) skirmish   (g) encounter
(h) action

번역 그러나 새로운 관계를 갖기 위해서는 새로운 스타일의 지도자가 필요합니다. 그리고 영광스럽게도 새로운 스타일의 지도자이자 개혁가, 제가 우리나라를 사랑하는 것만큼이나 자신의 나라를 사랑하는 사람, 제가 저희 안사람을 사랑하는 것만큼 그의 부인을 사랑하는 사람, 제가 우리 딸들을 사랑하는 것만큼이나 그의 딸들을 사랑하는 사람, 세계를 더욱 평화롭게 하는데 있어서 미합중국과 긴밀하게 협조함으로써 거대한 차별화를 만들어가고 있는 사람을 중부 Texas에서 환영하고 있습니다. Vladimir Putin을 환영해주시기 바랍니다.

푸틴 대통령 7) 존경하는 친구들, 우리가 이곳에 오느라 대통령의 차를 타고 있을 때, 저는 여러분에게 우리의 조그만 비밀을 누설하기로 했습니다. 여러분도 알겠지만, 어떤 특별한 사람들이 이곳에 살고 있다고 미합중국의 영부인께서는 제게 말했습니다. 그들은 그들의 지위와 유산에 대한 특별한 자부심을 가진 사람들입니다. 그리고 미합중국의 대통령에 대하여 더 많이 알면 알수록 저는 영부인께서 옳았다는 것을 깨닫습니다. 그는 바로 텍사스 중심부 출신이며 텍사스인 입니다. 또한 그녀 스스로가 현명한 여성인 까닭에 그녀는 그녀의 남편에게 간접적이며 매우 재치있는 방법으로 경의를 표했습니다.

저의 안사람과 저 자신도 살아가면서 서로를 도우려 노력하고 있습니다. 그리고 저의 영부인, 제 안사람 Lyudmila Putin을 소개하는 것은 즐거운 일입니다.

8) 부시 대통령이 그랬던 것처럼 저 또한 Afghanistan으로부터 미국의 군인들에 의해 자유를 얻어 구출된 세 분의 텍사스 사람과 Waco 출신의 두 사람에게 축하를 드리고 싶습니다.

물론 행복한 별 아래서 태어나는 것이나 원하는 방향으로의 운명을 갖는다는 것은 중요한 것입니다. 그리고 진정으로 저는 대통령께 동의하고 있습니다. 아마도 하나님께서도 이 일을 매우 긍정적으로 바라보고 있었을 것입니다.

Answers for Vocabulary Drills ⑦ heritage ⑧ destiny

※ 본문의 밑줄 친 부분을 번역하고, 하단의 설명을 읽고 해당하는 단어를 본문에서 찾아 써라.

 Unit0318

But there are different approaches / to addressing / such kind of problem. There are
9)
people deeply religious / who usually say / that God knows / what is to befall a nation,
신앙이 깊은 사람들이 있습니다   흔히 말하는   하나님은 알고 있다고   나라에 무슨 일이 일어날 것인지
a people, or a person. But there are people / no less devoted to God, but who still
사람들에게   혹은 어떤 개인에게   10)
believe / that the people, a person / should also take care of their own destiny and
lives. And it gives me / great pleasure / to deal and to work / with President Bush, who
그리고 그것은 제게 큰 기쁨을 줍니다   부시 대통령과 함께 일하고 처리한다는 것은
is a person, a man who does what he says. (Applause)
실천하는 사람인   그가 말하는 것을

 Unit0319

And I congratulate / those who have been liberated by the Armed Forces, and their
그리고 저는 축하를 드립니다   군대에 의해 자유를 잊은 사람들과   그늘의
relatives. And also, I would like to congratulate / on this, President Bush. (Applause)
친척들에게   아울러 또한 축하를 드리고 싶습니다   이 일에 대하여 부시 대통령께

 Unit0320

On our way here, we didn't expect at all / that things would be so / warm and homey /
이곳에 오는 길에   우리는 전혀 예상치 못했습니다   모든 것이 이렇게 따뜻하고 흐뭇하리라고는
as they were / at the ranch / of President Bush here. Yesterday, we had a surprise,
그랬던 것처럼   여기 계시는 부시 대통령의 목장에서   어제 우리는 놀랐습니다만
but today's meeting / is yet another / and very pleasant surprise, indeed, for us. Indeed,
오늘 아침의 만남은   또 다른 놀라움이며   정말 매우 기쁜 놀라움입니다   제게
in any country, the backbone of any country / is not only the people who live in the
진정으로 어느 나라에서든   그 나라의 중심이 되는 것은   수도 서울에 살고 있는 사람들뿐만 아니라
capitals, but also and mostly, the people who live / hundreds and thousands of miles
대개의 경우 수백, 수천 마일 떨어진 곳에 살고 있는 사람들입니다
from the capital.
수도로부터

 Unit0321

It is especially pleasant and pleasing for me / to be here / in your high school. And my
그것은 제게 특별히 즐겁고 유쾌한 일입니다   이곳 여러분의 학교에 참석하게 된 것은
being here / brings me to remembering / those distinguished / Russian Americans / who
그리고 이곳에 대한 방문은 저로 하여금 생각나게 하고 있습니다   저명한 소련계 미국인들을
contributed so much to the development and prosperity of this nation — including a
이 나라의 발전과 번영에 많은 기여를 한
world-known composer and musician, Rachmaninoff ; a well-known designer and inven-
세계적으로 유명한 작곡가와 음악가인 Rachmaninoff를 포함하여   저명한 설계가이자 발명가인
tor of aircraft, helicopters and airplanes, Sikorsky ; and a world-renowned economist
헬리콥터와 비행기와 같은 항공기의   Sikorsky   그리고 세계적으로 유명한 경제학자이자
and Nobel Prize winner, Leontiev ; and many others. And it is extremely pleasant for
노벨 수상자인 Leontiev   등등   그리고 특히 기쁜 일입니다
me to know / that here in this room we have /
제가 안다는 것은   이곳 교실에서 함께 하고 있다는 것은
some people, boys and girls from Russia / who
우리가 러시아 출신의 몇몇 사람, 소년 소녀들과
have come here / to study. (Applause)
공부하기 위해 이곳에 온

▲ 텍사스의 목장에 도착하는 Putin 대통령 일행

Vocabulary Drills 9) _____ question to be solved or decided, especially something difficult
10) _____ the official place where a state, provincial, or national government is located

Putin의 소련 말 통역관의 발음이 투박하고 유연하지 않아 발음의 변화가 거의 일어나지 않고 사전식으로 발음되고 있는데, 이는 반드시 미국식 발음으로 말하지 않아도 영어가 통한다는 사실과 말하는 것보다 알아듣고 이해하는 것이 더 중요하다는 것을 보여준다.

1. 일반적으로 '별개의, 다른'의 뜻을 가지는 different가 복수명사와 함께 오면서 '갖가지의(various)'의 뜻으로, address는 '(문제 등을) 다루다, 처리하다(treat, deal with)'의 뜻으로 쓰였다.

2. 주어를 선행사로 하는 who-관계절이 문장 끝까지 왔는데, 그 안에 who-관계절 술어동사의 O로 that-절이 오고, that-절 술어동사의 목적어로 what-관계절이 쓰인 복충구조의 혼합문이다.

4. Bush를 선행사로 하는 who₁-관계절, who₁-절의 C를 선행사로 하는 who₂-관계절에 이어 who₂-절의 O가 되고 있는 what-관계절이 왔다.

6. dash(—) 이하에서는 *Russian Americans*에 대한 구체적인 보기 3명이 나열되고 있다.

🔊 **소리분석** *1.* kind of, should also, And it, deal and, And also, at all, had a, in any, backbone of any, live in, It is, Russian Americans, of aircraft : 연음

2. devoted to, have been : 조음점 동화

3. President, and : 자음 뒤 말음에 쓰인 자음의 생략

💡 **구문분석** *1.* But there are *different* approaches to **addressing** such kind of problem. ··· 유도부사 There에 의한 제1형식 문장으로, addressing은 전치사의 O로 와서 동명사로 쓰였다.

2. There are **people** deeply religious *who usually say that God knows what is to befall a nation, a people, or a person.* ··· 유도부사 There에 의한 제1형식 문장이다.

3. But there are people **no less** devoted to God, but who still believe that the people, a person **should** also take care of their own destiny and lives. ··· <no less A than B : B 못지 않은 A, 다름아닌 A>의 용법이 쓰였는데, than B는 생략되었다.

4. And *it* gives me great pleasure *to deal and to work with* President Bush, who₁ is a person, a man who₂ does what he says. ··· 가주어 it와 진주어 to-inf.가 쓰였다.

5. Indeed, in any country, the backbone of any country is **not only** the people who live in the capitals, **but also** and mostly, *the people who live hundreds and thousands of miles from the capital.* ··· <not only A but also B : A뿐만 아니라 B도 역시>, *people*을 선행사로 하는 *who*-관계절이 왔다.

6. And *my being here* brings me *to* remembering **those distinguished Russian Americans** who contributed so much to the development and prosperity of this nation —including a world-known composer and musician, Rachmaninoff ; a well-known designer and inventor of aircraft, helicopters and airplanes, Sikorsky ; and a world-renowned economist and Nobel Prize winner, Leontiev ; and many others. ··· 동명사 *being*이 주어로 오고, <bring A to B : A를 B에게 가져오다, A를 B 상태에 이르게 하다>가 술어동사로 쓰였으며, *Russian Americans*를 선행사로 하는 관계절이 이어지고 있다.

7. And *it* is extremely pleasant *for me to know* that here in this room we have some people, boys and girls from Russia who have come here to study. ··· 가주어 it와 진주어 to-inf.가 왔다.

Nuance Drills *Fill in the blanks with a suitable word as given:*

¹_____ refers to a shape disagreement or collision as in interests or ideas and emphasizes the process rather than the end. ²_____ a rather general word for any contest, struggle, or quarrel, stresses physical or hand-to-hand combat. ³_____ implies great effort or violent exertion, physical or otherwise. ⁴_____ most frequently applies to heated verbal strife, or dispute. ⁵_____ refers to a struggle, either friendly or hostile, for supremacy in some matter.

(a) struggle   (b) contention
(d) conflict   (d) contest
(e) fight

번역 9) 하지만 그러한 문제를 처리하는 데에는 다양한 접근법이 있습니다. 나라나 사람들 혹은 어떤 개인에게 무슨 일이 일어날 것인지 하나님은 알고 있다고 흔히 말하는 신앙이 깊은 사람들이 있습니다. 10) 그러나 (그들 못지 않게) 하나님에게 헌신적이기는 하지만 여전히 사람들이나 개인 또한 그들 스스로의 운명과 삶을 돌보아야만 한다고 믿는 사람들도 있습니다. 그리고 자신이 말하는 것을 실천하는 사람인 부시 대통령과 함께 일하고 처리하는 것은 제게 큰 기쁨을 줍니다.

그리고 저는 군대에 의해 자유를 얻은 사람들과 그들의 친척들에게 축하를 드립니다. 아울러 이 일에 대하여 부시 대통령께 또한 축하를 드리고 싶습니다.

이곳에 오는 길에 여기 계시는 부시 대통령의 목장에서 그랬던 것처럼 모든 것이 이렇게 따뜻하고 흐뭇하리라고는 우리는 전혀 예상치 못했습니다. 아 저희는 놀랐습니다만, 오늘 아침의 만남은 제게 또 다른 놀라움으로 정말 매우 기쁜 놀라움입니다. 진정으로 어느 나라에서든 그 나라의 중심이 되는 것은 수도 서울에 살고 있는 사람들뿐만 아니라 대개의 경우 수도로부터 수백, 수천 마일 떨어진 곳에 살고 있는 사람들입니다.

이곳 여러분의 학교에 참석하게 된 것은 제게 특별히 즐겁고 유쾌한 일입니다. 그리고 이곳에 대한 방문은 저로 하여금 이 나라의 발전과 번영에 많은 기여를 한 세계적으로 유명한 작곡가와 음악가인 Rachmaninoff, 헬리콥터와 비행기와 같은 항공기의 저명한 설계가이자 발명가인 Sikorsky, 그리고 세계적으로 유명한 경제학자이자 노벨 수상자인 Leontiev 등을 포함하여 저명한 소련계 미국인들을 생각나게 하고 있습니다. 그리고 공부하기 위해 이곳에 온 러시아 출신의 몇몇 사람, 소년 소녀들과 우리가 이곳 교실에서 함께 하고 있다는 것을 제가 안다는 것은 특히 기쁜 일입니다.

Answers for Vocabulary Drills ⑨ problem ⑩ capital

※ Answers for Nuance Drills : 1-d, 2-e, 3-a, 4-b, 5-d

※ 본문의 밑줄 친 부분을 번역하고, 하단의 설명을 읽고 해당하는 단어를 본문에서 찾아 써라.

Unit0322 Of course, serious people work / in the capital cities / and much / depends on them. But
물론 상당한 사람들이 수도에서 일하며   많은 것들이 그들에게 의존합니다   11)
in any circumstances / and in any situation, what they must do / is to fulfill the will of

their people. And being here / I can feel the will of these people, the will to cooperate
그리고 이곳에 있는 까닭에 저는 그러한 사람들의 의지를 느낄 수 있습니다   소련 연방과 협조하려는 의지
with the Russian Federation, the will to cooperate with Russia. And I can assure you /
소련과 협조하려는 의지   그리고 저는 여러분에게 보장할 수 있습니다
that the Russian people / fully share this commitment and is also committed to fully
러시아인들은 이러한 책임을 충분히 공유하고 있으며   또한 전적으로 수행하고 있다는 것을
cooperating with the American people. (Applause)
미국 국민들과의 협조를

Unit0323 Together, we can achieve quite a lot, especially if we are helped in this / by such a
12)
young and active and beautiful generation / as the one we are meeting with now.

Thank you very much. (Applause)
정말 감사합니다

President Bush : Okay. The President and I have agreed to take a few questions / from the students. I
Unit0324 감사합니다 (푸틴) 대통령과 저는 합의를 했습니다   학생들로부터 몇 가지 질문을 받아주기로
figured this would be a pretty good opportunity / for you all / to ask —
저는 이것이 여러분 모두가 질문을 할 수 있는 매우 좋은 기회가 될 것으로 생각합니다

President Putin : Only questions. No math questions, please. (Laughter)
Unit0325 오직 질문만 받습니다   수학에 관한 질문은 빼주시기 바랍니다

President Bush : Good idea. Particularly no fuzzy math questions. (Laughter and Applause)
Unit0326 좋은 생각입니다   특히 애매한 수학 문제는 묻지 마세요

Unit0327 Anybody got any questions? Yes, ma'am. Hold on, we've got a mike / coming so
누가 어떤 질문을 하겠습니까?   아, 저 여학생.   잠깐만, 우리는 마이크를 준비해두고 있습니다
everybody gets to hear it, too. What is your name and what grade are you in?
모든 사람들이 말을 잘 들을 수 있도록   이름은 무엇이고 몇 학년이죠?

Q : I'm Amanda Lemmons (phonetic) I'm a senior.
Unit0328 저는 Amanda Lemmons이고, 3학년입니다

President Bush : Senior? Good.
3학년? 좋습니다

Q : Have you decided on / whether you're going to go to Russia or not?
러시아에 가기로 결정하셨습니까?

Vocabulary Drills ⑪ _____ *any of the different age levels in a family, such as grandparents, children, and grandchildren*
⑫ _____ *in USA, someone in the last (usually fourth) year of high school or college*

여기서부터는 고등학생들과 일문일답이 시작되고 있는데, 짧은 연설을 마치고 질문을 받기 시작하면서 그 사이에 간단한 joke를 던지며 분위기를 잡아가는 Putin이 인상적이며, 자유분방한 미국 고등학생들의 말투도 매우 빠르게 진행된다. 주의 깊게 들어야 그 발음상의 변화를 알아챌 수 있다.

4. dark 'l'은 후설모음인 [u, ə, 이를 삽입시키는 기분으로 발음하는 까닭에 help는 [heup], film은 [fium], built는 [biut]로 들리게 된다.

1. †**depend**(rely, lie, count, trust, fall back, hinge, based, plan)(up)on＝**be dependent** (up)on＝**have dependence** (up)on: ~에 의지하다, 믿다, 달려있다.

5. as-유사관계절의 *the one*은 선행사인 *a young and active and beautiful generation*을 가리킨다.

🔊 **소리분석** **1.** cities, agreed to, pretty, opportunity, Anybody got any, got a, What is, grade are: -t/-d의 -r 유음화(※ 특히 cities와 같은 경우에는 -d로 발음되기도 함을 주의해야 한다.)

2. and, President: 자음 뒤 말음의 -d/-t 음의 탈락

3. depends on, gets to: 3개 이상 중첩된 복합중자음에서는 흔히 중간음을 탈락시킨다.

4. and in any, will of, helped in, such a, and I have agreed, take a, Hold on, I'm a, Have you, decided on: 연음(※ 특히 helped에서는 설측음의 dark 'l'에 주의해야 한다.)

5. what they must do, with the, figured this: 조음점 동화

6. you're going to: 기능어의 축약

💡 **구문분석** **1.** Of course, serious people work in the capital cities and much *depends on* them. ··· serious가 여기서는 '진지한, 심각한, 중대한, 위험한' 등의 뜻이 아니라 '만만찮은, 상당한'의 '많다'는 뜻으로 쓰였으며, them은 serious people을 가리킨다.

2. But in any circumstances and in any situation, ***what they must do*** is to fulfill the will of their people. ···*what*-관계절이 주어로 쓰였고, will은 명사로 '의지, 소망, 의욕, 결심' 등의 뜻으로 쓰였다.

3. And *being here* I can feel ***the will of these people***, *the will to cooperate with the Russian Federation, the will to cooperate with Russia.* ··· <이유>를 나타내는 현재분사가 먼저 오고, 명사인 will이 쓰였으며, comma(,) 이하에서는 ***the will of these people***에 대한 구체적인 설명이 오고 있다.

4. And I can assure you *that the Russian people fully* **share** *this commitment* **and is** *also committed to fully cooperating with the American people.* ··· <S＋V＋IO＋DO> 구조의 문장으로, DO로 that-절이 왔으며, that-절은 S를 공통으로 술어동사가 and로 나열되었다.

5. Together, ***we can achieve*** quite a lot, especially ***if we are*** helped in this by such a young and active and beautiful generation *as the one we are meeting with now.* ··· 가정법 현재가 쓰였으며, as는 '~와 같이(처럼)'의 뜻으로 앞에 쓰인 such와 상관적으로 쓰이는 유사관계대명사이다.

6. Hold on, we've got a mike *coming so everybody gets to hear it, too.* ··· hold on은 '잠깐만 현재의 상태 그대로 유지하라'는 뜻이며, <S＋V＋O＋OC> 구조로 현재분사가 OC로 왔다.

Nuance | '상태'의 뜻을 가지는 말
① **state**: 가장 일반적인 말로 어떤 사물의 있는 그대로의 상태와 둘러싸고 있는 상황 등을 객관적으로 가리킬 때 사용한다. ② **condition**: state보다는 특정한 것으로써 '현재 고착중인 사물의 내적인 본래의 상태'라는 뜻을 가지며, 그러한 상태가 사정이 되기까지의 원인·환경 등과의 관련성이 강조될 때 사용한다. ③ **situation**: 외적인 영향에 대한 상호관계를 중시할 때 사용하는 말로 어떤 사물의 일정한 구체적인 사정에 대한 state를 의미하는데, state, situation, condition은 종종 거의 구별 없이 쓰인다. ④ **plight**: 위험하거나 어려운 특히 절망적인 상태나 입장을 뜻한다. ⑤ **status**: 법적·사회적 또는 경제적 고려에서 결정되는 condition이나 state를 말할 때 사용되어 '지위'라는 의미를 내포한 '사정'을 뜻한다.

번역 물론 상당한 사람들이 수도에서 일하며 많은 것들이 그들에게 의존합니다. <u>11) 그러나 어떤 환경이나 어떤 상황에서든 그들이 해야만 하는 것은 사람들의 소망을 달성하는 것입니다.</u> 그리고 이곳에 있는 까닭에 저는 소련 연방, 소련과 협조하려는 그러한 사람들의 의지를 느낄 수 있습니다. 그리고 러시아인들은 이러한 책임을 충분히 공유하고 있으며 또한 미국 국민들과의 협조를 전적으로 수행하고 있다는 것을 저는 여러분에게 보장할 수 있습니다. <u>12) 우리가 지금 함께 만나고 있는 세대처럼 젊고 활동적이며 아름다운 세대에 의해 특히 우리가 이 일에서 도움을 받는다면 우리는 함께 상당히 많은 것을 달성할 수 있습니다.</u> 정말 감사합니다.
부시 대통령: 감사합니다. (푸틴) 대통령과 저는 학생들로부터 몇 가지 질문을 받아주기로 합의를 했습니다. 저는 이것이 여러분 모두가 질문을 할 수 있는 매우 좋은 기회가 될 것으로 생각합니다.
푸틴 대통령: 오직 질문만 받습니다. 수학에 관한 질문은 빼주시기 바랍니다.
부시 대통령: 좋은 생각입니다. 특히 애매한 수학 문제는 묻지 마세요.
누가 어떤 질문을 하겠습니까? 아, 저 여학생. 잠깐만, 모든 사람들이 말을 잘 들을 수 있도록 우리는 마이크를 준비해 두고 있습니다. 이름은 무엇이고 몇 학년이죠?
질문자: 저는 Amanda Lemmons이고, 3학년입니다.
부시 대통령: 3학년? 좋습니다.
질문자: 러시아에 가기로 결정하셨습니까?

Answers for Vocabulary Drills ⑪ generation ⑫ senior

※ 본문의 밑줄 친 부분을 번역하고, 하단의 설명을 읽고 해당하는 단어를 본문에서 찾아 써라.

President Bush Unit0329 : Well — (laughter) — the President invited me / and I accepted. We haven't figured out a
글쎄　　푸틴 대통령이 저를 초청했고 저는 그것을 수락습니다　　우리는 날짜는 아직 정하지 않았습니다
time yet. But, in that I'm from Texas and kind of like the warm weather, I was
그러나　저는 텍사스 출신이고 다소 따뜻한 날씨를 좋아한다는 점에서　　저는 기대하고 있었습니다
hoping to wait a couple of months. (Laughter) I'm really looking forward to going / to
두어 달 기다릴 것으로　　저는 정말 가고 싶습니다
Russia. I would hope that I could not only go to Moscow, but maybe go to the
러시아에　저는 기대할 것입니다　　제가 모스크바에 갈 수 있는 것뿐만 아니라　어쩌면 갈 수 있을 것으로
President's home town / of St. Petersburg, which they tell me is one of the most
Petersburg에 있는 푸틴 대통령의 고향에도　　그들이 말한　　가장 호화로운 도시 중의 하나라고
spectacular cities in Europe. But I look forward to going. I think it is going to be a
유럽에서　　그래서 저는 가고 싶습니다　　저는 생각하고 있습니다
very important trip.
그것이 매우 중요한 여행이 될 것으로

 Unit0330

We have met / four times now. We have made a lot of progress / on coming together
우리는 지금까지 4번 만났습니다　　우리는 많은 진전을 이룩했습니다　　함께 지내며
on some key issues. There is more work to be done. I believe the U.S.-Russian
몇 가지 중요한 문제에 있어서　　앞으로 해야할 많은 일이 있습니다　　저는 믿습니다
relationship / is one of the most important relationships / that our country can have.
미국과 소련의 관계는 가장 중요한 관계 중의 하나라고　　우리나라가 가질 수 있는
And the stronger the relationship is, the more likely it is the world will be at peace,
13)
and the more likely it is that we'll be able to achieve / a common objective, which is
to defeat the evil ones / that try to terrorize governments / such as the United States
and Russia. And we must defeat the evil ones in order for you all to grow up / in a
14)
peaceful and prosperous world. (Applause)

Unit0331

Okay. Wait for the mike. I'm kind of getting hard of hearing.
알겠습니다　마이크를 기다려주세요　　제가 알아듣기 좀 힘듭니다

Q : My name is Jana Heller — (phonetic) — and I'm in the eighth grade. And I was
저의 이름은 Jana Heller이며　　　　8학년입니다　　그리고 저는
wondering / what is President Putin's / favorite thing about Texas.
알고 싶습니다　푸틴 대통령이 텍사스에 대하여 가장 마음에 드는 것이 무엇인지

President Bush : What does he think about Texas?
텍사스에 대하여 그가 어떻게 생각하느냐구요?

Q : Yes, sir.
예, 그렇습니다

President Bush : Oh, favorite thing. Favorite thing. Crawford, of
예, 마음에 드는 것이라　　마음에 드는 것은 물론 Crawford이죠
course. (Laughter)

Vocabulary Drills ⑬ _____ to say "yes", that you will do something
⑭ _____ the conditions of the sky air relating to rain, snow, heat, cold, etc.

1. wondering은 -nt/-nd/-rd/-rt 에서의 -t/-d음의 생략

2. wait a, that I, cities, But I, it is, lot of …. 그리고 together에서는 강모음과 약모음 사이에 쓰인 -th도 -r로 유음화하고 있다.

3. couple of, in Europe, think it, made a …. 또 There is에서는 연음의 '-r'이 발음되고 있다.

---

1. †in that-절: ~라는 점에서, ~하므로(since, because)/ **kind of**: 거의, 약간, 조금/ **a couple of**: 두 개의, 두서넛의(a few)

4. in order to 뿐만 아니라 so as to도 부사적 용법으로 <목적>을 의미한다.

※Unit0331의 I'm kind of getting hard of hearing.라는 표현은 일상 회화에서도 널리 사용할 수 있는 유용한 표현으로, ①Sorry I couldn't get what you said. Would you speak more clearly and loudly? ②I'm sorry, but I didn't catch your word. ③I don't understand what you mean. (Can you speak) A little more slowly? ④I'm sorry I don't follow you. Speak more distinctly, please. ⑤What did you say? Would you mind saying it once more? ⑥Well, I'm not certain I understand your question. Would you mind rephrasing it?/ (I beg your) Pardon? ⑦Would you say that again? ⑧Could you repeat that? ⑨Come again? 등과 같은 표현으로도 말할 수 있다.

Nuance Drills *Fill in the blanks with a suitable word as given:*

¹_____ and ²_____ both refer to the set of circumstances surrounding or characterizing a person or thing at a given time, but ³_____ more strongly implies some relationship to cause or circumstances which may be temporary. ⁴_____ implies a significant interrelation involved.⁵_____, basically a legal term, refers to one's state as determined by such arbitrary factors as age, sex, training, mentality, service, etc.

(a) situation (b) status
(c) condition (d) state

🔊 소리분석 *1.* President, most, important, world, wondering : 자음 뒤 말음의 자음 생략

2. invited, figured out a, in that I'm, forward to, not only go to, Petersburg, together, that our, getting hard of, what is, Putin's : -t/-d의 -r 유음화

3. Texas and kind of, is one of, common objective, which is, evil ones, in order, in a peaceful and, kind of, name is, and I'm in, And I, think about : 연음

4. defeat the, favorite thing : 조음점 동화

💡 구문분석 *1.* But, in that I'm from Texas and kind of like the warm weather, I was hoping *to wait* a couple of months. … 부정의 접속사에 이어 부사절이 쓰인, <S + V + O> 구조의 문장이다.

2. I would hope that I could **not only** go to Moscow, **but** maybe go to the President's home town of St. Petersburg, *which they tell me is one of the most spectacular cities in Europe.* … <not only A but (also) B: A뿐만 아니라 B도 역시>와 St. Petersburg를 선행사로 하는 계속적 용법의 which, 그리고 관계절의 술어동사 앞에 쓰인 삽입어구 *they tell me*가 쓰이고 있다.

3. And *the stronger* the relationship is, *the more* likely it is the world will be at peace, and *the more* likely it is that we'll be able to achieve *a common objective, which is to defeat the evil ones that try to terrorize governments such as the United States and Russia.* … <the + 비교급, the + 비교급>의 점증비교급, *objective* 를 선행사로 하는 *which*-관계절, *ones* 을 선행사로 하는 *that*-관계절이 왔다.

4. And we must defeat the evil ones *in order* for you all *to* grow up in a peaceful and prosperous world. … 부사적 용법으로 <목적>을 뜻하는 to-inf.와 의미상의 주어가 왔다.

번역 **부시 대통령**: 아, 푸틴 대통령이 저를 초청했고 저는 그것을 수락했습니다. 우리는 날짜는 아직 정하지 않았습니다. 그러나 저는 텍사스 출신이고 다소 따뜻한 날씨를 좋아한다는 점에서 두어 달을 기다릴 것으로 기대하고 있었습니다. 저는 정말 러시아에 가고 싶습니다. 저는 제가 모스크바에 갈 수 있는 것뿐만 아니라 유럽에서 가장 호화로운 도시 중의 하나라고 그들이 말한 Petersburg에 있는 푸틴 대통령의 고향에도 어쩌면 갈 수 있을 것으로 기대할 것입니다. 그래서 저는 가고 싶습니다. 저는 그것이 매우 중요한 여행이 될 것으로도 생각하고 있습니다.

우리는 지금까지 4번 만났습니다. 우리는 함께 지내며 몇 가지 중요한 문제에 있어서 많은 진전을 이룩했습니다. 앞으로 해야할 많은 일이 있습니다. 저는 미국과 소련의 관계는 우리나라가 가질 수 있는 가장 중요한 관계 중의 하나라고 믿습니다. 13) 그리고 그 관계가 견고해질수록, 세상은 더욱 더 평화스러워질 수 있을 것이며, 미합중국과 러시아와 같은 나라의 정부를 위협하려는 악을 물리치는 것이라는 공동의 목적 달성이 더더욱 가능해질 것입니다. 14) 그래서 우리는 평화롭고 번영하는 세상에서 여러분 모두가 자라날 수 있도록 하기 위해 악을 물리쳐만 합니다.

알겠습니다. 마이크를 기다려주세요. 제가 알아 듣기가 좀 힘듭니다.

질문자: 저의 이름은 Jana Heller이며 8학년입니다. 그리고 저는 푸틴 대통령이 텍사스에 대하여 가장 마음에 드는 것이 무엇인지 알고 싶습니다.

부시 대통령: 텍사스에 대하여 그가 어떻게 생각하느냐고요?

질문자: 예, 그렇습니다.

부시 대통령: 예, 마음에 드는 것이라. 마음에 드는 것은 물론 Crawford이죠.

연구 26

<The more S′ + V′, the more S + V> 점증 비교법
… 앞에 쓰인 The은 in proportion as ~, to what extent ~의 뜻으로 관계부사의 역할을 하며 이어지는 S′ + V′를 'S′이 V′ 함에 따라, S′이 V′ 하는 정도로'의 의미를 가지는 부사절로 만들며, 뒤에 쓰인 the는 지시부사로 so much, to that extent의 의미를 가지며 주절을 이끄는데, 이는 다음과 같은 형태로 구분할 수 있다. ①가장 일반적인 형태: · *The longer* a sermon is, *the less* effective it is.(설교가 길면 길수록, 그 효과는 감소한다.)/ · *The further* you go, *the darker* it gets.(가면 갈수록 날이 어두워진다.) ②<S′ + V′>와 <S + V> 모두가 생략된 경우: · *The sooner, the better.*(이르면 이를수록 좋다.)/ · *The more, the merrier.*(많으면 많을수록 좋다.) ③be-동사만 생략되는 경우: · *The higher* the tree (is), *the stronger* the wind (is).(키가 큰 나무일수록, 바람도 강하게 맞는다.→키가 너무 바람 잘 날 없다.) ④<the 비교급 S′ + V′ and the 비교급 S″ + V″, the 비교급 S + V>의 경우: · Music, in the highest sense, stand less in need of novelty. *The older* it is and *the more* we are accustomed to it, *the greater* the effect it produces upon us.(고상한 의미에서의 음악은 그렇게 많은 고결함을 필요로 하지는 않는다. 그것은 오래될수록, 우리는 그것에 익숙해지고 그 영향력은 커지게 된다.)

※ CD를 듣고 공란에 들어갈 말을 받아쓴 후 본문의 밑줄 친 부분을 번역하고, 하단의 설명을 읽고 해당하는 단어를 본문에서 찾아 써라.

President Putin : We in Russia / have known for a long time that / Texas is the most important state / in
Unit0332　우리 러시아에서는　　오랫동안 알고 있습니다　　　　　　　　텍사스가 가장 중요한 주라고
the United States. (Laughter and Applause) But, seriously speaking, we in Russia /
미합중국에서　　　　　　　　　　　　　　　하지만 진지하게 말해서　　　우리 러시아에서는
① [sʌ́mhàu tèntunóu]　　　　　/ about Texas / rather better than / about the rest of the
어떻게 해서든지 알고 싶어합니다　　　텍사스에 관하여 더 잘　　　　　나머지의 주들 보다
United States somehow. Except maybe for Alaska, which we sold to you. (Laughter
미합중국의　　　　아무래도　　어쩌면 알래스카는 제외될 것입니다　　우리가 여러분에게 팔았던
and Applause)

Unit0333　In my view, first of all, because, like in Russia, here in Texas / the oil business is
제 생각에　　　무엇보다도 먼저　　러시아에서나 이곳 텍사스에서나　　　　　　석유 산업은
quite well-developed and we have numerous contacts / in this area. And we have / very
매우 잘 개발되어있고　　　　　우리는 이 지역과 많은 접촉을 하고 있기 때문입니다　　또 우리는 매우 많은
many contacts / in such areas / as high-tech / and the exploration of space. And the
접촉을 하고 있습니다　첨단 기술이나 우주탐험과 같은 그런 분야에 있어서　　　　15)
fact that / the parliament of the state of Texas / declared April the 12th — the day
when Yuri Gagarin, the first man to fly to space, accomplished this — as a state
holiday, like it is a national holiday / in Russia, is yet another testimony / of the
closeness of our outlook and achievements. (Applause)

President Bush : Name and grade?
Unit0334　이름과 학년은 어떻게 되죠?

Q : I'm Brian Birch — (phonetic) ② [àimə sí:njərhìər]　.　In what ways has this summit / helped
저는 Brian Birch이고　　　　　　　　이곳 3학년입니다　　　　어떤 방법으로 이러한 정상들의 만남이
bring Russia and the U.S. closer together?
러시아와 미국 모두를 더욱 친밀하게 했습니까?

President Bush : Well, first of all — his question is in what ways has the summit / brought us together.
Unit0335　글쎄요　먼저　　　　　　그의 질문은 어떤 방법으로 정상회담이 우리를 함께 맺어주었느냐는 것 같습니다.
Well, in order for / countries to come together, the first thing that must happen / is
아,　　국가들이 공존하기 위해　　　　　　　　　　　첫 번째 조건은　　　　　있어야만 하는
leaders must make up their mind / that they want this to happen. And the more I get
지도자들은 마음을 가져야 한다는 것입니다　　　이런 일이 일어나도록 바라는　　16)
to know President Putin, the more I get to see / his heart and soul, and the more I
know we can work together / ③ [inə pózərivwèi]　.

Unit0336　And so any time leaders can come together / ④ [ænsìdáunən tó:kəbàut kí:iʃù:z]　　　　/
그래서 언제든　　　　　　지도자들은 함께 할 수 있으며　　　　앉아 이야기할 수 있는데　　핵심적인 문제에 관하여
in a very open and honest way, it will make relations stronger / in the long run.
매우 개방되고 성실한 방법으로　　　　그것은 관계를 더욱 강화할 것입니다　　　궁극적으로

Vocabulary Drills ⑮　　　　　　　　　the national assembly that makes or changes laws in some countries, such as Great Britain
⑯　　　　　　　　　the top of a mountain ; the official position of heads of state ; a meeting between heads of state

소리분석 *1.* somehow tend to know : 자음 뒤 말음에 쓰인 -d/-t 음의 생략

2. Im a senior here : 연음

3. in a positive way : 연음, -t/-d의 -r 유음화

4. and sit down and tak about key issues : 자음 뒤 말음의 자음 생략, 조음점 동화, 연음

구문분석 *1.* But, *seriously speaking*, we in Russia somehow tend to know about Texas *rather better than* about the rest of the United States somehow. … 부사적 의미의 무인칭 독립분사구문, 비교급이 쓰이고 있다. †tend to : ~하는 경향이 있다.

2. *In my view, first of all*, because, *like in Russia, here in Texas* the oil business is quite well-developed and we have numerous contacts in this area. … 부사로 '~처럼, 같이'의 뜻으로 쓰인 like를 비롯한 부사적 수식어들이 먼저 온 다음에 <S₁ + V₁ and S₂ + V₂ + O> 구조의 주절이 왔다.

3. And *the fact that the parliament of the state of Texas declared April the 12th —the day when Yuri Gagarin, the first man to fly to space, accomplished this —as a state holiday, like it is a national holiday in Russia*, is yet another testimony of the closeness of our outlook and achievements. … 문미의 마지막 comma(,) 앞까지 주어로 쓰인 *the fact*를 선행사로 하는 관계절이 온 후 술어동사가 왔다. 또 that-동격절 안에, 두 개의 dash(—)가 오면서 바로 앞에 있는 말에 대한 부연 설명이 오고 있는데, 그 안에 관계부사절이 들어있으며, <자격>을 뜻하는 전치사 as가 쓰였다.

4. Well, in order for countries to come together, the first thing *that₁ must happen* is *leaders must make up their mind that₂ they want this to happen*. … 부사적 용법<목적>의 to-inf., 의미상의 주어가 쓰였으며, *leaders* 앞에 명사절을 유도하는 접속사 that이 생략되었다.

5. And the more I get to know President Putin, the more I get to see his heart and soul, and the more I know we can work together in a positive way. … 점증 비교법이 쓰였다.

1. '비인칭절대주격구문'이라고도 하는 무인칭 독립분사구문은 ①부사적 의미로 쓰는 경우, ②전치사의 대용이 되는 경우, ③접속사의 대용이 되는 경우 등의 용법이 있다.

4. that₁은 관계대명사, that₂는 *make up one's mind(=decide)*의 목적어인 *that*-명사절을 이끄는 접속사로 쓰였다.

Nuance **'끝내다·해내다'의 뜻을 가지는 말**
①finish : 일상의 사소한 일을 해내다. 끝마치다(bring to an end), 마지막 손질을 하다(put the final and completing touches)는 의미를 내포한다. 즉, 미세하고 외면적인 마지막 손질을 한다는 뜻이 포함된다는 점이 complete와 다르다. ②complete : finish 보다 딱딱한 말로, 포괄적·전체적인 끝마침을 뜻하며 건축 공사 등의 준공이나 회장 등의 일이 끝난 결과에 초점을 두고 있다. ③accomplish : '성취하다(success in doing)', '계획이 실현된다'는 뜻으로, working toward the end의 의미를 지녀 일의 과정이 끝났음을 의미한다. ④end : 끝나다(come to an end, bring to an end)는 의미의 가장 일상적인 말. 세계는 천지창조 마지막 날 finish는 하겠지만, end는 아니다. 그러나 언젠가 end하게 마련이다. ⑤achieve : 어려운 사정 하에서 accomplish 해냄을 의미하여 계획의 중요성이나 곤란성 암시한다. ⑥fulfill : 약속·기대·희망된 일 등을 이룩하다, 해내다. ⑦effect : 전체적인 관점에서 자기가 생각해낸 것을 저항이나 장애를 이기고 달성하다. ⑧execute : 남의 명령 등을 해내는 일에 주로 사용하며, 최후의 단계나 행동의 방식에 주안점을 둘 때 사용한다. ⑨discharge : 책임이나 의무, 명령 등을 다하다, 이행하다. ⑩be through (with) : [美·□] 마치다, 끝내다. ⑪bring about : [□]다하다, 끝내다. ⑫work out : 어렵게 해내다, 성취하다, 끝내다. ⑬get away (over) with it : 나쁜 일을 근사하게 감쪽같이 해내다. ⑭get through (with) : [□]마치다.

번역 **푸틴 대통령** : 우리 러시아에서는 오랫동안 텍사스가 미합중국에서 가장 중요한 주라고 알고 있습니다. 하지만 진지하게 말해서 우리 러시아에서는 아무래도 어떻게 해서든지 미합중국의 나머지의 주들 보다 텍사스에 관하여 더 잘 알고 싶어 합니다. 어쩌면 우리가 여러분에게 팔았던 알래스카는 제외될 것입니다.

제 생각에 무엇보다도 먼저 러시아에서나 이곳 텍사스에서나 석유 산업은 매우 잘 개발되어있고 우리는 이 지역과 많은 접촉을 하고 있기 때문입니다. 또 우리는 첨단 기술이나 우주탐험과 같은 그런 분야에 매우 많은 접촉을 하고 있습니다. 15) 텍사스 주의회가 최초로 우주를 여행한 Yuri Gagarin이 그것을 성공했던 날인 4월 12일을, 그것이 러시아에서 국가적인 공휴일인 것처럼 주 공휴일로 선언했다는 사실은 우리의 견해와 업적에 대한 긴밀함의 또 다른 증거입니다.

부시 대통령 : 이름과 학년은 어떻게 되죠?

질문자 : 저는 Brian Birch이고 이곳 3학년입니다. 어떤 방법으로 이러한 정상들의 만남이 러시아와 미국 모두를 더욱 친밀하게 했습니까?

부시 대통령 : 글쎄요, 먼저 그의 질문은 어떤 방법으로 정상회담이 우리를 함께 맺어주었느냐는 것 같습니다. 아, 국가들이 공존하기 위해 있어야만 하는 첫 번째 조건은 지도자들은 이런 일이 일어나도록 바라는 마음을 가져야 한다는 것입니다. 16) 그리고 제가 푸틴 대통령을 알면 알수록, 제가 그의 마음과 영혼을 더 잘 볼 수 있으며, 실용적인 방법으로 우리가 함께 일할 수 있는 더 많은 것을 알게 되기 때문입니다.

그래서 언제든 지도자들은 함께 할 수 있고 핵심적인 문제에 관하여 매우 개방되고 성실한 방법으로 앉아 이야기할 수 있는데, 그것은 궁극적으로 관계를 더욱 강화할 것입니다.

연구 27
관계대명사 that을 써야만 하는 경우
… 1)사람이나 동물 및 무생물들을 다 같이 선행사로 받을 수 있다. 2)제한적(한정적) 용법에만 쓰이고 계속적 용법에는 쓰이지 않으며, 전치사의 지배도 받지 않는다. 3)그 선행사를 ①동물 및 사람을 동시에 선행사로 취할 때 ②부정대명사를 선행사로 취할 때 ③선행사에 최상급의 형용사가 있을 때 ④선행사에 서수가 수식어로 왔을 때 ⑤선행사에 한정어구가 수식어로 왔을 때 ⑥의문사가 선행사가 되거나 의문문에서 관계대명사가 의문사와 같아 발음이 같아지는 것을 피할 때 ⑦관계대명사 that이 관계절 안의 be-동사의 보어로 쓰일 때 등에는 관계대명사 that을 사용하는 것이 원칙이다.

통번역학 이론과 실제

※CD를 듣고 공란에 들어갈 말을 받아쓴 후 본문의 밑줄 친 부분을 번역하고, 하단의 설명을 읽고 해당하는 단어를 본문에서 찾아 써라.

 Unit0337
There's no doubt, the United States and Russia won't agree on every issue. But you
의심할 바가 없습니다　　　미합중국과 러시아가 합의하지는 않을 것이라는 것은　　　모든 문제에　　하지만 여러분도
probably don't agree with your mother on every issues. (Laughter) You still lover her,
동의하지는 않을 것입니다　　여러분의 엄마에게　　　모든 문제에 대하여　　　그래도 여러분은 여전히 엄마를 사랑합니다
though, don't you? Well, even though we don't agree on every issue, I still respect
그렇죠?　　　　　마찬가지로 우리가 동의하지는 않는다고 하더라도　　　모든 문제에　　저는 여전히 그를 존경하고
him /① [æn láikim ǽzəpáːrsn]　　　　　. The other thing is, is that the more we talk about
인간적으로 그를 좋아합니다　　　　　　　나머지 문제는　　　　　중요한 문제에 대하여 토론을 하면 할수록
key issues, the more likely it is we come to an understanding. And so the summit /
　　　　　우리는 더욱 더 이해에 도달하기 쉽게 됩니다　　　　　　　　　그래서 이번 정상회담은
enabled us to continue a very personal dialogue. As well, we agreed to some
우리로 하여금 매우 개인적인 대화를 계속할 수 있게 해주었습니다　　　　마찬가지로 우리는 동의하였습니다
significant changes / in our relationship.
어떤 현저한 변화를 가져오기로　우리의 관계에

 Unit0338
I, after long consultations /② [wiðpíːplinsàirauər ɡʌ́vəmən]　　　　　, I announced that our
17)
government was going to reduce our nuclear arsenal / to between 1,700 and 2,200
warheads / over the next decade. That's a / tangible accomplishment.③ [ai ʃéərðərìnfərméiʃən]
　　　　　　　　　　　　　　　그것은 명백한 성과입니다　　　　　　　저는 공유하고 있습니다
　　　　　/ with President Putin. He, too, is going to make a declaration at some
푸틴 대통령과 그 정보를　　　　　그도 역시 선언할 예정입니다
point in time.
적당한 시점에서

 Unit0339
In other words, this particular summit / has made us closer because we've agreed on
18)
some concrete steps, as well, specific things / we can do together. We're working on
　　　　　　　　　　　　　　　　　　　　　　　　　　　우리는 하고 있는 중입니다
counter-proliferation, which is an incredibly important issue, to make sure that / arms /
반확산 작업을　　　　　대단히 중요한 문제인　　　　　　확실하게 해주는
and potential weapons of mass destruction do not end up in the hands of people /
병력과 대량 파피의 잠재적인 무기들이　　　　　마침내 사람들의 손에 주어지지 않는 것을
who will be / totally irresponsible, ④ [píːplət heiráiðər wʌ́nəvaur néiʃəns]　　　　　.
전적으로 무책임한　　　　　　우리나라를 증오하는 사람들의

Vocabulary Drills ⑰ _____ conversation between people in a book, play, etc.
⑱ _____ one action in a series of actions with a view to effecting a purpose

218 | 제3편 통·번역학 실제연습

소리분석 *1.* and like him as a person : 자음 뒤 말음의 자음 생략, 'h'의 유성음화와 연음

2. with people inside our government : 연음, -t/-d의 -r유음화, 자음 뒤 말음의 자음 생략

3. I shared that information : 조음점 동화, -t/-d의 -r유음화

4. people that hate either one of our nations : 조음점 동화, -t/-d의 -r유음화, 연음

구문분석 *1.* Well, even though we don't agree on every issue, I still *respect* him *and like* him as a person. … <양보>의 부사절이 먼저 온 후에 <S + V₁ + O and V₂ + O> 구조의 주절이 왔다.

2. The other thing is, is that **the more** we talk about key issues, **the more** likely it is we come to an understanding. … <S + V + C> 구조로 that-절이 C로 왔는데, that-절 안에 점증비교법이 쓰였다.

3. I, *after long consultations with people inside our government*, I announced *that our government was going to reduce our nuclear arsenal to between 1,700 and 2,200 warheads over the next decade.* … <S + V + O> 구조로 that-절이 O로 쓰였다.

4. In other words, this particular summit has made us closer *because we've agreed on some concrete steps*, as well, *specific things we can do together.* … <S + V + O + OC로서의 형용사>의 주절이 온 후에 <이유>를 뜻하는 부사절이 오고 있으며, 문미에는 관계대명사 that이 생략되어 있다.

5. We're working on counter-proliferation, *which is an incredibly important issue*, **to make sure** that arms and potential weapons of mass destruction do not end up in the hands of **people** who will be totally irresponsible, **people** that hate either one of our nations. … 관계절이 comma(,) 사이에 삽입어구로 쓰였으며, 형용사적 용법으로 쓰인 to-inf.의 목적어로 that-절이 오고 있다. 또 문미에는 **people**을 선행사로 하는 관계절이 오고 있으며, either는 형용사로 '어느 한쪽의'의 뜻으로 쓰였다.

---

1. †agree on(*or* about + something) : (조건·의안 등에) 합의에 도달하다(*be the same opinion or mind*)./ agree to : (제의 등에) 동의하다(*say 'yes', consent*)./ agree with(*or* among + someone) : (사람에) 동의하다.

3. over + 시기를 나타내는 말 : ~하는 사이에, ~끝까지

4. †in other words : 바꾸어 말하면/ as well : 더구나, 게다가, 더욱이, 마찬가지로 잘

5. †end up : 끝나다, 마침내는 ~으로 되다(in, on), ~으로 끝나다(with).

[Nuance Drills] *Fill in the blanks with a suitable word as given:*

1 _____ implies the overcoming of obstacles in accomplishing something of worth or importance. 2 _____ suggests effort and perseverance in carrying out a plan or purpose. 3 _____ in strict discrimination, implies the full realization of what is expected or determined. 4 _____ also suggests the conquering of difficulties but emphasizes what has been done to bring about the result. 5 _____ implies a putting into effect or completing that which has been planed or ordered. 6 _____ is to bring to a desired end that which one has set out to do, especially by adding perfecting touches. 7 _____ in its distinctive sense, is to finish by filling in the missing or defective parts. 8 _____ means to stop some process, whether or not it has been satisfactory completed.

(a) complete   (b) end
(c) achieve   (d) finish
(e) fulfill   (f) accomplish
(g) execute   (h) effect

번역 모든 문제에 미합중국과 러시아가 합의하지는 않을 것이라는 것은 의심할 바가 없습니다. 하지만 여러분도 모든 문제에 대하여 여러분의 엄마에게 동의하지는 않을 것입니다. 그래도 여러분은 여전히 엄마를 사랑합니다, 그렇죠? 마찬가지로 우리가 모든 문제에 동의하지는 않는다고 하더라도 저는 여전히 그를 존경하고 인간적으로 그를 좋아합니다. 나머지 문제는 중요한 문제들에 대하여 토론을 하면 할수록 우리는 더욱 더 이해에 도달하기 쉽게 됩니다. 그래서 정상회담은 우리로 하여금 매우 개인적인 대화를 계속할 수 있게 합니다. 마찬가지로 우리의 관계에 어떤 현저한 변화를 가져오기로 우리는 동의하고 있습니다.

17) 저는 정부 내부의 사람들과 오랜 협의 끝에 우리 정부는 향후 10년에 걸쳐 우리의 핵무기를 1,700기 내지 2,200기까지의 핵탄두로 감축하기로 선언하였습니다. 그것은 명백한 성과입니다. 저는 푸틴 대통령과 그 정보를 공유하고 있습니다. 그도 역시 적당한 시점에서 선언할 예정입니다.

18) 바꾸어 말하면 이 특별한 정상회담은 어떤 구체적인 조치와 마찬가지로 우리가 함께 할 수 있는 특별한 일에 동의하고 있기 때문에 우리를 더욱 친밀하게 해주었습니다. 우리는 대단히 중요한 문제인 병력과 대량 파괴의 잠재적인 무기들이 마침내 전적으로 무책임한 사람들, 우리나라를 증오하는 사람들의 손에 주어지지 않는 것을 확실하게 해주는 반확산 작업을 하고 있는 중입니다.

연구 28

still의 의미와 용법

… '조용한, 정지한'의 의미를 가지는 아래 4가지 품사와 의미 외에 ㉠명사로 증류기, 증류소 ⓑ동사로 '증류하다'의 의미도 가지지만, 아래 4) 부사로서의 용법에 주의해야 한다.

1) 형용사 : 고요한, 조용한, 정지한, (목소리가) 낮은, 상냥한, 평온한
2) 동사 : 고요(잔잔)하게 하다, 가라앉히다, 진정시키다, 완화하다.
3) 명사 : 고요, 정적, 침묵, 영화 사진, 스틸
4) 부사 ① 앞서의 동작이나 상태가 '여전히, 아직도' 계속되는 경우를 의미하는데, 부정어는 still 뒤에 온다. · When I called at his house, he was *still* in bed.(내가 그의 집을 방문했을 때, 그는 아직 자고 있었다.=he was not yet up.)/ · I *still* haven't heard the story.(나는 아직 그 이야기를 듣지 못했습니다.)/ · He is *still* standing.(그는 여전히 서 있다.) *cf.* He is standing *still*.(그는 꼼짝하지 않고 서 있다.) ②거의 접속사처럼 쓰여 '그럼에도 불구하고, 그래도 역시' · He is old, (and) *still* he is able.(그는 늙었지만, 그래도 역시 유능하다.) ③비교급을 강조하여 '한층, 더욱' ④ another, other와 함께 '그 위에, 게다가' · I've found *still* another mistake.(게다가 또 하나 잘못을 발견했다.)

전치사로써의 as 의 여러 가지 의미와 용법

… as는 부사, 접속사, 관계대명사, 전치사 등으로 그 쓰임이 많은 기능어이다. ①<지위·자격>을 뜻하여 '~로서' … 이때 as 앞뒤의 명사는 동격관계가 된다. · He is well known *as* a poet.(그는 시인으로서 유명하다.) ②<동사의 목적보어를 이끌어 명사 외에도 형용사·분사·전치사구가 와서> '~으로' … 이때 목적어와 목적보어가 되는 as 이하에 쓰인 말은 <Nexus : 주술관계>에 서게 된다. · They look up to him *as* their leader.(그들은 그를 그들의 지도자로 여기고 있다.) ③<보통 such as 형태로> '가령 ~와 같이' · Some animals, *as* the fox and squirrel, have bushy tails.(여우나 다람쥐와 같은 어떤 동물들은 복실복실한 꼬리가 있다.)

[Answers for Vocabulary Drills] ⑰ dialogue ⑱ step

※CD를 듣고 공란에 들어갈 말을 받아쓴 후 본문의 밑줄 친 부분을 번역하고, 하단의 설명을 읽고 해당하는 단어를 본문에서 찾아 써라.

 Unit0340 And so we made great progress. ① [ænài lukfɔ́:wərə fjú:ʧʃər mí:riŋs] / with the
그래서 우리는 많은 진전을 보았습니다   19)
President because there's more to do, to make sure the relationship / outlives our
term in office. It's one thing for he / and me to have a / personal relationship. ② [ðəkí:iz
하나의 사건일 뿐입니다   그와 제가 개인적인 관계를 갖는 것은   핵심적인 것은
ðə̀rwi istǽbliʃə riléiʃənʃip] / between our countries strong enough / that will
우리가 관계를 확립하는 것입니다   우리 국가들 사이에   충분히 강력한
endure beyond our presidencies. And that's important so that / in the long run, as you
우리의 임기를 넘어서 지속시킬만큼   20)
come up and as your kids grow up, that Russia and the United States will cooperate
in ways that will make the world more stable / and more peaceful, and ways in which
we can address the common threats. And terrorism / and evil are common threats to
                                                    그리고 테러리즘과 악의 공동의 위협입니다
both our governments, and will be tomorrow, as well as today, ③ [ənléswidu sʌ́meiŋ əbáurit
우리 모두의 정부에 대한   오늘 그러하듯이 내일도 그럴 것입니다   우리가 하지 않는다면
nàu] . And that's exactly what we're doing. (Applause)
그에 대하여 무엇인가를   그것이 바로 우리가 하고 있는 일입니다

 Unit0341 Yes, ma'am. Ask the President a question. The other one.
아, 알겠습니다   대통령에게 물어보세요   다른 사람

Q : We, the women of America, are very appreciative of all the rights we have. So, with
Unit0342 우리는 미합중국의 여성인   매우 감사하고 있습니다   우리가 가지고 있는 모든 권리에 대해   그리고
the fall of the Taliban government, how do you think / that women's rights / will affect
Taliban 정부의 몰락으로   어떻게 생각하고 계십니까   여성의 권리가 영향을 미치는 것에 대하여
Afghanistan?
아프가니스탄에

President Bush : How do I think what?
Unit0343 제가 무엇을 어떻게 생각해야 하죠?

Q : How do you think / the fall of the Taliban government / will affect women's rights?
탈레반 정부의 몰락이 여성의 권리에 어떤 영향을 끼칠 것으로 생각하느냐는 것입니다

President Bush : Yes, I appreciate that. I'm going to answer it quickly, and then I want Vladimir / to
예   저는 그 점을 높이 평가합니다   그에 대해서는 즉시 응답을 해드리죠   그리고 그 다음에는 푸틴 대통령이 그에 관하여
discuss that. He knows about women's rights / and the importance of them / because
논하기를 바랍니다   그는 여성의 권리와 그것의 중요성에 대하여 알고 있습니다
he's raising two teenage daughters. (Laughter) ④ [híənài ʃɛər sʌ́meiŋ inkámən] .
왜냐하면 그는 10대의 두 딸을 키우는 중이거든요   그와 나는 무엇인가를 공동으로 가지고 있습니다

Vocabulary Drills ⑲ _____ *statement of an intension to punish or hurt somebody, especially if he does not do as one wishes*
⑳ _____ *the use of murder, arson, kidnapping, etc., to reach political objectives*

1. forward to에서는 [d+t→t]라는 조음점 동화와 -t/-d의 -r유음화가 거의 동시에 순간적으로 일어나게 된다.

(소리분석) *1.* And I look forward to future meetings : 자음 뒤 말음의 자음 생략과 연음, 조음점 동화, -t/-d의 -r 유음화

2. The key is that we establish a relationship : -t/-d의 -r유음화, 연음

3. unless we do something about it now : -t/-d의 -r유음화

4. He and I share something/in common : 연음

(구문분석) *1.* And I *look forward to* future meetings *with* the President *because there's more to do, to make sure the relationship outlives our term in office.* … <S + V + O>의 주절이 먼저 왔다.

1. 주절 뒤에 <이유>의 부사절이 왔다.
†look forward to+동명사: ~을 고대하다, 간절히 기다리다(long for, yearn).
2. enough의 용법에 주의해야 한다.
3. that-관계절은 제5형식 구조. address 는 '처리하다'는 뜻으로 쓰였다.
†come up : (해·달이) (떠)오르다, (성금성큼) 걸어오다, 다가오다, (일이) 일어나다, 생기다./ grow up : 어른이 되다, 자라다, 성장하다./ in the long run : 긴 안목으로 보면, 결국은

2. The key is *that we establish a relationship between our countries* **strong enough that** *will endure beyond our presidencies.* … <S + V + C> 구조로 C에 that-절이 왔다.

3. And that's important **so that** *in the long run,* **as** *you come up and* **as** *your kids grow up,* **that** *Russia and the United States will cooperate in ways that will make the world more stable and more peaceful, and ways in which we can address the common threats.* … <결과>를 의미하는 <**so that** ~> 부사절, 현재시제로 미래시제를 대신하는 <때>를 나타내는 as-부사절, *ways*를 선행사로 하는 관계대명사 *that*와 *which*의 용법 등에 주의해야 한다.

4. And terrorism and evil are common threats to both our governments, and will be tomorrow, **as well as** today, **unless** we do something about it now. … <S + V + C> 구조가 And 뒤에 오고 있으며, <B as well as A: A뿐만 아니라 B도>, '~하지 않는다면'의 뜻의 접속사인 *unless*가 쓰였다.

5. So, **with** the fall of the Taliban government, how do you think *that women's rights will affect Afghanistan?* … <원인·이유>를 의미하는 전치사 *with*, 술어동사 *affect*의 의미 등에 주의해야 한다.

6. He knows **about** *women's rights* and *the importance of them* because he's raising two teenage daughters. … 전치사 **about**의 목적어가 <*A and B*>로 나열되어 있다.

Nuance '영향을 주다'는 뜻을 가지는 말
①**affect** : 심리학 전문 용어로 '정서·감정'을 뜻하는 경우를 제외하고는 항상 동사로 쓰여 언제나 어떤 반응이나 반작용을 일으킬만한 강력한 자극을 전제로 하며, 목적어가 사람일 때에는 지적·감정적인 효과가 내포되어 있다. ②**effect** : affect와 전혀 관계없는 말이나 곧잘 혼동되는데, 이는 명사로 '결과·효력·감명' 등의 의미로, 복수형으로는 '소유물·소지품'이라는 뜻을 가진다. ③**influence** : 항상 사람이나 사물에 있어서 그 행동이나 성질 등에 변화를 일으키는 원인이 있음을 전제로 한다. ④**touch** : affect와 거의 같은 의미이나 밀접한 접촉이나 충격의 강도가 더 강함을 암시한다. ⑤**move** : 모두의 공감을 불러일으키는 영향을 암시한다. ⑥**impress** : 심적·감정적 영향의 깊이와 영속성을 강조한다. ⑦**strike** : impress 보다 구체적이며, 인상의 정도보다는 반응의 순간적이며 갑작스러움과 날카로움 등을 암시한다. ⑧**sway** : 근본적으로 influence와 같은 뜻이나 무저항·불가항력의 압력이나 지배에 의한 변화를 가져오는 영향이며, 사람을 일정한 방향에서 벗어나게 하는 영향이라는 점에서 influence와 다르다.

번역 그래서 우리는 많은 진전을 보았습니다. 19) 그리고 그 관계가 우리의 임기 이상으로 지속되는 것을 확실히 하기 위해서 더 많은 할 일이 있기 때문에 저는 푸틴 대통령과의 다음 회담을 고대하고 있습니다. 그와 제가 개인적인 관계를 갖는 것은 하나의 사건일 뿐입니다. 핵심적인 것은 우리가 우리 국가 사이에 우리의 임기를 넘어서도 지속될 만큼 충분히 강력한 관계를 확립하는 것입니다. 20) 그것은 중요합니다. 그래서 결국 여러분이 성장하고 여러분의 아이들이 자라게 될 때 소련과 미합중국은 세계를 보다 더 안정시키고 보다 더 평화롭게 만들 수 있는 방법으로 우리가 공동의 위협을 처리할 수 있는 방법으로 협력할 것입니다. 그리고 테러리즘과 악은 우리 모두의 정부에 대한 공동의 위협이며, 우리가 그에 대하여 무엇인가를 하지 않는다면 오늘 그러하듯이 내일도 그럴 것입니다. 그것이 바로 우리가 하고 있는 일입니다.

아, 알겠습니다. 대통령에게 물어보세요. 다른 사람.

질문자: 미합중국의 여성인 우리는 우리가 가지고 있는 모든 권리에 대해 매우 감사하고 있습니다. 그리고 Taliban 정부의 몰락으로 여성의 권리가 아프가니스탄에 영향을 미치는 것에 대하여 어떻게 생각하고 계십니까?

부시 대통령: 제가 무엇을 어떻게 생각해야 하죠?

질문자: 탈레반 정부의 몰락이 여성의 권리에 어떤 영향을 끼칠 것으로 생각하느냐는 것입니다.

부시 대통령: 예, 저는 그 점을 높이 평가합니다. 그에 대해서는 즉시 응답을 해드리죠. 그리고 그 다음에는 푸틴 대통령이 그에 관하여 논하기를 바랍니다. 그는 10대의 두 딸을 키우는 중이기 때문에, 여성의 권리와 그것의 중요성에 대하여 알고 있습니다. 그와 나는 무엇인가를 공동으로 가지고 있습니다.

연구 29
enough의 용법
…enough는 뒤에 수반되는 형태를 기준으로 대명사, 형용사, 부사로 쓰이는데, 정리하면 다음과 같다. 1) 대명사로 쓰이는 경우 ·He earns just **enough** to live on. (earns의 목적어: 그는 단지 먹고살 만큼은 번다.) 2) 형용사로 쓰이는 경우 ·His salary is just **enough** to live. (is의 보어: 그의 봉급은 간신히 살아갈 만한 것이다.) 3) 부사로 쓰이는 경우 ·His income is not big **enough** to support his family. (big을 수식: 그의 수입은 가족을 부양할 수 있을 만큼 많지 못하다.) …enough 뒤에는 꼭 to-부정사가 오는 것은 아니고 enough 혼자 쓰이거나 <for+목적어>만 오는 경우도 흔히 있다. · Is it large **enough**? / · The coffee is hot **enough** for me.

※CD를 듣고 공란에 들어갈 말을 받아쓴 후 본문의 밑줄 친 부분을 번역하고, 하단의 설명을 읽고 해당하는 단어를 본문에서 찾아 써라.

Unit0344

I'll tell you an interesting story, and then I'm going to let him speak about it. First of
제가 여러분에게 재미있는 이야기를 할 예정인데   그 다음에는 푸틴 대통령이 그에 관하여 이야기하도록 하겠습니다   21)
all, there's no question the Taliban / is the most repressive, backward / group of people
/ we have seen on the face of the Earth / ① [inə lɔŋ píəriədəv taim]   , including / and
particularly how they treat women. (Applause)

Unit0345

But President Putin, I think it would be interesting / for him to discuss / the concept of
그렇지만 푸틴 대통령이   논하는 것은 재미있을 것으로 저는 생각됩니다   여성의 권리에 대한 개념과
women's rights / ② [insáirəv rʌʃə]   / and his vision of how / Afghanistan treats / women.
러시아 안에서의   아프가니스탄이 여성을 어떻게 취급하는지에 대한 그의 견해를
But I'll tell you an interesting story.
하지만 여러분에게 제가 재미있는 이야기를 해드리겠습니다

Unit0346

So we are getting ready to have the first press conference / we had together / in
우리는 준비를 하고 있는 중입니다   최초의 기자회견을   우리가 함께 가졌던
Slovenia. And by the way, there was I think a thousand reports there—it seemed
Slovenia에서 아무튼   제 생각에 수천 개의 보고들이 있었습니다   보였습니다
like a thousand. (Laughter) And we were walking in. I said, say, I understand you've
천 개는 되는 것으로   그리고 우리는 걸어 들어가는 중이었습니다   제가 말했죠   저는 알고 있습니다만
got two daughters. He said, yes ; he said, they're teenagers. I said, I've been through
두 따님이 있는 것으로   그는 말하기를 예   그들은 10대들입니다   그에 관해서는 충분히 파악하고 있다고 저는 말했습니다
that myself. (Laughter) I said, who did you name them for? He said, well, we named
저 자신도   그들의 이름은 누구를 따라 지었냐고 저는 물었죠   그는 말하기를   우리는 지었습니다
them for our / mothers, my mother and my mother-in-law. I said, that's interesting—
우리 어머니들의 이름을 따라 그들의 이름을   저희 어머니와 장모님   그것 참 재미있다고 저는 말했죠
that's exactly what Laura and I did, too. ③ [wi néimdàuər gə:rls fər]   / our—my mother
Laura와 저 또한 역시 그와 똑 같이 그랬기에   우리는 아이들의 이름을 지었습니다   우리의   저희 어머니와
and Laura's mom. And I said, gosh, the thing I want / most in life is for those girls to
Laura의 어머니 이름을 따라   그래서 저는 아이고 하며 말했습니다   제 생애에서 가장 원하는 것은   그러한 아이들이
be able to / grow up in a free world and prosper and realize their dreams. He said,
자라나며   자유로운 세계에서   성공하고 그들의 꿈을 실현시킬 수 있는 것이라고   그는 말했습니다
that's exactly what I hope, as well.
자기가 희망하는 것도 또한 바로 그것이라고

Unit0347

There's a lot in common, even though—between our countries, even though it's a
아무튼 공통적인 것이 많습니다   우리 국가들 사이에는   비록 멀리 떨어져 있기는 하지만
long way away. And it all starts with the human / element, the thing that / matters
그리고 그것은 모두 인간적인 요소에서 시작하며   삶에 있어서 가장 중요한 것
most in life, and that is / ④ [auər féiəən auər fǽməliz]   / and our respected loves / as dads
그것은 우리의 신앙이며 가족이며 우리가 간직해야할 사랑입니다   아버지의 사랑과 같은
for our daughters.
우리 아이들에 대한

Unit0348

But anyway, I think it would be appropriate for President Putin to talk about / women
22)
in Russia / and his keen desire, like mine, to free the women of Afghanistan, as well.

Vocabulary Drills ㉑_____   a general idea that usually includes other related idea
㉒_____   power of seeing or imagining, looking ahead, grasping the truth that underlies facts

기능어 발음의 과감한 생략, 숨가쁘게 빠른 속도 속에서 이뤄지는 다양한 음운변화 등으로 흉내내기도 힘든 발음이 쏟아져 나오고 있다. 반복을 거듭하여 듣는 것 외에는 달리 방법이 없다. 그리고 그 소리를 알아들을 수 있을 정도가 되면 빠르기로 유명한 AP News나 CNN 뉴스가 차라리 느리게 느껴질 정도로 수월하게 들릴 것이다.

소리분석 **1.** in a long period of time : 연음

2. inside of Russia : -t/-d의 -r 유음화, 연음

3. We named our girls for : 연음

4. our faiths and our families : 조음점 동화, 자음 뒤 말음의 자음 생략, 연음

구문분석 **1.** First of all, there's no question *the Taliban is the most repressive, backward group of **people** we have seen on the face of the Earth in a long period of time, including and particularly how they treat women.* ··· question 다음에는 명사절을 유도하는 접속사 that이 생략되었고, 그 안에 **people**를 선행사로 하는 관계대명사 who가 생략되었다.

2. But President Putin, I think *it **would** be interesting for him to discuss the concept of women's rights inside of Russia and his vision of how Afghanistan treats women.* ··· think 뒤에 명사절을 이 끄는 that이 생략되고, 가주어 it, 서법조동사 *would*, 의미상의 주어, 진주어인 to-inf.가 오고 있다.

3. †be through: ~을 끝마치다, (시험에) 합격하다, ~에 정통하다(잘 알다). ··· '딸들에 대해서는 나도 잘 안다'는 의미로 쓰였다.

3. I said, I've been through that myself. ··· 이를 포함하는 대화 - Unit0346에 묘출화법이 사용되었다.

4. And I said, gosh, **the thing** I want most in life is for those girls *to be able to grow up* in a free world and *prosper* and *realize* their dreams. ··· **the thing** 다음에 관계대명사 that이 생략되었고, 의미상의 주어, 보어로 쓰인 to-inf.가 오고 있는데, *prosper*와 *realize*는 able to에 이어진다.

6. to free는 앞에 쓰인 명사 *desire*를 후 위 수식하는 형용사적 용법으로 쓰인 것 이다.

5. And it all starts *with the human element*, the thing *that matters most in life*, and that is our faiths and our families and our respected loves as dads for our daughters. ··· <동반>을 의미하는 전치사 with, '중시하다'는 뜻의 술어동사로 쓰인 matters, 관계사로 쓰인 *that*과 지시대명사로 쓰여 the thing 을 가리키는 that 등에 주의해야 한다.

6. But anyway, I think *it **would** be appropriate for President Putin to talk about women in Russia and his keen desire*, like mine, to free the women of Afghanistan, as well. ··· 서법조동사 would, 가 주어 it, 의미상의 주어, 진주어 to-inf., '해방시키다'라는 뜻의 동사로 쓰인 free에 주의해야 한다.

Nuance Drills *Fill in the blanks with a suitable word as given:*

The verb "¹   " implies the producing of an effect strong enough to evoke a reaction. The noun "²   " means the result of this change. To ³   is to affect in such a way to produce a change in action, thought, nature, or behavior. ⁴   and the stronger ⁵   , as considered here, are both applied to the arousing of emotion, sympathy, etc., but **move** also denotes an influencing so as to effect a change. ⁶   is used of that which produces a deep and lasting effect on the mind. ⁷   emphasizes an influencing intended to turn a person from a given course.

(a) influence   (b) sway
(c) impress   (d) affect
(e) touch   (f) effect
(g) move

번역 제가 여러분에게 재미있는 이야기를 할 예정인데 그 다음에는 푸틴 대통령이 그에 관하여 이야기하도록 하겠습니다. 21) 무엇보다 먼저 Taliban은 특히 그들이 여성을 어떻게 취급하는 지를 포함해서 우리가 지구상에서 오랜 기간 동안 보아온 가장 억압적이며 후진적인 사람들의 집단이라는 데에는 의심할 바가 없습니다.
그렇지만 저는 푸틴 대통령이 러시아에서의 여성의 권리에 대한 개념과 아프가니스탄이 여성을 어떻게 취급하는지에 대한 그의 견해를 논하는 것은 재미있을 것으로 생각합니다. 하지만 여러분에게 제가 재미있는 이야기를 해드리겠습니다.
우리는 우리가 함께 Slovenia에서 가졌던 최초의 기자회견을 가질 준비를 하고 중입니다. 아무튼 제 생각에 수천 개의 보고들이 있었는데, 천 개는 되는 것으로 보였습니다. 그리고 우리는 걸어 들어가는 중이었습니다. 푸틴 대통령에게 두 따님이 있는 것으로 저는 알고 있다고 말했죠. 그는 말하기를, 예, 그들은 10대들입니다. 그에 관해서는 저 자신도 충분히 파악하고 있다고 저는 말했습니다. 그들의 이름은 누구를 따라 지었냐고 저는 물었죠. 그는 말하기를 우리는 저희 어머니와 장모님, 우리 어머니들의 이름을 따라 그들의 이름을 지었다고 했습니다. Laura와 저 또한 역시 그와 똑 같이 그랬기에 그것 참 재미있다고 저는 말했죠. 우리는 우리의, 제 어머니와 Laura의 어머니 이름을 따라 아이들의 이름을 지었습니다. 그래서 저는 아이고! 하고 말하며, 제 생애에서 가장 원하는 것은 그 아이들이 자유로운 세계에서 자라나며, 성공하고 그들의 꿈을 실현시킬 수 있는 것이라고 말했습니다. 그는 자신이 희망하는 것도 또한 바로 그것이라고 말했습니다.
아무튼 비록 멀리 떨어져 있기는 하지만 우리 국가들 사이에는 공통적인 것이 많습니다. 그리고 삶에 있어서 가장 중요한 것 그것은 모두 인간적인 요소에서 시작하며, 그것은 우리의 신앙이며 가족이며 우리 아이들에 대한 아버지의 사랑과 같은 우리가 간직해야할 사랑입니다. 22) 어쨌든 푸틴 대통령께서 러시아에서의 여성과 저와 마찬가지로 아프가니스탄의 여성들을 해방시키고자 하는 그의 강렬한 열망을 이야기하는 것은 적절할 것이라고 저는 생각합니다.

Answers for Vocabulary Drills ㉑ concept ㉒ vision

※CD를 듣고 공란에 들어갈 말을 받아쓴 후 본문의 밑줄 친 부분을 번역하고, 하단의 설명을 읽고 해당하는 단어를 본문에서 찾아 써라.

President Putin : I do agree with the President that, indeed, ① [sʌʃə prábrəm dəzigzíst] _____ / in the world.
Unit0349 저는 부시 대통령과 의견이 일치하였습니다   정말 그런 문제가 존재한다는 사실에   세상에

And in Afghanistan / this phenomenon / has taken an extreme form, and the disrespect
그리고 아프가니스탄에는 이러한 현상이   극단적인 형태로 나타나고 있으며   인간의 권리에 대한 경시가

of human rights / has acquired / extreme dimensions. Overall, women / in Afghanistan /
극단적인 수준에까지 이르렀습니다   전반적으로 아프가니스탄의 여성들은

are basically not treated as people.
기본적으로 사람으로 대우받지 못하고 있습니다

Unit0350 And the testimony / of the people's attitude towards / this problem, this issue / in
그리고 이 문제에 대한 사람들의 태도를 드러내는 증거가   이 문제

Afghanistan / ② [izín ðə líbərèiti déəriəz] _____ / people burn their veils, or as they're called,
아프가니스탄에서의 해방된 지역에 존재합니다   사람들이 베일을 불태우는   소위

chadors. This is / the testimony of the attitude of the people to this in Afghanistan.
차도르들   이것이 사람들의 태도를 드러내는 증거입니다   아프가니스탄에서의 이 문제에 대한

Unit0351 ③ [imménikʌntri zəvðə wə:rld] _____ , especially in the poor countries, this problem / exists
세계의 많은 나라   특히 빈곤한 나라들에   이러한 문제가 존재하고

and has acquired quite dramatic / dimensions. To overcome this, one needs / to develop
매우 극적인 차원에까지 다달해 있습니다   이를 극복하기 위해   사람들은 개발할 필요가 있습니다

specific / gender-oriented programs / that would include, primarily and first of all,
구체적인 성 중심적 계획들을   무엇보다도 우선해서 포함하는

questions related to proper education for women. And I would like to reiterate, there
여성들을 위한 적절한 교육과 관련된 문제들을   23)

are many programs / and many people devoted to implementing / such specific, special

activities / for the benefit of women.

Unit0352 And we should not / allow any atrocities / or violations of human rights / to happen. But
그리고 우리는 허용해서는 안됩니다   어떤 잔학 행위나 인간의 권리에 대한 침해가   일어나도록

what we should avoid / in the course of the implementation of such programs, and as
그러나 우리가 피해야 할 것은   그러한 계획을 실행하는 과정에 있어서

an end result / of their implementation, is that a lady would turn into a man.
그러한 실행의 최종적인 결과로   여성을 남성으로 변화시키는 것입니다

(Laughter and Applause)

Q : —I'm a senior. ④ [ætði énəv ðə wɔ:] _____ , do you foresee the United States and Russia
Unit0353 저는 3학년입니다   24)

being involved / in the new implementation of a government / in Afghanistan?

Vocabulary Drills   ㉓ _____ *feeling about or toward somebody or something*
                   ㉔ _____ *a fact, event, or image that strikes one's attention and attracts interest*

대화 Unit0349~0352는 푸틴 대통령 영어 통역사가 가능한 한 휴지를 지켜가며 매우 또박또박하게 발음을 하는 까닭에 어디에 휴지점(pausing point)을 두어야 하는가에 대한 연습 자료가 될 정도이다. 각 휴지점이 오는 이유를 음미해볼 수 있는 기회가 되길 바란다.

2. 그러나 미국식으로 빠르게 소리나면 [izínə líbərèiri réəriəz]으로까지 발음된다.

4. 대화 Unit0353 앞에 자신의 이름을 밝히는 소리가 들리는데, 분명치 않다.

1. taken은 appeared의 뜻으로 쓰였다.

2. 주어는 the testimony가 되며, this issue는 this problem를 반복해서 말하는 것에 불과하다.

4. questions를 후위 수식하는 과거분사가 사용되었다.

6. †in the course of: ~하는 과정(도중)에 / turn into: ~으로 변하다.

7. ⟨O+OC⟩가 Nexus 관계이다.

소리분석 *1.* such a problem / does exist : 연음

2. is in the liberated areas : 연음

3. In many countries of the world : 연음, 비음화[n + m → m]

4. And at the end of the war : 조음점 동화[t + ð → ð], 자음 뒤 말음의 자음 생략, 연음

구문분석 *1.* And in Afghanistan this phenomenon *has taken* an extreme form, and the disrespect of human rights *has acquired* extreme dimensions. ··· acquired는 '획득하다(found)'의 뜻으로 쓰였다.

2. And **the testimony** of the people's attitude towards this problem, this issue in Afghanistan *is in the liberated areas people burn their veils, or as they're called*, chadors. ··· is가 exist의 뜻으로 쓰였으며, areas를 선행사로 하는 관계절이 왔는데, 관계대명사 which가 생략되었다.

3. *In many countries of the world, especially in the poor countries*, this problem *exists and has acquired* quite dramatic dimensions. ··· exists에 대한 부사구가 강조되면서 문두로 도치되었다.

4. To overcome this, one needs to develop **specific gender-oriented programs** that would include, *primarily and first of all,* **questions** *related to proper education for women.* ··· 불특정의 사람을 가리키는 부정대명사 one, **programs**을 선행사로 하는 관계절 등이 쓰였다.

5. And I would like to reiterate, there are **many programs and many people** *devoted to implementing such specific, special activities for the benefit of women.* ··· 주어인 **programs**과 **people**을 후위 수식하는 과거분사가 오고, implement는 '이행(실행·실시)하다'는 뜻의 동사로 쓰였다.

6. But *what we should avoid in the course of the implementation of such programs, and as an end result of their implementation,* is that a lady would turn into a man. ··· what-관계절이 S로, ⟨의무⟩를 뜻하는 조동사 should가 오고, that-명사절이 보어로 쓰였다.

7. At the end of the war, do you foresee the United States and Russia *being involved in the new implementation of a government in Afghanistan?* ··· OC로 현재분사가 왔다.

Nuance '증거'의 뜻을 가지는 말

① evidence : 정신적·지적인 것에 주로 사용하는 일반적인 말로, 사물의 진실·결론·관단·주장 등에 대하여 사람의 지각으로 판단할 수 있는 형식으로 제시되고, 명료하게 증명할 수 있는 것을 의미한다. proof 보다는 품위가 있으며, testimony 보다 믿을 수 있는 직접적인 근거가 있는 것이나 testimony와 종종 혼용된다. ② proof : 의문의 여지 없이 입증하여 남을 납득시킬 수 있는 evidence를 가리킨다. evidence 보다 적극적·직접적이며 강한 의미를 가져 evidence의 결과로 proof가 형성되며, 사실의 결론을 구성하게 된다. ③ testimony : 보통 법률 용어로 증인(witness)이 선서(oath)를 하고 제시하는 evidence를 말한다. ④ witness : 주로 '증인·목격자'라는 의미로 쓰인다. ⑤ exhibit : 법정에 제출하는 '증거품(물)'이라는 의미의 법률 용어이다. ⑥ demonstrate : 구체적인 형식으로 표시된 증거나 정확을 의미한다.

번역 **푸틴 대통령** : 저는 세상에 정말 그런 문제가 존재한다는 사실에 부시 대통령과 의견이 일치하였습니다. 그리고 아프가니스탄에는 이러한 현상이 극단적인 형태로 나타나고 있으며 인간의 권리에 대한 경시가 극단적인 수준에까지 이르렀습니다. 전반적으로 아프가니스탄의 여성들은 기본적으로 사람으로 대우받지 못하고 있습니다.

그리고 아프가니스탄에서의 이 문제, 이 문제에 대한 국민들의 태도를 드러내는 증거가 사람들이 베일, 즉 소위 차도르를 불태우는 해방된 지역에 존재합니다. 이것이 아프가니스탄에서의 이 문제에 대한 사람들의 태도를 드러내는 증거입니다.

세계의 많은 나라, 특히 빈곤한 나라들에 이러한 문제가 존재하고 매우 극적인 차원에까지 도달해 있습니다. 이를 극복하기 위해 사람들은 무엇보다도 우선해서 여성들을 위한 적절한 교육과 관련된 문제들을 포함하는 구체적인 성 중심적 계획들을 개발할 필요가 있습니다. 23) 그리고 저는 그곳에는 여성의 권익을 위한 그와 같은 명확하고 특별한 활동을 실시하는 데 헌신해온 많은 계획들과 많은 사람들이 있음을 반복하여 말하고 싶습니다.

그리고 우리는 어떤 잔학 행위나 인간의 권리에 대한 침해가 일어나도록 허용해서는 안됩니다. 그러나 그러한 계획을 실행하는 과정에서 그리고 그러한 실행의 최종적인 결과로서 우리가 피해야 할 것은 여성이 남성으로 변화하는 것입니다.

질문자 : 저는 3학년입니다. 24) 전쟁이 끝나면 미합중국과 러시아가 아프가니스탄에서 어떤 정부의 새로운 성립에 관여할 것으로 대통령께서는 예측하십니까?

연구 30

부정대명사 one의 용법(1)

··· 대명사의 일종으로 this나 that, it(= the + 특정의 명사)처럼 특정의 사람이나 물건을 가리키는 것이 아니라 수(數)나 양(量)이 막연한 일반의 사람이나 사물을 가리켜 ⟨a + 단수명사⟩를 대신하는 one은 ① 본래 수식인 까닭에 물질명사나 추상명사를 대신할 수 없고, ② ones는 형용사가 있을 때만 사용할 수 있으며, ③ 소유격이나 소유격 + own 다음에는 사용할 수 없고, ④ 기수사·서수사 다음에는 사용할 수 없으며, ⑤ 두 개의 형용사가 대조적으로 사용될 때는 쓸 수 없고, ⑥ 최상급의 형용사, the + 비교급 뒤에 쓸 수 없다는 등의 제한이 있다.

········ 연구 36 에 계속(p.243)

통번역학 이론과 실제

※CD를 듣고 공란에 들어갈 말을 받아쓴 후 본문의 밑줄 친 부분을 번역하고, 하단의 설명을 읽고 해당하는 단어를 본문에서 찾아 써라.

President Bush : I do. I think ─ and it started yesterday, ① [immài hausin krɔ́:fɔ:]＿＿＿＿＿＿, where the
저는 그렇게 예측합니다 제가 생각건대, 그것은 어제 시작하였습니다 Crawford에 있는 저의 집에서   그곳에서
President / and I had a very long discussion about how to make sure that the / post-
푸틴 대통령과 저는 매우 오랫동안 토론을 하였습니다   확실히 하는 방법에 관하여
Taliban Afghanistan / accomplish some certain objectives : one, that it be a peaceful
탈레반 이후의 아프가니스탄 정권이 어떤 목표들을 성취하는 것을   첫째 그 정권은 평화로운 이웃이어야 한다는 것
neighbor to everybody in the region ; secondly, that it never harbor and / serve as a
그 지역 모든 나라들에   둘째   그것은 결코 숨겨주는 것이 되거나 제공하는 것이 될 수 없다는 것
training ground for terrorism again ; and, third, that it be a country / that doesn't
또 다시 테러행위를 위한 훈련장을   그리고 셋째   그것은 나라가 되어야 한다는 것
export drugs.
마약을 수출하지 않는

I don't know if you know this or not, but the Taliban government / and al Qaeda ─
25)
the evil ones ─ use heroin trafficking in order to fund / their murder. And one of our
그리고 하나는
objectives is to make sure that Afghanistan / is never / used for that purpose again.
우리 목적들 중의   확실히 하는 것입니다   아프가니스탄이 결코 이용되지 않도록   다시 그러한 목적에

② [ǽnsou wihǽrə lɔ:ŋ diskʌ́ʃənəbàut]＿＿＿＿＿＿ / a post-Taliban Afghanistan. The President
그래서 우리는 오랜 토론을 하였습니다   탈레반 이후의 아프가니스탄에 관하여   26)
understands, like I do, that any government, in order for it to achieve its objectives,
must represent / all the interests / in Afghanistan ─ not only the Northern Alliance,
which has been very effective / ③ [fáirəsɔ:nðə gráun]＿＿＿＿＿＿, but also the Pashtun tribes,
which are generally in the southern part of the country. And we are working to figure
그리고 우리는 일하고 있는 중입니다
out a strategy / to make sure that that happens.
전략을 해결하기 위해   확실히 그런 일이 일어나도록 하기 위한

There's three phases to this battle in Afghanistan. One / ④ [izbríŋiŋ alkáedarə ʤʌ́stis]＿＿
아프가니스탄에서의 이러한 전쟁에는 3개의 단계가 있습니다   하나는 al Qaeda를 정의의 심판대에 데려오는 것으로
─ and we will not stop / until we do that, that's what people need to know.
우리는 멈추지 않을 것이며   우리가 그럴 수 있기 전까지는   그것은 사람들이 알 필요가 있는 것입니다
(Applause) Secondly, is to make sure that the good hearts / of the American people
둘째는   확실히 하는 것입니다   선량한 양심이   미국의 국민들과
and the Russian people, and people all over the world, are affected. By that I mean /
러시아의 국민들   그리고 전 세계의 사람들의   감동을 받는 것을   그럼으로 해서 저는
that we get the aid to the starving folks / in Afghanistan.
우리는 도움을 줄 작정입니다   굶주리는 사람들에게   아프가니스탄의

Vocabulary Drills ㉕ ＿＿＿＿＿ *a group of countries (political parties, people, etc.) joined for a purpose*
㉖ ＿＿＿＿＿ *the person next to another person ; a country sharing a border with another person*

226 | 제3편 통·번역학 실제연습

소리분석 **1.** in my house in Crawford : 비음화, 연음, 자음 뒤 말음의 자음 생략

2. And so we had a long discussion about : 자음 뒤 말음의 자음 생략, -t/-d의 -r유음화, 연음

3. fighters on the ground : -t/-d의 -r유음화, 연음, 자음 뒤 말음의 자음 생략

4. is bringing al Qaeda to justice : -t/-d의 -r유음화

구문분석 **1.** I think — and it started yesterday, *in my house in Crawford*, *where the President and I had a very long discussion about how to make sure that the post-Taliban Afghanistan accomplish some certain objectives* : one, *that* it *be* a peaceful neighbor to everybody in the region ; secondly, *that* it never *harbor* and *serve* as a training ground for terrorism again ; and, third, *that* it *be* a country that doesn't export drugs. ··· *my house*를 선행사로 하는 *where*-관계절이 오고, colon(:) 이하는 *objectives*의 구체적인 내용들이 나열되는 긴 문장으로 <내리번역>을 해야 한다.

2. I don't know if you know this or not, but the Taliban government and al Qaeda — the evil ones — use heroin trafficking *in order to* fund their murder. ··· <목적>을 뜻하는 to-inf.가 쓰였다.

3. The President understands, like I do, that any government, *in order for it to achieve* its objectives, must represent all the interests in Afghanistan — *not only* the Northern Alliance, *which has been very effective fighters on the ground*, *but also* the Pashtun tribes, *which are generally in the southern part of the country*. ··· <not only A but also B : A뿐만 아니라 B도 역시>, 부사적 용법(목적)의 to-inf., 의미상의 주어, 계속적 용법의 which-관계절이 쓰였다.

4. One is bringing al Qaeda to justice — and we will not stop until we do that₁, that₂'s *what people need to know.* ··· that₁~₂는 dash(—) 앞의 내용을 가리키는 대명사이며, what-관계절이 C로 쓰였다.

5. Secondly, is to *make sure* that *the good hearts* of the American people and the Russian people, and people all over the world, are affected. ··· that-절의 주어는 *hearts*이다.

---

1. colon(:) 이하에서 술어동사로 be를 비롯한 원형동사가 사용된 까닭은 앞에 사용된 make sure에 이어지는 that-절로, <주장·명령·요구·제안·소망의 술어동사+that-절>의 경우, 그 내용이 사실적이지 않기 때문에 보통 should를 생략하고 동사원형만을 쓰기 때문이다. 그러나 아래 *5*의 경우에는 같은 make sure에 이어지는 that-절이 오면서 are affected로 술어동사를 나타내어 그것이 '의무적'인 사항이 아님을 암시하고 있다.

2. '(불법적인) 거래를 하다'는 의미의 동사로 쓰인 traffic은 과거나 진행형이 되면 trafficked, trafficking으로 'k'를 더해 표기한다. ex) picnic — picnicked — picnicking

5. are affected가 술어동사이다.

번역 **부시 대통령** : 저는 그렇게 예측합니다. 제가 생각하건대, Crawford에 있는 저의 집에서 그것은 어제 시작하였습니다. 그곳에서 푸틴 대통령과 저는 탈레반 이후의 아프가니스탄이 어떤 목표들을 성취하는 것을 확실히 하는 방법에 관하여 매우 오랫동안 토론을 하였습니다. 첫째, 그 나라는 그 지역 모든 나라들에 평화로운 이웃이어야 한다는 것. 둘째, 그것은 결코 또 다시 테러행위를 위한 훈련장을 제공하거나 훈련장의 역할을 해서는 안된다는 것. 그리고 셋째, 그것은 마약을 수출하지 않는 나라가 되어야 한다는 것.

25) 저는 여러분이 이것을 알고 있는 지 모르는 지 모르지만, 탈레반 정부와 al Qaeda, 그 악당들은 살인을 위한 자금을 조성하기 위해 마약거래를 이용합니다. 그리고 우리 목적들 중의 하나는 아프가니스탄이 결코 다시는 그러한 목적에 이용되지 않도록 확실히 하는 것입니다.

그래서 우리는 아프가니스탄의 탈레반 이후에 대하여 오랜 토론을 하였습니다. 26) 푸틴 대통령은 저와 마찬가지로 어떤 정부도 그 목적을 달성하기 위하여 북부 지역에서 매우 효과적인 전사였던 북부 동맹뿐만 아니라 그 나라의 남부지방의 지배 종족인 Pashtun족까지 아프가니스탄에서의 모든 이해 세력들을 대표해야만 한다는 것을 알고 있습니다. 그리고 우리는 그런 일이 확실히 일어나도록 하기 위한 전략을 구상하기 위해 일하고 있는 중입니다.

아프가니스탄에서의 이러한 전쟁에는 3개의 단계가 있습니다. 하나는 al Qaeda를 정의의 심판대에 데려오는 것으로, 우리가 그럴 수 있기 전까지 우리는 멈추지 않을 것이며, 그것은 사람들이 알 필요가 있는 것입니다. 둘째는 미국의 국민들과 러시아의 국민들 그리고 전 세계의 사람들의 선량한 양심이 확실하게 감동을 받도록 하는 것입니다. 그럼으로 해서 우리는 아프가니스탄의 굶주리는 사람들에게 도움을 줄 작정입니다.

연구 31
내리번역
··· 내리 번역이란, 마침표까지의 하나의 문장이지만, 그 호흡의 길이가 상당히 긴 까닭에 보통의 경우처럼 번역을 하면 그 옮겨진 우리말 문장의 길이도 너무 길어지고 복잡해져 의미파악이 관련해지기 쉬운 경우에 하는 번역이다. 즉, 영어 원문을 살펴보아 의미부를 중심으로 적절한 곳에서 끊어가며 앞에서부터 몇 개의 문장으로 나눠 번역해내는 것이다. 이때 끊는 위치의 기준은 다분히 번역자의 주관에 따르게 되는데, 대체적으로 접속사나 comma(,)를 중심으로 끊게 된다.

Nuance Drills *Fill in the blanks with a suitable word as given* :

1. _____, as compared here, applies to facts, documents, etc. that are so certain or convincing as to demonstrate the validity of a conclusion beyond reasonable doubt. 2. _____ applies to something presented before a court, as a witness's statement, an object, etc., which bears on or establishes a fact. 3. _____ applies to verbal evidence given by a witness under oath. 4. _____ applies to a document or object produced as evidence in a court.

(a) exhibit (b) proof
(c) testimony (d) evidence

※CD를 듣고 공란에 들어갈 말을 받아쓴 후 본문의 밑줄 친 부분을 번역하고, 하단의 설명을 읽고 해당하는 단어를 본문에서 찾아 써라.

 Unit0358

By the way, they were starving / prior to September the 11th, because of the Taliban
그런데   그들은 굶주리고 있는 중이었습니다   9.11 테러사건 이전에도   탈레반 정권의 태만 때문에
government's neglect. And we're doing everything we can to make sure we get food /
그리고 우리는 모든 것을 하고 있는 중입니다 우리가 확실히 하기 위해   식량과
and medicine / into the regions. Part of the problem has been the Taliban. They've
의약품을 그 지역에 공급하는 것을   문제의 일부는 탈레반에 있습니다
been stopping the shipments of food, believe it or not. It won't surprise the
그들은 식량의 수송을 막아왔습니다   믿기 어려운 말이지만   그것이 놀라게 하지는 못할 것입니다
President, because he understands how evil they are. We're just learning how evil
그를   푸틴 대통령은 그들이 얼마나 나쁜지 알고 있기 때문에   우리는 지금 배우고 있는 중입니다
they are in America.
그들이 미국에서 얼마나 못된 짓을 했는지를

 Unit0359

The other problem is to make sure that / the distribution lines are now / open, so that
다른 문제는 확실히 하는 것입니다   배급선을 즉시 확보하는 것을
we can get food / not only from / places like Mazar-e-Sharif, that we have now
Mazar-e-Sharif와 같은 지역뿐만 아니라   우리가 근래에 해방시킨
liberated, but from there into / the remote regions of northern Afghanistan, in
북부 아프가니스탄과 같은 외딴 지역에까지 음식물을 공급하기 위하여
particular. It's important that we do that. And so we're working hard to make sure
특히   우리가 그렇게 하는 것은 중요합니다   그래서   우리는 확실히 하기 위해 일하고 있는 중입니다
that / we accomplish that mission.
그러한 작전의 완수를

 Unit0360

And the third objective / is to make sure that / after we leave / that there is a stable
그리고 세 번째 목표는 확실히 하는 것입니다   우리가 떠난 후에도   그곳에 안정적인
government. As part of the way / we built our coalition / was to assure / Russia—who
정부가 존재하는 것을   우리가 우리의 연합을 구축했던 방침의 일부는   납득시키는 것이었기 때문입니다 러시아와
has got a particular interest / in this part of the world—and other countries / that we
특별한 이해관계를 가지고 있는   세계의 이 지역에   그리고 다른 나라들에게
weren't just going to come and achieve a military objective and disappear. ① [wiər
우리가   군사적인 목표를 달성하지 않고는   떠나가지 않을 것이라는 점을 27)
gənə kʌ́m] / achieve a military objective, ② [bəró:lsou héup ðis kʌ́ntri bikʌ́mə] /

reasonable partner / in the world, a country that's able to foster / peace and prosperity

for its citizens. And that's an important part of this campaign. It's important.
그리고 그것은 이 전쟁에서 중요한 부분입니다   그것은 중요합니다

 **Unit0361**

It's also important that / we stay the course and be strong, because the stronger we
28)
are / as a coalition, the stronger we are in achieving our objective, it is less likely

somebody else is going to try to harbor a terrorist. Our objective / is not just al
우리의 목표는 아닙니다
Qaeda / and Afghanistan. Our objective / ③ [iztə rúrau térərizəm] / ④ [ʍwɛərévər itmèi háid] ,
오직 al Qaeda와 아프가니스탄이   우리의 목표는 테러행위를 근절하는 것입니다   그것이 어디에 숨어있든
wherever it may exist, so the world can be more free. And that's a common
그것이 어디에 존재하든   세상이 좀더 자유로울 수 있도록   그리고 그것이 공통된 목표입니다
objective / of the President and mine. (Applause)
푸틴 대통령과 저 자신의

Vocabulary Drills ㉗ _____ the purpose of the business that a person or organization conducts
㉘ _____ a person who joins together with one or more people for a common purpose

1. going to → [gənə],
go to → [gourə],
got to → [gara],
had to → [hærə],
has to → [hæstə],
have to → [hæftə],
ought to → [ɔːrə] 등의 <동사 +
to> 형태의 축약은 별도로 정리
해두고 암기해두어야 한다.

1. †**by the way** : 1)도중에, 2)말이 난
김에, 3)그런데 / **prior to** : ~보다 앞
서, 먼저, 앞서

3. <이유>를 나타내는 접속사 as에 의한,
기본적으로 <S+V+C> 구조인 종속
절만 있는 혼합문이 동시에 불완전한 문
장으로, 주절은 앞 문장이 된다. '일부의
뜻으로 쓰인 part1, 주부(subjective
part)를 이루는 the way를 선행사로
하는 관계절, <A and B> 형식으로 뮤
인 assure에 대한 IO와 DO로 쓰인
that-절, '부분'의 뜻으로 쓰인 part2 등
에 주의해야 한다.

4. go, come, run, send, try 등의 다음
에 to-inf.가 올 경우, 전치사 to가 생략
되는 일이 보통이다. ex) Come see
me.(Come and see me.=Come to
see me.)

6. †**root out** : (식물·사상 등을) 뿌리뽑
다, 근절하다.

Nuance '목적'의 뜻을 가지는 말
①**object** : 노력·행위·감정 등을 기울이는 대
상으로서 눈앞의 구체적인 목적·목표이다. 즉, 사
람의 모든 행위에는 무엇인가 object가 있게 마
련이다. ②**aim** : 심적이며 고상한 목적을 의미
한다. 즉, '행복은 모든 사람의 aim이다'는 식으
로 표현한다. ③**end** : aim과 거의 같은 의미이
나, 수단(mean)과 대조적인 의미를 가지며, 뚜
렷하고 계획적인 수단으로 달성하는 궁극적인 목
적을 의미한다. ④**objective** : 달성 가능한 구
체적인 목적으로 격식을 갖춘 말이다. ⑤
intention : 머리 속으로 계획하고 있는 목적으
로 그 결과·효과까지 미리 생각하고 있는 경우가
많으며, '의지·의도'라는 의미로 더 자주 쓰인다.
⑥**purpose** : 일반적인 말로, 종종 aim과 같은
의미로 사용되지만, aim에 도달하려는 마음의 작
용을 가리키는 말이다. 따라서 지적이라기보다는
심정적인 것으로, 마음 속으로 달성하려고 굳게
결심하고 있는 목적으로, '교수가 될 aim을 가지
고 대학에 들어간다. 대학에 들어갈 purpose로
열심히 공부한다'는 식으로 말한다. ⑦**goal** : 노
력의 종착점으로서의 목적으로 시적인 말이다.
⑧**intent** : 법률적·시적 용어로서의 목적

소리분석) *1.* We were going to **come** : going to의 축약

2. but also help this country become a : -t / -d 의 -r 유음화, 설측음의 dark 'l', 연음

3. is to root out terrorism : -t / -d 의 -r 유음화, 겹자음의 발음 생략

4. wherever it may hide : wherever의 강세에 주의해야 한다.

구문분석) *1.* *By the way*, they ***were starving*** *prior to* September the 11th, because of the Taliban government's neglect. … 제1형식 문장으로 과거진행형이 쓰이고 있다.

2. The other problem is *to make sure that the distribution lines are now open*, ***so that*** we ***can*** get food ***not only*** from places like Mazar-e-Sharif, *that we have now liberated*, ***but*** from there into the remote regions of northern Afghanistan, in particular. … C로 쓰인 to-inf., to-inf.의 O로 쓰인 that-절, 부사절로 <목적>을 뜻하는 <so that~can>, <not only A but (also) B>, that-관계절 등이 왔다.

3. As part₁ of the way *we built our coalition* was to assure ***Russia*** — *who has got a particular interest in this* part₂ *of the world* — ***and other countries*** *that we weren't just going to come and achieve a military objective and disappear.* … 종속절만 있는 불완전문으로, 주절은 앞 문장이 된다.

4. We were going to *come achieve* a military objective, ***but also*** help this country become a reasonable ***partner*** in the world, ***a country*** *that's able to foster peace and prosperity for its citizens.* … ***partner***에 대한 동격어로 쓰인 ***a country***를 선행사로 하는 관계절, 사역동사 help가 왔다.

5. *It*'s also important *that* we ***stay*** the course and ***be*** strong, because *the stronger* we are as a coalition, *the stronger* we are in achieving our objective, it is less likely somebody else is going to try to harbor a terrorist. … 가주어 it, 진주어 that-절, <the 비교급 S' + V', the 비교급 S + V>의 점증비교법 등이 쓰였으며, harbor는 동사로 '(죄인 등을) 숨겨주다'는 뜻으로 쓰였다.

6. Our objective is to root out terrorism ***wherever*** it may hide, ***wherever*** it may exist, ***so*** the world ***can*** be more free. … <so that~can> 부사절<목적>, <양보>의 관계부사절 등이 쓰였다.

번역 그런데 그들은 탈레반 정권의 태만 때문에 9.11 테러사건 이전에도 굶주리고 있는 중이었습니다. 그리고 우리는 식량과 의약품을 그 지역에 공급하는 것을 확실히 하기 위해 우리가 할 수 있는 모든 것을 하고 있는 중입니다. 문제의 일부는 탈레반이었습니다. 믿기 어려운 말이지만 그들은 식량의 수송을 막아왔습니다. 푸틴 대통령은 그들이 얼마나 나쁜지 알고 있기 때문에 그것이 그를 놀라게 하지는 못할 것입니다. 우리는 지금 그들이 미국에서 얼마나 못된 짓을 했는지를 배우고 있는 중입니다.

다른 문제는 우리가 근래에 해방시킨 Mazar-e-Sharif와 같은 지역뿐만 아니라 특히 북부 아프가니스탄과 같은 외딴 지역에까지 음식물을 공급하기 위하여 배급선을 즉시 확보하는 것을 확실히 하는 것입니다. 우리가 그렇게 하는 것은 중요합니다. 그래서 우리는 그러한 작전의 완수를 확실히 하기 위해 일하고 있는 중입니다.

그리고 세 번째 목표는 우리가 떠난 후에도 그곳에 안정적인 정부가 존재하는 것을 확실히 하는 것입니다. 우리가 우리의 연합을 구축했던 방침의 일부는 세계의 이 지역에 특별한 이해관계를 가지고 있는 러시아와 다른 나라들에게 우리가 군사적인 목표를 달성하지 않고는 떠나지 않을 것이라는 점을 납득시키는 것이었기 때문입니다. 27) 우리는 군사적인 목표를 달성할 예정이었을 뿐만 아니라 이 나라로 하여금 세상에서 적당한 협력국, 즉 그 국민을 위해 평화와 번영을 장려할 수 있는 나라가 되도록 도울 작정이었습니다. 그리고 그것은 이 전쟁에서 중요한 부분입니다. 그것은 중요합니다. 28) 우리가 하나의 연합으로써 강력할수록 우리가 우리의 목표를 더 강력하게 달성할 수 있기 때문에 그것이 누구라도 테러리스트를 숨겨주려는 가능성을 줄여줄 수 있기 때문에 우리가 그러한 방향을 유지하고 강력해야 하는 것 또한 중요합니다. 오직 al Qaeda와 아프가니스탄만이 우리의 목표는 아닙니다. 우리의 목표는 세상이 좀더 자유로울 수 있도록 그것이 어디에 숨어있든 그것이 어디에 존재하든 테러행위를 근절하는 것입니다. 그리고 그것이 푸틴 대통령과 저 자신의 공통된 목표입니다.

Answers for Vocabulary Drills ㉗ mission ㉘ partner

※ CD를 듣고 공란에 들어갈 말을 받아쓴 후 본문의 밑줄 친 부분을 번역하고, 하단의 설명을 읽고 해당하는 단어를 본문에서 찾아 써라.

Unit0362 You've got a question for the President? We just call him "Red." (Laughter)
여러분, 대통령에게 할 질문이 있습니까?   우리는 그를 그저 "Red"라고 부릅시다

Q : My name is Danny White and I'm a senior.
제 이름은 Danny White이며, 3학년입니다

President Bush : Danny White or Danny Red? (Laughter)
Danny White 아니면 Danny Red?

Q : Danny White.
Danny White

President Bush : Oh, Danny White.
오, Danny White

Q : You say that we've reached an agreement / to declare to reduce our nuclear weapons.
Unit0363 대통령께서는 우리가 합의에 도달했다고 말씀하셨습니다   우리의 핵무기 감축을 선언하기 위한
In reducing our nuclear weapons, are we talking about de-alerting them / and taking
우리의 핵무기를 감축하는데 있어서   우리는 얘기하고 있는 중입니까?   그것들을 대기시키지 않고
them off of alert status? Or are we actually talking about taking apart the warheads /
경계 상태를 해제하는 것에 관하여   아니면 실은 우리가 얘기하고 있는 중입니까?   핵탄두를 분해하고
and destroying the weapon?
그 무기들을 파괴하는 것에 관하여

President Bush : We are talking about / reducing and destroying the number of warheads to get down /
Unit0364 29)
to specific levels, from significant higher levels today / to significantly lower levels
tomorrow. And, as well, most of our weapons are de-alerted.①   .
              그리고 또한   우리 대부분의 무기들은 대기하지 않고 있습니다   그것들은 경계상태에 있지 않습니다
However, it doesn't take them long to fire up,②   . Our mission is to
그러나   그것들을 점화시키는 데에는 시간이 오래 걸리지 않습니다   만약 우리가 필요하다면   우리의 계획은
make sure /③   .④   /
확실히 하는 것입니다 우리가 서로에게 더 이상 그럴 필요가 없도록   30)
that in order to keep the peace, we've got to destroy each other. That's an old way
                                                            그것은 구식의 생각입니다
of thinking. Now we're working together / to figure out ways / to address the new
              오늘날 우리는 함께 일하고 있습니다   길을 찾아내기 위하여   새로운 위협을 처리하기 위한
threats of the 21st century.
          21세기의

I would like for the President to address that, as well.
저는 그에 관해서도 푸틴 대통령의 말씀을 듣고 싶습니다

Vocabulary Drills ㉙ _____ *arrangement or understanding made by two or more persons, groups, business companies, governments, etc.*
㉚ _____ *an idea or belief, especially one that is unclear or unreasonable*

🔊 **소리분석** *1.* They're not on alert : -t/-d의 -r유음화, 연음

2. if we need them : 연음, 조음점 동화

3. we never need them on each other : 조음점 동화, 연음

4. We need to get beyond the notion : 조음점 동화

💡 **구문분석** *1. In reducing* our nuclear weapons, *are* we *talking* about de-alerting them *and taking* them off of alert status? … <in + 동명사 : ~함에 있어서>, 현재진행형이 쓰이고 있다.

2. Or *are* we actually *talking* about *taking* apart the warheads and *destroying* the weapon? … 3개의 -ing 형태가 오는데, *talking*만 술어동사이고 나머지는 모두 전치사 about의 목적어로 쓰였다.

3. We *are talking* about *reducing* and *destroying* the number of warheads to get down to specific levels, from significant higher levels today to significantly lower levels tomorrow. … 전치사의 목적어로 쓰인 동명사, 단수의 술어동사로 받는 <the number of + 복수명사> 등이 쓰였다.

4. Now we're working together *to figure out* ways *to address* the new threats of the 21st century. … to address는 '(문제 등을) 처리하다, 다루다'는 뜻의 to-inf.로 앞의 명사를 후위 수식, to figure out은 '해결하기 위하여'라는 의미의 <목적>을 뜻하는 부사적 용법의 to-inf.이다.

1. †talk about : ~에 관하여 이야기하다./ take off : (모자·구두 등을) 벗다, 제거하다, 떼어내다.

2. †take apart : 분해(분석)하다.

3. †get down : (비율 등을) 낮추다, (말·나무·기차에서) 내리다./ from A to B : A에서 B까지/ <a number of + 복수명사>는 복수동사로 받는다.

번역 여러분, 대통령에게 할 질문이 있습니까? 우리는 그를 그저 "Red"라고 부릅시다.

질문자 : 제 이름은 Danny White이며, 4학년입니다.

부시 대통령 : Danny White 아니면 Danny Red?

질문자 : Danny White.

부시 대통령 : 오, Danny White.

질문자 : 대통령께서는 우리가 우리의 핵무기 감축을 선언하기 위한 합의에 도달했다고 말씀하셨습니다. 우리의 핵무기를 감축하는데 있어서 우리는 그것들을 대기시키지 않고 경계 상태를 해제하는 것에 관하여 얘기하고 있는 중입니까? 아니면 실은 우리가 핵탄두를 분해하고 그 무기들을 파괴하는 것에 관하여 얘기하고 있는 중입니까?

부시 대통령 : 29) 핵탄두의 수를 특정한 수준으로까지 즉, 오늘날의 심각하게 높은 수준으로부터 장래에는 상당히 낮은 수준으로까지 낮추기 위하여 핵탄두를 줄여 감축하고 파괴하는 것에 관하여 우리는 얘기하고 있는 중입니다. 그리고 또한 우리 대부분의 무기들은 대기하지 않고 있습니다. 그것들은 경계상태에 있지 않습니다. 그러나 만약 우리가 필요하다면 그것들을 점화시키는 데에는 시간이 오래 걸리지 않습니다. 우리의 계획은 우리가 서로에게 더 이상 그럴 필요가 없도록 확실히 하는 것입니다. 30) 우리는 평화를 유지하기 위하여 서로를 파괴하지 않으면 안된다고 하는 개념을 넘어설 필요가 있습니다. 그것은 구식의 생각입니다. 오늘날 우리는 21세기의 새로운 위협을 처리하기 위하여 길을 찾아내기 위하여 함께 일하고 있습니다.

저는 그에 관해서도 푸틴 대통령의 말씀을 듣고 싶습니다.

Nuance Drills *Fill in the blanks with a suitable word as given:*

1 _____ connotes greater resolution or determination in the plan. 2 _____ refers to a specific intention and connotes a directing of all efforts toward this. 3 _____ suggests laborious efforts in striving to attain something. 4 _____ emphasizes the final result one hopes to achieve as distinct from the process of achieving it. 5 _____ is used of an end that is the direct result of a need or desire. 6 _____ refers to a specific end that is capable of being reached. 7 _____, a somewhat formal term now largely in legal usage, connotes more deliberation. 8 _____ is the general word implying a having something in mind as a plan or design, or referring to the plan had in mind.

(a) intent   (b) object
(c) goal   (d) purpose
(e) objective   (f) end
(g) aim   (h) intention

연구 32

부사절을 유도하는 접속사들(2)

· I wrote down his telephone number *for fear* (*that*) I *should* forget it.(나는 잊어버리지 않도록 그의 전화번호를 적어 두었다.) … 격식을 차린 표현에서 that-절에는 might, should를 사용하는 것이 보통이며, will, would를 사용하면 격식을 차리지 않은 문장이 된다./ · Take care *lest* you *catch* cold!(감기 걸리지 않도록 조심하세요!)/ · They came in through the back door *lest* they *should* be seen.(그들은 사람들에게 들키지 않도록 뒷문으로 들어왔다. … 영국에서는 lest 다음에 should를 사용하는 것이 보통이나, 미국에서는 should 없이 가정법 현재동사를 주로 사용한다.)/ · Make a note of it *in case* you *should* forget it.(잊는 경우를 대비해서 … 잊어버리지 않도록 그것을 노트에 적어두세요.)/ · Put your raincoat on *incase* it *rains*.(비가 올 것을 대비해서 비옷을 입으세요.…이처럼 in case는 if it should happen that; in the event that의 의미로 '~할지 모르니'라는 의미와, to provide against the event; as against의 의미로 '~을 대비하여'의 두 가지 의미를 가진다.) *cf.* · It was extremely hot *so that* we took off our coat.(날이 너무 더워 우리는 코트를 벗었다. = It was so hot that~.… 결과를 의미)

2) 양보 : although, though, as, if, even if, even though, while, when, whether~or…, no matter + 의문사절, 복합관계부사 등에 의해 유도된다. ① · *Although* the child was lost for two days, she was found safe and sound.(그 어린이는 이틀동안의 행방불명이었음에도 불구하고 안전하고 무사하게 발견되었다. … 문두에는 although가 주로 쓰인다.)/ · Jim won the competition *though* he'd had no previous experience.(Jim은 이전의 경험이 없었음에도 시험에 우승했다.) ② · *Dark as it was*, we were still able to see the sign.(어두웠지만, 우리는 아직 표지판을 볼 수 있었다.)/ · *Much as I admire* him as a writer, I do not like him as a man.(작가로서의 그는 존경하지만, 인간적으로는 좋아하지 않는다.)/ · *Child as he is*, he knows well how to deal with people.(그는 어린아이이지만 사람 다루는 법을 안다.…Though he is a child.~.: 관사가 쓰임에 주의할 것.) … 이처럼 <형용사·부사·명사 + as + S + V> 형태의 문형을 취하여 <양보>를 의미하는 as는 이 형식에서 <이유>를 말하기도 한다. · *Young as he is*, he is reckless.(그는 젊은 까닭에 무모하다.)

……… 연구 34에 계속(p.235)

Answers for Vocabulary Drills 29 agreement 30 notion

※ Answers for Nuance Drills : 1-d, 2-g, 3-c, 4-f, 5-b, 6-e, 7-a, 8-h

※ CD를 듣고 공란에 들어갈 말을 받아쓴 후 본문의 밑줄 친 부분을 번역하고, 하단의 설명을 읽고 해당하는 단어를 본문에서 찾아 써라.

President Putin :
Unit0365
First of all, I would like to say that / it gives me great pleasure / to be here / in this
먼저 저는 말씀드리고 싶습니다   참석하게 된 것이 제게 큰 기쁨을 주고 있다는 것을   여기 이 교실에
room. And it's not quite clear / for me whether I am here / in the school / or at NASA.
그리고 그것은 아주 확실하지 않습니다   제가 이곳 학교에 있는 것인지   아니면 NASA에 있는 것인지
(Laughter) ① _____ / the 12th graders, it comes to my mind that /
12학년 학생의 질문을 들으니   생각이 듭니다
everything is fine / ② _____ . (Applause)
모든 것이 훌륭하다는   이 나라와 이 학교의

President Bush : That's right.
맞습니다

President Putin :
Unit0366
There, indeed, exists a number of / scenarios of behavior / in this situation. And the
정말 상당수의 각본이 존재합니다   이런 상황에 처했을 때의 행동에 대한   그리고
question was quite professionally put, mind you. You can just / dismantle the
질문이 매우 전문적으로 표현되었습니다   잘 들으세요! 31)
warheads / and rest them / by the weapons, and to preserve the so-called strike-back

capability, in order to be able to retaliate. But one may, on the other hand, destroy
하지만 반면에 한쪽은 무기고를 파괴할 지도 모릅니다
the arsenal. What you would do with those arsenals / ③ _____ , with
그러한 무기고를 여러분이 어떻게 하느냐는   협상에 좌우되며
the result of those negotiations / depending on the level of trust between the United
그러한 협상의 결과는   신뢰의 수준에 달려 있습니다   미합중국과 러시아 사이의
States and Russia.

Yesterday, ④ _____ , and all of this / with a single
32)
purpose and / objective, to increase the level of confidence between the leaders / and

the people. And / if we are to follow / this road further, we will certainly arrive at a
그리고 우리가 이 길을 따라 앞으로 나아간다면   우리는 분명히 도달할 것입니다
solution, decision / acceptable / both to Russia, to the United States and, indeed, to
해답과 결정에   러시아와 미합중국 모두가 받아들일 수 있는   그리고 진정
the entire world. (Applause)
전 세계가

Q : I am Zalacia Stanford — (phonetic.) I'm a senior. As we go out
Unit0367   저는 Zalacia Stanford라 하며 4학년입니다   우리가 나갈 때
/ into the world, do you have any advice for us?
세상으로   귀하는 우리를 위해 어떤 충고를 해주시겠습니까?

Vocabulary Drills ③ _____ a talk between people to reach an agreement on something
③ _____ the sense of flavor that comes from experiencing foods and liquids on the tongue

※ 미국의 학제

미국 중·고등학교의 학제는 미국은 주(State)마다 그리고 사립학교마다 조금씩 다르다. 어떤 학교는 초등학교(Primary [Elementary, Grammar] School)에 유치원(Kindergarten)이 포함되어 8년제인 곳도 있고 중학교(Junior High School) 과정과 고등학교(Senior High School) 과정이 통합되어 5년으로 된 곳도 있어, 학교는 몇 학년을 교육시키느냐에 따라 Middle School(6-8학년), Junior High School(7-9학년), High School(9-12학년) 등으로 구분된다. 그 결과 미국의 학제는 초등학교에서 고등학교에 이르는 전 과정을 통산하여 학년을 말하는데, 우리나라의 중학교 1학년은 7학년(7th Grade)이 되며, 미국의 10학년은 우리의 고등학교 1학년, 미국의 12학년(12th Grade)은 우리의 고등학교 3학년에 해당한다. 또 고등학교 학년 호칭은 대학처럼 1학년은 Freshman, 2학년은 Sophomore, 3학년은 Junior, 4학년은 Senior이다. 그리고 대학교 이전까지는 12년의 의무교육을 받는 것으로 통일되어 있다.

1. †come(cross, enter) (in)to one's mind: ~생각이 나다(떠오르다).
3. †be subject to: ~하기 쉽다, ~에 좌우된다./ depend(rely) (up)on: ~에 달려있다(p.213 참조).
4. and₂ 이하는 하나의 문장처럼 풀어서 우리말로 옮기는 것이 좋다.

Nuance '믿음·신용'의 뜻을 가지는 말
① confidence: 이성이나 감각의 증거에 따른 믿음이며, trust와 같은 확신을 암시한다. ② belief: 어떤 일의 '진실(존재·가치)'에 대한 믿음을 뜻하는 가장 일반적이며 폭 넓게 쓰이는 말로 의심없이 받아들이는 것을 의미한다. ③ faith: belief와 trust가 결합된 뜻으로, 사람·사물·종교 등에 대한 이성적으로 받아들일 수 없는 사실에 대한 맹목적인 믿음이나 완전한 정신적인 동의를 가리키는 까닭에 주로 정신활동이나 상태를 가리킨다. ④ trust: 상대방의 능력이나 성실성 등에 대한 직관적이며 절대적인 믿음으로 종교적 의미를 크게 함축하는 말이다. ⑤ conviction: 어떤 일이 옳다고 생각하는 확고한 신념 ⑥ credit: belief, faith, trust 등과는 달리 종교적인 의미를 내포하지 않은 거래상의 신용을 의미한다. ⑦ credence: 종교나 철학보다는 보고·소문·의견 등에 주로 쓰이는 말이다.

🔊 소리분석 *1.* Looking at the questions of : 조음점 동화, 연음
2. with this nation / and in this school : 조음점 동화, 연음, 겹자음의 발음 생략
3. is subject to negotiations : 겹자음의 발음 생략
4. we tasted steak and listened to music : 연음, 기능어의 발음 생략, 조음점 동화

💡 구문분석 *1.* *Looking* at the questions of the 12th graders, it *comes to my mind* that everything is fine with this nation and in this school. … 부대상황의 현재분사, 가주어로 쓰인 it, 진주어로 쓰인 that-절이 왔다.

2. You can just **dismantle** the warheads and **rest** them by the weapons, and *to preserve* the so-called strike-back capability, *in order to be* able to retaliate. … 두 개의 술어동사, 부사적 용법으로 <목적>을 뜻하는 to-inf.가 사용되고 있다.

3. *What you would do with those arsenals* **is subject to** negotiations, *with the result of those negotiations* **depending on** the level of trust between the United States and Russia. … what-관계절이 주어로 오고, *with* 이하는 부대상황을 뜻하는 <with + O + adj.> 형태로 쓰였다.

4. Yesterday, we **tasted** steak and₁ **listened** to music, and₂ *all of this with a single purpose and₃ objective, to increase the level of confidence between the leaders and₄ the people.* … 술어동사가 and₁로, 'having'의 뜻을 가진 with의 목적어로 두 명사가 and₃로 연결되어 있고 형용사적 용법의 to-inf.가 왔으며, *between*의 두 목적어는 and₄로 연결되어 있다.

5. And if we **are to** follow this road further, we will certainly arrive at a solution, decision acceptable both to Russia, to the United States and, indeed, to the entire world. … 조건의 부사절에서 미래를 대신하는 의미의 **are to**가 쓰이고 있다.

번역 **푸틴 대통령**: 먼저 저는 여기 이 교실에 참석하게 된 것이 제게 큰 기쁨을 주고 있다는 것을 말씀드리고 싶습니다. 그리고 제가 이곳 학교에 있는 것인지 아니면 NASA에 있는 것인지 매우 혼란스럽습니다. 12학년 학생의 질문을 들으니 이 나라와 이 학교의 모든 것이 훌륭하다는 생각이 듭니다.
부시 대통령: 맞습니다.
푸틴 대통령: 정말 이런 상황에 처했을 때의 행동에 대한 상당수의 각본이 존재합니다. 그리고 질문이 매우 전문적으로 표현되었습니다. 잘 들으세요! 31) 여러분은 소위 뒤통수치는 능력을 유지하고, 보복할 수 있기 위해 단지 핵탄두를 분리해서 무기들 곁에 그것들을 둘 수 있습니다. 하지만 반면에 한쪽은 무기고를 파괴할 지도 모릅니다. 그러한 무기고를 여러분이 어떻게 하냐는 협상에 좌우되고, 그러한 협상의 결과는 미합중국과 러시아 사이의 신뢰의 수준에 달려 있습니다.
32) 어제 우리는 스테이크를 먹고 음악을 들었는데, 이 모든 것들은 지도자들과 국민들 간의 신뢰의 수준을 높인다는 오직 한 가지의 목적을 가지고 있습니다. 그리고 우리가 이 길을 따라 앞으로 나아간다면 우리는 분명히 러시아와 미합중국 그리고 진정 전 세계 모두가 받아들일 수 있는 해답과 결정에 도달할 것입니다.
질문자: 저는 Zalacia Stanford라하며 3학년입니다. 우리가 세상으로 나갈 때, 귀하는 우리를 위해 어떤 충고를 해주시겠습니까?

연구 33
전치사 with의 주요 의미(1)
① 동반·수반 · Will you come *with* us, too?(당신도 우리와 함께 오실 것입니까?) ② 제휴·근무 · She is an air hostess *with* KAL.(그녀는 대한항공의 스튜어디스로 근무하고 있다.) ③ 동조·찬성 · Are you *with* us or against us?(당신은 우리에게 찬성합니까, 반대합니까?) ④ 포함 · *With* the maid, the family numbers six.(하녀를 포함하여 가족이 6명입니다.) ⑤ 감정·태도의 대상 · They are in love *with* each other.(그들은 서로 사랑하는 사이입니다.) ⑥ 도구·수단 · I'll have to see it *with* my own eyes.(내 눈으로 확인할 작정이다.)/ · May I write down *with* a pen?(펜으로 받아써도 되겠습니까?) ⑦ 재료(성분)이나 내용물 · The road was blocked *with* snow.(길이 눈으로 막혔다.) ⑧ 원인·이유 · I was silent *with* shame.(나는 부끄러워 말이 안나왔다.) ⑨ 양보 · *With* the best intentions, he made a mess of the job.(최선의 주의를 기울였음에도 불구하고, 그는 일을 망쳐버렸다.)/ · *With* all her merits, she was not proud.(많은 훌륭한 점이 있으면서도, 그녀는 자랑하지 않았다.) ⑩ 부대상황 <with + O + adj., with + noun> · He stood *with* his back against the wall.(그는 벽에 기대어 서 있었다.)/ · Don't speak *with* your mouth full.(입안에 음식을 가득 머금고 말하지 말아라.)/ · Wisdom comes *with* age.(나이를 먹음에 따라 사람은 현명해진다.) ⑪ 소유·휴대(having) · I have no money *with* me.(갖고 있는 돈이 없다.) ⑫ 공급·부가 · Our school supplies the children *with* food.(우리 학교에서는 아동들에게 급식을 한다.) ⑬ 양태 · He did it *with* confidence.(그는 확신을 가지고 그것을 했다.) ⑭ 대립·대항 · No painting can compete *with* this one.(이것에 필적할만한 그림은 없다.) ⑮ 일치나 불일치 · I agree *with* you there.(나는 그 점에서 당신과 같은 의견입니다.)

Answers for Vocabulary Drills ㉛ negotiation ㉜ taste

※ CD를 듣고 공란에 들어갈 말을 받아쓴 후 본문의 밑줄 친 부분을 번역하고, 하단의 설명을 읽고 해당하는 단어를 본문에서 찾아 써라.

President Bush : ① _____. (Laughter and Applause) I do. I think, follow your dreams,
예, 여러분의 엄마 말을 들으세요   저도 그렇게 합니다 제 생각에는 여러분의 꿈을 쫓으세요
[Unit0368]

would be my advice. Work hard ; make the right choices ; and follow your dreams.
제가 충고를 한다면   열심히 하세요   옳은 결정을 내리세요   그리고 여러분의 꿈을 쫓으세요

The other thing is, ② _____. I can assure you,
그 나머지 것은   여러분은 결코 모른다는 것입니다   인생이 여러분을 어디로 인도할지   33)

when I was a senior / in high school, ③ _____, gosh, if I
여러분은 결코 알지 못합니다

work hard I'll be President of the United States. (Laughter) Didn't exactly fit into my
                                                                        (그러한 표현이) 어울리지 않았거든요

vocabulary / in those days. (Laughter) But you never know. You never know. ④
그 시절의 나의 어휘와는   그러나 여러분은 결코 알지 못합니다 여러분은 결코 모릅니다

_____. (Applause)
하나님을 믿으세요

Q : Did President Putin like the barbecue / last night?
[Unit0369] 푸틴 대통령께서는 어젯밤 통구이를 드셨습니까?

President Bush : Ask him. (Laughter)
그에게 물어보십시오

President Putin : Just I had a hard time imagining / how could a living person / create such a master-
저는 정말 상상하는 데 애를 먹었습니다   살아있는 사람이 얼마나 멋진 명작 요리를 만들어낼 수 있는 지

piece / of cooking. A fantastic meal. And when I said so to the President, he said,
환상적인 식사였습니다   제가 그렇게 부시 대통령께 말씀을 드렸더니   그는 정말 말했습니다

indeed, this cannot be done / except for in Texas. (Laughter and Applause)
그런 일은 일어날 수가 없다고   Texas 밖에서는

President Bush : I think, Mr. President, we ought to ask / one of the Russian
[Unit0370] 푸틴 대통령, 제 생각에   우리는 러시아 학생 중의 한 명에게도

high school students / for a question. Please.
물어봐야 할 것 같습니다

Q : My name is Maria Vasulkova.
제 이름은 Maria Vasulkova입니다

President Bush : How old are you?
몇 살이죠?

Q : Eighteen. What do you think, how are the improved
[Unit0371] 18살입니다 34)

relations / between the two countries would influ-

ence / the Russian economy / and the future pros-

pects for the entire world? In general, what do

you think / of this?

Vocabulary Drills ㉝ _____ control and management of the money, goods and other resources of a community, society or household
㉞ _____ a daily time for eating, known as breakfast, lunch, supper, or dinner, or all the food served at such a time

1. G. Bush 대통령은 2001년 8월 26일 Little League World Series의 개막식 연설에서 "And my advice to all players is, listen to your mother."라고 똑 같은 말의 충고를 하였다.

🔊 **소리분석** *1.* Yes, listen to your mother : Bush 대통령이 자주 사용하는 충고 중의 하나이다.

2. you never know where life is going to take you : 연음, 기능어의 축약

3. I never sat in an audience saying : -t/-d의 -r 유음화, 연음

4. Trust the Lord, too : 조음점 동화

💡 **구문분석** *1.* I can assure you, *when I was a senior in high school, I never sat in an audience saying, gosh, if I work hard I'll be President of the United States.* ··· '확실히 ~라고 말하다(tell confidently)'의 뜻으로 쓰인 assure를 술어동사로 comma(,) 이하 모두가 DO가 되고 있다.

*1. if I work~*는 *saying*의 O로 왔다.
2. 강조적 의미인 '아주, 정말, 확실히'의 뜻의 부사로 쓰인 just, time 다음에 전치사 in이 생략되었다. †**have a hard time** (of it) : ~하느라 욕을 보다, 혼이 나다. *cf.* **have a hard time** (in)~ing : ~하느라 애를 먹다.
3. †**except for** : ~을 제외하고는, ~이 없다면(but for)

2. Just I *had a hard time* imagining how could a living person create such a masterpiece of cooking. ··· 동명사 imagining과 이의 O로 쓰인 <감탄>의 뜻으로 쓰인 how-명사절 등으로 구성된 문장이다.

3. And when I said so to the President, he said, *indeed, this cannot be done except for in Texas.* ··· 묘출화법이 사용되고 있다.

4. What do you think, *how are the improved relations between the two countries* would influence the Russian economy and the future prospects for the entire world? ··· how-절 전부가 comma(,) 이하의 주어로 쓰이고 있으며, <Wh-Question의 간접의문문>이 사용되고 있다.

번역 **부시 대통령** : 여러분의 엄마 말을 들으세요. 저도 그렇게 합니다. 제 생각에 제가 충고를 한다면, 여러분의 꿈을 쫓으세요. 열심히 하세요. 옳은 결정을 내리세요. 그리고 여러분의 꿈을 쫓으세요. 그 나머지 것은 인생이 여러분을 어디로 인도할지 여러분은 결코 모른다는 것입니다. 33) 제가 고등학교 최고학년이었을 때에는, 허참!, 만약 제가 열심히 공부하면 미합중국의 대통령이 될 것이라고 말하면서 청중 속에 결코 앉아 있어본 적이 없다는 것을 저는 여러분에게 확실히 말할 수 있습니다. (그러한 표현이) 그 시절의 나의 어휘와는 어울리지 않았거든요. 그러나 여러분은 결코 알지 못합니다. 여러분은 결코 모릅니다. 하나님을 믿으세요.
질문자 : 푸틴 대통령께서는 어젯밤 통구이를 드셨습니까?
부시 대통령 : 그에게 물어보십시오.
푸틴 대통령 : 저는 살아있는 사람이 얼마나 멋진 명작 요리를 만들어낼 수 있는 지 정말 상상하는 데 애를 먹었습니다. 환상적인 식사였습니다. 제가 그렇게 부시 대통령께 말씀을 드렸더니, Texas 밖에서는 정말 그런 일이 일어날 수가 없다고 그는 말했습니다.
부시 대통령 : 푸틴 대통령, 제 생각에 우리는 러시아 학생 중의 한 명에게도 물어봐야 할 것 같습니다.
질문자 : 제 이름은 Maria Vasulkova입니다.
부시 대통령 : 몇 살이죠?
질문자 : 18살입니다. 34) 대통령께서는 두 나라 사이의 개선된 관계가 러시아의 경제와 전 세계에 대한 미래의 전망에 어떻게 영향을 끼칠 것으로 생각하십니까? 일반적으로 이 문제에 대해 어떻게 생각하십니까?

Nuance Drills *Fill in the blanks with a suitable word as given:*

1_____, the term of broadest application in this comparison, implies mental acceptance of something as true, even though absolute certainty may be absent. 2_____ implies complete, unquestioning acceptance of something even in the absence of proof and especially of something not supported by reason. 3_____ implies assurance, often apparently intuitive, in the reliability of someone or something. 4_____ also suggests such assurance, especially when based on reason or evidence. 5_____ suggests mere mental acceptance of something that may have no solid basis in fact.

(a) credence   (b) belief
(c) confidence   (d) faith
(e) trust

연구 34

Yes-No Question과 Wh-Question
··· 보통의 의문문인 직접 의문문과 달리 의문문이 어떤 문장의 종속절(명사절)로 사용되어 <의문사+S+V>의 어순이 되는 경우를 간접의문문이라 하는데, ① hear, ask, tell, remember 등의 동사가 술어동사로 쓰일 때는 Yes나 No로 응답할 수 있는 Yes-No Question이 되고, ② imagine, think, guess, suppose, believe 등이 술어동사로 쓰일 때에는 의문사로 시작하는 문장이 된다(say는 두 형식 모두 가능). · Do you *know* what she is? — Yes, I do. / · What do you *think* she is? — I think she is a nurse. / · Did the man *say* which way she went? / · Which way did the man *say* she went?

부사절을 유도하는 접속사들(3)
③ · The house is comfortable *if* it is a little small.(그 집은 조금 작기는 하지만 안락하다.) / · *Even if* it rains or snows, he goes to the railroad station by bicycle.(비록 비가 오거나 눈이 내릴지라도, 그는 역까지 자전거로 간다.) / · They were not happy *even though* they have everything they need.(그들은 필요로 하는 모든 것들을 가졌음에도 불구하고 행복하지 않습니다.) ④ · *While* I admit that the task is difficult, I don't think it is impossible.(나는 그 일이 어렵다는 것은 인정하지만, 불가능하리라고는 생각하지 않습니다.) / · He gave up politics *when* he might have made a great career in it.(그는 큰 업적을 쌓을 수 있었는데도 정치를 그만두었다.) / · He claims t be a member of the royal family *when* in fact his family were immigrants.(사실 그의 가족은 이민인데도 그는 왕족이라고 주장한다. ··· 이처럼 when이 <양보>의 뜻을 가질 때에는 주절의 뒤에 오는 경우가 많다.) ⑤ · *Whether* you pay in cash *or* by check, it makes no difference.(당신이 수표로 지불하든 현금으로 지불하든 상관없습니다.)

········ **연구 37** 에 계속(p.245)

※ CD를 듣고 공란에 들어갈 말을 받아쓴 후 본문의 밑줄 친 부분을 번역하고, 하단의 설명을 읽고 해당하는 단어를 본문에서 찾아 써라.

President Putin : Russia has changed greatly recently. And today, the Russian economy is on the rise.
러시아는 최근 엄청나게 변했습니다   그리고 오늘날   러시아의 경제는 상승 중에 있습니다

Unit0372

The growth rates are considerably / higher than the average / for the world. Last year,
성장률도 상당히 높습니다   세계의 평균보다   지난해의

the growth rate / was about 8.3 percent ; this year we're expecting the growth rates /
성장률은 약 8.3%이며   금년 우리는 예상하고 있습니다   그 성장률이

close to 6 percent.
6%에 달할 것으로

Unit0373

I would like to say that, unlike other economic negotiations / and negotiators, Russia is
35)

not seeking and is not expecting / any preferences / or any free-buys. We even pay —
우리는 정말로 지불합니다

return the debts / of Russia / to the international financial institutions ahead of
러시아의 부채를 상환합니다   국제적인 금융기관에   예정에 앞서

schedule. Russia needs only one thing to develop normally. We need normal
러시아는 오직 한 가지만을 필요로 합니다   정상적으로 발전하기 위해서   우리는 필요로 합니다

standards, conditions and relations / with all the leading economies of the world, and
보편적인 기준   조건 그리고 관계를   세계의 모든 경제 선진국들과의

primarily with the United States. And we have to get rid / of the ideological barricades
주로 미합중국과의   그리고 우리는 제거해야만 합니다   이념적인 장벽을

/ of the preceding decades. And the President is helping. (Applause)
이전 시대의   그리고 부시 대통령께서 돕고 있습니다

President Bush : Let me tell you / an interesting story. We've sent teams of our / economic people over
여러분에게 한 가지 재미있는 얘기 해드리겠습니다   우리는 우리의 경제인 몇 팀을 보냈습니다

Unit0374

to Russia. And Don Evans, who is a Texan, from Midland, Texas, who is now the
러시아에   그리고 텍사스의 중부 출신인 Don Evans는   지금은 상무장관인

Secretary of Commerce, came back and told me about an encounter he had. ①
돌아와 제게 말했습니다   그가 겪었던 우연한 만남을   그는 어떤 사내를

_____ , a young man in Russia who /②_____ / he was really not a
만났습니다 러시아의 젊은이를   그에게 말했던   5년 전에는   정말 사업가가 아니었다고

business guy, but he had a dream and he realized that he could buy bread in
하지만 그는 꿈을 가지고 있었고   그는 깨달았다고   그는 Moscow에서 빵을 구입하여

Moscow / and transport it to St. Petersburg, ③_____ — which was a
그것을 St. Petersburg에 운송한 후   약간의 이익을 남길 수 있다는 것을   그것은

pretty new concept / for the Russian Federation.
상당히 새로운 개념이었습니다   러시아 연방에서는

Unit0375

And as a result of working hard and having an environment / which President Putin is
36)

working hard to create, which is an environment / where there is a tax system that's

fair — and, by the way, ④_____ . (Laughter and Applause) He

built his own business. He now owns a grocery
그는 자신의 사업을 이룩하였습니다   그는 오늘날 소유하고 있습니다

store-type business.
잡화점 형태의 사업을

Vocabulary Drills ⑤ _____ the number found by adding all items in a group and then dividing the total by the number of items
⑥ _____ business in general in the buying and selling goods and services within a country, and with other countries

🔊 **소리분석** **1.** He met a guy : -t / -d의 -r 유음화

2. told him that / five years ago : 연음, 'h'음의 유성음화

3. and make a little profit : 자음 뒤 말음의 -t / -d음의 생략, 연음, -t / -d의 -r 유음화

4. they've got a flat tax in Russia : -t / -d의 -r 유음화, 겹자음의 발음 생략, 연음

구문분석 **1.** Last year, the growth rate was about 8.3 percent ; this year we're *expecting the growth rates close* to 6 percent. ··· semi-colon(;) 이하는 <expect + O + adj. as OC> 구조이다.

2. I would like to say that, unlike other economic negotiations and negotiators, Russia is not **seeking** and is not **expecting** any preferences or any free-buys. ··· 현재진행형이 강조적으로 쓰이고 있다.

3. We even pay — *return the debts of Russia to the international financial institutions ahead of schedule.* ··· dash(—) 이하는 앞서의 말에 대한 보충적·추가적인 내용의 부연 설명이 이어진다.

4. We need normal **standards**, **conditions** and **relations** with all the leading economies of the world, and primarily with the United States. ··· need의 목적어 3개가 <A, B and C>로 나열되었다.

5. And Don Evans, *who is a Texan, from Midland, Texas, who is now the Secretary of Commerce,* came back and told me about an encounter *he had.* ··· 주어를 후위 수식하는 관계절이 술어동사 앞에 왔으며, *he had* 앞에는 관계대명사 that이 생략되었다.

6. He met **a guy, a young man in Russia** who₁ told him that₂ *five years ago he was really not a business guy, but₃ he had a dream and₄ he realized that₅* he could buy *bread in Moscow and₆ transport it to St. Petersburg, and₇* make a little profit — which₈ *was a pretty new concept for the Russian Federation.* ··· 전부 8개의 절(clause)로 이루어진 복잡하고 긴 문장으로, 이런 경우에 내리번역을 하게 된다. which₈-관계절은 계속적 용법으로 앞 문장 전체 또는 일부를 선행사로 하는 것이다.

7. And as a result **of working** hard and **having an environment** *which President Putin is working hard to create, which is an environment* where there is a tax system that's fair —and, by the way, they've got a flat tax in Russia. ··· **an environment**를 선행사로 하는 *which*-관계절이 왔다.

Left margin notes:

1. †close to : ~에 밀접한(가까운)

3. even은 강조적인 의미의 부사로 쓰여 '(그러기는커녕) 오히려, 정말로'의 뜻이며, return은 타동사로 '반환하다, 돌려주다'는 의미로 쓰였고, ahead of는 '~에 앞서'의 뜻으로 쓰였다.

6. 우선, 동격으로 쓰인 목적어를 선행사로 하는 who₁-관계절이 왔고, who₁-절 술어동사의 DO로 쓰인 that₂-명사절이 왔다. 다시 that₂-절 안에 but₃-절과 and₄-절이 이어지는데, and₄-절 안에 and₆-₇-절을 포함하는 that₅-절이 오고 있다.

7. which-관계절의 보어를 선행사로 하는 <상황>의 관계부사 where-절이 이어지고 있다.

Nuance '개념·생각'의 뜻을 가지는 말

① concept : 철학상의 용어. 개개의 것에 나타나는 특징으로부터 추상되어 얻어지는 그 종류 전반에 대한 보편적인 개념 ② thought : 이성에 호소하여 마음 속에 떠오르는 '생각'을 뜻하는 일반적인 말로, 사고를 거쳐 얻어지는 생각이나 관념을 의미한다. ③ idea : 철학상의 용어로 마음 속의 형태, 즉 사고를 뜻한다. 모든 정신 활동의 결과로 마음 속에 품게되는 '관념·생각'을 가장 광범위하게 뜻하는 말이며, 일상적인 회화에서는 가벼운 의견(opinion)이라는 의미로도 사용한다. ④ notion : 일반적인 개념(general concept), 막연한 개념(vague idea) 모두에 널리 쓰여 idea와 혼용되며, 편견일 가능성을 인정한다. ⑤ conception : 개개의 사람이 품게되는 독특한 idea, concept를 이 뜻으로 쓰기도 한다. concept와 유사하지만, 개념의 내용 그 자체보다는 개념을 머리 속에 그리는 행위가 강조된다. 따라서 have a clear(vague) ~, a ~ of Nature as animate의 경우처럼 형용사 등의 수식어를 동반하는 경우가 많다.

번역 **푸틴 대통령** : 러시아는 최근 엄청나게 변했습니다. 그리고 오늘날 러시아의 경제는 상승 중에 있습니다. 성장률도 세계의 평균보다 상당히 높습니다. 지난해의 성장률은 약 8.3%이며, 금년 우리는 그 성장률이 6%에 달할 것으로 예상하고 있습니다.

35) 저는 다른 경제적인 교섭이나 교섭가들과는 달리 러시아는 어떤 우선권이나 공짜를 추구하지도 기대하지도 않고 있다는 것을 말씀드리고 싶습니다. 우리는 정말로 지불합니다. 예정에 앞서 국제적인 금융기관에 러시아의 부채를 상환합니다. 러시아는 정상적으로 발전하기 위하여 오직 한 가지만을 필요로 합니다. 우리는 보편적인 기준, 조건 그리고 세계의 모든 경제 선진국들, 주로 미국과의 관계를 필요로 합니다. 그리고 우리는 이전 시대의 이념적인 장벽을 제거해야 합니다. 그리고 부시 대통령께서 돕고 있습니다.

부시 대통령 : 여러분에게 한 가지 재미있는 얘길 해드리겠습니다. 우리는 우리의 경제인 몇 팀을 러시아에 보냈습니다. 그리고 지금은 상무장관인 텍사스의 중부 출신인 Don Evans는 돌아와 그가 겪었던 우연한 만남을 제게 말했습니다. 그는 5년 전에는 정말 사업가가 아니었지만, 그는 꿈을 가지고 있었고 그는 Moscow에서 빵을 구입하여 그것을 St. Petersburg에 운송한 후 약간의 이익을 남길 수 있다는 것을 깨달았다고 그에게 말했던 어떤 사내, 러시아의 젊은이를 만났는데, 그것은 러시아 연방에서는 상당히 새로운 개념이었습니다.

36) 그리고 열심히 일하고 푸틴 대통령이 만들어내기 위해 열심히 노력하는 중인 (사회적) 환경, 즉 공정한 조세제도가 존재하는 환경을 갖게 된 결과, 그들은 러시아에서 매우 낮은 세금만을 내고 있답니다. 그는 자신의 사업을 이룩하였습니다. 그는 오늘날 잡화점 형태의 사업을 소유하고 있습니다.

Answers for Vocabulary Drills ㉟ average ㊱ commerce

※CD를 듣고 공란에 들어갈 말을 받아쓴 후 본문의 밑줄 친 부분을 번역하고, 하단의 설명을 읽고 해당하는 단어를 본문에서 찾아 써라.

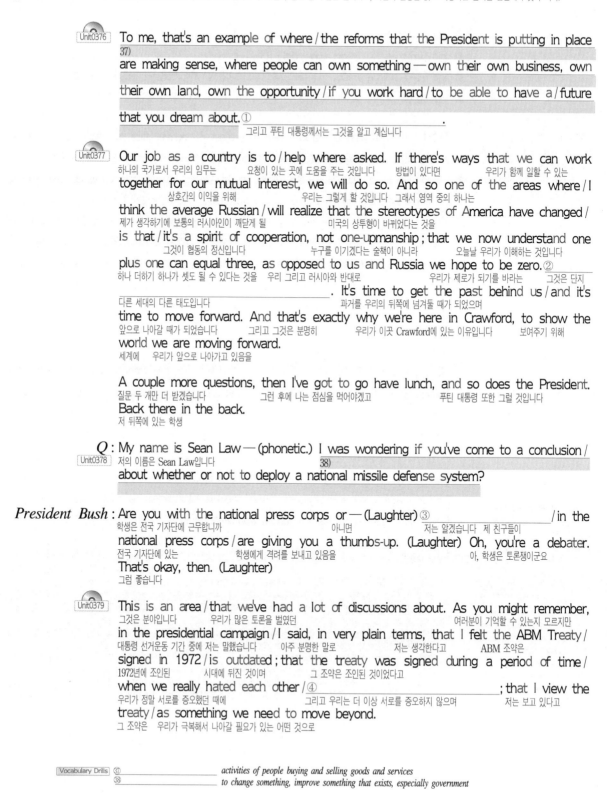

Unit0376

To me, that's an example of where / the reforms that the President is putting in place
37)
are making sense, where people can own something — own their own business, own
their own land, own the opportunity / if you work hard / to be able to have a / future
that you dream about. ①_____.
그리고 푸틴 대통령께서는 그것을 알고 계십니다

Unit0377

Our job as a country is to / help where asked. If there's ways that we can work
하나의 국가로서 우리의 임무는   요청이 있는 곳에 도움을 주는 것입니다   방법이 있다면   우리가 함께 일할 수 있는
together for our mutual interest, we will do so. And so one of the areas where / I
상호간의 이익을 위해   우리는 그렇게 할 것입니다   그래서 영역 중의 하나는
think the average Russian / will realize that the stereotypes of America have changed /
제가 생각하기에 보통의 러시아인이 깨닫게 될   미국의 상투형이 바뀌었다는 것을
is that / it's a spirit of cooperation, not one-upmanship ; that we now understand one
그것이 협동의 정신입니다   누구를 이기겠다는 술책이 아니라   오늘날 우리가 이해하는 것입니다
plus one can equal three, as opposed to us and Russia we hope to be zero. ②_____
하나 더하기 하나가 셋도 될 수 있다는 것을 우리 그리고 러시아와 반대로   우리가 제로가 되기를 바라는   그것은 단지
_____. It's time to get the past behind us / and it's
다른 세대의 다른 태도입니다   과거를 우리의 뒤쪽에 넘겨둘 때가 되었으며
time to move forward. And that's exactly why we're here in Crawford, to show the
앞으로 나아갈 때가 되었습니다   그리고 그것은 분명히   우리가 이곳 Crawford에 있는 이유입니다   보여주기 위해
world we are moving forward.
세계에   우리가 앞으로 나아가고 있음을

A couple more questions, then I've got to go have lunch, and so does the President.
질문 두 개만 더 받겠습니다   그런 후에 나는 점심을 먹어야겠고   푸틴 대통령 또한 그럴 것입니다
Back there in the back.
저 뒤쪽에 있는 학생

Q : My name is Sean Law — (phonetic.) I was wondering if you've come to a conclusion /
Unit0378   저의 이름은 Sean Law입니다   38)
about whether or not to deploy a national missile defense system?

President Bush : Are you with the national press corps or — (Laughter) ③_____ / in the
학생은 전국 기자단에 근무합니까   아니면   저는 알겠습니다 제 친구들이
national press corps / are giving you a thumbs-up. (Laughter) Oh, you're a debater.
전국 기자단에 있는   학생에게 격려를 보내고 있음을   아, 학생은 토론쟁이군요
That's okay, then. (Laughter)
그럼 좋습니다

Unit0379

This is an area / that we've had a lot of discussions about. As you might remember,
그것은 분야입니다   우리가 많은 토론을 벌였던   여러분이 기억할 수 있는지 모르지만
in the presidential campaign / I said, in very plain terms, that I felt the ABM Treaty /
대통령 선거운동 기간 중에 저는 말했습니다   아주 분명한 말로   저는 생각한다고   ABM 조약은
signed in 1972 / is outdated ; that the treaty was signed during a period of time /
1972년에 조인된   시대에 뒤진 것이며   그 조약은 조인된 것이었다고
when we really hated each other / ④_____ ; that I view the
우리가 정말 서로를 증오했던 때에   그리고 우리는 더 이상 서로를 증오하지 않으며   저는 보고 있다고
treaty / as something we need to move beyond.
그 조약은   우리가 극복해서 나아갈 필요가 있는 어떤 것으로

Vocabulary Drills ㊲_____ activities of people buying and selling goods and services
㊳_____ to change something, improve something that exists, especially government

소리분석 *1.* And the President understands that : 자음 뒤 말음의 자음 생략, 3개 이상 중첩된 복합자음군에서의 중간음 탈락

2. It's just a different attitude / in a different era : 연음, -t / -d 의 -r 유음화, 말음의 자음 생략

3. I noticed my friends : -t / -d 의 -r 유음화

4. and we no longer hate each other : 자음 뒤 말음의 자음 생략, -t / -d 의 -r 유음화, 연음

구문분석 *1.* To me, that's an example of *where₁* *the reforms* that the President is putting in place are making sense, *where₂* people can own something —own their own business, own their own land, own the opportunity if you work hard to be able to have a future that you dream about. … 앞 문장과 연결시켜 볼 때, 두 개의 관계부사 *where* 앞에는 선행사 the environment가 생략되어 있다.

2. And so **one of the areas** where I think the average Russian will realize that the stereotypes of America have changed is **that₁** it's a spirit of cooperation, not one-upmanship ; **that₂** we now understand one plus one can equal three, as opposed to us and Russia we hope to be zero. … <S + V + C>의 단순한 구조로, **one of**~*have changed* 까지가 주절이 되고 is가 V, **that**-절이 C가 된다.

3. It's time to get the past behind us and it's time to move forward. … <It is time that~>의 가정 법과거가 쓰였는데, 이는 <필요·재촉·당연·불만> 등을 의미한다.

4. I was wondering *if you've come to a conclusion about whether or not to deploy a national missile defense system?* … wondering의 O는 *if* 이하, *whether* 이하는 *about*의 목적어가 되고 있다.

5. As you might remember, in the presidential campaign I said, in very plain terms, **that₁** I felt the *ABM Treaty signed in 1972 is outdated* ; **that₂** *the treaty was signed during a period of time when we really hated each other and we no longer hate each other* ; **that₃** *I view the treaty as something we need to move beyond.* … 3개의 **that**-절은 술어동사 said에 대한 O가 되고 있다.

---

1. *where₁*-절 안에 또 다시 주어 *the reforms*을 선행사로 하는 that-관계절이 있으며, *where₂*-절의 내용을 dash (—) 이하에서 조건절까지 동원되어 부연 설명되고 있다. †make sense : 이치에 닿다, 뜻이 통하다.

2. 주절의 S인 *one of the areas*를 선행사로 하는 *where*-형용사절, realize의 O가 되는 *that*-명사절이 들어 있으며, *that*-절에는 <비교>를 나타내는 as-부사구가 들어있다. †hope to be zero : 제로가 되기를 희망하다→밀접 해지기를 희망하다. / as opposed to : ~에 대비해서, 반대해서

4. †come to a conclusion : 결론에 이르다.

5. '~일지도 모른다'는 불확실한 추측을 뜻 하는 might가 쓰였으며, *that*-절에서 는 술어동사 felt의 O가 되는 that-절의 that이 생략되었고, *that₃*-절에서는 *something*을 선행사로 하는 관계대명 사 that이 생략되었는데, 전체적으로 문 장의 호흡이 긴 까닭에 적절한 내리번역 이 필요하다. †no longer~ : 더 이상 ~하지 않다.

[Nuance Drills] *Fill in the blanks with a suitable word as given:*

1 _____, the most general of these terms, may be applied to anything existing in the mind as an object of knowledge or thought. 2 _____ refers to a generalized idea of a class of objects, based on knowledge of particular instances of the class. 3 _____, often equivalent to 4 _____, specifically refers to something conceived in the mind, or imagined. 5 _____ is used of any idea, whether or not expressed, that occurs to the mind in reasoning or contemplation. 6 _____ implies vagueness or incomplete intension. 7 _____ also implies vagueness of an idea provoked by some external stimulus.

(a) notion   (b) idea
(c) thought   (d) conception
(e) concept   (f) impression

번역 37) 제가 보기에 그것은 푸틴 대통령께서 안착시키고 있는 개혁이 타당하다는 (사회적) 환경의 한 사례이며, 사람들이 무엇인 가를 소유할 수 있다는, 즉 꿈꾸는 미래가 실현될 수 있도록 열심히 일한다면 자기 자신의 사업체를 소유하고, 자기 자신의 땅을 소유하며, 기회를 소유할 수 있다는 (사회적) 환경의 한 사례입니다. 그리고 푸틴 대통령께서는 그것을 알고 계십니다.

하나의 국가로서 우리의 임무는 요청이 있는 곳에 도움을 주는 것입니다. 상호간의 이익을 위해 우리가 함께 일할 수 있는 방법이 있다면, 우리는 그렇게 할 것입니다. 그래서 제가 생각하기에 보통의 러시아인이 미국의 상투형이 바뀌었다 는 것을 깨닫게 될 영역 중의 하나는 그것이 누구를 이기겠다는 술책이 아니라 협동의 정신이며, 제로의 상태로 되기를 (더없이 밀접해지기를) 바라는 우리 그리고 러시아와는 반대로 하나 더하기 하나가 셋도 될 수 있다는 것을 오늘날 우리 가 이해하는 것입니다. 그것은 단지 다른 세대의 다른 태도입니다. 과거를 우리의 뒤쪽에 넘겨둘 때가 되었으며, 앞으로 나아갈 때가 되었습니다. 그리고 그것은 분명히 세계에 우리가 앞으로 나아가고 있음을 보여주기 위해 우리가 이곳 Crawford에 있는 이유입니다.

질문 두 개만 더 받겠습니다. 그런 다음에 나는 점심을 먹어야겠고, 푸틴 대통령 또한 그럴 것입니다. 저 뒤쪽에 있는 학생.

질문자 : 저의 이름은 Sean Law입니다. 38) 저는 국가 미사일 방어 체제의 배치 여부에 대하여 두 분께서 결론에 도달했는지 어떤지 알고 싶었습니다.

부시 대통령 : 학생은 전국 기자단에 근무합니까? 아니면…. 저는 전국 기자단에 있는 제 친구들이 학생에게 격려를 보내고 있음을 알겠습니다. 아, 학생은 토론쟁이군요. 그럼 좋겠습니다.

그것은 우리가 많은 토론을 벌였던 분야입니다. 여러분이 기억할 수 있는지 모르지만, 대통령 선거운동 기간 중에 아주 분명한 말로 저는 1972년에 조인된 ABM 조약은 시대에 뒤진 것이라고 생각하며, 그 조약은 우리가 정말 서로를 증오했 던 때에 조인된 것이며, 우리는 더 이상 서로를 증오하지 않으며, 그 조약은 우리가 극복해서 나아갈 필요가 있는 어떤 것으로 보고 있다고 말했습니다.

[Answers for Vocabulary Drills] 37 business 38 reform

※ CD를 듣고 공란에 들어갈 말을 받아쓴 후 본문의 밑줄 친 부분을 번역하고, 하단의 설명을 읽고 해당하는 단어를 본문에서 찾아 써라.

 Unit0380

And I made this very clear to the President. ① _____, that / it is
그리고 저는 이것을 푸틴 대통령께 분명히 했습니다   그는 우리의 처지를 알고 있습니다

in our nation's interest, and I think, in his nation's interest and other peaceful nations'
그것은 우리 국민의 관심사이며   제 생각에는   그의 국민들의 관심사인 동시에   다른 평화로운 나라 국민들의 관심사라는

interest to be able to explore the ability —to determine whether or not / we can be
능력의 탐구를 가능하게 하는   여부를 결정하는   우리가

able to deploy / defensive systems to prevent / people who might have weapons of
방어 체제를 배치할 수 있는지의   사람들을 저지하기 위해   대량 파괴 무기를 가지고 있을 지도 모르는

mass destruction from / hurting us, or holding us / hostage, or being able to blackmail
우리를 해치지 못하도록   혹은 우리를 인질로 잡지 못하도록   혹은 약탈할 수 없도록

free nations.
자유로운 나라들을

 Unit0381

He'll be glad to give you his position. ② _____. But the great
그는 여러분에게 기꺼이 의견을 제시할 것입니다   우리는 서로 다른 의견을 가지고 있습니다   39)

thing about our relationship / ③ _____ / to endure this

difference of opinion. And that's the positive development. We've found many areas in
그리고 그것은 건설적인 발전입니다   우리는 많은 분야를 찾아내었으며

which we can cooperate and we've found some areas where we disagree. But,
우리가 협조할 수 있는   우리는 알아냈습니다   우리가 합의하지 못한 몇몇 분야를   40)

nevertheless, our disagreements will not divide us, ④ _____

_____ / and more prosperous.

So, Mr. President, if you'd like to address defenses, you're welcome to.
그래서 푸틴 대통령,   방위에 대하여 연설하고 싶으시다면   환영을 받을 것입니다

President Putin :
I feel that time was not wasting / by coming here. (Laughter) The President told me
이곳에 온 것이 시간 낭비는 아닌 것 같군요   부시 대통령은 제게 말했는데

Unit0382

that / we'll just limit ourselves to generalities, but he was mistaken. (Laughter and
우리는 단지 우리 스스로를 일반적인 것(총론적인 것)에 한정시킬 것이라고   그는 실수했습니다

Applause) You are applauding / yourselves. (Laughter)
매우 좋아들 하시네요

Our objective is a common / both for the United States and for Russia. The objective
우리의 목적은 미합중국이나 러시아 모두에게 공통적인 것입니다   그 목적은

is to achieve / security / for our states, for our nations, and for the entire world. We
안보를 확보하는 것입니다   우리들의 모든 지방과 국가 그리고 전 세계를 위한

share the concerns / of the President of the United
우리는 미합중국의 대통령과 걱정을 함께 하고 있습니다

States / to the fact that / we must think of the future
사실에 대한   우리는 미래의 위협을 생각해야만 한다는

threats. And here / is a common ground / for our
그리고 이곳은 함께 하는 마당입니다

further discussions.
우리의 진전된 토론을

Vocabulary Drills
39) _____ to demand actions or money by threatening to tell a harmful secret about somebody, (syn.) to extort
40) _____ a group of related parts that function together for a purpose

4. 잘못 들으면 /that need to/ 모두를 생략하고 발음하는 것처럼 들리나, 주의를 기울여 들으면 다시 말하고 있음을 알 수 있다. 너무 빨리 말하다 보니 더듬거리게 되어 그런 것인데, 대화–Unit 0380에서 to determine 앞에 explore를 다시 말하는 것이나, 대화–Unit 0381에서 some areas를 some so many areas로 말하는 것도 그 때문인데, 이렇게 너무 급하게 말하는 습관은 언론을 통해 자주 '말을 더듬는다'는 지적을 받는 원인이 되고 있다.

1. whether에 의한 간접의 선택의문문은 to₃-inf.의 O가 되고 있으며, 그 안에 삽입어구, 전치사 in의 나열, <prevent A from B>의 B에 해당하는 동명사 3개가 연결되고 있다.

†prevent A from+동명사, 명사: A가 ~하는 것을 방해(금지)하다.⋯ 이 때의 prevent 외에 stop, keep, hinder, prohibit, refrain, disable, abstain, enjoin, protect, forbid, deter, dissuade 등도 같은 문형을 취한다.

🔊 **소리분석**) **1.** He understands our position : 3개 이상 중첩된 복합자음군의 중간음 탈락, 연음

2. We have a difference of opinion : 연음

3. is our relationship is strong enough : 연음

4. as nations /that need to /combine to make the world more peaceful : 말음의 자음 생략

💡 **구문분석**) **1.** He understands our position, *that it is in our nation's interest, and I think, in his nation's interest and other peaceful nations' interest to₁ be able to₂ explore the ability —to₃ determine whether or not we can be able to₄ deploy defensive systems to₅ prevent people who might have weapons of mass destruction from hurting₁ us, or holding₂ us hostage, or being₃ able to₆ blackmail free nations.* ⋯ O인 position과 동격인 that-절이 문장 끝까지 이어지고, that-절 이하는 [가주어 *it* + 진주어(to₁ *be able* to₂ *explore* ~)] 구문이다.

2. But the great thing *about our relationship* is *our relationship is strong enough to* endure this difference of opinion. ⋯ <S + V + C> 구조이며, that이 생략된 that-절이 C가 되고 있으며, *enough to*용법이 쓰이고 있으나, 단순한 문장이다.

3. But, nevertheless, our disagreements will not divide us, *as nations that need to combine to make the world more peaceful and more prosperous.* ⋯ '~로서'의 뜻으로 <자격>을 의미하는 전치사 *as*, *nations*를 선행사로 하는 that-관계절 등이 쓰이고 있다.

4. We share the concerns of the President of the United States to *the fact that we must think of the future threats.* ⋯ <S + V + O> 구조이며, *the fact*에 대한 동격의 that-절이 오고 있다.

📖 **번역**) 그리고 저는 이것을 푸틴 대통령께 분명히 했습니다. 그 가능성을 모색할 수 있는 것, 즉 우리를 해치지 못하게 하고 우리를 인질로 삼지 못하게 하거나 혹은 자유로운 나라들을 약탈할 수 없도록 대량 파괴 무기를 가지고 있을 지도 모르는 사람들을 저지하기 위해 우리가 방어 체제를 배치할 수 있는지의 여부를 결정하는 것은 우리 국민의 관심사이며, 제 생각에는 러시아 국민들의 관심사인 동시에 다른 평화로운 나라 국민들의 관심사라는 우리의 처지를 그는 알고 있습니다.

그는 여러분에게 기꺼이 자신의 입장을 제시할 것입니다. 우리는 서로 다른 의견을 가지고 있습니다. **39)** 그러나 우리의 관계에서 중요한 것은 이러한 의견의 차이를 극복할 수 있을 만큼 우리의 관계가 강하다는 것입니다. 그리고 그것은 건설적인 발전입니다. 우리는 우리가 협조할 수 있는 많은 분야를 찾아내었으며 우리는 우리가 합의하지 못한 몇몇 분야를 알아냈습니다. **40)** 그러나 그럼에도 불구하고 우리의 불일치가 세상을 더욱 평화롭게 만들고 더욱 번영시키기 위해 연합할 필요가 있는 나라들로서의 우리를 분열시키지 못할 것입니다.

그래서 푸틴 대통령, 방위에 대하여 한 말씀 해주신다면, 감사하겠습니다.

푸틴 대통령 : 이곳에 온 것이 시간 낭비는 아닌 것 같군요. 우리는 단지 일반적인 것(총론적인 것)에 한정시켜 말할 것이라고 부시 대통령은 제게 말했는데, 그는 실수했습니다. 매우 좋아들 하시네요.

우리의 목적은 미합중국이나 러시아 모두에게 공통적인 것입니다. 그 목적은 우리들의 모든 지방과 국가 그리고 전 세계를 위한 안보를 확보하는 것입니다. 우리는 미래의 위협을 생각해야만 한다는 사실에 대한 미합중국 대통령의 걱정을 공유하고 있습니다. 그리고 이곳은 우리의 진전된 토론을 나누기 위한 공동의 장입니다.

Nuance **'근심·걱정'의 뜻을 가지는 말**
① **concern** : 관심·애정·존경 등을 갖고 있는 사람이나 사물에 대한 걱정에 가까운 관심으로 anxiety보다는 부드러운 표현으로 자신과 이해관계가 큰 것의 안위에 대한 걱정 등이 그것이다. ② **care** : 책임·공포·불안 등에 의한 정신적 중압과 함께 하는 걱정이나 근심을 나타내는 가장 일반적인 말로 비교적 자잘한 걱정 등을 가리킨다. anxiety는 무엇인가를 가지고 있지 않기 때문에 일어나는 걱정이나, care는 오히려 재산 등을 갖고 있기 때문에 일어난다. ③ **anxiety** : 장래의 불행·재난 등에 대한 걱정과 괴로움 ④ **worry** : 어떤 문제에 대한 걱정으로 anxiety보다 더 초조하고 불안한 정신적 고통에 종종 쓸 때는 걱정이나 심적인 동요를 의미하기도 한다. ⑤ **solicitude** : anxiety에는 없는 소망, care에는 없는 희망이 내포된 걱정으로, anxiety가 좋지 않은 일에 쓰는 것과는 달리 solicitude는 적극적이고 좋은 일에 사용한다. 부모가 자식들의 장래를 걱정하는 것이 이에 해당한다.

연구 35

as의 여러 가지 의미와 용법
⋯as는 부사, 접속사, 관계대명사, 전치사 등으로 그 쓰임이 많은 기능어이다.
1) 부사로 쓰여 : <as+형용사나 부사+a(an)+명사]+as> 형태로 동등비교를 이끌어 '~와 같이, 같은 정도로, 마찬가지로'의 의미로 쓰이는데, 앞의 as가 지시부사이고 뒤의 as는 접속사이다. 2) 접속사로 쓰여 : ① <as ~ as> 형태로 <동등비교>를 나타내어 '~와 같이, ~처럼, ~만큼 ② <as ~ as> 형태로 직유의 관용구를 이끌어 '~처럼' ③ <so ~ as to do> 형태로 '~하게도' ④ <양태>를 뜻하여 '~하는 대로, ~와 마찬가지로' ⑤ 동시성이 강한 <때>를 의미하여 '~하고 있을 때, ~하면서, ~할 때' ⑥ <비례>를 의미하여 '~함에 따라, ~할수록' ⑦ <원인·이유>의 뜻으로 보통 문두에 쓰여 '~이므로, ~이기 때문에' ⑧ <형용사·부사·무관사의 명사+as+S+V> 형태로 <양보>를 의미하여 '~임에도 불구하고, ~이지만' ⑨ <root+as+S+may(might, will, would)> 형태로 <양보>를 의미하여 '아무리 ~해봐야(~해 보았자만)' 3) 관계사로 쓰여 : ① <such, the same 또는 as를 선행사에 포함하거나 한정적 용법>에 쓰여 '~와 같은' ② <앞·뒤의 주절 전체 또는 일부를 선행사로 하는 계속적 용법>에 쓰여 '그것은 ~이지만'⋯ 이때의 as는 관계사 which와는 달리 '~처럼, ~때문에의 의미가 포함되는 경우가 많고, which가 이끄는 절은 주절 뒤에 오지만 as가 이끄는 절은 주절 앞·뒤 모두에 오며, as-관계절의 술어동사는 be-동사나 seem 등과 같은 연결사에 한한다.

Answers for Vocabulary Drills ㉞ blackmail ㊵ system

※ CD를 듣고 공란에 들어갈 말을 받아쓴 후 본문의 밑줄 친 부분을 번역하고, 하단의 설명을 읽고 해당하는 단어를 본문에서 찾아 써라.

Unit0383

What we differ / in is that we differ / in the ways and means we perceive / that are
우리가 다른 것은   방법과 수단이 다른 것입니다   우리가 여기는

suitable for reaching the same objective. And given the nature / of the relationship
같은 목적에 도달하기에 적합한 것으로   41)

between the United States and Russia, one can rest assured that / whatever final

solution is found, it will not threaten / or put to threat / the interests of both our

countries and of the world. ① _____ . (Applause)
                          그리고 우리는 우리의 토론을 계속할 것입니다

President Bush : ② _____ . ③ _____ / is we're going to walk
Unit0384   이번이 마지막 질문입니다   42)

around and say hello to everybody, and then we're going to go back to the ranch.

Yes, ma'am.
아, 학생

Q : My name is Judy Swinson (phonetic) and I'm in seventh grade.
Unit0385 제 이름은 Judy Swinson이며 7학년입니다

President Bush : Seventh grade. Good.
                  7학년이라고   좋습니다

Q : And if you do go to / Russia, are you going to be taking some kids from Crawford?
     러시아에 가시게 되면   Crawford 출신 어린이 몇 명을 데려갈 예정입니까?
(Laughter and Applause)

President Bush : No. (Laughter)
                  아니오

President Putin : I am extremely grateful / for this question. The whole audience / basically started on
Unit0386   저는 이 질문에 매우 감사를 드립니다   모든 회견은 기본적으로 시작해서

this note and you finalized / the whole thing with your question. (Laughter) ④
이런 질문으로   끝을 맺습니다   모든 것을 여러분의 질문으로   이것은

_____ . On our way here, the President invited to come here /
단순한 우연은 아니라고 믿습니다   여기까지 오는 동안   부시 대통령께서 이곳에 초대했고

when it's plus 40 Celsius, more than 110, and he
기온이 섭씨 40도 이상일 때   심지어 110도가 넘을 때

invited me to join a plus-40 club who jog / when it is
그는 40대 이상을 위한 (헬스) 클럽에 데리고 갔습니다 조깅을 하는   기온이 110도

110 and more. (Laughter) Well, I'll think about it.
이상일 때에도   그래서 그 점에 대해 고려할 작정입니다

(Laughter)

Vocabulary Drills ④① _____ *the happening of two or more events at the same time by chance*
④② _____ *to become aware of something through the senses (sight, hearing, touch, etc.) or by thinking*

🔊 **소리분석** ***1.*** And we shall continue our discussions : 모두 사전에 표시된 대로 발음하고 있다.

2. This is the last question : 자음 뒤 말음의 자음 생략

3. And then what we're going to do : 자음 뒤 말음의 자음 생략, -t/-d의 -r유음화, 기능어에 대한 과감한 축약

4. This is not/a mere coincidence, I believe : 푸틴 대통령의 통역관은 먼저 This is no 라고 말한 후 not a mere coincidence, I believe 라고 이어서 말하고 있다.

💡 **구문분석** ***1.*** *What we differ in is that we differ in* **the ways and means** *we perceive that are suitable for reaching the same objective.* ··· <S + V + C> 구조의 문장으로, S는 what-관계절, C는 that-명사절이며, that-절 안에 **the ways and means**를 선행사로 하는 관계대명사 that-절이 왔다.

2. *And given the nature of the relationship between the United States and Russia,* **one** *can rest assured that* *whatever final solution is found, it will not threaten or put to threat the interests of both our countries and of the world.* ··· <가정>을 나타내는 분사구문, 부정대명사 one, <양보>의 부사절과 이를 대신하는 it, <put A to B>에서 A의 도치 등에 주의해야 한다.

3. *And then what we're going to do is we're going to walk around and say hello to everybody, and then we're going to go back to the ranch.* ··· <S + V + C> 구조이며, S는 what-관계절, C는 <A and then B>로 연결된 중문 구조를 포함하는 that이 생략된 that-명사절이다.

4. *On our way here, the President invited to come* **here** *when it's plus 40 Celsius, more than 110, and he invited me to join* **a plus-40 club** *who jog when it is 110 and more.* ··· <양보의 뜻이 담긴 때>를 나타내는 when-부사절에 <날씨·기온> 등을 나타내는 비인칭대명사 it이 오고 있다.

1. we perceive는 삽입어구로 왔다.
2. †rest(feel) assured that(of): ~에 안심하고 있다./ put A to B: A를 B에 두다(놓다).
3. 첫 번째 C의 술어동사도 be going to에 이어져 <A and B>로 나열되고 있음을 주의해야 한다./ †walk around : 1)다각적으로 검토하다. 2)신중히 다루다. 3)의표를 찌르다. 4)둘러보다. 5) 美·俗 춤을 추다.

번역 우리가 다른 것은 우리가 같은 목적에 도달하기에 적합한 것으로 여기는 방법과 수단이 다른 것입니다. 41) 그리고 미 합중국과 러시아 사이의 관계의 본질(특성)이 받아들여진다면, 어떤 최종 해결책이 구해지든 간에 그것이 우리 두 나라와 세계의 이익을 위협하거나 그 이익을 위협에 맡기지 않을 것으로 안심할 수 있습니다. 그리고 우리는 토론을 계속할 것입니다.

부시 대통령 : 이번이 마지막 질문입니다. 42) 그런 다음 우리가 할 것은 둘러보고 나서 모두에게 인사를 한 후 목장으로 되돌아갈 예정입니다.

아, 학생.

질문자 : 제 이름은 Judy Swinson이며 7학년입니다.

부시 대통령 : 7학년이라. 좋습니다.

질문자 : 러시아에 가시게 되면, Crawford 출신 어린이 몇 명을 데려갈 예정입니까?

부시 대통령 : 아니오.

푸틴 대통령 : 저는 이 질문에 매우 감사를 드립니다. 모든 회견은 기본적으로 이런 질문으로 시작해서, 모든 것을 여러분의 질문으로 끝을 맺습니다. 이것은 단순한 우연은 아니라고 믿습니다. 여기까지 오는 동안, 기온이 섭씨 40도 이상일 때, 심지어 110도가 넘을 때, 부시 대통령께서 이곳에 초대했고, 기온이 110도가 넘을 때에도, 그는 조깅을 하는 40대 이상을 위한 (헬스) 클럽에 데리고 갔습니다. 그래서 그 점에 대해 고려할 작정입니다.

Nuance Drills *Fill in the blanks with a suitable word as given:*

1_____ suggests a weighing down of the mind, as by dread, apprehension, or great responsibility. 2_____ suggests mental uneasiness over someone or something in which one has an affectionate interest. 3_____ implies thoughtfulness, often excessive apprehension, for the welfare, safety, or comfort of another. 4_____ suggests mental distress or agitation over some problem. 5_____ suggests an apprehensive or uneasy feeling with less mental activity than 6_____, often over some indefinite but anticipated evil.

(a) worry   (b) care
(c) solicitude   (d) anxiety
(e) concern

연구 36
부정대명사 one의 용법(2)
··· 대명사의 일종으로 this나 that, it(=the+특정의 명사)처럼 특정한 사람이나 물건을 가리키는 것이 아니라 수(數)나 양(量)이 막연한 일반의 사람이나 사물을 가리켜 <a+단수명사>를 대신하는 one은 ①본래 수사인 까닭에 물질명사나 추상명사를 대신할 수 없고, ②복수형인 ones는 형용사가 있을 때만 사용할 수 있으며, ③소유격이나 소유격+own 다음에는 사용할 수 없고, ④기수사·서수사 다음에는 사용할 수 없으며, ⑤두 개의 형용사가 대조적으로 사용될 때는 쓸 수 없고, ⑥최상급의 형용사, the+비교급 뒤에 쓸 수 없다는 등의 제한이 있는데, 다른 부정대명사와 상관적으로 쓰이는 용법을 정리하면 다음과 같다.

ⓐ one~ the other(s)···: 하나는 ~, 다른 하나는(나머지는) ···
· He has two dogs ; **one** is white and **the other** black.
ⓑ the one~, the other···: 전자는 ~, 후자는 ···
· We have two dogs, a white one, and a black one ; **the one** is larger than **the other**.
ⓒ one~, another··, a third··, a fourth···: 많은 것을 하나하나 열거하는 경우
· **One** is red, **another** is white, a **third** is green, and a **fourth** is blue.
ⓓ one~, another··, the other(s)···: 열거하는 것 중 3개만 기준하는 경우
· There were three men ; **one** was blind, **another** deaf, and **the other** lame.
ⓔ one thing A, another B: A와 B는 별개의 것이다.
· To know is **one thing**, to practice is **another**.

Answers for Vocabulary Drills 41) coincidence 42) perceive

※CD를 듣고 공란에 들어갈 말을 받아쓴 후 본문의 밑줄 친 부분을 번역하고, 하단의 설명을 읽고 해당하는 단어를 본문에서 찾아 써라.

Unit0387

Indeed, in our country, there are regions where people live, by the way, in Siberia,
정말   우리나라에서는   사람들이 살고 있는 지역이 있습니다   아무튼   시베리아에

where, for one, last year, for two weeks in a row, the temperatures were / about
그곳에서는 작년에 1년 동안   2주간을 연속해서   기온이

around or below / minus 50 Celsius — for two weeks running. ①
영하 50도 정도 또는 그 이하였습니다   2주간이나 계속해서   43)

/ ②   — (applause) — ③

Unit0388

But, first of all, I would like to address here / at this juncture our hosts, the
44)

schoolchildren, the young audience here. ④   , those who want your
                                        3번을 세면   원하는 사람은

President / to come to Russia, raise your hands and say, yes.
여러분의 대통령이 러시아에 방문하는 것을   손을 들고 '예'라고 말해주시기 바랍니다

One, two —
하나, 둘

Audience : Yes. (Applause)
예

President Bush : Thank you all. Very good night. (Applause)
모두에게 감사를 드립니다 정말 즐거운 밤이었습니다

Vocabulary Drills 43) _____ the people who gather to listen to and watch an event
44) _____ written or spoken undertaking to do, or not to do, something, give something, etc.

🔊 소리분석 *1.* My promise is I will not terrorize : 연음

2. your President with such low temperatures : 사전의 발음기호대로 발음되고 있다.

3. and would / be glad / to see any of you present here in Russia : 연음

4. At the count of three : 조음점 동화, 연음

1. †in a row: 한 줄로, 연속해서
3. †at this juncture: 이 중대한 때에

💡 구문분석 *1.* Indeed, in our country, there are **regions** where₁ *people live, by the way, in Siberia,* where₂, *for one, last year, for two weeks in a row, the temperatures were about around or below minus 50 Celsius* —for two weeks running. ··· 계속적 용법의 관계절은 적절한 <접속사 + 대명사> 형식으로 바꿔 생각할 수 있으므로, where₂는 <and there>로 바꿔서 우리말로 옮긴다.

2. My promise is *I* **will** not terrorize your President with such low temperatures and **would be** glad to see any of you present here in Russia. ··· <S + V + C> 구조로, that이 생략된 that-명사절이 C로 쓰였으며, 조동사 **will**과 **would be** 모두 C가 되는 명사절의 *I*에 연결된다.

3. But, first of all, I **would like to** address here at this juncture our hosts, the schoolchildren, the young audience here. ··· '~하고 싶다'는 공손 의미가 사용되고 있다.

4. At the count of three, *those who want your President to come to Russia*, raise your hands and say, yes. ··· comma(,)로 묶여 관계절의 수식을 받는 *those*가 S가 되고 있다.

[Nuance] '연설'의 뜻을 가지는 말
① **speech** : '연설'을 뜻하는 일반적인 말로, 길이·성격·준비 유무에 관계없이 청중을 상대로 행하는 것을 의미한다. ② **address** : 중요한 문제에 대하여 미리 충분한 준비를 한 후에 행하는 공식적이며 딱딱한 연설로 말하는 사람이 저명인사이거나 중요한 기회에 행하는 것임을 암시한다. ③ **talk** : 비공식적인 장소에서 격식을 차리지 않고 개인에게 이야기하듯 청중에게 담화하듯 이야기하는 형식을 의미한다. ④ **lecture** : 지식을 전하기 위한 목적의 speech ⑤ **oration** : 특별한 기회에 미사여구를 늘어놓으며 행하는 대연설 ⑥ **discourse** : 어떤 문제에 대하여 미리 준비를 한 뒤에 행하는 강화(set speech)를 의미한다. ⑦ **sermon** : 성서 등을 근거로 종교적인 교훈 등을 전하기 위해 행하는 연설, 설교

[Nuance Drills] *Fill in the blanks with a suitable word as given:*

¹_____ is the general word for a discourse delivered to an audience, whether prepared or impromptu. ²_____ implies a formal, carefully prepared speech and usually attributes importance to the speaker or the speech. ³_____ suggests an eloquent, rhetorical, sometimes merely bombastic speech, especially one delivered on some special occasion. A ⁴_____ is a carefully prepared speech intended to inform or instruct the audience.⁵_____ suggests informality and is applied either to an impromptu speech or to an address or lecture in which the speaker deliberately uses a simple, conversational approach. A ⁶_____ is a speech by a clergyman intended to give religious or moral instruction and usually based on Scriptural text.

(a) oration   (b) sermon
(c) speech   (d) address
(e) talk   (f) lecture

[번역] 정말 우리나라에서는 시베리아에 사람들이 살고 있는 지역이 있는데, 아무튼 그곳에서는 작년에 1년 동안 2주간을 연속해서 기온이 영하 50도 정도 또는 그 이하이었습니다, 2주간이나 계속해서. 43) 제 약속은 여러분의 대통령을 그런 낮은 기온으로 위협하지 않을 것이라는 것과 이곳에 참석한 여러분 중의 누구라도 러시아에서 만난다면 기쁠 것이라는 것입니다.
44) 하지만 우선 첫째로, 저는 이 중대한 때에 우리의 주인인 이곳의 젊은 청중 여러분에게 이곳에서 말씀드리고 싶습니다. 3번을 세면, 여러분의 대통령이 러시아에 방문하는 것을 원하는 사람은 손을 들고 '예'라고 말해주시기 바랍니다.
하나, 둘 —
청중 : 예.
부시 대통령 : 모두에게 감사를 드립니다. 정말 즐거운 밤이었습니다.

[연구 37]
부사절을 유도하는 접속사들(4)
· **Whether or no** you like it, you've got to do it.(당신이 좋든 싫든 관계없이 해야만 한다. = Whether you like it or not, ~. 이처럼 Whether가 이끄는 절이 긴 경우에는 or no(not)이 whether 바로 뒤에 오며, or와 함께 상관접속사로 쓰인다.) 또 이러한 양보의 whether와 if는 <간접의문문>을 나타낼 때에도 쓰인다는 것을 기억해두어야 한다. ⑥ **No matter what** he says, I'm going.(그가 뭐라고 말하든 나는 가겠습니다. ··· <no matter + 의문사>은 복합관계부사에 의한 양보절보다 구어적이다. 또 이때의 양보절에 may를 쓰는 것은 문어적인 표현이고 구어에서는 가정법 현재동사(직설법)를 쓴다.)/ · **No matter who** says so, it is not true.(누가 뭐라고 말하든 그것은 사실이 아닙니다. = Whoever says so,~.)/ · **Whenever** you may come, I'm always ready.(당신이 언제 오더라도 나는 준비가 되어 있습니다. = No matter when you~)

3) 결과 · He had lived **so** long abroad **that** he had got out of English way.(그는 외국생활을 너무나 오래 한 까닭에 영국의 습관을 잊어버렸다.)/ · The orange was **so** sour I couldn't eat it.(그 오렌지는 너무 시어서 내가 먹을 수가 없었다. ··· 이처럼 구어에서는 that을 생략하기도 한다.)/ · She got **such** a nice present (**that**) she could hardly get to sleep.(그녀는 대단히 좋은 선물을 받아서 거의 잠을 잘 수가 없었다. ··· such 다음에는 what 다음의 경우처럼 <a + 형용사 + 명사>의 어순이 되며, 이를 so로 바꿔서 말하면 too, how, as 다음의 경우처럼 <형용사 + a + 명사>의 어순이 된다. = She got so nice a present that~. 그러나 명사가 복수일 때에는 so로 바꿔쓸 수 없다. She got so nice presents~.(×) cf. She got such nice presents that~.(○))/ · Such was his anxiety that he couldn't stop trembling.(그는 너무 걱정스러워 떨지 않을 수 없었다.)/ · All precautions have been taken, **so that** we expect succeed.(모든 예방조치가 강구되어 있는 까닭에 우리는 성공을 기대한다. ··· 이처럼 so that이 <결과>를 의미할 때는 '그래서, 그리고로' 등의 의미를 가지는 것이 보통이며, 이때도 that이 생략되기도 한다.)/ · It was quite windy, **so** (**that**) we had to button our coats up.(바람이 강해 우리는 코트의 단추를 채워야 했다.) ··· 그러나 <목적>이나 <결과>니 하는 구분이 절대적인 것은 아니며, 경우에 따라 상황의 흐름에 적합하게 우리말로 옮기는 것이 중요하며, 그러한 구분의 의미가 없는 영문도 얼마든지 많다. · I must be getting pretty absent-minded **that** I forgot to put on a tie.(넥타이 매는 걸 잊어버리다니 나도 정신이 오락가락 하는 것이 틀림없다.)

[Answers for Vocabulary Drills] 43 audience 44 promise

※ Answers for Nuance Drills : 1-c, 2-d, 3-a, 4-f, 5-e, 6-b

Unit 4

President Bush Visits Demilitarized Zone
Remarks at Dorasan Train Station

2002년 2월 일·한·중 동북아 3국 순방에 나선 부시 미국 대통령이 일본 방문을 마치고, 20일 역대 미국 대통령으로서는 최초로 비무장지대(DMZ) 철책선에서 불과 50m 떨어진 경의선 최북단 지점인 도라산역을 방문, 역사 앞에 마련된 경의선 침목에 '통일한국의 철길이 되길(May the railroad unite Korea)'이라는 서명을 한 다음 김대중 대통령의 연설에 이어 진행된 짧고 차분한 연설이다. 각 페이지 밑줄 친 부분을 번역하고, 하단의 설명을 읽고 해당하는 단어를 본문에서 찾아 써라.

President Bush :

Unit0401
Mr. President, it's a great honor to be here as your guest. Your love of democracy
김대중 대통령 각하   당신의 손님으로 이곳을 방문한 것은 커다란 영광입니다.   민주주의에 대한 당신의 사랑과
and example of courage / have changed Korea, have challenged Asia, and inspired the
용기의 본보기는   한국을 변화시켰고   아시아를 자극하였으며   영감을 주었습니다
great respect of my government / and my country.
우리 정부와 우리나라의 위대한 존경심에

Unit0402
All your life / you have seen the hope of change and progress / where few could
당신은 평생토록   변화와 발전에 대한 희망을 보아왔습니다   사람들이 거의 상상조차 할 수 없는 곳에서도
imagine it. You have shown that sometimes the conscience / and will of a single
당신은 보여주었습니다   때로는 한 개인의 양심과 의지가
individual / can move history. I admire your visionary leadership, and I thank you / for
역사를 움직일 수 있음을   저는 당신의 예언력이 있는 지도력을 존경하며   감사를 드립니다
your hospitality / to Laura and me.
Laura와 저에게 보여준 환대에

Unit0403
We gather today surrounded by / reminders / of the challenges to peace / and stability /
우리는 오늘 모였습니다   생각나게 하는 것들에 둘러싸여   평화와 안정에 대한 도발을
on the Korean Peninsula. President Kim has just showed me a road he built — a road
한반도에서의   김대중 대통령께서는 지금 제게 보여주었습니다   그가 건설한 철로를   철로를
for peace. And he's shown me where that road abruptly ends, right here at the DMZ.
평화를 향한   그리고 그는 제게 보여주었습니다   그 철로가 갑자기 끝나는 곳을   DMZ 바로 이곳에서
That road has the potential / to bring the peoples on both sides of this divided land
1)
together, and for the good of all the Korean people, the North / should finish it.

Unit0404
Traveling south on that road, the people / of the North would see not a threat, but a
그 철로를 따라 남쪽을 여행하다보면   북측의 사람들은   볼 수 있을 것입니다   위협이 아니라
mirade of peaceful development. Asia's third largest economy / that has risen from the
평화로운 발전의 기적을   아시아에서 3번째로 큰 규모의 경제를   일어선
ruins of war. The people / of the North would see more than
전쟁의 폐허에서   2)
physical wealth, they would see / the creativity and spiritual

freedom / represented here today. They would see a great and
그들은 위대함과 희망을 볼 수 있을 것입니다
hopeful alternative / to stagnation / and starvation. And they
경기침체와 기아 대신에   그리고 그들은
would find friends / and partners in the rebuilding of their
친구들과 협력자들을 찾을 수 있을 것입니다   그들의 나라를 재건에 대한
country.

Vocabulary Drills ①_____ *bravery, the strength of mind and/or body to face and overcome danger and difficulties*
②_____ *government in which all adult citizens share through their elected representatives*

2. love of, challenged Asia, and inspired, respect of, imagine it

3. hospitality, stability…. [h] 발음이 모음이나 유성음 사이에 쓰일 때 또는 기능어와 같은 중요하지 않은 단어에 쓰일 때에는 생략되어 유성음화 하는데, great honor, right here 등의 [h]음은 생략된 체 연음되면서 −t/−d의 −r 유음화만 나타나고 있다.

4. seen the, shown that, on that에 나타나는 [−s, −z, −l, −m, −n, −r]+[th−]은 엄밀히 말해서 조음점 동화가 아니나 편의상 같이 묶어 설명한 것이다.

3. 앞에 있는 명사를 후위 수식하는 형용사적 용법의 to-inf.가 쓰였다. †bring A on B: A를 B에 가져오다.

※ Unit0404에는 <alternative to A: A에 대한 다른 방도, A 대신에>, <not A but B: A가 아니라 B이다>가 쓰이고 있다.

Nuance '보기·예'의 뜻을 가지는 말

① **example**: 어떤 종류 전체에 적용되는 사례·원칙 등을 나타내는 구체적인 보기·사례·견본을 나타내는 가장 일반적인 말로, 그 보다 더 좋은 보기를 찾아볼 수 없음을 암시하며, 여기서 sample이라는 말이 파생되었다. 수학의 '예제' 등이 이에 해당하며, 종종 instance 대신 쓰이기도 하며, 약자로 ex.로 나타내기도 한다. ② **instance**: 일반적인 성질·특징·개념 등을 나타내는 말로 몇 개의 비슷한 다른 예가 있음을 암시하며, example 보다는 개별적인 개념에 대한 표상성이 적다. 보통 example은 설명 등을 위해, instance는 증거 등을 위해 사용하며, example은 사람이나 물건에 사용한다. 또 instance는 항상 어떤 상황에 사용하며, 원리 설명을 위한 전형적인 보기이지만, instance는 일반 개념을 설명하기 위한 구체적인 실례이다. ③ **case**: 어떤 일의 발생·존재에 대한 실재로 존재하는 보기가 되는 구체적인 행위·상황·사건 등 ④ **illustration**: 어떤 이론·원리 등을 분명하게 이해할 수 있도록 돕기 위해 인용하는 보기 ⑤ **sample** : 어떤 종류 전체의 성질·경향 등을 알기 위해 임의로 선정하는 한 부분 ⑥ **specimen**: 과학적·기술적 목적을 위한 sample의 '표본'. ⑦ **model**: 어떤 물건의 구조·외관을 나타내는 '종종 소형(小型)의 견본 ⑧ **pattern**: 특히 복지(服地) 등의 잘게 잘라낸 견본 ⑨ **precedence** : 어떤 일에 대한 과거의 처리 방법으로 '사례, 전례' ⑩ **for example, for instance** : 구어 ⑪ **eg**: 라틴어 exempli gratia의 약어로 for example, 즉, '예를 들면'이라는 뜻이다. ⑫ **ie**: 라틴어 id est의 약어로 that is, 즉 '즉, 다시 말하면'이라는 말로, 본 설명과 관계없다.

소리분석

1. President, guest, government / and, built, land, represented : 말음의 자음 생략

2. and example of, hope of change and, will of a single individual, and I thank you, peoples on, south on, miracle of, partners in : 연음

3. great honor, right here, good of, not a, but a, alternative : −t/−d의 −r 유음화

4. inspired the, seen the, shown that, at the, both sides, on that : 조음점 동화

5. shown me, on both : 비음화

구문분석

1. Your love *of democracy* and example *of courage* **have changed** Korea, **have challenged** Asia, and *inspired* the great respect of my government and my country. … <S + have₁ p.p.₁ + O₁, have₂ p.p.₂ + O₂, and p.p.₃ + O₃> 구조로, <N₂ and N₂>로 구성된 주어에 <have + p.p.>로 구성된 완료형의 술어동사가 오고 있는데, p.p.₃는 have₂에 연결된다.

2. You have shown that sometimes **the conscience and will of a single individual** can move history. … <S + V + O> 구조로 O에 that−절이 왔는데, that−절 역시 <S′ + V′ + O′> 구조이다. 그리고 <**the A and B**> 형태로 서로 다른 두 명사가 하나의 정관사를 공통으로 하고 있음에 주의해야 한다.

3. That road has **the potential** *to bring* the peoples *on* both sides of this divided land together, and for the good of all the Korean people, the North should finish it. … <S₁ + V₁ + O₁, S₂ + V₂ + O₂> 구조의 주요소를 제외한 나머지는 모두 수식어구이며, comma(,) 다음에는 <당위>의 should가 쓰였다.

4. The people of the North **would** see more than physical wealth, they **would** see the creativity and spiritual freedom represented here today. … <S₁ + V₁ + O₁, S₂ + V₂ + O′₂ and O″₂> 구조로 가정법을 뜻하는 서법조동사 would가 사용되고 있다.

번역

김대중 대통령 각하, 당신의 손님으로 이곳을 방문한 것은 커다란 영광입니다. 민주주의에 대한 당신의 사랑과 용기의 본보기는 한국을 변화시켰고 아시아를 자극하였으며 우리 정부와 우리나라의 위대한 존경심에 영감을 주었습니다.

당신은 평생토록 사람들이 거의 상상조차 할 수 없는 곳에서도 변화와 발전에 대한 희망을 보아왔습니다. 당신은 때로는 한 개인의 양심과 의지가 역사를 움직일 수 있음을 보여주었습니다. 저는 당신의 예언력이 있는 지도력을 존경하며 Laura와 저에게 보여준 환대에 감사를 드립니다.

우리는 오늘 한반도에서의 평화와 안정에 대한 도발을 생각나게 하는 것들에 둘러싸여 모였습니다. 김대중 대통령께서는 지금 그가 건설한 길을 제게 보여주었는데, 그 길은 평화를 향한 길입니다. 그리고 그는 DMZ 바로 이곳에서 그 길이 갑자기 끝나는 곳을 제게 보여주었습니다. 1) 그 길은 서로 분단된 양측의 사람들을 결합시킬 수 있는 잠재력을 지니고 있으며, 모든 한국 사람들의 행복을 위해 북측은 그것을 완공시켜야만 합니다.

그 철로를 따라 남쪽을 여행하다보면, 북측의 사람들은 위협이 아니라 평화로운 발전의 기적을 볼 수 있을 것입니다. 전쟁의 폐허에서 일어선 아시아에서 3번째로 큰 규모의 경제를. 2) 북측의 사람들은 물질적인 부 이상을 볼 수 있을 것이며, 그들은 오늘 이곳에서 표현되는 창의력과 정신적인 자유를 볼 수 있을 것입니다. 그들은 경기침체와 기아 대신에 위대함과 희망을 볼 수 있을 것입니다. 그리고 그들은 그들 나라의 재건에 대한 친구들과 협력자들을 찾을 수 있을 것입니다.

연구 38

조동사(auxiliary verb)와 서법조동사(modal auxiliaries)의 기본 개념

… 조동사란 본동사가 단독으로 나타낼 수 없는 시제·법·태를 나타내며, 본동사를 보조하여 기능·필요·필요·당연과 의문·부정·강조 등을 표현하여 보조적으로 사용되는데, 기능을 중심으로 본동사를 겸하는 것(be, do, have, need, dare)과 조동사로만 쓰이는 것(will, shall, can, may, must, ought to, used to)으로 구별할 수 있다.

※법조동사(서법조동사)란 한마디로 가정법을 나타내는 기능을 하는 조동사로 modal verb, modals라고도 한다. 본동사와 함께 쓰이며, 시제·태·상(aspect) 등을 나타내는 be, have, do 등과는 달리 말하는 사람의 심적인 태도(modality)를 나타내는 조동사이다. 예컨대, He *comes*.라는 말을 He *may come*.라고 말한다면 단순히 '온다'라는 의미가 아니라 '와도 좋다', '올지도 모른다'는 <허락>이나 <추측>과 같은 말하는 심적인 태도가 개입되게 되고, 이때의 조동사를 서법조동사라 하는 것이다. 이러한 심적 태도는 명령·금지·경고·협박·의무·당위·권고·충고·간청·권장·부탁, 허가·허락·약속·소원·기원·희망·의도·의지·결의, 추측·필연·개연 등을 들 수 있으며, *will·shall·can·may* + 동사원형, *would·should·could·might* + 동사원형(또는 have + p.p.) 등의 형태로 나타나게 된다(ought to, must, have to, used to, be to 등도 서법조동사로 쓰일 때가 많다).

Unit0405 South Korea is more than a successful nation, ① [itízə nigzǽmpl tuðwɔ́:rl]＿＿＿＿＿＿. When
남한은 성공적인 국가 이상으로 　　　　　　　　　　　　그것은 세계의 본보기입니다
nations embrace freedom, they find economic and social progress. When nations
국가들이 민주주의를 받아들이면 　　　그들은 경제적이며 사회적인 발전을 이룩합니다 　　　국가들이
accept the rules / of the modern world, they find the benefits / of the modern world.
현대 세계의 규칙들을 인정하면 　　　　　　　그들은 이익을 얻습니다 　　　새로운 세계의
And when nations treat men and women / with dignity, they find true greatness.
그리고 국가들이 남녀들을 존엄으로 대우하면 　　　　그들은 진정한 위대함을 이룹니다

Unit0406 When satellites take pictures of the Korean Peninsula / at night, the South is awash /
인공위성이 한반도의 사진을 찍으면 　　　　　　　　　밤에 　　남측은 가득합니다
in light. The North is almost completely dark. Kim Dae-jung has put forward a vision
빛으로 　　북쪽은 거의 완벽하게 어둠입니다 　　　　　김대중 대통령은 선견지명을 내보였습니다
that / can illuminate the whole Peninsula. We want all the Koreans to live in the light.
한반도 전체를 밝힐 수 있는 　　　우리는 모든 한국인들이 광명 속에서 살아가기를 원합니다
(Applause.)

Unit0407 My vision is clear : I see a Peninsula / that is one day united in commerce and
3)
cooperation, instead of divided by barbed wire and fear. Korean grandparents should
　　　　　　　　　　　　　　　　　　　　　　　　　　　한국의 노인들은
be free to spend their final years / with those they love. Korean children should never
그들의 노년을 자유롭게 보낼 수 있어야만 합니다 　그들이 사랑하는 이들과 함께 　한국의 어린이들은 결코 굶주려서는 안됩니다
starve / while a massive army is fed. No nation / should be a prison / for its own
거대한 군대에 식량이 공급되는 동안 　감옥이 되는 나라는 있어서는 안됩니다 　그 자신의 국민들을 위한
people. No Korean should be treated / as a cog / in the machinery / of the state.
한국인들은 취급되어서는 안됩니다 　톱니의 한 이로 　국가라는 기계에 있어서의

Unit0408 ② [ǽnǽzai stéirid bifɔ́: ði əmérikən kǽŋgris]＿＿＿＿ / just a few weeks ago, we must not /
그리고 제가 미국의 의회에서 선언했던 것과 마찬가지로 　　불과 몇 주전에 　　우리는 용인해서는 안됩니다
permit the world's most dangerous regimes / to threaten us / with the world's most
세계의 가장 위험한 정권을 　　　　　　　우리를 위협하는 　세계에서 가장 위험한 무기로
dangerous weapons.

Unit0409 I speak for these convictions / even as we hope / for dialogue with the North. America
저는 그러한 확신을 말했습니다 　　　대화를 희망하면서 　　　북측과
provides humanitarian food assistance / to the people of North Korea, despite our
미국은 인도적인 식량 원조를 제공하고 있습니다 　　　북한의 국민들에게 　　　우리의 우려에도 불구하고
concerns / about the regime. We're prepared to talk / with the North / about steps / that
그 정권에 관한 　　　　　　4)
would lead to a better future, a future that is more hopeful and less threatening.

But like this road left unbuilt, our offer / has gone unanswered.
그러나 이 길이 미완성인 채로 남겨진 것처럼 　우리의 제안은 대답이 없습니다

Unit0410 Some day we all hope the stability of this Peninsula / will be built on the reconciliation
언젠가는 　　　우리 모두는 희망합니다 　이 반도의 안정이 　　　　구축될 것으로 　화해 위에
/ of its two halves. ③ [je tədéi]＿＿＿, the stability of this Peninsula /④ [iz bíltən ðə gréi rəláiəns]
두 반쪽의 　　　　그러나 오늘은 　이 반도의 안정이 　　　　　　구축되어 있습니다
＿＿＿＿＿ / between the Republic of Korea / and the United States.
위대한 동맹 위에 　　대한민국과 미합중국의

Vocabulary Drills ③ ＿＿＿＿＿＿＿＿＿ *one of many teeth on a wheel that fit into teeth on another wheel and turn it*
④ ＿＿＿＿＿＿＿＿＿ *a long, usually narrow strip of land surrounded by water and connected to the mainland*

1. 부사라고 해서 반드시 빠르게 발음하는 것도 아니다. 본 연설처럼 외교적인 자리에서는 차분히 또박또박 천천히 연설하는 까닭에 it is에서 -t/-d의 -r유음화가 일어나지 않고 [t]가 발음되고 있다.

2. †take a picture: 사진을 찍다.

3. †one day: (과거나 미래의) 어느 날, 언젠가는/ some day: (보통 미래의) 어느 날/ instead of: ~대신에(in one's place)

4. <당위>를 뜻하는 should, <자격>을 의미하는 전치사로 쓰인 as 등에 주의해야 한다.

5. to-inf.는 앞에 있는 명사 regimes을 후위 수식하는 형용사적 용법이며, with 는 <도구>를 의미하는 전치사로 쓰였다.

6. that₁-관계절 안에 a future를 선행사로 하는 또 다른 that₂-관계절이 쓰인 혼합문이다.

7. hope 다음에 명사절을 유도하는 접속사 that이 생략되었다.

※ Unit0409에 쓰인 even as는 '마침 ~할 때에, 바로 ~한 대로'의 뜻을 가진다.
¶It happened ~I expected.(그것은 바로 내가 예상한 대로 일어났다.)/ E~ as I reached the doorway, a man came darting out of it.(내가 마침 문간에 도착했을 때 한 남자가 쏜살같이 튀어 나왔다.)

(🔊 소리분석) **1.** it is an example to the world : 연음, 자음 뒤 말음의 자음 생략

2. And as I stated before the American Congress : 말음의 자음 생략, 연음, -t/-d의 -r 유음화

3. Yet today : 겹자음의 발음 생략, yesterday로 듣지 않도록 조심해야 한다.

4. is built on the great alliance : 연음, -t/-d의 -r 유음화

(💡 구문분석) **1.** When nations accept *the rules of the modern world*, they find the benefits of the modern world. ··· <when + S' + V' + O', S + V + O> 구조의 문장이다.

2. When satellites take pictures of the Korean Peninsula at night, the South is awash in light. ··· awash가 '파도에 시달린(씻긴)'의 뜻이 아니라 '~으로 가득한(full)'의 의미로 쓰였다.

3. My vision is clear : I see a **Peninsula** *that is one day united in commerce and cooperation, instead of divided by barbed wire and fear.* ··· **Peninsula**를 선행사로 하는 관계절이 오고 있다.

4. No Korean **should** be treated as a cog in the machinery of the state. ··· 부정주어 구문이다.

5. *And as I stated before the American Congress just a few weeks ago, we **must** not permit the world's most dangerous regimes to threaten us with the world's most dangerous weapons.* ··· as는 '~와 같이'의 뜻으로 접속사, **must** not 은 '~해서는 안된다'<금지>의 뜻으로 쓰인 조동사이다.

6. We're prepared to talk with the North about **steps** *that₁ would lead to a better future, a future that₂ is more hopeful and less threatening.* ··· **steps**를 선행사로 하는 that₁-관계절이 오고 있다.

7. Some day we all hope **the stability of this Peninsula** will be built *on the reconciliation of its two halves.* ··· some day는 여기서 도치되었다.

[연구 39]
부사구의 도치
1) 부정(否定)의 부사(구)인 neither, nor, never, scarcely, hardly, little, rarely, not only, no sooner, only, so 등의 부사(구)가 문두에 오면 반드시 도치가 일어나는데, 조동사나 be-동사가 없을 때에는 do-동사를 사용하여 도치하게 된다.
· **Little** did I dream that such a thing would happen.
· **Never** was there a great mistake.
2) 운동의 방향이나 장소 등의 부사(구)가 문두에 오면 도치가 일어나는데, 목적어가 있고 일반동사만 있는 경우는 do-동사를 이용하지만, 주어가 인칭대명사이면 정상어순 그대로 쓰인다.
· **In** rushed the boy and his dog.
· **Down** came the rain. cf. **Down** he came.
· **Well** do I remember the day.
· **In the gap** were the footprints of the sheep.
그러나 이처럼 부사(구)가 문두에 오는 경우라 할지라도 모두 강조 도치가 아니고 균형 도치도 있으므로 앞뒤의 문맥을 살펴 판단해야 한다.
· **On the top of the hill** stood an old castle.
· **In front of the bus stop** is a book store.

[번역] 남한은 성공적인 국가 이상으로, 그것은 세계의 본보기입니다. 국가들이 민주주의를 받아들이면, 그들은 경제적이며 사회적인 발전을 이룩합니다. 국가들이 현대 세계의 규칙들을 인정하면, 그들은 새로운 세계의 이익을 얻습니다. 그리고 국가들이 남녀들을 존엄으로 대우하면, 그들은 진정한 위대함을 이룹니다.

인공위성이 밤에 한반도의 사진을 찍으면, 남측은 빛으로 가득 합니다. 북쪽은 거의 완벽하게 어둠입니다. 김대중 대통령은 한 반도 전체를 밝힐 수 있는 선거지명을 내보냈습니다. 우리는 모 든 한국인들이 광명 속에서 살아가기를 원합니다.

3) 제 생각은 분명합니다. 저는 어느 날 가시돋친 철조망과 공 포로 분리되는 것 대신에 상거래와 협조를 통해 통일된 하나의 반도를 보고 있습니다. 한국의 노인들은 그들의 노년을 그들이 사랑하는 이들과 함께 자유롭게 보낼 수 있어야만 합니다. 한국 의 어린이들은 거대한 군대에 식량이 공급되는 동안 결코 굶주 려서는 안됩니다. 그 자신의 국민들을 위한 감옥이 되는 나라는 있어서는 안됩니다. 국가라는 기계에 있어서의 톱니의 한 이로 한국인들은 취급되어서는 안됩니다.

그리고 불과 몇 주전에 제가 미국의 의회에서 선언했던 것과 마찬가지로, 우리는 세계에서 가장 위험한 무기로 우리를 위협하는 세계의 가장 위험한 정권을 용인해서는 안됩니다.

저는 북측과 대화를 희망하면서 그러한 확신을 말했습니다. 미국은 그 정권에 관한 우리의 우려에도 불구하고 북한의 국민들에게 인도적인 식량 원조를 제공하고 있습니다. 4) 우리는 더 나은 미래, 더 희망적이고 덜 위협적인 미래를 이끌어낼 수 있는 조치에 관하여 북측과 대화할 준비가 되어 있습니다. 그러나 이 길이 미완성인 채로 남겨진 것처럼, 우리의 제안은 대답이 없습니다.

우리 모두는 언젠가는 이 반도의 안정이 두 반쪽의 화해 위에 구축될 것으로 희망합니다. 그러나 오늘은 이 반도의 안 정이 대한민국과 미합중국의 위대한 동맹 위에 구축되어 있습니다.

[Nuance Drills] *Fill in the blanks with a suitable word as given:*

1 _____ refers to a person, thing, or event that is adduced to prove or support a general statement.2 _____ is applied to any happening or condition that demonstrates the general existence or occurrence of something. 3 _____ is applied to something that is cited as a typical of the members of its group. 4 _____ is used of an instance or example that helps to explain or clarify something.
(a) example (b) instance
(c) case (d) illustration

[Answers for Vocabulary Drills] ③ cog ④ peninsula

Unit0411

All of Asia, including North Korea, knows that / ① _____ — will stand
북한을 포함하여 모든 아시아는 알고 있습니다 　　　　　　　　　　미국이 확고하게 지원할 것임을
firmly — with our South Korean allies. (Applause.) We will sustain our obligations / with
　　　　　동맹국 남한을　　　　　　　　　　　　　　　　　　　우리는 우리의 의무를 다할 것입니다
honor. Our forces and our alliance are strong, ② _____ / of
훌륭하게　우리의 힘과 우리의 동맹관계는 강하며　　　　이런 강력함이 기반입니다
peace on the Peninsula.
한반도 평화의

Unit0412

American forces receive generous support / from our South Korean hosts, and we are
미국 군대는 광범위한 지원을 받고 있으며　　　　　　　주인 남한으로부터　　　　우리는 여기고 있습니다
very grateful. Today we are increasing the effectiveness / of our military forces, even
매우 고맙게　　　오늘날 우리는 우리 군사력의 유효성을 증강하고 있는 중입니다
as U.S. troops become a less intrusive presence in Korea, itself.
마침 주한 미군 스스로가 한국에서 간섭을 줄여가고 있는 때에

Unit0413

Americans are also very grateful / for the tremendous outpouring of sympathy / and
미국인들은 또한 매우 감사하고 있습니다　　　　엄청난 동정과 지원을 보여준 것에 대하여
support / shown by the South Korean people / following the terror of September the
남한 사람들이　　　　　　　　　9월 11일의 테러에 뒤이어
11th. Today, both our nations are cooperating / to fight against terror, proving that
오늘날 양국은 모두 협조하고 있는 중입니다　　　테러와 싸우기 위해
our alliance is both regional / and global.
우리의 동맹관계가 지역적인 동시에 세계적이라는 것을 증명하면서

Unit0414

The United States and South Korea / are bound by common interests. Our alliance is
미합중국과 남한은　　　　　　　공동의 이익으로 단결하고 있습니다　　　우리의 동맹관계는
defined / by common values. We deeply value our own liberty / and we care about the
공통의 가치에 의해 맹백하게 보여주고 있습니다 우리는 우리 스스로의 자유를 깊이 존중하며　관심을 가지고 있습니다
liberty of others. Like the United States, South Korea has become a beacon / of
다른 사람의 자유에　　⑤
freedom, showing to the world / the power of human liberty / to bring down walls / and
uplift lives.

Unit0415

Today, across the mines and barbed wire, that light shines brighter than ever. ③
오늘날　　땅굴들과 철조망을 가로질러　　　　　　저 빛이 어느 때 보다 밝게 빛나고 있습니다
_____ , but as an invitation. People on both sides of
그것은 북측에 대한 위협으로서 비취지는 것이 아니라　　초대로서 비취지는 것입니다　⑥
this border / want to live in freedom / and want to live in
dignity, ④ _____ / and famine / and war.

I hope that one day soon / this hope will be realized. And
저는 희망합니다　　이런 희망이 실현되는 그런 날이 어서 오기를
when that day comes, all the people of Korea / will find in
그리고 그런 날이 오거든　　　한국의 모든 사람들은　　　알게 될 것입니다
America / a strong / and willing friend.
미국이 강하고 돕기를 즐겨하는 친구라는 것을

Unit0416

May God bless you all. (Applause.)
여러분 모두에게 신의 은총이 함께 하기를 바랍니다

Vocabulary Drills ⑤ _____ a light or a fire, usually on a hill or tower, which acts as a signal or a warning
⑥ _____ a legal or moral requirement to do something, a feeling one must do something

소리분석 **1.** America will stand firmly : 자음 뒤 말음의 자음 생략

2. and this strength is the foundation : 말음의 자음 생략, 겹자음의 발음 생략, 연음, 조음점 동화

3. It shines not as a threat to the North : -t/-d의 -r유음화, 연음, 겹자음의 발음 생략

4. without the threat of violence : 조음점 동화, -t/-d의 -r유음화, 겹자음의 발음 생략

구문분석 **1.** All of Asia, *including North Korea*, knows that America will stand firmly — will stand firmly — with our South Korean allies. … [S + V + that-clause as O(S′ + V′)] 구조의 복문인데, 여기의 stand가 '~에 대하여 편들다, 지원하다(for)'의 뜻으로 쓰였음에 주의해야 한다.

2. Today we are increasing the effectiveness of our military forces, *even as* U.S. troops become a less intrusive presence in Korea, itself. … <S + V + O> 구조로, even as의 번역에 주의해야 한다.

3. Today, both our nations are cooperating *to fight* against terror, *proving that our alliance is both regional and global*. … <S + V> 구조의 단문, <목적>을 뜻하는 to-inf., 부대상황의 현재분사가 왔다.

4. Americans are also very grateful for the tremendous outpouring *of sympathy and support* shown by the South Korean people following the terror of September the 11th. … <S +V + C>의 단문이다.

5. Like the United States, South Korea has become a beacon of freedom, *showing to the world the power of human liberty* **to bring** *down walls and* **uplift** *lives*. … <S + V + C> 구조의 단문이다.

6. People *on both sides of this border* **want** to live in freedom and **want** to live in dignity, without the threat of violence and famine and war. … <S + V₁ + O₁ and V₂ + O₂> 구조로, O에 to-inf.가 쓰였다.

---

2. even as는 '마침 ~할 때에, 바로 ~한 대로'의 뜻을 가진다. ¶It happened ~I expected.(그것은 바로 내가 예상한 대로 일어났다.)/ E~as I reached the doorway, a man came darting out of it.(내가 마침 문간에 도착했을 때 한 남자가 쏜살같이 튀어나 왔다.)

5. 부대상황의 현재분사, 후위 수식의 to-inf.가 쓰였다.

Nuance '지지하다'의 뜻을 가지는 말

① **support** : 역학적·정신적인 지지는 물론이고 생활비 등의 유지까지 다양한 형태의 지지를 뜻하는 가장 일반적인 말로, 그 지지가 없으면 무너질 가능성이 있음을 암시하며, prop에 비하여 품위있는 말이다. ② **sustain** : 딱딱한 말로, 정당하다고 판단하여 계속적인 노력으로, 공식적으로 충분히 support하다. ③ **advocate** : 주의·사상·신앙 따위를 support한다는 것을 분명히 말하다. ④ **champion** : 부당한 공격을 받고 있거나 약자로 보이는 자를 공공연하게 support하다. ⑤ **uphold** : 공격을 당하여 쓰러지려(무너지려) 하는 것을 지탱한다는 의미로, 남의 주의·주장·신념 등을 '옹호·격려하다'는 뜻으로 주로 비유적인 표현에 사용한다. ⑥ **maintain** : 주로 정신적인 것에 쓰여 본래의 모습을 그대로 유지할 수 있도록 support하다. ⑦ **sponsor** : 행사·방송 프로그램 등의 후원자 또는 주최자가 되다. ⑧ **prop** : 일상 용어로, 종종 전치사 up과 함께 사용한다. ⑨ **hold up** : 구어적 표현

Nuance Drills *Fill in the blanks with a suitable word as given.*

¹_____, the broadcast of these terms, suggests a favoring of someone or something, either by giving active aid or merely by approving or sanctioning. ²_____ suggests that what is being supported is under attack. ³_____ implies full active support so as to strengthen or keep from failing. ⁴_____ suggests a supporting so as to keep intact or unimpaired. ⁵_____ implies support in speech or writing and sometimes connotes persuasion or argument. ⁶_____ (often⁷_____ up) suggests supports, as financial aid, moral encouragement, etc., given to prevent failure.

(a) sustain   (b) support
(c) uphold   (d) advocate
(e) back   (f) maintain

번역 북한을 포함하여 모든 아시아는 미국이 동맹국 남한을 확고하게 지원할 것임을 알고 있습니다. 우리는 우리의 의무를 훌륭하게 다할 것입니다. 우리의 힘과 우리의 동맹관계는 강하며, 이런 강력함이 한반도 평화의 기반입니다.

미국 군대는 주인 남한으로부터 광범위한 지원을 받고 있으며, 우리는 매우 고맙게 여기고 있습니다. 오늘날 마침 주한 미군 스스로가 한국에서 간섭을 줄여가고 있는 때에, 우리는 우리 군사력의 유효성을 증강하고 있는 중입니다.

미국인들은 또한 남한 사람들이 9월 11일의 테러에 뒤이어 엄청난 동정과 지원을 보여준 것에 대하여 매우 감사하고 있습니다. 오늘날 양국은 모두 우리의 동맹관계가 지역적인 동시에 세계적이라는 것을 증명하면서, 테러와 싸우기 위해 협조하고 있는 중입니다.

미합중국과 남한은 공동의 이익으로 단결하고 있습니다. 우리의 동맹관계는 공통의 가치에 의해 맹백하게 보여주고 있습니다. 우리는 우리 스스로의 자유를 깊이 존중하며, 다른 사람의 자유에 관심을 가지고 있습니다. 5) 미합중국과 마찬가지로 남한은 장벽을 무너뜨리고 삶을 향상시키는 자유로운 인간의 힘을 세계에 보여주면서 자유의 봉핫불이 되었습니다.

오늘날, 땅굴들과 철조망을 가로질러 저 빛이 어느 때 보다 밝게 빛나고 있습니다. 그것은 북측에 대한 위협으로서 비취지는 것이 아니라 초대로서 비춰지는 것입니다. 6) 이 경계의 양측에 있는 사람들은 폭력과 굶주림과 전쟁의 위협이 없이 자유롭게 살기를 원하며, 인간답게 살기를 원합니다. 저는 이런 희망이 실현되는 그런 날이 어서 오기를 희망합니다. 그리고 그런 날이 오거든 한국의 모든 사람들은 미국이 강하고 돕기를 즐겨하는 친구라는 것을 알게 될 것입니다.

여러분 모두에게 신의 은총이 함께 하기를 바랍니다.

연구 40

원형부정사를 써야만 하는 경우(2)

1) You *must* go now. / Can such thing *be* possible? / He *may have* said so. 2) He felt her *draw* his arms about her neck. / He *noticed* her face *harden*. / I never *knew* a man *love* a woman more fondly. *cf.* I *see* this *to be* true. 3) I *helped* him *find* his things. / I'd rather wait for him than *have you wait* for me. / They *made* him *go*. / I *let* him *go*. / He *bade* the attendants *leave* the hall. 4) You *had better start* at once. *cf.* You *had better* not *make* haste.= You *hadn't better make* haste. / I *had best go*. = I should have it best to go. = I should regard going as best. 5) I'd *sooner die* than *betray* my friend. / We *would rather die* than *live* in dishonor. 6) He *may well ask* that. / The word "impossible" *might as well be* dropped from the dictionary. 7) I *cannot but smile* at the idea. = I *cannot do otherwise than* (to) *smile* ~. = I *cannot help(avoid, forbear) smiling* ~. = I *cannot keep(desist, refrain, abstain, hold back, keep back) from smiling* ~. 8) She *did nothing but complain* the whole time she was here. 9) I must learn *to speak, read,* and *write* English. *cf.* **To be** or not *to be*; that's the question. 10) All he does is *complain*. / What I've got to do is *go* and *see* him. 11) He is better able to write *than speak* in English. / What does he do in the world *besides gamble*? 12) *Why spend* such a lot of money? 13) **Look** at that bird. / **Give** me something to eat. / Lord **preserve** us!

Unit 5
President Bush and President Kim Dae-Jung
Remarks in Korea-U.S. Joint Press Conference

2002년 2월 20일 대통령에 당선된 뒤 처음으로 한국을 방문하여 도라산역 개통식에 참석하기 전, 청와대에서 김대중 대통령과 정상회담을 마친 후 공동으로 기자회견을 하는 모습이다. 2002년 1월 미국 의회에서의 연설을 통해 북한을 '악의 축'으로 지목한 사실에 대한 해명, 김대중 정부의 햇볕정책 등에 대한 지원 등을 모두 연설과 기자들의 일문일답을 통해 발표하고 있다. 각 페이지 밑줄 친 부분을 번역하고, 하단의 설명을 읽고 해당하는 단어를 본문에서 찾아 써라.

President Kim : I would like to give my presentation. First, on behalf of the Korean people, I would
Unit0501　　　모두 발언을 말씀드리겠습니다　　　　　　　　　　　먼저　　우리 국민과 더불어

like to warmly welcome President Bush / and thank him / for taking time / out of the
부시 대통령께 진심으로 환영의 뜻을 표합니다　　　　　　　　　　　분주한 일정 중에서도

war against terrorism / to visit / our country. This visit / is the first / by President Bush
대테러 전쟁을 수행하시는　　　　우리나라를 찾아 주신 데 대해　　특히, 부시 대통령께서는 취임 이후 처음이자

since his inauguration, and it is also the first / by an American President / in the 21st
　　　　　　　　　　　미국 대통령으로서는 최초로 방한하셨습니다　　　　　　21세기 들어

century. It is for this reason / that this visit will lay the foundation / for future progress
　　　　각별한 의미가 있다고 생각합니다　　　그만큼 이번 방한에는 기틀을 다지는

/ in Korean-U.S. relations / in this century.
　21세기 한·미 관계 발전의

Unit0502　During today's meeting, President Bush and I / recognized / that the Korea-U.S. alliance /
　　　　　1)

is indispensable / not only for stability / on the Korean Peninsula, but also in Northeast

Asia as a whole. Furthermore, President Bush and I / expressed satisfaction / that the
　　　　　　　　　　　아울러 우리 두 정상은　　　　　　　　　　　만족을 표시하였습니다

bilateral alliance / is not limited to cooperation / in security matters, but that the com-
양국 동맹관계가 안보협력뿐 아니라

prehensive partnership / has expanded and developed / to all areas, including political,
포괄적 동반자 관계로　　　　　　확대, 발전되고 있는 데 대해서도　　　모든 분야에서　　정치

economic and diplomatic arenas.
경제, 외교 등

Unit0503　President Bush and I / exchanged views / about the war against terrorism / and future
우리 두 정상은　　　　　　심도있는 의견교환을 가졌습니다　　9.11 테러사태 이후 대테러 전쟁의 상황과 향후 추진방향 등에 관해

course of action. I praised / President Bush / for the success / in the war against terror-
　　　　　　　　　2)

ism / under his outstanding leadership, and indicated / that Korea / as an ally / would do

its utmost / to cooperate and provide full support.

Unit0504　President Bush and I / agreed / to work with mutually / consistent / objectives and
또한 오늘 회담에서 우리 두 정상은　　나가기로 하였습니다　　상호 일치된 목표와 전략하에

strategies / in close consultation / in pursuing the North Korean policy. I greatly appre-
　　　　　　한·미 양국이 긴밀한 공조를 통해서 대북정책을 추진해　　　　　나는 높이 평가합니다

ciate / President Bush's staunch support / for our sunshine policy, as well as the U.S.'s /
　　　부시 대통령께서　　　　우리의 대북포용정책에 대한 적극적인 지지 입장을 강조함과　　동시에

unconditional proposal / to dialogue / with North Korea.
미국의 조건 없는 대북 대화의지를 분명히 밝히신 것을

Vocabulary Drills　①＿＿＿＿＿＿＿＿＿＿＿ *a large building for the presentation of sports and other events, such as concerts*
　　　　　　　　　②＿＿＿＿＿＿＿＿＿＿＿ *installation of a U.S. president or state governor ; beginning, opening ceremony*

김대중 대통령의 연설은 그것이 영어로 어떻게 통역되고 있는지를 사실적으로 보여주기 위해 청와대 홈페이지에 공개되고 있는 원문을 그대로 수록한다. 즉, 영어로 통역된 것을 우리말로 번역한 것이 아니라 김대통령이 연설한 원문을 그대로 실어두니, 그것이 우리나라의 통역관을 통해 영어로 어떻게 옮겨지고 있는 지 살펴볼 수 있는 기회가 되길 바란다.

소리분석 *1.* First, against : 자음 뒤 말음에 쓰인 자음 생략(주로 -d/-t음의 생략)

2. behalf of, thank him, it is also, an American, Bush and I, is indispensable, as a, bilateral alliance, expanded and, course of action, as an ally, its utmost : 연음

3. out of, but also, satisfaction, bilateral, limited, matters, political, diplomatic, leadership, indicated, cooperate : 강모음과 약모음 사이에 쓰인 -t/-d의 -r유음화

4. this century, would do : 겹자음의 발음 생략

5. that this, but that the, about the : 조음점 동화

구문분석 *1.* First, on behalf of the Korean people, I would like to warmly *welcome* President Bush *and thank* him for taking time out of the war against terrorism to visit our country. … <S + V₁ + O₁ and V₂ + O₂> 구조의 주요소를 제외한 나머지는 모두 부사적 수식어구이다.

1. †**on behalf of**: ~을 대신(대표)하여(*on a person's behalf, as the representative of*), ~을 위하여/ **would like to**: ~하고 싶다./ **take time out**(off) **to do**(또는 for): ~하기 위해 시간을 내다.

2. †**as a whole**: 총괄적으로, 전체로서

5. †**agree to**: (의의 등에) 동의하다 (*say 'yes', consent*)./ **agree on** (*or about*+*something*): (조건·의안 등이) 합의에 도달하다(*be the same opinion or mind*)./ **agree with** (*or among*+*someone*): (사람에) 동의하다.

6. <B as well as A: A뿐만 아니라 B도 역시>가 쓰여, O인 **support**와 **proposal**이 비교의 대상인 A·B로 왔다.

2. During today's meeting, President Bush and I recognized that the Korea-U.S. alliance is indispens- able *not only* for stability on the Korean Peninsula, *but also* in Northeast Asia as a whole. … [S₁ + V₁ + that-clause as O₁{S₂ + V₂ + C}] 구조에 S가 두 사람이며, O에 that-절이 왔다.

3. Furthermore, President Bush and I expressed *satisfaction that the bilateral alliance is* **not limited** *to cooperation in security matters,* **but** *that the comprehensive partnership has expanded and developed to all areas, including political, economic and diplomatic arenas.* … <S + V + O> 구조에 O를 선행사로 하는 that-관계절이 왔는데, 그 안에 <not A but B: A가 아니라 B이다>가 쓰였다.

4. I *praised* President Bush *for the success in the war against terrorism under his outstanding leadership,* **and indicated** *that Korea as an ally would do its utmost* **to cooperate and provide** *full support.* … <S + V₁ + O₁, and V₂ + that-clause as O₂> 구조로, 주요소를 제외한 나머지는 모두 부사적 수식어구이다. †**do**(try, exert) **one's utmost** : 전력을 다하다.

5. President Bush and I agreed *to work with* mutually consistent objectives and strategies in close consultation in pursuing the North Korean policy. … <S + V + O> 구조에 O로 to-inf.가 쓰였다.

6. I greatly appreciate **President Bush's staunch support** *for our sunshine policy,* as well as *the U.S.'s* **unconditional proposal** *to dialogue with North Korea.* … <S + V + O> 구조이다.

Nuance '동맹 연합'의 뜻을 가지는 말
① **alliance**: 모든 종류의 동맹관계를 가리키는 가장 일반적인 말. 다른 말들이 선악 모두에 다 쓰이는 것과는 달리, alliance가 나쁜 일에 사용되는 것은 드물다. ② **union**: 참가국이 실질적으로 일체화되어 있는 긴밀하고도 영구적인 동맹관계 ③ **league**: 특정 목적을 위한 동맹 관계. 종종 confederacy, alliance와 같은 뜻으로 쓰이며, 나쁜 목적을 위해서 사용되는 경우가 많다. ④ **confederation**: 어떤 종류의 통치 기능을 공동으로 시행하기 위한 영속적인 동맹관계 ⑤ **confederacy**: 국가 사이의 confederacy는 흔히 alliance보다 더 친밀한 동맹관계임을 암시하며, 일시적인 동맹이나 도당·결당 등의 나쁜 의미로도 사용한다. ⑥ **coalition**: 이해가 상반되거나 주의, 정책을 위한 일시적인 연합. ①③⑤⑥은 모두 국가, 단체, 개인간의 동맹 결합에 사용한다.

번역 **김대중 대통령**: 모두 발언을 말씀드리겠습니다. 먼저, [부시] 대통령께서 대테러 전쟁을 수행하시는 분주한 일정 중에서도 우리나라를 찾아 주신 데 대해 우리 국민과 더불어 진심으로 환영의 뜻을 표합니다.

특히, [부시] 대통령께서는 취임 이후 처음이자 21세기 들어 미국 대통령으로서는 최초로 방문하셨습니다. 그만큼 이번 방한에는 21세기 한·미 관계 발전의 기틀을 다지는 각별한 의미가 있다고 생각합니다.

1)오늘 회담에서 나와 [부시] 대통령은 한·미 동맹관계가 한반도뿐 아니라 동북아 지역 안정에 긴요하다는 데 인식을 같이 하였습니다. 아울러 우리 두 정상은 양국 동맹관계가 안보협력뿐 아니라 정치, 경제, 외교 등 모든 분야에서 포괄적 동반자 관계로 확대, 발전되고 있는 데 대해서도 만족을 표시하였습니다.

우리 두 정상은 9.11 테러사태 이후 대테러 전쟁의 상황과 향후 추진방향 등에 관해 심도있는 의견교환을 가졌습니다. 2)나는 [부시] 대통령의 탁월한 리더십아래 대테러 전쟁이 성공적으로 이루어지고 있음을 높이 평가하였으며, 한국이 동맹국으로서 가능한 모든 협력과 지원을 다할 것임을 표명하였습니다.

또한 오늘 회담에서 우리 두 정상은 한·미 양국이 상호 일치된 목표와 전략하에 긴밀한 공조를 통해서 대북정책을 추진해 나가기로 하였습니다. 나는 부시 대통령께서 우리의 대북포용정책에 대한 적극적인 지지 입장을 강조함과 동시에 미국의 조건 없는 대북 대화의지를 분명히 밝히신 것을 높이 평가합니다.

Answers for Vocabulary Drills ① arena ② inauguration

※ 본문의 밑줄 친 부분을 번역하고, 하단의 설명을 읽고 해당하는 단어를 본문에서 찾아 써라.

Unit0505 President Bush and I / also discussed / in-depth issues / related to the threat / of WMD
아울러 나와 [부시] 대통령은　　진지한 논의를 가졌습니다　　비확산 노력에 대해　　대량살상무기 확산위협과
proliferation / such as the possibility of terrorists / obtaining WMDs, and U.S. efforts / to
　　대량살상무기 테러리스트들의 획득 가능성 등　　　　　　미국이 추진하는 범세계적
deter their spread across the world. In this regard, we also concurred / that the
이를 저지하기 위해　　　　　　　　이와 관련해서　　　　우리 양측은 인식을 같이 하였으며
objective is to resolve the issue / of North Korean WMDs and missiles / at an early
북한의 대량살상무기와 미사일 문제가 긴요하다는 데　　　　　　　대화를 통해 조속히 해결되는 것이
date / through dialogue. To this end, we agreed / that Korea-U.S. joint efforts / were
　　　　　　　이를 위해 한·미 간에 공동노력을 기울여 나가기로 하였습니다
necessary.

Unit0506 President Bush and I concurred that / continued expansion / and progress of bilateral,
3)
economic and trade relations / are in the interest / of both our countries. Furthermore,
　　　　　　　　　　　　　　　　　　　　　　　　　　　　　　　또한
we also agreed / to further deepen / cooperative relations / at the multilateral level, such
심화시켜 나가기로 하였습니다　　　　다자차원에서의 협력관계를
as the WTO — development agenda.
WTO [도하 개발 아젠다] 협상추진 등

Unit0507 I am more than satisfied with the frank and open / exchange of views / I had with
나는 매우 만족스럽게 생각합니다　　　　　허심탄회하게 의견을 교환한 것을
President Bush / this morning / on numerous / issues. I would like to take this oppor-
오늘 정상회담에서 [부시] 대통령과 상호 관심사에 관해　　　　4)
tunity / to express my heartfelt gratitude / to President Bush / for the interest / he has
expressed in peace on the Korean Peninsula, for the unparalleled affection / he has for
Korea, as well as the efforts and enthusiasm he has demonstrated in the develop-
ment of bilateral relations.

Thank you.
감사합니다

President Bush : Thank you, Mr. President. It is such an honor to be here. Laura and I / are grateful
Unit0508 감사합니다　　김대중 대통령 각하　　이 자리에 참석하게 된 것을 영광으로 생각합니다　　Laura와 저는 고맙게 생각합니다
for your hospitality and / the hospitality of / First Lady Hee-ho. We look forward to / a
각하의 환대와　　　　　　영부인 이희호 여사께서 보여준 환대에　　　　우리는 기대합니다
full day / in your beautiful country.
아름다운 한국에서 하루를 보내기를

Unit0509 The President is right, we had a great meeting. It was so good that / we didn't want
김대통령은 옳았고　　　　　우리는 훌륭한 회담을 가졌습니다　　그 회담이 너무도 훌륭했던 까닭에
to go into the meeting room / where there was more people. We had a very frank
우리는 회담장 안으로 들어서고 싶지 않았습니다　　더 많은 사람들이 있는　　　우리는 매우 솔직한 의견교환을 하였습니다
exchange. And that's important / when you're friends, to be able to / discuss issues in
　　　그리고 그것은 중요합니다　　여러분이 동맹국인 이상　　현안에 대하여 깊이 있게 토론할 수 있다는 것은
depth.

Vocabulary Drills ③ _____ *a giving and receiving of words, ideas, etc., in speaking and writing*
④ _____ *to cover a surface by pushing something toward the edges of the surface*

1. such as, this end, both our … 특른 발음이라면 at an, It is에서는 -t/-d의 -r유음화가 나타나겠지만, 차분하게 발음하여 연음됨에 그치고 있다. joint efforts는 -nt/-nd/-rd/-rt에서의 -t/-d음의 생략과 동시에 연음되고 있다.

4. of both, that the, at the도 조음점 동화에 해당한다.

소리분석 1. Bush and I, spread across, continued expansion, progress of, economic and, development agenda, frank and open/exchange of, this opportunity, expressed in peace on, unparalleled affection, as well, efforts and enthusiasm, demonstrated in, such an honor, in your, that's important, issues in, Thank you : 연음

2. related, bilateral, multilateral, satisfied, gratitude, hospitality, beautiful, meeting : -r 유음화

3. regard, end, interest, President, didn't, important, world, efforts, First : 말음의 자음 생략

4. concurred that, of bilateral, with the, of views, is such, was so good that : 조음점 동화

5. am more, want to : 겹자음의 발음 생략

1. WMD는 Weapons of Mass Destruction(대량살상무기)의 약어이다.

2. O로 쓰인 that-절에서 to-inf.가 C로 쓰였다. †in this(that) regard: 이(그)점에 있어서

4. †agree to: (제의 등에) 동의하다 (say 'yes', consent)./ agree on (or about + something): (조건·의안 등에) 합의에 도달하다(be the same opinion or mind)./ agree with (or among + someone): (사람에) 동의하다.

5. †more than: 1) ~보다 많은, ~이상으로 2) ~뿐만 아니라, ~하고도 남음이 있다.

6. 이 문장은 외교적 수사로 연설문 등에서 상투적으로 쓰이는 표현이다. for의 O가 되는 말들 모두가 관계대명사가 생략된 관계절의 수식을 받고 있다.

구문분석 1. President Bush and I also discussed in-depth *issues* related to the threat of WMD proliferation such as the possibility of terrorists obtaining WMDs, *and U.S. efforts* to deter their spread across the world. … <S + V + O₁, and O₂>, 주요소를 뺀 나머지는 모두 부사적 수식어이다.

2. In this regard, we also concurred *that the objective is to resolve* the issue of North Korean WMDs and missiles at an early date through dialogue. … [S + V + that-clause as O{S′ + V′ + C′}] 구조이다.

3. President Bush and I concurred that continued *expansion and progress* of bilateral, economic and trade *relations* are in the interest of both our countries. … O인 that-절은 <S + V + C>로 쓰였다.

4. Furthermore, we also agreed to *further deepen cooperative relations* at the multilateral level, such as the WTO —development agenda. … <S + V + O> 구조로, 군동사가 술어동사로 쓰였다.

5. I am *more than* satisfied with *the frank and open exchange* of views I had with President Bush this morning on numerous issues. … *exchange*를 선행사로 관계대명사가 생략된 관계절이 왔다.

6. I would like to take this opportunity to express my heartfelt gratitude to President Bush *for₁ the interest* he has expressed in peace on the Korean Peninsula, *for₂ the unparalleled affection* he has for Korea, *as well as the efforts and enthusiasm* he has demonstrated in the development of bilateral relations. … <B as well as A : A뿐만 아니라 B도 역시>의 A, B가 *for₂*의 목적어로 쓰이고 있다.

Nuance Drills Fill in the blanks with a suitable word as given:

¹_____ refers to any association entered into for mutual benefit. ²_____, often interchangeable with ³_____, stresses formality of organization and definiteness of purpose. ⁴_____ implies a temporary alliance of opposing parties, etc., as in times of emergency. ⁵_____ and ⁶_____ in political usage refer to a combination of independent states for the joint exercise of certain governmental functions, as defense or custom. ⁷_____ implies a close, permanent alliance and suggests complete unity of purpose and interest.

(a) league   (b) alliance
(c) coalition   (d) confederacy
(e) union   (f) confederation

번역 아울러 나와 [부시] 대통령은 테러리스트들의 대량살상무기 획득 가능성 등 대량살상무기 확산위협과 이를 저지하기 위해 미국이 추진하는 범세계적 비확산 노력에 대해 진지한 논의를 가졌습니다.

이와 관련해서 우리 양측은 북한의 대량살상무기와 미사일 문제가 대화를 통해 조속히 해결되는 것이 긴요하다는 데 인식을 같이 하였으며, 이를 위해 한·미간에 공동노력을 기울여 나가기로 하였습니다.

3) 또한, 우리 두 정상은 한·미 양국이 경제·통상관계를 계속 확대, 발전시켜 나가는 것이 양국 모두의 국익을 위해 매우 중요하다는 데 인식을 같이하였습니다. 또한 WTO [도하 개발 아젠다] 협상추진 등 다자차원에서의 협력관계를 심화시켜 나가기로 하였습니다.

나는 오늘 정상회담에서 [부시] 대통령과 상호 관심사에 관해 허심탄회하게 의견을 교환한 것을 매우 만족스럽게 생각합니다. 4) [부시] 대통령께서 보여주신 한반도 평화에 대한 깊은 관심과 한국에 대한 각별한 애정, 그리고 양국관계 발전을 위한 열의와 노력에 대해 깊이 감사드립니다.

감사합니다.

부시 대통령 : 김대중 대통령 각하, 감사합니다. 이 자리에 참석하게 된 것을 영광으로 생각합니다. Laura와 저는 각하와 영부인 이희호 여사께서 보여준 환대에 고맙게 생각합니다. 우리는 아름다운 한국에서 하루를 보내기를 기대합니다.

김대통령께서는 옳았고, 우리는 훌륭한 회담을 가졌습니다. 그 회담이 너무도 훌륭했던 까닭에 우리는 더 많은 사람들이 기다리고 있는 회담장 안으로 들어서고 싶지 않았습니다. 우리는 매우 솔직한 의견교환을 하였습니다. 그리고 여러분이 동맹국인 이상, 현안에 대하여 깊이 있게 토론할 수 있다는 것은 중요합니다.

Answers for Vocabulary Drills ③ exchange ④ spread

※ Answers for Nuance Drills : 1-b, 2-a, 3-b, 4-c, 5-d, 6-f, 7-e

※ 본문의 밑줄 친 부분을 번역하고, 하단의 설명을 읽고 해당하는 단어를 본문에서 찾아 써라.

Unit0510 A lot of times / I find in the diplomatic world that people want to / gloss over issues,
5)
they don't want to spend much time / really understanding / each other's positions.

Because of our friendship, because of the friendship between our countries, we had a
우리의 우의 때문에   두 나라의 친선관계 때문에
very frank exchange / and a positive exchange, and one that allows me to safely say
우리는 솔직하고 적극적인 의견 교환을 나눴으며   저로 하여금 확실히 말하게 합니다
that / this relationship / is 50 years old, the relationship between South Korea and
            이 관계가 50년이 되었다고   남한과 미국의 관계가
America. And it's seen a lot of problems, and we've dealt with those problems /
                많은 문제가 있었고   우리는 그러한 문제들을 해결해왔습니다
together. And I'm confident we'll be dealing with problems 50 years from now / in a
함께   저는 확신하고 있습니다   우리가 문제들을 해결할 것이라고   앞으로의 50년 동안에도
spirit of cooperation / and openness.
협조와 개방의 정신으로

Unit0511 I understand how important / this relationship is to our country, and the United States
저는 얼마나 중요한지 이해하고 있으며   이 관계가 우리나라에   미합중국은
is strongly committed / to the security of South Korea. We'll honor our commitments.
강력히 헌신할 것입니다   남한의 안보에   우리는 우리의 책임을 성실히 수행할 것입니다
Make no mistake about it / that we stand firm / behind peace / in the Peninsula. And
그에 대해서는 확실히 할 것입니다   우리가 확실히 후원하는 것을   한반도에서의 평화를
no one should ever doubt that, Mr. President. No one should ever doubt / that this is
그에 대해서는 누구도 의심해서는 안될 것입니다   대통령 각하   누구도 의심해서는 안될 것입니다
a vital commitment / for our nation.
이것이 우리나라에 대한 극히 중대한 약속이라는 것을

Unit0512 It's also vital that / we continue to / trade together. And so we obviously discussed
그것은 또한 매우 중요합니다   우리가 계속하여 상호 교역을 하는 것   그래서 우리는 명백하게 토론을 하였으며
issues of the ─ security issues on the Peninsula ; we also discussed ways to make
문제들을   한반도에서의 안보 문제들   우리는 또한 방법을 토론하였습니다
sure our trade was more open / and fair / to both sides.
우리의 교역이 더 개방적이고 공정하도록 하는   양국에

Unit0513 I'm very impressed by the / amount of investment capital, foreign capital that / has
저는 매우 감명을 받았습니다   투자 자본의 규모에 대하여   해외 자본
come into South Korea / in the last four years. It's a testimony / to a country that
남한에 들어온   지난 4년간   그것이 증거입니다   나라라는
understands open markets / and freedom. And I'm going up
(한국이) 열린 시장과 자유주의를 이해하고 있는   6)
to the DMZ / here in a little bit, and it's going to be an

interesting contrast, to talk about / the benefits / and the

dividends of freedom. And part of those is an economy
                          자유주의 이익과 배당의 일부는 경제입니다
that is vibrant and improving, thanks to structural reforms.
        활기에 넘치고 개선되는   구조 개혁 덕분에

Vocabulary Drills ⑤ _____ *wealth, such as money, land, buildings, etc., owned by a person, business, or institution (church, government)*
⑥ _____ *the combination of makers, sellers, and buyers of a product or service on a national, or international level*

Unit0510의 is 50 years old를 Bush
는 has 50 years old로 읽고 있다. 또
Unit0513에서는 그 특유의 빠른 발음, 기
능어의 과감한 발음 생략, 스스로의 빠른 발
음을 따라가지 못하여 결국 더듬거리고 마
는 버릇이 여기서도 결국 그대로 드러내고
있다. 또 Unit0513의 open markets은
비음화에 해당한다.
※ Bush 발음의 특성으로 앞에서 자주 보
였던 것들은 생략하거나 아래에 정리한다.
1. lot of, had a, about it, diplomatic,
United, that we, vital, capital 그리
고 part of도 -t/-d의 -r유음화에
해당한다고 할 수 있다.
2. 자음 뒤 말음의 자음 생략(주로 -nt/
-nd/-rt/-rd에서 일어나고 있다.)
old, understand, behind, last,
important, confident, President,
commitment, friendship, dealt
3. gloss over, between our, seen a,
in a,···
4. is strongly, doubt that, that this

---

1. †gloss over: 그럴듯한 말로 얼버무
리다./ spend time+현재분사: ~하
느라(하면서) 시간을 보내다.
3. †deal with: 처리하다, 취급하다, 다
루다(manage)./ in a spirit of: ~
의 정신으로
4. †be committed to: ~에 헌신하다,
전념하다.
5. <당위>의 should가 쓰였다.
7. †go up: 올라가다.

[Nuance] '솔직한'의 뜻을 가지는 말
① frank: 두려움·수줍음·비밀스러움·기타 관
습상 삼가해야 하는 것들에 전혀 매이지 않는 것
으로, 사람·의견·태도 등이 솔직하여 진실하나
자신의 의견을 기탄없이 또는 숨김없이 털어놓는
② outspoken: '버릇이 없다고 할 정도로 거
침없이 말하는'의 뜻으로 좀 삼가는 것이 좋겠다
는 의미를 암시한다. ③ open: 전혀 숨지 않고
공공연하게 솔직한. frank보다 candid하지만,
frank 보다는 순진하고 candid 보다는 덜 양심
적인 것. ④ candid: 흔히 frank 대신 쓰이기
도 하지만, 정직한 공평심이 있어 속임수나 둘러
대기 등을 선천적으로 하지 못하는, 때로는 극도
솔직할 정도임을 의미한다. 문제를 회피하거나 편
견·공포 등으로부터 지배당하는 것을 거부하는
의미가 내포되어 있다. ⑤ straightforward:
둘러대어 말하거나 회피하지 않는

소리분석 *1.* that allows, spirit of, committed, security, that understands : -r유음화

2. find in, don't want to spend, amount, investment, into, contrast, vibrant : 말음의 자음 생략

3. and one, and America, relationship is, mistake about, discussed issues of, amount of investment, come into, dividends of, is an economy, vibrant and improving : 연음

4. one that, trade together, both sides, structural reforms : 조음점 동화

5. it's seen, with those, of freedom : 겹자음의 발음 생략

6. commitments, understands, dividends : 3개 이상 중첩된 복합중자음에서의 중간음 탈락

구문분석 *1.* A lot of times I *find in the diplomatic world* **that** *people want to gloss over issues, they don't want to spend much time really understanding each other's positions.* ··· <S+V+O> 구조이다.

2. *Because of our friendship, because of the friendship between our countries, we had* **a very frank exchange and a** *positive* **exchange**, **and one** *that₁ allows me to safely say that₂ this relationship is 50 years old, the relationship between South Korea and America.* ··· <S+V+O₁ and O₂, and O₃> 구조로, that₁은 O₃으로 쓰인 **one**을 선행사로 하는 관계대명사, that₂는 say의 O'인 명사절을 이끄는 접속사이다.

3. *And I'm confident we'll be dealing with problems 50 years from now in a spirit of cooperation and openness.* ··· confident 다음에 명사절을 이끄는 접속사 that이 생략되었다.

4. *I understand how important this relationship is to our country, and the United States is strongly committed to the security of South Korea.* ··· how-절이 O로 온 <S₁+V₁+O, and S₂+V₂> 구문이다.

5. **No one** *should* *ever doubt that this is a vital commitment for our nation.* ··· 부정주어 구문이다.

6. *And so we obviously discussed* **issues** *of the —security issues on the Peninsula; we also discussed* **ways** *to make sure our trade was more open and fair to both sides.* ··· make sure의 O로 쓰인 명사절을 유도하는 접속사 that이 생략된 <S₁+V₁+O₁; S₂+V₂+O₂> 구조이다.

7. *And I'm going up* *to the DMZ here in a little bit, and it's going to be an interesting contrast, to talk about the benefits and the dividends of freedom.* ··· <S₁+V₁, and S₂+V₂+C> 구조로, 술어동사가 진행형으로 가까운 미래를 나타내고, V₁은 군동사로, S₂는 가주어, to-inf.가 진주어로 왔다.

번역 5) 오랫동안 외교의 현장에서 많은 사람들이 현안들을 그럴듯한 말로 얼버무리며 진정으로 서로의 입장을 이해하는 데에 많은 시간을 보내려 하지 않는 것을 보았습니다. 우리의 우의 때문에, 두 나라의 친선관계 때문에, 우리는 솔직하고 적극적인 의견 교환을 나눴는데, 이 관계, 남한과 미국의 관계가 50년이 되었다고 확실히 말씀드립니다. (그 과정에서) 많은 문제점이 있었고, 우리는 그러한 문제점들을 함께 해결해왔습니다. 저는 앞으로의 50년 동안에도 우리는 협조와 개방의 정신으로 문제들을 해결해 나갈 수 있을 것이라고 확신합니다.

저는 이 관계가 우리나라에 얼마나 중요한지 이해하고 있으며, 미합중국은 남한의 안보를 확실하게 지켜낼 것입니다. 우리는 우리의 책임을 성실히 수행할 것입니다. 우리가 한반도에서의 평화를 확실히 후원하는 것에 대하여 오판하지 못하도록 할 것입니다. 김 대통령 각하, 그에 대해서는 누구도 의심해서는 안될 것입니다. 이것이 우리나라에 대한 극히 중대한 약속이라는 것을 누구도 의심해서는 안될 것입니다.

우리가 계속하여 상호 교역을 하는 것 또한 매우 중요합니다. 그래서 우리는 문제들, 한반도에서의 안보 문제들을 명백하게 토론을 하였으며, 우리는 또한 우리의 교역이 양국에 더 개방적이고 공정하도록 하는 방법을 토론하였습니다.

저는 지난 4년간 남한에 들어온 해외자본, 투자 자본의 규모에 대하여 매우 감명을 받았습니다. 그것은 (한국이) 열린 시장과 자유주의를 이해하는 나라라는 증거입니다. 6) 그리고 저는 여기서 약간 떨어진 DMZ에 올라갈 예정인데, (거기에서) 자유주의의 이익과 배당에 관하여 이야기하는 것은 (DMZ 상황과) 재미있는 대조가 될 것입니다. 자유주의의 이익과 배당의 일부는 구조 개혁 덕분에 활기에 넘치고 개선되는 경제입니다.

Answers for Vocabulary Drills ⑤ capital ⑥ market

※ CD를 듣고 공란에 들어갈 말을 받아쓴 후 본문의 밑줄 친 부분을 번역하고, 하단의 설명을 읽고 해당하는 단어를 본문에서 찾아 써라.

Unit0514

I assured the President we're doing everything we can / in our country, as well, to
저는 김대통령께 보장하였습니다   우리는 우리가 할 수 있는 모든 것을 다할 것이라고   우리나라에서   마찬가지로

make sure our economy recovers. It's hard to be a good trading partner / if you don't
우리의 경제를 다시 회복시키기 위해   그것은 어려우며   좋은 거래의 파트너가 된다는 것은   만약 여러분이

have a / good economy, and we're beginning to see signs that there's economic vital-
훌륭한 경제를 갖고 있지 못하다면   우리는 징조를 보기 시작하고 있는데   경제적 활력이 미국에 존재한다는

ity in America, which will be good for / our partners / here in South Korea as well.
그것은 좋을 것입니다   우리의 이곳 파트너에게도   남한의

Unit0515

And, of course, we talked about North Korea. And I / made it very clear / to the
물론   우리는 북한에 대해서도 이야기하였습니다   그리고 저는 분명히 하였습니다

President / that I support / his sunshine policy. ① [ænàim dìsəpó:inid]_____ / that the other
김대통령께   저는 햇볕 정책을 지원할 것이라고   저는 실망하고 있습니다   다른 상대방인

side, the North Koreans, will not accept / the spirit / of the sunshine policy.
북한이 받아들이지 않고 있는 것에   햇볕 정책의 정신을

Unit0516

We talked about / family / reunifications, the displaced family initiative that / he started,
우리는 가족의 재통합에 대해서도 이야기하였는데   그가 시작하여 주도하고 있는 이산가족

which I think is a great initiative. And yet only 3,600 families, I believe it was, have
그에 대하여 저는 훌륭한 선택이라고 생각합니다   그러나 겨우 3,600여 가족들만이   저도 그렇게 알고 있지만

been allowed / to reunite. I asked him how many — what's the potential, what are the
만남이 허락되었다고 합니다   저는 김대통령께 얼마나 많은지 여쭈었습니다   잠재적인 것까지 포함하여

potential families / on both sides of the DMZ that could reunite. He said, 10 million
잠재적인 이산 가족들이   DMZ 양쪽의   만날 수 있는   김대통령은 1천만이라고 합니다

people.

Unit0517

In order to make sure there's / sunshine, there needs to be / two people, two sides
햇볕 정책을 확실하게 하기 위해서는   두 국민들이, 두 당국이 참여할 필요가 있습니다

involved. ② [ænàipréizðə prézədən séfərs]_____ . And I wonder out loud / why the North
저는 김대통령의 노력에 치하를 드립니다   7)

Korean President won't accept / the gesture of goodwill / that the South Korean

President has so rightfully offered. And I told him / that we, too, would be happy to
저는 김대통령께 말씀드렸습니다   우리도 또한 기쁠 것이라고

have a dialogue / with the North Koreans. ③ [aiv méiðə ró:fər]_____ . And yet there has
북한과 대화를 할 수 있다면   저도 그러한 제안을 했습니다   그러나 아직 응답이 없습니다

been / no response.

Unit0518

Some in this country are — obviously have read about / my very strong comments /
이 나라에도 분명히 있을 것입니다   읽어본 사람이   저의 매우 강력한 논평을

about the nature of the regime. And let me explain / why I made the comments I did.
정권의 본질에 대하여   설명드리고 싶습니다   제가 왜 그러한 논평을 했는지

④ [àilə frí:dəm]_____ . I understand / the importance of freedom / in people's lives. I'm troubled
저는 자유를 사랑합니다   저는 자유의 중요성을 이해하고 있습니다   사람들의 삶에 있어서의   저는 걱정스럽습니다

by a regime / that tolerates starvation. I worry about / a regime / that is closed / and
정권에 대해   기아를 방임하고 있는   저는 걱정스럽습니다   닫혀 있고 투명하지 못한 정권이

not transparent. I'm deeply concerned / about the people / of North Korea. And I believe
저는 깊이 걱정하고 있습니다   북한의 국민들에 대하여   8)

/ that it is important / for those of us who love freedom / to stand strong for freedom /

and make it clear / the benefits of freedom.

Vocabulary Drills ⑦ _____   to be convinced of something, know or feel that an idea, situation, or way of behaving is true
⑧ _____   the possibility of being or doing something, the unrealized capability for something

Bush 목소리의 빠른 정도가 어느 정도인지를 보여주기라도 할 것만 같은 Unit 0514와 달리 Unit0515는 이어지는 연설임에도 불구하고 전혀 다른 사람이 연설하는 것처럼 그 소리가 느려지고 있다.

1. And I'm에서 [ænaim]의 [m] 발음이 거의 들리지 않은데, am은 기능어이므로 그 발음을 생략할 수도 있는 것이다.

1. 명사절을 유도하는 접속사 that이 President 다음에 생략되었고, <목적>을 뜻하는 부사적 용법의 to-inf.가 쓰이고 있으며, *everything*을 선행사로 하는 목적격의 관계절이 comma(,)까지 오고 있는데, 여기서의 관계대명사 that도 생략되었다.

3. *initiative*를 선행사로 하는 *that*-관계절이 왔으며, 앞에 쓰인 문장의 전부나 그 일부를 선행사로 하는 계속적 용법의 *which*-관계절이 여기서도 쓰였다.

4. why-절 안에 *the gesture*를 선행사로 하는 *that*-관계절이 왔다.

†wonder out: 우려하다, 걱정하다.

6. <S+V+O> 구조로, 의미상의 주어를 선행사로 하는 관계절이 오고 있다.

🔊 **소리분석** **1.** And I'm disappointed : -nt/-nd/-rt/-rd에서의 -d/-t음 생략(말음의 자음 생략)

2. And I praised the President's efforts : 말음의 자음 생략, 조음점 동화[d+ð→ʤ], 3개 이상 중첩된 복합자음군에서의 중간음 탈락

3. I've made that offer : 조음점 동화[d+ð→ʤ], 강모음과 약모음 사이에서의 -t/-d의 -r 유음화

4. I love freedom : 조음점 동화[v+f→f]

💡 **구문분석** **1.** I assured the President *we're doing everything we can in our country, as well, to make sure our economy recovers.* ··· <S+V+IO+that-clause as DO> 구조이다.

2. It's hard **to be** a good trading partner *if you don't have a good economy*, and we**'re beginning** to see **signs that** *there's economic vitality in America*, **which** will be good for our partners here in South Korea as well. ··· 가주어 it, 진주어 to-inf., *signs*를 선행사로 하는 *that*-관계절, 앞에 쓰인 문장의 전부나 그 일부를 선행사로 하는 계속적 용법의 *which*-관계절 등에 주의해야 한다.

3. We talked about family reunifications, **the displaced family initiative** *that he started*, which I think is a great initiative. ··· **which**-관계절의 I think는 삽입어구로 쓰였다.

4. And I wonder out loud *why the North Korean President won't accept* **the gesture** of goodwill that the South Korean President has so rightfully offered. ··· 군동사의 O로 why-명사절이 왔다.

5. Some in this country are — obviously *have read* about my very strong comments about the nature of the regime. ··· 부정대명사 Some을 공통요소로 술어동사 are와 have read가 이어지고 있다.

6. And I believe that **it** is important *for those of us who love freedom* to **stand** strong for freedom and **make** it clear the benefits of freedom. ··· 가주어 it, 진주어 to-inf., 의미상의 주어가 왔다.

번역 저는 우리는 미국에서도 마찬가지로 미국의 경제를 다시 회복시키기 위해 우리가 할 수 있는 모든 것을 다할 것이라고 김대통령께 보장하였습니다. 만약 여러분이 훌륭한 경제를 갖고 있지 못하다면 좋은 거래의 파트너가 된다는 것은 곤란하며, 경제적인 활력이 미국에 존재한다는 징조를 보기 시작하고 있는데, 우리의 이곳 남한의 파트너에게도 그것은 좋을 것입니다.

물론, 우리는 북한에 대해서도 이야기하였습니다. 그리고 저는 햇볕 정책을 지원할 것이라고 김대통령께 분명히 하였습니다. 저는 다른 상대방인 북한이 햇볕 정책의 정신을 받아들이지 않고 있는 것에 실망하고 있습니다.

우리는 가족의 재통합, 김대통령이 시작하여 주도하고 있는 이산가족의 재통합에 대해서도 이야기하였는데, 그에 대하여 저는 훌륭한 선택이라고 생각합니다. 그러나 겨우 3,600여 가족만이, 저도 그렇게 알고 있지만, 만남이 허락되었다고 합니다. 저는 김대통령께 잠재적인 것까지 포함하여, DMZ 양쪽에서 만날 수 있는 잠재적인 이산 가족들이 얼마나 많은지 여쭈었습니다. 김대통령은 1천만이라고 합니다.

햇볕 정책을 확실하게 하기 위해서는 두 국민들이, 두 당국이 참여할 필요가 있습니다. 저는 김대통령의 노력에 치하를 드립니다. 7) 저는 왜 북한 당국이 김대통령이 정의롭게 제안한 남한의 호의의 제스처를 받아들이지 않는지 매우 이상하게 생각하고 있습니다. 북한과 대화를 할 수 있다면 우리도 또한 기쁠 것이라고 저는 김대통령께 말씀드렸습니다. 저도 그러한 제안을 했습니다. 그러나 아직 응답이 없습니다.

이 나라에도 정권의 본질에 대한 저의 매우 강력한 논평을 읽어본 사람이 분명히 있을 것입니다. 제가 왜 그러한 논평을 했었는지 설명드리고 싶습니다. 저는 자유를 사랑합니다. 사람들의 삶에 있어서의 자유의 중요성을 저는 이해하고 있습니다. 저는 기아를 방임하고 있는 정권이 걱정스럽습니다. 닫혀 있고 투명하지 못한 정권이 저는 걱정스럽습니다. 저는 북한의 국민들에 대하여 깊이 걱정하고 있습니다. 8) 그리고 자유를 사랑하는 사람들이 자유를 강력하게 지원하고 자유의 혜택을 분명히 밝히는 것은 중요하다고 저는 믿습니다.

연구 41

관계대명사(Relative Pronoun)의 생략(1)

··· 주로 한정적 용법에 나타나는 현상으로 다음과 같이 두 가지로 나누어 살펴볼 수 있다. 1) 목적격일 때 ①RP가 관계절 술어동사의 목적어인 경우 ·That is the man (whom, that) *I saw* yesterday.(저분이 내가 어제 만난 분이다.···이 경우 RP 다음에 <S+vt> 구조일 때가 많다.) ②RP가 관계절에 쓰인 전치사의 목적어인 경우 ·The girl (whom) I gave a party *for* is getting engaged. (내가 파티를 열어준 소녀가 약혼할 예정임.) ③선행사가 장소·방법·시간 등을 나타내는 부사적 목적어인 경우 ·This is the place (at which) I was born. (여기가 내가 태어난 곳이다.···이 경우 관계사를 쓰지 않는 것이 원칙이나 굳이 쓰려면 적절한 전치사와 함께 써야 한다. 그러나 전치사 to를 관계사 that 앞에 두어 to that이라고는 말하지 않는다. 굳이 전치사 to를 관계사 앞에 두려면 that을 which로 바꾸어야 하며, 또 that을 쓰려면 to를 관계절의 뒤로 돌려야 하며, 보통은 다음과 같이 생략한다. The music we listened to was by Beethoven. = The music *to which* we listened was ~.)

Nuance Drills *Fill in the blanks with a suitable word as given:*

1 _____ applies to a person, remark, etc. that is free or blunt in expressing the truth or an opinion, unhampered by conventional reticence. **2** _____ implies a basic honesty that makes deceit or evasion impossible, sometimes to the embarrassment of the listener. **3** _____ implies a lack of concealment and often connotes an ingenuous quality. **4** _____ suggests a lack of restraint or reserve in speech, especially when reticence might be preferable.

(a) outspoken (b) candid
(c) frank (d) open

Answers for Vocabulary Drills ⑦ believe ⑧ potential

※CD를 듣고 공란에 들어갈 말을 받아쓴 후 본문의 밑줄 친 부분을 번역하고, 하단의 설명을 읽고 해당하는 단어를 본문에서 찾아 써라.

Unit0519 And that's exactly why I said what I said / about the North Korean regime. I know
그것이 바로 이유입니다　　　　　　　　　북한 정권에 관하여 제가 말씀드렸던　　　　　　저는 알고 있습니다
what can happen / when people are free ; I see it right here in South Korea. And I'm
무슨 일이 일어날 수 있는지　사람들이 자유로우면　　　　　저는 그것을 여기에서 보고 있습니다 남한의　　　9)
passionate on the subject, and I believe so strongly / in the rights of the individual /
that I, Mr. President, will continue to speak out.

Unit0520 Having said that, of course, as you and I discussed, we're more than willing to speak
10)
out publicly / and speak out in private / ① [wíðə nɔːθ kəríən líːrərʃìp]　　　　　　. And, again, I
　　　　　　　　　　　　　　　　　　　　　　　　　　　　　　　　　하지만
wonder why they haven't taken up our offer.
저는 그들이 왜 우리의 제안을 받아들이지 않는지 의아하게 생각합니다

Unit0521 ② [ðìsiz góunəbiə gréit vìzit fərʌ́s]　　　　　, Mr. President. It's going to be a great visit
김대통령 각하, 이번은 우리를 위해 중요한 방문이 될 것입니다
because it's a chance for me to say / clearly / to the South Korean people, we value
왜냐하면 제가 분명하게 말할 기회이기 때문입니다　　　　　남한의 국민들에게　　　　　우리는 귀중히 여기며
our friendship, we appreciate your country, we share the same values / and we'll work
우리의 친선관계를　　　우리는 여러분의 나라에 감사하고　　　우리는 같은 가치를 공유하고　　　우리는 함께 할 것이라는 것을
together / to make sure that our relationship / improves even better / as we go into the
　　　　　우리의 관계가 한층 더 발전되도록　　　　　　　　　　　　　　우리가 21세기로 진입하면서
21st century.

Mr. President, thank you, sir.
김대통령 각하　　　감사합니다

Q : First, I have a question / for President Kim. ③ [ðέərizə dífərəns bitwìːn ðiǽksisə víːvələn ðəsʌ́nʃàin
Unit0522 먼저 질문하겠습니다　　　　　　　김대통령께　　　　엄연한 시각차이가 존재한다고 생각합니다　　악의 축과
páləsi]　　　　　　. Do you feel that the gap / was overcome / during this
햇볕 정책 사이에는　　　　　그러한 시각차이가 어느 정도나 좁혀졌다고 생각을 하는지 말씀주시기 바랍니다
summit? And right now, the Korean people / are concerned about / how inter-Korean
오늘 회담을 통해서　　그리고 또 국민들은　　　　　　걱정하고 있습니다　　　　　남북관계가
relations / will develop following the summit. How do you perceive the inter-Korean
　　　어떻게 될 것인지　　이번 정상회담 이후　　　　　대통령께서는 앞으로 어떻게 진전될 것이라고 생각하십니까?
relations to develop / in the future?
남북관계가 향후

President Kim : ④ [ímmai vjuː]　, I believe that the U.S. policy / and the Korean policy / are fundamentally
Unit0523 내가 생각할 때는　　　　　　　미국의 정책과 우리 정책은 근본적인 견해 차이가 없습니다
similar / and there are no major differences. We both believe in democracy / and a
　　　　　　　　　　　　　　　　　　　　　　　　우리는 다 같이 민주주의와 그리고 시장경제를 신봉합니다
market economy. Furthermore, we are allies. Korea
또한 우리는 한미 양국 간의 동맹관계가
and the U.S. are strong allies, and I believe that this
이의가 없습니다
is important / and vital / for the national interest / of
절대로 필요하며　　　　　　양국의 국익을 위해서
both our countries. And so that's our top priority.
제1차적인 과제라는 데 대해서도

Vocabulary Drills　⑨ _____ *the way some things happen for obvious reason, by accident, etc., (syn.) luck*
　　　　　　　　　⑩ _____ *a rule or group of rules for doing business by industry and government*

🔊 소리분석 **1**. with the North Korean leadership : 조음점 동화, -t/-d의 -r 유음화

2. This is going to be a great visit for us : 기능어의 축약

3. There is a difference between the axis of evil and the sunshine policy : 연음, 말음의 자음 생략

4. In my view : 비음화

---

1. †on the subject of : ~라는 제목
으로, ~에 관하여 / speak out(up) :
터놓고 말하다, 거리낌없이 말하다.

2. †be willing to : 기꺼이 ~하다, ~
하기 쉽다. ※willing 대신 ready를 써
도 비슷한 의미인데, ready를 쓰면 '언제
라도 ~할 수 있도록 대기상태임을 암시
하고, willing을 쓰면 '사실은 하고 싶지
않지만 ~해도 상관없다'는 의미가 내포
되어 있다.

💡 구문분석 **1**. And I'm passionate on the subject, and I believe **so** strongly in the rights of the individual **that** I, Mr. President, will continue to speak out. ··· <so A that B : 너무 A한 결과 B하다> 의 결과구문이 사용되고 있다.

2. *Having said that*, of course, *as you and I discussed*, we're **more than** willing to speak out publicly and speak out *in private* with the North Korean leadership. ··· '~처럼(같이)'의 뜻으로 <비교>의 현재분사, <때>를 뜻하는 접속사인 as 등의 부사적 수식어구가 먼저 온 후에 주절이 왔다.

3. It₁'s going to be a great visit *because it₂'s a chance for me to say clearly to the South Korean people, we value our friendship, we appreciate your country, we share the same values and we'll work together to make sure that our relationship improves even better as we go into the 21st century.* ··· 문장의 주어로 쓰인 It₁은 <현재의 상황>을 나타내고, it₂는 가주어이며, 뒤이어 의미상의 주어와 진주어로 쓰인 to-inf.가 오고 있다. *to say*의 DO는 comma(,) 이하 문장 끝까지가 되고 있다.

4. Korea and the U.S. are *strong allies*, and I believe that *this* is important and vital for the national interest of both our countries. ··· that-절의 S인 *this*는 지시대명사로 *allies*를 말한다.

번역 그것이 바로 북한 정권에 관하여 제가 (강력하게) 말씀드렸던 이유입니다. 사람들이 자유로울 때 무슨 일이 일어날 수 있는지 저는 알고 있으며, 저는 그것을 남한의 여기에서 목격하고 있습니다. 9) 김대통령 각하, 저는 그 문제에 열렬하며 개인의 권리를 강하게 믿는 까닭에 저는 계속해서 말할 것입니다.

10) 물론 김대통령과 제가 토론할 때 말씀드린 것처럼, 공식으로든 개인적으로든 우리는 더더욱 북한의 지도자와 이야기할 것입니다. 하지만 저는 그들이 왜 우리의 제안을 받아들이지 않는지 의아하게 생각합니다.

김대통령 각하, 이번은 우리를 위해 중요한 방문이 될 것입니다. 왜냐하면 우리는 21세기로 진입하면서 우리의 관계가 한층 더 발전되도록 우리의 친선관계를 귀중히 여기며, 여러분의 나라에 감사하고, 같은 가치를 공유하고, 함께 할 것이라는 것을 제가 남한의 국민들에게 분명하게 말할 기회이기 때문입니다.

김대통령 각하, 감사합니다.

질문자 : 먼저 김대통령께 질문하겠습니다. 악의 축과 햇볕 정책 사이에는 엄연한 시각차이가 존재한다고 생각합니다. 오늘 회담을 통해서 그러한 시각차이가 얼마나 좁혀졌다고 생각하시는지 말씀해주시기 바랍니다. 그리고 또 국민들은 남북관계가 어떻게 될 것인지 걱정하고 있습니다. 대통령께서는 앞으로 남북관계를 어떻게 끌고 가실 지 말씀해주시기 바랍니다.

김대중 대통령 : 내가 생각할 때는, 미국의 정책과 우리 정책 사이에는 근본적인 견해 차이가 없습니다. 우리는 다 같이 민주주의와 시장경제를 신봉합니다. 또한 우리는 한미 양국 간의 동맹관계가 양국의 국익을 위해서 절대로 필요하며, 제1차적인 과제라는 데 대해서도 이의가 없습니다.

Nuance '주제, 화제'의 뜻을 가지는 말
① subject : 가장 일반적인 말로, 논문·연구·토론·이야기·작품 등에서 다루는 대상·제목·제재(題材) ② topic : 보통 subject보다 소규모의 개념으로, 특히 어떤 작품·토론·이야기 등에서 부분적으로 다루는 제목이나 화제 또는 어떤 그룹의 사람들 사이에서 공통적인 화제 ③ theme : 표제로서 다뤄지지 않더라도 저자·연설 등에서 밑바탕을 이루어 일관되게 흐르는 작자의 중심적인 사상·주장 또는 기본이 되는 개념으로 문장이나 연설 등의 제목. 흔히 subject의 어느 국한되고 특별한 부분을 가리키는 경우가 많다.

연구 42

관계대명사(Relative Pronoun)의 생략(2)
2) 주격일 때 ① RP가 관계절에 쓰인 be-동사의 보어로 쓰인 경우 · I still remember the kind of day ∨ *it was*.(나는 지금도 그 날이 어떤 날이었는지 기억하고 있습니다.) ② There(Here) is(was) 다음에 이어지는 RP · *There* was nothing ∨ could be done about it.(그에 대해서 할 수 있는 것은 아무것도 없었습니다.) ③ It is(was) 다음에 오는 RP · *It was* Maggie ∨ pushed Lucy into the mud.(Lucy를 진흙탕에 떨어 넣은 것은 Maggie였습니다.) ④ 관계절 안에 쓰인 there is 등의 주어가 되는 경우 · He's had every opportunity ∨ *there is*.(그는 온갖 기회를 맛봤다.)

It의 용법과 상황의 it(Situational it)
··· 대명사로 쓰이는 it의 용법에는 ① 단순한 지시 대명사로 쓰이는 경우, ② 비인칭 대명사로 쓰여 날씨·명암·거리·시간 등을 가리키는 경우, ③ 부정사·동명사·that-절 등에 대한 가주어나 가목적어로 쓰이는 경우, ④ 가주어로 강조구문을 이끄는 경우 등이 있는데, 위의 ② 용법의 하나인 '상황의 it'는 문장 전후의 분명한 어떤 명사나 명사 상당어구를 가리키는 것이 아니라 그 문맥을 흐르는 어떤 상황(situation)을 가리킨다. · Mary came home late; *it* provoked his father.(Mary는 늦게서야 집에 왔는데, 그것이 그의 아빠를 화나게 했다.) / · *It* seems that I am wrong.(제가 틀린 것 같습니다.) / · It must be that she is in love with him.(그녀가 그를 사랑하는 것이 틀림없다.) / · It is not that I dislike the job, but that I am unequal to it.(사정이 제가 그 일을 싫다는 것이 아니라 그것을 해낼 수 없다는 것입니다.)

※CD를 듣고 공란에 들어갈 말을 받아쓴 후 본문의 밑줄 친 부분을 번역하고, 하단의 설명을 읽고 해당하는 단어를 본문에서 찾아 써라.

 Unit0524
Furthermore, ① [immǽtərs riléiritə nɔːθ kəríːə]_____, regarding the WMD, or missiles, or
그리고 우리는   북한과 관련된   대량살상무기(WMD)   미사일 문제가
nuclear issues,② [wíhæv kòuinsáirid]_____. And during the summit meeting / this
해결돼야 한다는데 물론 과거부터 의견이 일치했습니다   오늘도 회담을 통해서 그 문제에 대해서
morning, I believe that / there was no difference in opinion between our two leaders.
              아무런 견해차이가 없었으며
And we believe that / it is through dialogue that / we will be able to resolve this issue,
오늘 의견이 일치하였습니다   대화를 통해서 풀어나가야 한다는데 대해서도   이런 문제를
and we agreed on this point.

 Unit0525
Therefore, recently / in the press, there were some indications / that there might be
그러므로   그동안에 다소 보도를 통해서   차이가 있는 것 같이 알려진 것은
some difference / of opinion. But during the conversation / that I had this morning with
                        오늘 부시 대통령 각하와의 대화를 통해
President Bush, we were able to reconfirm that / there is no difference of opinion
              완전한 이해에 도달했다는 것을 말씀드리고 싶습니다
between Korea / and the U.S. And in the future, regarding North Korean issues, we
                                      앞으로   대북관계에 있어서는
were able to reaffirm that / we have made the proposal to North Korea / to dialogue,
먼저 무엇보다도 대화가 열려지기를 바란다   북한에 대해서 대화를 제의하고
③ [ǽnitiz θru: dáiəlɔg]_____ / that we hope to resolve / all of the issues. And so we
오늘 우리가 같이 대화로서   모든 것을 풀어나가자고 진지한 제안을 한 만큼   11)
hope that / North Korea will, at an early date, accept our proposal, and that inter-
Korean dialogue / and dialogue between North Korea / and the U.S. will resume.

 Unit0526
On September 15th, there was the fifth inter-Korean / inter-ministerial meeting, and
동시에 남북간에는 지난 9월15일   제5차 장관회의에서 합의되었던
several issues were decided. There were 10 agreements / made regarding / the meeting
조속히 실천되기를 바라고   12)
of separated families and the re-linking / of the Kyong-E railroad line, and we are
implementing / these agreements. Thank you.
                        감사합니다

Mr. Fleischer : Mr. Jim Angle from Fox Television.
Unit0527   Fox 텔레비전의 Jim Angle 기자가 말씀하세요

Q : Thank you, Mr. President. Mr. President, some South Koreans, perhaps even President
Unit0528 감사합니다   부시 대통령 각하   상당수의 남한 국민들은   아마도 김대통령까지 포함해서
Kim, had some concerns / about your
              많은 우려를 가지고 있습니다
comments / ④ [əbáuði ǽksi səvívəl]_____ / and
악의 축과 북한에 관한 각하의 논평에 관하여
North Korea. How do you think / your
              어떻게 생각하십니까?
approach / fits with / and helps the suns-
각하의 접근이 적합하고 도움이 되는
hine policy?
햇볕 정책에

Vocabulary Drills ⑪_____ an object that is thrown or shot, such as a bullet, arrow, stone ; a cigar-shaped rocket with explosives
⑫_____ the system of rails, land they run on, and stations that trains use to stop at

2. 한국측 통역관이 일부러 그렇게 했는지, 아니면 원문이 그렇게 되어 있던 것을 미국측에서 이렇게 고쳤는지는 확인할 수 없지만, 한국측 통역은 원문인 our views have coincided과는 달리 we have coincided으로 옮기고 있다.

또 Unit05의26의 문제 12에서 김대통령은 '금강산 육로관광'이라는 말을 하고 있으나, 한국 통역은 그에 대한 언급이 없다. ※ the opening of an overland route to Mt. Kumgang 또는 the travelling through an overland route to Mt. Kumgang

5. implement는 '(약속·계획 등을) 실행하다'는 의미로 쓰였다.

🔊 **소리분석** **1.** in matters related to North Korea : 비음화, -t/-d의 -r 유음화

2. our views have coincided : -t/-d의 -r 유음화

3. and it is through dialogue : 자음 뒤 말음의 자음 생략, 연음

4. about the axis of evil : 조음점 동화, 연음

💡 **구문분석** **1.** *And during the summit meeting this morning, I believe that there was no difference in opinion between our two leaders.* … <S + V + O> 구조로, O에 that-명사절이 왔다.

2. But *during the conversation that₁ I had this morning with President Bush, we were able to re-confirm that₂ there is no difference of opinion between Korea and the U.S.* … <S + V + O> 구조이며, 문두의 부사구 중 **conversation**을 선행사로 하는 *that₁*-관계절이 쓰였고, O로 *that₂*-명사절이 왔다.

3. *And in the future, regarding North Korean issues, we were able to reaffirm that we have made the proposal to North Korea to dialogue, and it is through dialogue that we hope to resolve all of the issues.* … <S + V + O> 구조에, <make + 추상명사>, <it ~that… 강조구문>이 쓰였다.

4. And so we hope *that North Korea will, at an early date, accept our proposal, and that inter-Korean dialogue and dialogue between North Korea and the U.S. will resume.* … 술어동사 hope의 O로 두 개의 *that*-절이 왔으며, 두 번째 *that*-절의 주어는 *inter-Korean ~and the U.S.* 모두가 된다.

5. There were 10 agreements made *regarding the meeting of separated families and the re-linking of the Kyong-E railroad line,* and we are implementing these agreements. … 두 개의 대등절로 이루어진 <V₁ + S₁, and S₂ + V₂ + O> 구조이다.

6. Mr. President, **some South Koreans, perhaps even President Kim,** had some concerns *about your comments about the axis of evil and North Korea.* … <S + V + O> 구조이며, Mr. President는 호격으로 Bush 대통령을 가리키고 있다.

Nuance Drills *Fill in the blanks with a suitable word as given:*

¹_____ is the general word for whatever is dealt with in discussion, study, writing, art, etc. A ²_____ is a subject developed or elaborated upon in a literary or artistic work, or one that constitutes the underlying motif of the work. A ³_____ topic is a subject of common interest selected for individual treatment, as in an essay, or for discussion by a group of persons. ⁴_____ is specifically applied to a Biblical passage chosen as the subject of a sermon.

(a) theme   (b) subject
(c) topic   (d) text

번역 그리고 우리는 북한과 관련된 대량살상무기(WMD), 미사일 문제가 해결돼야 한다는데 물론 과거부터 의견이 일치했습니다. 오늘도 회담을 통해서 그 문제에 대해서 아무런 견해차이가 없었으며, 이런 문제를 대화를 통해서 풀어나가야 한다는데 대해서도 오늘 의견이 일치되었습니다. 그러므로 그동안에 다소 보도를 통해서 차이가 있는 것 같이 알려진 것은 오늘 부시 대통령 각하와의 대화를 통해 완전한 이해에 도달했다는 것을 말씀드리고 싶습니다.

앞으로 대북 관계에 있어서는 먼저 무엇보다도 오늘, 우리가 같이 북한에 대해서 대화를 제의하고 대화로서 모든 것을 풀어나가자고 진지한 제안을 한 만큼, 북한이 하루속히 대화에 응해서 남북간에 또 미북간에 대화가 열려지기를 바랍니다.

동시에 남북간에는 지난 9월15일 제5차 장관회의에서 합의되었던 이산가족 상봉, 경의선 복원, 금강산 육로관광 등 10가지의 합의 사항이 하나하나 조속히 실천되기를 바라고 그런 방향으로 앞으로 발전시켜 나가고자 하는 바입니다.

Mr. Fleischer : Fox 텔레비전의 Jim Angle 기자가 말씀하세요.

질문자 : 감사합니다, 부시 대통령 각하. 아마도 김대통령까지 포함해서 상당수의 남한 국민들은 악의 축과 북한에 관한 각하의 논평에 관하여 많은 우려를 가지고 있습니다. 각하의 접근이 햇볕 정책에 적합하고 도움이 된다고 생각하십니까?

연구 43

make + 추상명사

… 본래 <타동사 + 추상명사> 형태로, 자동사처럼 쓰이며 이때의 추상명사는 보통명사화 해서 가산명사로 취급되고 a, an이 붙나 복수형으로 횟수나 사례의 반복을 보다 구체적으로 의미하게 된다. 이런 식으로 쓰이는 추상명사는 보통 행위·동작·상태를 의미하는 것이 많으며, 이때의 타동사에는 make가 가장 광범위하게 이용되고 have, give, take, put, pay, do, keep, grasp 등이 있다. <타동사 + 추상명사> 형태 다음에는 일정한 전치사가 오는 것이 보통이다. ・He *made a journey* from Paris to London.(그는 파리에서 런던까지 한번 여행했다.) *cf.* He *made two journey* from Paris to London. / ・She *made no response* to my question.(그녀는 내 질문에 응답하지 않았다.) / ・I've *had several talks* with the headmaster about my boy.(나는 내 아이에 관하여 교장 선생님과 여러 차례 상담을 하였었다.) / ・The boy *gave a loud cry*.(그 소년은 큰 소리로 외쳤다.→cried loudly) / ・*Take care* of the baby while I'm out.(제가 외출해 있는 동안 아이를 돌봐주세요.) / ・*Pay attention* to what you're doing.(하는 일에 신경 쓰세요.) / ・Those who *do good* will find peace.(선행을 하는 사람들은 평화를 찾을 것이다.) / ・Never *put your trust* in a stranger.(낯선 사람을 믿지 마세요.)

Answers for Vocabulary Drills ⑪ missile ⑫ railroad

※CD를 듣고 공란에 들어갈 말을 받아쓴 후 본문의 밑줄 친 부분을 번역하고, 하단의 설명을 읽고 해당하는 단어를 본문에서 찾아 써라.

 Unit0529

And if I may, President Kim, ① [dídʒu hǽveni mìsgíviŋs] _____, sir, about the President
그리고 어쩌면   김대통령   각하께서는 어떤 걱정을 하지 않으셨습니까?   부시 대통령에 대하여
including North Korea / in the axis of evil? And, secondly, why do you think that North
북한을 악의 축에 포함시킨   그리고 둘째로   왜 각하께서는 생각하십니까?
Korea is genuine / about opening up? We have heard here about / their failure to
북한의 태도가 진실하다고   개방하는 문제에 있어서   우리는 이곳에서 듣고 있습니다
participate in the reunification of families. They haven't built their end of the rail line,
이산 가족들의 상봉 문제 재개의 실패를   그들은 경의선의 끝자락을 잇지 않고 있으며
and they refuse to talk to the U.S. What makes you think they're sincere / in wanting
그들은 거절하고 있습니다   미국과 대화를 하는 것을   무엇이 각하를 생각하도록 하였습니까? 그들이 진정으로 원한다고
to open up?
개방을

President Bush :
 Unit0530

You know, during our discussion, President Kim reminded me / a little bit about
13)
American history, when he said that President Reagan / referred to Russia / as the "evil
empire" — and, yet, was then able to have constructive dialogue / with Mr. Gorbachev.

Unit0531

I will believe — I will not change my opinion on the man, on Kim Jong-il until / he frees
저는 믿을 것인데   저는 인간에 대한 자신의 의견을 바꾸지 않을 것입니다   김정일에 대한   그가 해방시키고
his people / and accepts genuine proposals / from countries such as South Korea / or
그의 국민들을   진정한 대화 제의를 받아들이기 전에는   남한이나 미국과 같은 나라의
the United States / to dialogue ; until he proves to the world / ② [ðǽris gárə gud há:]
미국   그가 세상에 증명하기 전까지는   그가 훌륭한 양심을 가졌다고
_____, that he cares about the people that live in his country.
그가 마음쓰고 있다는   그의 나라에 살고 있는 주민들을

Unit0532

I am concerned / about a country / that is not transparent, that allows for starvation,
저는 우려하고 있습니다   나라에 대하여   투명하지 않고   굶주림을 방치하고
that develops / weapons of mass destruction. I care very deeply about it / because it is
대량 살상 무기를 개발해내는   저는 매우 심각하게 우려하고 있습니다   그러한 나라가
/ ③ [ìnðə néibərhùrəv wÀnəváuər vériklouz frenz] _____. I don't see — and so, therefore,
이웃에 있기 때문에   우리의 가장 가까운 우방 중의 한 나라의   14)
I think the burden of proof / is on the North Korean leader, to prove that he does
저는 생각합니다 입증의 책임이   북한 지도자에게 있다고   그가 한다는 것을 증명할
truly care about people / and that he is not going to threaten / our neighbor.

Unit0533

We're peaceful people. We have no intention of / invading
우리는 평화로운 사람들입니다   우리는 침략할 의사를 가지고 있지 않습니다
North Korea. South Korea has no intention of attacking
북한을   남한은 공격할 의사를 가지고 있지 않습니다
North Korea, nor does America. We're purely defensive.
북한을   미국도 그렇지만   우리는 순전히 방어적입니다
And the reason we have to be defensive / is because there
우리가 방어적이어야만 하는 이유는
is a threatening position / on the DMZ. But we long for
위협적인 입장이 있기 때문입니다   DMZ에   그러나 우리는 열망합니다
peace. ④ [íri zináuər néiʃən sítris] _____ / that we achieve peace
평화를   그것이 우리 국민의 관심사입니다   우리가 평화를 얻어내는 것이
on the Peninsula.
이 반도에

Vocabulary Drills ⑬ _____ *a group of nations ruled by a central government and usually an emperor*
⑭ _____ *evidence that something is true, such as documentation or eyewitness accounts*

소리분석 **1.** did you have any misgivings : 융합[d+j→ʤ], 연음

2. that he's got a good heart : -t/-d의 -r유음화, 자음 뒤 말음의 자음 생략

3. in the neighborhood of one of our very close friends : -t/-d의 -r유음화, 연음, 3개 이상 중첩된 복합중자음에서의 중간음 탈락

4. It is in our nation's interest : -t/-d의 -r유음화, 연음, 자음 뒤 말음의 자음 생략

구문분석 **1.** And if I may, President Kim, did you have any misgivings, sir, about the President *including North Korea in the axis of evil?* ··· if I may는 'in my guess'의 뜻으로, 기자의 <추측>임을 나타내는 불완전한 문장이며, the President는 Bush를 가리킨다.

2. You know, during our discussion, President Kim reminded me a little bit about *American history*, when he said that President Reagan referred to Russia as the "evil empire" —and, yet, was then able to have constructive dialogue with Mr. Gorbachev. ··· *American history*에 대한 구체적인 내용이 when 이하에서 설명되고 있는데, dash(—) 이하의 주어는 President Reagan이다.

3. I will believe —I will **not** change my opinion on the man, on Kim Jong-il ¹*until* he frees his people and accepts genuine proposals from countries *such as South Korea or the United States to dialogue* ; ²*until* he proves to the world **that**₁ he's got a good heart, **that**₂ he cares about the people that live in his country. ··· 두 번째 ²*until* 이하에서 proves의 목적어는 두 개의 **that**-절 모두가 된다.

4. I am concerned about **a country** that₁ is not transparent, that₂ allows for starvation, that₃ develops weapons of mass destruction. ··· **a country**를 선행사로 하는 3개의 that-관계절이 왔다.

5. I don't see —and so, therefore, I think the burden of proof is on the North Korean leader, to prove **that** he does truly care about people and **that** he is not going to threaten our neighbor. ··· to prove는 앞에 있는 the burden을 수식하는 형용사적 용법으로, 앞서의 proof를 풀어서 설명하고 있다.

---

2. Bush 대통령의 말뜸, 군소리는 여러 언론에서도 여러 번 지적되었는데, 여기서의 You know, **3.**의 I will believe, **5.**의 I don't see는 모두 일종의 군소리(delirium)로 굳이 우리말로 옮길 필요는 없지만, 여기에 말하는 사람의 감정이나 의도 등이 내포되어 있으므로, 우리말로 옮길 때 이를 감안하여 적절하게 옮겨야 한다.

2. †remind+IO+DO: ~에게 ~을 생각나게 하다, 상기시키다.

3. <부정어+until>은 보통 "1)~할 때까지 …하지 않다. 2)…한 뒤에야 비로소 ~하다"의 두 가지 의미를 갖는다.

5. think 다음에 명사절을 유도하는 접속사 that이 생략되었고, 두 개의 **that**-절 모두 prove의 목적어로 쓰였다.

Nuance **'나쁜'의 뜻을 가지는 말**
①**bad**: '나쁜'의 의미로 쓰이는 가장 일반적인 말. 注意 a *bad* cold 보다 a *severe* cold로, a *bad* pain 보다 an *acute*(severe) pain으로, a *bad* accident 보다 a *serious* accident로 표현하는 것이 좋다. ②**evil**: bad보다 강한 뜻으로 good이 아닌 모든 것에 사용한다. 사회적·도덕적으로 나쁜, 사악함의 뜻으로 구어에서는 bad가 더 일반적이나, 명사로서는 일반적인 의미를 지녀 harm, injury, misfortune, disease 등의 구체적인 의미를 갖는 말을 사용하는 것이 좋다. ③**wicked**: evil보다 더욱 강한 의미로, 고의로 도덕에 위반되는 나쁜 일을 하거나 하려고 하는, 근성이 나쁜. 때로는 약한 의미로 장난삼아 말하는 때에도 쓰인다. ④**malicious**: 악의(적의)를 품은 ⑤**ill**: evil만큼 강한 의미는 아니나, 다소 예스러운 느낌을 주어 속담이나 일정한 관용구 등에서 자주 사용된다. ⑥**wrong**: 법률이나 도덕적으로 잘못된, 틀린 ⑦**vicious**: 나쁜, 사악한, 패덕의, 타락한 ⑧**indifferent**: 본래 좋지도 나쁘지도 않은 의미였으나, 오늘날에는 '꽤 나쁜, 시원치 않은' 뜻으로, very(so) indifferent 형태로 쓰인다. ¶a very *indifferent* performance(아주 서툰 연기) ⑨**naughty**: 전에는 wicked, bad'의 뜻으로 쓰였으나, 오늘날에는 단지 장난꾸러기처럼 구는 것, 말을 듣지 않음을 의미한다.

번역 그리고 어쩌면 김대통령 각하께서는 악의 축에 있어서의 북한을 포함하여 부시 대통령에 대하여 어떤 걱정을 하지 않으셨습니까? 그리고 둘째로 왜 각하께서는 개방하는 문제에 있어서 북한의 태도가 진실하다고 생각하십니까? 우리는 이곳에서 이산 가족들의 상봉 문제 재개의 실패를 듣고 있습니다. 그들은 경의선의 끝자락을 잇지 않고 있으며, 미국과 대화를 하는 것을 그들은 거절하고 있습니다. 그들이 진정으로 개방을 원한다고 무엇이 각하로 생각하도록 하였습니까?

부시 대통령: 13) 우리가 대화를 나누는 중에 김대통령께서는 레이건 대통령이 러시아를 "악의 제국"이라고 언급했지만, 그럼에도 불구하고 그때 고르바초프 대통령과 건설적인 대화를 할 수 있었던 미국 역사에 관하여 잠깐 말하며 저를 일깨워주었습니다.

저는 그가 그의 국민들을 해방시키고, 남한이나 미국과 같은 나라의 진정한 대화 제의를 받아들이기 전에는 또 그가 그의 나라에 살고 있는 주민들에 마음쓰는 훌륭한 양심을 가졌다는 것을 세상에 증명하기 전까지는 인간, 김정일에 대한 자신의 의견을 바꾸지 않을 것입니다.

저는 투명하지 않고 굶주림을 방치하고 대량 살상 무기를 개발해내는 나라에 대하여 우려하고 있습니다. 그러한 나라가 우리의 가장 가까운 우방 중의 하나인 남한의 이웃에 있기 때문에 저는 매우 심각하게 우려하고 있습니다. 14) 모르겠습니다. 그래서 그가 진정으로 주민들을 사랑하고 우리의 이웃을 위협하지 않을 것이라는 증명의 책임이 북한의 지도자에게 있다고 저는 생각합니다.

우리는 평화로운 사람들입니다. 우리는 북한을 침략할 의사를 가지고 있지 않습니다. 미국도 그렇지만, 남한은 북한을 공격할 의사를 가지고 있지 않습니다. 우리는 순전히 방어적입니다. 우리가 방어적이어야만 하는 이유는 DMZ에 위협적인 입장이 있기 때문입니다. 그러나 우리는 평화를 열망합니다. 이 반도에 평화를 얻어내는 것이 우리 국민의 관심사입니다.

※CD를 듣고 공란에 들어갈 말을 받아쓴 후 본문의 밑줄 친 부분을 번역하고, 하단의 설명을 읽고 해당하는 단어를 본문에서 찾아 써라.

Unit0534 I also want to remind/the world that our nation provides more food/to the North
저 또한 상기시키고 싶습니다　　　세계에　　　우리나라는 더 많은 식량을 제공하고 있다는 것을　　북한 주민들에게
Korean people/① _____. We are averaging nearly 300,000 tons of
세계의 어느 나라보다 더　　　　　　　　　　우리는 평균하여 거의 30만톤의 식량에 이르고 있습니다
food a year. And so, obviously, my comments about evil/was toward a regime,
연간　　　　　15)
toward a government—not toward the North Korean people. We have great
　　　　　　　　　　　　　　　　　　　　　　　　　　　　　　　우리는 커다란
sympathy/and empathy for the North Korean people. ② _____.
동정과 공감을 가지고 있습니다　　　북한 주민들에 대하여　　　　　　우리는 그들이 식량을 갖기를 원합니다
And at the same time,③ _____. And we will work in a
동시에　　　　　　　　　우리는 그들이 자유를 얻기를 바랍니다　　　우리는 노력할 것입니다
peaceful way/to achieve that objective.
평화로운 방법으로　　그런 목적을 달성하기 위해

Unit0535 That was the purpose of our summit today, to reconfirm/that our nation—my
16)
nation/is interested in a peaceful resolution/of the—here on the Korean Peninsula.

And at the same time, of course, I made it clear that we would honor/our commit-
동시에　　　　　　　　　　저는 물론 명확히 했습니다　　　우리의 책임을 명예롭게 수행할 것임을
ments/to help South Korea defend herself, if need be.
남한이 스스로를 방어할 수 있도록 돕는 데에　　　필요하다면

Unit0536 I think we had a question/for the President.
김대통령께도 질문이 있을 것으로 저는 생각합니다

**Q : Mr. Mike Allen, of The Washington Post.
Unit0537** 워싱턴 포스트의 Mike Allen입니다

**President Bush : He got cut off, I think. He just got filibustered. (Laughter)
Unit0538** 그는 차단된 것으로 나는 알고 있습니다　그는 방금 의사진행을 방해 당했습니다

**Q : Mr. President, in Beijing, do you plan to meet/with any political dissidents/or
Unit0539** 부시 대통령 각하　　북경에서　　만날 계획입니까?　　　　어느 반체제 인사나
Christian activists? How did you decide that? And what do you plan to do/to try to
기독교 활동가들을　　　그에 대하여 각하께서는 어떻게 결정하셨습니까? 그리고 무슨 계획을 가지고 계십니까?　설득하시기 위해
persuade/the Chinese government to extend more rights to these individuals?
중국 정부를　　　　　　그러한 사람들에게 더 많은 권리를 확대해주도록

**President Bush : Mike, I am not exactly sure of all the details of my schedule yet, since I'm focused
Unit0540** Mike기자 저는 정확히 모르고 있습니다　　저의 스케줄에 대한 자세한 것을 아직　　　저는 이곳 한국에 집중하고 있는 까닭에
here/on this incredibly important relationship. I can tell you/that in my last visit/with
매우 중요한 관계인　　　　　　　　　　저는 말할 수 있습니다　　마지막 방문지에서
President Jiang/I shared with him my faith. I talked to him on very personal terms
강택민 주석과　　　제가 저의 믿음을 공유했다고는　　　저는 그에게 말했습니다　매우 개인적인 문제에 대하여
about/my Christian beliefs. I explained to him that/faith had an incredibly important
저의 기독교적인 신앙에 관한　　　저는 그에게 설명했습니다　　신앙은 매우 중요한 부분이었으며
part in my life, and it has a very important part in the lives of all kinds of citizens, and
저의 인생에 있어서　　　그것은 매우 중요한 부분이라는 것과　　　모든 시민들의 삶에 있어서
that I would hope/that he, ④ _____, would understand the
그리고 저는 희망한다고　　위대한 나라의 대통령인 그가　　　　　　　　　　이해해주기를
important role of religion/in an individual's life. That's why/I put it in that context.
종교의 중요한 역할을　　　개인의 삶에 있어서　　　이것이 이유입니다　제가 그것을 그렇게 설명하는

Vocabulary Drills ⑮ _____ the information surrounding a word or phrase that determines exactly how it was meant
⑯ _____ to lead a person or group to believe or do something by arguing or reasoning with them, (syn.) to convince

266 | 제3편 통·번역학 실제연습

소리분석 *1.* than any nation in the world : 연음, [s, z, l, n, r+ð→s, z, l, n, r], 자음 뒤 말음의 자음 생략

2. We want them to have food : 조음점 동화

3. we want them to have freedom : 조음점 동화

4. as a President of a great nation : 연음, 자음 뒤 말음의 자음 생략

1. 앞에 쓰인 긍정의 본문과 dash(—) 이하의 not이 어울려 <not A but B: A가 아니라 B이다>의 뜻이 되고 있는 제1형식 문장이다.

4. to₁-inf.는 술어동사의 O로, to₂-₃-inf. 는 to₁-inf.의 O로 와서 '설득하는 것을 시도할 것을 계획한다'는 의미가 되었다.

5. <자격>을 뜻하는 전치사 as가 왔다.

※Unit0540의 ~since I'm focused here…에는 상대방이 알고 있는 <원인·이유>를 설명할 때 쓰이는 접속사 since가 쓰이고 있다.

구문분석 *1.* And so, obviously, my comments about evil was *toward a regime, toward a government —not toward the North Korean people.* ⋯ toward는 <감정이나 행위의 목적>을 의미한다.

2. That was the purpose of our summit today, *to reconfirm* **that** *our nation —my nation is interested in a peaceful resolution of the —here on the Korean Peninsula.* ⋯ 형용사적 용법으로 앞에 쓰인 명사(pur- pose)를 수식하는 to-inf., 이 to-inf.의 목적어가 되는 that-절이 쓰인 <S + V + C> 구조이다.

3. And at the same time, of course, I made *it* clear **that** *we would honor our commitments to help South Korea defend herself, if need be.* ⋯ 가목적어 it, 진목적어 that-절이 쓰인 5형식 문장이다.

4. And what do you plan *to₁ do to₂ try to₃* persuade the Chinese government *to₄* extend more rights to these individuals? ⋯ plan이 술어동사로 쓰였고, to₃-inf.는 to₄-inf.의 OC로 쓰였다.

5. I explained to him **that₁** faith had an incredibly important part in my life, and it has a very important part in the lives of all kinds of citizens, **and that₂** I would hope **that₃** he, as a President of a great nation, would understand the important role of religion in an individual's life. ⋯ **that**₁₋₂-절이 본문의 술어동사 O로 왔고, **that**₃-절은 **that**₂-절의 술어동사 O로 쓰였다.

번역 저 또한 세계에 대하여 우리나라는 세계의 어느 나라보다 북한 주민들에게 더 많은 식량을 제공하고 있다는 것을 상기시키고 싶습니다. 우리는 연간 평균하여 거의 30만톤의 식량에 이르고 있습니다. 15) 그래서 악에 대한 저의 논평은 분명히 북한의 주민들을 향한 것이 아니라 정권을 향한 것이었고, 정부를 향한 것이었습니다. 우리는 북한 주민들에 대하여 커다란 동정과 공감을 가지고 있습니다. 우리는 그들이 식량을 갖기를 원합니다. 동시에, 우리는 그들이 자유를 얻기를 바랍니다. 우리는 그런 목적을 달성하기 위해 평화로운 방법으로 노력할 것입니다.

16) 그것이 오늘 우리나라는 이곳 한반도에 관한 평화로운 결정에 관심이 있다는 것을 우리나라에 재확인하기 위한 우리 정상회담의 목적입니다. 동시에 저는 물론 필요하다면, 남한이 스스로를 방어할 수 있도록 돕는 데에 우리의 책임을 명예롭게 수행할 것임을 명확히 했습니다.

김대통령께도 질문이 있을 것으로 저는 생각합니다.

질문자 : 워싱턴 포스트의 Mike Allen입니다.

부시 대통령 : 그는 차단된 것으로 나는 알고 있습니다. 그는 방금 의사진행을 방해 당했습니다.

질문자 : 부시 대통령 각하, 북경에서 어느 반체제 인사나 기독교 활동가들을 만날 계획입니까? 그에 대하여 각하께서는 어떻게 결정하셨습니까? 그리고 그러한 사람들에게 더 많은 권리를 확대해주도록 중국 정부를 설득하시기 위해 무슨 계획을 가지고 계십니까?

부시 대통령 : Mike기자, 저는 매우 중요한 관계가 이곳 한국에 집중하고 있는 까닭에 저의 스케줄에 대한 자세한 것을 아직 정확히 모르고 있습니다. 마지막 방문지에서 강택민 주석과 제가 저의 믿음을 공유했다고는 말할 수 있습니다. 저의 기독교적인 신앙에 관한 매우 개인적인 문제에 대하여 저는 그에게 말했습니다. 신앙은 저의 인생에 있어서 매우 중요한 부분이었으며 모든 시민들의 삶에 있어서 그것은 매우 중요한 부분이라는 것과 저는 위대한 나라의 대통령인 그가 개인의 삶에 있어서 종교의 중요한 역할을 이해해주기를 바란다고 저는 그에게 설명했습니다. 이것이 제가 그것을 그렇게 설명하는 이유입니다.

연구 44

대격동사(accusative verb)

⋯ <V+O+OC로서의 부정사> 관계를 유도하는 지각동사와 let, make, have, bid, help 등의 사역동사, allow, cause, command, compel, force, get, permit 등의 준사역동사, 그리고 ask, believe, enable, expect, hate, intend, know, like, order, prefer, suppose, tell, think, want, wish 등을 가리키는 말이다. 이때의 부정사에는 앞에 쓰인 대격동사에 따라 to-부정사, 원형부정사가 각각 오게 되며, <O+OC로서의 부정사>의 관계가 긴밀하여 Nexus(주어-술어) 관계가 된다는 점이다. ·I don't want *you to stay*.(= *that you stay*) *cf.* I don't want to stay. I don't want *you*./ ·I believe *him to be* honest.(= I believe *that he is honest*)./ ·I think it (*to be*) true. ⋯ 그러나 Allow me *to introduce myself*.; He asked me *to have a cup of coffee*. 등과 같이 부정사가 앞에 쓰인 술어동사의 부사적 수식어로 볼 수 있는 경우도 있다.

Nuance Drills *Fill in the blanks with a suitable word as given:*

¹_____, in this comparison, is the broadest term, ranging in implication from merely unsatisfactory to utterly depraved. ²_____ and ³_____ connote willful violation of a moral code, but ⁴_____ often has ominous or malevolent implications, and ⁵_____ is sometimes weakened in a playful way to mean merely mischievous. ⁶_____, which is slightly weaker than ⁷_____ in its implications of immorality, is now used chiefly in certain idiomatic phrases. ⁸_____ today implies mere mischievousness or disobedient.

(a) evil   (b) bad

(c) wicked   (d) ill

(f) naughty

※CD를 듣고 공란에 들어갈 말을 받아쓴 후 본문의 밑줄 친 부분을 번역하고, 하단의 설명을 읽고 해당하는 단어를 본문에서 찾아 써라.

 Unit0541
I then segued into discussions /① _____, and I will do so again —I
그리고 이어서 저는 이야기를 했는데　　카톨릭 교회에 대하여　　다시 그렇게 하도록 하겠습니다
will bring up the need that /there be a —that I would hope the government /would
저는 그 필요성을 제기할 것입니다　　있어야 한다는　　제가 희망한다는　　중국 정부가
honor the request of the Papal Nuncio /to be able at least have dialogue /about
교황청 사절의 요청을 존중해줄 것을　　최소한 대화라도 할 수 있기를 바라는
bishops /that are interned there. ② _____, as well as
주교에 관해　그곳에 억류된　　17)
Christian faiths, and I will do so again.

As to what my schedule is and who I'm going to see, I'm not sure yet, Mike.
저의 스케줄에 대해서　　그리고 누구를 만날 것인지　　저는 아직 모릅니다, Mike

Q: Unit0542
I first have a question /for President Bush. During your presentation /you said that /
먼저 부시 대통령께 한가지 질문이 있습니다　　각하의 모두 발언에서　각하께서는 말씀하셨습니다
you are ready to dialogue with North Korea /③ _____. If North Korea /
북한과 대화할 준비가 되어 있다고　　언제 어디서든　　만약 북한이
accepts, then will you continue with the economic aid to North Korea? And, also, in
받아들인다면　그러면 각하께서는 계속하실 것입니까?　경제적인 원조를　　북한에　　18)
order to /tell Pyongyang /that /you are ready to dialogue, are you willing to /send an
envoy?

 Unit0543
My next question is to President Kim. You said that you are satisfied /with the summit
두 번째 질문은 김대통령께 드리겠습니다　　각하께서는 말씀하셨습니다　이 정상회담에 만족한다고
meeting. What do you feel /is the biggest achievement /of the summit meeting?
각하께서 느끼는　　가장 큰 성과는 무엇입니까　　이 정상회담에서

President Bush : Unit0544
Well, first, dialogue or no dialogue, ④ _____ /to the North
글쎄요　먼저　　대화가 있건 없건　　우리는 식량을 계속하여 보낼 것입니다
Korean people. I reiterate, our issue is not with the North Korean people. As a
북한의 주민들에게　　제가 반복해서 말씀드리는데 우리의 문제는　　북한 주민들에 관한 것이 아닙니다
matter of fact, we have great sympathy /for the North
사실　　우리는 커다란 동정을 가지고 있습니다　　북한 주민들에게
Korean people. Any people that live under /a despotic
어떤 사람들이든　　독재정권 아래 살아가는
regime is —has our sympathy. And so /I presume that's
우리의 동정을 받습니다　　그래서 저는 감히 집행합니다
the economic aid /we're referring to. We will send food.
그런 경제적인 원조를　　우리가 언급하고 있는　　우리는 식량을 보낼 것입니다

Vocabulary Drills ⑰ _____ a messenger, especially a diplomatic representative of a government
⑱ _____ to suppose something is true, assume ; to impose on someone, take advantage of someone

268 | 제3편 통·번역학 실제연습

소리분석 *1.* about the Catholic Church : 조음점 동화

2. And I also talked about the Dalai Lama : 자음 뒤 말음의 자음 생략, 연음, 조음점 동화

3. at any time, anywhere : 강모음과 약모음 사이에 쓰인 -t/-d의 -r 유음화

4. we will continue to send food : 기능어의 발음 축약, 자음 뒤 말음의 자음 생략

1. hope 다음에는 명사절을 유도하는 접속사로서의 that이 생략되었고, <*honor the request to have dialogue*>는 <V+O+to-inf. as OC>의 대격관계이며, *that*3는 ***bishops***을 선행사로 하고 있다. †**segue** [séigwei] *vi.* 단절하지 않고 연주하다, 사이를 두지 않고 이행하다./ **bring up**: (문제 등을) 꺼내다, (논거 등을) 내놓다.

3. †**be ready to**: 1) 언제라도 ~할 준비가 되어있다. 2) 막 ~하려고 하다(be about to)./ **be willing to**: 기꺼이 ~하다. … 이들은 때로는 비슷한 의미로도 사용되나, be ready to는 '준비·대기·마음가짐·숙련되어 있음' 등을 강조하는 말이고, be willing to는 '사실은 하고 싶지 않지만, ~해도 관계없다'는 의미상의 차이를 가진다.

4. †**as a matter of fact**: 사실상

5. aid 다음에는 목적격의 관계대명사가 생략되었다. †**refer to**: 언급하다, 입밖에 내다.

구문분석 *1.* I *then segued* into discussions about the Catholic Church, and I *will do* so again — I *will bring up* ***the need*** *that*1 *there be a* — *that*2 *I would hope the government would honor the request of the Papal Nuncio to be able at least have dialogue about* ***bishops*** *that*3 *are interned there.* … *that*1, *that*2는 모두 ***the need***에 대한 동격절이 되고 있다.

2. And I also talked about the Dalai Lama, ***as well as*** Christian faiths, and I will do so again. … <B as well as A: A뿐만 아니라 B도>가 쓰였고, and 전후의 시제 차이에 주의해야 한다.

3. And, also, *in order to* tell ***Pyongyang*** *that you are ready to dialogue*, are you willing to send an envoy? … <목적>을 뜻하는 부사적 용법의 to-inf., ***Pyongyang***을 선행사로 하는 *that*-관계절이 왔다.

4. *As a matter of fact*, we ***have*** *great* ***sympathy*** for the North Korean people. … have sympathy는 <타동사+추상명사> 형태로 자동사처럼 쓰인 것이다(*sympathize with*).

5. And so I ***presume*** that's the economic aid *we're referring to.* … 보통 '가정(추정)하다, ~라고 상상하다'는 의미를 가지는 ***presume***이 여기서는 '감히 ~하다(dare)'의 뜻으로 쓰였다.

번역 그리고 이어서 저는 카톨릭 교회에 대하여 이야기를 했는데, 다시 그렇게 하도록 하겠습니다. 저는 대화가 있어야 한다는, 중국 정부가 중국에 억류된 주교에 관해 최소한 대화라도 할 수 있기를 바라는 교황청 사절의 요청을 존중해줄 것을 제가 희망한다는 필요성을 제기할 것입니다. <u>17) 그리고 또한 기독교적 신앙뿐만 아니라 Dalai Lama에 대해서도 이야기했는데, 다시 그렇게 할 것입니다.</u>

Mike 기자, 저의 스케줄에 대해서 그리고 누구를 만날 것인지 저는 아직 모릅니다.

질문자: 먼저 부시 대통령께 한가지 질문이 있습니다. 언제 어디서든 북한과 대화할 준비가 되어 있다고 각하의 모두 발언에서 말씀하셨습니다. 만약 북한이 받아들인다면, 그러면 각하께서는 북한에 경제적인 원조를 계속하실 것입니까? <u>18) 그리고 또 각하께서 대화할 준비가 되어 있다는 평양과 대화하기 위해 특사를 보낼 용의가 있습니까?</u>

두 번째 질문은 김대통령께 드리겠습니다. 각하께서는 이 정상회담에 만족한다고 말씀하셨습니다. 이 정상회담에서 각하께서 느끼는 가장 큰 성과는 무엇입니까?

부시 대통령: 글쎄요, 먼저, 대화가 있건 없건, 우리는 식량을 계속하여 북한의 주민들에게 보낼 것입니다. 제가 반복해서 말씀드리는데, 우리의 문제는 북한 주민들에 관한 것이 아닙니다. 사실, 우리는 북한 주민들에게 커다란 동정을 가지고 있습니다. 독재정권 아래 살아가는 어떤 사람들이든, 우리의 동정을 받습니다. 그래서 저는 우리가 언급하고 있는 그런 경제적인 원조를 감히 집행합니다. 우리는 식량을 보낼 것입니다.

Nuance **'언급하다'의 뜻을 가지는 말**

① **refer**: 전치사 to와 함께 쓰여 남의 관심이나 주의 등을 끌기 위해 직접적으로 분명하게 어떤 사람이나 물건 등의 이름을 거론하다, 언급하다, 닿다. 명사형을 써서 make reference to로 표현하기도 한다. ② **allude**: 전치사 to와 함께 쓰여 간접적으로 암시하듯 넌지시 비유해서 대수롭지 않다는 듯이 말하다, 언급하다. ③ **mention**: 보통 수동형으로 쓰여, 주의를 환기시키기 위해 보통 직접적으로 간단히 refer하다. 직접적인 언급에는 refer나 mention을 사용한다.

연구 45

Nexus(주술관계)(1) ……… 연구 47 에 계속(p.273)

… Nexus(주술관계)란 명사 또는 대명사와 그것을 수식하는 수식어의 관계가 <주어+술어> 관계에 서는 것을 말한다.

1) <S+V+O+OC>의 경우: O와 OC가 <주어+술어> 관계가 되는 경우로 다음과 같이 5가지 형태로 정리할 수 있다.

① S+V+O+OC로서의 명사·대명사: **목적어와 equal 관계가 되어 Nexus를 형성한다.** · I think ***him*** a fine ***gentleman***.(나는 그가 훌륭한 신사라고 생각한다. He is a fine gentleman.)/ · We elected ***him President***.(우리는 그를 대통령으로 선출했다. He became President.)

② S+V+O+OC로서의 형용사: **형용사가 주어가 아닌 목적어의 상태를 설명한다.** · We believe ***the boy honest***.(우리는 그 소년이 정직하다고 믿는다. The boy is honest.)/ · I pushed ***the door open***.(나는 그 문을 열었다. The door was open.)/ · The snow keeps ***the plants warm***.(눈은 식물들을 따뜻하게 해준다. The plants is warm.)/ · Lincoln set ***free the slave***.(링컨은 노예를 해방시켰다. … 목적어와 형용사의 어순이 도치됨)

③ S+V+O+OC로서의 부정사·현재분사·부사: **목적어와 능동적인 관계가 되어 목적어를 수식한다.** · He ordered ***me to do*** this work first.(그는 내게 이 일을 먼저 하라고 명령했다. I did this work first.)/ · The doctor advised ***me*** not ***to smoke*** too much.(그 의사는 나에게 담배를 너무 많이 피우지 말라고 충고했다. I didn't smoke too much.)/ · She helped ***him do*** his homework.(그녀는 그가 숙제를 하는 것을 도와주었다. He did his homework.)/ · You must let ***her have*** her money.(당신은 그녀가 그녀의 돈을 가지도록 해야 합니다. She has her money.)/ · Did you feel ***anything sting*** like that?(그렇게 쏘는 맛을 맛본 적이 있습니까? Anything stings like that.)/ · I heard ***her sing*** in a sweet voice.(나는 그녀가 아름다운 목소리로 노래하는 것을 들었다. She sang.)/ · I felt ***the car moving***.(나는 자동차가 움직이는 것을 느꼈다. The car is moving.)/ · They left ***me waiting*** outside.(그들은 내가 밖에서 기다리도록 남겨두었다. I waited outside.)

④ S+V+O+OC로서의 과거분사: **목적어와 수동적 관계가 되어 목적어를 수식한다.** · We found ***the house deserted***.(우리는 그 집이 버려져 있는 것을 발견했다. The house is deserted.)/ · I had ***my watch stolen***.(나는 내 시계를 도난 당했다. My watch was stolen.)

Answers for Vocabulary Drills ⑰ envoy ⑱ presume

통번역학 이론과 실제

※ CD를 듣고 공란에 들어갈 말을 받아쓴 후 본문의 밑줄 친 부분을 번역하고, 하단의 설명을 읽고 해당하는 단어를 본문에서 찾아 써라.

Unit0545 As to /①_____, it obviously takes / two willing parties. And as
어떤 대화든 시작되기 위해서는   분명히 필요합니다   두 양측이 자발적인 마음을 가진
/ people in our government know, last June, ②_____/ we would
그리고 우리 정부의 사람들은 알고 있지만   지난 6월   저는 결정하였습니다
extend the offer for dialogue. We just haven't heard a response back yet. And how
우리가 대화를 제의하기로   우리는 확실하게 어떤 대답을 받지 못했습니다   아직
we end up doing /③_____/ the diplomats. The great Secretary of State will
그리고 우리가 그 일을 마무리하는 방법은   외교적인 문제입니다   미국의 국무장관이
be able to handle the details. But the offer stands, and if anybody's listening / involved
그 일의 주요 부분을 처리할 것입니다   그러나 제의는 이루어졌고   누군가가 듣고 있다면
with the North Korean government, they know that the offer is real, and I reiterate it
북한 정권과 관련된   그들은 알 것이며   그 제안이 진정한 것이라는 것을   저는 그것을 반복합니다
today.
오늘

President Kim : Yes, at this morning's summit meeting, I believe, that I am most satisfied / with the
Unit0546   예   오늘 부시 대통령과의 대화에 있어서   제가 가장 만족하는 부분은
fact that / we were able to have a frank and open discussion / and we were able to
우리 둘이서 서로 흉금을 열어서   솔직하게 얘기할 수 있었다는 점입니다
reconfirm that / we are close allies — not only / are our two countries allies, but I
모든 생각을   서로 상대방을 가장 가까운 동맹국으로
believe that we have become / close personal friends, as well. And so I believe that /
혹은 개인적인 친구로 믿고   그래서
we will be able to learn a lot / from each other / and that we will be able to
우리는 서로에게서 많이 배우고   또 많이 상대를 이해하고
understand each other / more and better in the future. And we were able to have an
이렇게 해서 할 수 있었던 것을
open / and frank / dialogue, ④_____.
서로 격의 없이 의견교환을   만족스럽게 생각한다는 것입니다

Unit0547 And the second point / is that / at today's summit meeting, even before we had the
19)
summit meeting, we had agreed that / we would talk / on the four main issues / and
that we wanted to have concrete results on four / areas, and that is to reconfirm the
Korea-U.S. alliance. The second was to fight against / terrorism, and that we would
20)
work on a global scale / in order to uproot / terrorism, and that we would continue to
cooperate in order to do so. And, third, is for the North
셋째는
Korean WMDs / and missile issue must be resolved. And
북한의 WMD와 미사일 문제를 해결해야 한다는 것입니다
this is, more than any other country in the world, it is a
이것은 어느 나라보다도
matter directly related / to the security issue of Korea. The
우리 자체, 한국 자체의 안전을 위해서도 절실한 문제입니다
fourth issue / is that for inter-Korean relations, to resolve
넷째는   이런 남북관계에 있어서   기타 현안을 해결하는 데는
the current issues / such as the WMDs / and the missile
WMD나 미사일 문제 등
issue, we must resolve these issues / through dialogue.
대화를 통해서 해결되어야겠다는 것입니다

Vocabulary Drills ⑲_____ *a person who acts as a diplomatic representative of a nation*
⑳_____ *to say something again, repeat something*

270 │ 제3편 통·번역학 실제연습

여기서도 김대중 대통령의 이야기는 그것이 영어로 어떻게 통역되고 있는지를 사실적으로 보여주기 위해 청와대 홈페이지에 공개되고 있는 원문을 그대로 수록한다. 즉, 영어로 통역된 것을 우리말로 번역한 것이 아니라 김대통령이 연설한 원문을 그대로 실어두니, 그것이 우리나라의 통역관을 통해 영어로 어떻게 옮겨지고 있는 지 살펴볼 수 있는 기회가 되길 바란다.

4. about that에는 조음점 동화도 일어나고 있다.

1. stands는 자동사로 '유효하다, 변경되지 않고 실시중이다'는 뜻이다. †involved with: (수동형으로 쓰여) 연루되다, 관계되다, 휩쓸려 들어가다.

2. that₁-관계절의 주어 we가 and로 나열되고 있고, <not only A but (also) B: A뿐만 아니라 B도 역시>가 쓰였다.

4. 1은 술어동사의 C가 되는 명사절을 이끄는 접속사, 2~3은 agreed의 O가 되는 명사절을 이끄는 접속사, 4는 앞의 내용을 받는 대명사로 쓰였다.

6. that-절에는 부사적 용법으로 <목적>을 의미하는 to-inf.가 앞에 왔다.

🔊 **소리분석**) **1.** how any dialogue were to begin : -t/-d의 -r유음화

2. I made the decision that : 조음점 동화, [s, z, l, n, r+ð→s, z, l, n, r+ð]

3. that is a matter of : -t/-d의 -r유음화, 연음

4. and I am most satisfied about that : 말음의 자음 생략, 겹자음의 발음 생략, -t/-d의 -r유음화

💡 **구문분석**) **1.** But the offer *stands*, and if anybody's listening involved with the North Korean government, they know that the offer is real, and I reiterate it today. ··· anybody's는 anybody is의 줄인말로 진행형을 이루고 있다.

2. Yes, at this morning's summit meeting, I believe, that I *am* most *satisfied with* **the fact** that₁ *we₁ were able to have a frank and open discussion and we₂ were able to reconfirm that₂ we are close allies* —**not only** *are our two countries allies*, **but** *I believe that₃ we have become close personal friends, as well.* ··· that₁은 **the fact**에 대한 동격절, that₂-3은 모두 O가 되는 명사절을 이끈다.

3. And so I believe *that* we will be able to learn a lot from each other and *that* we will be able to understand each other more and better in the future. ··· believe의 O로 두 개의 *that*-절이 왔다.

4. And the second point is *that₁* at today's summit meeting, even before we had the summit meeting, we had agreed *that₂* we would talk on the four main issues and *that₃* we wanted to have concrete results on four areas, and *that₄* is to reconfirm the Korea-U.S. alliance. ··· 4개의 that이 사용되었다.

5. The second was *to fight* against terrorism, and *that* we would work on a global scale in order to uproot terrorism, and *that* we would continue to cooperate in order to do so. ··· 주어에 대한 C로 to-inf., that-명사절 2개가 나열되었다.

6. The fourth issue is *that* for inter-Korean relations, to resolve the current issues such as the WMDs and the missile issue, we must resolve these issues through dialogue. ··· C로 문장 끝까지 이어지는 that-명사절이 왔다.

> **연구 46**
> **well의 용법과 의미**
> ··· 부사·형용사·감탄사 그리고 드물게는 명사로도 사용되는 well이 부사로 사용될 때는 다음과 같다. 1)*may well+V*: ~하는 것도 당연하다. ···이때의 문수식 부사로 쓰여 well은 *reasonably, properly*의 뜻이 된다. 2)*as well*: as well as 형태에서 뒤에 쓰인 접속사 as가 생략된 형태로 '①계다가, 더욱이·He speaks Russian *as well.* ②마찬가지로 잘(능숙하게)'의 뜻을 이룬다.·He can speak Russian *as well.* ③*as well~as···* : ···와 마찬가지로 ~하다.·You might *as well* do anything *as* do that.(당신이 그것을 하는 것과 마찬가지로 어느 것이든 할 수 있다.)···이때의 <B as well as A>는 의미의 중점은 B에 놓여 술어동사는 B에 일치시킨다.

📝 **번역** 어떤 대화든 시작되기 위해서는 분명히 자발적인 마음을 가진 두 양측이 필요합니다. 그리고 우리 정부의 사람들은 알고 있지만, 지난 6월 저는 우리가 대화를 제의하기로 결정하였습니다. 우리는 아직 확실하게 어떤 대답을 받지 못했습니다. 그리고 우리가 그 일을 마무리하는 방법은 외교적인 문제입니다. 미국의 국무장관이 그 일의 주요 부분을 처리할 것입니다. 그러나 제의는 이루어졌고, 북한 정권과 관련된 누군가가 듣고 있다면, 그 제안이 진정한 것이라는 것을 그들은 알 것이며, 저는 오늘 그것을 반복해서 말씀드립니다.

김대중 대통령 : 예, 오늘 아침 부시 대통령과의 대화에 있어서 제가 가장 만족하는 부분은 우리 둘이서 서로 흉금을 열어서 서로 상대방을 가장 가까운 동맹국으로 혹은 개인적인 친구로 믿고 모든 생각을 솔직하게 얘기를 할 수 있었다는 점입니다. 그래서 우리는 서로에게서 많이 배우고 또 많이 상대를 이해하고, 이렇게 해서 서로 격의 없이 의견교환을 할 수 있었던 것을 만족스럽게 생각한다는 것입니다.

19) 둘째는 이번에 저는 부시 대통령과 회담하기 전에 이미 이번 회담을 통해서 네 가지를 얘기하고 성취하고 싶다고 했는데, 첫째는 한미동맹관계를 군건히 하는 것이고, 20) 둘째는 대테러 전쟁과 관련한 우리의 노력에 있어서 반드시 이 세계에서 테러를 근절시키는 문제를 우리가 같이 계속 협력한다는 것입니다. 셋째는 북한의 WMD와 미사일 문제를 해결해야 한다는 것으로, 이것은 어느 나라보다도 우리 자체, 한국 자체의 안전을 위해서도 절실한 문제입니다. 넷째는 이런 남북관계에 있어서 WMD나 미사일 문제 등 기타 현안을 해결하는 데는 대화를 통해서 해결되어야겠다는 것입니다.

Answers for Vocabulary Drills ⑲ diplomat ⑳ reiterate

Nuance Drills *Fill in the blanks with a suitable word as given*:
¹ _____ implies deliberate, direct, and open mention of something.² _____ implies indirect, often casual mention, as by a hint or a figure of speech.
(a) allude   (b) refer

CD를 듣고 공란에 들어갈 말을 받아쓴 후 본문의 밑줄 친 부분을 번역하고, 하단의 설명을 읽고 해당하는 단어를 본문에서 찾아 써라.

 And so, regarding these four points, I concurred and I agreed with President Bush,
21)
and as was mentioned earlier, President Bush / is more than ready / to dialogue with

North Korea. And he has reiterated his position. And / the Korean people, I believe, will
전쟁을 바라지 않는다는 이것을 확실히 말씀하셨습니다　우리 국민의 일부에 있던 우려도
be assuaged by this reiteration. And I believe that / President Bush's visit / to Korea /
대통령 각하의 그런 말씀으로 불식됐을 것으로 믿습니다 22)
will reaffirm / ①_____ / and will also lay the foundation /

for inter-Korean relations / and improvement in those relations.

 In the future, regarding economic issues, and also the Winter Olympics / which are
그리고 그 외에도　　경제협력문제라든가　　　　　　혹은 동계올림픽 문제
being held in Salt Lake City, ②_____, we are going to have to deal
또 월드컵 문제 등에 대해서도　　　　의견도 교환하고
with security issues, and we agree that / ③_____ / between
서로 협력을 하는데 대해서 좋은 의견이 있었습니다
our two countries / in order to ensure the security / in those events.
그런 의미에서 만족한다고 말씀드린 것이다

 This concludes / the joint press conference. Thank you very much.
이것으로 공동기자회견을 마칩니다　　　　　　　　　감사합니다

Vocabulary Drills　㉑_____ *something that is better or makes something else better, (syn.) an enhancement*
　　　　　　　　　㉒_____ *(the ～) newspapers, magazines, and their reporters, and often radio and television editors, etc.*

272 | 제3편 통·번역학 실제연습

🔊 소리분석 *1.* the alliance between our two countries : 연음

2. and also the World Cup : 연음, 자음 뒤 말음의 자음 생략

3. there will be a lot of cooperation : 강모음과 약모음 사이에 쓰인 -t/-d의 -r유음화

1. †**agree to**: (제의 등에) 동의하다 (*say 'yes', consent*)./ **agree on** (*or about*+something): (조건·의안 등에) 합의에 도달하다(*be the same opinion or mind*)./ **agree with** (*or among*+someone): (사람에) 동의하다./ **more than**: 1) ~보다 많은, ~이상의 2) ~뿐만 아니라, ~하고도 남음이 있다./ **be willing to**: 기꺼이 ~하다, ~하기 쉽다.※ willing 대신 ready를 써도 비슷한 의미인데, ready를 쓰면 '언제라도 ~할 수 있도록' 대기 상태임을 암시하고, willing을 쓰면 '사실은 하고 싶지 않지만 ~해도 상관없다'는 의미가 내포되어 있다.

3. †**deal with**: 처리하다, 취급하다, 다루다(*manage*).

💡 구문분석 *1.* And so, regarding these four points, I *concurred* and I *agreed with* President Bush, and as was mentioned earlier, President Bush is more than ready to dialogue with North Korea. ··· 비슷한 의미의 술어동사 2개가 <강조>를 위해 사용되었다.

2. And I believe *that* President Bush's visit to Korea **will** reaffirm the alliance between our two countries and **will** also lay the foundation for *inter-Korean relations and improvement in those relations*. ··· 술어동사의 O인 that-절에서 S를 공통요소로 두 개의 등위절이 and로 연결되고 있다.

3. In the future, *regarding economic issues*, and also *the Winter Olympics* which are being held in Salt Lake City, and also *the World Cup*, we are going to have to deal with security issues, **and we agree *that*** there will be a lot of cooperation between our two countries *in order to* ensure the security in those events. ··· *regarding*의 O로 3개의 명사들이 <A, and B, and C> 형태로 나열되고, B에는 관계절이 뒤따르고 있으며, 주절은 we are going to~ 이하가 된다.

번역 21) 이 네 가지 점에 있어서 부시 대통령 각하와 의견이 일치되었습니다. 그리고 여러분이 여기서 들으신 대로 부시 대통령은 강력한 대화의지를 표시하였습니다. 그리고 전쟁을 바라지 않는다는 것을 확실히 말씀하셨습니다. 우리 국민의 일부에 있던 우려도 대통령 각하의 그런 말씀으로 불식됐을 것으로 믿습니다. 22) 이런 의미에서 이번 부시 대통령의 방한은 한미 동맹관계의 강화와 또 앞으로 협력해서 대북 공동정책을 추진하는데 큰 도움이 될 것으로 생각합니다.

그리고 그 외에도 경제협력문제라든가 혹은 동계올림픽 문제, 또 월드컵 문제 등에 대해서도 의견도 교환하고 서로 협력을 하는데 대해서 좋은 의견이 있었습니다. 그런 의미에서 만족한다고 말씀드린 것입니다.

이것으로 공동기자회견을 마칩니다. 감사합니다.

연구 47

Nexus(주술관계)(2) ········· **연구 50** 에 계속(p.285)

⑤ S+V+O+OC로서의 전치사와 목적어: · I rely on *you to be* discreet.(나는 당신이 신중을 기해줄 것으로 믿는다.)/ · I am not ashamed of *myself to talk so.*(나는 내가 그렇게 말하는 것이 부끄럽지 않다.)/ · We looked at the *flag flutter* in the breeze.(우리는 깃발이 미풍에 펄럭이는 것을 보았다.)/ · Do you like listening to *other people talk*?(당신은 다른 사람들이 이야기하는 것을 듣기 좋아합니까?)

2) <S+V+O+as OC>: as 다음에 명사, 형용사, 현재분사, 과거분사, 전치사구 등이 올 수 있으며, 이때의 as는 다음에 명사가 오면 <자격·조건·역할>을 의미하는 전치사로 '~로써, ~으로'의 뜻을 가지는 것이 보통이고 목적어와 as 이하에 쓰인 말이 Nexus 관계가 되며, 명사 외의 다른 말이 오면 허사(虛辭)로 자체의 의미가 없다. ① 명사가 OC 위치에 온 경우 · · We regard *the dove as* the symbol *of purity, gentleness, and peace.*(우리는 비둘기를 순결, 온순, 평화의 상징으로 간주한다. The dove is the symbol~.)/ · I look upon *him as my best friend.*(나는 그를 나의 가장 친한 친구로 생각한다. He is my best friend.)/ · The idea strikes *me as a good one.*(그것은 좋은 생각이라는 생각이 들었다.) ② 형용사가 OC 위치에 온 경우 · · They think of *him as wise.*(그들은 그가 현명하다고 생각한다. He is wise.)/ · They speak of *him as foolish.*(그들은 그가 어리석다고 말한다.)/ · She regards *him as courageous.*(그녀는 그가 용감하다고 생각한다.)/ · They gave *him* up as *hopeless.*(그들은 그를 가망없는 것으로 포기했다.)/ · Her behavior strikes *me as queer.*(그녀의 행동은 내가 보기에 이상했다.) ③ 현재분사가 OC 위치에 온 경우 · He looked upon *me as belonging* to a rich family.(그는 내가 부유층에 속한다고 생각했다.) ④ 과거분사가 OC 위치에 온 경우 · I acknowledged *myself as defeated.*(나는 나 자신이 패배한 것으로 인정했다. I was defeated.) ⑤ 전치사구가 OC 위치에 온 경우 · We regard *this as of great importance.*(우리는 이것을 중요한 것으로 본다.)/ · His remark strikes *me as off the point.*(그의 논평은 내가 보기에는 요점을 벗어난 것으로 보였다.)

3) 주술명사(Nexus Substantive) ① 추상명사의 속격 · *The lady's cleverness*→The lady is clever · The cleverness *of the lady*→The lady is clever/ · Her cleverness→She is clever ② 동작명사의 속격 · The doctor's decision/ · His decision/ · The decision of the doctor→the doctor decided

4) 주술동명사(Gerundial Nexus) ① 's 속격 · *Jennifer's returning* so early surprised them. ② of-속격 · They were surprised by the sudden *coming in of a stranger.* ③ 소유대명사 · What's the use *of his going* there?

Nuance Drills *Fill in the blanks with a suitable word as given:*

1 _____, as compared here, refers to a part or thing at the bottom acting as a support or underlying structure. 2 _____, conveying the same idea, is the term preferred for nonphysical things.

3 _____ stresses solidity in the underlying or supporting thing and often suggests permanence and stability in that which is built on it. 4 _____, closely synonymous with 5 _____, is principally applied to nonphysical things.

(a) foundation   (b) basis
(c) base   (d) groundwork

Nuance '기초'의 뜻을 가지는 말

① **foundation**: 구체적, 추상적 모두에 사용되어, 단단하고 안정된 기초를 뜻하는데, 안정성과 영구성을 내포한다. 또 foundation은 지하에 있는 것, base는 지상에 있는 것을 가리키며, foundation은 큰 건축물 전체를 받치는 것을 말하나, base는 기둥 하나를 받치는 것에도 사용한다. ② **base**: 구체적인 물체·물건·구조물을 받치는 '토대·기초·바닥·기반'을 의미하는데, 보통 물질적인 것에 사용한다 ③ **basis**: 보통 비유적이며 추상적인 의미로 쓰여, 학설·명예·추리·과세·

생활·신념 등의 기초를 뜻한다. ④ **groundwork**: foundation과 거의 같은 뜻이나 주로 추상적·정신적·비유적인 것에 사용한다. ⑤ **ground**: basis와 거의 같은 의미로 쓰여, 하부의 단단한 기초나 토대, 근거를 의미한다. 종종 복수형으로도 사용된다. ⑥ **reason**: 사고의 논리적인 근거를 가리킨다.

Answers for Vocabulary Drills ㉑ improvement ㉒ press

Unit 6

President Bush

Speaks at Tsinghua University

2002년 2월 일본의 도쿄와 한국의 서울에 이어 중국을 방문하는 동북아 3개국 순방 외교의 마지막날인 22일 북경 칭화대학 (淸華大學)을 방문하여 약 300여명의 학생들과 교수들이 참석한 가운데 중국과 미국의 관계는 물론 세계 정세 전반을 주제로 날카롭고 예민한 문제에 이르기까지 학생들과 일문일답을 나누는, 공영방송인 CCTV로 중국 전역에 생중계된 미국의 Bush 대통령의 모습이다. 각 페이지 밑줄 친 부분을 번역하고, 하단의 설명을 읽고 해당하는 단어를 본문에서 찾아 써라.

President Bush : Vice President Hu, thank you very much / for your kind and generous remarks. Thank
후진타오 부주석   정말 감사합니다   귀하의 친절하고 후한 말씀에

you for welcoming me and my wife, Laura, here. (Applause.) I see she's keeping
여러분에게도 감사를 드립니다   저와 저의 안사람인 Laura를 환영해준   저는 알고 있습니다 그녀가

pretty good company, with the Secretary of State, Colin Powell. It's good to see you,
잘 지내고 있는 중이라는 것을   국무장관 Colin Powell과   당신을 소개한다는 것은 즐거운 일입니다

Mr. Secretary. (Applause.) And I see my National Security Advisor, Ms. Condoleezza
국무장관   그리고 저는 저의 국가안전보좌관 Condoleezza Rice를 소개합니다

Rice, who at one time / was the provost at Stanford University. So she's comfortable
한때는 부총장이었던   Stanford 대학의   그래서 그녀는 편안할 것입니다

on / university campuses / such as this. Thank you for being here, Condi. (Applause.)
이런 대학 캠퍼스가   Condi, 이곳에 참석해주어 감사합니다

I'm so grateful for the hospitality, and honored for the reception / at one of China's,
저는 매우 기쁩니다   환대와   영광스러운 접대를 해주어   중국의

and the world's, great universities.
그리고 세계적으로 훌륭한 대학의 하나인 이곳에서

This university was founded, interestingly enough, with the support of my country, to
1)

further ties between our two nations. I know how important this place is to your
저는 얼마나 중요한 지 알고 있습니다   이곳이 여러분의 부주석에게

Vice President. He not only received his degree here, but more importantly, he met
그는 이곳에서 학위를 받았을 뿐만 아니라   더 중요한 것은   그가 만났다는 것입니다

his gracious wife here. (Laughter.)
그의 상냥한 부인을 이곳에서

I want to thank the students / for giving me the chance to meet with you, the
저는 학생들에게 감사를 드리고 싶습니다   제게 기회를 준   여러분을 만날 수 있는

chance to talk a little bit about my country / and answer some of your questions. The
그 기회는   저의 나라에 대하여 조금은 말하고   여러분의 질문에 답할 수 있는   2)

standards and reputation of this university / are known around the world, and I know

what an achievement it is to be here. So, congratulations. (Applause.) I don't know if
그래서 축하를 드립니다   저는 모르지만

you know this or not, but my wife and I have two
여러분이 이것을 아는 지 모르는 지   그러나 제 안사람과 저는

daughters who are in college, just like you. One goes
대학에 다니는 두 딸이 있습니다   여러분처럼   한 아이는

to the University of Texas. One goes to Yale.
Texas 대학에 다닙니다   한 아이는 Yale 대학에 다닙니다

They're twins. And we are proud of our daughters,
그들은 쌍둥이입니다   우리도 우리의 딸아이들이 자랑스럽습니다

just like I'm sure your parents / are proud of you.
여러분의 부모님이 여러분을 자랑스러워하는 것과 마찬가지로

Vocabulary Drills ①_____ the land and buildings of a college, university, or some business headquarters
②_____ an opinion, about the quality of something, such as a person's character

이날 장쩌민(江澤民) 국가 주석의 후계자로 부상해온 후진타오(胡錦濤) 국가 부주석이 칭화대 정문 자격으로 부시 대통령을 청중들에게 소개했기 때문에 첫 인사가 후진타오 부주석에 대한 인사로 시작되고 있다. 또 이날 연설이 칭화대학 강당에서 진행된 까닭에 소리가 울려 분명하지 못한 부분도 있는데, 영어의 청취환경이 반드시 녹음실에서 녹음된 소리처럼 깔끔할 것만은 아니란 점을 기억하면서 주의를 기울여 알아듣도록 노력해보기 바란다.

※ with the는 겹자음의 발음 생략, and my는 비음화, with you는 융합 등의 음운현상이 발생하고 있다.

1. 술어동사 see는 '알다, 이해하다'는 의미로 쓰였는데, I see.(알겠습니다)는 일상적인 구어로 널리 사용된다.
†keep company good(bad) with : ~와 친하게(나쁘게) 지내다, 口語 (결혼 상대로) ~와 사귀다(구혼하다).

2. '(정중하게) 소개하다'는 의미를 가지는 see에 대하여 Cobuild Dic.는 다음과 같이 설명하고 있다. *If you see someone to a particular place, you accompany them to make sure that they get there safely, or to show politeness.*

3. so는 and로 연결된 형용사 *grateful*과 *honored* 모두를 수식한다.

6. comma(,) 이하에 형용사적 용법의 to-inf.가 and로 연결되고 있다.

소리분석 1. President, kind and, Stanford, founded, important, want to : 말음의 자음 생략
2. thank you, And I, such as, one of, between our, place is, talk a, and answer some of your, standards and reputation of this university, known around, if you, wife and, like you, proud of our : 연음
3. pretty, Security, at one, University, grateful, hospitality, support of, not only, little bit about, what an, daughters : 강모음과 약모음 사이에 쓰인 -t/-d의 -r 유음화

구문분석 1. I see *she's keeping pretty good company, with the Secretary of State, Colin Powell.* … 술어동사 see 다음에 명사절을 이끄는 접속사 that이 생략되었다.
2. And I see my National Security Advisor, Ms. Condoleezza Rice, *who at one time was the provost at Stanford University.* … 여기서의 see는 문맥으로 보아 '소개하다'는 의미로 옮기는 것이 좋다.
3. I'm *so grateful for the hospitality*, and *honored for the reception* at one of China's, and the world's, great universities. … 여기서의 so는 부사로서 강의적 의미인 '매우'(very)의 뜻으로 쓰였다.
4. This university was founded, interestingly enough, *with* the support of my country, to further ties between our two nations. … with는 도구·수단·내용물 등을 의미하는 '~으로'의 뜻으로 쓰였다.
5. He *not only* received his degree here, *but* more importantly, he met his gracious wife here. … <not only A but also B : A뿐만 아니라 B도 역시>가 쓰이고 있다.
6. I want to thank the students for giving me *the chance* to meet with you, *the chance* to talk a little bit about my country and *answer* some of your questions. … the chance를 보충 설명하는 말이 comma(,) 다음에 이어지고 있다.
7. The standards and reputation of this university are known around the world, and I know *what an achievement it is to be here.* … and 이하에 what-관계절이 술어동사 know의 O로 오고 있다.

Nuance '대답하다'의 뜻을 가지는 말
① answer : 질문·부름·명령·요구 등에 '응답하다'는 의미의 가장 일반적인 말로, 편지·신호·동작 등을 통한 모든 형태의 응답에 사용한다. ※물음에 대한 답을 모를 때에는 I cannot *answer* it.라고 하지 않고, I cannot *answer* your question. 또는 I cannot *answer*.라고 말한다. 또 논쟁 등에서의 answer는 단순한 응답에 그치지 않고 질문의 취지에 적합하고 올바른 적절한 응답임을 뜻하며, 그래서 This *reply* is not an *answer*.(이 답은 답이 아니다.)라는 표현도 가능하다. ② reply : answer 보다 딱딱한 말로, 질문·요구 등에 대해 잘 생각하고 나서 그 질문 내용에 맞게 (자신의 의견을 포함해서) 자세히 회답·대답한다. ③ respond : 문의·호소 등에 대한 반응으로 기대했다는 듯이 즉석에서 응답한다. 흔히 이미 마련된 응답을 반사적으로 행함을 암시한다. ④ rejoin : 비판·의문·반대 등에 대하여 반론을 제기하다. ⑤ retort : 비난·비평 따위에 감정적으로 날카롭게 즉각 응수하다. 반대 의견을 개진하다.

번역 **부시 대통령** : 후진타오 부주석, 귀하의 친절하고 후한 말씀에 정말 감사합니다. 저와 저의 안사람인 Laura를 환영해준 여러분께도 감사를 드립니다. 그녀가 국무장관 Colin Powell과 잘 지내고 있는 중이라는 것을 알고 있습니다. 국무장관, 당신을 소개한다는 것은 즐거운 일입니다. 그리고 한때는 Stanford 대학의 부총장이었던 저의 국가안전보좌관 Condoleezza Rice를 소개합니다. 그래서 그녀는 이런 대학 캠퍼스가 편안할 것입니다. Condi, 이곳에 참석해주어 감사합니다.
중국의, 그리고 세계적으로 훌륭한 대학의 하나인 이곳의 환대에 매우 기쁘고 접대에 영광스럽습니다.
1) 이 대학은 흥미롭게도 양국 간의 더 나은 유대를 위해 미국의 지원으로 설립되었습니다. 저는 이곳이 여러분의 부주석에게 얼마나 중요한 지 알고 있습니다. 그는 이곳에서 학위를 받았을 뿐만 아니라 더 중요한 것은 그의 상냥한 부인을 이곳에서 만났다는 것입니다.
저는 여러분을 만날 수 있게 하고, 저의 나라에 대한 약간의 소개와 여러분의 질문에 답할 수 있는 기회를 준 학생들에게 감사를 드리고 싶습니다. 2) 이 대학의 수준과 명성은 세계적으로 알려져 있으며, 이곳에서 어떤 업적이 이루어졌는지 저는 알고 있습니다. 그래서 축하를 드립니다. 여러분이 이것을 아는 지 모르는 지 저는 모르지만, 제 안사람과 저는 여러분처럼 대학에 다니는 두 딸이 있습니다. 한 아이는 Texas 대학에 다니고, 한 아이는 Yale 대학에 다닙니다. 그들은 쌍둥이입니다. 여러분의 부모님이 여러분을 자랑스러워하는 것과 마찬가지로 우리도 우리의 딸아이들이 자랑스럽습니다.

연구 48
전치사 with의 주요 의미(2)
① 동반·수반 · Will you come *with* us, too?(당신도 우리와 함께 오실 것입니까?) ② 제휴·근무 · She is an air hostess *with* KAL.(그녀는 대한항공의 스튜어디스로 근무하고 있다.) ③ 동조·찬성 · Are you *with* us or against us?(당신은 우리에게 찬성합니까, 반대합니까?) ④ 포함 · *With* the maid, the family numbers six.(하녀를 포함하여 가족이 6명입니다.) ⑤ 감정·태도의 대상 · They are in love *with* each other.(그들은 서로 사랑하는 사이입니다.) ⑥ 도구·수단 · I'll have to see it *with* my own eyes.(내 눈으로 확인할 수밖에 없겠군요.) ⑦ 재료(성분)·내용 · The road was blocked *with* snow.(길이 눈으로 막혔다.) ⑧ 원인·이유 · I was silent *with* shame.(나는 부끄러워 말이 안나왔다.) ⑨ 양보 · *With* the best intentions, he made a mess of the job.(최선의 주의를 기울였음에도 불구하고, 일을 망쳐버렸다.) / · *With* all her merits, she was not proud.(많은 훌륭한 점이 있으면서도, 그녀는 자랑하지 않았다.)

Answers for Vocabulary Drills ① campus ② reputation

※ 본문의 밑줄 친 부분을 번역하고, 하단의 설명을 읽고 해당하는 단어를 본문에서 찾아 써라.

 Unit0605

My visit to China comes on an important anniversary, as the Vice President
저의 중국에 대한 방문은 이루어진 것입니다   매우 중요하게 기념하는 시기에   부주석께서 언급하였듯이
mentioned. Thirty years ago this week, an American President / arrived in China / on a
        30년 전 이번 주에   미국의 한 대통령이 중국에 도착하였습니다
trip designed to end / decades of estrangement / and confront centuries of suspicion.
계획된 여행으로   불화의 세월을 종식시키고   의심의 세기와 대결하기 위해
President Richard Nixon / showed the world that two vastly different governments /
Richard Nixon 대통령은   세계에 보여주었습니다   엄청나게 다른 두 정부가
could meet on the grounds of common interest, in the spirit of mutual respect. As
공동의 이익을 위해 만날 수 있다는 것을   상호 존중의 정신으로
they left the airport that day, Premier Zhou Enlai / said this to President Nixon : "Your
그들이 공항에서 헤어지던 날   주은래 수상은   Nixon 대통령에게 말했습니다
handshake / came over the vastest ocean in the world—25 years of no communi-
각하의 악수가   변모시켰습니다   세계에서 가장 큰 바다를   25년 간 말이 없던
cation."

 Unit0606

During the 30 years since, America and China / have exchanged / many handshakes / of
그 후 30년 동안   미국과 중국은   많은 악수를 교환하였습니다
friendship / and commerce. And as we have had more contact with each other, the
우정과 교역의   그리고 우리가 서로 더 많은 접촉을 가짐에 따라
citizens of both countries / have gradually learned / more about each other. And that's
양국의 시민들은   점차적으로 서로를 더 많이 알게되었습니다   그것이 중요합니다
important. Once America knew China only by its history as a great / and enduring
한 때 미국은 중국을 알았습니다   오직 역사에 의해   한 위대하고 장구한 문명으로
civilization. Today, we see a China / that is still / defined by noble traditions / of family,
오늘날 미국은 중국을 보고 있습니다   아직도 고결한 전통에 의해 정의되는   가족
scholarship, and honor. And we see a China that is becoming one of the most
학문   그리고 명예라는   3)
dynamic / and creative societies in the world—as demonstrated / by the knowledge /
and potential / right here in this room. China is on a rising path, and America wel-
중국은 발전하는 길에 서 있으며   미국은 환영합니다
comes the emergence / of a strong / and peaceful / and prosperous China. (Applause.)
        강력하고 평화롭고 번영하는 중국의 출현을

 Unit0607

As America learns more about China, I am concerned that the Chinese people / do not
미국이 중국을 점점 더 많이 알게 됨에 따라   저는 걱정하고 있습니다   중국의 국민들이
always see a clear picture of my country. This happens for many reasons, and some
미국의 분명한 모습을 항상 보지는 못한다는 것을   그런 일은 많은 원인들 때문에 일어나고 있으며
of them of our own making. Our movies / and television shows / often do not portray /
그들 중 몇몇은 미국 스스로가 자초한 것입니다   미국의 영화와 텔레비전 쇼는   종종 나타내지 못하고 있습니다
the values / of the real America I know. Our
제가 알고 있는 진정한 미국의 가치들을   4)
successful businesses show a strength of /
American commerce, but / our spirit, commu-
nity spirit, and contributions to each other /
are not always visible / as monetary success.

Vocabulary Drills ③ _____ *a way people greet or leave each other, or agree on a decision, by grasping each other's hand*
④ _____ *an understanding of something and the ability to use that understanding through study and experience*

1. years ago, an American, arrived in, years ago, an American, arrived in, And as, citizens of, one of, is on a, Once America, strength of 등도 모두 연음이 일어나고 있다.

※visit to, that two에서는 겹자음의 발음 생략이, governments, grounds에서는 3개 이상 중첩된 복합중자음에서의 중간 자음의 탈락이 일어나고 있다.

소리분석 *1*. comes on an important, decades of estrangement, centuries of, grounds of, common interest, have exchanged, with each other, that's important, them of our : 연음

2. important, President, mentioned, designed, end, estrangement, and confront, world, different, interest, respect, airport, vastest, contact, concerned : 자음 뒤 말음의 자음 생략

3. Thirty, meet on, spirit of, about each, that is, creative societies, demonstrated, right here, not always : -t/-d의 -r 유음화

4. showed the, said this, years since, of friendship, of both, of family : 조음점 동화

1. 앞에 있는 명사를 후위 수식하는 과거분사 *designed* 다음에 부사적 용법으로 <목적>을 의미하는 to-inf.가 and로 이어져 오고 있다.

2. 제1형식의 구조인 that-절이 DO로 쓰였다. †on (the) grounds of : ~라는 이유(구실)로(=on the ground of)

3. <때>를 나타내는 As-부사절이 먼저 오고, 앞에 쓰인 말에 대한 부연 설명이 dash(─) 이하에 오고 있다. †come over : 1) 멀리서 오다. 2) (적 편에서) 이쪽 편으로 변절하다. 3) 덮치다.

5. <S+V+O> 구조의 that-절이 숨어 동사의 O로 쓰였다. †be concerned that-절(about, for over) : ~에 관심을 가지다, 걱정하다.

※Unit0606의 And as we have had more contact ~에는 <점증비교법>이 쓰였다. †contact with : ~에 대한 연락(접촉·교제) … contact가 동사로 쓰이면 '접촉(연락·교제)하다'라는 뜻이 된다.

구문분석 *1*. Thirty years ago this week, an American President arrived in China on a trip designed **to end** decades of estrangement **and confront** centuries of suspicion. ··· 제1형식 문장이다.

2. President Richard Nixon showed the world *that two vastly different governments could meet on the grounds of common interest, in the spirit of mutual respect.* ··· <S+V+IO+DO> 구조이다.

3. As they left the airport that day, Premier Zhou Enlai said this to President Nixon : "Your handshake *came over* the vastest ocean in the world ─ 25 years of no communication." ··· 인용문에 군동사(group verb) come over가 쓰였는데, 그 의미를 우리말로 옮기면서 주의해야 한다.

4. And we see *a China* that is becoming one of the most dynamic and creative societies in the world ─ *as demonstrated by* **the knowledge and potential right** here in this room. ··· *a China*를 선행사로 하는 *that*-관계절이 쓰였고, 여기서의 see는 regard의 의미이며, dash(─) 이하의 as-절은 <비교>의 부사절이다.

5. *As America learns more about China,* I am concerned that the Chinese people do not always see a clear picture of my country. ··· <추이>를 나타내는 부사절이 먼저 온 <S+V+O> 구조이다.

6. Our successful businesses show a strength of American commerce, but our spirit, *community spirit, and contributions to each other* are not always visible as monetary success. ··· <S+V+O, but S+V+C> 구조이며, *community spirit, and ~ other*는 앞에 있는 our spirit에 대한 동격이다.

Nuance Drills *Fill in the blanks with a suitable word as given:*

¹ _____ implies a saying, writing, or acting in return, as required by the situation or by courtesy. ² _____ implies an appropriate reaction made voluntary or spontaneously to that which serves as a stimulus. ³ _____ in its strictest application refers to an answer that satisfies in detail the question asked. ⁴ _____ suggests a reply, especially one that is sharp or witty, provoked by a charge or criticism. ⁵ _____ implies an answer, originally to a reply, now often to an objection.

(a) reply   (b) answer
(c) respond (d) retort
(e) rejoin

번역 저의 중국에 대한 방문은 부주석께서 언급하였듯이, 매우 중요하게 기념하는 시기에 이루어진 것입니다. 30년 전 이번 주에 미국의 한 대통령이 불화의 세월을 종식시키고 의심의 세기와 대결하기 위해 계획된 여행으로 중국에 도착하였습니다. Richard Nixon 대통령은 엄청나게 다른 두 정부가 상호 존중의 정신으로 공동의 이익을 위해 만날 수 있다는 것을 세계에 보여주었습니다. 그들이 공항에서 헤어지던 날, 주은래 수상은 Nixon 대통령에게 "각하의 악수가 25년 간 말이 없던 세계에서 가장 큰 바다를 변모시켰습니다"라고 말했습니다.

그 후 30년 동안 미국과 중국은 우정과 교역의 많은 악수를 교환하였습니다. 그리고 우리가 서로 더 많은 접촉을 가짐에 따라 양국의 시민들은 점차적으로 서로를 더 많이 알게되었습니다. 그것이 중요합니다. 한 때 미국은 오직 그 역사에 의해 한 위대하고 장구한 문명으로 중국을 알았습니다. 오늘날 미국은 아직도 가족, 학문 그리고 명예라는 고결한 전통에 의해 정의되는 중국을 보고 있습니다. 3) 그리고 우리는 이 공간 바로 이곳에서 지식과 잠재력으로 증명되듯이, 세계에서 가장 역동적이고 창조적인 사회의 하나가 되어가고 있는 중국을 보고 있습니다. 중국은 발전하는 길에 서 있으며, 미국은 강력하고 평화롭고 번영하는 중국의 출현을 환영합니다.

미국이 중국을 점점 더 많이 알게 됨에 따라, 저는 중국의 국민들이 항상 미국의 분명한 모습을 항상 보지 못한다는 것을 걱정하고 있습니다. 그런 일은 많은 원인들 때문에 일어나고 있으며, 그들 중 몇몇은 미국 스스로가 자초한 것입니다. 미국의 영화와 텔레비전 쇼는 제가 알고 있는 진정한 미국의 가치들을 종종 나타내지 못하고 있습니다. 4) 미국의 성공적인 기업들은 미국 통상의 강력함을 보여주고 있지만, 공동체 정신이나 서로에 대한 희생 정신과 같은 미국의 정신은 항상 금전적인 성공만큼 보여주지 못하고 있습니다.

Answers for Vocabulary Drills ③ handshake ④ knowledge

※ 본문의 밑줄 친 부분을 번역하고, 하단의 설명을 읽고 해당하는 단어를 본문에서 찾아 써라.

Unit0608

Some of the erroneous pictures of America are painted by others. My friend, the
몇몇 잘못된 미국의 모습은 　　　　　　　　　　　　　　다른 사람들에 의해 그려진 것입니다 5)
Ambassador to China, tells me / some Chinese textbooks / talk of Americans / of "bully-

ing the weak / and repressing the poor." Another Chinese textbook, published just last
　　　　　　　　　　　　　　　　　　또 다른 중국의 교과서는 　　　　　　바로 작년에 출판된
year, teaches that special agents of the FBI / are used to "repress the working
가르칩니다 　　　　FBI의 특수요원들은 　　　　　　　"노동자들을 억압"하는데 익숙하다고
people." Now, neither of these is true — and while the words / may be leftovers from
그런데 　　그들 중 어느 것도 진실인 것은 없으며 　　　　그러한 말들이 지난 시대의 잔재이기는 하겠지만
a previous era, they are misleading / and they're harmful.
　　　　　그것들은 오해를 불러일으키고 해로운 것입니다

Unit0609

In fact, Americans feel a special responsibility / for the weak and the poor. Our
사실 　　미국인들은 특별한 책임을 느끼고 있습니다 　　　　약한 사람들과 가난한 사람들에 대하여
government spends billions / of dollars to provide health care / and food / and housing /
우리 정부는 수 십억 달러를 쓰고 있으며 　　　　　의료 보호와 식량과 주택을 제공하느라
for those who cannot help themselves — and even more important, many of our
스스로를 돌볼 수 없는 사람들을 위해 　　　　　더 중요한 것은 　　　　　　많은 우리 국민들이
citizens / contribute their own money and time to help those in need. American
　　　그들 자신의 돈과 시간을 바치고 있다는 것입니다 　　　　도움을 필요로 하는 사람들에게
compassion / also stretches way beyond our borders. We're the number one provider
미국의 동정은 또한 　　　우리의 국경을 너머로 뻗어가고 있습니다 　　　미국이 제 1의 인도적인 지원의 제공자입니다
of humanitarian aid / to people in need throughout the world. And as for the men and
　　　　　　세계적으로 도움을 필요로 하는 사람들에 대한 6)
women of the FBI and law enforcement, they're working people ; they, themselves, are

working people / who devote their lives to fighting crime and corruption.

Unit0610

My country certainly has its share of problems, no question about that. And we have
미국이라는 나라는 분명히 문제들에 대한 책임이 있으며 　　　　　그에 대하여는 의심의 여지가 없습니다 　미국도 잘못이 있습니다
our faults. Like most nations / we're on a long journey / toward achieving our own
우리의 잘못 　대부분의 국가들과 마찬가지로 　미국도 오랜 여행길을 가고 있는 중입니다 　미국 스스로의 이상 실현을 향한
ideals / of equality and justice. Yet there's a reason our nation shines as a beacon of
　　　평등과 정의라는 　　　그러나 이유가 있습니다 　　미국이 빛나는 　　　희망과 기회의 횃불처럼
hope and opportunity, a reason / many throughout the world dream / of coming to
　　　　　　　　　　전 세계에서 수많은 사람들이 미국에 오기를 꿈꾸는 이유가 있습니다
America. It's because we're a free nation, where men and women have the oppor-
　　그것은 미국이 자유 국가이기 때문입니다 　　　　남녀들이 기회를 가지는
tunity / to achieve their dreams. No matter your background / or your circumstance of
　　그들의 꿈을 실현할 수 있는 　　　배경이나 출생 환경에 관계없이
birth, in America you can get a good education, you can start your own business,
　　　　미국에서는 　사람들이 훌륭한 교육을 받을 수 있으며 　　사람들이 자신의 사업을 시작할 수 있으며
you can raise a family, you can worship freely, and help elect the leaders / of your
가족을 부양하고 　　　자유롭게 예배를 드리며 　　　지도자를 선택할 수 있습니다
community and your country. You can support the policies of our government, or
자신들의 공동체와 국가의 　　　　사람들은 미국 정부의 정책을 지지할 수도 있고
you're free to openly disagree with them. Those who fear freedom / sometimes argue
　　자유롭게 공개적으로 그것들에 반대할 수도 있습니다 　　자유를 두려워하는 사람들은 　　때때로 주장하지만
it / could lead to chaos, but it does not, because freedom means more than / every
그것이 혼란을 초래할 수 있다고 　그러나 그렇지 않습니다 　자유는 더 큰 것을 의미하기 때문에
man for himself.
모든 사람들 자신 보다

Vocabulary Drills ⑤ _____   *the highest level official who represents a government in a foreign capital city*
　　　　　　　　 ⑥ _____   *a rule made by a government body that must be followed by the people in a nation, state, etc.*

1. Some of, these is, previous era, feel a, weak and, of our, those in, beyond our, humanitarian aid, men and, women of, crime and, has its, share of, question about, own ideals, of equality, raise a, circumstance of 등에서도 연음이 일어나고 있다.

3. teaches that, used to, of birth, Yet there's 등도 조음점 동화가 일어나고 있다.

4. neither of, responsibility, but it, certainly, matter 등에서는 -t/-d의 -r유음화가 일어나고 있다.

※ even more, own money에서는 비음화가, in need, its share, freedom means에서는 겹자음의 발음 생략이 일어나고 있다.

1. 주어에 대한 동격이 comma(,)로 묶여 오고 있으며, 또 that-절에는 <the+형용사·분사→총칭적 의미의 복수보통명사>가 사용되고 있다.

2. †be used to+동명사: ~하는데 익숙하다(be accustomed to).

3. neither가 주어일 때는 단수취급이 원칙이나 구어에서는 복수로 취급할 때도 있다. ¶Neither of the students *knows*(know) it.(어느 쪽의 학생도 그것을 몰랐다.)

4. 부사적 용법으로 <목적>을 의미하는 to-inf.가 쓰이고 있다.

†help oneself: 자기 스스로 어떻게 해보다, 자조(自助)하다.

5. 주어 a reason을 수식하는 <목적격>의 관계절이 왔으며(관계사는 생략됨), comma(,) 이하는 풀어서 우리말로 옮겨야 한다. a reason (that) **many** (people) *throughout the world dream* of coming to America.

Nuance '시대·시기'의 뜻을 가지는 말
①**period**: 길고 짧음에 관계없이 단지 기간을 나타내는 가장 일반적인 말 ②**era**: 근본적인 변화나 중요한 사건 등으로 특징지어지는 새로운 상태로 들어가는 시대 ③**epoch**: 현저한 사건이나 변화가 있었던 새로운 era의 개막 또는 그 era를 의미하며, era와 거의 같은 의미로 사용되기도 한다. ④**age**: 어떤 큰 특색이나 중심적인 인물 등으로 대표되는 시대. 종종 era 대신 쓰기도 한다. ⑤**generation**: 자신이 부모를 대신하여 생계를 영위할 수 있을 때까지의 기간으로, 보통 30년의 기간을 말한다. 세대, 연대

🔊 **소리분석** *1.* pictures of America, talk of Americans, agents of, there's a reason our, shines as a beacon of, policies of our, sometimes argue : 연음

2. painted, friend, just last, government spends, important, enforcement : 말음의 자음 생략

3. of "bullying, contribute their, devote their, need throughout the, elect the : 조음점 동화

4. misleading, borders, fighting, get a good education, free to, lead to : -t/-d의 -r유음화

💡 **구문분석** *1.* **My friend**, the Ambassador to China, **tells me** *some Chinese textbooks talk of Americans of "bullying **the weak** and repressing **the poor.**"* … <S+V+IO+DO> 구조로 that이 생략된 that-명사절이 DO로 오고 있다.

2. Another Chinese textbook, *published just last year*, teaches *that special agents of the FBI are **used to** "repress the working people."* … <S+V+O> 구조로 O에 that-명사절이 왔다.

3. Now, **neither of these** is true─and *while the words may be leftovers from a previous era*, they are misleading and they're harmful. … '~하는 것은 없다(아니다)'의 뜻인 부정어구가 사용되었다.

4. Our government spends **billions of dollars** *to provide health care and food and housing for **those who** cannot help themselves* ─ and *even more important*, many of our citizens contribute **their own money and time** *to help those in need*. … <S₁+V₁+O₁─and S₂+V₂+O₂> 구조이다.

5. Yet there's a reason *our nation shines as a beacon of hope and opportunity*, a reason many throughout the world dream of coming to America. … 유도부사에 의한 제1형식 문장이다.

6. *No matter your background or your circumstance of birth, in America* you₁ can get a good education, you₂ can start your own business, you₃ can raise a family, you₄ *can worship* freely, and *help elect* the leaders of **your community and your country**. … <양보>의 부사절이 문두에 오고, 모두 4개의 절이 comma(,)로 나열되고 있다.

번역 몇몇 잘못된 미국의 모습은 다른 사람들에 의해 그려진 것입니다. 5) 저의 친구인 중국의 대사는 중국의 어떤 교과서들은 약한 사람들을 괴롭히고 가난한 사람들을 억압하는 미국인으로 묘사하고 있다고 제게 말했습니다. 바로 작년에 출판된 또 다른 중국의 교과서는 FBI의 특수요원들이 "노동자들을 억압"하는데 익숙하다고 가르칩니다. 그런데 그들 중 어느 것도 진실인 것은 없으며, 그러한 말들이 지난 시대의 잔재이기는 하겠지만, 그것들은 오해를 불러일으키고 해로운 것입니다.

사실, 미국인들은 약한 사람들과 가난한 사람들에 대하여 특별한 책임을 느끼고 있습니다. 우리 정부는 스스로를 돌볼 수 없는 사람들을 위해 의료 보호와 식량과 주택을 제공하느라 수 십억 달러를 쓰고 있으며, 더 중요한 것은 많은 우리 국민들이 도움을 필요로 하는 사람들에게 그들 자신의 돈과 시간을 바치고 있다는 것입니다. 미국의 동정은 또한 우리의 국경 너머로 뻗어가고 있습니다. 미국이 세계적으로 도움을 필요로 하는 사람들에 대한 제 1의 인도적인 지원의 제공자입니다. 6) 그리고 FBI와 법률을 집행하는 남녀 요원들에 대하여 그들은 열심히 일하는 사람들로, 그들 스스로는 범죄와 부패와 싸우기 위해 자신의 삶을 바쳐 일하고 있는 사람들입니다.

미국이라는 나라는 분명히 문제들에 대한 책임이 있으며, 그에 대하여는 의심의 여지가 없습니다. 미국도 잘못이 있습니다. 대부분의 국가들과 마찬가지로 미국도 평등과 정의라는 미국 스스로의 이상 실현을 향한 오랜 여행길을 가고 있는 중입니다. 그러나 미국이 희망과 기회의 횃불처럼 빛나는 이유, 전 세계에서 수많은 사람들이 미국에 오기를 꿈꾸는 이유가 있습니다. 그것은 미국의 남녀들이 그들의 꿈을 실현할 수 있는 기회를 가지는 자유 국가이기 때문입니다. 미국에서는 배경이나 출생 환경에 관계없이, 사람들이 훌륭한 교육을 받을 수 있으며, 사람들이 자신의 사업을 시작할 수 있으며, 가족을 부양하고, 자유롭게 예배를 드리며, 자신들의 공동체와 국가의 지도자를 선택할 수 있습니다. 사람들은 미국 정부의 정책을 지지할 수도 있고, 자유롭게 공개적으로 그것들에 반대할 수도 있습니다. 자유를 두려워하는 사람들은 때때로 그것이 혼란을 초래할 수 있다고 주장하지만, 그러나 자유는 모든 사람들 자신 보다 더 큰 것을 의미하기 때문에 그렇지 않습니다.

Answers for Vocabulary Drills ⑤ ambassador ⑥ law

※ 본문의 밑줄 친 부분을 번역하고, 하단의 설명을 읽고 해당하는 단어를 본문에서 찾아 써라.

Unit0611

Liberty gives our citizens many rights, yet expects them to exercise / important
자유는 우리 국민들에게 많은 권리를 주지만   그들이 실행하기를 기대를 합니다   중요한 책임들을

responsibilities. Our liberty is / given direction and purpose by moral character, shaped
책임들을
　　　　　　　　　　　　　　　7)

in strong families, strong communities, and strong religious institutions, and overseen

by a strong and fair legal system.

Unit0612

My country's greatest symbol to the world / is the Statue of Liberty, and it was
세계에 대한 미국의 가장 위대한 상징은   자유의 여신상인데   그것은

designed by special care. I don't know if you've ever seen the Statue of Liberty, but
특별히 주의해서 제작되었습니다   저는 여러분이 자유의 여신상을 보았는지는 모르지만

if you look closely, she's holding not one object, but two. In one hand / is the familiar
만약 여러분이 자세히 보면   그것은 하나가 아니라 두 개의 물건을 들고 있습니다   한 손에는 잘 알려진 횃불이 있습니다

torch we call the "light of liberty." And in the other hand / is a book of law.
　　　　우리가 "자유의 빛"이라고 부르는   그리고 다른 손에는 법전이 있습니다

Unit0613

We're a nation of laws. Our courts / are honest / and they are independent. The
미국은 법의 나라입니다   미국의 법정은 공정하고   독립적입니다

President — me — I can't tell the courts how to rule, and neither can any other
대통령인 저도   법원에 말할 수 없으며   판결하는 방법을   어느 누구도 할 수 없습니다

member of the executive or legislative branch of government. Under our law,
정부의 행정부나 입법부의   　　　　　　　　　　　　　　　우리의 법률 아래서는

everyone stands equal. No one is above the law, and no one is beneath it.
모든 사람들이 평등합니다   법 위에는 아무도 없으며   아무도 그 밑에 있지 않습니다

Unit0614

All political power in America / is limited / and it is temporary, and only given / by the
미국의 모든 정치적인 권력은   제한되고   일시적인 것입니다   오직 주어지는

free vote of the people. We have a Constitution, now two centuries old, which limits /
국민들의 자유 선거에 의해   우리는 헌법을 가지고 있는데   지금까지 200년이나 된   그것은 제한하고

and balances / the power of the three branches of our government, the judicial branch,
균형을 잡아주고 있습니다   정부의 세 분야를   　　　　　　　사법부

the legislative branch, and the executive branch, of which I'm a part.
입법부   그리고 행정부   제가 속해 있는

Unit0615

Many of the values that guide our life in America
미국에서 우리의 삶을 지도하는 모든 가치들은

/ are first shaped in our families, just as they are
먼저 우리의 가정에서 형성됩니다   여러분의 나라에서와 마찬가지로

in your country. American moms and dads / love
　　　　　　　　　　　　　　　8)

their children / and work hard / and sacrifice for

them, because we believe / life can always be

better for the next generation. In our families,
　　　　　　　　　　　　　　　가족에게서

we find love / and learn responsibility / and
우리는 사랑을 발견하고   책임과 인격을 배웁니다

character.

Vocabulary Drills ⑦ _____ the combination of qualities or features that make one person, place, or thing different from others
⑧ _____ a governmental building with rooms where a judge and often a jury hear complaints

1. Liberty, citizens, communities, greatest, responsibilties, but if 등도 여기에 해당한다.

2. and it, if you've, I'm a, in our, just as, in your, gives our, And in, direction and, shaped in, religious institutions, one object, member of, branch of 등도 이에 해당하며, 특히 We're a 와 member of 에서 유음되던 [r]이 모음에 이어지면서 [r]로 되살아난 것을 '연음의 /r/'이라고 한다.

4. important, government, can't, part 도 이에 해당한다.

1. strong의 의미를 단순히 '강한'으로만 옮기지 말고 문맥과 문장의 흐름에 따라 그것이 가지는 다양한 의미 중에서 적합한 것을 찾아 선택해야 할 것이다. 또 p.p.가 되는 말이 and로 연결되어 있으며, shaped in의 O가 되는 말이 <A, B, and C>로 연결되고 있다.

2. 그리고 know 등의 O로 사용되는 말로 ①부정사가 왔거나, ②or not이 왔거나, ③주어로 사용되는 경우에는 반드시 whether만을 써야 하며, 여기서의 if-절 시제는 현재완료의 <경험>에 해당한다.

4. 전체 부정을 의미하는 neither가 주어로 쓰였다.

🔊 **소리분석**) *1.* not one, light of, how to, executive, legislative, better : -t/-d의 -r 유음화

2. is a book of, We're a nation of, guide our life in America, shaped in our, moms and : 연음

3. expects them, in the, and they, legislative branch : 조음점 동화

4. designed, hand, honest, independent, President, next, find, first : 자음 뒤 말음의 자음 생략

5. but two, and neither : 겹자음의 발음 생략

💡 **구문분석**) *1.* Our liberty is **given** direction and purpose by **moral character**, *shaped in strong families, strong communities, and strong religious institutions*, and **overseen** by a strong and fair legal system. … <be-동사+p.p.>의 수동태 술어동사가 왔다.

2. I don't know *if you've ever seen the Statue of Liberty*, but if you look closely, she's holding not one object, but two. … if-명사절이 know의 O로 왔다.

3. In one hand is the familiar **torch** *we call the "light of liberty."* And in the other hand is a book of law. … <one ~ the other …> : 하나는 ~하고, 다른 하나는 …하다>의 부정대명사 one이 쓰였다.

4. The President — me — I can't tell the courts *how to rule*, and **neither** can any other member of the executive or legislative branch of government. … 여기서의 rule은 '판결하다'는 의미이다.

5. We have a **Constitution**, now two centuries old, **which** *limits and balances the power of the three branches of our government, the judicial branch, the legislative branch, and the executive branch, of which I'm a part.* … <S+V+O> 구조로, O를 선행사로 하는 which-관계절이 왔다.

6. American moms and dads *love* their children and *work* hard and *sacrifice* for them, because we believe *life can always be better for the next generation.* … comma(,) 이하의 believe 다음에 명사절을 이끄는 that이 생략되었으며, 주절의 술어동사가 <A and B and C>로 연결되고 있다.

번역 자유는 우리 국민들에게 많은 권리를 주지만, 그들이 중요한 책임들을 실행하기를 기대합니다. 7) 우리의 자유에는 건강한 가족, 건강한 사회 그리고 건강한 종교 단체에 의해 형성되고, 강력하고 공정한 법률 체제에 의해 감독되는 도덕성에 의해 방향과 목적이 주어집니다.

세계에 대한 미국의 가장 위대한 상징은 자유의 여신상인데, 그것은 특별히 주의해서 제작되었습니다. 저는 여러분이 자유의 여신상을 보았는지는 모르지만, 만약 여러분이 자세히 보면, 그것은 하나가 아니라 두 개의 물건을 들고 있습니다. 한 손에는 잘 알려진 우리가 "자유의 빛"이라고 부르는 횃불이 있습니다. 그리고 다른 손에는 법전이 있습니다.

미국은 법의 나라입니다. 미국의 법정은 공정하고 독립적입니다. 대통령인 저도 판결하는 방법을 법원에 말할 수 없으며, 정부의 행정부나 입법부의 어느 누구도 할 수 없습니다. 미국의 법률 아래서는 모든 사람들이 평등합니다. 법 위에는 아무도 없으며, 아무도 그 밑에 있지 않습니다.

미국의 모든 정치적인 권력은 오직 국민들의 자유 선거에 의해 주어지는 제한되고 일시적인 것입니다. 우리는 지금까지 200년이나 된 헌법을 가지고 있는데, 그것은 정부의 세 분야인 사법부, 입법부 그리고 제가 속해 있는 행정부를 제한하고 균형을 잡아주고 있습니다.

미국에서 우리의 삶을 지도하는 모든 가치들은 여러분의 나라에서와 마찬가지로 먼저 우리의 가정에서 형성됩니다. 8) 미국의 엄마와 아빠들은 그들의 아이들을 사랑하고, 열심히 일하며, 다음 세대에서는 우리의 삶이 언제든 더 좋아질 수 있다고 믿기 때문에 그들을 위해 희생합니다. 가족에게서 우리는 사랑을 발견하고 책임과 인격을 배웁니다.

연구 49

수동태의 개념과 사용 용도

… 하나의 문장 안의 주어와 술어동사에 있어서 동사가 나타내는 동작의 방향에 따른 동사의 형태변화를 태(Voice)라 하며, 문법상 주어가 일정한 동작을 하여 동작의 방향이 목적을 향해 진행될 때를 능동태(Active Voice), 목적어로 주어로 진행되고 주어가 되는 말이 그 동작에 있어서 수동적·피동적 위치에 올 때 수동태(Passive Voice)라고 하며, 이러한 동작의 방향 변화는 목적어가 있는 3형식 이상의 문장에서만 나타난다. 능동태는 행위자인 주어를 강조할 때, 수동태는 그 동작의 대상을 강조하거나 행위자의 언급을 피하려 할 때 사용하는데, 그 주요한 경우를 정리하면 다음과 같다. ①능동태의 주어가 분명하지 않을 때 ②능동태의 주어가 막연한 일반인일 때 ③행위자인 능동태의 주어보다 동작의 대상이 수동태의 주어가 더 관심의 대상일 때 ④앞 문장과의 연결상 필요가 있을 때 ⑤능동태의 주어가 문맥의 전후관계로 보아 분명할 때 ⑥수동의 의미가 거의 없어 자동사로 느껴지는 동사가 술어동사일 때 ⑦작품이나 발명품 등을 나타내는 경우 ⑧행위자를 나타내지 않는 것이 좋다고 판단되는 경우

Nuance Drills *Fill in the blanks with a suitable word as given:*

¹_____ is the general term for any portion of time.²_____ and ³_____ are often used interchangeably, but in strict discrimination ⁴_____ applies to the beginning of a new period marked by radical changes, new developments, etc. and ⁵_____, to the entire period.⁶_____ is applied to a period identified with some dominant personality or distinctive characteristic.⁷_____ refers to an indefinitely long period.

(a) era   (b) period
(c) epoch   (d) age
(e) eon

Answers for Vocabulary Drills ⑦ character ⑧ court

통번역학 이론과 실제

※ 본문의 밑줄 친 부분을 번역하고, 하단의 설명을 읽고 해당하는 단어를 본문에서 찾아 써라.

 Unit0616 And many Americans voluntarily devote / part of their lives / to serving other people.
그리고 많은 미국인들은 자발적으로 헌신하고 있습니다   그들 삶의 일부를   다른 사람들에게 봉사하는 데에
An amazing number — nearly half of all adults in America — volunteer time every week
놀랄 만큼 많은   미국 성인의 거의 절반이   매주 자발적으로 시간을 보내고 있습니다
/ to make their communities better / by mentoring children, or by visiting the sick, or
그들의 공동체를 더 좋게 만들기 위해   어린이들을 선도하거나   환자를 방문하거나
caring for the elderly, or helping with thousands of other needs and causes. This is
연장자들을 돌보거나   혹은 다른 빈곤과 원인들에 의한 수 천명의 사람들을 도우며
one of the great strengths of my country. People take responsibility for helping
이것은 미국의 위대한 장점들의 하나입니다   사람들은 책임을 감당하고 있습니다   다른 사람을 돕는
others, without being told, motivated by their good hearts / and often by their faith.
          그렇게 하라는 말을 듣지 않고서도   선한 양심이 때로는 그들의 신앙이 동기가 되어

 Unit0617 America is a nation guided by faith. Someone once called us "a nation with the soul
미국은 신앙으로 인도되는 국가입니다   미국을 "교회로 이루어진 국가"라고 말하는 사람도 있습니다
of a church." This may interest you — 95 percent of Americans / say they believe in
          이것이 여러분에게 재미있을 지도 모르지만 미국인들의 95퍼센트는 말합니다   그들이 하나님을 믿는다고
God, and I'm one of them.
          저도 그 중의 하나입니다

 Unit0618 When I met President / Jiang Zemin in Shanghai a few months ago, I had the honor /
제가 강택민 주석을 만났을 때   상해에서   몇 개월 전에   저는 긍지를 느꼈습니다
of sharing with him / how faith changed my life / and how faith contributes / to the life
그와 함께 하면서   신앙이 저의 인생을 어떻게 바꾸었고   신앙이 어떻게 기여하는지를
of my country. Faith points to a moral law / beyond man's law, and calls us to duties
저의 조국의 생활에   신앙이란 도덕적인 법률을 말하며   인간적인 법률을 넘어서는   우리를 더 고결한 의무로 불러냅니다
higher / than material gain. Freedom of religion is / not something to be feared, it's to
          물질적인 이득보다   9)
be welcomed, because faith gives us a moral core / and teaches us to hold ourselves

to high standards, to love / and to serve others, and to live responsible lives.

 Unit0619 If you travel across America — and I hope you do some day / if you haven't been
만약 여러분이 미국을 여행한다면   저는 여러분이 언젠가 그럴 수 있기를 바랍니다   여러분이 그런 적이 없거든
there — you will find people of many different ethic backgrounds / and many different
          여러분은 사람들을 발견할 것입니다   매우 다른 도덕적 배경과 매우 다른 신앙을 가진
faiths. We're a varied nation. We're home / to 2.3 / million Americans of Chinese ances-
          미국은 다양성의 국가입니다   10)
try, who can be found working in the offices of our / corporations, or in the Cabinet /

of the President of the United States, or skating / for the

America Olympic team. Every immigrant, by taking an oath
          모든 이민자들은   선서함으로써
of allegiance to our country, becomes just as just as
국가에 대한 충성을   됩니다   똑같은 미국인이
American / as the President. America / shows that a society
          대통령과   미국은 보여줍니다   하나의 사회가
can be vast / and it can be varied, yet still one country,
광대할 수 있으며   다양할 수 있다는 것을   일사불란한 나라가 아니라
commanding the allegiance and love of its people.
충성과 사랑을 명령하는   그 국민들의

Vocabulary Drills ⑨ _____ a group of high-level government officials who give advice to the nation's leader
⑩ _____ a promise to do something, such as remain loyal to one's country or tell the truth in a court of law

1. communities better, duties, United, responsibility 등도 이에 해당한다.

2. An amazing, strengths of, is a, believe in, months ago, calls us, teaches us, serve others, people of, President of, and it, This is one of, Someone once called us "a, soul of a, percent of Americans, gives us a, and I hope you, million Americans of, an oath of allegiance, just as just as American 등도 연음이 있다.

3. President, different, told, found 등도 이에 해당하며, points는 3개 이상 중첩된 복합자음에서의 중간 자음의 탈락 현상이다.

※ had the, as the, shows that 에서는 조음점 동화가, And many, than material에서는 비음화가 일어난다.

1. 부사적 용법의 <목적>을 뜻하는 to-inf.가 쓰였으며, mentor는 '선도하다'는 뜻의 동사로 쓰였다. 또 *caring, helping* 모두 *by visiting*의 *by*에 이어진다.

3. comma(,) 앞에 있는 *not*은 이어지는 comma(,)와 함께 <not A but B: A가 아니라 B이다>의 의미를 가진다.

4. 가정법 현재는 기본적으로 <if+S+현재동사~, 주어+will+원형···>이라는 형식을 가진다.

6. yet는 접속사로, still은 형용사로 쓰였으며, 문미의 현재분사는 *country*를 수식한다.

소리분석 *1.* part of, visiting, motivated, guided, skating, that a society : -t/-d 의 -r 유음화

2. half of all adults in America, thousands of other needs and, and I'm one of, Freedom of religion is, If you travel across America, offices of our, allegiance and love of its : 연음

3. percent, beyond, hold, haven't, find, immigrant, vast, commanding : 자음 뒤 말음의 자음 생략

4. with thousands, moral law, responsible lives : 겹자음의 발음 생략

구문분석 *1.* An amazing number — nearly half of all adults in America — *volunteer* time every week *to make* their communities better *by mentoring* children, or *by visiting* the sick, or *caring* for the elderly, or *helping* with thousands of other needs and causes. ··· 여기서의 *volunteer*는 술어동사로 쓰여 '자진하여 ~하다'는 의미로 time을 O로 받고 있다.

2. When I met President Jiang Zemin *in Shanghai a few months ago*, I had the honor of sharing with him *how faith changed my life and how faith contributes to the life of my country.* ··· how-명사절이 share with의 DO로 쓰이고 있다. **†share with** : ~와 함께 하다, 공유하다.

3. Freedom of religion is *not* something to$_1$ be feared, it's to be welcomed, *because faith gives us a moral core and teaches us to$_2$ hold ourselves to high standards, to$_3$ love and to$_4$ serve others, and to$_5$ live responsible lives.* ··· 2~5의 to-inf.는 *teaches*의 DO로 쓰였다.

4. If you travel across America — *and I hope you do some day if you haven't been there* — you will find people of many different ethic backgrounds and many different faiths. ··· 가정법 현재이다.

5. We're home to 2.3 million Americans of Chinese ancestry, *who* can be found *working in* the offices of our corporations, or *in* the Cabinet of the President of the United States, or *skating* for the America Olympic team. ··· <접속사+대명사>로 바꿔 쓸 수 있는 계속적 용법의 관계사가 왔다.

6. America shows *that a society can be vast and it can be varied, yet still one country, commanding the allegiance and love of its people.* ··· <S+V+O> 구조로, O에 that-명사절이 왔다.

번역 그리고 많은 미국인들은 그들 삶의 일부를 다른 사람들에게 봉사하는 데에 자발적으로 헌신하고 있습니다. 어린이들을 선도하고, 환자를 방문하고, 연장자들을 돌보거나 또는 다른 빈곤과 기타 원인들에 의한 수 천명의 사람들을 도우며 그들의 공동체를 더 좋게 만들기 위해 미국 성인의 거의 절반에 해당하는 놀랄 만큼 많은 사람들이 매주 자발적으로 시간을 보내고 있습니다. 이것은 미국의 위대한 장점들의 하나입니다. 사람들은 선한 양심이 때로는 그들의 신앙이 동기가 되어 누가 그렇게 하라는 말을 하지 않았지만 다른 사람을 돕는 책임을 감당하고 있습니다.

미국은 신앙으로 인도되는 국가입니다. 미국을 "교회로 이루어진 국가"라고 말하는 사람도 있습니다. 이것이 여러분에게 재미있을 지도 모르지만 미국인들의 95퍼센트는 그들이 하나님을 믿는다고 말하며, 저도 그 중의 하나입니다.

제가 몇 개월 전에 상해에서 강택민 주석을 만났을 때, 신앙이 저의 인생을 어떻게 바꾸었고, 신앙이 어떻게 저의 조국의 생활에 기여하는지를 그와 함께 하면서 저는 긍지를 느꼈습니다. 신앙이란 인간적인 법률을 넘어서는 도덕적인 법률을 말하며 우리를 물질적인 이득보다 더 고결한 의무로 불러냅니다. 9) 신앙은 우리에게 도덕의 핵심을 주며, 다른 사람들을 사랑하고 섬기며 책임있는 삶을 살아가도록 스스로가 높은 도덕적 규범을 유지하도록 우리에게 가르치기 때문에 종교의 자유는 두려운 것이 아니라 환영받아야 하는 것입니다.

만약 여러분이 미국을 여행한다면, 여러분이 그런 적이 없거든 언젠가 그럴 수 있기를 바라면서, 여러분은 매우 다른 도덕적 배경과 매우 다른 신앙을 가진 사람들을 발견할 것입니다. 미국은 다양성의 국가입니다. 10) 미국은 2백30만 중국계 미국인들이 본국으로 하는 나라이며, 지방정부의 사무실이나 미합중국 대통령 자문위원회에서 일하거나 또는 미국 올림픽 팀에서 스케이팅하는 그들을 찾아볼 수 있습니다. 모든 이민자들은 국가에 대한 충성을 선서함으로써 대통령과 똑같은 미국인이 됩니다. 미국은 그 국민들의 충성과 사랑을 명령하는 일사불란한 나라가 아니라 하나의 사회가 광대할 수 있으며 다양할 수 있다는 것을 보여줍니다.

Nuance '**도덕**'의 뜻을 가지는 말

① **moral** : 성격이나 행동 등이 사회적으로 널리 인정되는 선악에 관한 도덕성의 기준이나 개념에 합치되는 ※ moral은 명사로도 쓰여 '교훈·우화'의 뜻으로, morals는 '도덕·윤리·덕행·윤리학'을, morale는 '사기·풍기·도덕' 등을 의미하며, '윤리학'은 morality이다. ② **ethical** : 전문적 등에 있어서 보통 이상보다 특별하고 엄격하게 요구되어 moral 보다 더욱 공정·정의 등의 개념이 강조됨을 암시한다. ③ **virtuous** : 인간의 성격에 있어서 정의·순결·정직·공평 등을 암시한다. ④ **righteous** : 도덕적으로 비난이나 죄악될 점이 없는

※CD를 듣고 공란에 들어갈 말을 받아쓴 후 본문의 밑줄 친 부분을 번역하고, 하단의 설명을 읽고 해당하는 단어를 본문에서 찾아 써라.

 Unit0620 And all these qualities / of America were widely on display on a single day, September
그리고 미국의 모든 이러한 특성들이　　　　광범위하게 전개되었습니다　　단 하루 동안에　　　9월 11일
the 11th, the day when terrorists, murderers, attacked my nation. American policemen
테러리스트들이　　　살인자들이　　미국을 공격했던　　　미국의 경찰과
and firefighters, by the hundreds, ran into burning towers / in desperation to save
소방수들이　　　수백 명씩　　불타고 있는 고층 건물로 뛰어들었습니다　필사적으로　　구하기 위해
their fellow citizens. Volunteers came from everywhere / ① [tuhéup wiðréskju: éfərs]　　　.
그 동료 시민들을　　자원 봉사자들이 각지에서 왔습니다　　　　구조작업을 돕기 위해
Americans donated blood / and gave money to help the families of victims. America /
미국인들은 헌혈을 하고　　성금을 기부하였습니다　희생자 가족들을 돕기 위해　　　미국은
had prayer services / all over our country, and people raised flags to show their pride
기도회를 가졌고　　　전국적으로　　　사람들은 조기를 내걸었습니다　그들의 자부심과 단결을 보이기 위해
and unity. And you need to know, none of this was ordered by the government ; it
11)
happened spontaneously, ② [bàiði inísərivəfrí pí:pl]　　　.

 Unit0621 Life in America shows that liberty, paired with law / is not to be feared. In a free
미국에서의 생활은 보여주고 있습니다　　法律과 짝을 이루는 자유는 두려운 것이 아니라는 것을
society, diversity is not disorder. Debate is not strife. And dissent is not revolution. A
자유로운 사회에서 다양성은 혼란이 아닙니다　토론이 싸움이 아닙니다　그리고 의견 차이가 혁명이 아닙니다
free society / trusts its citizens / to seek greatness in themselves / and their country.
자유로운 사회는　그 국민들을 믿습니다　위대함을 추구할 것이라고　그들 스스로와 그들의 조국에서

 Unit0622 It was my honor to visit China / in 1975 — some of you weren't even born then. It
중국으로의 저의 방문은 영광이었는데　　1975년　　여러분 중 일부는 태어나지도 않았을 것입니다　그때
shows how old I am. (Laughter.) And a lot has changed in your country since then.
그러한 사실은 제가 얼마나 늙었는를 보여줍니다　　그리고 많은 것들이 변화되었습니다　여러분의 나라에서는　그 이후로
China has made amazing progress — in openness / and enterprise / and economic
중국은 놀랄만한 발전을 이룩하였습니다　　그 개방과 기업과 경제적인 자유에 있어서
freedom. And this progress previews China's great potential.
그리고 이러한 발전은 앞서 보여주고 있습니다　중국의 위대한 잠재력을

 Unit0623 China has joined the World Trade Organization, and as you live up to its obligations,
12)
they inevitably will bring changes to China's legal system. A modern China will have a
현대적인 중국은 가지게 될 것입니다
consistent rule of law / to govern commerce and secure
일관성 있는 法律의 지배를　　통상을 관리하고　　보장해주는
the rights / of its people. The new China your generation /
그 국민들의 권리를　　　새로운 중국은　　여러분 세대가
is building / will need the profound wisdom of your
건설 중인　　심오한 지식을 필요로 할 것입니다
traditions. The lure of materialism / challenges our society
여러분의 전통인　물질주의의 유혹은　　우리 사회를 자극하고 있습니다
— ③ [ʃǽlindʒsəsáiəri inàuər kʌ́ntri]　, ④ [ǽnim méni
사회를 자극하고 있습니다　우리 미국과　　많은 성공적인 국가들의
səksésfəl kʌ́ntris]　. Your ancient ethic of personal / and
여러분의 도덕률은　　개인과 가족의 책임에 대한
family responsibility / will serve you well.
여러분에게 큰 도움이 될 것입니다

Vocabulary Drills ⑪ _____ a big change, sometimes caused by force or war, especially in a government, economy, or field of study
⑫ _____ a wide, non-specific group of people who share some of the same background and culture

1. dark 'l'은 후설모음인 [u, ə,]를 삽입시키는 기분에 발음하는 까닭에 help는 [heup], film은 [fium], built는 [biut]로 들리게 된다. 또 efforts는 -nd/-nt/-rd/-rt에서의 -t/-d음의 생략으로 보아도 역시 -t가 소리가 나지 않게 된다.

1. †on display: 진열(전시)하여
2. †in desperation: 1) 필사적으로, 2) 절망적으로
4. 문미의 they를 관계대명사 계속적 용법의 which나 as처럼 앞에 쓰인 내용 전부를 가리킨다고 보는 것이 의미의 전개에 더 좋을 듯 싶다. †bring A to B: A를 B에 가져오다.

🔊 **소리분석** **1.** to help with rescue efforts: 설측음의 dark 'l', 복합중자음의 중간 자음 발음 생략

2. by the initiative of free people: -t/-d의 -r유음화, 연음, 조음점 동화

3. challenges society in our country: 겹자음의 발음 생략, -t/-d의 -r유음화, 연음

4. and in many successful countries: 자음 뒤 말음의 자음 생략, 연음, 비음화

💡 **구문분석** **1.** And *all these* qualities *of America* were widely on display on **a single day, September the 11th, the day** *when terrorists, murderers, attacked my nation.* ··· 1형식 문장이며, 관계부사 when이 와서 <때>를 나타내는 말을 선행사로 받고 있다.

2. American policemen and firefighters, *by the hundreds*, ran into burning towers *in desperation* to save their fellow citizens. ··· 전치사 by는 <정도·비율>을 의미하여 '~(만큼)씩'의 뜻으로 쓰였다.

3. And you need to know, *none of this was ordered by the government*; it happened spontaneously, by the initiative of free people. ··· know의 O로 쓰인 comma(,) 이하에 부정어가 주어로 왔다. 부정어가 주어로 오면 '~하는 것(사람)은 없다'는 식으로 우리말로 옮긴다.

4. China has joined the World Trade Organization, and **as** you live up to its obligations, **they** inevitably will bring changes to China's legal system. ··· 문미의 they는 obligations를 가리킨다.

5. A modern China will have a consistent rule of law **to govern** commerce and **secure** the rights of its people. ··· <S+V+O>에 형용사적 용법의 to-inf.가 이어지고 있다.

번역 그리고 미국의 모든 이러한 특성들이 테러리스트들이, 살인자들이 미국을 공격했던 9월 11일, 단 하루 동안에 광범위하게 전개되었습니다. 미국의 경찰과 소방수들이 그 동료 시민들을 구하기 위해 수백 명씩 불타고 있는 고층 건물로 필사적으로 뛰어들었습니다. 구조작업을 돕기 위해 자원 봉사자들이 각지에서 왔습니다. 미국인들은 헌혈을 하고 희생자 가족들을 돕기 위해 성금을 기부하였습니다. 미국은 전국적으로 기도회를 가졌고, 사람들은 그들의 자부심과 단결을 보이기 위해 조기를 내걸었습니다. 11) 여러분이 알아야할 것은, 이 모든 것들 중 정부의 명령으로 이루어진 것은 아무것도 없다는 것입니다. 그것은 자유로운 국민들의 시작으로 자발적으로 이루어졌습니다.

미국에서의 생활은 법률과 짝을 이루는 자유는 두려운 것이 아니라는 것을 보여주고 있습니다. 자유로운 사회에서 다양성은 혼란이 아닙니다. 토론이 싸움이 아닙니다. 그리고 의견 차이가 혁명이 아닙니다. 자유로운 사회는 그들 스스로의 그들의 조국에서 위대함을 추구할 것이라고 그 국민들을 믿습니다.

1975년 중국으로의 저의 방문은 영광이었는데, 여러분 중 일부는 그 때 태어나지도 않았을 것입니다. 그러한 사실은 제가 얼마나 늙었는나를 보여줍니다. 그리고 그 이후로 여러분의 나라에서는 많은 것들이 변화되었습니다. 중국은 그 개방과 기업과 경제적인 자유에 있어서 놀랄만한 발전을 이룩하였습니다. 그리고 이러한 발전은 중국의 위대한 잠재력을 앞서 보여주고 있습니다.

12) 중국은 세계무역기구에 가입을 하였고, 여러분은 그 의무를 다하며 살아갈 것이며, 그러한 것들은 중국의 법률 체제에 많은 변화를 가져올 것입니다. 현대적인 중국은 통상을 관리하고 그 국민들의 권리를 보장해주는 일관성 있는 법률의 지배를 가지게 될 것입니다. 여러분 세대가 건설 중인 새로운 중국은 여러분의 심오한 전통적 지식을 필요로 할 것입니다. 물질주의의 유혹은 우리 사회를, 우리 미국과 많은 성공적인 국가들의 사회를 자극하고 있습니다. 개인과 가족의 책임에 대한 여러분의 도덕률은 여러분에게 큰 도움이 될 것입니다.

Nuance Drills *Fill in the blanks with a suitable word as given:*

¹_____ implies conformity with the generally accepted standards of goodness or rightness in conduct or character, sometimes, specifically in sexual conduct. ²_____ implies conformity with an elaborated, ideal code of moral principles, sometimes, specifically with the code of a particular profession.³_____ implies a morally excellent character, connoting justice, integrity, and often specially chastity. ⁴_____ implies a being morally blameless or justifiable.

(a) ethical　　(b) moral
(c) righteous　(d) virtuous

연구 50
Nexus(주술관계)(3)
5) with <주어+술어> 관계에서 술어에 분사·형용사·부사 등이 오는 경우: '~하면서, ~한 채'의 뜻으로 동시동작의 부대상황을 의미한다. ①형용사가 술어로 오는 경우-Don't speak with *your mouth full*.(입안에 음식을 가득 머금은 채 말하지 마라. Your mouth is full.)/ Will Fortune never come with *both hands full*?(운명의 여신이 두 손 가득히 -선물을 안고 - 오지 않을까?) ②현재분사가 술어로 오는 경우-He stood with *his back leaning* against the wall.(그는 벽에 등을 대고 서 있었다. ··· 능동관계)/ With *everybody insisting* on going there, I don't know whom I should send.(모든 사람들이 그곳에 가겠다고 주장하고 있기 때문에 나는 누구를 보내야할지 모르겠다.)/ She sat on the edge of the bed with *her legs dangling*.(그녀는 두 다리를 늘어뜨린 채 침대 가장자리에 앉아 있었다.) ③과거분사가 술어로 오는 경우-He was standing alone with *his arms folded*.(그는 팔짱을 끼고 홀로 서 있었다. His arms was folded. ··· 수동관계)/ We were born with *our eyes closed*.(우리는 눈을 감은 채 태어났다.) ④부사(구)가 술어로 오는 경우-I can't read anything with *children around*.(나는 어린이들이 주위에 있는 상태에서는 아무것도 읽을 수 없다.)/ He stood against the wall with *a pipe in his mouth*.(그는 파이프를 입에 물고 벽에 기대어 서 있었다.)/ She talked about it with *tears in her eyes*.(그녀는 눈에 눈물을 글썽이면서 그것에 대한 이야기를 하였다.) ⑤to-부정사가 술어로 오는 경우-He set to work with *Miss Brown to help* him.(그는 Brown양이 그를 돕기로 하고 일을 착수했다.)/ ⑥명사절이 술어로 오는 경우-I cannot live on my wages with *prices what they are*!(물가가 그런 상태에서 나는 내 임금으로 살아갈 수 없다.)

········ **연구 55**에 계속(p.295)

※ Answers for Nuance Drills : 1-b, 2-a, 3-d, 4-c

통번역학 이론과 실제

※CD를 듣고 공란에 들어갈 말을 받아쓴 후 본문의 밑줄 친 부분을 번역하고, 하단의 설명을 읽고 해당하는 단어를 본문에서 찾아 써라.

Unit0624

Behind China's economic success today are talented, brilliant / ① [æn ènərʤérik píːpl]   . In
오늘날 중국의 경제적 성공 이면에는   재능이 있고 총명하고 활기에 찬 국민들이 있습니다
the near future, those same men and women will play a full / and active role in your
가까운 미래에   그와 똑같은 남녀들이   완벽하고 활동적인 역할을 할 것입니다
government. This university / is not simply / turning out specialists, it is preparing
여러분의 정부에서   이 대학은   단순히 전문가만을 배출하는 것이 아니라   국민을 준비시키는 곳입니다
citizens. And citizens are not spectators in the affairs of their country. They are
국민들은 방관자가 아닙니다   그들 국가의 일에   그들은
participants / in its future.
참여자입니다   그것의 미래에

Unit0625

Change is coming. China is already having secret ballot and competitive elections at
변화가 오고 있습니다   중국은 이미 실시하고 있는 중입니다   비밀투표와 경쟁하는 선거를
the local level. Nearly 20 years ago, a great Chinese leader, Deng Xiaoping, said this
지방 단계에서   거의 20여 년 전에   중국의 위대한 지도자   등소평은 이것을 말했습니다
—② [ai wánʧjurə hiər his wə́ːrz]   . He said that China would eventually expand
저는 여러분이 그의 말을 들었기를 바랍니다   그는 말했습니다   중국은 결국 확대하게 될 것이라고
democratic elections all the way to the national level. ③ [ai lukfɔ́ːwərə ðǽdei]   .
민주적인 선거를   전폭적으로   국가적인 수준으로   저는 그 날을 고대하고 있습니다

Unit0626

Tens of millions of Chinese today are relearning Buddhist, Taoist, and local religious
오늘날 수천만의 중국인들이   다시 배우고 있거나   불교   도교   그리고 지방의 종교적인 전통을
traditions, or practicing Christianity, Islam, and other faiths. Regardless of where / or
실천하고 있습니다   기독교   이슬람교 그리고 다른 신앙들을   관계없이
how these believers worship, they're no threat to public order ; in fact, they make
그러한 신도들이 어디서 또는 어떻게 예배를 드리든 그들은 위협이 되지 않습니다   공중 질서에   사실   그들은
good citizens. For centuries, this country has had a tradition / of religious tolerance. My
훌륭한 국민이 됩니다 수세기 동안   이 나라는 전통을 가지고 있었습니다   종교적인 관용의
prayer / is that all persecution will end, ④ [sóuðət narɔ́ːlin ʧáinə] / are free to gather and
저의 기도는   모든 박해가 종식되는 것입니다   중국의 모든 사람들이 자유롭게 모여
worship as they wish.
그들이 원하는 대로 예배를 드릴 수 있도록

Unit0627

All these changes will lead to a stronger, more confident China — a China that can
그러한 모든 변화는 더욱 강하고 자신만만한 중국을 가져올 것입니다   놀라게 할 수 있는 중국
astonish / and enrich the world, a China / that your generation will help create. This is
        세계를 풍요롭게 하는   여러분의 세대가 창조해내는 중국   13)
one of the most exciting times / in the history of your country, a time / when even the
grandest hopes / seem within your reach.

Unit0628

My nation offers you our respect / and our friendship. Six years from now, athletes
미국은 여러분에게 바칩니다   우리의 존경과 우의를   지금으로부터 6년 후   운동 선수들이
from America / and around the world / will come to your country for the Olympic
미국과 전 세계로부터   여러분의 나라에 오게될 것입니다   올림픽 경기를 위해
games. And I'm confident / they will find a China / that is becoming / a da guo, a
        14)
leading nation, at peace with its people / and at peace with the world.

Thank you for letting me come. (Applause.)
방문을 허락해주어 감사합니다

Vocabulary Drills ⑬ _____ a person who is trained in or has a natural talent for exercises and sport
⑭ _____ a piece of paper used in secret voting, sometimes with a list of candidates

286 | 제3편 통·번역학 실제연습

2. want to가 반드시 [wɔnə]로 소리나는 것은 아님을 보여주고 있다.

4. Bush는 all 앞에 not을 넣어 부분부정으로 읽고 있다.

소리분석

1. and energetic people : -t/-d의 -r 유음화

2. I want you to hear his words : 연음, -t/-d의 -r 유음화, 복합중자음의 중간 자음 생략

3. I look forward to that day : 자음 뒤 말음의 자음 생략, 연음, -t/-d의 -r 유음화, 조음점 동화

4. so that / all in China : -t/-d의 -r 유음화, 연음

---

1. †play a important role in : ~에서 중요한 역할을 하다.

2. †regardless of : ~에 개의치 않고, 관계없이

4. †lead to : (도로 등이) ~에 이르게 하다, (어떤 결과에) 이르게 하다.

6. †be confident that(of) : ~을 확신하다.

구문분석

1. *In the near future*, those same men and women will play a full and active role *in your government*. ··· <S + V + O> 구조로 주요소를 제외한 나머지는 모두 부사적 수식어구이다.

2. *Regardless of* where or how these believers worship, they're no threat to public order ; in fact, they make good citizens. ··· worship은 명사가 아니라 자동사로 쓰여 '예배(참배)하다'는 뜻이며, 문미의 make는 '양성하다, 만들다, 되다(become)'의 뜻으로 쓰였다.

3. My prayer is *that all persecution will end, so that* all in China are free to gather and worship as *they wish*. ··· <S + V + C> 구조로, C에 that-명사절이 왔으며, <so that ~(may)> 구문이 쓰였다.

4. All these changes will lead to a *stronger, more* confident *China —a China* that can astonish and enrich the world, *a China* that your generation will help create. ··· dash(—) 이하에는 앞서의 말에 대한 보충설명이 이어지고 있다.

5. This is *one of the most exciting times* in the history of your country, *a time* when even the grandest hopes seem within your reach. ··· <S + V + C> 구조로, comma(,) 이하에서 C를 관계부사를 이용하여 풀어서 다시 설명하고 있다.

6. And I'm confident they will find *a China* that is becoming a da guo, a leading nation, at peace with its people and at peace with the world. ··· confident 뒤에 명사절을 이끄는 that이 생략되었다.

Nuance '능력·재능'의 뜻을 가지는 말

① ability : 타고나거나 노력해서 얻은 모든 종류의 능력을 가리키는 일반적인 말. 단수형은 일을 할 수 있는 정신적·육체적·법적 능력을 말하며, 복수형은 주로 지적 능력을 가리킨다. ② talent : gift와 거의 같은 뜻으로, 특히 예술 분야에서의 선천적 능력으로, 훈련에 따라 더욱 세련될 수 있음을 암시한다. ③ faculty : 어떤 특정 분야 또는 어떤 목적을 위해 당연히 갖추고 있어야 할 능력으로 선천적, 후천적 모든 능력에 사용하는데, 특히 가사·행정·사무 등의 실천적인 재능을 말한다. ④ genius : 과학·예술 등에서의 창조적이고 비범한 재능으로 talent보다 그 정도가 훨씬 높은 경우이다. ⑤ gift : 선천적으로 지니고 있어서 노력 없이도 자연히 발휘되는 특히 뛰어난 재능으로 종종 복수형으로 쓰기도 한다. ⑥ capacity : 특정한 일을 해내거나 수용할 수 있는 잠재적 기능성을 가리키는 말로 사람이나 물건에 대해 사용한다. ability가 실제적인 응용의 재능을 가리키는데 비하여, 이것은 이해하고 받아들이는 수용력을 가리킨다. ⑦ competence : 어떤 상태나 일 등에 있어서 요구되는 조건을 만족시키는 능력 ⑧ aptitude : 특정한 일에 적합한 타고난 성질 또는 적성으로 후천적인 것에도 사용한다. ⑨ knack : 어떤 일을 솜씨 좋게 해내는 요령으로 후천적으로 키워진 것 ⑩ capability : 일을 처리해내는 능력이나 역량을 가리키는 일반적인 말로, 복수형은 장차 발휘될 능력의 소질을 가리키는데, ability, capacity, capability는 종종 구별없이 사용된다. ⑪ parts : 재능을 가리키는 옛스러운 말 ⑫ power : 무슨 일을 해내는 실천적인 능력이며, faculty가 외부로 나타난 경우로, 신체적·정신적 구별없이 사용한다. ⑬ endowment : 타고나거나 조상으로부터 물려받았다고 여겨지는 재능 ⑭ timber : '재목'이라는 뜻에서 비유적으로 나온 말로 주로 미국에서 사용된다.

번역

오늘날 중국의 경제적 성공 이면에는 재능이 있고 머리가 좋고 활기에 찬 국민들이 있습니다. 가까운 미래에 그와 똑같은 남녀들이 여러분의 정부에서 완벽하게 활동적인 역할을 할 것입니다. 대학은 단순히 전문가만을 배출하는 곳이 아니라 국민을 준비시키는 곳입니다. 국민들은 그들 국가의 일에 방관자가 아닙니다. 그들은 국가의 미래에 대한 참여자입니다.

변화가 오고 있습니다. 중국은 비밀투표와 경쟁하는 선거를 지방 단계에서 이미 실시하고 있는 중입니다. 거의 20여 년 전에 중국의 위대한 지도자 등소평은 이것을 말했는데, 저는 여러분이 그의 말을 들었기를 바랍니다. 중국은 민주적인 선거를 전폭적으로 국가적인 수준으로 결국 확대하게 될 것이라고 그는 말했습니다. 저는 그 날을 고대하고 있습니다.

오늘날 수천만의 중국인들이 불교나 도교 또는 지방의 종교적인 전통을 다시 배우고 있거나 기독교나 이슬람교 또는 다른 신앙들을 실천하고 있습니다. 그러한 신도들이 어디서 또는 어떻게 예배를 드리든 관계없이 그들은 공중 질서에 위협이 되지 않습니다. 사실 그들은 훌륭한 국민이 됩니다. 수세기 동안 이 나라는 종교적인 관용의 전통을 가지고 있었습니다. 저의 기도는 중국의 모든 사람들이 자유롭게 모여 그들이 원하는 대로 예배를 드릴 수 있도록 모든 박해가 종식되는 것입니다.

그러한 모든 변화는 더욱 강하고 자신만만한 중국, 세계를 놀라게 할 수 있으며 풍요롭게 할 수 있는 중국, 여러분의 세대가 창조해내는 중국을 가져올 것입니다. 13) 여러분의 역사에 있어서 지금은 가장 웅대한 꿈마저도 여러분이 실현시킬 수 있는 가장 흥미로운 때입니다.

미국은 여러분에게 우리의 존경과 우의를 바칩니다. 지금으로부터 6년 후 미국과 전 세계로부터 운동 선수들이 올림픽 경기를 위해 여러분의 나라에 오게 될 것입니다. 14) 저는 그들이 국민들과 평화롭고 세계와 평화를 유지하는 큰형님과 같은 선진국인 중국을 발견할 것으로 확신합니다.

방문을 허락해주어 감사합니다.

연구 51

Dash(—)의 사용

···대개 comma(,)와 같은 구실을 하지만 그보다는 분단력(分斷力)이 강하여 긴밀한 정도가 덜한 경우에 사용한다.

1) 괄호처럼 쌍을 이뤄 사용 : ① 삽입어구의 전후 ② 앞에 한 말에 대한 중단·요약·강조·정정·보충·대조적인 부연설명을 이끌어 colon(:)이나 comma(,)와 함께 인용어구를 이끌어

2) 하나만 쓰이는 경우 : ① '즉, 다시 말하면'의 뜻으로 ② 주저의 말더듬을 나타낼 때 ③ 휴지(pause)를 두어 강조하는 경우 ④ 어구·숫자·문자·인명·지명 등의 생략 ⑤ 화자의 변경 ⑥ 가벼운 모욕

※CD를 듣고 공란에 들어갈 말을 받아쓴 후 본문의 밑줄 친 부분을 번역하고, 하단의 설명을 읽고 해당하는 단어를 본문에서 찾아 써라.

Q : [Unit0629] Mr. President, yesterday I watched the press conference / made by you and President
부시 대통령 각하   어제 저는 기자회견을 보았습니다   각하와 강택민 주석의
Jiang Zemin. At the conference, you didn't clearly answer a question, which is a
기자회견에서   각하께서는 한 질문에 명확한 답변을 하지 않았습니다   그것이
concern / by almost everybody. It's why the TMD system / will cover Taiwan. And
관심사인   거의 모든 사람들의   그 질문은 왜 TMD 체제가 대만을 포함하느냐는 것입니다   15)
what's more, whenever you talk about the Taiwan issue, you always use a phrase
just like, peaceful settlement. You never use the phrase, peaceful reunification. ① [hwátsðə
각하께서는 문구를 사용한 적은 없습니다   평화로운 통일이라는
dífərən sæn hwái]   ?
그 차이와 원인은 무엇입니까?

President Bush : [Unit0630] Thank you, very good question. (Applause.) First of all, I want to compliment you on
고맙습니다   매우 좋은 질문입니다   먼저   학생의 영어에 대해 칭찬을 하고 싶습니다
your English. Very good.
매우 훌륭합니다

[Unit0631] The first thing that is important on the Taiwan issue / is that my government hopes
첫 번째 것은   대만 문제에 있어서 중요한   미국 정부가 희망한다는 것입니다
there is a peaceful, as I said, dialogue, ② [ðə ðéəriːz sérlmən]   / to this issue.
말씀드린 대로 평화로운 대화가 있고   이 문제에 대한 조정이 있기를
③ [bárit mʌsbi dʌninə píːsfəl wei]   . That's why I keep emphasizing peaceful. And, by
하지만 그것은 평화로운 방법으로 이루어져야 합니다   그것이 이유입니다   제가 평화를 계속해서 강조하는   16)
the way, ④ [píːsfəliːə wəːr inténid fər]   / both parties, that neither party should
provoke that — go ahead, I'm sorry.

The Interpreter : [Unit0632] First of all — sorry.
첫째   죄송합니다

President Bush : She's correcting my English. (Laughter)
그녀가 제 영어를 고쳐주고 있습니다

The Interpreter : I'm sorry, Mr. President. (Continues in Chinese)
죄송합니다   대통령 각하

President Bush : [Unit0633] We've had many discussions with your leaders, and I've reiterated / support for the
저는 많은 대화를 가졌는데   여러분의 지도자들과   다시 한번 말씀드립니다   지지를
one China policy. It's been my
하나의 중국 정책에 대한   그것은 우리 정부의
government's policy / for a long
오랜 정책이었으며
period of time, and I haven't
그리고 저는 바꾸지 않을 것입니다
changed it. (Applause)
그것을

[Vocabulary Drills] ⑮ _____ a usual brief group of words that is not a sentence but may form part of a sentence
⑯ _____ the act of settling (a dispute, debt, etc.); a new town or area where a group of people has decided to live

※여기서부터 청화대학 학생들과의 일문일답이 시작되고 있는데, 외교적으로 매우 민감한 문제를 학생들이 직접 영어로 묻고, 그에 대한 응답에 쩔쩔매는 Bush의 모습이 인상적이다. 그러나 보도에 따르면 이를 지켜본 중국인은 "학생들의 질문이 예상보다 날카롭지 않았던 것은 부시 대통령에 대한 예우일 것"이라고 말하고 있으며, Bush 대통령은 대만문제, MD 개발 등의 민감한 질문을 능숙하게 우회하며 원칙론과 보편적 가치를 강조함으로써 청화대 학생들의 '구술시험'을 무사히 통과했다고 평가하고 있다.

1. †concern : 명사로 쓰일 경우, '(이해) 관계, 관심, 걱정, 배려'라는 의미가 보통이며, '영업, 사업, 회사, 재단, (막연한) 사람, …것' 등의 뜻이지만, 복수형으로 쓰이면 '관심사, 사건, 용무'라는 의미가 된다.

2. †what's more : 관계대명사 what의 관용적인 표현으로 독립적인 삽입절 등을 이끌어 '더욱이, 게다가'의 뜻이다.

4. †by the way : 1)도중에, 2)말이 난 김에, 3)그런데/ be intended for : ~을 위해 의도(마련·계획)된 것이다.

Fill in the blanks with a suitable word as given:

1. ___ implies an apparently native ability for a specific pursuit and connotes either that it is or can be cultivated by the one possessing it. 2. ___ suggests that a special ability is bestowed upon one, as by nature, and not acquired through effort. 3. ___ implies a natural inclination for a particular work, specifically as pointing to special fitness for, or probable success in, it. 4. ___ implies a special ability that is either inherent or acquired, as well as a ready ease in its exercise. 5. ___ implies an acquired faculty for doing something cleverly and skilfully. 6. ___ implies an inborn mental endowment, specifically of a creative or inventive kind in the arts or sciences, that is exceptional or phenomenal.

(a) genuine (b) aptitude
(c) talent (d) gift
(e) knack (f) faculty

🔊 소리분석 *1*. What's the difference and why : 연음, 자음 뒤 말음의 자음 생략

2. that there is a settlement : 조음점 동화, 연음의 'r', 연음, -t/-d의 -r 유음화, 말음의 자음 생략

3. But it must be done in a peaceful way : -t/-d의 -r 유음화, 말음의 자음 생략, 연음

4. "peaceful" is a word intended for : 연음, -nt/-nd/-rt/-rd 에서의 -t/-d음의 생략

💡 구문분석 *1*. At the conference, you didn't clearly answer a question, **which** is a concern by almost everybody. ··· 계속적 용법으로 앞에 쓰인 말의 일부나 전부를 선행사로 하는 관계대명사 which가 쓰였는데, 관계대명사 계속적 용법이 쓰인 문장을 우리말로 옮길 때는 영문의 앞에서 뒤로 순차적으로 진행하며, 관계대명사는 <접속사 + 대명사>로 옮기게 된다.

2. And *what's more, whenever you talk about the Taiwan issue*, you always use a phrase just like, peaceful settlement. ··· 관계대명사 what의 관용구, <때>를 나타내는 복합관계부사절, 빈도부사 등이 사용되고 있다.

3. **The first thing** *that is important on the Taiwan issue* is **that** *my government hopes there is a peaceful*, as I said, *dialogue, that there is a settlement to this issue*. ··· 주어 **The first thing** 를 선행사로 하는 that-관계절, C로 쓰인 두 개의 **that**-명사절, 첫 **that**-절 술어동사 *hopes*의 목적어로 that이 생략된 that-명사절 등으로 이루어진 혼합문이다.

4. And, by the way, "peaceful" is **a word** *intended for both parties, that₁ neither party should provoke that₂* — go ahead, I'm sorry. ··· C로 쓰인 **a word**를 선행사로 하는 목적격의 that₁-관계사, 선행사를 대신하는 지시대명사로 쓰인 that₂ 등에 주의해야 한다.

5. We've had many discussions *with your leaders*, and I've reiterated support *for the one China policy*. ··· <S₁ + V₁ + O₁, and S₂ + V₂ + O₂> 구조로, 주요소를 제외한 나머지는 부사적 수식어이다.

번역 **질문자** : 부시 대통령 각하, 어제 저는 각하와 강택민 주석의 기자회견을 보았습니다. 기자회견에서 각하께서는 거의 모든 사람들의 관심사인 한 질문에 명확한 답변을 하지 않았습니다. 그것은 TMD 체제가 왜 대만을 포함하느냐는 것입니다. 15) 나아가서 각하께서는 대만 문제를 말씀할 때마다 평화로운 조정과 같은 어떤 문구를 항상 사용하고 있습니다. 각하께서는 평화로운 통일이라는 문구를 사용한 적은 없습니다. 그 차이와 원인은 무엇입니까?

부시 대통령 : 고맙습니다. 매우 좋은 질문입니다. 먼저 학생의 영어에 대해 칭찬을 하고 싶습니다. 매우 훌륭합니다.

대만 문제에 있어서 중요한 첫 번째는 말씀드린 대로 평화로운 대화가 있고, 이 문제에 대한 조정이 있기를 미국 정부가 희망한다는 것입니다. 하지만 그것은 평화로운 방법으로 이루어져야 합니다. 그것이 제가 평화를 계속해서 강조하는 이유입니다. 16) 그리고 어쨌든 "평화"는 양측을 위해 마련된 말이며, 어느 쪽도 그것을 자극해서는 안됩니다. 계속하세요, 죄송합니다.

통역관 : 첫째···, 죄송합니다.

부시 대통령 : 그녀가 제 영어를 고쳐주고 있습니다.

통역관 : 죄송합니다, 대통령 각하.

부시 대통령 : 저는 여러분의 지도자들과 많은 대화를 가졌는데, 하나의 중국 정책에 대한 지지를 다시 한번 말씀드립니다. 그것은 우리 정부의 오랜 정책이었으며, 저는 바꾸지 않을 것입니다.

연구 52
관계대명사 계속적 용법

1) 관계대명사 계속적 용법의 특징 ①선행사와 관계대명사 사이에 comma(,)가 있어 양자 사이에 시간적 간격이 생긴다. ②선행사의 수식이 간접적이어서 한정적(제한적) 용법만큼 긴밀하지 않다. ③<주절+종속절>이라는 형태를 취하기 때문에 형식은 복문이지만, 관계대명사의 의미를 <적절한 의미의 접속사+주어에 대한 대명사>로 옮기기 때문에 내용은 중문으로 해석되기도 한다. ④한정적 용법은 관계절이 선행사를 직접 수식하는 까닭에 '~인(한) 사람(물건)'이라는 의미로 뒤에서부터 해석되는 것이 보통이나, 계속적 용법은 이와는 반대로 그 문장의 앞에서부터 순차적으로 낱말을 따라가며 해석하는 것이 보통이다. ⑤관계절이 계속적 용법으로 쓰일 때는 선행사 다음에 일단 말을 멈추고 다음에 and, but 등의 적절한 접속사를 등장시켜 새로운 절(clause)을 만드는 중문처럼 그 의미가 형성된다.

2) 관계대명사 계속적 용법을 사용하는 경우 ①대등절의 경우 · He has two sons, *who* became doctor.(그는 두 아들이 있는데, 그 둘은 의사가 되었다. who = and they) ②이유를 말하는 경우 · I like the boy, *who* is honest.(나는 그 소년을 좋아하는데, 그 이유는 그가 정직하기 때문이다. who = for he) ③양보를 말하는 경우 · The man, *who* is poor, is honest.(그 사람은 비록 가난하지만, 정직하다. who = though he) ④삽입절이 사용되는 경우 · Tom, *who* is my brother, likes swimming.(내 형인 Tom은 수영을 좋아한다.) ⑤which와 what의 특별용법 즉, 앞이나 뒤에 사용된 문장의 전부나 일부를 선행사로 하는 경우

※ CD를 듣고 공란에 들어갈 말을 받아쓴 후 본문의 밑줄 친 부분을 번역하고, 하단의 설명을 읽고 해당하는 단어를 본문에서 찾아 써라.

Unit0634 I also, in your question / about missile defenses, have made it clear / that our nation
저는 또한   미사일 방어에 대한 여러분의 질문에 대하여   분명히 했습니다   미국은
will develop defenses / to help our friends, our allies, ① [ænʌ́ðər səráun ðəwə́:r] /
방어망을 개발할 것임을   돕기 위하여   미국의 우방국들과 동맹국들과 세계의 여러 나라들로 하여금
protect ourselves / from rogue nations / that have the—that are trying to develop
스스로를 보호할 수 있도록   악당 국가들로부터   가지고 있거나   개발하려는
weapons of mass destruction. To me, that is essential for peace / in the world. We
대량 파괴 무기를   제게 있어서 그것은 필수적인 것입니다   세계의 평화를 위해
have yet to develop a system, and therefore, that's exactly what I said yesterday.
우리는 지금 어떤 시스템을 개발하고 있는데   그런 까닭에   그것은 정확히 어제 제가 말씀드린 것입니다
And it's the truth. But we're in the process of seeing / if we can't develop a system.
그리고 그것은 사실입니다   하지만 우리는 확인하는 과정에 있습니다   우리가 그 시스템을 개발할 수 없는 것인 지
And I think it will bring / more stability to the world than less.
저는 생각합니다 그것은 세계에 상당히 큰 안정을 가져올 것이라고

Unit0635 And let me just say one general comment / that's very important for you to know.
한 가지 보편적인 말씀을 드리겠습니다   여러분이 알아야 하는 매우 중요한
And it's also important for the people of my country to know—that my administra-
17)
tion / ② [iz kəmírid] / to peacefully resolving / ③ [iʃu: zəráun ðəwə́:r]. We want the
                                                                                우리는 원합니다
issues resolved / in a peaceful manner.
문제들이 해결되기를   평화로운 방법으로

Unit0636 And we've got / a lot of issues that / we deal with. We're dealing in the Middle East.
우리는 많은 문제들을 안고 있습니다   우리가 처리해야 하는 우리는 처리 중입니다   중동 문제를
And if you follow the news, it's a very / dangerous period of time there. We're working
만약 여러분이 뉴스를 들었다면   그곳이 매우 위험한 시기임을 알 것입니다   우리는 열심히 일하고 있습니다
hard to bring / peaceful resolution there. We're working hard to bring a / peaceful
그 지역에 평화로운 해결책을 가져오기 위하여   우리는 열심히 일하고 있는데   평화로운 해결책을 가져오기 위하여
resolution / to Kashmir, which is important for China. ④ [ænái rí:snli wéna kəri:ə] /
카슈미르 지역에   그곳은 중국에게도 중요합니다   18)
and I made it very clear / that we want to resolve / the issues on the Korean
Peninsula / in a peaceful way.

Unit0637 Another question, please?
다른 질문 있습니까?

Q : I'll repeat my question in English.
Unit0638 저의 질문을 영어로 다시 말씀드리겠습니다

The President : Thank you.
고맙습니다

Q : It's a pity / you still haven't given us — sorry — give us a clear question about / whether
각하께서 아직 저희에게 말씀하지 않고 있다는 것은 유감입니다   분명한 문제에 대하여
you / always use the peaceful settlement. You have never said "peaceful reunification."
미국이 항상 평화적인 조정을 사용할 것인지에 관한   각하께서는 "평화로운 통일"을 말한 적은 없습니다
It's a pity.
그것이 유감입니다

President Bush : We're back on Taiwan again — (laughter) — go ahead.
우리는 다시 대만으로 돌아왔군요   계속하세요

Vocabulary Drills ⑰ _____ *in the USA, the executive branch of the federal government, especially the President*
⑱ _____ *a report on the latest major events in one's own city and nation and in other parts of the world*

※ 먼저 중국어로 자신의 질문을 한 다음, 스스로 통역해가며 그것을 영어로 옮겨 질문하는 Unit0638 역학생의 모습이 인상적인데, 전체 내용을 보면 질문자로 나선 모든 학생들이 그런 식으로 중국어로 자신의 질문을 먼저 한 다음 그것을 영어로 옮겨 말하는 방식으로 질의가 진행되었다.

1. nations를 선행사로 하는 that₂-관계절, <사역동사 help+O+OC로서의 원형부정사₂>, <protect A from B: B로부터 A를 보호하다, 지키다> 등에 주의해야 한다.

3. †be committed to: ~에 몰두하다, 전념하다, 헌신하다.

소리분석 **1.** and others around the world: 자음 뒤 말음의 자음 생략, 연음

2. is committed: -t/-d의 -r유음화

3. issues around the world: 연음, 자음 뒤 말음의 자음 생략

4. And I recently went to Korea: 말음의 자음 생략(주로 -nt/-nd/-rd/-rt에서의 -t/-d음)

구문분석 **1.** I also, *in your question about missile defenses*, have made it clear **that₁** *our nation will develop defenses to* **help** *our friends, our allies, and others around the world* **protect** *ourselves from rogue nations* **that₂** *have the* ─*that₂ are trying to develop weapons of mass destruction.* ··· 가목적어로 쓰인 it, 진목적어로 쓰인 that₁-절이 왔다.

2. We have **yet** to develop a system, and therefore, that's exactly *what I said yesterday.* ··· 여기서의 **yet**은 부사로 진행형이나 계속의 의미를 가지는 긍정문에 쓰여 '지금'의 의미로 쓰였다.

3. And it's also important *for the people of my country to* know ─*that my administration is committed to peacefully resolving issues around the world.* ··· it은 가주어, to-inf.는 진주어, <for+목적어>는 의미상의 주어로 쓰였고, dash(─) 이하 *that*-절은 know의 O로 왔다.

4. And I recently went to Korea and I made it very clear **that** *we want to resolve the issues on the Korean Peninsula in a peaceful way.* ··· 가목적어 it, 진목적어 **that**-절이 쓰였다.

5. It's a pity *you still haven't given us* ─sorry─ *give us a clear question about whether you always use the peaceful settlement.* ··· 가주어 it, 진주어 that-절이 왔는데, 여기서의 that은 생략되었다. settlement는 '화해, 조정, 해결' 등의 의미로 옮겨야 할 것이다.

번역 저는 또한 미사일 방어에 대한 여러분의 질문에 대하여 미국의 우방국들과 동맹국들과 세계의 여러 나라들로 하여금 대량 파괴 무기를 가지고 있거나 개발하려는 악당 국가들로부터 스스로를 보호할 수 있도록 돕기 위하여 미국이 방어망을 개발할 것임을 분명히 했습니다. 제게 있어서 그것은 세계의 평화를 위해 필수적인 것입니다. 그런 까닭에 우리는 지금 어떤 시스템을 개발하고 있는데, 그것은 정확히 어제 제가 말씀드린 것입니다. 그리고 그것은 사실입니다. 하지만 우리는 우리가 그 시스템을 개발할 수 없는 것인 지 확인하는 과정에 있습니다. 그것은 세계에 상당히 큰 안정을 가져올 것이라고 저는 생각합니다. 여러분이 알아야 하는 매우 중요한 한 가지 보편적인 말씀을 드리겠습니다. 17) 그것은 미국의 국민들도 또한 알아야 하는 중요한 것으로, 미국 정부는 세계의 문제들의 평화로운 해결에 전념하고 있다는 것입니다. 우리는 문제들이 평화로운 방법으로 해결되기를 원합니다.

우리는 우리가 처리해야 하는 많은 문제들을 안고 있습니다. 우리는 중동 문제를 처리 중에 있습니다. 만약 여러분이 뉴스를 들었다면, 그곳이 매우 위험한 시기임을 알 것입니다. 우리는 그 지역에 평화로운 해결책을 가져오기 위하여 열심히 일하고 있습니다. 카슈미르 지역에 평화로운 해결책을 가져오기 위하여 우리는 열심히 일하고 있는데, 그곳은 중국에게도 중요합니다. 18) 그리고 최근 저는 한국을 방문했었고, 미국은 한반도에서의 문제들이 평화로운 방법으로 해결되기를 원한다는 것을 저는 확실히 했습니다.

다른 질문 있습니까?
질문자: 저의 질문을 영어로 다시 말씀드리겠습니다.
부시 대통령: 고맙습니다.
질문자: 미국이 항상 평화로운 조정을 사용할 것인지에 관한 분명한 문제에 대하여 각하께서 아직 저희에게 말씀하지 않고 있다는 것은 유감입니다. 각하께서는 "평화로운 통일"을 말한 적은 없습니다. 그것이 유감입니다.
부시 대통령: 우리는 다시 대만으로 돌아왔군요. 계속하세요.

Nuance **'결심하다'의 뜻을 가지는 말**
① **resolve**: 결심하다. decide보다 격식을 차린 말로 끝까지 관철하려는 굳은 결심을 가지고 그 의지를 명확하게 표명하는 행위에 사용하며, 결심하고 있는 상태는 be resolved로 나타낸다. ② **decide**: 결론을 미루고 있던 일·의문·분쟁 등에 대한 여러 가지 가능성 중에서 깊이 생각한 끝에 선택하여 명확한 결론을 내리고 앞으로의 방향·행동 등을 정한다. 구어에서는 make up one's mind로 바꿔 쓰기도 하며, 명사나 동명사 앞에서는 전치사 on과 함께, 동사가 오면 to와 함께 써서 부정사로 나타낸다. ③ **determine**: 굳게 결심하다. 주의 깊은 연구 결과 decide한 다음 그 목적이나 의도를 끝까지 관철하려는 의지를 가진다. 한번 결정된 마음을 끝까지 변경하지 않을 것임을 암시한다. ④ **settle**: 중재나 조정 등에 의하여 최종적인 결론에 도달하고 의혹이나 분쟁 등을 끝낸다. ⑤ **conclude**: 신중한 조사·추리·토의 등을 거쳐 최종적으로 결론을 내린다. ⑥ **make up one's mind**: 여러 가능성을 깊이 생각한 끝에 마음을 정하다. 결심하다. 일상용어 ⑦ **be bound to**: 廛 반드시 ~할 작정이다.

연구 53
yet의 의미와 용법
1) 부사로 쓰일 경우 ① 부정문에서 '아직 …않다': ·I have never *yet* lied.(아직까지 한번도 거짓말한 적이 없다.)/ ·The work is not *yet* finished.(그 일이 아직 끝나지 않았습니다.) ② 의문문에서 '이미, 벌써': ·Have you finished your breakfast *yet*?(이미 아침 식사를 하셨습니까?··· 같은 의미로 already를 쓰면 놀람이나 의외의 감정이 내포된다.)/ ·Is it raining *yet*?(벌써 비가 오고 있습니까?··· Is it still raining?: 아직도 비가 내리고 있습니까?) ③ 진행형이나 계속의 의미를 가지는 동시와 함께 긍정문에서 '여전히, 지금도': ·She is talking *yet*.(여전히 떠들고 있는 중이다.) ④ 최상급과 함께 '현재까지의'의 뜻을 가진다. ·It's the best *yet* found.(현재까지 발견된 것 중에서 최고입니다.) ⑤ nor와 함께 강조적인 의미로 쓰여 ·He will not accept help *nor yet* advice.(그는 도움은 받아들이기는커녕 충고도 받지 않을 것이다.) ⑥ and나 but과 함께 쓰여 ·I offered him still more, ***and yet*** he was not satisfied.(그 이상을 내겠다고 했으나, 그럼에도 불구하고 그는 만족하지 않았다.)
2) 접속사로 쓰여 '그럼에도 불구하고, 게다가'의 의미를 가진다(but 보다는 강하고 still 보다는 약한 의미로 nevertheless와 비슷한 의미이다). ·*Yet* what is the use of it all?(그래도 그것이 무슨 소용이 있단 말인가?)

※ CD를 듣고 공란에 들어갈 말을 받아쓴 후 본문의 밑줄 친 부분을 번역하고, 하단의 설명을 읽고 해당하는 단어를 본문에서 찾아 써라.

Q : This is a question / our Chinese people / are extremely concerned about.
Unit0639   이것은 질문입니다   우리 중국의 국민들이 매우 걱정하는

President Bush : Yes, I know.
예, 압니다

Q : Three days ago, during your speech / in the Japanese Parliament, you said, the United
Unit0640   3일 전   일본 의회에서의 각하의 연설에서   각하는 말씀하셨습니다
States will still remember / its commitment / to Taiwan.
미합중국은 여전히 기억할 것이라고   대만에 대한 그 약속을

President Bush : Right.
맞습니다

Q : But my question is, does the U.S. / still remember / its commitment to 1.3 billion
Unit0641 하지만 제 질문은   미합중국은 여전히 약속도 기억하느냐는 것입니다
Chinese people? (Applause.) Abiding by the / three Joint Communiques / and three
13억 중국 국민에 대한   3자 공동 성명과 3인의 각서를 지키면서
notes. Thank you.
감사합니다

President Bush : Thank you very much. As I said, this seems to be a topic on people's mind,
Unit0642 정말 고맙습니다   제가 말씀드린 대로 이 일은 국민들의 최고의 관심사인 것으로 보입니다
obviously. I can't say it / any more clearly, ① [ðéːraiə mǽŋkʃəs] / that there be a peaceful
분명히   19)
resolution / that's going to require both parties / to come to a solution. And that's what
그리고 그것이 제가
I mean by peaceful dialogue. And I hope it happens / ② [im mái láiftàim] / and I hope it
평화로운 대화라는 말로서 의미하는 것입니다   저는 그런 일이 제 생전에 일어나기를 희망하고   여러분 생전에 일어나기를 희망합니다
happens in yours. It will make a—it will be an important milestone.
그것은 될 것입니다   중요한 이정표가

Unit0643 And, secondly, ③ [whèm mai kʌ́ntri kéiksə nəgríːmən]   , ④ [wìstik wiðit]. And there is
그리고 둘째   미국이 조약을 맺었을 때   우리는 그것을 고수했습니다 20)
called the Taiwan Relations Act, and I honor that act, which says we will help Taiwan
defend herself / if provoked. But we've also sent the same message that there should
하지만 우리는 또한 똑같은 메시지를 보냈습니다   도발이 없어야 한다는
be no provocation / by either party for a peaceful dialogue.
평화로운 대화를 위한 어느 쪽에 의해서든

Next question. Yes, ma'am.
다음 질문   예, 여학생
That's not a ma'am ; that's a
여학생말고
male. Sorry. Actually, I said,
남학생   정말 미안합니다   저는
yes, ma'am, but ~
여학생을 말했는데

Vocabulary Drills ⑲ _____ a marker, such as a stone that indicates the distance in miles ; an important achievement, event
⑳ _____ pl. words, phrases, or short sentences serving as a remember of what one heard or read

※ 외교적으로 매우 민감한 문제인 대만 문제에 대하여 무례하리만큼 집요하게 묻고 늘어지며 어떻게 해서든지 원하는 답을 들어내려는 Unit0641의 학생과 Bush의 짜증이 섞인 Unit0643의 대화가 정말 인상적이다.

2. [m, n, ŋ]으로 끝나는 말+[d, t, v, m, b, g]로 시작하는 말→비음화

2. anxious에는 다음과 같이 상당히 거리가 있는 두 가지 주요 의미가 있어, 이어지는 말을 살펴 적절하게 우리말로 옮겨야 한다. 1)걱정하는, 근심하는, 불안한 (about, lest) 2)열망하여, 몹시 하고 싶어하는, 열심인(for, to do, that)

3. 명사 act에는 다음과 같은 3가지의 주요 의미가 있다. 1)행동, 행위, 소행 2)막, 3)법령, 조례

1. that I am anxious : -t/-d의 -r 유음화, 연음

2. in my lifetime : 비음화

3. when my country makes an agreement : 비음화, 연음, 자음 뒤 말음의 자음 생략

4. we stick with it : 연음

💡 구문분석 **1.** *Three days ago, during your speech in the Japanese Parliament*, you said, the United States will still remember its commitment to Taiwan. ⋯ still은 부사로 '여전히'의 뜻으로 쓰였다. 주절의 술어동사 said 다음에 인용문을 나타내는 접속사 that은 comma(,)로 대신하고 있다.

2. I can't say *it* any more clearly, *that₁* I am anxious *that₂* there be a peaceful resolution *that₃*'s going to require both parties to come to a solution. ⋯ 가목적어 it, 문장 끝까지 이어지는 진목적어 *that₁*-절, 진목적어로 쓰인 *that₁*-절 술어동사 am anxious의 O로 쓰인 *that₂*-명사절, resolution을 선행사로 하는 *that₃*-관계절에 주의하고, *that₂*-절에 there (should) be에는 <당위>의 should가 생략되었다.

3. And there is called the Taiwan Relations Act, and I honor *that act*, *which says we will help Taiwan defend herself if provoked.* ⋯ 관계대명사 계속적 용법의 which, <사역동사 help+O+OC로서의 원형부정사>, '현재사실의 반대'를 의미하는 가정법 과거 등의 용법에 주의해야 한다.

4. But we've also sent *the same message* that there should be no provocation by either party for a *peaceful dialogue.* ⋯ <the same A that ~ : A와 꼭 같은~>의 뜻인 관계대명사 that, <의무>의 should가 쓰였다.

번역 **질문자** : 이것은 우리 중국의 국민들이 매우 걱정하는 질문입니다.
부시 대통령 : 예, 압니다.
질문자 : 3일 전, 일본 의회에서의 각하의 연설에서 각하는 미합중국은 대만에 대한 그 약속을 여전히 기억할 것이라고 말씀하셨습니다.
부시 대통령 : 맞습니다.
질문자 : 하지만 제 질문은, 미합중국은 여전히 13억 중국 국민에 대한 약속도 기억하느냐는 것입니다. 3자 공동 성명과 3인의 각서를 지키면서 말입니다. 감사합니다.
부시 대통령 : 정말 고맙습니다. 말씀드린 대로, 이 일은 분명히 국민들 최고의 관심사인 것으로 보입니다. 19) 저는 해결책이 될 것으로 양측에 요구하는 평화적인 결정이 있어야 한다는 것을 제가 열망하고 있다는 것을 더 이상 분명하게 말씀드릴 수 없습니다. 그리고 그것이 제가 평화로운 대화라는 말로써 의미하는 것입니다. 저는 그런 일이 제 생전에 일어나기를 희망하고, 여러분 생전에 일어나기를 희망합니다. 그것은 중요한 이정표가 될 것입니다.
　그리고 둘째, 미국이 조약을 맺었을 때, 우리는 그것을 고수했습니다. 20) 그래서 대만관계법이라는 것이 있으며, 저는 그 법을 존중하고 있는데, 그것은 대만이 침략을 받거든 스스로를 방어할 수 있도록 미국이 도와야 한다고 말합니다. 하지만 우리는 또한 평화로운 대화를 위한 어느 쪽에 의해서든 도발이 없어야 한다는 똑 같은 메시지를 보냈습니다.
　다음 질문. 예, 여학생. 여학생말고, 남학생. 정말 미안합니다. 저는 여학생을 말했는데.

Nuance Drills *Fill in the blanks with a suitable word as given:*
¹_____ implies the bringing to an end of vacillation, doubt, dispute, etc. by making up one's mind as to an action, course, or judgement.² _____ in addition suggests that the form, character, function, scope, etc. of something are precisely fixed.³ _____ stresses finality in a decision, often one arrived at by arbitration, and implies the termination of all doubt or controversy; to⁴ _____ is is to decide after careful investigation or reasoning.⁵ _____ implies firmness of intention to carry through a decision.
(a) resolve　(b) settle
(c) decide　(d) determine
(e) conclude

연구 54
유사관계대명사(Quasi Relatives)
⋯의사관계대명사라고도 하는 것으로, 본래 접속사로 쓰이던 것이 그 접속사로 이어지는 절(clause)의 주어가 생략되면서 주어역할까지 겸하게 되어 관계사가 된 것으로 as, than, but이 그것이다.
1) ① as~as~ : ·As many man *as* came were caught.(왔던 사람은 모두 잡혔다. ⋯ 여기서 앞에 쓰인 as는 지시부사, 뒤에 쓰인 것이 관계대명사이다) ② such~as~ : ·Don't keep company with *such* man *as* cannot benefit you.(당신에게 도움이 될 수 없는 그런 사람과는 교제하지 마십시오. ⋯ 여기서 관계대명사 as는 <such+명사>를 선행사로 한다) ③ the same~as~ : ·He uses *the same books as* you do. *cf.* He uses the same books *that* you do.(그는 당신이 사용하는 것과 같은 책을 사용한다. ⋯ <the same A as~>는 같은 종류의 것을, <the same A that>는 선행사 바로 그것을 말한다고 말하기도 하나, 실제로는 그런 차이 없이 쓰인다) ④ 앞서 문장의 전부나 일부를 받는 as : ·He was *an English man, as* they perceived from his accent.(그는 영국 사람이었는데, 그들은 그의 악양으로부터 그것을 알았다.)
2) 부정의 의미를 가지는 선행사를 받아 that ~not의 뜻으로 강조의 이중부정이나 수사의문의 형식으로 쓰이는 but : ·Who but know it?(누가 그것을 알지 못하겠는가? ⋯ =There is *no one but* knows it. =There is no one who does not know it. =Everybody knows it. 유사관계대명사 but은 주격으로만 쓰이며, 부정어와 함께 쓰인다.)
3) 비교급의 형용사나 부사를 동반하는 선행사를 받는 than : ·He is a novelist *than* whom none is *better* in this country.(그는 이 나라에서 그 보다 훌륭한 작가는 없을 정도로 소설가입니다. ⋯ 주격으로만 쓰이며, 선행사가 비교급의 형용사나 부사를 거느리는 경우가 많다)

Semi-colon(;)의 사용
⋯① period(.)를 찍기에는 그 연관 관계가 긴밀하고 comma(,)를 사용하기에는 다소 거리가 있는 둘 이상의 절을 나열할 때 ② comma(,)가 이미 본문 중에 쓰여 중복 사용을 피하기 위해 ③ '즉, 다시 말하면, 그러나' 등의 뜻으로 ④ then, therefore, however, so, moreover, nevertheless, accordingly 등으로 다른 절과 결합하면서

Answers for Vocabulary Drills ⑲ milestone ⑳ note

※ Answers for Nuance Drills : 1-c, 2-d, 3-b, 4-e, 5-a

※CD를 듣고 공란에 들어갈 말을 받아쓴 후 본문의 밑줄 친 부분을 번역하고, 하단의 설명을 읽고 해당하는 단어를 본문에서 찾아 써라.

Q : Now, please let me repeat / my question / in English. Mr. President, I'm a student
Unit0644   그럼   저의 질문을 영어로 반복하겠습니다   대통령 각하   저는 학생입니다
①_____ / in Tsinghua University. As
경제경영학부   칭화대학의
we can see, China / and the United States / have a bright future / in scientific / and
우리가 볼 수 있듯이   중국과 미합중국은 밝은 미래를 가지고 있습니다   과학과 문화의 교류에 있어
cultural exchanges. Now — just now, you have made / warm remarks / about our
             그래서 지금   각하께서는 따뜻한 논평을 해주셨습니다   우리 대학에 관하여
universities. So my question is, if possible, do you — will you be happy / to encourage
           21)
your daughters / to study in our university? Thank you. (Applause)
                            감사합니다

President Bush : ②_____. (Laughter) If you know what I mean. Let
Unit0645   저는 유감입니다 그들이 더 이상 제 말을 듣지 않아   여러분이 제가 말하는 것을 안다면
me — first of all, I hope they do come here. It is an amazing country. You know, as I
     먼저   저도 희망합니다 그들이 이곳에 오기를   이곳은 놀라운 국가입니다   여러분도 알고 있지만
said, I was here in 1975. It is hard for me to describe / the difference. It is an /
제가 말했을 때 저는 1975년에 이곳에 있었습니다   제가 그 차이를 설명하는 것은 곤란합니다
amazing transformation. I first saw that in Shanghai, earlier this fall — or last fall.
그것은 놀라운 변화입니다   저는 이번 이른 가을이던가 또는 늦가을이던가에 그것을 상해에서 처음 보았습니다

Unit0646 They would benefit / from coming here, ③_____
       그들에게 유익할 것입니다   이곳에 온다면   많은 미합중국이 학생들에게 그렇듯이
_____. I think / our student exchange program is very important. I think our nation /
         저는 생각합니다   우리의 교환학생 프로그램은 매우 중요하다고   저는 생각합니다 미국은
must be welcoming / to Chinese students who would like to go study in America. I
환영하고 있음이 틀림없다고   중국의 학생들을   미국에서 공부하고 싶어하는
think that / would benefit the students, but, as importantly, it would benefit American
제가 생각하기에는   그것이 학생들에게 유익할 것입니다만   마찬가지로 중요하게   유익할 것입니다   미국의 학생들에게도
students.

Unit0647 It's so important for / people to realize / ④_____ / that we're dealing with /
      사람들이 이해하는 것은 매우 중요합니다   우리 양국의   우리가 취급하고 있다는 것을
human beings / that have got desires / and loves / and frustrations. Even old citizens
인간은   가지고 있는   욕망과 사랑과 좌절을   특히 나이든 국민들이
like me and the Vice President. (laughter)
저나 부주석처럼

The Interpreter : I'm sorry, sir?
죄송합니다

President Bush : Even old citizens like me / and the Vice President — (laughter) — can benefit by
Unit0648   저나 부주석처럼 나이든 국민들은   유익할 수 있습니다
spending time getting to know each other.
시간을 보내는 것이   서로를 알기 위해
Obviously, there are some issues in our
        22)
relationship / that we don't see 100 percent —
_____
don't have a 100 percent agreement on.

Vocabulary Drills ㉑ _____ the study of how society uses resources, such as money, labor, raw materials, and factories
                     ㉒ _____ the feeling (of irritation, anger) that results when one is prevented from doing something one wants to do

※Unit0648 다음에 But it is so much better to discuss these issues after you get to know a person, as a person.라는 말이 있었으나, 소리가 녹음되어 있지 않아 삭제하였음을 밝혀 둡니다.

4. [m, n, ŋ]으로 끝나는 말+[d, t, v, m, b, g]로 시작하는 말→비음화

소리분석 **1.** coming from the School of Economics / and Management : 연음, 자음 뒤 말음의 자음 생략

2. I'm afraid they don't listen to me anymore : 조음점 동화, 자음 뒤 말음의 자음 생략

3. as would a lot of other United States students : -t / -d의 -r 유음화, 연음, 말음의 자음 생략

4. in both our countries : 비음화, 연음

구문분석 **1.** *As we can see*, China and the United States have a bright future *in scientific and cultural exchanges*. ··· '알다'는 의미로 쓰인 see를 포함하는 부사절이 먼저 온 <S + V + O> 구조이다.

2. So my question is, if possible, do you — will you *be happy to encourage* your daughters to study in our university? ··· <조동사 + S + 본동사> 구조의 의문문이다.

2. †be happy to+inf.: 기쁜 마음으로 ~하다. 이처럼 <be-동사 + 형용사나 분사+to-inf.> 형태로 쓰이는 형용사나 분사에는 pleased, apt, liable, ready, willing, likely, inclined, obliged, compelled, bound, about, going, due, sure, certain. supposed, expected, known, able, unable, eager, anxious, glad, easy, subject 등이 있다.

3. It's so important *for people* to realize in both our countries *that₁ we're dealing with human beings that₂ have got desires and loves and frustrations.* ··· 가주어인 It, 의미상의 주어인 <for + 목적어>, 진주어로 쓰인 to-inf., 그리고 to-inf.의 O로 쓰인 *that₁-*절, *human beings*를 선행사로 하는 *that₂-*관계절 등에 주의해야 한다.

4. †have agreement on= agree on : ~에 동의하다./ agree to : (제의 등에) 동의하다(say 'yes', consent)./ agree on (or about+something) : (조건·의안 등의) 합의에 도달하다(be the same opinion or mind)./ agree with (or among+someone) : (사람에) 동의하다.

4. Obviously, there are **some issues** in our relationship *that we don't see 100 percent — don't have a 100 percent agreement on.* ··· *that*은 주어인 **issues**를 선행사로 하는 관계절을 이끌고 있다.

번역 **질문자** : 그럼, 저의 질문을 영어로 반복하겠습니다. 대통령 각하, 저는 칭화대학의 경제경영학부 학생입니다. 우리가 볼 수 있듯이, 과학과 문화의 교류에 있어 중국과 미합중국은 밝은 미래를 가지고 있습니다. 그래서 지금 각하께서는 우리 대학에 관하여 따뜻한 논평을 해주셨습니다. 21) 저의 질문은 가능하시다면, 각하의 따님들이 우리 대학에서 공부하도록 기쁘게 권해보실 의향이 있느냐는 것입니다. 감사합니다.

부시 대통령 : 그들이 더 이상 제 말을 듣지 않아 유감입니다. 여러분이 제가 말하는 것을 안다면, 먼저, 그들이 이곳에 오기를 저도 희망합니다. 이곳은 놀라운 국가입니다. 제가 말해서 여러분도 알고 있지만, 저는 1975년에 이곳에 있었습니다. 제가 그 차이를 설명하는 것은 곤란합니다. 그것은 놀라운 변화입니다. 저는 이번 이른 가을이던가 또는 늦가을이던가에 상해에서 그 변화를 처음 보았습니다.

많은 미합중국 학생들에게 그렇듯이 그들이 이곳에 온다면 유익할 것입니다. 우리의 교환학생 프로그램은 매우 중요하다고 저는 생각합니다. 미국에서 공부하고 싶어하는 중국의 학생들을 미국은 환영하고 있음이 틀림없다고 저는 생각합니다. 제가 생각하기에는 그것이 학생들에게 유익할 것입니다만, 마찬가지로 중요하게 미국의 학생들에게도 유익할 것입니다.

우리 양국의 사람들이 우리가 욕망과 사랑과 좌절을 가지고 있는 인간을 취급하고 있다는 것을 이해하는 것은 매우 중요합니다. 저나 부주석처럼 특히 나이든 국민들이.

통역관 : 죄송합니다.

부시 대통령 : 서로를 알기 위해 시간을 보내는 것이 저나 부주석처럼 나이든 국민들은 유익할 수 있습니다. 22) 우리의 관계에는 우리가 100%까지 모르고 100%까지 합의하지 못하는 문제들이 분명히 있습니다.

Nuance '의견·논평'의 뜻을 가지는 말
① comment : 어떤 문제·서적·인물·상태 등에 대한 설명·해설·비평으로 내는 의견으로, 시사문제 등에 대한 논평이 이에 해당한다. ② remark : 보통 즉흥적·일시적으로 생각난 의견이나 관단, 감상 등을 간략하게 말하거나 적은 것으로, 이 말에는 최종적 또는 곰곰이 생각한 끝에 내는 판단이라는 의미는 없다. ③ observation : 증거나 문제가 되는 것 등에 대하여 주의 깊은 관찰이나 경험에 의해 충분히 생각한 의견이나 판단 ④ note : 짧은 기록. 특히 책의 주석 등을 가리킨다(commentary).

연구 55

Nexus(주술관계)(4)
⑦ with 없이 <주어+술어> 관계가 되는 경우 - He stood there, *hat in hand*, apologizing.(그는 사과를 하면서 모자를 들고 서 있었다.)/ He entered the room, *pipe in mouth.*(그는 파이프를 입에 물고 방에 들어왔다.) ⑧ without가 Nexus를 목적어로 받는 경우 - They passed without *a word spoken.*(그들은 한마디 말도 하지 않은 채 지나쳤다. ··· 부사)/ She is like a rose *without a petal yet fallen.*(그녀는 아직 꽃잎이 지지 않은 한 송이 장미꽃과 같다. ··· 형용사)

Nexus는 가주어 또는 형식주어에 대칭되는 진주어(Real Subject)에 대한 동작이나 상태의 주체인 의미상의 주어(Sense Subject)와 관계되어서도 흔히 나타난다.

A) 주술부정사 : 부정사와 의미상의 주어 사이에 나타나는 <주어+술어>관계를 지칭하는 말로, 다음과 같이 6가지 형태로 나누어 생각할 수 있다.
① 본문의 주어와 같은 경우 · *I* expect to *pass* the exam.(나는 내가 시험에 합격하기를 기대한다. = I expect that *I shall* pass the exam.)/ · *He* raised his hand *to ask* a question.(그는 질문을 하기 위해 손을 들었다. = He raised his hand so that *he might ask* a question.) ② 본문의 목적어인 경우 · I expect *him* to *pass* the exam.(나는 그가 시험에 합격하기를 기대한다. = I expect that *he will* pass the exam.)/ · They wished *me* to *stay.*(그들은 내가 머물기를 원했다. = *that I would stay.*)/ · He forced *them* to *agree* to the plan.(그는 그들이 그 계획에 찬성하도록 강요했다. = *they agreed*) ··· 이처럼 <V+O+to-inf. as OC>의 관계를 가리켜 대격부정사(Accusative with Inf.)라 하며 tell, ask, believe, bid, cause, intend, expect, force, get, know, like, permit, suppose, think, want, wish, order, advise 등의 동사와 사역동사, 지각동사 등이 이런 구조에 주로 사용된다. ③ 전치사의 목적어인 경우 · I rely *on you* to *come.*(나는 당신이 올 것을 믿는다.)/ · He was ashamed of *himself* to *be scolded.*(그는 자신이 꾸중을 들은 것을 부끄러워했다.)/ · We looked at *the flag flutter* in the breeze.(우리는 깃발이 미풍에 펄럭이는 것을 보았다.)

········ **연구 86** 에 계속(p.407)

※ CD를 듣고 공란에 들어갈 말을 받아쓴 후 본문의 밑줄 친 부분을 번역하고, 하단의 설명을 읽고 해당하는 단어를 본문에서 찾아 써라.

Unit0649

We're human beings,① _____. There are just some important characteristics
우리는 사람입니다   먼저   그래서 몇 가지 중요한 특성이 있습니다
/ that are real. And, you know, I talked about my families / in my speech. Family is
   사실적인   여러분도 알겠지만   저는 연설 중에 저의 가족에 대해 이야기했습니다   가족은
just such an important,② _____. And China has got a grand
중요합니다   사회에 대한 필수적인 구성요소로서   그리고 중국은 가지고 있습니다
history / of honoring family / that is an important tradition, an important part of your
가족을 존중하는 훌륭한 역사를   중요한 전통으로   여러분 문화의 중요한 요소로
culture. And I hope my country, as well, has a — is known for a strong tradition of
    또한 저는 희망합니다   미국도 마찬가지로   가지고   또 알려지기를   가족에 대한 강한 전통으로
family. That's a concept / ③ _____ ; it is universal.
그것은 개념이며   소유되지 않는   특별한 나라에 의해   그것은 보편적인 것입니다
And when students get to know each other, they learn / the universality / of many
학생들이 서로를 알게 되면   그들은 배웁니다   많은 가치의 보편성을
values. And that's going to be important / for peace in the world.
그리고 그것은 중요한 것이 됩니다   세계의 평화를 위해

Unit0650

Another question?
다른 질문?

Q : Please let me translate my / question in English. Mr. President, I'm a student / from
저의 질문을 영어로 번역해드리겠습니다   대통령 각하   저는 학생입니다
Unit0651
Center for International Communication Studies. Younger Bush Neil Bush / visited our
국제관계학을 공부하는   23)
university / just before last Christmas, and he mentioned that / there are many
Americans, especially politicians, have a lot of misunderstandings about China. So just
                                                               24)
like — just as our Vice President Hu Jintao / and you mentioned, you all want to / make
efforts to promote / the Sino-American relationship / to go ahead smoothly. So my
question is, being the President of the United States, what will it take — some action
그래서 저의 질문은 미합중국 대통령부터 시작해서   어떤 조치를 취할 것이냐는 것입니다
/ to promote the contacts / and exchanges / between the two countries, between the
  접촉과 교류를 촉진하기 위해   양국 사이에
peoples / at all different levels? Thank you.
서로 다른 수준의 국민들 사이에   감사합니다

President Bush : Well, thank you, that's a very good question.
Unit0652   흠   감사합니다   매우 좋은 질문이었습니다

Q : Thank you.
감사합니다

President Bush : Well, first of all, my trip here / ④ _____ — (applause) —
글쎄요 먼저   이곳으로의 저의 여행과 이러한 토론이 촉진하고 있습니다
people in my country are paying attention to my visit here. And it should interest you
미국이 국민들이 관심을 갖도록   이곳으로의 저의 방문에   그리고 그것은 여러분에게도 흥미를 줄 것입니다
that / I was here / in the fall and I'm back here again in the winter — twice, in a very
제가 지난 가을에 이곳을 방문한 후 겨울에 이곳에 제가 다시 온 것   둘째는 매우
brief period of time. That should say something about the importance of our relation-
짧은 기간이지만   그것이 무엇인가를 말해줄 것입니다   우리의 관계에 대한 중요성의
ships.

Vocabulary Drills ㉓ _____ *the ideas, activities, and ways of behaving that are special to a country, people, or region*
㉔ _____ *a person who learns from teachers or professors at any school, college, or university*

4. dark 'l'은 후설모음인 [u, ə, 이를 삽입시키는 기분으로 발음하는 까닭에 help는 [heup], film은 [fium], built는 [biut]로 들리게 된다.

소리분석 *1.* first and foremost : 자음 뒤 말음의 자음 생략, 연음

2. integral part of any society : 자음 뒤 말음의 자음 생략, 연음, -t/-d의 -r유음화

3. that is not owned by a particular country : -t/-d의 -r유음화

4. and my discussion here helps promote : 자음 뒤 말음의 자음 생략, 비음화, 설측음의 dark 'l'

2. †a lot of : 많은
3. †make an effort : 노력하다./ go ahead : 나아가다, 전진하다, 진행하다.
4. †take an action : 조치를 취하다.
5. promote 다음에 명사절을 유도하는 접속사 that이 생략되었다.

구문분석 *1.* And China has got *a grand history* of honoring family *that* is an important tradition, an important part of your culture. ··· <S + V + O> 구조에 O를 선행사로 하는 that-관계절이 왔다.

2. Younger Bush Neil Bush visited our university *just before last Christmas*, and he mentioned that there are **many Americans**, especially politicians, *have a lot of misunderstandings about China*. ··· have 앞에는 주격의 관계대명사 who가 생략되었다.

3. So just like — *just as our Vice President Hu Jintao and you mentioned*, you all want to₁ make efforts to₂ promote the Sino-American relationship to go ahead smoothly. ··· <make + 추상명사 → 타동사>, O로 쓰인 to₁-inf., 부사적 용법의 <목적>을 뜻하는 to-inf₂. 등에 주의해야 한다.

4. So my question is, *being the President of the United States*, what will it take — some action to promote the contacts and exchanges *between the two countries, between the peoples at all different levels?* ··· 부대상황의 현재분사, <take + 추상명사 → 타동사> 등이 쓰였다.

5. Well, first of all, **my trip** here and **my discussion** here helps promote *people in my country are paying attention to my visit here*. ··· and로 연결된 두 개의 주어가 왔다.

6. And it should interest you *that I was here in the fall and I'm back here again in the winter — twice, in a very brief period of time*. ··· 가주어 it, 진주어 that-절이 쓰였다.

번역 먼저, 우리는 사람입니다. 그래서 사실적인 몇 가지 중요한 특성이 있습니다. 여러분도 알겠지만, 저는 연설 중에 저의 가족에 대해 이야기하였습니다. 가족은 사회에 대한 필수적인 구성요소로서 중요합니다. 그리고 중국은 중요한 전통이자 여러분 문화의 중요한 요소로 가족을 존중하는 훌륭한 역사를 가지고 있습니다. 저도 또한 미국도 마찬가지로 가족에 대한 강한 전통을 가지고 또 그렇게 알려지기를 희망합니다. 그것은 특별한 나라에 의해 소유되지 않는 개념이며, 그것은 보편적인 것입니다. 학생들이 서로를 알게 되면 그들은 많은 가치의 보편성을 배웁니다. 그리고 그것은 세계의 평화를 위해 중요한 것이 됩니다.

다른 질문?

질문자 : 저의 질문을 영어로 번역해드리겠습니다. 대통령 각하, 저는 국제관계학을 공부하는 학생입니다. 23) 지난 크리스마스 직전에 부시 대통령의 동생인 Neil Bush가 우리 대학을 방문하였는데, 중국에 대하여 많은 오해를 가지고 있는 많은 미국인들, 특히 정치인들이 있다고 그는 언급했습니다. 24) 우리의 후진타오 부주석과 각하께서 언급한 것과 마찬가지로, 여러분 모두는 중국과 미국의 관계를 더욱 원활하게 하도록 발전시키기 위해 노력하기를 원하고 있습니다. 그래서 저의 질문은 미합중국 대통령부터 시작해서, 양국 사이, 서로 다른 수준의 국민들 사이의 접촉과 교류를 촉진하기 위해 어떤 조치를 취할 것이냐는 것입니다. 감사합니다.

부시 대통령 : 흠, 감사합니다. 매우 좋은 질문이었습니다.

질문자 : 감사합니다.

부시 대통령 : 글쎄요, 먼저, 이곳으로의 저의 여행과 이러한 토론이 이곳으로의 저의 방문에 미국의 국민들이 관심을 갖도록 촉진하고 있습니다. 그리고 제가 지난 가을에 이곳을 방문한 후 겨울에 이곳에 제가 다시 온 것은 여러분에게도 흥미를 줄 것입니다. 둘째는 매우 짧은 기간이지만, 그것이 우리의 관계에 대한 중요성의 무엇인가를 말해줄 것입니다.

연구 56
도치의 원인과 종류
···어순전도(inversion)라고도 하며, <S + V>와 같이 기본적인 문장을 이루는 주요 성분의 배열 순서가 <V + S>식으로 기본적인 상태와 달리지는 것을 말하는데, 보통 강조도치와 균형도치로 크게 구분되며, 그 원인에는 다음과 같은 것들이 있다. ① 의문문이나 감탄문, 양보절의 경우와 같이 그 문장의 형식을 나타내기 위해, ② 문법적인 관습(주로 부사에 의한 도치), ③ 강조의 필요, ④ 수식어와 피수식어, S와 V를 가까이 위치시켜 의미를 분명히 하거나, 짧은 OC를 앞에 두고 수식어 품고 동반하여 긴 O를 뒤에 두는 등으로 문장의 균형을 갖추기 위해, ⑤ 시적인 표현 등에서 감정을 표현하거나 운율을 맞추기 위해
또 이러한 도치의 형태는 기본적으로 다음과 같은 다섯 가지가 있다. 1) 부사 등에 의한 <주어-동사>의 도치, 2) 목적어의 도치, 3) 간접목적어와 직접목적어의 도치, 4) 보어의 도치, 5) 목적어와 목적보어의 도치

Nuance Drills *Fill in the blanks with a suitable word as given:*

1_____ applies to a brief, more or less casual statement of opinion, etc., as in momentarily directing one's attention to something. An 2_____ is an expression of opinion on something to which one has given some degree of special attention and thought. A 3_____ is a remark or observation made in explaining, criticizing, or interpreting something. 4_____ is usually applied as a collective noun to a series of explanatory notes or annotations.
(a) observation (b) comment
(c) remark (d) commentary

※CD를 듣고 공란에 들어갈 말을 받아쓴 후 본문의 밑줄 친 부분을 번역하고, 하단의 설명을 읽고 해당하는 단어를 본문에서 찾아 써라.

Unit0653

It's important for /①_____/to come to China. And I know many have, and
우리의 정치 지도자들이 중국을 방문하는 것은 중요합니다   그리고 저는 알고 있습니다 많은 사람들이 방문했고
more ought to come. It's important for the rhetoric, when we describe what we've
더 많은 사람들이 방문해야 한다고   그것은 수사적으로도 중요합니다   우리가 설명할 때   우리가 본 것을
seen to be accurate and real. And when I go back home, I describe a /great nation,
정확하고 사실적으로   저는 미국으로 돌아가면   위대한 나라를 설명할 것입니다
a nation that has not only got a great history, but an unbelievably exciting future.
위대한 역사를 가졌을 뿐만 아니라   믿을 수 없을 정도로 약동하는 미래를 가진 나라

Unit0654

Many people /in my country /are very interested in China, and many come, as you
미국의 많은 사람들은   중국에 매우 흥미를 느끼고 있으며   여러분이 알고 있는 것처럼 많은 이들이 오고 있습니다
know. They come to /not only see the beautiful countryside, but they come to learn
그들은 아름다운 시골을 보기 위해서 올뿐만 아니라   배우기 위해서도 옵니다
more about the culture and the people. And we've got to continue to encourage /
문화와 국민들의 더 많은 것을   그리고 우리는 계속해서 권장해야만 합니다
travel between both our countries.
양국 간의 여행을

Unit0655

In 1975, everybody /wore the same clothes. Now, people pick their own clothes. Just
1975년   모든 사람들은 똑같은 옷들을 입고 있었습니다   오늘날 사람들은 자신의 옷을 스스로 고릅니다
look here on the front row, everybody's dressed differently. Because you thought,②___
여기 첫줄에 앉아 있는 사람들을 보십시오   모든 사람들이 서로 다르게 입고 있습니다   여러분이 생각했기 때문이며
_____. You made the decision /to wear a beautiful red sweater.③
이것은 여러분이 원했던 것입니다   여러분을 결정했습니다   아름다운 빨간색 스웨터를 입기로
_____, somebody made it.
여러분이 그런 결정을 하면   사람들이 따라했습니다

Unit0656

And, in other words, the person, the individual, the demand for a product /influences
25)
the production, as opposed to the other way around. Recognizing the desires of the
                                                           개인의 욕구를 인정한다는 것은
individual /in the marketplace /is part of a free society. ④
         시장에서의   자유 사회의 한 요소입니다   그것은 자유의 정의에 관한 한 부분입니다
_____. And I see that as the most significant change that I can see, besides the
26)
new buildings and all the construction. But the most important thing /is the human
                                                그러나 가장 중요한 것은   인간적인 특성입니다
dimension /of freeing people to decide for themselves.
          스스로를 위해 결정하는 자유로운 인간의

Unit0657

And with that freedom /comes other freedoms. So you can understand /why the
그러한 자유로부터   또 다른 자유가 옵니다   그러니 여러분은 이해할 수 있습니다
transformation from my memory of 1975 to today /is significant. I mean, it is an
1975년으로부터 오늘에 이르는 제 기억상의 변모가   왜 중요한 지를   진심으로 하는 말입니다만
amazing change —for the better, I might add.
그것은 놀라운 개선입니다   덧붙여

Unit0658

I'll answer one more question, then I've got to go have lunch /with your President.
하나의 질문에만 답을 하겠습니다   그런 다음 저는 점심을 먹어야겠습니다   여러분의 주석과
(Laughter) Yes, sir, in the blue.
            예, 푸른 옷을 입은 학생

Vocabulary Drills ㉕_____ an open area in a city or town for selling products, especially food
㉖_____ to know, (be able to) identify again (somebody or something) that one has seen, heard, etc. before

소리분석 *1.* our political leaders : -t /-d 의 -r 유음화, 겹자음의 발음 생략

2. this is what you wanted : 연음, -nt/-nd/-rd/-rt 에서의 -t/-d음의 생략

3. And when you made that decision : 자음 뒤 말음의 자음 생략, 조음점 동화

4. It is a part of the definition of freedom : 연음, -t/-d 의 -r 유음화, 조음점 동화

구문분석 *1. And when I go back home,* I describe **a great nation, a nation** *that has not only got a great history,* **but** *an unbelievably exciting future.* ··· O로 쓰인 **a great nation, a nation** 을 선행사로 하는 that-관계절, that-관계절 안에 쓰인 <not only A but (also) B: A뿐만 아니라 B도 역시> 등에 주의해야 한다.

2. They come to **not only** see the beautiful countryside, **but** they come to learn more *about the culture and the people.* ··· <not only A but (also) B: A뿐만 아니라 B도 역시>가 쓰였다.

3. And, in other words, **the person, the individual, the demand** *for a product* influences the production, *as opposed to the other way around.* ··· <S+V+O> 구조의 주요소를 제외한 나머지는 모두 부사적 수식어구이다.

4. And I see that₁ as the most significant **change that₂** *I can see, besides the new buildings and all the construction.* ··· regard와 비슷한 의미로 쓰인 <see A as B: A를 B로 보다>, 지시대명사로 쓰인 that₁, **change**를 선행사로 하여 관계대명사로 쓰인 **that₂** 등에 주의해야 한다.

5. But the most important thing is the human dimension of freeing people to decide for themselves. ··· <S+V+C> 구조의 단문이다.

6. So you can understand why the transformation *from my memory of 1975 to today* is significant. ··· O로 쓰인 why-명사절이 <S+V+C> 구조인데, 주어 뒤에 부사적 수식어가 길다.

---

3. †in other words: 바꾸어 말하면 / as opposed to: ~에 대립하는 것으로(서) / the other way around (about): 반대로, 거꾸로

5. dimension 이 '(인격 등의) 특질(characteristic, aspect)'라는 뜻으로 쓰였음에 주의해야 한다.

※Unit0657의 I mean, it is an amazing change―for the better, I might add.에서 change for the better는 '개선, 개량, 진보'라는 의미이며, I mean은 '진심으로 말하다'는 뜻이다.

Nuance '변화하다'의 뜻을 가지는 말

①change: 일부분 또는 전체를 본질적으로 명백하게 '바꾸다'는 의미이나, 이하의 모든 말을 대신할 수 있는 일반적이며 넓은 의미의 말이다. ②vary: 같은 것으로부터의 이탈과 변화의 불규칙성, 다양성을 암시하며, 시일의 경과나 성장 등으로 서서히 또는 단속적(斷續的)으로 변화시키다. ③alter: 전체가 아니라 부분·외면적으로 변화를 가하다. 예컨대, 의복을 바꿔 입는 것은 change, 몸에 맞지 않는 곳을 부분적으로 고치는 것은 alter, 옷을 만들 때마다 바느질하는 모양이 바뀌는 것은 vary에 해당한다. ④modify: 수정을 위한 제한적이며 부분적인 수정·변경을 하다. ⑤transform: 본래의 형태는 물론 종종 성질·기능·작용까지 모두 바꾸다. ⑥convert: 본래 '방향을 바꾸다'는 의미에서 나온 말로, 특정한 목적이나 용도·기능에 맞게 change하다. 개종시키다. ⑦transmute: 요술이라도 부린 것처럼 좋은 것이나 고급의 것으로 바꾸다, 변모시키다. ⑧turn: change에 대한 통속적인 말로 종종 alter나 convert의 의미로도 사용된다. ※단독으로 쓰일 때는 change를 쓰나 turn을 쓸 수 없다. 즉, The color changed.(색이 변했다.)라고는 말할 수 있어도 The color (was) turned.라고 말하지는 않지만, 보어가 있을 때는 turn을 쓰지 change로 말하지 않는다. The color turned red.(O), The color changed red.(×) 그러나 전치사나 부사 등과 함께 쓸 때는 어느 것으로 말해도 관계없다.

번역 우리의 정치 지도자들이 중국을 방문하는 것은 중요합니다.

그리고 저는 많은 사람들이 방문했고 더 많은 사람들이 방문해야 한다고 알고 있습니다. 그것은 우리가 본 것을 정확하고 사실적으로 설명할 때의 수사적으로도 중요합니다. 저는 미국으로 돌아가면, 위대한 역사를 가졌을 뿐만 아니라 믿을 수 없을 정도로 약동하는 미래를 가진 위대한 나라를 설명할 것입니다.

미국의 많은 사람들은 중국에 매우 흥미를 느끼고 있으며, 여러분이 알고 있는 것처럼 많은 이들이 오고 있습니다. 그들은 아름다운 시골을 보기 위해서 올뿐만 아니라 문화와 국민들의 더 많은 것을 배우기 위해서도 옵니다. 그리고 우리는 계속해서 양국 간의 여행을 권장해야만 합니다.

1975년에 모든 사람들은 똑같은 옷들을 입고 있었습니다. 오늘날 사람들은 자신의 옷을 스스로 고릅니다. 여기 첫줄에 앉아 있는 사람들을 보십시오. 모든 사람들이 서로 다르게 입고 있습니다. 이것은 여러분이 생각했기 때문이며, 여러분이 원했던 것입니다. 아름다운 빨간색 스웨터를 입기로 여러분은 결정했습니다. 여러분이 그런 결정을 하면, 사람들이 따라했습니다.

25) 다른 말로 말해서, 사람이나 개인, 상품에 대한 욕구는 반대에 대한 대항으로서 생산에 영향을 미칩니다. 시장에서의 개인의 욕구를 인정한다는 것은 자유 사회의 한 요소입니다. 그것은 자유의 정의에 관한 한 부분입니다. 26) 그리고 저는 새로운 건물들이나 모든 건축물들을 제외하고 제가 볼 수 있는 가장 중요한 변화로 그것을 간주하고 있습니다. 그러나 가장 중요한 것은 스스로를 위해 결정하는 자유로운 인간의 인간적 특성입니다.

그러한 자유로부터 또 다른 자유가 옵니다. 그러니 1975년으로부터 오늘에 이르는 제 기억상의 변모가 왜 중요한 지를 여러분은 이해할 수 있습니다. 덧붙여 진심으로 하는 말입니다만, 그것은 놀라운 개선입니다.

하나의 질문에만 답을 하겠습니다. 그런 다음 저는 여러분의 주석과 점심을 먹어야겠습니다. 예, 푸른 옷을 입은 학생.

연구 57

보어의 도치

···강조하고자 하는 말을 정상 위치에서 벗어나 문두에 두었다고 해서 주어-술어의 위치도 반드시 도치되는 것은 아니다. 예컨대, <C+V+S> 구조 형식이 일반적이기는 하지만 <C+S+V>도 가능한데, 이때는 주어가 대명사인 경우가 많다.

1) <C+V+S>의 경우

·Great *was* Mr. Spicer's satisfaction.

·Vivid *was* Rickie's remembrance of him.

2) <C+S+V>의 경우

·Fools *are* we all that serve them.

·Handsome *is* that handsome does.

Answers for Vocabulary Drills ㉕ marketplace ㉖ recognize

통번역학 이론과 실제

※CD를 듣고 공란에 들어갈 말을 받아쓴 후 본문의 밑줄 친 부분을 번역하고, 하단의 설명을 읽고 해당하는 단어를 본문에서 찾아 써라.

Q : Thank you, Mr. Bush. Thank you, Mr. President, for giving me the last chance to / ask
[Unit0659] 감사합니다 각하 감사를 드립니다 각하께 마지막으로 질문할 수 있는 기회를 주셔서
you a question. I have read / your autobiography, and in it you wrote about / some
저는 각하의 자서전을 읽었는데 각하께서는 그곳에 쓰셨습니다
social problem / in the U.S. today, just like / the violence / in campus / and juvenile
오늘날 미국의 어떤 사회 문제에 대하여 학교 폭력과 청소년 비행
delinquency, and such as the children / in poverty. And we know — a former school-
그리고 빈곤 속에 있는 어린이들과 같은 그리고 우리는 알고 있습니다 이전의 한 학교 친구가
mate of our university, Tsinghua, and he studied / in USA / and was killed last year.
우리 칭화 대학의 미국에서 공부했었는데 지난해 살해되었다는 것을
And I feel so sad. And I know this kind of / crime has become more and more serious
저는 매우 슬픕니다 그리고 저는 알고 있습니다 이런 종류의 범죄가 점점 더 심각해지고 있다는 것을
in today U.S. As the President, do you have any good plan to improve the human
오늘날의 미국에서 대통령으로서 어떤 좋은 계획을 가지고 계십니까? 인권을 개선하기 위하여
rights / today in the U.S.? Thank you.
오늘날 미국에서의 감사합니다

President Bush : Sure. Well, first of all, I'm proud to report that violent crime actually is going down.
[Unit0660] 예 먼저 보고 드리게 되어 자랑스럽습니다 폭력 범죄가 실제적으로 감소되고 있다는 것을
①_____. I mean, anytime somebody is violent toward their
그러나 어떤 범죄는 너무 부끄러운 일입니다 저는 말씀드립니다 언제 누가 폭력적이면 그들의 이웃에 대하여
neighbor, it's too much violence. And there's no question, we've got people / living in
그것이 지나치게 폭력적이라는 것을 그곳에는 이유가 없습니다 가난하게 살고 있는 사람들이 있습니다
poverty.②_____, our government / is very generous / in the amounts of
그러나 제가 언급했다시피 미국 정부는 매우 관대합니다 많은 돈을
money we spend trying to help people help themselves. When we all campaigned / for
지불할 만큼 스스로를 돕는 사람들을 돕는데 우리 모두가 공식으로 선거운동을 일으킬 때
office, one of the big debates is how best to help people help themselves.
가장 큰 논란 중의 하나가 스스로를 돕는 사람들을 돕는 방법이었습니다

[Unit0661] Foreign policy is an important part of our campaigns, of course — at least for
외교적인 정책도 물론 우리 선거운동의 중요한 일부입니다 최소한 대통령에게는
President.③_____ / really is more focused on domestic politics, what's
하지만 미국의 유권자들은 사실 더 많이 주목하고 있습니다 국내 정치에
happening at home, as you can imagine. If the economy is soft, like ours is now,
국내에서 무슨 일이 일어나고 있는 지 여러분이 상상할 수 있듯이 27)
they want to know / what's going to happen — what are you doing about the
economy? If the economy's good, then they don't talk much about the economy.
만약 경제가 원활하면 그러면 그들은 많은 말을 하지 않습니다 경제에 대하여

[Unit0662] But always we talk about / two key issues to address your problem. One is welfare ;
그러나 항상 우리는 두 가지 중요한 문제를 이야기합니다 국민들의 문제를 처리하기 위하여 28)
④_____ / that helps people in need, and in my
judgment, should not make them dependent upon
their government. And the other big issue is
그리고 또 다른 큰 문제는
education. It's always not only an important part of
교육입니다 그것은 항상 선거운동의 중요한 요소가 될 뿐만 아니라
campaigns, but it's an important part of being —
그것은 현재도 중요한 요소가 됩니다
once you're in office.
일단 정권을 잡은

Vocabulary Drills ㉗_____ a program of action to do something in the future, usually including a series of steps toward a goal
㉘_____ a condition of having good health, comfortable living and working conditions, etc.

300 | 제3편 통·번역학 실제연습

4. How do you do?의 경우 -t/-d의 -r유음화가 심하게 일어나는 경우에는 [hàurə jarú]로까지 발음되어, 모르고 들었을 때에는 무슨 말인 지 이해하기 곤란한 경우도 많다.

🔊 **소리분석** **1.** But any crime is too much crime : -t/-d의 -r유음화, 연음

2. But, as I mentioned : -t/-d의 -r유음화, 연음, 자음 뒤 말음의 자음 생략

3. But the American voter : 조음점 동화, -t/-d의 -r유음화

4. how do we structure a welfare system : -t/-d의 -r유음화

2,, **5.** 하나의 말이 둘 이상의 다른 뜻으로 쓰이거나, 발음이 비슷한 두 낱말을 써서 해학적인 효과를 노리는 표현 방법을 가리켜 pun이라고 하는데, 과거 Elizabeth 시대에 유행한 것으로, 오늘날에는 신문이나 잡지, 격언이나 시 등의 표현에서 해학적 효과를 노리기 위해 널리 사용되고 있다. ¶We must all *hang together,* or we shall all *hang separately.*(우리는 단결해야만 하며, 그렇게 못한다면 우리는 하나씩 교수되고 말 것이다. ··· Benjamin Franklin이 미국 독립선언서에 서명을 한 후에 한 말)

3. money를 선행사로 하는 목적격의 관계절이 왔다. †help oneself: 자기 스스로를 어떻게 해보자, 자조(自助)하다.

7. †be(stay) in office: 재직하다, (정당이) 정권을 잡고 있다.

💡 **구문분석** **1.** I have read your autobiography, and in it you wrote *about some social problem in the U.S. today, just like the violence in campus and juvenile delinquency, and such as the children in poverty.* ··· <S₁ + V₁ + O, and S₂ + V₂> 구조로 주요소를 제외한 나머지는 모두 부사적 수식어구이다.

2. But any *crime* is too much *crime.* ··· crime에는 '범죄'라는 의미 외에 '유감스러운(부끄러운·분한) 일'이라는 뜻도 있어, 해학적인 효과를 나타내는 Pun의 표현으로 S와 C에 사용하고 있다.

3. But, as I mentioned, our government is very generous *in the amounts of **money** we spend trying to help people help themselves.* ··· 관계사가 생략된 <S + V + C> 구조의 문장이다.

4. If the economy is soft, like ours is now, they want to know what's going to happen — what are you doing about the economy? ··· soft에는 '(시장·시가 등이) 약세인'이라는 의미도 있다.

5. But always we talk about two key issues to *address* your problem. ··· 여기서의 address도 Pun의 효과를 기대하여 사용한 것으로, 여기서는 '연설하다'가 아니라, '취급하다, 다루다'는 뜻으로 쓰였다.

6. One is welfare; how do we structure *a **welfare system** that helps people in need,* and in my judgment, *should not make them dependent upon their government.* ··· 이중한정의 관계절이 쓰였다.

7. It's always *not only* an important part of campaigns, *but* it's an important part of being — once you're in office. ··· <not only A but (also) B : A뿐만 아니라 B도 역시>가 쓰였다.

번역 **질문자:** 감사합니다, 각하. 각하께 마지막으로 질문할 수 있는 기회를 주셔서 감사를 드립니다. 저는 각하의 자서전을 읽었는데, 각하께서는 그곳에 학교 폭력과 청소년 비행 그리고 빈곤 속에 있는 어린이들과 같은 오늘날 미국의 어떤 사회 문제에 대하여 쓰셨습니다. 그리고 우리 칭화 대학의 이전의 한 학교 친구가 미국에서 공부했었는데, 지난해 살해되었다는 것을 우리는 알고 있습니다. 저는 매우 슬픕니다. 그리고 저는 오늘날의 미국에서 이런 종류의 범죄가 점점 더 심각해지고 있다는 것을 알고 있습니다. 대통령으로서 오늘날 미국에서의 인권을 개선하기 위하여 어떤 좋은 계획을 가지고 계십니까? 감사합니다.

부시 대통령: 예, 먼저 폭력 범죄가 실제적으로 감소되고 있다는 것을 보고 드리게 되어 자랑스럽습니다. 그러나 어떤 범죄는 너무 부끄러운 일입니다. 저는 언제 누가 그들의 이웃에 대하여 폭력적이면, 그것이 지나치게 폭력적이라는 것을 말씀드립니다. 그곳에는 이유가 없습니다. 가난하게 살고 있는 사람들이 있습니다. 그러나 제가 언급했다시피, 미국 정부는 스스로를 돕는 사람들을 돕는데 많은 돈을 지불할 만큼 매우 관대합니다. 우리 모두가 공식으로 선거운동을 일으킬 때, 가장 큰 논란 중의 하나가 스스로를 돕는 사람들을 돕는 방법이었습니다.

외교적인 정책도 물론 최소한 대통령에게는 우리 선거운동의 중요한 일부입니다. 하지만 미국의 유권자들은 사실 여러분이 상상할 수 있듯이, 국내에서 일어나고 있는 문제인 국내 정치에 더 많이 주목하고 있습니다. <u>27) 오늘날의 미국처럼 경제가 약세이면, 경제에 관하여 무슨 일이 일어나고 있는 것인 지, 무엇을 하고 있는 것인지 그들은 알고 싶어합니다.</u> 만약 경제가 원활하면, 그러면 그들은 경제에 대하여 많은 말을 하지 않습니다.

그러나 항상 국민들의 문제를 처리하기 위하여 우리는 두 가지 중요한 문제를 이야기합니다. <u>28) 하나는 복지인데, 어려움에 처한 사람들을 돕는 복지 체계를 우리가 어떻게 구축하느냐 하는 것은, 제 판단으로는, 그들의 정부를 의존하게 해서는 안됩니다.</u> 그리고 또 다른 큰 문제는 교육입니다. 그것은 항상 선거운동의 중요한 요소가 될 뿐만 아니라, 그것은 일단 정권을 잡은 현재도 중요한 요소가 됩니다.

연구 58

이중한정(Double Restriction)

··· 하나의 선행사를 하나의 관계절이 수식하는 것이 보통이지만, 때로는 하나의 선행사를 두 개의 관계절이 수식하는 경우도 있다. · Can you mention *any one that we know who is as talented as her?*(우리가 아는 사람으로 그녀와 같이 재능이 있는 사람을 말할 수 있습니까?)/ · There is *nothing which we want that you do not have.*(당신이 가지기를 원하면서 가지고 있지 않은 것은 아무것도 없다.)

[Nuance Drills] *Fill in the blanks with a suitable word as given:*

¹_____ denotes a making or becoming distinctly different and implies either a radical transmutation of character or replacement with something else. ²_____ implies a less partial change, as in appearance, so that the identity is preserved. ³_____ suggests irregular or intermittent change. ⁴_____ implies minor change, often so as to limit or moderate. ⁵_____ implies a change in form and now, usually, in nature or function. ⁶_____ suggests more strongly change to suit a new function.

(a) vary (b) convert
(c) alter (d) transform
(e) change (f) modify

통번역학 이론과 실제

※CD를 듣고 공란에 들어갈 말을 받아쓴 후 본문의 밑줄 친 부분을 번역하고, 하단의 설명을 읽고 해당하는 단어를 본문에서 찾아 써라.

Unit0663 When I was the governor of Texas, ① _____, an educated child is one
제가 Texas의 주지사로 있을 때   저는 항상 말하곤 했습니다   교육받은 어린이는
less likely to commit a crime. As a governor, and now as President, ②
범죄를 저지를 가능성이 적다고   29)
_____/ working with members of both political parties / to develop an education
plan / that starts making sure children learn / before they just get shuffled through the
system.

Unit0664 ③ _____ / about my country / is that there are a significant number of
미국의 가장 슬픈 현실 중의 하나는   상당수의 학생들이 있다는 것입니다
fourth grade students who cannot read / at grade level. Imagine a child / who can't
4학년 학생들 중에   그 학년 수준의 읽을 능력이 없는   어린이를 상상한다는 것은
read / in the fourth grade / is a child that's not going to be able to read / in the eighth
4학년인데도 읽을 수 있는 능력이 없는   어린이를 말합니다   읽을 수 있는 능력이 없게 되는   8학년에도
grade. And if a child can't read in the eighth grade, it's likely that child's not going to
30)
be able to read / sufficiently when they get out of high school, and therefore won't be
able to go to college. It's a shame / in America that that's the case.
                              그것은 미국의 수치입니다   그런 사례가 있다는 것은

Unit0665 So as part of an education bill / I managed to get through Congress last year, we've
그래서 교육 예산의 일부로서   저는 힘들게 의회를 통과시켰고   지난해에
got a significant reading initiative, where we'll work with the states / and the local
미국은 독해 교육의 전기를 만들었습니다   주 정부들과 함께 하는   지방 관할들이
jurisdictions / to focus on an education program / that emphasizes reading. This year I
교육 프로그램에 주안점을 두기 위해   읽기를 강조하는   금년에
hope to work / with my wife and others on a early childhood development program,
저는 저의 안사람이나 여러 사람들과 함께 하기를 희망합니다   초등 교육 개발 계획에
so the youngsters get the building blocks / ④ _____.
어린이들이 기본 원칙들을 습득할 수 있도록   읽는 방법을 배우기 위한

Unit0666 I'm actually working / my way to your question, I promise you. (Laughter) Because
저는 사실 일하고 있으며   여러분의 질문에 상응하는 방식으로   여러분에게 약속합니다
education is the best anti-crime program. It's important to enforce law. It's important
교육은 가장 훌륭한 범죄 예방 계획이기 때문입니다   법률을 집행하는 것은 중요합니다   중요합니다
to hold people / accountable for their actions. It is important / to have consistent policy
그들의 행동에 책임질 수 있는 국민을 갖는다는 것은   지속적인 정책을 실시하는 것은 중요합니다
/ that says, if you harm somebody, there will be a punishment / for that harm. But in
말할 수 있는   누군가를 해치면   그 해로움에 대한 벌을 받게 된다고
the best interests for my country, the long-term solution / is to make sure the
하지만 미국 최고의 관심사들 중에는   장기적인 해결책이 확실히 하는 것입니다
education system / works for everybody. And when that happens, there will be a more
모든 사람들을 위한 교육 체제를   그리고 그렇게 될 때   더 희망찬 미래가 될 것이며
hopeful future for people, and there will be less poverty, less hopelessness, and less
            모든 사람들을 위해   가난은 줄어들 것이고   절망도 줄 것이며   범죄도 감소할 것입니다
crime.

Listen, thank you for letting me come. God bless you all. (Applause)
제가 방문할 수 있도록 해주어 감사합니다   여러분 모두에게 하나님께서 축복하시길 바랍니다

Vocabulary Drills 29) _____ the right or the authority to say what the law means and require that it be obeyed
30) _____ a political group with a set of beliefs for the public good ; a group of people who do something together

🔊 **소리분석** **1.** I used to always say : 조음점 동화

2. I have spent a lot of time : 자음 뒤 말음의 자음 생략, 연음, -t/-d의 -r 유음화

3. One of the saddest facts : 연음, -t/-d의 -r 유음화, 자음 뒤 말음의 자음 생략

4. to learn how to read : -t/-d의 -r 유음화

💡 **구문분석** **1.** *As* a governor, and now *as* President, I have spent a lot of time **working** *with members of both political parties to develop* **an education plan that** *starts making sure children learn before they just get shuffled through the system.* ··· <자격>을 뜻하는 전치사 as, <spend + O + OC로서의 동명사>, *plan*을 선행사로 하는 that-관계절 등에 주의해야 한다.

2. *One* of the saddest facts about my country is **that** *there are a significant number of fourth grade* **students who** *cannot read at grade level.* ··· <S + V + C>의 구조로, that-명사절이 C로 쓰였다.

3. And *if a child can't read in the eighth grade,* **it's likely that** *child's not going to be able to read sufficiently when they get out of high school, and therefore won't be able to go to college.* ··· 가주어 it, 진주어 that-절이 쓰였다.

4. So as part of an education bill I **managed to** *get through* Congress last year, we've got a significant reading initiative, *where we'll work with the states and the local jurisdictions to focus on an education* **program that** *emphasizes reading.* ··· <상황>을 나타내는 where가 쓰였다.

5. This year I hope to work with my wife and others on a early childhood development program, **so** *the youngsters get the building blocks to₁ learn how to₂ read.* ··· 부사절로 '～할 수 있도록'의 뜻으로 쓰인 <so that～>에서 접속사 that이 생략되었다.

6. And when that happens, there will be a more hopeful *future* for people, and there will be less *poverty*, less *hopelessness*, and less *crime*. ··· <유도부사 + V + S> 구조의 문장이다.

---

2. *students*를 선행사로 하는 *who*-관계절이 쓰였다.

3. †**be likely to**-inf.(또는 that-절): ~하기 쉽다.

4. †**manage to**: 간신히(억지로·용케) ~을 해내다(하다)./ **get through**: (의회 등을) 통과하다, (시험 등에) 합격하다./ **focus on**: ~에 초점을 맞추다, 집중하다.

5. *to₁*-inf.는 앞에 있는 명사를 후위 수식하는 형용사적 용법, *to₂*-inf.는 앞에 쓰인 learn에 대한 O로 쓰인 명사적 용법이다.

[Nuance] '책임있는'의 뜻을 가지는 말

① **accountable**: 책임을 다하지 못했을 경우 제재가 뒤따름을 강하게 암시하는 말로 사람만이 주어가 될 수 있다. ② **responsible**: 권력이나 권위를 가지고 있는 사람이나 기관으로부터 어떤 일·책임·의무 등을 위탁받아 그것을 수행할 책임을 지고 있는. 그 책임을 게을리 하면 처벌됨을 암시한다. to someone for something의 표현이 뒤따르는 경우가 많고, 대부분의 경우 사람만이 주어가 된다. 미국에서는 for something이 와서 '어떤 사태 발생의 원인이 되는'의 의미가 되기도 하는데, 이때는 사물이 주어가 되기도 한다. ③ **answerable**: 자기나 자기 관리하에 있는 어떤 사람의 언동에 대하여 도덕적·법률적으로 책임이 있는. 법정에서 대답해야할 책임이 있는.

[Nuance Drills] *Fill in the blanks with a suitable word as given:*

¹_____ applies to one who has been delegated some duty or responsibility by one in authority and who is subject to penalty in case of default.

²_____ implies liability for which one may be called to account.³ _____ implies a legal or moral obligation for which one must answer to someone sitting in judgement.

(a) responsible (b) answerable
(c) accountable

[번역] 제가 Texas의 주지사로 있을 때, 저는 항상 교육받은 어린이는 범죄를 저지를 가능성이 적다고 말하곤 했습니다. 29) 주지사로서 그리고 지금은 대통령으로서 저는 어린이들이 교육 시스템 속에서 대충으로 끝나기 전에 그들로 하여금 확실하게 배울 수 있게 해주는 교육 계획을 개발하기 위해 많은 시간을 양당의 사람들과 일하며 보내고 있습니다.

미국의 가장 슬픈 현실 중의 하나가 4학년 학생들 중에 그 학년 수준의 읽을 능력이 없는 상당수의 학생들이 있다는 것입니다. 4학년인데도 읽을 수 있는 능력이 없는 어린이를 상상한다는 것은 8학년에서도 읽을 수 있는 능력이 없게 되는 어린이를 말합니다. 30) 그리고 만약 어떤 어린이가 8학년에도 읽을 능력이 없다면, 그들이 고등학교를 졸업해서도 충분히 읽을 능력을 습득하지 못하게 되기 쉬우며 그런 까닭에 대학에도 갈 수 없게 됩니다. 그런 사례가 있다는 것은 미국의 수치입니다.

그래서 지난해에 교육 예산의 일부로서 저는 힘들게 의회를 통과시켰고, 미국은 읽기를 강조하는 교육 프로그램에 주안점을 두기 위해 주 정부들과 지방 관할들이 함께 하는 독해 교육의 전기를 만들었습니다. 금년에 저는 어린이들이 읽는 방법을 배우기 위한 기본 원칙들을 습득할 수 있도록 초등 교육 개발 계획에 저의 안사람이나 여러 사람들과 함께 하기를 희망합니다.

저는 사실 여러분의 질문에 상응하는 방식으로 일하고 있으며, 여러분에게 약속합니다. 교육은 가장 훌륭한 범죄 예방 계획이기 때문입니다. 법률을 집행하는 것은 중요합니다. 그들의 행동에 책임질 수 있는 국민을 갖는다는 것은 중요합니다. 누군가를 해치면 그 해로움에 대한 벌을 받게 된다고 말할 수 있는 지속적인 정책을 실시하는 것은 중요합니다. 하지만 미국 최고의 관심사들 중에는 장기적인 해결책이 모든 사람들을 위한 교육 체제를 확실히 하는 것입니다. 그리고 그렇게 될 때 모든 사람들을 위해 더 희망찬 미래가 될 것이며, 가난은 줄어들 것이고, 절망도 줄 것이며, 범죄도 감소할 것입니다.

제가 방문할 수 있도록 해주어 감사합니다. 여러분 모두에게 하나님께서 축복하시길 바랍니다.

[Answers for Vocabulary Drills] 29 jurisdiction 30 party

※ Answers for Nuance Drills : 1-a, 2-c, 3-b

Unit 7

President Bush Meets with German Chancellor Schroeder

Remarks at Germany

2002년 5월, 취임 후 3번째로 유럽 4개국과 바티칸 순방외교에 나선 부시 미 대통령이 소련 방문에 앞서 약 20시간 동안 독일 베를린을 방문한 가운데 독일 하원인 분데스타그에서 연설을 한 후 게르하르트 슈뢰더 독일 총리와 함께 한 합동 기자 회견 연설로, 이라크의 대량학살무기 보유 가능성 등을 언급하면서 이라크에 대한 그의 강경 노선과 후세인 축출을 주장하고 있다. 각 페이지 밑줄 친 부분을 번역하고, 하단의 설명을 읽고 해당하는 단어를 본문에서 찾아 쓰라.

Chancellor Schroeder : (in progress)~ welcome you most warmly here / to the garden of the Chancellery. We
　　　　　　　　　　　 여러분을 매우 환영합니다　　　　　　　　　　 이곳 수상관저 정원에 참석해주신
　　　　　　　　 have / exceedingly / been looking forward / to this visit of the U.S. American President
　　　　　　　　 우리는　　 매우 기대해왔습니다　　　　　　　　 미합중국 대통령 George W. Bush의 이번 방문을
　　　　　　　　 George W. Bush. And / the results / of our conversations / I think are such that / we
　　　　　　　　　　　　　　　　　　　　 그리고 대화를 나눈 결과　　　　　　　 제가 생각한 것은 다음과 같습니다
　　　　　　　　 have every reason / to be pleased.
　　　　　　　　 우리는 만족스러운 모든 이유를 갖고 있다고

 U.S. / American are / in an exceedingly healthy state. It's a very friendly atmosphere ;
　　　　　 미합중국은 매우 건전한 상태에 있습니다　　　　　　　　　　　 1)
　　　　　 that has become abundantly clear / in all of our conversations. But I also think / that
　　　　　　　　　　　　　　　　　　　　　　　　　　　　　　 하지만 저는 또한 생각합니다
　　　　　 there is a tremendous amount of agreement / between the two of us and our two
　　　　　 실로 많은 부분에 있어서 의견의 일치가 존재한다고　　　　 우리 둘 사이와 두 나라 사이에는
　　　　　 countries as regards the assessment / of the situation around the world.
　　　　　　　　　　　　　 세계 정세에 대한 평가에 관하여

Now, to begin with, we have started to talk about very intensely about the U.S.
그래서 먼저　　　　　　 우리는 이야기를 시작하였습니다　　　　　 매우 강하게
American-European relations. I think what the American President / and the Russian
미국과 유럽의 관계에 대하여　 2)
President / have agreed together / regarding questions of disarmament, but also /

regarding the process of approachment / of Russia towards NATO, that that is of

historic importance. And I would very much say — and / we both agreed that this
　　　　　　　　　　　 그리고 저는 찬사를 드리고 싶고　　　　 우리는 둘 다 의견일치를 보았습니다
process / is going to be topped / by
이러한 과정이 우선적으로 다뤄질 것이라는 것에 대하여
what we're going to be doing / in
우리 모두가 하려고 하는 것에 의해
Rome on the 28th of May, together.
5월 28일 로마에서
The world is going to be a safer
세계는 좀 더 안전한 곳이 될 것이며
place / for it, and I think it's a
　　　 그 결과　　 저는 생각합니다
tremendous success / not only / of
그것은 미국의 대단한 성공이라고
America, but of this special U.S.
　　　　　　　　 이 특별한 미국의 대통령에게 뿐만 아니라
American President.

Vocabulary Drills ① ＿＿＿＿＿＿＿＿＿＿＿ *the air space above the earth ; the special tone or mood of a particular place or created by a place or thing*
　　　　　　　　 ② ＿＿＿＿＿＿＿＿＿＿＿ *accomplishment of a task, the reaching of a goal ; a good event, an achievement ; wealth, good luck in life*

여기서 슈뢰더 총리의 목소리는 거의 들리지 않고 슈뢰더 총리 전속 통역관의 상당히 빠른 목소리만 비교적 분명하게 들리는데, not only를 [nɔ́ː tóunli]로 소리내는 식으로 그 발음에 독일어식 억양이 강하게 스며 있어 영국식이나 미국식 영어 발음과는 또 다른 느낌을 준다. 즉, 독일어에서는 -t/-d음에 대한 거부감이 없는 까닭에 그 소리가 대부분 그대로 발음되며, 때문에 -t/-d의 -r유음화도 거의 일어나지 않는 등의 특성을 보이고 있다.

1. 이 문장을 살펴기에 앞서 앞 문장을 먼저 보아야 한다. 문장에는 나와 있지 않지만, U.S. American are in an exceedingly healthy state.는 통역관의 말을 유심히 들어보면 U.S. American and Germany relation으로 말하고 있음을 들을 수 있다. 즉, It는 대명사로 '미국과 독일의 관계'를 가리켜, '미국과 독일의 관계는 매우 우호적인데...'라고 말한 후 '다시 말하면, 즉'이라고 말하면서, semi-colon이 필요해졌고, 부연 설명을 하면서 강조용법이 된 것이다.

2. between의 목적으로 쓰이는 말은 둘을 가리키는 명사, 3 이상일 때는 among을 쓴다는 점에서 <between and B>가 쓰이는데, <A and B>로 연결된 A, B는 모두 둘을 가리킨다.

3. 여기서 that의 품사에 따른 발음의 변화도 익혀둘 필요가 있다. 즉, I know that that that that that speaker used is out of order.라는 문장을 암기하자. 발음은 [ðət ðæt ðæt ðət ðæt]으로 소리나고, 각 품사는 접속사, 지시형용사, 명사로서의 that, 관계대명사, 지시형용사이며, 의미는 '나는 그 연사가 사용한 그 that이 잘못되었다는 것을 알고 있다'는 뜻이다.

4. †say much for : ~을 무척 칭찬하다(praise).

[Nuance] **'원인·이유'의 뜻을 가지는 말**
①cause : 어떤 결과·행동을 일으키는 직접적인 원인이나 그 사정 자체 ②reason : 어떤 행동·신념·의견 등을 갖게 된 사정의 논리적인 설명이나 그런 결론을 내리게 된 이유나 변명. cause는 결과를 낳게 하는 것이며, reason은 그런 결과에 대한 설명적·이성적 측면이 강조되는 말이다. ③ground(s) : 어떤 일이나 행동을 설명이나 주장을 위한 근거·자료 ④motive : 어떤 행동을 가져오는 충동·욕망 ⑤occasion : 어떤 일이 분명하게 표면화되는 계기가 되는 것

🔊 **소리분석** **1.** garden of, visit of, of our, have every, in an exceedingly, It's a, in all of our, But I, is a tremendous amount of agreement, of us and our, countries as, situation around, talk about, have agreed, questions of, but also, process of approachment, that is of historic importance, both agreed, what we're, Rome on, world is, think it's a, not only, of America, but of : 연음

2. forward, President, agreement, regards, assessment, around, and, disarmament, approachment : 자음 뒤 말음의 -t/-d음 생략

3. such that, started to, what the, agreed together, that that, that this : 조음점 동화

💡 **구문분석** **1.** It's a very friendly atmosphere ; **that** has become abundantly clear in all of our conversations. ··· It은 막연히 상황을 가리키는 비인칭주어. semi-colon(;) 다음의 that은 앞 문장 전체를 가리키는 지시대명사로 쓰였다.

2. But I also think that there is a tremendous amount of agreement *between **the two of us** and **our two countries** as regards the assessment of the situation around the world.* ··· <S + V + O> 구조로 O로 쓰인 that-절은 유도부사에 의한 제1형식 문장에 불과하다. 주의할 점은 between 다음에 쓰인 and가 <between A and B>의 and가 아니라는 점이다. between이 목적으로 하는 **the two of us**와 **our two countries** 각각이며, 이들이 <A and B>로 연결되어 있을 뿐이다.

3. I think **what the American President and the Russian President have agreed together** *regarding questions of disarmament,* **but also** *regarding the process of approachment of Russia towards NATO,* that₁ that₂ is of historic importance. ··· <I think A that ~ : A를 ~으로 생각하다>의 구조이며, 따라서 that₁은 OC가 되는 명사절을 이끄는 종속접속사, that₂는 지시대명사가 된다.

4. And I would very much say — and we both agreed that this process is going to be topped by *what we're going to be doing in Rome on the 28th of May, together.* ··· 전치사 by 이하는 what-관계대명사로 쓰인 명사절로 전치사 by의 목적어가 된다.

5. The world is going to be a safer place for it, and I think it's a tremendous success **not only** of America, **but** of this special U.S. American President. ··· <not only A but (also) B>가 쓰였으며, for it은 '그것 때문에'에서 '그 결과'로 옮기는 것이 좋겠다.

📄 **번역** **슈뢰더 수상** : 이곳 수상 관저의 정원에 참석하신 여러분을 매우 환영합니다. 우리는 미합중국 대통령 George W. Bush의 이번 방문을 매우 기대해왔습니다. 그리고 대화를 나눈 결과, 저는 우리는 만족스러운 모든 이유를 갖고 있다고 생각합니다.

미합중국과 독일의 관계는 매우 건전한 상태에 있습니다. 1) 우리의 대화 내내 매우 분명해졌을 정도로 매우 우호적인 분위기입니다. 하지만 저는 또한 우리 둘 사이와 두 나라 사이에는 실로 많은 부분에 있어서 의견의 일치가 존재한다고 생각합니다.

그래서 먼저 우리는 미국과 유럽의 관계에 대하여 매우 열정적으로 이야기를 시작하였습니다. 2) NATO에 대하여 러시아가 접근하는 과정뿐만 아니라 군비축소 문제에 관하여 미국의 대통령과 러시아의 대통령이 서로 합의한 것은 역사적으로 중요한 것이라고 저는 생각합니다. 그리고 저는 찬사를 드리고 싶고 우리 모두가 5월 28일 로마에서 우리 모두가 하려고 하는 것에 의해 이러한 과정이 우선적으로 다루어질 것이라는 것에 대하여 의견일치를 보았습니다. 그 결과 세계는 좀 더 안전한 곳이 될 것이며, 그것은 이 특별한 미국의 대통령에게 뿐만 아니라 미국의 대단한 성공이라고 저는 생각합니다.

Answers for Vocabulary Drills ① atmosphere ② success

※ 본문의 밑줄 친 부분을 번역하고, 하단의 설명을 읽고 해당하는 단어를 본문에서 찾아 써라.

Unit0704

We then, obviously, talked about the ongoing necessity / to continue with our joint
그리고 나서 우리는 이야기를 나눴습니다   진행중인 필요성에 관하여   우리의 연합 전투를 계속할
fight / against international terrorism. And I have been able to brief the President /
          국제적인 테러리즘에 대항하는   3)
about my visit to Kabul / and about the necessity / of maintaining / the protection force
/ on the ground, the ISAF. They are the force / to guarantee / a minimum of security,
                              그들은 군대입니다   보장하는   최소한의 안전
and therefore, a minimum perspective / of hope / of reconstruction / for people / in this
즉   최소한의 전망을   재건의 희망이라는   이 나라 국민들을 위한
country. This is also important — we want to rebuild / economic and social structures /
          이것은 또한 중요하며   우리는 재건을 원합니다   경제적이며 사회적인 구조의
in the country.
그 나라에서의

Unit0705

We're very much in agreement / that we have every reason / to trust the interim
우리는 전적인 동의를 하였습니다   우리가 모든 이유를 가지고 있다는 데에   임시정부를 신뢰하고
government with / Interim President Karzai, and to give them / all of the support that /
          임시 대통령인 Karzai에 의한   그들에게 모든 지원을 해야 할
they need to move their country forward / as a way of their own momentum.
그들이 그들의 나라를 진전시키는데 필요로 하는   그들 스스로의 추진력에 따라

Unit0706

Now, we very much agree / that it is necessary and important / to make sure / we
그리고 우리는 전적으로 동의하였습니다   확실히 하는 것은 필수적이며 중요하다는 데에   우리가
move the peace process forward / in the Middle East. I have emphasized very strongly
평화의 진전에 동의한다는 것을   중동에서의   저는 매우 강하게 강조해왔습니다
/ that the President's speech / in Washington was a milestone / regarding this situation.
          워싱턴에서의 부시 대통령의 연설이   이정표라는 것을   이러한 상황에 관한
He went in / and made it abundantly clear / what we all believe in — at least we, too,
그는 개입했고   매우 분명하게 하였습니다   우리 모두가 믿는 것을   최소한의 우리가
certainly believe in that / Israel has got a guaranteed — right of safe existence within
분명하게 믿고 있는   이스라엘이 가지고 있다는 것을   안전하게 살아갈 보증된 권리를
strong / and reliable borders. But it needs to be recognized / by all of its neighbors /
강력하고 믿을만한 경계 안에서의   4)
and that / by the end of the day, certainly / there is going to be an independent
Palestinian state, too.

Unit0707

And we're very much agreed / that this is a job / to be done by the international
그리고 우리는 전적으로 동의하였습니다   이것은 일이라는 것을   처리되어야 하는   국제적인 국가 집단에 의해
community of states. Certainly, by means of the Quartet / that arose from Madrid : the
          분명하게   마드리드에서 시작된 4중주에 의해
United States of America, the United Nations, Europe and Russia. Now, this Quartet
미합중국과   UN과 유럽과 러시아라는   이제 이 4중주는
is hopefully going to support / the constructive
희망을 가지고 지원할 것입니다   건설적인 과정을
process / as well as they can / because we really
          할 수 있는 한 잘   우리가 진정으로
need stability / and peaceful development / for this
안정과 평화로운 발전을 원하고 있다는 이유 때문에
region, specifically.
특히 이 지역에서의

Vocabulary Drills ③ _____ *a written promise of satisfaction with a product or service, or that something is genuine*
                   ④ _____ *a talk about a subject to an audience ; the expression of thoughts with spoken words*

※ visit to, President's speech, this situation 에서는 겹자음의 발음 생략이, 또 own momentum, and made, 에서는 비음화가 일어나고 있다. 그리고 미국식 발음대로라면 -t/-d의 -r유음화가 일어났었을 it is, got a, right of, But it, made it 등이 독일식 억양의 영향을 받아 -t/-d를 그대로 발음하며 연음되는데 그처럼 있음을 느낄 수 있을 것이다. 물론 went in, end of 등도 미국식 발음이었다라면 -t/-d가 발음되지 않았을 것이다. 또 talked about, with our, And I, all of, as a, was a, believe in, well as도 연음이 일어나고 있다.

1. †ISAF: 아프가니스탄 평화유지군 (International Security Assistance Force)의 약자

3. †be in agreement that(with)~ : ~에 대하여 합의하다, 의견이 일치하다.

4. to make sure의 O가 되는 that-명사절을 이끄는 접속사 that이 생략되어 있다. 또 여기서 주의할 것은 necessary, pleasant, difficult, easy, convenoent 등은 사람이 주어인 문장에서 서술적 용법으로 to-inf.와 함께 쓰이지 않는 형용사라는 점이다. ¶You are **necessary to go** there at once.(×). cf. It is **necessary for you to go** there.(O)

5. †believe in+O: ~의 존재(인격·역량)를 믿다. cf. believe+O: ~을 믿다, 신앙하다.

※Unit 0706 끝 부분의 by the end of the day에서의 the day는 '낮, 날, 하루'가 아니라 '당대, 현대'를 뜻한다. cf. I'm going to move out of the apartment **by the end of the month**.(월말까지는 아파트를 비우겠습니다.)

[Nuance Drills] *Fill in the blanks with a suitable word as given:*

1._____, in it's distinctive sense, refers to a situation, event, or agent that produces an effect or result. 2._____ implies the mental activity of a rational being in explaining or justifying some act pr thought. A 3._____ is an impulse, emotion, or desire that leads to action.

(a) reason   (b) motive
(c) cause

🔊 소리분석) **1.** This is also, economic and, much in agreement, have every, much agree, and important, all of its, an independent, this is a, States of America : 연음

2. about the, have been, trust the, support that, need to : 조음점 동화

3. joint, ground, important, want, forward, independent : 자음 뒤 말음의 -d/-t음 생략

4. on the, in this, in the, and that : [s, z, l, n, r + ð]에서의 [ð] 발음 탈락

💡 구문분석) **1.** And I *have been able to* brief the President **about** *my visit to Kabul* and **about** *the necessity of maintaining the protection force on the ground, the ISAF.* ··· <S + V + O> 구조의 3형식 문장으로, *have been able to* brief 모두가 술어동사가 된다.

2. They are the force *to guarantee* **a minimum of security**, and therefore, **a minimum perspective of hope** *of reconstruction for people in this country.* ··· <S + V + C> 구조에 C를 후위 수식하는 to-inf. 가 오고 있는데, to-inf.의 목적어가 되는 명사가 and로 이어지고 있다.

3. We're very much *in agreement that*₁ we have every reason **to trust** the interim government with Interim President Karzai, and **to give** them **all of the support** *that*₂ *they need to move their country forward as a way of their own momentum.* ··· <S + V + C> 구조에 *that*₁-명사절이 뒤따르고 있는데, *that*₁-절 안에는 형용사적 용법으로 every reason을 후위 수식하는 두 개의 to-inf.가 and로 계속되고 있으며, **all of the support**를 선행사로 하는 *that*₂-관계절이 오고 있다.

4. Now, we very much agree *that it is necessary and important to make sure we move the peace process forward in the Middle East.* ··· <S + V + O> 구조에 O로 쓰인 that-절이 왔으며, that-절은 가주어 it, 진주어로 쓰인 *to make sure*가 왔다.

5. He went in and made *it* abundantly clear *what we all believe in*—at least we, too, certainly believe in that Israel has got a guaranteed—**right** of safe existence within strong and reliable borders. ··· 가목적어 *it*에 대하여 진목적어로 관계대명사 *what*-명사절이 쓰였으며, **believe in**의 목적어는 dash(—)로 묶인 삽입어구 다음의 **right**가 된다.

[번역] 그리고 나서 우리는 국제적인 테러리즘에 대항하여 진행중인 우리의 연합 전투를 계속할 필요성에 관하여 이야기를 나눴습니다. 3) 그리고 저는 저의 Kabu 방문과 그 지역에서의 아프간 평화유지군이라는 보호군 유지의 필요성에 관하여 부시 대통령에게 간단히 말씀드릴 수 있었습니다. 그들은 최소한의 안전, 즉 이 나라 국민들을 위한 재건의 희망이라는 최소한의 전망을 보장하는 군대입니다. 이것은 또한 중요하며 우리는 그 나라에서의 경제적이며 사회적인 구조의 재건을 원합니다.

우리는 우리가 임시 대통령인 Karzai에 의한 임시정부를 신뢰하고 그들에게 그들이 그들 스스로의 추진력에 따라 그들의 나라를 진전시키는데 필요로 하는 모든 지원을 해야 할 모든 이유를 가지고 있다는 데에 전적인 동의를 하였습니다.

그리고 우리가 중동에서의 평화의 진전에 동의한다는 것을 확실히 하는 것은 필수적이며 중요하다는 데에 우리는 전적으로 동의하였습니다. 이러한 상황에 관한 워싱턴에서의 부시 대통령의 연설이 이정표라는 것을 저는 매우 강하게 강조해왔습니다. 그는 개입했고 우리 모두가 믿는 것, 즉 이스라엘은 강력하고 믿을만한 경계 안에서의 안전하게 살아갈 보증된 권리가 있다는 것을 최소한의 우리가 분명하게 믿음을 매우 확실히 하였습니다. 4) 그러나 이 시대가 끝나기 전에 확실하게 독립된 팔레스타인 국가가 인정되어야 한다는 것 또한 모든 그 주변국들에 의해 인식시킬 필요가 있습니다.

그리고 이것은 국제적인 국가 집단 즉, 미합중국과 UN과 유럽과 러시아라는 마드리드에서 분명하게 시작된 4중주에 의해 처리되어야 하는 일이라는 것을 우리는 전적으로 동의하였습니다. 이제 이 4중주는 우리가 진정으로 특히 이 지역에서의 안정과 평화로운 발전을 원하고 있다는 이유 때문에 건설적인 과정을 그들이 할 수 있는 한 희망을 가지고 잘 지원할 것입니다.

[Answers for Vocabulary Drills] ③ guarantee ④ speech

※ Answers for Nuance Drills : 1-c, 2-a, 3-b

※ 본문의 밑줄 친 부분을 번역하고, 하단의 설명을 읽고 해당하는 단어를 본문에서 찾아 써라.

Unit0708

We very much share the concern / about the existing conflict / between Pakistan, on
우리는 많은 걱정을 함께 나누고 있습니다   현존하는 분쟁에 관하여   한편으로는 파키스탄
one hand side, and India / on the other hand. And we're very much / agreed that / we
              그리고 다른 한편인 인도에서의   그리고 우리는 전적으로 동의를 하였습니다
have to do whatever we can / to bring a peaceful solution / to this conflict. I mean, we
우리가 할 수 있는 무슨 일이든 해야만 한다고   이 분쟁을 평화롭게 해결하기 위해   진심으로 말씀드리는데
must make sure that / no further escalation / happens over there.
우리는 분명히 해야 합니다   (분쟁이) 그 지역에서 더 이상 단계적으로 확대되지 않도록

Unit0709

Now, moreover, we addressed questions / of interest regarding / trade with one
그리고 나서 나아가   우리는 문제들을 처리하였습니다   이해관계와 관련되는   상호간의 교역과
another. We also addressed / some other issues that are in existence / regarding our
              우리는 또한 처리하였습니다   기타 여러 문제들을   현존하는
bilateral relations.
상호간의 관계에 관한

Thank you.
감사합니다

President Bush :
Unit0710

Well, thank you, Chancellor. It's an honor to be here in / this historic city. I want to
아, 감사합니다   슈뢰더 수상   이 역사적인 도시를 방문하게 되어 영광입니다   저는 감사드리고 싶으며
thank you for your hospitality / and I want to thank you for treating Laura so well.
          여러분과 여러분의 환대에   Laura를 그렇게 환대해준 여러분께도 감사를 드립니다

The Chancellor and I have met — I think it's now five times. And I value our
슈뢰더 수상과 저는 만났습니다   제 생각에는 지금까지 5번이나   그리고 저는 소중히 여깁니다
friendship. I appreciate the frank discussions / we have. I'm here to / let the German
우리의 우정을   저는 우리가 가졌던 솔직한 대화를 높이 평가합니다   5)
people know / how proud I am of our relationship, our personal relationship, and how
proud I am of the relationship / between our two countries.

Unit0711

Germany is an / incredibly important ally / to the United States of America. We respect
독일은 매우 중요한 동맹국입니다   미합중국에   미국은 존경합니다
the German people. We appreciate democracy / in this land. We appreciate / the struggles
독일 국민들을   미국은 이 나라의 민주주의를 높이 평가합니다   미국은 악전고투를 높이 평가합니다
that Germany has gone through. And we value the friendship going forward.
독일이 겪어온   그리고 미국은 그 우정이 발전하는 것을 소중히 생각합니다

Unit0712

My speech today / at the Bundestag will talk about / the problems that we can solve
6)
together, that we share so much, particularly when it comes to values / and a deep
and abiding concern / for humanity and for peace. One of the things I like about
                                   제가 슈뢰더 수상을 좋아하는 이유 중의 하나는
Gerhardt / is he's willing to / confront problems in an open way, and he is, hopefully
          그는 언제라도 문제들을 대면할 준비가 되어 있기 때문이며   개방된 자세로   다행스럽게도 그는
like people consider me, a problem solver, that we're willing to use our / respective
사람들이 저를 생각하는 것처럼   문제의 해결사이기 때문입니다   우리가 기꺼이 사용하는   우리 각자의
positions to solve problems, such as making sure our respective homelands are secure
지위를   문제들을 해결하기 위하여   확실히 하는 것과 같은   우리 각자 조국의 안전을
/ from terrorist attack.
테러리스트들의 공격으로부터

Vocabulary Drills ⑤_____ *to understand the value or importance of something, (syn.) to esteem*
⑥_____ *a difficult time or task using much effort and energy ; to use much effort and energy to do something*

드디어 부시의 목소리가 여기서부터 나온다. 매우 조심스럽게 차근차근 말을 해나가지만, 분비 빠른 말투가 어디 가는 것은 아니어서 휴지부를 중심으로 하는 각 의미부 안에서의 어구와 어구의 연결 발음은 유심히 듣지 않으면 따라가기 힘들다. 주의를 해야 한다.

1. at the, let the, about the

3. of interest, some other, and I, in existence, Thank you, happens over, and a, One of, like about, think it's, talk about

1. †on (the) one hand: 한편/ on the other hand: 다른 한편, 그 반면, 이에 반해서

3. 접속사 and₁은 comes to의 O인 values와 concern을 연결하며, and₂는 concern을 수식하는 두 형용사들을, and₃는 concern을 후위 수식하는 두 개의 부사구를 연결하고 있다.

4. 첫 번째 that과 making sure의 O가 되는 접속사 that이 생략되었다. Gerhardt는 독일 수상인 Gerhardt Schroeder를 가리킨다. †be willing to: 기꺼이 ~하다, ~할 준비가 되어 있다./ make sure: 확인하다, 확신하다, 꼭 ~하다.

소리분석 *1.* agreed that, issues that, bilateral relations, appreciate the : 조음점 동화

2. hand, must, interest, want, forward : 자음 뒤 말음의 자음 생략

3. with one another, It's an honor, proud I am of our, in an open, use our, such as : 연음

4. city, hospitality, abiding, humanity : 강모음과 약모음 사이의 -t/-d의 -r 유음화

구문분석 *1.* We very much share the concern *about the existing conflict between Pakistan, on one hand side, and India on the other hand.* ··· <S + V + O> 구조로 주요소를 제외한 나머지는 모두 부사적 수식어에 불과하다.

2. I'm here to **let** the German people **know how** proud I am of our relationship, our personal relationship, and **how** proud I am of the relationship between our two countries. ··· <사역동사 + O + 동사원형 as OC> 구조로 쓰이는 let이 왔으며, 원형부정사의 목적어로 how-명사절이 쓰였다.

3. My speech *today at the Bundestag* will talk *about* **the problems that** we can solve together, **that** we share so much, particularly **when** it comes to values and₁ a deep and₂ abiding concern for humanity and₃ for peace. ··· <S + V> 구조에 전치사의 O를 선행사로 하는 that-관계절이 이중한정으로 이어지고 있는데, 두 번째 that-관계절 다음에는 때를 나타내는 when-부사절이 뒤따르고 있다.

4. One *of the things I like about Gerhardt* is he's willing to confront problems in an open way, and he is, hopefully like people consider me, a problem solver, **that** we're willing to use our respective positions to solve problems, such as *making sure* our respective homelands are secure from terrorist attack. ··· <S + V + C> 구조에서 C로 두 개의 that-명사절이 왔다.

번역 우리는 한편으로는 파키스탄에서 그리고 다른 한편인 인도에서의 현존하는 분쟁에 관하여 많은 걱정을 함께 나누고 있습니다. 그리고 우리는 이 분쟁을 평화롭게 해결하기 위해 우리가 할 수 있는 무슨 일이든 해야만 한다는 데에 전적으로 동의를 하였습니다. 진정으로 말씀드리는데, (분쟁이) 그 지역에서 더 이상 단계적으로 확대되지 않도록 분명히 해야 합니다.

그리고 나서 나아가 우리는 상호간의 교역과 관련되는 이해관계 문제들을 처리하였습니다. 우리는 또한 상호간의 관계에 관한 기타 현존하는 여러 문제들을 처리하였습니다. 감사합니다.

부시 대통령 : 아, 감사합니다, 슈뢰더 수상. 이 역사적인 도시를 방문하게 되어 영광입니다. 저는 여러분과 여러분의 환대에 감사드리고 싶으며 Laura를 그렇게 환대해준 여러분께도 감사를 드립니다. 제 생각에 슈뢰더 수상과 저는 지금까지 5번이나 만났습니다. 그리고 저는 우리의 우정을 소중히 여깁니다. 저는 우리가 가졌던 솔직한 대화를 높이 평가합니다. 5) 저는 독일 국민들이 우리의 관계 즉, 우리의 개인적인 관계를 제가 얼마나 자랑스러워하며 우리 두 나라 사이의 관계를 얼마나 자랑스러워하는 지 알게 하려고 이곳에 왔습니다.

독일은 미합중국에 매우 중요한 동맹국입니다. 미국은 독일 국민들을 존경합니다. 미국은 이 나라의 민주주의를 높이 평가합니다. 미국은 독일이 겪어온 악전고투를 높이 평가합니다. 그리고 미국은 그 우정이 발전하는 것을 소중히 생각합니다. 6) 오늘 독일 의회에서의 저의 연설은 우리가 함께 해결할 수 있으며 우리가 많은 부분 함께 하고 있는, 특히 가치관과 관계되며 인류와 평화를 위해 심오하고 영속하는 관심사에 관계되는 문제에 관하여 말하게 될 것입니다. 제가 슈뢰더 수상을 좋아하는 이유 중의 하나는 그는 언제라도 문제들을 개방된 자세로 대면할 준비가 되어 있기 때문이며, 다행스럽게도 그는 사람들이 저를 생각하는 것처럼 우리가 테러리스트들의 공격으로부터 각자 자국의 안전을 확실히 하는 것과 같은 문제들을 해결하기 위하여 각자의 지위를 기꺼이 사용하는 문제의 해결사이기 때문입니다.

Nuance '안전한'의 뜻을 가지는 말

① safe : 사람이나 물건 등에 대하여 위험·손해·모험 등의 염려가 없는(없었던) 안전한 상태(free from danger)에 대하여 쓰이는 가장 일반적인 말. ② secure : 위험 등을 걱정할 필요가 없는 뜻. 또 He is *safe*는 '그는 안전한 상태에 있다'는 뜻이며, He is *secure*는 '위험이 제거되었다고 생각되는(실제로는 안전하지 않을지도 모르지만) 상태에 있다'는 의미이다. 대개 보장되어 있는 안심감을 느끼는 의미에서 safe보다 secure가 강한 의미지만, feel *secure*(마음이 든든하다)처럼 미래의 안전에 관한 보장에 사용되며, arrived home *secure*라고는 말하지 않는 것이 보통이다.

연구 59

사역동사(causative verb)

···사람이나 사물에게 어떤 동작을 하도록 시키는 의미를 가지는 동사만을 따로 지칭하는 말로 작위동사(factitive verbs)라고도 하는 것으로, let, make, have, get, help, bid 등을 말하며, <사역동사+O+root>형의 문형을 취하는 것이 보통이나 root 대신 과거분사나 현재분사가 오기도 한다. 1) let : '~하도록 내려 두다, (마음대로) ~하게 하다'<허락·방임>과 us를 목적어로 '~합시다'라는 <권유>를 의미한다. (※원칙적으로 수동태로의 태의 전환을 할 수 없지만, 원형부정사가 단음절일 경우에는 가능하며 다른 사역동사들과는 달리 to-inf.가 오지 않고 그대로 원형이 온다. The glass was let *grow*. 풀들이 제멋대로 자라도록 내버려 두었다.) 2) make : '무리를 해서라도 ~하도록 시키다'는 <강제>를 의미한다. 3) have : ① '~하도록 시키다'는 <사역>, ② '~당하다'는 <피해>, ③ 주로 과거분사를 취하여 '~를 받다'는 <경험>을 의미한다. 4) get, bid, help : ① get은 반드시 to-inf.나 과거분사를 취하며, have와 비슷한 의미를 갖는다. ② bid는 '~하도록 명령하다'(주로 문어에 쓰인다), help는 '~하는 것을(하도록) 돕다'는 의미를 가지는데, help의 경우 무생물주어인 때에는 to-inf.가 오는 것이 보통이며, 목적어를 생략하여 help (to) ~형식으로 쓰이기도 한다.(You must help *set* the table. 당신은 상 차리는 것을 도우세요. ···이런 용법은 주로 미국식 영어에 쓰여 let, make, hear 동류에도 볼 수 있는데, 이때의 목적어는 others, somebody, anybody, people, them 등의 불특정인을 나타내는 것이 보통이다.)

※ 본문의 밑줄 친 부분을 번역하고, 하단의 설명을 읽고 해당하는 단어를 본문에서 찾아 써라.

Unit0713

I'm going to talk clearly about that / today, about the need for us to continue / to
저는 분명하게 의논하고 싶습니다   오늘   필요성에 관하여   우리가 계속하여 연합하고
cooperate, and to fight against terror — people who hate freedom, people who are
              테러에 대항하여 싸워야 할   자유를 저주하는 사람들
challenging civilization itself.
문명 그 자체에 도전하는 사람들

Unit0714

I want to thank / again the German people / and the German government / for the
저는 다시 한번 감사를 드리고 싶습니다   독일 국민들과 독일 정부에
commitment to Afghanistan. The Chancellor made a very tough, but I think correct
아프가니스탄에의 참여(참전)에 대해   7)
decision / in sending troops to Afghanistan, and those troops have performed brilliantly.

I know you've lost life, as have we. And our hearts go out to the families of the
저는 우리가 그런 것처럼 여러분도 인명의 손실을 입은 것을 알고 있습니다   깊은 위로를 드립니다   죽은 병사의 가족들에게
soldiers who died. But in my judgment, the sacrifice is necessary, because we defend
                    그러나 제가 판단하기에   희생은 불가피합니다   우리는 자유를 수호하며
freedom — and freedom is precious.
                  자유는 귀중하기 때문에

Unit0715

We talked about / weapons of mass destruction / and the need for us to be concerned
우리는 이야기를 나눴습니다 대량파괴무기와   우리가 염려해야할 필요성에 관하여
about / weapons of mass destruction. As I will mention in my speech, one way to
대량파괴무기에 대해서   8)
help our mutual security / is to work together to solve / regional problems, and we
spent a lot of time talking about the Middle East. The German government has been
                                                                    독일 정부는
very helpful / in helping set / the foundation for peace. Both of us agree / that there
매우 협조적이었습니다   평화의 기반을 다지는 데에   우리 모두는 의견의 일치를 보았습니다
ought to be two states — a Palestinian state and, obviously, the Israeli state — living
두 개의 국가가 존재해야 한다는 데에   팔레스타인과   명백하게 이스라엘이라는
side by side / in peace. And we're working in that direction.
평화 속에서 함께 살아가는   그리고 우리는 그런 방향으로 노력하고 있습니다

Unit0716

A hot topic today, of course, in the world and one that we spent a lot of time
물론 오늘의 중요한 화제는   세계적으로   또 우리가 오랫동안 이야기하느라 시간을 끌어온 화제는
talking about, as Gerhardt mentioned, the India-Pakistan issue. My point is, is that
                  슈뢰더 수상께서 말씀하신 대로   인도-파키스탄 문제입니다   저의 요지는
we've got a reliable friend and ally / in Germany. This is a confident country, led by a
우리가 믿을만한 우방과 동맹국을 갖고 있다는 사실입니다   독일이라는   이 나라는 자부심이 강한 나라입니다   사람에 의해 지도되는
confident man. And that's good. That's good for world peace. It's good for those of
자신감이 넘치는   그것은 훌륭합니다   그것이 세계 평화를 위해 좋습니다   그것이 우리에게 좋은 일입니다
us / who love and embrace freedom.
        자유를 사랑하고 받아들이는

Unit0717

So, Mr. Chancellor, thanks for — thanks for giving me a chance / to come and visit
그래서 슈뢰더 수상께 감사를 드립니다   이곳에 와 여러분을 방문할 수 있는 기회를 준
with you. Thanks for your hospitality. Thanks for giving me a chance to speak / to the
              여러분의 환대에 감사를 드립니다   저에게 기회를 준 것에 대하여 감사를 드립니다   연설할 수 있는
Bundestag here / in a little bit.
이곳 독일 의회에서   잠시나마

We'll be glad to answer a couple of questions / for you.
우리는 기꺼이 답변해드리겠습니다   몇 가지 질문에   여러분을 위해

Vocabulary Drills ⑦ _____   *to ask or dare somebody to play a game or sport ; an invitation to play a game or sport*
                  ⑧ _____   *the basis on which an institution or system of beliefs is founded*

2. and, want, government, lost

4. made a, freedom is, talked about, have we, families of, in a, weapons of, concerned about, This is a, sacrifice is, spent a, point is, love and, come and, with you, come and, couple of

※ itself, help에서는 설측음의 dark 'l', sending 에서는 -nd/-nt/-rd/-rt 에서의 -d/-t음의 생략, out to, ought to, hot topic에서는 겹자음의 발음 생략이, 또 in my, confident man에서는 비음화가 일어나고 있다.

1. to₂-inf.는 앞에 쓰인 to₁-inf.의 목적어로 쓰인 to₁-inf.의 목적어로 명사적 용법으로 쓰였다. †talk about : ~에 관하여 이야기(의론)하다.

2. ⟨in + 동명사⟩는 '~함에 있어서, ~하는 데에'의 의미로 쓰인다.

6. ~today 다음에 is가 생략되었다.

※ have to(~해야만 한다)
···현대영어에서는 have to가 must보다 더 자주 사용되는 경향이 있는데, 그것은 have to는 ① 동명사형을 취할 수 있고, ② 분사구문을 만들 수 있으며, ③ 주어의 인칭에 따른 변화를 할 수 있고, ④ 다른 조동사와 결합하여 시제를 보다 분명하게 나타낼 수 있는 등의 다양한 활용이 가능하기 때문이라고 하는데, 이러한 have to와 비슷한 의미를 가지는 것들에는 다음과 같은 것들이 있다.

ⓐ must : 주관적 견지에서 '~해야 한다'
ⓑ have got to : 구어적 표현
ⓒ have only(but) to ≒ need only to(~하기만 하면 된다)
ⓓ be to ⓔ ought to ⓕ should
ⓖ be obliged(compelled, forced, bound) to + inf.
···이상의 보기는 대략 그 의미의 강도(필연→권고)를 기준으로 나열하였는데, *Longman English Grammar* (11.47, 90.5.8)는 ⓓ와 ⓔ 사이에 had better를 예시하고 있다.

Nuance Drills *Fill in the blanks with a suitable word as given:*

¹_____, implies freedom from damage, danger, or injury or from the risk of damage, etc. ²_____, often interchangeable with ³_____, is now usually applied to something about which there is no need to feel apprehension.
(a) secure (b) safe

🔊 **소리분석** **1.** about that, about the, that there, that direction, is that : 조음점 동화

2. against, commitment, troops, performed, hearts, judgment, defend, East : 말음의 자음 생략

3. but I, security, together, lot of, got a, hospitality, little : -t/-d의 -r 유음화

4. mention in, help our, Middle East, Both of us agree, those of us : 연음

💡 **구문분석** **1.** I'm going to **talk** clearly **about** that today, **about** the need *for us to₁ continue* to₂ cooperate, and *to₃ fight* against **terror** — **people** who hate freedom, **people** who are challenging civilization itself. ··· 형용사적 용법으로 쓰인 1과 3의 to-inf., ⟨for + 의미상의 주어⟩, 앞에 쓰인 말(**terror**)에 대한 부연 설명을 나타내는 dash(—) 등이 사용되었다.

2. The Chancellor *made a very tough*, but I think correct decision in sending troops to Afghanistan, and those troops have performed brilliantly. ··· ⟨make + 추상명사⟩, ⟨in + 동명사⟩가 쓰였다.

3. And **our hearts** go out to the families of *the soldiers who died*. ··· 무생물주어가 쓰였다.

4. As I will mention in my speech, one way *to₁ help our mutual security* is to₂ work together to₃ solve regional problems, and we spent a lot of time talking about the Middle East. ··· 형용사적 용법, 명사적 용법(보어), 부사적 용법(목적)의 to-inf., ⟨spend + O + (in) —ing⟩ 등이 왔다.

5. Both of us agree *that there ought to be two states* — *a Palestinian state and, obviously, the Israeli state* — living side by side in peace. ··· that-절이 O로 쓰인 ⟨S + V + O⟩ 구조이며, that-절의 be는 exist의 의미로 쓰였다.

6. A hot topic today, of course, in the world and one *that we spent a lot of time talking about*, as Gerhardt mentioned, the India-Pakistan issue. ··· 술어동사가 없는 불완전한 문장이다.

번역 저는 오늘 테러, 즉 자유를 저주하는 사람들, 문명 그 자체에 도전하는 사람들에 대항하여 우리가 계속하여 연합하고 싸워야 할 필요성에 관하여 분명하게 의논하고 싶습니다.

저는 아프가니스탄에의 참전에 대해 독일 국민과 독일 정부에 다시 한번 감사를 드리고 싶습니다. 7) 슈뢰더 수상은 매우 곤란했지만, 아프가니스탄에 병력을 보내기로 한 것은 저는 옳은 결정이라고 생각하며, 그들 병력은 훌륭하게 임무를 수행했습니다. 저는 우리가 그런 것처럼 여러분도 인명의 손실을 입은 것을 알고 있습니다. 죽은 병사의 가족들에게 깊은 위로를 드립니다. 그러나 제가 판단하건대, 우리는 자유를 수호하며, 자유는 귀중하기 때문에 희생은 불가피합니다.

우리는 대량파괴무기와 대량파괴무기에 대해서 우리가 염려해야할 필요성에 관하여 이야기를 나눴습니다. 8) 저의 연설을 통해 제가 언급할 것이지만, 우리의 상호 안보를 도울 수 있는 하나의 방법은 지역적인 문제를 해결하기 위해 함께 노력하는 것이며, 우리는 중동에 관하여 이야기하느라 많은 시간을 할애하였습니다. 독일 정부는 평화의 기반을 다지는 데에 매우 협조적이었습니다. 우리 모두는 평화 속에서 함께 살아가는 팔레스타인과 이스라엘이라는 명백하게 두 개의 국가가 존재해야 한다에 대해 의견의 일치를 보았습니다. 그리고 우리는 그런 방향으로 노력하고 있습니다.

물론 세계적으로 오늘의 중요한 화제이며 또 우리가 오랫동안 이야기하느라 시간을 끌어온 화제는 슈뢰더 수상께서 말씀하신 대로 인도-파키스탄 문제입니다. 저의 요지는 우리가 독일이라는 믿을만한 우방과 동맹국을 갖고 있다는 사실입니다. 이 나라는 자신감이 넘치는 사람에 의해 지도되는 자부심이 강한 나라입니다. 그것은 훌륭합니다. 그것이 세계 평화를 위해 좋습니다. 그것이 자유를 사랑하고 받아들이는 우리에게 좋은 일입니다.

그래서 이곳에 와 여러분을 방문할 수 있는 기회를 준 슈뢰더 수상께 감사를 드립니다. 여러분의 환대에 감사를 드립니다. 저에게 이곳 독일 의회에서 잠시나마 연설할 수 있는 기회를 준 것에 대하여 감사를 드립니다.

우리는 여러분을 위해 몇 가지 질문에 기꺼이 답변해드리겠습니다.

연구 60
무생물 주어 구문(1)
···영문의 무생물을 가리키는 명사가 주어가 되어 행위의 주체가 되는 문장을 그대로 우리말로 옮기면 부자연스럽다. 따라서 ⟨사람⟩을 주어로 하여 ⟨이유·양보·조건·시간·방법⟩ 등을 나타내는 부사구나 부사절의 경우와 같은 의미로 옮겨야 한다.

1) 무생물주어 + enable + 목적어 + to do ~
= [인주어] + can(be able to) + 동사 ~

· His wealth *enable* him to go abroad.
= He was wealthy enough to go abroad.
= He was *so* wealthy *that* he *could* go abroad.
= He *could* go abroad *because* he was wealthy.
········· **연구 61** 에 계속(p.313)

※ 본문의 밑줄 친 부분을 번역하고, 하단의 설명을 읽고 해당하는 단어를 본문에서 찾아 써라.

Chancellor Schroeder :
Unit0718
There is the possibility to put three questions / from each side. Please, possibly, that
3개의 질문을 할 수 있을 것입니다   양측에서   가능한 한
the guests could start.
손님 쪽에서 먼저 하는 것이 좋겠군요

President Bush :
Unit0719
Did he just call on you? Okay, I'm sorry. Ron, have you got a question? (Laughter.)
그가 바로 당신에게 요청했습니까?   아   미안합니다   Ron 기자 당신이 질문을 합니까?

Q : I do~
제가 합니다

President Bush : That's right.
좋습니다

Q : This is a question to President Bush~
이것은 부시 대통령께 드리는 질문입니다

President Bush : Wait a minute, how many questions are you going to ask?
잠시만 기다리세요   얼마나 많은 질문을 할 작정이죠?

Q :
Unit0720
Should the American people conclude / there were some intelligence lapses / before
미국 국민들은 결론을 내려야 할까요   어느 정도의 정보상의 실수가 있었다고
September 11th? And can you please explain why you oppose a commission / to look
9.11 이전에   9) into the matter, and why you won't release the August 6th memo?

And quickly to you, sir, do you think / there should be regime change in Iraq?
그리고 한 말씀 더 간단히 여쭙는데   각하께서는 생각합니까   정권교체가 있어야만 한다고   이라크에

President Bush :
Unit0721
Well, first of all, I've got great confidence / in our CIA and FBI. I know what's taken
예   첫째로   저는 크게 신뢰하고 있습니다   우리의 CIA와 FBI를   저는 알고 있습니다
place since / the attacks on September the 11th. Our communications / between the
무슨 일이 일어났는지   9.11의 공격 이래로   우리의 의사교환은
two agencies is much better / than ever before. We've got a much better — doing a
두 기관 사이에서의   과거 어느 때 보다 좋습니다   우리는 더욱 더 잘
much better job / of sharing intelligence.
훨씬 더 잘해내고 있는 중입니다   정보의 공유를

Unit0722
I, of course, want the Congress / to take a look / at what took place / prior to
물론 저는 의회가 조사해주기를 원합니다   무슨 일이 일어났는지
September the 11th. But since it deals with such sensitive information, in my
9.11 이전에   10) judgment, it's best for the ongoing war / against terror that the investigation be done
in the intelligence committee. There are committees set up with both Republicans and
위원회가 구성되었습니다   공화당 의원과
Democrats / who understand the obligations of upholding / our secrets and our sources
민주당 의원에 의한   의무를 이해하고 있는   비밀의 유지와
and methods / of collecting intelligence. And therefore, I think it's the best place / for
정보수집의 방법 및 출처에 관한   그래서   저는 그것이 가장 좋은 장소라고 생각합니다
Congress to / take a good look / at the events leading up to / September the 11th.
의회가 사건을 조사하는 것이   9.11에 이르기까지
The other question?
다른 질문은?

Vocabulary Drills ⑨ _____ *a search for facts and information, especially by people with power ; a close look, (syn.) an evaluation*
⑩ _____ *to be of importance ; physical substance that has weight and takes up space ; a concern, subject of interest*

여기서부터는 미국과 독일 양국 정상들이 기자들을 상대로 하는 일문일답의 공동 기자회견이 시작되고 있는데, 첫 질문을 한 기자의 말이 분명하게 들리지 않기 때문인지 공개된 Script 원본에서조차 그 내용이 생략되어 있다.

2. from each, in our, than ever, take a, This is a, oppose a, attacks on, agencies is, since it

1. 더욱 공손하게 요청하려면 Would (Could) you please를 붙여 말하게 된다. †look into : ~에 관하여 조사(검토·고찰·연구)하다(examine).

2. †deal with : 다루다, 처리하다, 취급하다(treat).

3. †set up with : 창설(설정)하다, 구성하다, 갖추다.

🔊 **소리분석** *1.* put three, that the, Should the, at the : 조음점 동화

2. change in, first of all, obligations of upholding, secrets and our sources and : 연음

3. got a, Wait a, matter, better, committee : t/d의 r유음화

4. place since, what took : 겹자음의 발음 생략

💡 **구문분석** *1.* And *can you please* explain **why** you oppose a commission to look into the matter, and **why** you won't release the August 6th memo? … 기자의 질문인 까닭에 간단히 please만을 붙여 공손을 나타내고 있다. 두 개의 why에 의한 명사절이 explain의 O로 오고 있다.

2. But *since it deals with such sensitive information*, in my judgment, *it*'s best for the ongoing war against terror *that* the investigation be done in the intelligence committee. … because와는 달리 간접적인 인과관계를 나타내어 '~때문에'의 뜻을 갖는 since-부사절, 가주어 *it*, 진주어 *that*-절이 왔다.

3. There are committees set up with both **Republicans and Democrats who** understand the obligations of upholding our secrets and₁ our sources and₂ methods of collecting intelligence. … **Republicans and Democrats**를 선행사로 하는 **who**-관계절이 왔으며, and₁과 and₂는 각기 공통으로 하는 요소의 범위가 서로 다름에 주의해야 한다[a + (b + c)].

4. And therefore, I think *it*'s the best place *for Congress to take* a good look at the events leading up to September the 11th. … think 다음에 명사절을 이끄는 접속사 that이 생략되었고, that-절에서는 가주어, 의미상의 주어, 진주어가 쓰이고 있다.

Nuance	'동의하다'의 뜻을 가지는 말

①**agree** : 일반적인 말로 대화·설득·조정 등에 의해 의견차이를 극복하고 합의에 이르다. agree with + 사람, agree to + 사물, agree on + 문제 ②**consent** : 제안이나 요청에 자발적·적극적으로 동의하여, 그것이 실현될 수 있도록 협력할 의사가 있음을 암시하는 형식적인 말. assent가 지적인 면에 사용하는데 반하여 consent는 정적인 일에 사용된다. 즉, 반대하려면 할 수도 있지만, 그렇지 않고 동의하는 것이며, 윗사람이 아랫사람의 희망을 들어주는 것에 사용한다. ③**assent** : 누가 말하는 소리가 그럴 듯하다고 인정하여 동의하는 일로, 적극적인 의미는 아니다. 제안이나 의견을 받아들여 이지적으로 관대하고 동의하다. consent의 부드러운 표현으로 쓰기도 한다. ④**concur** : 대체적으로 일치하다. 어떤 특수한 의견의 일치로, 투표나 의견 발표로 합의된 것을 말한다. ⑤**accede** : 양보하여 동의하다. ⑥**acquiesce** : 반대의사를 억제하여 마지못해 말없이 동의하다. ⑦**subscribe** : 진심으로 지지·찬성하다. ⑧**comply** : consent가 따른다는 근거가 있다고 인정하여 동의하는 것인데 반하여, comply는 단순히 응하는 것으로 아랫사람이 윗사람의 희망을 들어주는 것 등이 그것이다. ⑨**conform** : 외형적으로 일치하는 것으로, 사상이나 원리 등에는 사용하지 않지만, 그 표현 방법이나 결과인 행위 등에는 사용한다. ⑩**coincide** : 모든 미세한 점에서 일치하여 거의 동일한 경우에 사용한다.

번역 **슈뢰더 수상** : 양측에서 3개의 질문을 할 수 있을 것입니다. 가능하면 한 손님 쪽에서 먼저 하는 것이 좋겠군요.

부시 대통령 : 그가 바로 당신에게 요청했습니까? 아, 미안합니다. Ron 기자, 당신이 질문을 합니까?

질문자 : 제가 합니다.

부시 대통령 : 좋습니다.

질문자 : 이것은 부시 대통령께 드리는 질문입니다.

부시 대통령 : 잠시만 기다리세요. 얼마나 많은 질문을 할 작정이죠?

질문자 : 9.11 이전에 미국 국민들은 어느 정도의 정보상의 실수가 있었다고 결론을 내려야 할까요? 9) 그리고 각하께서는 그 문제를 조사할 위원회의 구성에 왜 반대하며 8월 6일의 메모를 공개하지 않는 지 설명해주실 수 있겠습니까?

그리고 한 말씀 더 간단히 여쭙는데, 각하께서는 이라크에 정권교체가 있어야만 한다고 생각합니까?

부시 대통령 : 예, 첫째로 저는 우리의 CIA와 FBI를 크게 신뢰하고 있습니다. 9.11의 공격 이래로 무슨 일이 일어났는지 저는 알고 있습니다. 두 기관 사이에서의 우리의 의사교환은 과거 어느 때 보다 좋습니다. 우리는 정보의 공유를 더욱 더 잘, 훨씬 더 잘해내고 있는 중입니다.

물론 저는 9.11 이전에 무슨 일이 일어났는지 의회가 조사해주기를 원합니다. 10) 그러나 제 판단으로는 그것은 민감한 정보를 다루기 때문에 현재 진행 중인 테러와의 전쟁에 대한 조사는 정보위원회에서 진행하는 것이 가장 좋습니다. 비밀의 유지와 정보수집의 방법 및 출처에 관한 의무를 이해하고 있는 공화당 의원과 민주당 의원에 의한 위원회가 구성되었습니다. 그래서 저는 의회가 9.11에 이르기까지의 사건을 조사하는 것이 가장 좋은 장소라고 생각합니다.

다른 질문은?

연구 61

무생물 주어 구문(2)

2) 무생물주어 + prevent + 목적어 + from + 동명사
= 무생물주어 + forbid + 목적어 + to-부정사 = 인주어 + cannot + 동사
·My illness *prevents me from attending the meeting.* = *Because of my ill, I cannot attend the meeting.* = *As I am ill, I cannot attend the meeting.* = I am *so ill that I cannot attend the meeting.* = I am *too ill to attend the meeting.* = 나의 질병은 내가 회의에 참석하지 못하게 했다.(×) → 나는 질병 때문에 회의에 참석할 수 없었다. (○) → 이때 prevent 외에 hinder, stop, prohibit, keep, refrain, disable, abstain, enjoin 등도 비슷한 형태의 문장을 유도한다.

3) 무생물주어 + force(compel, oblige) + 목적어 + to-부정사
= 인주어 + have to(must) + 동사
·The rain *forced him to put off* his departure. = *He had to put off* his departure because of the rain.(×)
→ 그는 비가 와서 출발을 연기해야만 했다. (○)

4) What make + 목적어 + 원형동사(또는 형용사)…? = Why + 조동사 + 주어 + 본동사?
·*What made him get so angry?* = *Why did he get so angry?*
= 무엇이 그를 그렇게 화나게 만들었는가?(×) → 그는 왜 그렇게 화를 냈을까?(○)

5) 무생물주어 + take + 목적어(사람) = 인주어 + go(는 get to)
·*An hour's bus ride took us to the park.* = *We rode in a bus for an hour, and get to the park.* = *It took us an hour to get to the park.* = *It took an hour for us to get to the park.* → 한 시간 동안 버스를 타는 것은 우리를 공원으로 데려갔다. (×) → 우리는 한 시간 동안 버스를 탔고 그리고 공원에 도착했다.(○)

········· **연구 62** 에 계속(p.327)

※ CD를 듣고 공란에 들어갈 말을 받아쓴 후 본문의 밑줄 친 부분을 번역하고, 하단의 설명을 읽고 해당하는 단어를 본문에서 찾아 써라.

Q : The August 6th memo~
Unit0723 8월 6일 자 메모는?

President Bush : Oh, yes. Well, one of the things that is very important, Ron, is that / the information
아, 예   글쎄요   가장 중요한 것 중의 하나는   Ron 기자 입니다

given to the President / be protected, because we don't want to give away sources
대통령에게 보고된 정보는 보호되어야만 한다는 것   우리는 누설되는 것을 원하지 않기 때문에

and uses and methodology / of intelligence-gathering. And one of the things that we're
출처와 사용과 분류법이   수집된 정보에 대한   그리고 우리가 알고 있는 것 중의 하나는

learning is in order to win this war on terror, we've got to have the best intelligence-
테러에 대한 이 전쟁에서 이기기 이한 것이며   우리는 최고의 정보 수집 능력을 가져야만 한다는 것입니다

gathering possible. ① [ænáròunli hæ̀vi gὰrəʃέər intélədʒəns]   / between friends —
가능한 한   11)

which we do — but we're still at war, we've still got / threats to the homeland / ② [ðə

rwìv gárə dí:l wìð]   . And it's very important for us to / not hamper our ability to
                             그리고 매우 중요합니다   우리가 우리의 능력을 방해하지 않는 것은

wage that war. And so there are ways / to gather information, ③ [tu héu pimrú:v ðə sístəm]
그 전쟁을 수행하는   12)

                / without jeopardizing / the capacity for us / to gather intelligence, and those are

the ways I support.

Chancellor Schroeder : Saddam Hussein / is a dictator, there can be no doubt, nothing else. And he / does act
Unit0724   사담 후세인은 독재자이며   그에는 추호도 의심할 바가 없습니다   그리고 그는 행동을 하고 있습니다

without / looking after / his people whatsoever. We're agreed when it comes to that.
그의 국민들을 전혀 살피지 않고   우리는 의견이 일치하고 있습니다   그 점에 있어서

And we're also agreed to the fact that / it is up to / the international community / of
그리고 또 우리는 의견의 일치를 보고 있습니다   그것은 국제적인 공동체에 달려 있다는 사실에

states / to go in and exercise / ④ [əlὰtəv pəlítikəl préʃər]   / in the most — possible way.
개입하고 행사하는 것은   많은 정치적인 압력을   최대한 가능한 방법으로

The United Nations have decided to do so, as well. We need to pressurize him / so
UN 역시 그렇게 하기로 결정을 하였습니다   우리는 그에게 압력을 가할 필요가 있습니다

that international arms inspectors can get / into the country / to
국제적인 무기 사찰단이   그 나라에 들어가

find out / what weapons of mass destruction / can be found in
조사할 수 있도록   어떤 대량 파피 무기들을 그가 보유하고 있는 지

his hands. I mean, there is no / difference there between
                 제 말씀은 의견의 차이가 없다는 것입니다

President Bush and myself / when it comes to the assessment /
부시 대통령과 저 사이에는   판단에 있어서

of this situation.
이러한 상황에 대한

Vocabulary Drills ⑪ _____ to do physical activities to strengthen the body ; to carry out (duties, etc.), perform, fulfill
                   ⑫ _____ a written note used inside a company to inform others, ask for information, record meetings, etc.

소리분석

1. 자음 뒤 말음의 자음 생략(And)→겹자음의 발음 생략(And not)→-t/-d의 -r유음화(not only)→연음(have we)→-t/-d의 -r유음화(got to) 등이 연속적으로 일어나고 있으며, 더하면 '연음의 -r'까지 일어난다(share intelligence).

4. 독일어의 영향으로 -t/-d의 -r유음화가 전혀 일어나지 않고 그대로 발음되면서 연음되고 있음을 보여준다.

1.~3. 모두에 선행사와 관계대명사가 바로 이어지지 않고 상당히 멀리 떨어져 있음을 보게 된다. 원칙적으로 또 가능한한 가까이 위치시켜야 하지만, 선행사에 뒤따르는 짧은 수식어구가 있을 때에는 이렇게 떨어져 있기도 하는데, 그래서 관계사 바로 앞에 있는 말이 선행사인 것으로 판단해서는 안된다.

5. †be up to: ~에 달려 있다, ~의 마음대로 이다, ~의 의무이다.

[Nuance Drills] Fill in the blanks with a suitable word as given:

1 _____ implies a being or going together without conflict and is the general term used in expressing an absence of inconsistencies, inequalities, unfavorable effects, etc. 2 _____ emphasizes agreement in form or essential character. 3 _____ emphasizes fitness for each other of the things that are being considered together. 4 _____ implies a combination or association of different things in a proportionate, orderly, or pleasing arrangement.

5 _____ is applied to that which matches, complements, or is analogous to something else. 6 _____ stresses the identical character of the things considered. 7 _____ is applied to a thing that corresponds to another thing as a counterpart or duplicate.

(a) agree   (b) tally
(c) conform   (d) coincide
(e) accord   (f) correspond
(g) harmonize

소리분석 *1.* And not only have we got to share intelligence : 자음 뒤 말음의 자음 생략

2. that we've got to deal with : 강모음과 약모음 사이에서의 -t/-d의 -r 유음화

3. to help improve the system : 설측음의 dark 'l'

4. a lot of political pressure : 사전식 발음이 그대로 나고 있음을 보여 준다.

구문분석 *1.* Well, **one** *of the things that is very important*, Ron, **is that** the information *given to the President* be protected, because we don't want to give away sources and uses and methodology of intelligence-gathering. … <S + V + C, because S′ + V′ + O′> 구조로, S를 선행사로 하는 관계절, that-명사절로 이루어진 C, S′를 후위 수식하는 과거분사, to-inf.로 구성된 O′ 등에 주의해야 한다.

2. And **one** *of the things that we're learning* is in order **to win** this war on terror, we've got to have the best intelligence-gathering possible. … <S + V + C, S′ + V′ + O′> 구조로, S를 선행사로 하는 관계절이 왔으며, 흔히 부사적 용법의 <목적>을 의미한다고만 알고 있던 in order to-inf.가 명사적 용법으로 <목적>을 의미하며 C가 되고 있음을 주의해야 한다.

3. And **not only** have we got to share intelligence between friends — which we do — **but** we're still at war, we've still got **threats** to the homeland **that** *we've got to deal with*. … <not only A but also B>와 이로 인한 도치, **threats**를 선행사로 하는 **that**-관계절 등에 주의해야 한다.

4. And so there are **ways** *to gather information, to help improve the system without jeopardizing the capacity for us to gather intelligence*, and those are the ways I support. … <there + V₁ + S₁, and S₂ + V₂ + C₂> 구조의 중문으로, C₂를 선행사로 하는 관계절에 관계사가 생략되어 있다.

5. And we're also agreed to **the fact that** *it is up to the international community of states to go in and exercise a lot of political pressure in the most — possible way*. … <S + V> 구조에 전치사의 목적어인 **the fact**와 동격을 이루는 **that**-절이 왔고, **that**-절에서 **exercise**는 to go의 전치사 to에 이어지며, **most**와 **possible** 모두 이어지는 명사 *way*를 수식하는 형용사로 쓰였다.

6. We need to pressurize him **so that** international arms inspectors **can** get into the country to find out **what** weapons of mass destruction can be found in his hands. … <~ so that A can B: A가 B할 수 있도록 ~하다>는 <목적>을 나타내는 부사절, what-의문형용사에 의한 명사절 등이 쓰였다.

번역 **질문자:** 8월 6일 자 메모는?

부시 대통령: 아, 예. 글쎄요, Ron 기자, 가장 중요한 것 중의 하나는 우리는 수집된 정보에 대한 출처와 사용과 분류법이 누설되는 것을 원하지 않기 때문에 대통령에게 보고된 정보는 보호되어야만 한다는 것입니다. 그리고 우리가 알고 있는 것 중의 하나는 테러에 대한 이 전쟁에서 이기기 위한 것이며, 우리는 가능한 한 최고의 정보 수집 능력을 가져야만 한다는 것입니다. 11) 또 현재의 우리처럼 우리가 우방국들과 정보를 공유해야만 한다는 것뿐만 아니라 우리는 아직 전쟁 중이며, 우리에게는 우리가 처리해야만 하는 우리 본토에 대한 위협이 여전히 존재합니다. 그리고 우리가 그 전쟁을 수행하는 우리의 능력을 방해하지 않는 것은 매우 중요합니다. 12) 그래서 우리가 정보를 수집하는 능력을 위태롭게 하지 않으면서 정보를 수집하고 체제를 강화하기 위한 다양한 방법들이 있으며, 그러한 것들이 제가 제공하는 방법들입니다.

슈뢰더 수상: 사담 후세인은 독재자이며, 그에는 추호도 의심할 바가 없습니다. 그리고 그는 그의 국민들을 전혀 살피지 않고 행동을 하고 있습니다. 그 점에 있어서 우리는 의견이 일치하고 있습니다. 그리고 또 우리는 최대한 가능한 방법으로 개입하고 많은 정치적인 압력을 행사하는 것은 국제적인 공동체에 달려 있다는 사실에 찬성하고 있습니다. UN 역시 그렇게 하기로 결정을 하였습니다. 국제적인 무기 사찰단이 그 나라에 들어가 어떤 대량 파괴 무기들을 그가 보유하고 있는지 조사할 수 있도록 우리는 그에게 압력을 가할 필요가 있습니다. 제 말씀은 이러한 상황에 대한 판단에 있어서 부시 대통령과 저 사이에는 의견의 차이가 없다는 것입니다.

Answers for Vocabulary Drills ⑪ exercise ⑫ memo

※ Answers for Nuance Drills : 1-a, 2-c, 3-e, 4-g, 5-f, 6-d, 7-b

※CD를 듣고 공란에 들어갈 말을 받아쓴 후 본문의 밑줄 친 부분을 번역하고, 하단의 설명을 읽고 해당하는 단어를 본문에서 찾아 써라.

Unit0725 We then obviously also talked about the question / as to / what should / happen in the
우리는 그런 후 명확하게   의견을 나눴습니다   문제에 대해서도   무슨 일이 일어나야만 하는 지
future, what could happen in the future. I have taken notice / of the fact that His
앞으로   무슨 일이 일어날 수 있는 지   미래에   저는 그러한 사실에 주목해왔습니다
Excellency, the President, does think about / all possible / alternatives. But / despite /
부시 대통령께서   모든 가능한 대안들을 고려하고 있다는   그러나
what people occasionally present here / in rumors, there are no concrete military plans
여기서 사람들이 여기저기 소문만 듣고 공개하는 것들에도 불구하고   구체적인 군사적 공격 계획은 없습니다
of attack on Iraq. And that is why, for me, there is no reason / whatsoever / to
이라크에 대한   그것은 제가 생각하기에는   아무런 이유가 없기 때문입니다
speculate / about when and if and how. I think such speculation / should be forbidden.
깊이 추측할   때와 가정과 방법에 관하여   저는 생각합니다   그러한 추측은 금지되어야 한다고
That, certainly, is not the right thing / for a / Chancellor. And I am in this position.
분명히 그것은 옳은 것이 아닙니다   수상으로서   그리고 저는 그런 위치에 있습니다

Unit0726 We will be called upon to take / our decision / if and when, after consultations — and
13)
we've been / assured that / such consultations are going to be happening — and then
we'll take a decision. And before that, I think / we should not speculate / about serious
            그 전에   저는 생각하고 있습니다   우리는 추측해서는 안된다고
questions like this one.
이와 같은 중대한 질문에 대하여

Q : Mr. President, Chancellor, looking beyond Iraq, given the fact that / Syria, too, in U.S.
Unit0727 부시 대통령과 슈뢰더 수상께서는   이라크 외에   알려진 사실에 주목하면서   시리아도 또한
terminology, ① [îzə stéitspànsər]   / of terrorism, given the fact that / Saudi Arabia /
미국식 수사법대로라면   테러리즘을 지원하는 국가라는 것과   사우디 아라비아가
② [izéniəiŋ bárə dèməkrǽrik]   / pluralistic society, ③ [háurə bóuθəvjə]   / want to have this
결코 민주적이며 다원적인 사회가 아니라는   두 분은 어떻게 되기를 바라십니까
whole region, the Middle East, look like / once the fight against terror is over?
이 모든 지역   중동이   테러 전쟁이 끝난 후에는

President Bush : Yes, it's a great question. Would you care to go first, Mr. Chancellor — (laughter). I'll
Unit0728   예   훌륭한 질문입니다   먼저 말해도 괜찮겠습니까   슈뢰더 수상
be glad to answer it, if you like.
제가 기꺼이 답해드리겠습니다   괜찮다면

First, ④ [juní:rə nou]   / that / in order for the region to be peaceful / and hopeful,
먼저   귀하는 알 필요가 있습니다   그 지역이 평화롭고 희망에 찬 곳이 되기 위해서는
there must be a resolution / to the Palestinian-Israeli conflict. I believe that strongly.
해결되어야만 한다는 것을   팔레스타인과 이스라엘의 분쟁이   저는 그것을 강하게 믿습니다
And that's why / my government / and I feel strongly that / we've got to / work toward
14)
a vision of peace that / includes two states /
living side by side.

Vocabulary Drills ⑬ _____ to guess about ; to think (about a matter) in a right way or without facts that would lead to a firm result
⑭ _____ a person, business, or group that helps pay for something (cultural or sporting event, TV show, etc.)

🔊 **소리분석** *1.* is a state sponsor : 연음

2. is anything but a democratic : 연음, 강모음과 약모음 사이에서의 -t / -d의 -r 유음화

3. how do both of you : 기능어의 축약과 강모음과 약모음 사이에서의 -t / -d의 -r 유음화, 연음

4. you need to know : 강모음과 약모음 사이에서의 -t / -d의 -r 유음화

💡 **구문분석** *1.* We then obviously also talked *about the question as to what should happen in the future, what could happen in the future.* … 술어동사 talked가 완전자동사로 쓰인 〈S + V〉 구조이다.

2. But despite what people occasionally present here in rumors, there are *no concrete military* plans *of attack* on Iraq. … present는 술어동사(타동사)로 쓰였다.

3. We *will be called upon* to take our decision if and when, after consultations — and we've been assured that such consultations are going to be happening — and then we'll take a decision. … 수동태일 경우의 술어동사 번역에 주의해야 한다(요구될 것이다→요구를 받을 것이다).

4. Mr. President, Chancellor, looking beyond Iraq, *given the fact that* Syria, too, *in U.S. terminology,* is a state sponsor of terrorism, *given the fact that* Saudi Arabia is *anything but* a democratic pluralistic society, how do both of you want to have this whole region, the Middle East, look like once the fight against terror is over? … 부대상황을 의미하는 현재분사, 분사적 성격을 거의 상실하고 형용사로 쓰여진 과거분사 given, 동격의 that-절 등이 사용된 부사구들이 나열된 후 how do both of you want to have ~?가 주절이다.

5. First, you need to know that *in order* for the region *to be peaceful and hopeful*, there must be a resolution to the Palestinian-Israeli conflict. … 〈S + V + O〉 구조에 that-명사절이 O로 쓰였다.

6. And that's *why my government and I feel strongly that we've got to work toward* **a vision** of peace **that** includes two states living side by side. … why를 '왜'라는 의문사로만 생각하지 말아야 한다. '~한 이유'를 뜻하는 관계부사, 명사 등으로도 사용되는데, 여기서는 관계부사로 쓰였다. 기본적으로 〈S + V + C〉 구조이나, 두 개의 관계절(why-절, that-절)을 포함하는 복층구조의 혼합문이다.

1. 1형식 문장이지만, 이어지는 전치사구의 목적어로 what-명사절이 쓰인 혼합문이다. †in the future : 앞으로, 장차

2. present도 참 어려운 단어로, 형용사, 3가지 의미의 명사, 타동사와 자동사로 쓰이는데, 여기서는 동사로 쓰였으며, 동사로 쓰일 경우 주된 용법은 타동사이다. 즉, what을 목적어로 하여, '공개(소개·제공)하다'는 의미로 쓰였다는 것, plan에 대한 전후의 수식어에 주의해야 한다. †present ⑱ 참석한, 출석한, 현재의 ⑲ 1) 현재 2) 선물 3) 겨냥, 겨눔 때의 총 위치, 받들어 총의 자세 ⑳ 주다, 제출하다, 소개하다, 공개하다, 나타내다, 출석하다. ㉑ 성직(聖職) 추천권을 행사하다.

3. †call (up)on : 1) 방문하다. 2) 요구(요청·부탁)하다. 3) 방문하다. / be assured of(that) : ~을 확신하다. / take (make) a decision : 결정하다, 결단을 내리다.

4. †anything but : 1) ~이외에 무엇이든 ¶ I will do *anything but* that.(그 이외의 일이라면 무엇이든 하겠지만 그것만큼은 못하겠다.) 2) 결코 ~아니다, ~이기는커녕 ¶He is *anything but* a scholar.(그는 결코 학자가 아니다.)

5. that-절은 in order to에 의한 부사적 용법(목적)의 to-inf.가 먼저 온 후에 that 유도부사에 의한 본문이 오고 있다.

[Nuance] '금지하다'의 뜻을 가지는 말
①forbid : 일반적인 말로, 개인적인 관계에서 직접적인 명령으로(또는 규칙을 만들어) 어떤 일을 금지하다. 부모가 아이들의 위험한 놀이 등을 금하는 것 등이 이에 속한다. 구어체에서는 tell을 써서 말하는 것이 보통이다. ②prohibit : '권한(권력)이 있는 자가 법률·규칙 등을 통해 공무상·사법상으로 금지하다'는 의미의 딱딱한 말. ③inhibit : 긴급한 필요에 의해 prohibit하다. 엄밀한 본래 의미는 prohibit와 같아 바꿔 쓰기도 한다. ④ban : 신문이나 잡지 등에서 흔히 사용하는 말로, 강한 비난의 의미를 내포하여 법률적·사회적으로 금하다. ⑤taboo : 원시적인 미신이나 사회관습에 따라 금하다. ⑥interdict : 법률적·종교적 용어로 국가간의 왕래·노예매매·종교의식 등과 같은 것을 금하다. ⑦enjoin : 英법원의 명령에 의해 어떤 행동을 금하다.

[번역] 그런 후 우리는 앞으로 무슨 일이 일어나야만 하는 지, 미래에 무슨 일이 일어날 수 있는 지에 관한 문제에 대해서도 명확하게 의견을 나눴습니다. 저는 부시 대통령께서 모든 가능한 대안들을 고려하고 있다는 사실에 주목해왔습니다. 그러나 여기서 사람들이 여기저기 소문 듣고 공개하는 것들에도 불구하고, 이라크에 대한 구체적인 군사적 공격 계획은 없습니다. 그것은 제가 생각하기에는 때와 가정과 방법에 관하여 심각하게 추측할 아무런 이유가 없기 때문입니다. 그러한 추측은 금지되어야 한다고 저는 생각합니다. 수상으로서 그것은 분명히 옳은 것이 아닙니다. 그리고 저는 그런 위치에 있습니다.
<u>13) 우리는 그러한 회담이 곧 진행될 것으로 우리는 확신해왔으며, 회담이 끝난 후에는 방법과 시기를 결정해야 한다는 요구를 받을 것이고, 그런 후 우리는 결정을 내릴 것입니다.</u> 우리는 이와 같은 중대한 질문에 대하여 그 전에 추측해서는 안된다고 저는 생각하고 있습니다.

질문자 : 미국의 표현대로라면, 부시 대통령과 슈뢰더 수상께서는 이라크 외에 시리아도 또한 테러리즘을 지원하는 국가라는 것과 사우디 아라비아가 결코 민주적이며 다원적인 사회가 아니라는 알려진 사실에 주목하면서, 두 분은 테러 전쟁이 끝난 후에는 이 모든 지역 중동이 어떻게 되기를 바라십니까?

부시 대통령 : 예, 훌륭한 질문입니다. 슈뢰더 수상, 먼저 말해도 괜찮겠습니까? 괜찮다면, 제가 기꺼이 답해드리겠습니다. 먼저, 귀하는 그 지역이 평화롭고 희망에 찬 곳이 되기 위해서는 팔레스타인과 이스라엘의 분쟁이 해결되어야만 한다는 것을 알 필요가 있습니다. 저는 그것을 강하게 믿습니다. <u>14) 그리고 그것이 두 나라가 사이좋게 살아가는 것을 포함하는 평화의 비전을 위해 우리가 노력해야 한다고 저의 정부와 제가 강력하게 생각하는 이유입니다.</u>

[Answers for Vocabulary Drills] ⑬ speculate ⑭ sponsor

※CD를 듣고 공란에 들어갈 말을 받아쓴 후 본문의 밑줄 친 부분을 번역하고, 하단의 설명을 읽고 해당하는 단어를 본문에서 찾아 써라.

Unit0729 And the positive news is that / many Arab leaders understand / that they have got to
그리고 건설적인 소식은 　　　　　많은 아랍의 지도자들이 이해하고 있다는 것입니다 　　　그들이 되어야만 한다는 것을
be a part of the process now. We spent a great deal of time talking to / the Saudis,
　발전의 일부가 　　　　　　이제는 　우리는 실로 많은 시간을 소비했습니다 　　　이야기하느라 사우디아라비아에게
for example — you mentioned the Saudis. ① [ðei mʌs bíːə páːri] 　　　　/ to the process. They
예를 들면 　　귀하가 언급했던 그 사우디아라비아에게 　　그들은 발전의 참여자가 될 것입니다 　　　15)
have — sometimes in the past / the process has not gone forward / because there
hasn't been, as we say / in America, the buy-in by the parties ; they haven't been a
party to the process.

Unit0730 ② [æn àimplíːztə ripóː] 　　　　　　　　, as you can probably see in your newspapers, they are
또 저는 보고하게 되어 기쁩니다 　　　　　귀하가 귀사의 신문에서도 볼 수 있듯이 　　　　　　그들이
now, they're involved. I think one of our — and the reason I mention that is because I
이제는 　개입하고 있다는 것을 　　　16)
think / their involvement / to a process that / I'm optimistic will succeed / will then enable
us to / continue to more likely have an effect on promoting / values that we hold dear
— values of rule of law / and democracy / ③ [æm mínóːrəri raits].

Unit0731 The institutions of change / are more likely to / be effective / with our ability to achieve /
변화하는 제도는 　　　　　　훨씬 더 효과를 발휘할 것입니다 　　　달성할 수 있는 우리의 능력 때문에
④ [əpíːsin ðəmírlìːs] 　　　　　. And so much of the ability to promote reform — which
중동 평화를 　　　　　　　그리고 개혁을 촉진하는 그 많은 능력들은
we're for — hinges on our / abilities and capacities to get something done. And it's
우리가 목적하는 　달려있습니다 　우리의 능력과 역량에 　　　　무엇인가를 이룩할 수 있는 　　그리고 그것은
going to take a while, I believe, but, nevertheless, we are making progress. And my
시간이 좀 걸릴 것입니다 　　　제 생각에는 　하지만 그럼에도 불구하고 　우리는 발전을 하고 있습니다 　　또 저의
administration spends a / great deal of time / on the Middle East, because we
정부는 정말 많은 시간을 중동문제에 소비하고 있는 중입니다 　　　　　　우리는 이해하고 있기 때문에
understand that it is a linchpin for convincing regimes / to adopt the habits of freedom
설득력이 있는 정권이 자유의 관습을 채택하는 것이 긴요하다는 것을
/ that sometimes we take for granted in our
우리가 때로는 당연하다고 생각하는
respective countries.
각자의 나라에서

Vocabulary Drills ⑮ 　　　　　　　　　　to take, example an idea or custom, and use ; to accept, example a report or recommendation
⑯ 　　　　　　　　　　to cause someone to believe something is worth doing or true, (syn.) to persuade

소리분석 *1.* They must be a party : 자음 뒤 말음의 자음 생략, -t/-d의 -r유음화

2. And I'm pleased to report : 자음 뒤 말음의 자음 생략, 조음점 동화

3. and minority rights : 자음 뒤 말음의 자음 생략, 비음화, -t/-d의 -r유음화

4. a peace in the Middle East : 연음, -t/-d의 -r유음화, 자음 뒤 말음의 자음 생략

1. positive는 '1)명확한 2)완전한 3)확신하고 있는 4)궁극적인, 적극적인, 건설적인 5)실용적인' 등의 의미를 갖는 형용사이나, 여기서는 '고무적인, 건설적인'으로 옮기고, part는 '부분, 비율, 역할, 임무' 등의 의미를 가지지만, 여기서는 participate에서 유추하여 '참여자'로 옮기는 것이 의미의 전달에 자연스럽다.

2. sometimes in the past는 the process가 주어인 문장에서 강조를 위해 앞에 왔다.

3. 2 다음에는 관계대명사가 생략된 관계절이 one and the reason을 수식하고, 3 다음에는 C가 되고 있는 because-절, 4 다음에 또 that이 생략된 목적어로 쓰인 that-명사절, 5와 6 다음에는 that-관계절이 쓰이고 있다. 문제는 **will succeed will** then **enable** us 인데, **succeed** 다음에 and가 생략되었다고 보아야 한다.

4. †hinge (up)on : ~에 따라(나름으로) 정해지다.

5. †take (it) for granted (that…) : ~을 당연한 일로 생각하다.

구문분석 *1.* And the positive news is *that₁* many Arab leaders understand *that₂* they have got to be a part of the process now. ··· C로 *that₁*-명사절이 오고, that₁-절의 O로 또 다른 *that₂*-절이 오고 있는 혼합문으로, have got to가 쓰였다.

2. They have—sometimes in the past the process has not gone forward *because there hasn't been*, as we say in America, *the buy-in by the parties* ; they haven't been a party to the process. ··· They have 다음에 dash(—)가 왔다는 것으로 미루어 말을 주저하다가, semi-colon(;) 다음에 그 말을 완결시키고 있음을 볼 수 있다.

3. I think₁ one of our—and *the reason₂* I mention that is₃ because I think₄ **their involvement** *to a process₅* *that I'm optimistic* will succeed will then enable us to continue to

분석

~ one and the reason is because I think (that)
　└ of our　└(that) I mention that
their involvement to a process will succeed
　　　　　　　　　└ that I'm optimistic
　　　　　　　　(and) will then enable us to continue ···

more likely have an effect on promoting **values₆** *that we hold dear*—values of rule of law and democracy and minority rights. ··· 술어동사 think₁ 다음에 that-명사절이 O로 오면서부터 모두 6개의 절(clause)들이 엉켜있는 복잡한 혼합문이다.

4. And so **much** *of the ability to promote* **reform**—*which we're for*—**hinges** on our abilities and capacities *to get* something done. ··· 형용사적 용법으로 앞의 명사를 후위 수식하는 두 개의 to-inf. 가 쓰였으며, 주어를 수식하는 부사구 안에 dash(—)로 묶인 관계절이 들어 있다.

5. And my administration spends a great deal of time on the Middle East, *because we understand that it is a linchpin for convincing regimes to adopt the habits of freedom that sometimes we take for granted in our respective countries.* ··· because-부사절 술어동사의 O로 *that*-명사절이 오고, 그 안에 *the habits*를 선행사로 하는 *that*-관계절이 쓰인 혼합문이다.

Nuance Drills *Fill in the blanks with a suitable word as given:*

1 _____ is the basic, direct word meaning to command a person to refrain from some action. 2 _____ implies a forbidding by law or official decree; 3 _____ implies legal or ecclesiastical prohibition, usually for a limited time, as an exemplary punishment or to forestall unfavorable developments. 4 _____ implies a legal order from a court prohibiting (or ordering) a given action, under penalty. 5 _____ implies legal or ecclesiastical prohibition with an added connotation of strong condemnation or censure.

(a) ban   (b) forbid
(c) enjoin   (d) prohibit
(e) interdict

번역 그리고 건설적인 소식은 많은 아랍의 지도자들이 그들도 이제는 발전의 참여자가 되어야만 한다는 것을 이해하고 있다는 것입니다. 예를 들면, 귀하가 언급했던 그 사우디아라비아에게 이야기하느라 우리는 실로 많은 시간을 소비했습니다. 그들은 발전의 참여자가 될 것입니다. 15) 그들은 미국의 우리가 말하는 것과 같은 많은 사람들에 의한 경매가 존재하지 않았던 까닭에 과거에는 때때로 발전이 진행되지 못했고 그들은 발전의 참여자가 되지 못했었습니다.

또 저는 귀하가 귀사의 신문에서도 볼 수 있듯이 그들이 이제는 개입하고 있다는 것을 보고하게 되어 기쁩니다. 16) 제가 그렇게 생각하고 언급하는 이유 중의 하나는 성공을 거둘 것이라고 제가 낙관하는 과정에 그들이 개입하고 있기 때문에 그런 후에는 우리가 소중하게 지키는 고무적인 가치들, 즉 법률에 의한 지배와 민주주의와 소수의 권리라는 가치들에 우리가 계속해서 영향을 줄 수 있게 될 것이라고 제가 생각하기 때문입니다.

변화하는 제도는 중동 평화를 달성할 수 있는 우리의 능력 때문에 훨씬 더 효과를 발휘할 것입니다. 그리고 우리가 목적하는 개혁을 촉진하는 그 많은 능력들은 무엇인가를 이룩할 수 있는 우리의 능력과 역량에 따라 좌우됩니다. 그것은 제 생각에는 시간이 좀 걸릴 것입니다만 그럼에도 불구하고, 우리는 발전을 하고 있습니다. 또 우리는 설득력이 있는 정권이 우리가 각자의 나라에서 때로는 당연하다고 생각하는 자유의 관습을 채택하는 것이 긴요하다는 것을 이해하고 있기 때문에 저의 정부는 정말 많은 시간을 중동문제에 소비하고 있는 중입니다.

Answers for Vocabulary Drills ⑮ adopt ⑯ convince

※CD를 듣고 공란에 들어갈 말을 받아쓴 후 본문의 밑줄 친 부분을 번역하고, 하단의 설명을 읽고 해당하는 단어를 본문에서 찾아 써라.

Chancellor Schroeder :
Unit0732
Well, I don't think I've got to add a lot to / what's been said — possibly so much. I
글쎄요 저는 더 많은 말을 덧붙여야만 한다고는 생각하지 않습니다   이 말에 대하여   가능한 한 그렇게 많은
think / there cannot / be peace in the Middle East / without the United States of
저는 생각합니다   중동에는 평화가 있을 수 없다고   미합중국이 없이
America / and without them being active / in this field. And it was not without reason
그리고 그들이 적극적이지 않는 한   그 지역에서   다 이유가 있었던 것입니다
that / I pointed to the tremendously important speech / of the President. It's very
제가 지적한 것은   부시 대통령의 매우 중요한 연설을   그것은 매우 중요합니다
important. ① [æn nǽris ʍwai] _____ / we support / the efforts / towards peace / undertaken / by
17)
the United States, but also / by all other members / of the so-called Quartet. We are
우리는
supporting this in the framework / of the European Union, but we're also doing it /
이 일을 유럽 연합이라는 틀 안에서 지지하고 있지만   그러나 우리는 또한 그것을 실행하고 있습니다
from bilateral channels. ② [æm mái imprɛ́ʃə nis] _____ — and here yet again, I fully agree with
쌍무적인 방침에 따라   그리고 저의 생각은   여기서 다시 말씀드리지만   저는 전적으로 동의합니다
the President / that a certain degree of progress / is visible / in this process.
부시 대통령께   어느 정도의 진전이 나타나고 있다는 점에 대하여   지금의 과정상

Unit0733
Now, obviously, we cannot be satisfied / with the degree of progress, but still / we
지금 분명히   우리는 만족할 수 없지만   그 정도의 진전으로는   그럼에도 불구하고
have moved a little bit / and there is no alternative / to the way / that the President
우리는 약간의 진전을 이루어왔으며   다른 대안이 없습니다   그 길에는   부시 대통령께서
just described. There is no such thing / as a magic formula / to solve this tremendously
방금 설명했던   마술 공식과 같은 그러한 것은 없습니다   이러한 매우 어려운 문제를 해결할 수 있는
difficult problem. ③ [nóubàdi hæz sʌ̀ʧə fɔ́ːmjulə] _____ . ④ [æn ðǽ tis ʍwai ai θ́iŋk] _____ / the task that /
그런 방법을 가진 사람은 아무도 없습니다   18)
the President just described / is certainly one that needs to be seriously / supported / by
the European Union and by us, bilaterally.

President Bush :
Unit0734
Steve Holland, Reuters.
로이터 통신의 Steve Holland 기자

Q : Thank you very much.
정말 감사합니다

President Bush : A fine man, fine man.
매우 멋진 사람이지요

Chancellor Schroeder : We'll see that / once he's put his question. (Laughter.)
우리는 기대할 것입니다 그가 한 번이라도 자신의 질문을 하는 지

President Bush : There you go.
계속 하세요

Q : You meet with President Putin tomorrow. How are you going to talk him / into ending
각하께서는 내일 푸틴 대통령과 만날 것입니다   그를 어떻게 설득하실 예정입니까   끝내도록
nuclear cooperation / with Iran?
이란과의 핵 협력을

Vocabulary Drills ⑰ _____ to indicate the direction of something ; to bring to somebody's attention or notice
⑱ _____ to accept and begin work on something usually large and serious

1. [n, s, z, l, r + 하]에서의 [하] 생략

소리분석 **1.** And that is why : 자음 뒤 말음의 자음 생략, 조음점 동화

2. And my impression is : 비음화, 연음

3. Nobody has such a formula : 연음

4. And that is why I think : 자음 뒤 말음의 자음 생략, 연음

4. †**fully agree with** : ~에 전적으로
동의하다.

5. 통역관의 말을 유심히 들으면, 이 문장을
'It is now, obviously,'로 말하고 있
음을 알 수 있다. †**be satisfied
with** : ~에 대하여 만족하다.

※Unit0734의 Steve Holland 기자의
You **meet** with President Putin
tomorrow.에는 미래를 나타내는 분명
한 부사구가 있을 경우, 현재형으로 가까
운 미래 시제를 대신할 수 있음을 보여주
고 있다.

구문분석 **1.** I think *there cannot be peace in the Middle East* **without₁** *the United States of America
and without₂ them being active in this field.* ··· think 다음에 명사절을 이끄는 종속접속사 that이 생략
되었고, '~없이(는), ~을 제외하고'(except)의 뜻을 갖는 전치사 without이 왔으며, **without₂** 다음에
는 <의미상의 주어 + 동명사>가 이어지고 있다.

2. And that is why we support **the efforts** *towards peace undertaken by the United States*, but also
by all other members of the so-called Quartet. ··· 여기서의 why는 '이유'를 뜻하여 선행사 없이 명사
절을 이끄는 관계부사로 쓰였다.

3. We are supporting **this** *in the framework of the European Union*, but we're also doing **it** *from
bilateral channels.* ··· <S₁ + V₁ + O₁, but S₂ + V₂ + O₂> 구조이다.

4. And my impression is—**and here yet** again, I fully *agree with* the President *that* a certain
degree of progress is visible in this process. ··· and나 but과 함께 쓰여 '그럼에도 불구하고'의 의미
를 갖는 yet, <···agree with A that B : B에 대하여 A에 동의하다>가 쓰였다.

5. Now, obviously, we cannot be satisfied with the degree of progress, but still we have moved a
little bit and there is no alternative to **the way that** *the President just described.* ··· **the way**를
선행사로 하는 **that**-관계절이 이어지고 있다.

6. And that is why I think **the task that** *the President just described* **is** certainly **one that** *needs
to be seriously supported by the European Union and by us, bilaterally.* ··· '이유'라는 의미로 명사
절을 이끄는 관계부사 why가 왔으며, 두 개의 **that**-관계절이 왔다.

번역 **슈뢰더 수상** : 글쎄요, 저는 이 말에 대하여 가능한 한 그렇게 많은 말을 덧붙일 필요는 없다고 생각합니다. 미합중국이
없이 또 미국이 그 지역에서 적극적이지 않는 중동에는 평화가 있을 수 없다고 저는 생각합니다. 제가 부시 대통령의
매우 중요한 연설을 지적한 것은 다 이유가 있었던 것입니다. 그것은 매우 중요합니다. 17) 그리고 그것이 우리가 미합중
국에 의해 그리고 또 소위 4중주라 할 수 있는 다른 모든 나라에 의해 실행되는 평화를 향한 노력을 지지하는 이유입니
다. 우리는 유럽 연합이라는 틀 안에서 이 일을 지지하지만 우리는 또한 그것을 쌍무적인 방침에 따라 실행하고 있
습니다. 그리고 여기서 다시 말씀드리지만 저의 생각은 지금의 과정상 어느 정도의 진전이 나타나고 있다는 점에 대하여
부시 대통령께 전적으로 동의합니다.

Nuance **'노력'의 뜻을 가지는 말**
①**effort** : 어떤 일이나 목적을 달성하기 위해
의식적으로 정력을 사용하는 노력이나 수고로 한
바탕의 힘이 또는 일련의 활동을 가리키는데, 군
중 속을 헤치고 나아가는 노력 등도 이에 해당한
다. ②**endeavor** : effort보다 딱딱한 말로 보
다 훌륭한 어려운 목적을 달성하기 위한 장기적·
조직적이며 일사분란하고 진지한 노력 ③
application : 주의깊은 계속적인 노력 ④
exertion : 일정한 목적에 관계없이 세차게 계
속적으로 힘을 발휘해야 하는 노력 ⑤**pains** :
매우 힘이 들고 마음을 졸이면서 하는 노력 ⑥
striving : 목적 보다는 그곳에 도달하는데 필
요한 toil과 labor에 대해서 사용하는 말

그 정도의 진전으로는 지금 분명히 우리는 만족할 수 없지만, 그럼에도 불구하고 우리는 약간의 진전을 이루어 왔으며,
부시 대통령께서 방금 설명했던 그 길에는 다른 대안이 없습니다. 이러한 매우 어려운 문제를 해결할 수 있는 마술 공식
과 같은 그러한 것은 없습니다. 그런 방법을 가진 사람은 아무도 없습니다. 18) 그것이 부시 대통령께서 방금 설명했던
그 임무가 바로 유럽 연합과 우리가 힘을 합하여 진정으로 지원할 필요가 있는 그것이라고 제가 생각하는 이유입니다.
부시 대통령 : 로이터 통신의 Steve Holland 기자.
질문자 : 정말 감사합니다.
부시 대통령 : (그는) 매우 멋진 사람입니다.
슈뢰더 수상 : 우리는 그가 한 번이라도 자신의 질문을 하는 지 기대할 것입니다.
부시 대통령 : 계속 하세요.
질문자 : 각하께서는 내일 푸틴 대통령과 만날 것입니다. 이란과의 핵 협력을 끝내도록 그를 어떻게 설득하실 작정입니까?

Answers for Vocabulary Drills ⑰ point ⑱ undertake

※ CD를 듣고 공란에 들어갈 말을 받아쓴 후 본문의 밑줄 친 부분을 번역하고, 하단의 설명을 읽고 해당하는 단어를 본문에서 찾아 써라.

President Bush : Well, that's a—that's going to be a topic. One way to make the case / is that if you
글쎄요   그것은   그것이 화제가 될 예정입니다   문제를 풀어 가는 한 방법은   만약 귀하가

Unit0735

arm Iran, you're liable to get the weapons pointed at you ; ① [ðət juvgárə bi kέərfəl]
이란을 무장시킨다면   귀하는 그 무기들로 하여금 당신을 겨냥하게 하기 쉽습니다, 즉   귀하는 주의해야만 한다고 할 것입니다

＿＿＿＿ / in dealing with a country like Iran.
           이란과 같은 나라를 다루는데

Unit0736

This is a country that / doesn't — ② [its nàtrænspéərən nàróupən] ＿＿＿. It's run by a /
그곳은 나라입니다   투명하지 않은   개방되어 있지 않은   그곳은 운영되고 있습니다

group of extremists / who fund / terrorist activity, who clearly hate our mutual friend,
극단주의자들의 집단에 의해   테러리스트의 활동에 자금을 공급하고   확실하게 증오하는   우리 공동의 우방국인

Israel. And, you know, it's very unpredictable. And, therefore, Russia needs to be
이스라엘을 그리고 당신도 알다시피   그곳은 매우 예측할 수 없는 곳입니다   그런 까닭에   러시아는 필요가 있습니다

concerned about / proliferation into a country that / might / view them as an enemy at
관심을 가질   어떤 나라로의 확산에 대하여   그들을 적으로 생각할 지도 모르는

some point in time. And if Iran gets a weapon of mass destruction, deliverable by a
때에 따라 어떤 점에서는   그리고 만약 이란이 대량 파괴 무기를 획득하게 되면   미사일로 운반될 수 있는

missile, that's going to be a problem. That's going to be a problem for / all of us,
그것은 문제가 될 것입니다   그것은 우리 모두의 문제가 될 것입니다

including Russia.
러시아를 포함하여

Unit0737

So that's how I'm going to make the case. ③ [wiv gárə lárəv wə:rk tudù wið rʌʃə]
그래서 그것이 방법입니다 제가 문제를 풀어갈   우리는 러시아와 함께 해야 할 많은 일들이 있습니다

＿＿＿＿. I will continue to make the case. As you know, Steve, I have brought that
         저는 계속하여 문제를 풀어갈 것입니다   Steve 당신도 알겠지만   저는 그 문제를 제기해왔습니다

subject up / ever since I've started meeting with Vladimir Putin.
        제가 블라디미르 푸틴과 회담을 시작한 이래로 내내

Unit0738

The good news is, we're—our relationship / is a friendly relationship ; that I view
19)

President Putin / as a friend, I view Russia / as a friend, ④ [nàrəzə nénəmi] ＿＿＿. And

therefore, it's much easier / to solve these difficult issues, and issue like proliferation,
그래서   그것이 훨씬 더 쉽습니다   이러한 어려운 문제를 해결하기가   그리고 확산과 같은 문제는

amongst friends.
우방국들 간에

Unit0739

And / I want to appreciate the Chancellor's kind words / about / tomorrow's / treaty
그리고 슈뢰더 수상의 친절한 말씀에 감사를 드립니다   내일 회담의 서명에 관한

signing. It's going to be a positive development / for America, and I believe a positive
        그것은 고무적인 발전이 될 것이며   미국에   저는 믿습니다   건설적인 발전으로

development / for Europe. And then, of course, we're going to Rome afterwards, and
        유럽에 대해서도   그리고 또한   우리는 나중에 로마에 갈 예정이며

that, too, will be a positive development / for Europe and America. And it is within the
그것은 또한 고무적인 발전이 될 것입니다   미국과 유럽에   20)

—it's in this positive relationship / and positive atmosphere that / we're more likely to

be able to achieve / satisfaction on non-proliferation.

Vocabulary Drills ⑲ ＿＿＿＿＿＿＿＿ *(with someone or something) to interact with someone or something, especially in business*
⑳ ＿＿＿＿＿＿＿＿ *an idea being thought, talked, or read about, a topic ; to cause to be controlled or ruled*

2. it's not open의 it's는 실제 발음하지 않고 있음을 볼 수 있는데, 앞에서 한 번 말했고 또 그것이 기능어인 까닭에 발음을 생략할 수 있어 말하지 않은 것이다.

소리분석 *1.* that you've got to be careful : 강모음과 약모음 사이에 쓰인 -t/-d의 -r유음화

2. it's not transparent, it's not open : 겹자음의 발음 생략, -t/-d의 -r유음화

3. We've got a lot of work to do with Russia : 강모음과 약모음 사이에 쓰인 -t/-d의 -r유음화

4. not as an enemy : -t/-d의 -r유음화, 연음

구문분석 *1.* One **way** to make the case **is that** if you arm Iran, you're liable to get the weapons pointed at you ; that you've got to be careful in dealing with a country like Iran. … <S+V+C> 구조로 C로 that-명사절이 왔으며, have to와 비슷한 의미인 have got to가 쓰이고 있다.

1. 여기서의 case는 보통 정관사 the와 함께 쓰여 '실정, 진상, 상황, 처지, 입장' 등의 의미로 쓰였는데, make the case는 '문제(상황)를 풀다(처리하다, 해결하다)'는 의미로 쓰였다. ¶If you do so, you will *make your case* worse. (그렇게 한다면, 당신의 입장은 더욱 나빠질 것이다.) / †be liable to : 자칫하면 ~하기 쉽다(※likely, apt와 거의 같은 의미이나, 주로 좋지 않은 일에 사용된다)./ deal with : 다루다, 처리하다(handle)./ point at : 가리키다, 겨냥하다.

3. †be concerned about : ~을 걱정(염려)하다, ~에 관심을 가지다./ view A as B : A를 B로 보다(간주하다, 생각하다)/ in time : 1)때가 이르면, 조만간 2)꼭 좋은 때에(for) 3)박자가 맞아(with) 4)도대체(의문사를 강조하여)

4. †bring up : (문제 등을) 꺼내다, 제기하다.

2. It's run **by a group** of extremists who fund terrorist activity, who clearly hate our mutual friend, Israel. … 수동태 문장으로, 능동주어인 <by+O>의 O를 선행사로 하는 두 개의 who-관계절에 의한 이중한 정이 이루어지고 있다.

3. And, therefore, Russia needs to be concerned about proliferation into *a country that might view them as an enemy at some point in time.* … *a country*를 선행사로 하는 that-관계절, '~인지도 모른다'는 의미의 <추측>을 나타내는 조동사 might이 오고 있다.

4. As you know, Steve, I *have brought* that subject up ever *since* I've started meeting with Vladimir Putin. … since가 <때>를 나타내는 접속사로 쓰이면 앞의 주절에는 현재완료시제가 오지만, since 다음에는 과거시제(현재완료·과거완료)가 온다.

5. The good news is, *we're —our relationship is a friendly relationship* ; that I *view* President Putin *as* a friend, I *view* Russia *as* a friend, *not as* an enemy. … 술어동사 is의 보어로 접속사 that이 생략된 we're~가 왔으며, semi-colon(;) 이하는 그 사실에 대한 부연적인 보충설명이다.

6. And it is within the— it's in *this positive relationship and positive atmosphere that we're more likely to be able to achieve satisfaction on non-proliferation.* … It is~ that 강조구문, be likely to 등이 쓰였다.

번역 **부시 대통령** : 글쎄요, 그것은…, 그것은 화제가 될 예정입니다. 문제를 풀어 가는 한 방법은 만약 귀하가 이란을 무장시킨다면 귀하는 그 무기들로 하여금 당신을 겨냥하게 하기 쉽습니다. 즉 귀하는 이란과 같은 나라를 다루는데 주의해야만 한다고 할 것입니다.
   그곳은 투명하지 않고 개방되어 있지 않은 나라입니다. 그곳은 테러리스트의 활동에 자금을 공급하고 우리 공동의 우방국인 이스라엘을 확실히 증오하는 극단주의자들의 집단에 의해 운영되고 있습니다. 그리고 당신도 알다시피, 그곳은 매우 예측할 수 없는 곳입니다. 그런 까닭에 러시아는 경우에 따라 어떤 점에서는 그들을 적으로 생각할 지도 모르는 다른 나라로의 (핵) 확산에 대하여 관심을 가질 필요가 있습니다. 그리고 만약 이란이 미사일로 운반될 수 있는 대량 파괴무기를 획득하게 되면, 그것은 문제가 될 것입니다. 그것은 러시아를 포함하여 우리 모두의 문제가 될 것입니다.
   그래서 그것이 제가 문제를 풀어갈 방법입니다. 우리는 러시아와 함께 해야 할 많은 일들이 있습니다. 저는 계속하여 문제를 풀어갈 것입니다. Steve 당신도 알겠지만, 제가 블라디미르 푸틴과 회담을 시작한 이래로 내내 저는 그 문제를 제기해왔습니다.
   <u>19) 좋은 소식은 우리가…, 우리의 관계가 우호적인 관계라는 것이며, 제가 푸틴 대통령을 친구로 생각한다는 것입니다.</u> 저는 러시아를 적이 아니라 우방국으로 생각합니다. 그래서 이러한 어려운 문제들, 그리고 (핵) 확산과 같은 문제는 우방국들 간에 해결하기가 훨씬 더 쉽습니다.
   그리고 내일 회담의 서명에 관한 슈뢰더 수상의 친절한 말씀에 감사를 드립니다. 그것은 미국에 고무적인 발전이 될 것이며, 유럽에 대해서도 건설적인 발전이라고 저는 믿습니다. 그리고 또한 우리는 나중에 로마에 갈 예정인데, 그것 또한 미국과 유럽에 고무적인 발전이 될 것입니다. <u>20) 그것은 범주 안에, 즉 그것은 우리가 만족스러운 비확산에 더 도달하기 쉬운 이러한 고무적인 발전과 건설적인 분위기에 달려 있습니다.</u>

[Nuance Drills] *Fill in the blanks with a suitable word as given:*
[1]_____ implies a conscious attempt to achieve a particular end. [2]_____ implies an energetic, even violent, use of power, strength, etc., often without reference to any particular end. [3]_____ suggests an earnest, sustained attempt to accomplish a particular, usually meritorious, end. [4]_____ suggests a laborious, diligent attempt.
(a) exertion　　(b) effort
(c) pains　　(d) endeavor

[Answers for Vocabulary Drills] ⑲ deal ⑳ subject

※ CD를 듣고 공란에 들어갈 말을 받아쓴 후 본문의 밑줄 친 부분을 번역하고, 하단의 설명을 읽고 해당하는 단어를 본문에서 찾아 써라.

Q : Mr. President, the Chancellor just said that your government / does not / seem to be
[Unit0740] 21)
very / specific right now / when it comes to / plans to attack Iraq. Is that true, sir? And
　　　　　　　　　　　　　　　　　　　　　　　　　　　　그 말이 사실입니까?
could you, nevertheless, try to explain / to the German people / what your goals are /
그럼에도 불구하고　　　　　설명해주실 수 있겠습니까　독일 국민들에게　　　각하의 목적이 무엇인지
when it comes to Iraq?
이라크를 공격하게 되면

[Unit0741] And secondly, by German standards, Germany has / already shouldered / a huge burden
그리고 둘째로　　독일의 입장에서 보면　　　　독일은 이미 큰 부담을 떠맡았습니다
/ in military / ① _____ . Are you satisfied with that, or do
군사적인 면에서　　　　테러리즘에 대한 전쟁의　　　　　각하께서는 그것에 만족합니까
you want Germany to do more?
아니면 더 많은 것을 독일에 원합니까?

President Bush : First, what the Chancellor told you is / true.
[Unit0742]　먼저　　슈뢰더 수상이 여러분에게 말씀한 것은 사실입니다

Chancellor Schroeder : Of course it is. (Laughter.)
물론입니다

President Bush : I'm surprised anybody / would doubt your word, Chancellor. (Laughter.)
저는 놀랐습니다　　수상 당신의 말에 의심하는 사람이 있다는 것에

Look, I mean, he knows my position, and the world knows my position / about
봅시다　그는 저의 입장을 알고 있으며　　　　세계는 저의 태도를 알고 있다는 것을 말하려는 것입니다
Saddam Hussein. He's a dangerous man. ② _____ / who gassed his own people.
사담 후세인데 대한　　그는 위험한 사람입니다　　　그는 그 자신의 국민들을 독가스로 죽이는 독재자입니다
③ _____ / of incredible human rights violations. And he is a — it's dangerous
그는 전력을 가지고 있습니다　엄청난 인권 침해를 자행한　　　　그리고 그가　　　위험합니다
/ to think of a scenario / in which a country like Iraq / would team up with an al Qaeda
각본에 관하여 생각하면　　이라크와 같은 어떤 국가와 협력할 것이라는　　알 카에다와 같은
type organization, particularly / if and when / they have the capacity, had the capacity,
형태의 조직에　　　특히　　언제고 만약 그들이 역량을 가지게 되거나　역량을 가졌거나
or when they have the capacity / to deliver weapons of mass destruction / via ballistic
혹은 그들이 갖게 되면　　　발사할 역량을　　　대량 파괴 무기들을　　　탄도 미사일을 통해
missile.④ _____ . It's a threat to Germany, it's a threat to America, it's a
그것은 위협이 됩니다　　　그것은 독일에게 위협이 되며　　그것은 미국에 위협이 되며　　그것은
threat to civilization itself. And we've got to deal with it. We can play like it's not
문명 그 자체에 위협이 됩니다　　　　그리고 우리는 그것을 처리해야만 합니다　　우리는 행동할 수 있으며　그것이 없는 것처럼
there, we can hope it goes away. But that's not going to work. That's not going to
그곳에　　우리는 일이 잘 되어가기를 희망할 수 있습니다　그러나 사태가 그렇게 풀려나갈 것 같지 않습니다　그것은 할 것입니다
make us safer.
우리를 더욱 안전하지 못하게

[Unit0743] And I told the Chancellor / that I have no war plans / on my desk, which is the truth,
22)
and that we've got to use all means at our disposal / to deal with Saddam Hussein.

And / I appreciate / the German Chancellor's understanding / of the threats / of weapons
그리고 저는 고맙게 생각합니다　　독일 수상의 이해에 대하여　　　　대량 파괴 무기의 위협에 관한
of mass destruction. And they're real.
그리고 그것들은 사실입니다

Vocabulary Drills ㉑ _____ the title of the president or a high executive officer in some universities
㉒ _____ the study of past events (people, civilizations, etc.) ; past events, or a written account of past events

소리분석 *1.* terms of the fight against terrorism : 연음, -r 유음화, 겹자음의 발음 생략

2. He's a dictator : 연음, 강모음과 약모음 사이에서의 -t / -d의 -r 유음화

3. He's had a history : 강모음과 약모음 사이에서의 -t / -d의 -r 유음화

4. And that's a threat : 자음 뒤 말음의 자음 생략, 연음

1. †come to: 1)의식을 회복하다, 정신이 들다. 2)합계 ~가 되다, 결국 ~이 되다.

3. †in terms of: 1) ~의 말로(특유의 표현으로) 2) ~에 의하여(환산하여) 3) ~에 관하여(점에서 보면)

4. †to think of: ~에 관하여 생각하다 (사고하다).

5. †be at(in) one's disposal: 마음대로 처분할 수 있다, 임의로 쓸 수 있다.

구문분석 *1.* Mr. President, the Chancellor just said *that your government does not seem to be very specific right now when it comes to plans to attack Iraq.* ··· 호격이 앞에 온 <S + V + O> 구조로 that-절이 O로 쓰였는데, 그 안에 또 다시 when-부사절이 들어있는 혼합문이다.

2. And could you, nevertheless, try to explain to the German people *what your goals are* when it comes to Iraq? ··· <S + V + to IO + DO> 구조로 what-명사절이 DO로 온 후 when-부사절이 이어지고 있는 혼합문의 의문문이다.

3. And secondly, by German standards, Germany *has* already *shouldered* a huge burden in military terms of the fight against terrorism. ··· shoulder를 술어동사로 하는 <완료>를 의미하는 현재완료시제가 사용되고 있는 <S + V + O> 구조의 단문이다.

4. And he is a—it's dangerous **to think of** *a scenario* in **which** *a country like Iraq would team up with an al Qaeda type organization,* particularly *if and when they have the capacity, had the capacity, or when they have the capacity to deliver weapons of mass destruction via ballistic missile.* ··· 가주어 it, 진주어로 쓰인 to-inf.가 쓰였으며, to-inf.의 O로 *a scenario,* if and when-절, or when-절이 이어지고 있는 혼합문이다. *would*는 가정법을 의미하는 서법조동사로 쓰였다.

5. And I told the Chancellor **that I have no war plans on my desk,** which is the truth, **and that** we've got to use all means at our disposal to deal with Saddam Hussein. ··· <S + V + IO + DO> 구조의 문장으로, 두 개의 that-절이 DO로 오고 있으며, 앞에 쓰인 말의 일부나 전부를 선행사로 하는 관계대명사 계속적 용법의 which와 have got to가 쓰였다.

Nuance '놀라다'의 뜻을 가지는 말

① surprise: 가장 일반적인 말로, 기대나 준비가 없는 사람을 갑작스럽게 예상치 못한 일로 허를 찔러 놀라게 하다. ② astonish: surprise보다 뜻이 강하고 더 오래가는 말로, 불가능하고 있을 법하지 않은 일 등과 같이 도저히 믿을 수 없는 일을 실현하여 사람을 크게 놀라게 하다. 우리는 뜻하지 않은 일로 surprise하고, 이해할 수 없는 일로 astonish하다. ③ amaze: 상대방이 당황, 곤혹스럽게 하거나 어쩔 바를 모를 정도로 놀라움을 주다. astonish 보다 더 강한 의미로, '그저 어이없다, 두 손을 들었다'는 어감을 준다. 또 amaze는 감정(emotion)에 대해 말하며, amaze는 지성(intellect)에 대해 말한다. ④ astound: 가장 강한 의미를 갖는 말로, 사람을 어처구니없게 할 정도로 놀라게 하여 사고력이나 행동력을 잃게 하다, 질겁하다. ⑤ startle: 별안간 펄쩍 뛸 정도의 놀라움을 주다. amaze 보다 더 강한 의미이다. ⑥ dumbfound: 순간적으로 말문이 막힐 정도로 어리둥절하게 하다. ⑦ flabbergast: 구어로 갑자기 놀라 말문이 막히게 되다. ⑧ alarm: '놀라게 하다'는 의미로 위험을 알리는 일, 즉, '경보하다'는 뜻이다. ⑨ frighten: 놀라 무섭게 하다. 본래는 공포에 질려 벌벌 떨게 하는 뜻이나 지금은 일상어로 쓴다. ⑩ marvel: 놀라다, 경탄하다, 이상히 여기다. wonder 보다 강한 의미이다. ⑪ wonder: '놀라 경탄하다, 이상하게 생각하다'는 의미로 그 뜻이 가장 약하다.

번역 **질문자:** 21) 부시 대통령 각하, 슈뢰더 수상께서는 방금 각하의 정부는 이라크 공격 계획에 있어 지금 당장은 아주 구체적이지 않은 것처럼 보인다고 말씀하셨습니다. 그 말이 사실입니까? 그럼에도 불구하고 이라크 공격에 대해서 말입니다만, 독일 국민들에게 각하의 목적이 무엇인지 설명해주실 수 있겠습니까?

그리고 둘째로, 독일의 입장에서 보면 테러리즘에 대한 전쟁의 군사적인 면에서 독일은 이미 큰 부담을 떠맡았습니다. 각하께서는 그것에 만족합니까 아니면 더 많은 것을 독일에 원합니까?

부시 대통령: 먼저, 슈뢰더 수상이 여러분에게 말씀한 것은 사실입니다.

슈뢰더 수상: 물론입니다.

부시 대통령: 수상 당신의 말에 의심하는 사람이 있다는 것에 저는 놀랐습니다.

봅시다. 그는 사담 후세인에 대한 저의 입장을 알고 있으며, 세계는 저의 태도를 알고 있다는 것을 말하려는 것입니다. 그는 위험한 사람입니다. 그는 그 자신의 국민들을 독가스로 죽이는 독재자입니다. 그는 엄청난 인권 침해를 자행한 전력을 가지고 있습니다. 그리고 그가 이라크와 같은 어떤 국가가 알 카에다와 같은 형태의 조직에 협력할 것이라는 각본에 관하여 생각하면, 특히 언제고 만약 그들이 역량을 가지게 되거나, 역량을 가졌거나 혹은 그들이 탄도 미사일을 통해 대량 파괴 무기들을 발사할 역량을 갖게 되면 위험합니다. 그것은 위험이 됩니다. 그것은 독일에게 위험이 되며, 그것은 미국에 위험이 되며, 그것은 문명 그 자체에 위협이 됩니다. 그리고 우리는 그것을 처리해야만 합니다. 그곳에 그것이 없는 것처럼 우리는 행동할 수 있으며, 우리는 일이 잘 되어가기를 희망할 수 있습니다. 그러나 사태가 그렇게 풀려나갈 것 같지 않습니다. 그것은 우리를 더욱 안전하지 못하게 할 것입니다.

22) 그리고 저는 수상께 지금 전쟁 계획을 갖고 있지 않다고 말씀드렸는데, 그것은 사실이며 우리는 사담 후세인을 다루기 위하여 우리가 이용할 수 있는 모든 방법들을 사용해야만 합니다. 그리고 저는 대량 파괴 무기의 위협에 관한 독일 수상의 이해에 대하여 고맙게 생각합니다. 그리고 그것들은 사실입니다.

Answers for Vocabulary Drills ㉑ chancellor ㉒ history

※CD를 듣고 공란에 들어갈 말을 받아쓴 후 본문의 밑줄 친 부분을 번역하고, 하단의 설명을 읽고 해당하는 단어를 본문에서 찾아 써라.

Unit0744 Now, I know some / would play like they're not real. I'm telling you, they're real. And if
지금 저는 그것들이 실재하지 않는 것처럼 연기하려는 몇몇 사람이 있음을 알고 있습니다 ∶ 여러분에게 말합니다 그들은 사실이라고 그리고
you love freedom, it's a threat to freedom. And so we're going to deal with it, and
여러분이 자유를 사랑하거든 그것은 자유에 대한 위협입니다 그래서 우리는 그것에 조치를 취할 예정이며
we'll deal with it in a respectful way. The Chancellor said / that I promised consulta-
우리는 정중한 방법으로 그것을 처리할 예정입니다 슈뢰더 수상은 말했습니다 제가 협의를 약속했다고
tions. I will say it again∶ I promise consultations / with our close friend and ally. We
저는 그것을 다시 말씀드립니다 저는 약속합니다 협의할 것을 우리의 가까운 우방국 및 동맹국과
will exert / ① _____. We will share intelligence. We love freedom,
우리는 통일된 외교적인 압력을 행사할 것입니다 우리는 정보를 공유할 것입니다 23)
and so does the Chancellor, and we cannot allow / these weapons / to be in a position
/ that will affect history.

Unit0745 Listen, history has called us to action. ② _____ / where we
보십시오 역사는 우리에게 행동을 요구했습니다 24)
look back, and say, why didn't they lead, where were they / when it came to our
basic freedoms? ③ _____.
그래서 우리가 나설 예정입니다

Unit0746 What was the other part of your question? That's what you get / for asking long
당신 질문의 다른 것은 무엇이었지요? 그것으로 답이 되거나 오랜 질문에 대한
questions, or what I get for answering / long answers.
아니면 오랜 대답에서 제가 답을 얻은 것입니다

Q∶ That's perfectly all right. The second question was, sir, that Germany has already
Unit0747 그것으로도 아주 좋습니다 두 번째 질문은 독일은 이미
shouldered a huge burden / in military terms, and do you expect more ~
많은 부담을 떠맡아왔는데 군사적으로 각하께서는 더 많은 것을 기대하시는 지의 여부였습니다

President Bush∶ Germany has shouldered a / significant burden. And we are very grateful / for that. The
독일은 떠맡아왔습니다 상당한 부담을 그리고 우리는 그에 대하여 매우 감사하고 있습니다
Chancellor and I talked about / how to make sure we complete the task / in
슈뢰더 수상과 저는 이야기를 나눴는데 방법에 관하여 확실하게 임무를 마치는
Afghanistan — which is to continue chasing down the killers, by the way, and to find
아프가니스탄에서의 그것은 살인자들을 계속하여 추적하고 그래서 찾아내는 것이며
them / ④ _____ — but, as well, is to / leave institutions behind / so that
그들을 그들이 우리를 공격하기 전에 또 아울러서 맡겨두는 것입니다 정부를
Afghanistan can run herself, so Afghanistan can be a peaceful nation, so Afghanistan
아프가니스탄 스스로가 운영할 수 있도록 그래서 아프가니스탄이 평화로운 나라가 될 수 있도록 또 아프가니스탄이
can function. And we both recognize that our presence is just going to have to be
기능을 발휘할 수 있도록 우리 모두는 인식하고 있습니다 우리의 아프가니스탄에 주둔해야만 할 것이라는 것을
there for a — for quite a while. And the Chancellor made that commitment, and I
꽤 오랫동안 그리고 슈뢰더 수상은 그러한 약속을 했고 저는
appreciate that. I'm very satisfied with the commitment / of the German government.
그것에 감사를 드립니다 저는 그러한 약속에 매우 만족스럽습니다 독일 정부의

Yes, Terry.
예, Terry 기자

| Vocabulary Drills | ㉓ _____ | to act with power, force, influence, etc.; to try hard, especially physically |
| | ㉔ _____ | to receive with others; to use or experience with others; to have something in common |

소리분석 *1*. a unified diplomatic pressure : 겹자음의 발음 생략, -t/-d의 -r유음화

2. I don't want to be in a position : 자음 뒤 말음의 자음 생략, 연음, 기능어의 축약

3. And we are going to lead : 기능어의 축약

4. before they hit us : 강모음과 약모음 사이의 -t/-d의 -r유음화

구문분석 *1*. We love freedom, and so does the Chancellor, and we cannot allow these weapons to be in *a position that will affect history.* ··· <S₁ + V₁ + O₁, and so V₂ + S₂, and S₃ + V₃ + O₃> 구조로, *a position*을 선행사로 하는 *that*-관계절이 오고 있으며, so에 의한 도치가 이루어지고 있다.

2. I don't want to be in *a position where we look back, and say, why didn't they lead, where were they when it came to our basic freedoms?* ··· *a position*을 선행사로 하는 *where*-관계절이 *and say*까지 이어지며, *why didn't*~는 관계절이 술어동사 *say*에 대한 목적어가 되는 명사절이 되고 있다.

3. That's *what you get for asking long questions, or what I get for answering long answers.* ··· <S + V + C> 구조로 두 개의 *what*-명사절이 C로 선택적으로 나열되고 있다.

4. The Chancellor and I talked about *how to make sure* we complete the task in Afghanistan — which is *to continue* chasing down the killers, by the way, and *to find* them before they hit us — but, as well, is *to leave* institutions behind *so that* Afghanistan can run herself, *so* Afghanistan can be a peaceful nation, *so* Afghanistan can function. ··· dash(—) 이하에 앞 문장의 일부나 전부를 선행사로 하는 which-관계절 형태로 앞서의 내용에 대한 부연 설명이 왔다.

4. 관계절의 C로 3개의 to-inf.가 나열된 후 <목적>을 나타내는 3개의 <so that~can(may)···> 용법이 오고 있으며, 술어동사 talked about의 목적어로 *how to make sure*가 왔는데, 다시 *make sure*의 목적어로 that이 생략된 명사절이 오고 있다.

※ Unit0747의 Bush의 말 중 make the commitment 는 '약속(공약)을 하다'는 뜻이다.

번역 지금 저는 그것들이 실재하지 않는 것처럼 연기하려는 몇몇 사람들이 있다는 것을 알고 있습니다. 그것들이 실재한다는 것을 여러분에게 말합니다. 그리고 여러분이 자유를 사랑한다면, 그것은 자유에 대한 위협입니다. 그래서 우리는 그것에 조치를 취할 예정이며, 정중한 방법으로 그것을 처리할 작정입니다. 슈뢰더 수상은 제가 협의를 약속했다고 말했습니다. 저는 그것을 다시 말씀드립니다. 저는 우리의 가까운 우방국 및 동맹국과 협의할 것을 약속합니다. 우리는 통일된 외교적인 압력을 행사할 것입니다. 우리는 정보를 공유할 것입니다. 23) 우리는 자유를 사랑하며, 슈뢰더 수상도 그렇습니다. 그래서 역사에 영향을 끼치는 그러한 무기들이 어떤 지점에 설치되는 것을 묵인하지 않을 것입니다.

보십시오, 역사는 우리에게 행동을 요구해왔습니다. 24) 저는 우리의 기본적인 자유에 그러한 위험이 닥쳐왔을 때 왜 그들은 주도적으로 나서지 못했던가, 그들은 어디에 있었는가? 라고 우리가 회고하며 말하는 자리에 있고 싶지 않습니다. 그래서 우리가 나설 예정입니다.

당신 질문의 다른 것은 무엇이었지요? 그것으로 오랜 질문에 대한 답이 되거나 아니면 오랜 대답에서 제가 답을 얻은 것입니다.

질문자 : 그것으로도 아주 좋습니다. 두 번째 질문은 독일은 이미 군사적으로 많은 부담을 떠맡아왔는데, 각하께서는 더 많은 것을 기대하시는 지의 여부입니다.

부시 대통령 : 독일은 상당한 부담을 떠맡아왔습니다. 그리고 우리는 그에 대하여 매우 감사하고 있습니다. 슈뢰더 수상과 저는 아프가니스탄에서의 임무를 확실하게 마치는 방법에 관하여 이야기를 나눴는데, 그것은 살인자들을 계속하여 추적하고, 그리고 그들이 우리를 공격하기 전에 그들을 찾아내는 것이며 또 아울러서 아프가니스탄이 평화로운 나라가 되고, 또 아프가니스탄이 기능을 발휘하며, 아프가니스탄 스스로가 운영할 수 있도록 정부를 맡기는 것입니다. 우리 모두는 우리가 아프가니스탄에 꽤 오랫동안 주둔해야만 할 것이라는 것을 인식하고 있습니다. 그리고 슈뢰더 수상은 그러한 약속을 했고, 저는 그것에 감사를 드립니다. 저는 독일 정부의 그러한 약속에 매우 만족스럽습니다.

예, Terry 기자.

연구 62
무생물 주어 구문(3) ········ 연구 85 에 계속(p.406)
6) 무생물주어 + bring + 목적어 = 인주어 + come, reach
· The cry brought her to the spot. = When she heard the cry, she came to the spot. → 그 외침소리는 그녀를 그 장소로 데려갔다.(×)
→ 그녀는 그 외침소리를 듣고 그 장소로 갔다.(○)

7) 무생물주어 + give + 사람(IO) + 물건(DO)
= 인주어 + have(derive) + 목적어
· A short walk gives me a good appetite.
= I have a good appetite after a short walk.
→ 짧은 동안의 산책은 나에게 좋은 식욕을 준다.(×)
→ 나는 짧은 동안의 산책을 해서 식욕이 좋다.(○)

8) 무생물주어 + make(cause, drive) + 목적어 + to-부정사[과거분사(p.p.), 형용사] = 이유를 나타내는 부사구나 부사절
· His son's death made(drove) him almost mad. = As his son died, he went almost mad. → 그의 아들의 죽음은 그로 하여금 거의 미치게 만들었다.(×) → 그는 그의 아들의 죽음으로 인하여 거의 미쳤다.(○)

Nuance Drills *Fill in the blanks with a suitable word as given:*

1 _____, in this connection, implies an affecting with wonder because of being unexpected, unusual, etc.2 _____ implies a surprising with something that seems unbelievable.3 _____ suggests an astonishing that causes bewilderment or confusion.4 _____ suggests a shocking astonishment that leaves one helpless to act or think.5 _____ is a colloquial term suggesting an astounding to the point of speechlessness.

(a) amaze   (b) astonish
(c) flabbergast (d) surprise
(e) astound

※ Answers for Nuance Drills : 1-d, 2-b, 3-a, 4-e, 5-c

※ CD를 듣고 공란에 들어갈 말을 받아쓴 후 본문의 밑줄 친 부분을 번역하고, 하단의 설명을 읽고 해당하는 단어를 본문에서 찾아 써라.

Q : Thank you, sir. On the subject of weapons of mass destruction, the strategic arms
_{Unit0748} 감사합니다, 각하   대량 파괴 무기에 관하여   전략 무기
agreement you'll sign in Moscow / does not address / what many people say / is now
협정은   각하께서 서명할 모스크바에서   다루지 않고 있는데   많은 사람들이 말하는 것을   현재의
the greatest threat posed by the Russian arsenal of weapons of mass destruction,
가장 큰 위협이라고   러시아의 대량 파괴 무기 저장고에 의해 제기된
that's proliferation / to terrorists or rogue states because of insufficient security. What
그 위협은 확산되는 것입니다   테러리스트나 불량 국가에게   불충분한 보안 때문에
specific plan / do you have to address that issue / with President Putin? Do you /
특별한 계획이라도 가지고 계십니까?   그 문제를 처리하기 위한   푸틴 대통령과   각하께서는
believe the Russian government is doing a good job / securing those weapons? And
믿으십니까   러시아 정부가   일을 잘 처리하고 있다고   그러한 무기를 안전하게 지키는
what do you say to critics of this arms deal who say that / by taking the material /
그리고 무엇이라고 말하겠습니까   이러한 무기 처리에 대한 비평가들에게   말하는   제거하면서
off the warheads, you provide more opportunities for terrorists / ① _____ ?
핵탄두를   각하께서 더 많은 기회를 테러리스트들에게 주었다고   그것들을 획득할 수 있는

President Bush : Well, I guess I'll start with the critics. I say, would you rather have them / on the
_{Unit0749} 글쎄요   저는 그러한 비평가들에게 먼저 말씀드리겠습니다   이렇게 말씀드리겠습니다   여러분은 핵탄두를 소유하고 싶으십니까?
launchers? Would you rather have the / ② _____ ? I would think not.
발사대에 실린   여러분은 핵탄두가 사람들을 겨냥하도록 하겠습니까?   저는 그렇게 생각하지 않습니다
Secondly, this issue about / the so-called loose nuke issue has been around / for quite
둘째   이 문제는   소위 말하는 핵무기의 해체에 관한   정상적입니다   꽤 오랫동안
a while. This isn't anything new. This is a problem that / we are jointly / working on.
이것은 새로운 문제가 아닙니다   이것은 문제입니다   우리가 공동으로 작업하고 있는
As you / know, Terry — and others may not know — we've got what's called Nunn-
²⁵⁾
Lugar, which is a significant expenditure of taxpayers' money / to help Russia / dispose

of and dismantle / nuclear warheads, which we're willing to do. As a matter of fact,
사실
the '03 budget / is nearly a billion dollars / toward that end. We're working with /
2003년의 예산은 거의 10억 달러에 이릅니다   그 목적을 위해서는
²⁶⁾
Chancellor Schroeder / on what's called 10-plus-10-over-10 : $10 billion from the U.S.,

$10 billion from / other members of the G7 / over a 10-year period, to help Russia /

securitize / the dismantling — the dismantled nuclear warheads.

And / ③ _____ . ④ _____ / work closely with
_{Unit0750} 그리고 푸틴 대통령은 그것을 이해하고 있습니다   그는 그 필요성을 이해하고 있습니다   긴밀하게 협조함
all of us. And he understands / that a loose nuke / could affect his security / as it
우리 모두와   그리고 그는 이해하고 있습니다   원자핵의 해체가 영향을 끼칠 수 있다는 것을   그의 안전에   그것이
affects somebody else's security. He's a wise man, he's aware / of the issues that / we
다른 사람의 안전에 영향을 끼치는 것과 마찬가지로   그는 현명한 사람으로   그 문제를 깨닫고 있습니다   우리가
confront. That's why he's one of / the best partners we have / on the war against
직면하고 있는   그것이 이유입니다   왜 그가 우리의 가장 훌륭한 파트너 중의 한 사람인 지에 대한   테러에 대한 전쟁에서
terror. He understands / the implications and consequences of terror. And / he also
그는 이해하고 있습니다   테러에 연루되는 것과 그 결과를   그리고 또한 그는
recognizes / that a nightmare scenario is a / dirty bomb, or some kind of nuclear bomb
깨닫고 있습니다   악몽의 시나리오는   더러운 폭탄이거나   핵폭탄의 일종이라는 것을
in the hands of a — in the hands of any kind of terrorist organization.
손에 들어가는   어떤 테러 조직의 수중에

<u>Vocabulary Drills</u> ㉕ _____ *a plan of expected income and expense over time ; an amount of money set aside for a purpose*
㉖ _____ *a person who receives and gives opinions about art, music, film, etc.*

4. 부사의 빠른 발음으로 인하여 기능어 the의 발음은 생략되고 있지만, -t/-d 의 -r유음화가 나타날 수 있는 need to 는 조음점 동화에 그쳐 -t발음이 들리고 있다.

1. 주어를 선행사로 하는 관계사가 생략된 관계절이 온 후 술어동사가 왔다. 또 comma(,) 다음에는 지시대명사 that이 왔는데, 관계대명사 that이 계속적 용법으로 쓰는 일이 거의 없음에 주의해야 한다. †on the subject of: 1) ~라는 제목으로, 2) ~에 관하여

3. 앞 문장의 전부(또는 일부)를 선행사로 하는 which-관계절이다. ※Nunn-Lugar: the Cooperative Threat Reduction(CTR)라고도 하는 것으로, 굳이 번역하자면 '핵 위협 감축을 위한 미·소 공동 협약'이라 할 수 있는 것으로, 1991년 미국 상원의원 Richard Lugar 과 Sam Nunn의 공동발의로 미국 및 소련과 소연방 국가들의 핵무기 해체를 통한 감축의 지원을 위한 프로그램과 기금을 마련하기 위한 계획이다. †what's called: 소위, 이른바(what one call)

4. 여기서의 work는 '노력하다'로 옮긴다.

5. 전체적으로 [And S + V +that-clause as O(S'+V'+C', or C')] 구조가 되고 있으며, or 다음의 in은 동사처럼 번역하여 '손(수중)에 들어간'으로 옮긴다. †in the hands of a person: ~의 손(수중)에, ~에 맡겨져(in a person's hands)

Nuance '공포·두려움'의 뜻을 가지는 말

① fear: '공포'를 뜻하는 가장 일반적인 말로, 마음이 불안하거나 용기가 없음을 가리키는데, 종종 두려움 속에 존경이나 사랑의 감정이 내포되는 유익한 개념이 포함되기도 한다. 문어적인 말로 동사로 쓰일 경우, 일상회화에서는 부정어로 Never fear라는 형식은 널리 쓰이나, 긍정적인 의미로는 be afraid of(to)가 더 자주 사용된다. ② dread: 몹시 심하고 계속적인 fear인 거리낌과 혐오의 감정 외에 어떤 사람이나 일을 직면하는 것(바야흐로 닥쳐올 듯한 위험)을 예상하면서 느끼는 공포 ③ fright: 종종 감각 기능을 마비시킬 정도의 순간적이며 갑작스럽고 격렬한 공포 ④ terror: 사람의 간담을 서늘하게 할 정도의 계속적·극단적인 공포. 감각적인 것에 대하여 사용하는 fright에 비해 terror는 이해력을 상실시키는 공포에 대하여 사용한다. ⑤ horror: 혐오감이나 반감을 수반하는 공포 ⑥ awe: 존경과 장엄을 느끼게 하는 두려움 ⑦ panic: 종종 근거없이 많은 사람들에게 다가와 미친 듯이 행동하게 하는 계속적인 공포나 두려움

소리분석 **1.** to get them : 조음점 동화

2. warheads pointed at people : -nt/-nd/-rt/-rd에서의 -t/-d음 생략, 연음

3. President Putin understands that : -nt/-nd에서의 -t/-d음 생략, -t/-d의 -r유음화

4. He understands the need to : -nt/-nd에서의 -t/-d음 생략, 조음점 동화

구문분석 **1.** *On the subject of* weapons of mass destruction, **the strategic arms agreement** *you'll sign in Moscow* **does not address** what many people say is now the greatest threat *posed by* **the Russian arsenal** *of weapons of mass destruction*, **that**'s proliferation to terrorists or rogue states *because of insufficient security.* ··· 술어동사는 또 what-명사절을 목적어로 하고 있다.

2. And what do you say to **critics** *of this arms deal who say that by taking the material off the warheads*, you provide more opportunities for terrorists to get them? ··· comma(,) 다음에 비평가들이 말하는 내용이 이어지고 있으며, **critics**를 선행사로 하는 **who**-관계절이 오고 있다.

3. As you know, Terry — and others may not know — we've got what's called **Nunn-Lugar**, **which** *is a significant expenditure of taxpayers' money to help Russia dispose of and dismantle nuclear warheads*, **which** *we're willing to do.* ··· 이중한정의 계속적 용법의 which-관계절 두 개가 오고 있다.

4. We're working with Chancellor Schroeder on *what's called 10-plus-10-over-10* : $10 billion from the U.S., $10 billion from other members of the G7 over a 10-year period, to help Russia securitize the dismantling — the dismantled nuclear warheads. ··· colon(:) 다음에는 앞서의 내용에 대한 보충설명으로 부가적인 내용이 이어지고 있다.

5. And he also recognizes *that a nightmare scenario is a dirty bomb, or some kind of nuclear bomb in the hands of a — in the hands of any kind of terrorist organization.* ··· O로 that-명사절이 왔다.

번역 **질문자** : 감사합니다, 각하. 대량 파괴 무기에 관하여 모스크바에서 각하께서 서명할 전략 무기 협정은 많은 사람들이 러시아의 대량 파괴 무기 저장고에 의해 제기된 현재의 가장 큰 위협이라고 말하는 것을 다루고 있지 않은데, 그 위협은 불충분한 보안 때문에 테러리스트나 불량국가에게 (대량 살상 무기가) 확산되는 것입니다. 푸틴 대통령과 그 문제를 처리하기 위한 특별한 계획이라도 가지고 계십니까? 러시아 정부가 그러한 무기를 안전하게 지키는 일을 잘 처리하고 있다고 각하께서는 믿으십니까? 그리고 핵탄두를 제거하면서 각하께서 그것들을 획득할 수 있는 더 많은 기회를 테러리스트들에게 주었다고 말하는 이러한 무기 처리에 대한 비평가들에게 무엇이라고 말하겠습니까?

부시 대통령 : 글쎄요, 그러한 비평가들에게 먼저 말씀드리겠습니다. 이렇게 말씀드리겠습니다. 여러분은 발사대에 실린 핵탄두를 소유하고 싶으세요? 여러분은 핵탄두가 사람들을 겨냥하도록 하겠습니까? 저는 그렇게 생각하지 않습니다.

둘째, 소위 말하는 핵무기의 해체에 관한 이 문제는 꽤 오랫동안 존재해왔습니다. 이것은 새로운 문제가 아닙니다. 이것은 우리가 공동으로 작업하고 있는 문제입니다. 25) Terry 기자 당신은 알 것이고 그리고 다른 분들은 모를 지도 모르지만, 우리는 Nunn-Lugar라고 하는 것을 가지고 있는데, 그것은 러시아가 핵탄두를 처분하고 해체할 수 있도록 돕기 위해 납세자 세금의 상당한 비용으로 구성된 것이며, 그것은 우리가 자원한 것입니다. 사실, 그 목적을 위해서는 2003년의 예산은 거의 10억 달러에 이릅니다. 26) 소위 말하는 (10+10)/10 계획을 위해 슈뢰더 수상과 함께 우리는 노력하는 중인데, 러시아를 도와 안전하게 해체할 수 있도록 하기 위해, 저 해체된 핵탄두를 위해 10년의 기간 동안 100억 달러는 미국이 부담하고 100억 달러는 G7 국가가 나눠서 부담합니다.

그리고 푸틴 대통령은 그것을 이해하고 있습니다. 그는 우리 모두와 긴밀하게 협조할 필요성을 이해하고 있습니다. 그리고 원자핵의 해체가 다른 사람의 안전에 영향을 끼치는 것과 마찬가지로 그의 안전에 영향을 끼칠 수 있다는 것을 그는 이해하고 있습니다. 그는 현명한 사람으로 우리가 직면하고 있는 그 문제를 깨닫고 있습니다. 그것이 테러에 대한 전쟁에서 왜 그가 우리의 가장 훌륭한 파트너 중의 한 사람인 지에 대한 이유입니다. 그는 테러에 연루되는 것과 그 결과를 이해하고 있습니다. 그리고 또한 그는 악몽의 시나리오는 어떤 테러 조직의 손에, 수중에 들어가는 더러운 폭탄이거나 핵폭탄의 일종이라는 것을 깨닫고 있습니다.

※ CD를 듣고 공란에 들어갈 말을 받아쓴 후 본문의 밑줄 친 부분을 번역하고, 하단의 설명을 읽고 해당하는 단어를 본문에서 찾아 써라.

Chancellor Schroeder : Last question.
Unit0751　마지막 질문입니다

Q : Mr. President, you are visiting / a kind of ghost town / around here. Do you feel a bit
부시 대통령 각하　각하께서는 방문하고 계십니다　일종의 유령 마을을　　　이 근처의　　　각하께서는 느끼셨습니까?
of pity about / not seeing / the Berlin people ― visit first? And secondly, ― ways to find
약간의 동정이라도　베를린 사람들이 보이지 않는 것에 대해　　첫 방문이었죠　그리고 둘째로　　찾는 방법으로
a ― peace, did you discuss / on social and ― to these means? Is there a chance / that
평화를　토론했습니까　사회적이며　　그러한 방법에 대해　각하께서는 가능성이 있습니까?
you'll ― to sign the Kyoto treaty?
각하께서　도교 협약에 서명할

President Bush : No. (Laughter.)
Unit0742　아니오

Q : Then what are your ― concerns ― in August? Will you take part of it~
그렇다면 각하의 관심사는 무엇입니까?　　8월의　　각하께서는 편드시겠습니까?

President Bush : Okay. Let's see, part one of a four-part question. ① _____ . That's what
알겠습니다 좀 봅시다　4가지 질문 중의 하나를　　　　저는 활기롭게 삽니다　그것은 일어나는 일입니다
happens when you're the President. So, unfortunately, I don't get to see as much of
귀하가 대통령인 경우　　그래서 불행하게도　저는 보지 않았습니다　베를린의 많은 부분을
Berlin as I'd like to see. That's / just life. So when I / come back / at some point / in my
제가 보고 싶은 만큼　그런 것이 인생입니다　27)
life, Mr. Chancellor, you can show me around. We'll go fishing together.

Unit0753　No, I don't ― yes, of course, whether it be in Berlin, or Moscow, or anywhere else, I
28)
mean, I'm a person who likes ― I like to meet people. I like ― I enjoy people. I had /
one small glimpse of Berlin last night, ② _____ . It was my
저는 베를린의 일부만를 보았습니다　지난밤에　우리가 레스토랑에 갔을 때　그것이 저의 기쁨입니다
pleasure to shake hands with everybody, or most everybody / in the restaurant. I
악수하는 것이　모든 사람들 혹은 대부분의 사람들과　레스토랑의　저는
enjoy that. It frustrates me not to be able / to see this / growing city. But that's just
그것을 즐깁니다 저를 낙담케 합니다　이 성장하는 도시를 볼 수 없다는 것은　그러나 그런 것은 단지
life in the bubble. That's just what happens when you're the President. And / I knew
허상에 불과합니다　그런 것들은 귀하가 대통령이 되었을 때나 있을 법한 것입니다　그리고 저는 알고 있으며
that going in, so I'm not griping about it.
그것들이 시작되고 있음을　그래서 저는 그것에 마음 상하지 않습니다

Unit0754　Yes, the human condition is / very important to me. I mean, it is ― and that's / one
그렇습니다　인간적인 조건은　제게 매우 중요합니다　저는 말씀드리는 것입니다　그것은 하나의 방법이며
way to make sure that / the terrorists / are less likely to be / ③ _____
확실히 하기 위한　테러리스트들이 좀더 비효과적일 지도 모른다는 것을　그들의 세를 확대하는 것이
_____ , is to promote / those conditions necessary for human beings to realize their
그러한 조건들이 필수적이라는 것을 널리 알리는 것입니다　인류가 깨닫는데
full potential, such as good health, ④ _____ , and prosperity ― those habits
그들의 모든 잠재력을　충분한 건강　훌륭한 교육　그리고 번영　그러한 성질들이
necessary for the growth of prosperity. And / I will address that in my speech / to the
필수적이라는 것을　계속적인 번영을 위해　그리고 저는 말씀드리겠습니다　저의 연설을 통해
Bundestag.
독일 하원에서의

Vocabulary Drills　㉗ _____　*a short look at something, often not very clear ; to see something quickly, often not very well*
㉘ _____　*to interview and choose people to join an organization or cause ; a new person in a group or cause*

소리분석 *1.* I live in a bubble : 연음

2. when we went to a restaurant : 자음 뒤 말음의 자음 생략(주로 -nt/-nd/-rt/-rd 등의 -d/-t음에서 일어난다.)

3. effective in their recruiting : 연음, 강모음과 약모음 사이의 -t/-d의 -r유음화

4. and good education : 자음 뒤 말음의 자음 생략, -t/-d의 -r유음화

1. †**come back**: 1)돌아오다, 복귀하다.
2)기억이 다시 떠오르다. 3)회복하다.
4)말대꾸하다. 5)보복하다.
3. †**shake hands**: 악수하다.
4. †**be likely to**: ~할 것 같다, ~하기 쉽다(be apt to, be liable to).

구문분석 *1.* *So when I come back at some point in my life*, Mr. Chancellor, you can show me around. ··· when 등으로 시작하는 부사절에서 현재시제가 가까운 미래시제를 대신할 수 있음을 보여주는 <when S′ + V′, S + V + IO + DO> 구조의 문장이다.

2. No, I don't—yes, of course, *whether it be in Berlin, or Moscow, or anywhere else*, I mean, I'm *a person who likes*—*I like to meet people.* ··· <양보>의 부사절을 의미하는 whether-부사절, 삽입절, 그리고 주절로 구성되는 문장으로, <S + V + C> 구조의 주절은 C를 선행사로 하는 관계절을 포함하고 있으며, 또 dash(—) 다음에 그 관계절을 추가적으로 부연 설명하는 말이 이어지고 있다.

3. It was my pleasure *to shake hands with everybody, or most everybody in the restaurant.* ··· 가주어 it, 진주어로 쓰인 to-inf.로 구성된 <S + V + C> 구조의 단문이다.

4. I mean, it is—and that's **one way**₁ *to make sure* that the terrorists *are less likely to* be effective in their recruiting, is **to promote**₂ *those conditions necessary **for human beings to realize*** their full potential, such as good health, and good education, and prosperity—those habits necessary for the growth of prosperity. ··· 앞에 C₁로 쓰인 명사를 후위 수식하는 형용사적 용법의 to-inf., 이 to-inf.의 O로 that-명사절이 이어지고 있으며, 두 번째 comma(,) 다음에 C₂가 되는 to-inf.와 그에 대한 <O + Adj. as OC>, 그리고 의미상의 주어와 to-inf.가 계속되고 있으며, 마지막으로 앞서의 내용에 대한 부연설명이 dash(—) 다음에 이어지고 있는 복잡한 혼합문이다.

Nuance Drills *Fill in the blanks with a suitable word as given:*

¹ _____, is the general term for the anxiety and agitation felt at the presence of danger. ² _____ refers to the fear or depression felt in anticipating something dangerous or disagreeable. ³ _____ applies to a sudden, shocking, usually momentary fear.⁴ _____ implies the fright felt at the sudden realization of danger.⁵ _____ applies to an overwhelming, often paralyzing fear. ⁶ _____ refers to a frantic, unreasoning fear, often one that spreads quickly and leads to irrational, aimless action.

(a) terror (b) fear
(c) panic (d) dread
(e) fright (f) alarm

번역 **슈뢰더 수상** : 마지막 질문입니다.
질문자 : 부시 대통령 각하, 각하께서는 이 근처의 유령과 같은 도시를 방문하고 계십니다. 각하께서는 베를린 사람들이 보이지 않는 것에 대해 약간의 동정이라도 느끼셨습니까? 첫 방문이었죠? 그리고 둘째로, 평화를 찾는 방법으로 사회적인 방법에 대해 토론하셨습니까? 각하께서는 각하께서 도쿄 협약에 서명할 가능성이 있습니까?
부시 대통령 : 아니오.
질문자 : 그렇다면 각하의 8월의 관심사는 무엇입니까? 각하께서는 지지하시겠습니까?
부시 대통령 : 알겠습니다. 4가지 질문 중의 하나를 좀 봅시다. 저는 활기롭게 삽니다. 귀하가 대통령인 경우 일어나는 일입니다. 그래서 불행하게도 베를린의 많은 부분을 제가 보고 싶은 만큼 보지 않았습니다. 그런 것이 인생입니다. 27) 그리고 제가 살면서 언젠가 다시 방문하면, 슈뢰더 수상, 수상께서 부근을 안내할 수 있을 것입니다. 우리는 함께 낚시도 갈 것입니다.
28) 아니, 아니요. 물론, 베를린이나 모스크바나 아니 어디에서든 저는 사람 만나기를 좋아하는 그런 사람이라는 뜻입니다. 저는 사람들 속에 있는 것을 좋아··· 아니, 즐깁니다. 지난밤 우리가 레스토랑에 갔을 때 저는 베를린의 일부만을 보았습니다. 레스토랑의 모든 사람들 혹은 대부분의 사람들과 악수하는 것은 즐거웠습니다. 저는 그것을 즐깁니다. 이 성장하는 도시를 볼 수 없다는 것은 저를 낙담케 합니다. 그러나 그런 것은 단지 허상에 불과합니다. 그런 것들은 귀하가 대통령이 되었을 때나 있을 법한 것입니다. 그리고 저는 그것들이 시작되고 있음을 알고 있으며, 그래서 저는 그것에 마음 상해하지 않습니다.
그렇습니다. 인간적인 조건은 제게 매우 중요합니다. 그것은 테러리스트들이 그들의 세를 확대하는 것의 효과를 보다 더 떨어뜨리는 것을 확실히 하기 위한 하나의 방법이며, 그들의 모든 잠재력, 즉 충분한 건강, 훌륭한 교육과 번영과 같은 그러한 성질들이 계속적인 번영을 위해서는 필수적이라는 것을 인류가 깨닫는데 그러한 조건들이 필수적이라는 것을 널리 알리는 것임을 저는 말씀드리는 것입니다. 그리고 저는 독일 하원에서의 저의 연설을 통해 말씀드리겠습니다.

Answers for Vocabulary Drills 27) glimpse 28) recruit

※ Answers for Nuance Drills : 1-b, 2-d, 3-e, 4-f, 5-a, 6-c

※ CD를 듣고 공란에 들어갈 말을 받아쓴 후 본문의 밑줄 친 부분을 번역하고, 하단의 설명을 읽고 해당하는 단어를 본문에서 찾아 써라.

 Unit0755
And / I don't know whether or not you followed it, but we've laid out an initiative
그리고 저는 모르지만   여러분이 그것에 동조를 해줄지 안할 지는   우리는 계획하였습니다   의안을
called the New Millennium Fund, where after three years our government / will be
새 천년 기금이라고 불리는   그 기금으로 3년 후   우리 정부는
spending $5 billion a year — new money — for development. And that money is going
해마다 50억 달러를 지불할 예정입니다   새로운 돈을   발전을 위해   29)
to / go promote — to countries which are willing to / fight corruption / and promote rule
of law.

 Unit0756
Look, you can give all kinds of money to corrupt societies, but it's not going to help
봅시다 여러분은 온갖 돈을 줄 수 있지만   부패한 사회에   그것은 사람들에게 이롭지 못할 것입니다
the people. ①   . ②   . ③   / reforms
    그것은 소수의 사람들에게 이익을 줄 것입니다   그리고 저는 그것에 질렸습니다   저는 촉진시키고 싶습니다   개혁을
in society / that help people.
사회의   사람들에게 유익한

 Unit0757
You know, I'm desperately concerned about / AIDS. I know the Chancellor shares my
여러분은 알고 있습니다   제가 AIDS를 몹시 걱정하고 있음을   저는 알고 있습니다   슈뢰더 수상이 함께 해줄 것으로
grief. And we've put a / significant amount of money on the table. But eventually I
저의 고민을   그리고 우리는 상당히 많은 돈을 내놓았습니다   그 계획을 위해   그러나 궁극적으로
hope to see a strategy that will work. It's one thing to commit money, it's another
저는 계획을 찾아낼 수 있기를 바랍니다   잘 되어갈 수 있는   돈을 지불하는 것도 하나의 방법이지만   그것은 다른 문제입니다
thing to insist that the money / actually work, and start saving people's lives. ④
    주장하는 것은   그 돈이 실제적으로 영향을 미치고   사람들의 목숨을 살리기 시작해야 한다고
_____ , we'll commit more money.
그리고 그럴 수 있을 때   우리는 더 많은 돈을 지불할 것입니다

 Unit0758
So, you bet, we're going to talk — we've talked about, and will continue to talk about
30)
the human conditions necessary / to really / make sure the whole world / is able to / be
free / and at peace.

Thank you all.
모두 감사합니다

Chancellor Schroeder : Thank you, ladies and gentlemen.
감사합니다   신사 숙녀 여러분

Vocabulary Drills ㉙ _____   *to go after someone or something, to chase, purse ; to obey, cooperate with*
㉚ _____   *planning in order to achieve a goal ; (in the military) planning actions in preparation for war or battle*

소리분석 *1.* It will help the few : 설측음의 dark 'l'은 [e]나 [u]를 더해서 발음한다.

2. And / I'm tired of that : 연음

3. I want to encourage : 자음 뒤 말음의 자음 생략(주로 −nt / −nd / −rt / −rd 등의 −d / −t 음에서 일어난다.)

4. And when that happens : 자음 뒤 말음의 자음 생략, 조음점 동화

구문분석 *1.* And I don't know *whether or not you followed it*, but we've laid out an initiative called **the New Millennium Fund**, *where after three years our government will be spending $5 billion a year —new money —for development.* … 선택을 뜻하는 간접의문의 명사절이 주절 술어동사의 목적어로 왔다. 또 〈역접〉의 대등절에는 O를 후위 수식하는 과거분사가 오는데, 그 과거분사의 O를 선행사로 하는 계속적 용법의 관계절이 이어지고 있다.

2. And that money is going to go promote — to **countries** *which are willing to fight corruption and promote rule of law.* … **countries**를 선행사로 하는 주격의 which−관계절이 이어지고 있다.

3. Look, you can give all kinds of money *to corrupt* societies, but it's not going **to help the people.** … 술어동사 give 다음에 〈DO + to + IO〉 구조가 왔으며, 〈역접〉의 대등절인 but 다음의 **to help the people**은 '사람들에게 유익을 주다, 이익이 되다'는 뜻으로 옮긴다.

4. **It's one thing** to commit money, **it's another thing** to insist that the money actually work, and start saving people's lives. … 〈one ~, another …〉의 상관대명사, 가주어 it와 진주어인 to−inf.가 쓰였으며, 가정법 과거의 일종에 속하는 문형인 〈주장·명령·요구·제안·소망〉의 의미를 가지는 동사 다음에 쓰인 that−절에는 should가 생략된다.

5. So, you **bet**, we're going to talk — we've talked about, and **will continue** to talk about the human conditions necessary *to really make sure* the whole world is able to be free and at peace. … 술어동사 **bet**의 목적어는 comma(,)로 묶인 내용이 되며, *make sure* 다음에는 목적어로 쓰인 명사절을 유도하는 접속사 that이 생략되었다.

2. †be willing to : 기꺼이 ~하다, ~하고 싶다.

3. corrupt는 '타락한, 부패한'의 의미로 형용사로 쓰였다.

Nuance '돕다'의 뜻을 가지는 말

① **help** : '돕다·도와서 ~하게 하다'라는 의미의 가장 일반적인 말로, 욕망이나 목적의 달성을 위해 필요한 적극적인 원조를 하다, 구조하다. help 다음에 to−없는 부정사를 OC로 쓰는 것은 미국식 어법이고, to−부정사를 쓰는 것은 영국식 어법이나, 지금은 영국에서도 널리 사용하고 있다. 또 help가 직접 to−없는 부정사를 목적어로 취하는 표현도 가능한데, 미국에서는 확립된 어법으로 널리 사용되지만, 영국에서는 속어나 구어적 표현으로 인정되고 있다. ② **aid** : 개인이나 단체가 노력하는 것을 돕거나 거들어 주는 것으로, 도움을 필요로 하는 약한 자를 힘있는 자가 돕는 것을 암시한다. help 보다는 문어적이며 딱딱한 말로, 개인적인 의미도 약하다. 동사로서는 일상 구어에서 자주 사용되지 않으나, 명사로는 *with the aid of~* 형태로 종종 사용된다. ③ **assist** : aid 보다는 강하지만 help 보다 약한 의미로, aid와는 달리 주로 개인에 대하여 사용한다. 또 힘이 없는 사람을 돕는 것을 의미하는 help와는 달리, aid나 assist는 힘이 있는 사람을 돕는 것이다. 이런사람에게 보조적·소극적·종속적·간접적으로 남에게 힘을 빌려준다. ④ **save** : 위험에 빠진 인명이나 국가 등을 지켜내고 구출함을 의미한다. ⑤ **rescue** : 직접적이며 긴박한 상황에 처한 남을 재빨리 구출해내을 의미한다. ⑥ **relieve** : 짐을 덜어 돕다, 병자의 고통·빈곤·불행·중압 등에 대해서도 사용한다. ⑦ **succor** : 즉각적인 구조를 요하는 행위에 사용하는 말로, 곤경에 처한 사람의 비명에 닿아서 때 맞추어 구조하고 위안을 주는 것이나 위급한 전투에 증원군을 급파하는 것 등이 이에 해당한다.

Nuance Drills *Fill in the blanks with a suitable word as given:*

¹ _____ is the simplest and strongest of these words meaning to supply another with whatever is necessary to accomplish his or her ends or relieve his or her wants. ² _____ and ³ _____ are somewhat more formal and weaker, ⁴ _____ especially implying a subordinate role in the helper and less need for help. ⁵ _____ suggests timely help to one in distress.

(a) succor   (b) assist

(c) help   (d) aid

번역   그리고 여러분이 그것에 동조를 해줄지 못해줄 지, 저는 모르지만, 우리는 새 천년 기금이라고 불리는 계획을 설계하였는데, 3년 후 우리 정부는 그 기금에서 해마다 발전을 위해 새로운 돈 50억 달러를 지불할 예정입니다. 29) 그리고 그 돈은 부패와 투쟁하고 법의 지배를 촉진하려는 국가들에게 장려할 예정입니다.

봅시다. 여러분은 부패한 사회에 온갖 돈을 줄 수 있지만, 그것은 사람들에게 이롭지 못할 것입니다. 그것은 소수의 사람들에게 이익을 줄 것입니다. 그리고 저는 그것에 질렸습니다. 저는 사람들에게 유익한 사회의 개혁을 촉진시키고 싶습니다.

여러분은 제가 AIDS를 몹시 걱정하고 있음을 알고 있습니다. 슈뢰더 수상이 저의 고민을 함께 해줄 것으로 저는 알고 있습니다. 그리고 우리는 그 계획을 위해 상당히 많은 돈을 내놓았습니다. 그러나 궁극적으로 저는 잘 되어갈 수 있는 계획을 찾아낼 수 있기를 바랍니다. 돈을 지불하는 것도 하나의 방법이지만, 그 돈이 실제적으로 영향을 미치고 사람들의 목숨을 살리기 시작해야 한다고 주장하는 것은 다른 문제입니다. 그리고 그럴 수 있을 때, 우리는 더 많은 돈을 지불할 것입니다.

30) 그러니 장담하건데 우리가 말하려 하는 것과 우리가 말했던 것 즉, 모든 세계가 자유롭고 평화로울 수 있다는 것을 진정으로 확실히 하는 데에 필요한 인간 조건에 대해서 우리는 계속해서 말할 것입니다.

모두 감사합니다.

슈뢰더 수상 : 신사 숙녀 여러분, 감사합니다.

President Bush and President Putin

Discuss Free Market Economy At St. Petersburg University

2002년 5월 24일 독일을 떠나 소련을 방문한 부시 미 대통령은 소련의 푸틴 대통령과 미·소 양국의 핵무기 감축, 미국의 탄도미사일협정(ABM)의 탈퇴 묵인, 중앙아시아에 대한 미군 주둔 허용 등을 내용으로 하는 협정에 서명한 후 지난 2001년 11월 15일 미국 Crawford 고등학교에서 약속한 대로 5월 25일에는 부시 대통령이 소련의 명문 공과대학이자 푸틴 대통령의 모교인 페테스부르그 대학을 방문하여 학생들과 제2차 세계대전 이후의 미·소 관계와 세계정세에 대한 토론을 벌이는 모습이다. 각 페이지 밑줄 친 부분을 번역하고, 하단의 설명을 읽고 해당하는 단어를 본문에서 찾아 써라.

President Putin : Thank you very much for / having me here. It's a great pleasure, as always, to be
여러분께 대단한 감사를 드립니다   저로 하여금 이곳에 방문할 수 있도록 해 준   한다는 것은 즐거운 일인데   항상 그렇지만

[Unit0801]

with young people, but especially here since I graduated / from this university, it's a
젊은 사람들과 함께   특히 여기에서는   제가 이 대학을 졸업한 까닭에

double pleasure / for me to be here. But / this university played / a dual role / in my
두 배의 즐거움입니다   제가 이곳에 온다는 것은   그렇지만 이 대학은   두 가지 역할을 하였습니다

career. The first time, when they basically / gave me a present — they just gave me
제 경력에 있어서   첫 번째는   기본적으로 이 대학이 제게 선물을 주었던 때로   그들은 제게 준 것이지만

the degree that I earned — that was the one important part. (Laughter) The second
제가 받은 학위를   그것이 중요한 역할의 하나였습니다   두 번째는

very important / facet in my life / was when I worked here / for the rector of the
저의 인생에 있어서 매우 중요한 국면으로   제가 이곳에서 학장을 위해 일했던 때입니다

university / as an assistant, helping him / in the area of international contacts / between
대학의   부학장으로   그를 도우며   국제 교류 분야에서

and among various universities.
많은 대학들 사이에서

 And what I was doing was doing / the same thing the rector was just talking about
1)

— I was setting up / the initial contacts / between our university and various other

universities / around the world. So what we did / was we invited / the president of a
그래서 제가 했던 일은   우리가 초청하는 것이었습니다   총장을

mid-size college from St. Petersburg, Florida, to come here and pay us a visit, since
중간 규모 대학   플로리다주 세인트 피터스버그의   이곳에 와서 우리를 방문하도록

they had the same name. So then, what I did is / I talked the former mayor, Mr.
두 대학이 같은 이름을 갖고 있기 때문에   그래서 그때 제가 했던 일은   전임 시장이었던 Subchek씨에게 말씀드리는 것이었습니다

Subchek (phonetic) to receive / this president of this college. So he, in turn, invited
접견하도록   이 대학의 총장을   그리고 이번에는 총장이 그 전임 시장을

him to come to the United States. And this Mr. Carter, who was the head of this
미합중국에 방문하도록 초청하였습니다
2)

college / in St. Pete, arranged a visit / with one of the Presidents of the United States

at the time, and I think his name was Bush. (Laughter) After that, he invited me / to
그 후에   그는 저를 초청하였고

come to work for him, and the rest of my career is history, as they say. (Laughter)
그와 함께 일해 달라고   그리고 제 경력의 나머지는 여러분이 아시는 대로입니다

 Well, to be very, very serious now, it's really a great pleasure / to have business and
아무튼   이제는 아주 진정으로 말해서   즐거운 일입니다   함께 일하고

dealings with students / because students are very direct, as you know. And they also
상대한다는 것은   학생들과   학생들은 매우 솔직하기 때문에   여러분도 알겠지만   그리고 그들 또한

/ feel the rhythm of civilization / as it's changing.
느끼고 있습니다   문명의 리듬을   변화하고 있는 바로서의

[Vocabulary Drills] ① _____ *to receive a degree from an academic institution ; a person who has received a degree*
② _____ *the head of a business or institution, usually ranking below chair of the board*

여기서 들려지는 Putin 대통령의 통역관 목소리나 발음은 Unit 3에서 들었던 목소리와 다르다. 보다 유연하고 부드럽고 유창한 미국식 영어를 구사하는 사람으로 교체된 것으로 보인다.

1. Thank you, It's a, since I, when I, us a, one of

2. university, invited, United, Carter

※in my 에서는 비음화가 나타나고 있다.

2. dash(—) 다음에는 앞서의 말(a present)에 대한 추가적·부차적인 부연 설명이 오고 있으며, 두 개의 that-관계절이 하나의 선행사를 수식하는 이중 한정의 용법이 쓰였다.

4. †set up: 1) 세우다, 똑바로 놓다. 2) 짜맞추다, 구성(조립·설비)하다. 3) 시작(창설·설정)하다. 4) 제시(조정)하다.

5. 접속사 since는 <때>를 나타내어 '~한 이래로'의 뜻을 가지는 경우와 상대방이 빤히 알고 있는 <원인·이유>를 나타내는 두 가지 용법이 있으며, 두 용법 모두 since-절 안에서의 술어동사는 과거시제가 오는 것이 보통이다.

소리분석 *1.* as an assistant, between and among, arranged a, name was : 연음

2. that I, facet in, what I, setting, what we, did is, head of, invited : -t / -d의 -r 유음화

3. dual role, talked the, at the, have business : 조음점 동화

4. first, present, earned, important part, second, assistant, around, world : 말음의 자음 생략

구문분석 *1.* *It*'s a great pleasure, as always, *to be* with young people, but especially here *since* I graduated from this university, *it*'s a double pleasure *for me to be* here. … 가주어 it, 진주어로 쓰인 to-inf., for + 의미상의 주어, 상대방이 알고 있는 이유를 설명하는 since-부사절 등이 쓰였다.

2. The first time, when they basically gave me a present — they just gave me *the degree that I earned* — *that was the one important part.* … *the degree*를 선행사로 *that*-관계사가 오고 있다.

3. The second *very important facet in my life* was *when* I worked here for the rector of the university as an assistant, *helping him in the area of international contacts between and among various universities.* … *when*-절이 여기서는 부사절이 아니라 술어동사의 C로 쓰인 명사절이다.

4. And **what I was doing** was doing *the same thing the rector was just talking about* — I was setting up the initial contacts between our university and various other universities around the world. … S로 쓰인 **what**-명사절, O를 선행사로 하면서 관계사가 생략된 that-관계절이 오고 있다.

5. So **what we did** was *we invited the president of a mid-size college from St. Petersburg, Florida, to come here and pay us a visit,* since they had the same name. … <S + V + C> 구조로 what-명사절이 S로, that-명사절이 C로 왔으며, and로 연결된 to-inf.는 목적보어로 쓰였다.

6. And this Mr. Carter, *who was the head of this college in St. Pete,* arranged a visit with one of the Presidents of the United States at the time, and I think his name was Bush. … S를 선행사로 하는 *who*-관계절은 계속적 용법이 아니라 한정적 용법으로 삽입어구로 쓰였다.

7. Well, to be very, very serious now, *it*'s really a great pleasure *to have* business and dealings with students because students are very direct, as you know. … 독립부정사가 문두에 오고, 가주어 it, 진주어 to-inf.가 쓰였으며, to-inf.의 목적어로 두 명사가 and로 연결되어 있다.

Nuance **'기쁨·즐거움'의 뜻을 가지는 말**
① **pleasure**: 조용한 흡족감에서 적극적인 행복감까지 여러 가지 정도의 정신적·육체적인 즐거운 기분·만족감·행복감을 포함하는 기쁨을 나타내는 가장 일반적인 말 ② **delight**: pleasure 보다 강한 기쁨을 나타내며, 동작이나 표정 또는 말 등으로 그것을 외부로 표현하는 강한 pleasure ③ **joy**: 어찌할 바를 몰라 외부로 표현되는 크고 지속적이며 정신적인 기쁨이나 행복감 ④ **enjoyment**: 일시적인 만족에서 상당기간에 걸친 깊은 행복감까지를 나타내며, 그 만족감을 조용히 침착하게 음미하며, 느긋하게 즐기는 기분을 나타낸다. ⑤ **gladness**: 강하지만 교요한 감정으로 느껴지는 순수한 기쁨 ⑥ **bliss**: 지복(superlative happiness), 무상의 기쁨(perfect joy or enjoyment). 축복(blessedness)에 지극한 행복(exalted felicity)이 가미된 말로 종종 천락(joys of heaven)이라는 뜻으로도 쓰인다.

번역 **푸틴 대통령** : 저로 하여금 이곳에 방문할 수 있도록 해 준 여러분께 대단한 감사를 드립니다. 항상 그렇지만, 젊은 사람들과 함께 한다는 것은 즐거운 일인데, 특히 여기에서는 제가 이 대학을 졸업한 까닭에 이곳에 온다는 것은 두 배의 즐거움입니다. 그렇지만 이 대학은 제 경력에 있어서 두 가지 역할을 하였습니다. 첫 번째는 기본적으로 이 대학이 제게 선물을 주었던 때로, 제가 받은 학위를 그들이 제게 준 것이지만, 그것이 중요한 역할의 하나였습니다. 저의 인생에 있어서 매우 중요한 국면이었던 두 번째는 제가 이곳에서 대학의 부학장으로 학장을 도우며 많은 대학들 사이에서 국제 교류 분야에서 일했던 때입니다. 1)그리고 제가 했던 일은 학장이 방금 말했던 것과 똑같은 일을 하는 것이었는데, 저는 우리 대학과 세계적으로 많은 다른 대학들 사이의 최초의 교류를 조정하였습니다. 그래서 제가 했던 일은 플로리다주 세인트 피터스버그의 중간 규모 대학 총장을 이곳에 와서 우리를 방문하도록 초청하는 것이었는데, 그것은 두 대학이 같은 이름을 갖고 있기 때문입니다. 그래서 그때 제가 했던 일은 그 대학의 총장을 맞이하도록 전임 시장이었던 Subchek씨에게 말씀드리는 것이었습니다. 그리고 이번에는 총장이 그 전임시장을 미합중국에 방문하도록 초청하였습니다. 2)그리고 페테스부르크 대학의 총장이었던 이 Carter씨는 당시의 미합중국 대통령들 중의 한 분과 방문을 조정하였는데, 그분의 성함이 부시입니다. 그 후에 그는 그와 함께 일해 달라고 저를 초청하였고, 그리고 제 경력의 나머지는 여러분이 아시는 대로입니다.
　아무튼 이제는 아주 진정으로 말해서 학생들과 함께 일하고 상대한다는 것은 즐거운 일인데, 여러분도 알겠지만 그것은 학생들이 매우 솔직하기 때문입니다. 그리고 그들 또한 변화하고 있는 바로서의 문명의 리듬을 느끼고 있습니다.

Answers for Vocabulary Drills　① graduate　② president

※ 본문의 밑줄 친 부분을 번역하고, 하단의 설명을 읽고 해당하는 단어를 본문에서 찾아 써라.

 Unit0804

When we were guests / of the Bushes / in Crawford, Texas, we also were given an
우리가 손님이었을 때   부시 일가의   Crawford에서   Texas주   우리도 또한 기회를 가졌습니다
opportunity to meet with young people. I think this will become a very fine tradition.
      젊은 사람들을 만나는   저는 이것이 매우 좋은 전통이 될 것으로 생각합니다

President Bush : That's right.
맞습니다

President Putin : And I think Mr. Bush also / was waiting for this opportunity, because he asked me
Unit0805   그리고 저는 생각합니다   부시 대통령도 또한 이번 기회를 기다려왔을 것이라고   그가 저에게 부탁하였기 때문에
several times / about this possibility. Well, George Bush and I don't know each other /
여러 번이나   이런 가능성을   아무튼 부시 대통령과 저는 알고 있었던 것은 아닙니다   서로를
for that long ; I think it's a little bit less than two years. But what we're trying to do /
오랫동안   제가 생각하기에는 2년도 채 되지 않았을 것입니다   3)
is establish the environment which would be very conducive / to having people / in both

of our countries meet, have opportunities to make contacts / and get along better.

 Unit0806

I don't want this to sound like a major report here, but I just want to inform you
저는 이것이 주요한 보고를 하는 것처럼 들리게 하고 싶지 않습니다만   하지만 저는 여러분에게 알려주고 싶을 뿐입니다
that we have just signed / two major agreements / between our two countries. One of
우리가 지금 막 서명을 했다는 것을   두 가지 주요한 협정에   우리 양국 사이에   4)
them is / having to do with the reduction / in strategic arms / of the two countries, and
그들 중 하나는   감축과 관련이 있고   전략 무기의   그 두 나라의

the other one is called / an agreement / on a new strategic relationship / between the

two countries.

 Unit0807

As we all know, people are divided into two groups, optimists and pessimists. And
우리 모두가 알고 있다시피   사람들은 두 개의 그룹으로 나뉘어져 있습니다   낙천주의자와 비관주의자라는
the pessimists will always find / something wrong. Optimists, however, will find in
그리고 비관주의자들은 항상 사물의 나쁜 것만을 봅니다   그렇지만 낙천주의자들은 발견할 것입니다
these two documents / that we signed / a lot of things / that are very useful and
그러한 두 서류에서   우리가 서명한   많은 것들을   매우 유용하고 유익한
beneficial.

 Unit0808

But it's wonderful to deal with / young people because, by their very nature, they're
그러나 젊은이들을 상대한다는 것은 놀라운 일입니다   천성적으로   그들은
optimists / and they look into the future. And that's why we're here, among other
낙천주의자이며   그들은 미래를 들여다보기 때문에   그리고 그래서 우리가 여기에 있는 것입니다   모두들 사이에
things. So today, when we were coming to the / conclusion of our visit to the
        그래서 오늘   우리가 결론을 내리고   은둔자의 집을 방문하기로
Hermitage, and we were running late / so we were / in a hurry, Mr. Peotrovskiy, who
              우리가 늦어   서두른   Peotrovskiy씨는
really had very little time, said, "By the way, before we leave / I want to show you a
정말 거의 시간이 없었던   말했는데   "말이 난김에   우리가 떠나기 전에   우리에게 보여주고 싶다"고
portrait," which was a portrait / of our great Tsaritsa Catherine / the Great. And Mr.
어떤 초상화를 그것은 케서린 황후의 초상화였습니다   그리고 부시 대통령이
Bush, without missing a beat, said, "Oh, and by the way, where is the portrait of
      한번 잘 살펴보시더니   말했습니다 "아,   그런데   Potemkin의 초상화는 어디 있지요?"라고
Potemkin." (Laughter)

Vocabulary Drills ③ _____ the belief that good will win over evil, that things will end well ; hopeful happy feeling about life
④ _____ the tendency to see only the bad things in life and to expect that they are more likely to get worse

*Tsaritsa Catherine the Great(에카테리나 여체, 1762~1796): 오늘날의 독일과 오스트리아로 이루어졌던 중세 프러시아의 수많은 작은 공국들 중 하나인 슈테틴 공국의 제후이자 프러시아 군대 고급장교의 딸로 태어나 1761년 즉위한 표트르 3세의 황후가 되었다. 1762년 자신을 지지하는 근위대의 도움으로 쿠데타를 일으켜 제위에 올라 1774년 남쪽으로 터키를 물리쳐 흑해연안까지 진출하고, 1783년 크림반도를 획득하더니, 스텝지대에서는 우랄산맥을 넘어 카스피해 연안까지, 또 극동으로는 알래스카까지 진출하여 러시아 제국의 영토를 확장시켰으며, 유럽의 변방에 지나지 않았던 러시아에 18C 유럽의 계몽주의를 비롯한 여러 정신사조를 받아들여 서구화 및 근대화시키는 한편, 인구 1억에 1천7백만 루블리라는 엄청난 부채를 갚기 위해 새로운 영농기술을 도입하여 광업을 진흥시키고 수출에 진력하여 불과 3년 뒤에는 그 많은 빚을 대부분 청산하는 등의 치적으로 러시아인들에게 국민적 자부심과 러시아가 유럽 강대국의 대열에 올라 있다는 긍지를 갖게 하였다. 그녀는 자신의 쿠데타에서 중요한 역할을 했던 그레고리 오를로프와는 13년, 터어키 전쟁의 영웅 그레고리 포템킨과는 17년 동안이나 지속적인 연인 관계를 유지하였으나, '마담 오를로프'로서 러시아에 다스릴 수 없으리라는 것은 너무나 뻔한 사실 등을 이유로 일개 아내이 되기보다는 황제로 남기를 선택하였지만, 포템킨 등의 정치적 간섭을 받아들일 수도 없었던 까닭에 그들 모두를 변방으로 떠나보낼 수밖에 없었다. 포템킨을 변방으로 떠난 뒤에는 그들이 추천했던 총신들이 차례로 그녀의 곁을 지켰고, 그래서 그들 모두가 그녀의 애인이거나 한 듯한 소문이 나돌았다. 그러나 그녀가 그들의 결혼을 기꺼이 주선하고 축복했던 것으로 미루어 그녀와 총신들의 관계는 우정에 더 가까웠던 듯하다.

2. which-관계절의 조동사 would에 이어 술어동사 be, have, get이 <A, B and C> 형태로 나열되고 있다.

4. †one~ the other(s)···: 하나는 ~하고, 다른 하나는(나머지는) ···하다./ have (something) to do with: ~와 관계가 있다.

5. 가주어 it, 진주어로 쓰인 to-inf.가 왔다. †by nature: 천성적으로, 본래, 날 때부터/ deal with: 다루다, 취급하다, 처리하다.

6. Mr. Peotrovskiy를 선행사로 하여 삽입구로 쓰인 who-관계절이 왔다.
†come to a conclusion: 결론에 이르다./ be in a hurry: 서두르다.

[Nuance Drills] Fill in the blanks with a suitable word as given:

¹_____ is the general term for an agreeable feeling of satisfaction, ranging from a quiet sense of gratification to a positive sense of happiness. ²_____ implies a high degree of obvious pleasure, openly and enthusiastically expressed. ³_____ describes a keenly felt, exuberant, often demonstrative happiness. ⁴_____ suggests a somewhat more quiet feeling of satisfaction with that which pleases.

(a) enjoyment (b) pleasure
(c) delight (d) joy

🔊 **소리분석** **1.** with the, visit to, great Tsaritsa : 겹자음의 발음 생략

2. given an opportunity, this opportunity, Bush and I, each other, both of our : 연음

3. waiting, little, get along better, but I, divided, lot of : -t/-d의 -r 유음화

4. guests, just signed, optimists, pessimists, documents : 복합중자음의 중간음 탈락

💡 **구문분석** **1.** When we were guests of the Bushes in Crawford, Texas, we also *were given* an opportunity to meet with young people. ··· <when S′ + V′ + C′ S + V + O>로 주절은 수동형이다.

2. But **what we're trying to do** is *establish the environment which would be* very conducive to having people in both of our countries meet, *have* opportunities to make contacts and *get along better*. ···be-동사 다음의 C로 원형부정사가 O를 동반하고 있으며, O를 선행사로 하는 관계절이 오고 있다.

3. I don't *want this* to sound like a major report here, but I just *want to inform* you *that we have just signed two major agreements between our two countries.* ··· 주절은 5형식을 이끄는 대격동사이며 불완전타동사인 want가, <역접>의 대등절에서는 3형식으로 O를 받아 완전타동사 want가 왔다.

4. One of them is *having to do with the reduction in strategic arms of the two countries*, and **the other one** is called *an agreement on a new strategic relationship between the two countries.* ··· <one~ the other(s)···>가 쓰였는데, 앞 절에서 동명사가 C로 쓰였다.

5. But **it**'s wonderful *to deal with* young people because, by their very nature, they're optimists and they look into the future. ··· 문맥상 문장의 끝에 optimistically가 생략되었다고 볼 수 있다.

6. So today, *when we were coming to the conclusion of our visit to the Hermitage, and we were running late so we were in a hurry*, **Mr. Peotrovskiy, who** really had very little time, **said**, "By the way, before we leave I want to show you *a portrait*," **which** was a portrait of our great Tsaritsa Catherine the Great. ···today를 선행사로 하는 when-관계절은 in a hurry까지이며, **a portrait**를 선행사로 하는 계속적 용법의 **which**-관계절이 쓰였다.

📘 **번역** 우리가 Texas주, Crawford에서 부시 일가의 손님이었을 때, 우리도 또한 젊은 사람들을 만나는 기회를 가졌습니다. 저는 이것이 매우 좋은 전통이 될 것으로 생각합니다.
부시 대통령: 맞습니다.
푸틴 대통령: 그리고 부시 대통령이 저에게 여러 번이나 이런 가능성을 부탁한 것으로 보아 그도 또한 이번 기회를 기다려왔을 것이라고 저는 생각합니다. 아무튼 부시 대통령과 저는 서로를 오랫동안 알고 있었던 것은 아닙니다. 제가 생각하기에는 2년도 채 되지 않았을 것입니다. 3)그러나 우리가 하려고 하는 것은 양국의 사람들이 만나고 교류하고 서로 더 사이좋게 지낼 수 있는 기회를 가지는데 매우 도움이 되는 환경을 조성하는 것입니다.
　저는 이것이 이 자리에서 주요한 보고를 하는 것처럼 들리게 하고 싶지 않고, 우리 양국 사이의 두 가지 주요한 협정에 우리가 지금 막 서명을 했다는 것을 여러분에게 알려주고 싶을 뿐입니다. 4)그 중의 하나는 양국 간의 전략 무기의 감축과 관계가 있으며, 다른 하나는 두 나라 사이의 새로운 전략적 관계에 관한 협정입니다.
　우리 모두가 알고 있다시피, 사람들은 낙천주의자와 비관주의자라는 두 개의 그룹으로 나뉘어져 있습니다. 그리고 비관주의자들은 항상 사물의 나쁜 것만을 봅니다. 그렇지만 낙천주의자들은 우리가 서명한 그러한 두 서류에서 매우 유용하고 유익한 많은 것들을 발견할 것입니다.
　그러나 젊은이들은 천성적으로 낙천주의자이며 그들은 미래를 (낙천적으로) 들여다보기 때문에 그들을 상대한다는 것은 놀라운 일입니다. 그리고 그래서 우리가 여기, 모두들 사이에 있는 것입니다. 그래서 은둔자의 집을 방문하기로 우리가 결론을 내리고 우리가 늦어 서두른 오늘, 정말 거의 시간이 없었던 Peotrovskiy씨가 "그러나 우리가 떠나기 전에 어떤 초상화를 우리에게 보여주고 싶다"고 말했는데, 그것은 케서린 황후의 초상화였습니다. 그리고 부시 대통령이 한번 잘 살펴보시더니 "아, 그런데 Potemkin의 초상화는 어디 있지요?"라고 말했습니다.

[Answers for Vocabulary Drills] ③ optimism ④ pessimism

※ Answers for Nuance Drills : 1-b, 2-c, 3-d, 4-a

※ 본문의 밑줄 친 부분을 번역하고, 하단의 설명을 읽고 해당하는 단어를 본문에서 찾아 써라.

 Unit0809
So / when you asked questions, I ask you / to give me the easy questions / and give
그래서 여러분이 질문을 했을 때   저는 여러분에게 부탁했습니다   제게는 쉬운 질문을 하고
Mr. Bush the tough questions. (Laughter) And with pleasure, I give the word to
부시 대통령께는 어려운 질문을 해달라고   그리고 기쁜 마음으로   저는 부시 대통령께 그 말씀을 드립니다
George Bush.

President Bush : Thank you very much. (Applause) Madam President, thank you for your hospitality.
Unit0810
여러분 감사합니다   총장님께도 환대해주신 것에 대하여 감사를 드립니다
Laura and I are honored to be here / at this famous university. I'm particularly pleased
Laura와 저는 이곳에 오게 되어 영광입니다   이 유명한 대학에   5)
to be / coming to this university / because it is the alma mater / of your President and
my friend, Vladimir Putin. But even more importantly, it is Mrs. Putin's alma mater.
더 더 중요하게도 이곳은 푸틴 여사의 모교이기 때문입니다

 Unit0811
The President was talking about a seminar / on international relations. I guess this is
푸틴 대통령께서는 세미나에 관하여 말씀하고 있습니다   국제적인 관계에 관한   저는 생각합니다
the most sophisticated seminar / on international relations / that you could possibly
이것은 가장 복잡한 세미나라고   국제 관계에 관한   여러분이 가질 수 있는
have. So I'll give you / a quick insight as to what it's like to be involved / with
그래서 저는 여러분에게 즉각적인 통찰을 제시할 것입니다   관계되는 것이 어떤 것인지에 관해
international relations.
국제 관계에

 Unit0812
There we were, as guests / of the Putins / in their private home last night. We talked
우리는 있었습니다   푸틴 대통령의 일가의   그들의 사택에   지난밤   우리는 얘기하고
about our families, we talked about our passions, we talked about / matters of life
우리의 가족에 관하여   우리의 열정에 관하여 얘기하고   삶의 문제에 대하여 이야기를 나눴습니다
that friends / would talk about. The best international relations / start when people /
친구들이 말하는   5)
care about the other person, when they try to figure out / how the other person /
thinks and what makes the other person's life / go forward.

 Unit0813
We've had a lot of negotiations, of course. But the thing that impressed me the most
우리는 물론 많은 협상을 하였습니다   하지만 제가 가장 감동한 것은
/ about the President and his wife / was how much / they loved their daughters. That's
푸틴 대통령과 푸틴 여사에 관하여   그들이 그들의 딸들을 매우 사랑한다는 것이었습니다
a universal value. It's an impressive value.
그것은 보편적인 가치입니다   그것은 감동적인 가치입니다

 Unit0814
When I got out of college in 1968, America and the Soviet Union were enemies —
제가 대학을 졸업했던 1968년에   미국과 소련은 적,
bitter enemies. Today, America and Russia / are friends. It's important for you / to
그것도 증오에 찬 적이었습니다   오늘날 미국과 러시아는 우방국입니다   여러분이 안다는 것은 중요합니다
know that / that era / is long gone, as far as I'm concerned. The treaty we signed /
그러한 시대가 오랫동안 지속될 것이라는 것을   제가 관여하는 한   우리가 서명한 조약은
says a lot about nuclear arms ; it speaks about the need for peace ; but it also / says
핵무기에 관한 많은 것들을 얘기하고 있으며   그것은 평화의 필요성을 말하고 있지만   그러나 그것은 또한 말합니다
the Cold War is over, and America and Russia / need to be, and will be, friends, for
냉전은 종식되었고   미국과 러시아는 우방국이 될 필요가 있으며 될 것이라는 것을
the good / of the world.
세상의 이익을 위하여

Vocabulary Drills ⑤ _____ one's existence from birth to death ; the state of being of a functioning plant or animal
⑥ _____ not public, away from other people and their observation ; keeping personal matters exclusively to oneself

1. it is, mater, Putin, what it's, matters, bitter, hospitality

3. at this, But the

4. when you, ask you, Thank you, and I, this is, of your

※and my, even more에서는 비음화가 나타나고 있으며, most sophisticated 에서는 ① 자음 뒤 말음의 자음 생략 ② 겹자음의 발음 생략 ③ -t/-d의 -r 유음화가 연이어 일어난다.

1. please, impress 등과 같이 감정을 나타내는 동사들이 술어동사로 쓰이면 주로 수동형으로 표시된다.

3. †figure out : 1)계산하여 합계를 내다, 합계가 ~가 되다. 2)圖이해하다. 3)해결하다. / go forward : (일이나 계획 등이) 진행되다, 진행시키다.

5. speak와 say를 번갈아 가며 사용하고 있는 이유를 생각해볼 필요가 있는 문장이다. †be over : 끝나다, 종식되다. / for the good of : ~을 위하여, ~의 이익을 위하여

[Nuance] '생각하다'의 뜻을 가지는 말
①think : '생각하다'는 의미의 가장 일반적인 말 ②consider : 주로 타동사로 쓰여 사전에 집중적으로 생각하다, 고려하다는 뜻을 가진다. ③suppose : 가정하여 생각해본다, 아마 ~일 것이다. ④conceive : 어떤 것의 개념을 마음에 그리다. think, believe의 딱딱한 말. ⑤meditate : 여러 가지를 교려하여 심사 숙고하다, 묵상하다. ⑥reflect : 현재나 과거에 있었던 일을 오랫동안 깊이(조용히) 진지하게 생각하다. ⑦deliberate : 어떤 결론에 앞서 모든 각도에서 신중히 검토하다. ⑧speculate : 불확실하고 비현실적인 것, 미래의 가능성 등을 생각해보는 의미로 그 결론이나 판단이 억측임을 암시한다. ⑨contemplate : 지식·이해를 갖게하기 위해, 또는 어떤 계획 등을 세우기 위해 시간을 두러 깊이 생각하다. ⑩reason : 기지의 사실이나 가정을 전제로 논리적 사고를 되풀이하여 어떤 결론이나 판단에 도달한다. ⑪suppose : 확증이 없는 채로 추정하다. ⑫study : 계을 세워 철저히 검증하며 생각하다. ⑬weigh : 상반되는 주장·자료·증거 등을 비교하여 올바른 평가·결론을 구하다. ⑭take : 일상 용어로 생각하다, 여기다, 가정하다. ⑮take for granted : ~을 당연히 그러려니 생각하다. ⑯expect : 아마 ~일 것이라고 생각하다, 여기다. (suppose). 일상용어 ⑰call : 일상용어로 생각하다, 여기다. ⑱guess : 구어로 생각하다. ⑲deem : 문어로, 상정하다, 의견을 갖다. ⑳reckon : 구어로 종종 that~절을 목적어로 하거나 <O+OC>를 위하여 생각하다. ㉑be of (the) opinion : ~라는 의견을 갖다, 생각하다. 영국에서는 the를 생략하는 것이 보통이다.

[소리분석] *1*. But even, about a, insight as, daughters, got out of, lot about : -r 유음화

2. President, friend, international, forward, best, most, world : 자음 뒤 말음의 자음 생략

3. honored to, university, pleased to, international relations, loved their : 조음점 동화

4. President and, on international, give you, quick insight, talked about, says a : 연음

[구문분석] *1*. I'm particularly *pleased* to be coming to this university **because** *it is the alma mater of your President and my friend, Vladimir Putin.* … <S + V + because + S′ + V′ + C′> 구조이다.

2. We talked about our families, we talked about our passions, we talked about **matters of life that** *friends would talk about.* … **matters of life**를 선행사로 하는 that-관계절이 오고 있다.

3. The best international relations start **when** *people care about the other person,* **when** *they try to figure out* **how** *the other person thinks and* **what** *makes the other person's life go forward.* … <S + V> 구조의 주절에 <때>를 나타내는 when-부사절이 오고 있는데, 두 번째 when-절에서 *figure out*의 O로 *how*-명사절, *what*-명사절이 이어지고 있다.

4. But **the thing that** *impressed me the most about the President and his wife* **was** how much they loved their daughters. … 주어를 선행사로 하는 that-관계절에 이어 be-동사가 술어동사로 오고, how-명사절이 C로 쓰인 <S + V + C> 구조의 혼합문이다.

5. **The treaty** *we signed* **says** a lot about nuclear arms ; it speaks about the need for peace ; but it also says the Cold War is over, and America and Russia **need to be**, and **will be**, friends, for the good of the world. … 주어를 선행사로 하는 관계대명사가 생략된 관계절이 오고, 목적어로 쓰인 a lot에 대한 구체적인 부연 설명이 semi-colon(;) 다음에 이어지고 있는데, 조동사 need와 will의 의미에 주의해서 우리말로 옮겨야 한다.

[연구 63]
조동사 will과 need의 주요 용법
1) will … 조동사 will은 본래 (to) intend, wish의 뜻으로 의지·원망(願望)을 나타내었으나, 오늘날에는 특별한 의미없이 미래를 나타내는 조동사로 쓰이기는 하지만, 그래도 그 본래적 의미의 흔적이 남아 ①1인칭 주어의 의지를 나타내는 경우가 많으며(의지미래), 이때는 will에 강세가 온다. ②'~일 것이다'는 의미의 단순미래 ③2인칭 주어의 의문문에서 상대방의 의지를 묻거나, 의뢰·권유 ④말하는 사람의 추측 ⑤반복적인 행위·습관 ⑥(어떤 물건이) '~할 능력이 있다, ~할 수 있다' ⑦불가피한 또는 필연적인 사태(사건의 전개)
2) need … ①'필요·소용·나극·궁핍 등의 뜻으로 명사, ②'필요로 하다, 필요가 있다'는 뜻으로 본동사, ③부정문이나 의문문에 쓰여 '~할 필요가 있다', '~할 필요가 없었는데'(완료형과 함께)는 의미의 조동사 등으로 쓰인다.

[번역] 그래서 여러분이 질문을 했을 때, 저는 여러분에게 제게는 쉬운 질문을 하고 부시 대통령께는 어려운 질문을 해달라고 부탁했습니다. 그리고 기꺼이, 저는 부시 대통령께 그 말씀을 드립니다.

[부시 대통령] : 여러분, 감사합니다. 총장님께도 환대해주신 것에 대하여 감사를 드립니다. Laura와 저는 이곳 이 유명한 대학에 오게 되어 영광입니다. 5)이곳이 여러분의 대통령이자 제 친구인 블라디미르 푸틴의 모교이기 때문에 이 대학에 오게 되어 저는 특히 기쁩니다. 더욱 더 중요한 것은 이곳은 푸틴 여사의 모교이기 때문입니다.

푸틴 대통령께서는 국제적인 관계에 관한 세미나에 관하여 말씀하고 있습니다. 저는 이것은 여러분이 가질 수 있는 국제 관계에 관한 가장 복잡한 세미나라고 생각합니다. 그래서 저는 여러분에게 국제 관계에 관련되는 것이 어떤 것인지에 관해 즉각적인 통찰을 제시할 것입니다.

우리는 지난밤에 푸틴 대통령의 사택에서 그들의 손님으로 있었습니다. 우리는 가족에 관하여 얘기하고, 우리의 열정에 관하여 얘기하고, 친구들이 말하는 삶의 문제에 대하여 이야기를 나눴습니다. 6)가장 이상적인 국제관계는 한 국민들이 다른 나라의 사람에 대해 관심을 가질 때, 다른 나라 사람들이 어떻게 생각하고 무엇이 그 사람들의 삶을 살아가게 만드는 지를 그들이 알려고 할 때 시작합니다.

물론 우리는 많은 협상을 하였습니다. 하지만 푸틴 대통령과 푸틴 여사에 관하여 제가 가장 감동한 것은 그들이 그들의 딸들을 매우 사랑한다는 것이었습니다. 그것은 보편적인 가치입니다. 그것은 감동적인 가치입니다.

제가 대학을 졸업했던 1968년에 미국과 소련은 적, 그것도 증오에 찬 적이었습니다. 오늘날 미국과 러시아는 우방국입니다. 제가 관여하는 한 그러한 시대가 오랫동안 지속될 것이라는 것을 여러분이 안다는 것은 중요합니다. 우리가 서명한 조약은 핵무기에 관한 많은 것들을 얘기하고 있으며, 그것은 평화의 필요성을 말하고 있지만 그러나 그것은 또한 냉전은 종식되었고 미국과 러시아는 세상의 이익을 위하여 우방국이 될 필요가 있으며 될 것이라는 것을 말합니다.

[Answers for Vocabulary Drills] ⑤ life ⑥ private

※ 본문의 밑줄 친 부분을 번역하고, 하단의 설명을 읽고 해당하는 단어를 본문에서 찾아 써라.

Unit0815

And so it's my honor to come. I look forward to answering your questions. Since
그래서 이곳에 온 것이 저의 영광입니다 　저는 여러분의 질문에 응답하기를 고대하고 있습니다 　푸틴 대통령께서

Vladimir / went here to St. Petersburg, it only seems fair / that the hard ones go to
이곳 페테스부르그에 왔기 때문에 　공평할 것입니다 　어려운 문제는 그에게 맡기는 것이

him. (Laughter) We'll be glad to handle your questions. (Applause)
우리는 여러분의 질문을 기쁜 마음으로 응답할 것입니다

Q : From the Sociology Department, and the question is, everyone knows / what the brain
Unit0816 사회학적 분야에 관한 것으로 　묻고 싶은 것은 　모든 사람들이 알고 있으며 　두뇌 유출 문제가

drain / problem is, and it is / an open secret that / the traffic / of brain drain is most
무엇인가를 　그것은 공공연한 비밀입니다 　격심한 두뇌 유출이 주로

oriented / to the United States. I wonder what the Presidents / of these two countries /
미국으로 향하고 있다는 것은 　저는 알고 싶습니다 　양국의 대통령들께서는

think about / this problem.
이 문제에 대하여 어떻게 생각하시는 지

President Putin : I'll tell you right away, he'll say / it's good, I'll say it's bad. (Laughter) But if you look
Unit0817 제가 바로 말씀드리겠는데 　그는 좋은 일이라고 할 것이며 　저는 나쁜 일이라고 말할 것입니다 　하지만 여러분이

at it a little / more deeply, I'll get a little more serious / and give you some more detail.
그 문제를 조금만 더 깊이 살펴본다면 　저는 좀 심각하게 생각할 것이며 　좀더 자세히 말씀드릴 것입니다

There are two methods / for stopping / this occurrence. First of all, close the country
이런 사태를 중단시키는 데에는 두 가지 방법이 있습니다 　　　　　　　　　7)

down / once again, and create such regulatory conditions / where people will lose / the

right / to move freely.

Unit0818

Second is, in a fee economy, to create economic conditions, conditions of prosperity /
8)

for all those people / so that they wish to stay / here and work. And I think / we have
그리고 저는 생각합니다

to take the second path.
우리는 두 번째 방법을 택해야 한다고

President Bush : I first of all, there's a lot of brains / in this room. And you get to decide whether /
Unit0819 저는 무엇보다 먼저 　이 공간에만도 많은 두뇌들이 있습니다 　　　그리고 여러분이 판단해야만 합니다

there's a brain drain / in Russia. I tell Vladimir all the time / I mean, Mr. President all
러시아에 두뇌 유출 문제가 있는지 　저는 푸틴 대통령께 항상 말씀드리고 있습니다

the time — that Russia's / most / precious resource / is the brain power / of this country.
러시아의 가장 귀중한 자원은 　이 나라의 지적 능력이라고

And you've got a lot of it. It's going to take a / lot of brains in Russia to create / a
그리고 여러분은 그것을 많이 가지고 있습니다 　많은 두뇌 인력이 성장하고 있습니다 　러시아에는 　해외로 나갈 수 있는

drain. There are plenty / of bright / and smart people / in Russia. Your history says that.
똑똑하고 영리한 사람들이 많이 있습니다 　러시아에는 여러분의 역사가 그것을 말해주고 있습니다

I'm absolutely convinced that / the future of this country / is incredibly bright. First,
저는 절대적으로 확신합니다 　이 나라의 미래가 믿을 수 없을 만큼 밝다는 것을 　첫째는

because of the / great imagination / and intellect / of the Russian people. And second,
훌륭한 상상력과 지적 능력 때문이며 　러시아 국민들의 　둘째는

because you've got a leader who understands / that freedom / is going to enhance / the
여러분이 이해하는 지도자를 가졌기 때문입니다 　자유가 향상시킬 것이라는 것을

future of this country.
이 나라의 미래를

Vocabulary Drills ⑦ _____ *to give life to ; to make something in a special way, usually with skill or artistry*
　　　　　　　　 ⑧ _____ *(pl.) wealth, supplies of goods, raw materials, etc which a person, country, etc. has or can use*

1. went, Department, most

2. it only, United, right away, But if

3. that the, what the, that they

4. question is, problem is, drain is, think about, tell you, in a, of all

※ hard ones에서는 먼저 -rt/-rd … 에서의 -d/-t음의 생략이 먼저 일어난 후, 연음되면서 '연음의 r'이 발음되고 있다. Unit 6에서 본 중국 Tsinghua 대학 학생들과 달리 러시아 St. Petersburg 대학 학생들은 러시아 말로 묻고 통역관이 이를 영어로 옮기는 전통적인 방식으로 질문을 하고 있음을 볼 수 있다.

3. 가정법 현재시제는 <if+S+현재동사~, 주어+will+원형…>의 문형을 가진다는 것을 암기해두고 있어야 한다. 또 비교급 수식어구로 쓰일 수 있는 말은 even, still, much, far, by far, a little, yet 등이 있다.

†look at: 1) ~를 바라보다, 자세히 보다. 2)고찰하다, 돌이켜보다.

4. close가 create와 함께 숙어동사로 쓰였다. †first of all: 우선, 첫째로

Nuance Drills *Fill in the blanks with a suitable word as given:*

¹_____ is the general word meaning to exercise the mental faculties so as to form ideas, arrive at conclusions, etc. ²_____ implies a logical sequence of thought, starting with what is known or assumed and advancing to a definite conclusion through the inferences drawn. ³_____ is used, sometimes humorously, of a person who is, or appears to be, thinking hard. ⁴_____ implies a turning of one's thoughts on or back on a subject and connotes deep or quiet continued thought. _____ implies a reasoning on the basis of incomplete or uncertain evidence and therefore stresses the conjectural character of the opinions formed. ⁶_____ implies careful and thorough consideration of a matter in order to arrive at a conclusion.

(a) cogitate   (b) think
(c) reason   (d) speculate
(e) reflect   (f) deliberate

🔊 소리분석 *1*. forward, oriented, Second, plenty : 자음 뒤 말음의 자음 생략

2. Petersburg, at it a little, get a little, prosperity, lot of, got a leader : -t/-d의 -r 유음화

3. glad to, secret that, of brain, have to, all the, convinced that : 조음점 동화

4. if you look at, give you, this occurrence, once again, conditions of, because of : 연음

💡 구문분석 *1*. *Since Vladimir went here to St. Petersburg*, it only seems fair *that the hard ones go to him.* … <이유>를 의미하는 접속사로 쓰인 since-부사절, 가주어 it, 진주어 that-절 등이 쓰였다.

2. From the Sociology Department, and the question is, everyone knows *what the brain drain problem is*, and it is an open secret *that the traffic of brain drain is most oriented to the United States.* … <관점·시점>을 나타내는 부사구가 문두에 왔으며, knows의 목적어로 *what*-명사절, 가주어 it, 진주어로 쓰인 that-명사절 등이 사용되고 있다.

3. But if you look at it a little more deeply, I'll get a little more serious and give you some more detail. … 가정법 현재시제가 왔으며, 비교급 수식어구를 상기해보자.

4. First of all, close the country down once again, and create such regulatory *conditions where people will lose the right to move freely.* … 상황을 선행사로 하는 관계부사 where가 쓰였다.

5. Second is, in a fee economy, to create economic *conditions*, *conditions* of prosperity for all those people *so that* they wish to stay here and work. … 명사적 용법인 C로 쓰인 to create, <목적>을 나타내는 <so that ~> 부사절이 쓰였다.

6. I tell *Vladimir* all the time I mean, *Mr. President* all the time — *that* Russia's most precious resource is the brain power of this country. … dash(—) 이하 that-절이 DO로 쓰였다.

7. And second, because you've got *a leader who* understands *that* freedom is going to enhance the future of this country. … *a leader*를 선행사로 하는 *who*-관계절 안에 *that*-명사절이 들어있는 혼합문이다(관계절 술어동사 understands의 목적어가 되고 있다).

번역   그래서 (이곳에) 온 것은 저의 영광입니다. 저는 여러분의 질문에 응답하기를 고대하고 있습니다. 푸틴 대통령께서 이곳 페테스부르그에 왔기 때문에 어려운 문제는 그에게 맡기는 것이 공평할 것입니다. 우리는 여러분의 질문을 기쁜 마음으로 응답할 것입니다.

질문자 : 묻고 싶은 것은 사회학적 분야에 관한 것으로, 두뇌 유출 문제가 무엇인가를 모든 사람들이 알고 있으며 격심한 두뇌 유출이 주로 미국으로 향하고 있다는 것은 공공연한 비밀입니다. 양국의 대통령들께서는 이 문제에 대하여 어떻게 생각하시는 지 저는 알고 싶습니다.

푸틴 대통령 : 제가 바로 말씀드리겠는데, 그는 좋은 일이라고 할 것이며 저는 나쁜 일이라고 말할 것입니다. 하지만 여러분이 그 문제를 조금만 더 깊이 살펴본다면, 저는 좀 심각하게 생각할 것이며 좀더 자세히 말씀드릴 것입니다. 이런 사태를 중단시키는 데에는 두 가지 방법이 있습니다. 7)우선 첫째로, 다시 한번 나라를 폐쇄하고 사람들이 자유롭게 이동할 수 있는 권리를 상실하는 그러한 규제받는 상황을 만들어내는 것입니다.

   8)둘째로, 그러한 사람들을 위해 보수 체계에 있어서 그들이 이곳에 머물러 일하고 싶도록 여유있는 조건, 경제적인 조건들을 만들어내는 것입니다. 그리고 우리는 두 번째 방법을 택해야 한다고 저는 생각합니다.

부시 대통령 : 저는 무엇보다 먼저, 이 공간에만도 많은 두뇌가 있습니다. 그리고 러시아에 두뇌 유출 문제가 있는지 여러분이 판단해야만 합니다. 저는 푸틴 대통령께 항상 러시아의 가장 귀중한 자원은 이 나라의 지적 능력이라고 말씀드리고 있습니다. 그리고 여러분은 그것을 많이 가지고 있습니다. 러시아에는 해외로 나갈 수 있는 많은 두뇌 인력이 성장하고 있습니다. 러시아에는 똑똑하고 영리한 사람들이 많이 있습니다. 여러분의 역사가 그것을 말해주고 있습니다. 이 나라의 미래가 믿을 수 없을 만큼 밝다는 것을 저는 절대적으로 확신합니다. 첫째는 러시아 국민들의 훌륭한 상상력과 지적 능력 때문이며, 둘째는 여러분이 자유가 이 나라의 미래를 향상시킬 것이라는 것을 이해하는 지도자를 가졌기 때문입니다.

Answers for Vocabulary Drills ⑦ create ⑧ resource

※ CD를 듣고 공란에 들어갈 말을 받아쓴 후 본문의 밑줄 친 부분을 번역하고, 하단의 설명을 읽고 해당하는 단어를 본문에서 찾아 써라.

 Unit0820

You need to know that / my view of foreign relations / ① [iz nárðunli təprəpóut pi:s bàrit sɔ́:lsou]

9)

_____ / to work with our friends, the Russians, so that the quality of life / ②

[imbòuθéuər kántris imprú:vs] .

 Unit0821

And so, finally, your question had a / little bit of a / slightly pessimistic tone to it. Only
그래서   결론적으로 여러분의 질문은 포함하고 있었습니다   어느 정도는 비관적인 어조를
slightly. I'm optimistic about Russia. And a strong and prosperous / and peaceful Russia
아주 조금   저는 러시아에 대하여 낙관적입니다   강하고 번창하며 평화로운 러시아가
/ is good for America. (Applause.)
미국에게도 유익합니다

Unit0822

Q : From the Department of Economics. And I would like to ask / this question : We are
경제적인 관점입니다   저는 이런 질문을 하고 싶습니다
involved in high technology / exports. And my question, in fact, is / when will the time
우리는 고도 기술의 수출에 열중하고 있습니다   10)
come / when the bulk of the exports / from Russia / would be high technology / and high

technology products, and not the primary products like / oil and wood, as the situation

is now?

President Bush : Good question.
좋은 질문입니다

President Putin : It's a very professional question. And you, as an economist, understand very well that
Unit0823   그것은 매우 전문적인 질문입니다   그리고 당신은 한 경제학자로서   잘 이해하고 있습니다
this situation / did not just happen yesterday. The world market / ③ [diմǽnðouz prárəks ðərə
현재의 상황이 하루아침에 일어난 것이 아니라는 것을   세계 시장은 요구하고 있습니다
kəmpérətiv] . And the things that you mentioned, the high-tech
경쟁력이 있는 상품을   그리고 귀하가 언급한 그러한 물건   고도 기술 품목은
kinds of things that you mentioned / are in great demand / in the world marketplace.
귀하가 언급했던   대단한 수요가 있습니다   세계 시장에서
And it's a no-brainer / to understand / that there were /
그리고 그것을 이해하기 위해 대단한 두뇌를 가진 사람일 필요는 없습니다
the kinds of talent and / ④ [ðə káinzəv prárəks] / in the
그런 종류의 재능이 존재했었다는 것과   그런 종류의 물건들이
old Soviet Union that, in fact, had been in demand,
과거의 소련에는   사실   필요로 했었다는 것을
because the best brains / were directed precisely / in
최고의 두뇌들이 정밀하게 일했던 까닭에
that direction / in those days.
그런 방면에서   그 시절에는

Vocabulary Drills ⑨ _____ something that is as good or better than something else, especially worthy of purchase
⑩ _____ science and theoretical engineering used in practical applications ; all kinds of technology in general

※학생들의 질문을 통역하는 사람은 푸틴 대통령의 전속 통역관과는 다른 사람이기 때문인지 발음이 전혀 다르고 또 유창하게 통역을 해내지 못하고 있으며, 학생들이 러시아의 미래에 대하여 많은 걱정을 하고 있음을 엿볼 수 있다.

🔊 **소리분석** *1.* is not only to promote peace, but it's also : -t / -d의 -r 유음화, 연음

2. in both our countries / improves : 비음화, 연음

3. demands those products / that are competitive : 복합중자음의 중간 자음 생략, -r 유음화

4. the kinds of products : 복합중자음의 중간 자음 생략, -t / -d의 -r 유음화

💡 **구문분석** *1.* You need to know *that my view of foreign relations is* **not only** *to promote peace,* **but** *it's* **also** *to work with our friends, the Russians,* **so that** *the quality of life in both our countries improves.* ··· know의 O로 that-명사절이 왔는데, that-절 안에 to-inf.를 공통요소로 연결하며 <not only A but also B>가 오고, 여기에 <목적>을 의미하는 <so that ~> 부사절이 이어지고 있다.

2. †in (point of) fact : 사실상(as a matter of fact), 실제로, 사실은
3. †be in demand : 수요가 있다.

2. And my question, in fact, is *when₁ will* **the time** *come when₂ the bulk of the exports from Russia would be high technology and high technology products, and not the primary products like oil and wood, as the situation is now?* ··· *when₁*-명사절이 C로 오고, 다시 *when₁*-절의 주어 **the time**을 선행사로 하는 *when₂*-관계절이 왔는데, *when₂*-절에 서법조동사 would가 쓰였다.

3. And **the things that** *you mentioned,* **the high-tech kinds of things that** *you mentioned are in great demand in the world marketplace.* ··· 주어를 선행사로 하는 **that**-관계절이 쓰이고 있다.

4. And it's a no-brainer to understand *that there were the kinds of talent and the kinds of products in the old Soviet Union that, in fact, had been in demand, because the best brains were directed precisely in that direction in those days.* ··· to-inf.의 O로 쓰인 *that*-명사절이 왔다.

Nuance '친구·동료'의 뜻을 가지는 말
①**friend** : '친구'를 뜻하는 가장 일반적인 말로, 적에 대하여 '자기편', 또는 자기에게 호의를 갖고 있는 사람, 식구, 개 등을 가리킨다. ②**companion** : 어떤 일·상황·운명·행동·상태 등을 함께 하는 사람, 반드시 '우정'을 내포하지는 않는다. 본래 '함께 회식을 하는 사람들'이라는 뜻으로 자주 어울리는 하나 밀접하지는 않은 사람을 암시하며, 사람 외에 개에게도 사용한다. ③**comrade** : 학우·전우와 같이 개인적인 선택으로 맺어지지 않았지만, 공동의 목적·운명 등으로 굳게 맺어진 동지로 companion 보다 정신적인 유대가 강한 사람 ④**colleague** : 변호사나 교수 등 지적인 직업상의 동료 ⑤**acquaintance** : 만나면 말을 나눌 정도의 안면이 있는 사람 ⑥**crony** : 오랜 세월에 걸친 '종종 학창(젊은) 시절의 친구로 젊은 사람들에게는 그다지 쓰이지 않는 말 ⑦**buddy** : comrade의 구어 ⑧**chum, pal** : 모두 '친구'라는 의미의 속어 ⑨**associate** : 종종 공통의 이익·목적·사업·일·생계 등에서 대등한 입장으로 교제하는 사람으로 협력자, 거래처 ⑩**company** : 친구들, 사귀는 사람들. a companion의 집단으로 '집합명사'이며, '손님을, 참석한 사람들'이라는 의미도 있다. ⑪**mate** : comrade와 같은 의미이나 더 구어적인 표현이다. ⑫**partner** : 서로 이해관계가 있는 동료, 조합원. 보통 사업이나 경기 등의 동료를 말한다. ⑬**confident** : 막역한 친구

번역 9) 외교 관계에 관한 저의 견해는 평화를 증진하기 위한 것일 뿐만 아니라 우리 양 국가에서의 삶의 질을 개선하기 위해 우방국과 함께 노력하기 위해서라는 것을 여러분은 알 필요가 있습니다.
그래서 결론적으로 당신의 질문은 어느 정도는 비관적인 어조를 포함하고 있었습니다. 아주 조금. 저는 러시아에 대하여 낙관적입니다. 강하고 번창하며 평화로운 러시아가 미국에게도 유익합니다.

질문자 : 경제적인 관점에서의 질문입니다. 저는 이런 질문을 하고 싶습니다. 우리는 고도 기술의 수출에 열중하고 있습니다. 10) 사실 제 질문은, 러시아로부터 이루어지는 수출의 대부분이 현 재상황이 그런 것처럼 석유나 목재와 같은 기초적인 생산물이 아니라 고도 기술과 고도기술 상품이 되는 때가 언제일까 입니다.

부시 대통령 : 좋은 질문입니다.

푸틴 대통령 : 그것은 매우 전문적인 질문입니다. 그리고 당신은 한 경제학자로서 현재의 상황이 하루아침에 일어난 것이 아니라는 것을 잘 이해하고 있습니다. 세계 시장은 경쟁력이 있는 상품을 요구하고 있습니다. 그리고 귀하가 언급한 그러한 물건 즉, 귀하가 언급했던 고도 기술 품목은 세계 시장에서 대단한 수요가 있습니다. 그리고 구소련 시절에는 최고의 두뇌들이 고도기술 방면에서 정밀하게 일했던 까닭에 그런 종류의 재능과 그런 종류의 제품들이 사실 필요했었다는 것을 이해하기 위해 대단한 두뇌를 가진 사람일 필요는 없습니다.

연구 64

가정법(subjunctive mood)
··· 가정법이란, 있는 사실을 말하는 것이 아니라 말하는 사람의 마음 속에서 생기는 상상·가정·원망 등을 표현할 때의 동사의 어형변화를 가리키는 말로, ⓐbe-동사의 현재형은 인칭과 수에 관계없이 be 그대로 쓰며, 일반동사에 -(e)s를 붙이지 않는다(그러나 요즘에는 직설법 형태가 더 자주 쓰이며, 그런 까닭에 본서에서는 단순히 현재동사라고 부르기도 한다). ⓑbe-동사의 과거형은 인칭과 수에 관계없이 were만을 사용하며, ⓒ미래시제에는 should나 were to를 써서 실현가능성이 없는 사실에 대한 가정을 나타내는 <순수가정>으로 표현하는 등의 특징이 있다.

구분	If-절(조건절 : ~라면)	귀결절(주절 : ···일 것이다)	의 미
가정법 현재	If+S+현재동사 ~,	주어+will+원형동사···.	현재나 미래에 대한 의심이나 불확실한 상상
가정법 과거	If+S+과거동사~,	주어+would+원형동사···.	현재 사실의 반대되는 가정, 소원, 상상
가정법 과거완료	If+S+had+p.p.~,	주어+would+have+p.p.···.	과거 사실의 반대되는 가정, 소원, 상상
가정법 미래	If+S+should+원형동사~,	주어+will+원형동사~.	현재 또는 미래에 대한 강한 의심 또는 있을 것 같지 않음에 대한 가정

※이때의 주절에 오는 조동사에는 will 대신에 shall, can, may, must가, would 대신에 should, could, might, must 등이 내용에 따라 적절하게 사용되나, 위의 형식은 편의상 will 또는 would 만을 언급한다.

※CD를 듣고 공란에 들어갈 말을 받아쓴 후 본문의 밑줄 친 부분을 번역하고, 하단의 설명을 읽고 해당하는 단어를 본문에서 찾아 써라.

 Unit0824

One of these areas, for instance, is missile technology. And our cooperation / with the
그러한 분야 중의 하나가   예를 들면   미사일 기술입니다   그리고 우리의 협조는
United States / in this area / can be measured / in the billions / of U.S. dollar equivalents.
미국과의   그 분야에 있어서의 평가될 수 있습니다   미국 달러로 수 십억 달러에 해당한다고
① [ӕndʒúəriŋ ðisΛmit]   , we dedicated a substantial portion / of our discussion time /
11)
precisely to this issue, which I consider very important / if we are to remove / many of

the things that are obstacles / in allowing high-tech / to come into Russia. And these
                                                    그리고 그러한
obstacles and limitations / were placed upon us back / in the days of the Soviet Union,
장애와 제한은   우리에게 주어졌던 것들입니다   소련 시절에
and by their very inertia / continue on and on.
그리고 관성적으로 계속되고 있습니다

 Unit0825

Therefore, ② [méniəvðə prárəks]   / come into Russia / from third countries — from
그런 까닭에   많은 제품들이   러시아에 들어오고 있습니다   제 3세계로부터
Europe, from Asia, and not from the United States. We think / that it's not good / for
유럽이나 아시아와 같은   미국이 아니라   우리는 생각합니다 그것은 바람직하지 않다고
our bilateral relations / with the United States. We have to do better. And that's why /
우리의 상호 관계에   미국과의   우리는 분발해야만 합니다   그리고 그것이 이유입니다
a great / amount of time / was spent by President Bush and myself in trying to find
상당히 많은 시간을   보낸   부시 대통령과 제가   방법을 찾아내는데
ways / to remove these obstacles. ③ [wiɔ́:lsou spènəlárəv taim]   / thinking about / what
    그러한 장애를 제거하기 위해   우리는 또한 많은 시간을 보냈습니다   생각하면서
we, ourselves, have to do / internally / in Russia / to help get rid of these obstacles.
우리 스스로는 무엇을 해야만 하는 지   내부적으로   러시아에서   그러한 장애를 제거하는 데 도움이 되도록

 Unit0826

But since / we have the high-level esteemed / guest in our midst, let me just direct our
하지만   우리는 최고위급으로 여겨되는 손님을 모시고 있는 까닭에   우리들 가운데   저는 즉시 돌리겠으며
question to / our bilateral affairs, and that is / what we need above all / for Russia / is
우리의 문제를   우리 상호간의 일로   그것은   러시아에 우선적으로 필요로 하는 것은
an absolutely / nondiscriminatory access / to world markets / and to U.S. markets. And
완전히 무차별적인 접근입니다   세계 시장과 미국 시장에 대한
we don't need preferences, we don't need subsidies, we don't need special favors. We
그리고 우리는 우선권을 요구하지는 않으며   우리는 보조금을 필요로 하지 않으며   우리는 특별한 호의를 필요로 하지도 않습니다
just want / normal, simple, ordinary, fair trade relations.
우리는 다만   정상적이며 단순하고   정례적이며   공정한 거래 관계를 원합니다

President Bush : The role of government / is not to create wealth. The role of government / is to create
Unit0827 정부의 역할은   부를 창출하는 것이 아닙니다   정부의 역할은 여건을 만드는 것입니다
an environment / in which the entrepreneur / or small business / or dreamer / can flourish.
           대기업이나 소기업이나 혹은 몽상가가   활동할 수 있는
And that starts with / rule of law, respect of private property, less regulatory burdens /
12)
on the entrepreneur, ④ [óupəm bӕŋkiŋ lɔːz]   / so that

all people have access / to capital, and good tax

policy.

Vocabulary Drills ⑪ _____ a person who starts a business with an idea, makes it grow, and takes the risk of failure
⑫ _____ the air, land, water, and surroundings that people, plants, and animals live in

344 | 제3편 통·번역학 실제연습

소리분석 *1.* And during this summit : 자음 뒤 말음의 자음 생략, 겹자음의 발음 생략

2. many of the products : 강모음과 약모음 사이에 쓰인 -t/-d의 -r유음화

3. We also spent a lot of time : 자음 뒤 말음의 자음 생략, -t/-d의 -r유음화

4. open banking laws : 비음화

1. †dedicate A to B : A를 B에 바치다, 전념하다./ allow A to-inf. : A가 B하도록 허락하다, 묵인하다.

2. be placed upon : ~에게 주어지다, 부여되다./ by their very inertia : 관성적으로/ on and on : 계속, 쉬지 않고

3. why-명사절은 수동태의 전형적인 문장이다.

4. †get rid of : 제거하다(remove).

구문분석 *1.* And during this summit, we dedicated a substantial portion of our discussion time precisely to **this issue, which I consider very important if we are to remove many of the things that are obstacles in allowing high-tech to come into Russia.** ··· **this issue**를 선행사로 하는 계속적 용법의 **which**-관계사, **which**-관계절에 이어지는 if-조건절과 가까운 미래시제를 대신하는 be to-inf. 용법, **the things**을 선행사로 하는 **that**-관계절 등이 사용되고 있다.

2. And these obstacles and limitations **were placed upon** us *back in the days of the Soviet Union, and by their very inertia continue on and on.* ··· <S + V + IO> 구조로, 술어동사가 수동형이다.

3. And that's why a great amount of time was spent **by President Bush and myself** *in trying to find ways to remove these obstacles.* ··· <S + V + C> 구조로, C에 why-명사절이 왔다.

4. We also spent **a lot of time** *thinking* about what we, ourselves, have to do internally in Russia to help get rid of these obstacles. ··· <spend + O + (in) ~ing(Gerund)> 구조의 문장이다.

5. But since we have the high-level esteemed guest in our midst, **let me** just **direct** our question to our bilateral affairs, and that is **what we need above all for Russia** is an absolutely nondiscriminatory access to world markets and to U.S. markets. ··· and 다음에 이어지는 절은 <S + V + C> 구조인데, C에 명사절을 유도하는 접속사 that이 생략되었으며, that-절의 주어로 what-명사절이 쓰였다.

6. And that starts **with** ¹*rule of law,* ²*respect of private property,* ³*less regulatory burdens on the entrepreneur,* ⁴*open banking laws so that all people have access to capital, and good tax policy.* ··· 전치사 with의 O로 4개의 명사가 나열된 후 <목적>을 뜻하는 <so that ~> 부사절이 쓰였다.

Nuance Drills *Fill in the blanks with a suitable word as given:*

¹_____ refers to a person who is frequently in one's company, usually because of shared work.² _____ denotes a co-worker, especially in one of the professions, and may or may not imply a personal relationship.³ _____ always refers to a person who actually accompanies one and usually implies a close, personal relationship.⁴ _____ refers to a close associate and implies a sharing in activities and fortunes.⁵ _____ now usually refers to a government joined with another or others in a common pursuit, especially war. A ⁶ _____ is one who joins with another or others for some common purpose, especially in some unlawful act. An ⁷ _____ is one who unites with another or others in an unlawful act.

(a) companion   (b) colleague
(c) comrade   (d) associate
(e) ally   (f) accomplice
(g) confederate

번역 예를 들어 그러한 분야 중의 하나가 미사일 기술입니다. 그리고 그 분야에 있어서의 미국과의 우리의 협조는 미국 달러로 수 십억 달러에 해당한다고 평가될 수 있습니다. 11)이번 정상 회담 기간동안 우리는 우리 토론 시간의 상당 부분을 이 문제에 끔끔하게 할애하였는데, 우리가 만약 러시아에 고도 기술을 들여오는데 장애가 되는 많은 것들을 제거하려 한다면 그 문제는 제가 보기에 매우 중요한 문제입니다. 그리고 그러한 장애와 제한은 소련 시절에 우리에게 주어졌던 것들인데, 이후에도 관성적으로 계속되고 있습니다.

그런 까닭에 미국이 아니라 유럽이나 아시아와 같은 제 3세계로부터 많은 제품들이 러시아에 들어오고 있습니다. 그것은 미국과 우리의 상호 관계에 바람직하지 않다고 우리는 생각합니다. 우리는 분발해야만 합니다. 그리고 그것이 그러한 장애를 제거하기 위해 부시 대통령과 제가 방법을 찾아내는 데 상당히 많은 시간을 보낸 이유입니다. 그러한 장애를 제거하는데 도움이 되도록 러시아에서 내부적으로 우리 스스로는 무엇을 해야만 하는 지 생각하면서 우리는 또한 많은 시간을 보냈습니다.

하지만 우리는 최고위급으로 여겨지는 손님을 우리들 가운데 모시고 있는 까닭에 저는 즉시 우리의 문제를 우리 상호 간의 일로 돌리겠으며, 러시아를 위해 우선적으로 필요로 하는 것은 세계 시장과 미국 시장에 대한 완전히 무차별적인 접근입니다. 그리고 우리는 우선권을 요구하지는 않으며, 보조금을 필요로 하지 않으며, 특별한 호의를 필요로 하지도 않습니다. 우리는 다만 정상적이며 단순하고 정례적이며 공정한 거래 관계를 원합니다.

부시 대통령 : 정부의 역할은 부를 창출하는 것이 아닙니다. 정부의 역할은 대기업이나 소기업이나 혹은 몽상가가 활동할 수 있는 여건을 만드는 것입니다. 12) 그리고 그것은 법의 지배, 개인 소유에 대한 존중과 대기업에 대한 더 적은 규제 부담과 자본과 적정한 세금 정책에 모든 사람들이 접근할 수 있도록 개방된 금융 관계법과 더불어 시작됩니다.

Answers for Vocabulary Drills ⑪ entrepreneur ⑫ environment

※ Answers for Nuance Drills : 1-d, 2-b, 3-a, 4-c, 5-e, 6-g, 7-f

※ CD를 듣고 공란에 들어갈 말을 받아쓴 후 본문의 밑줄 친 부분을 번역하고, 하단의 설명을 읽고 해당하는 단어를 본문에서 찾아 써라.

Unit0828
Private ownership / in Russia is / a little more than 70 percent. That's a significant
러시아에서의 사유재산의 소유는   좀 넘습니다   70% 이상을   그것은 중요한 변화입니다
change. ① [mɔ́ːæm mɔ́ː píːpl]   / are owning small business. That's incredibly important,
점점 더 많은 사람들이   소규모 사업을 소유하고 있습니다   그것은 믿기 어려울 정도로 중요합니다
because that phenomenon / makes sure that the elites / don't control the economy.
그런 현상은 확인해주고 있기 때문에   엘리트들이 경제를 통제하지 않는다는 것을

Unit0829
There's one piece of good news about Russian taxation, and one that / I learned about
                                                                    13)
yesterday, which Vladimir and I haven't had much time to talk about, that's troubling.

The good news / ② [izǽðə flǽtǽks]   / in Russia / is a good, fair tax — much more fair,
좋은 소식이란   러시아에서의 일률적인 세금은   훌륭하며 공정한 세금입니다   훨씬 더 공정하죠
by the way, than many Western countries, I might add.
말이 난 김에   서방의 많은 나라들보다   제가 언급할 수 있는

Unit0830
I am worried when I heard that / some Russian goods — there is an export tax / on
저는 걱정했습니다   들었을 때   러시아 상품에   수출세가 부과된다는 것을
Russian goods. And the trouble with that, of course, is that no matter how good
                                        14)
your goods are, ③ [ifjə prái ʃjùərséuf]   / out of the market, ④ [nóuwʌniz góunə bai]   . So
that's a barrier. There's also barriers / coming from Western countries / that we've got
그것은 장벽입니다   물론 장벽이 있으며   서방 국가들로부터의 상품에도   그것은 우리가
to eliminate. Export controls on high-tech goods / are problematic, that we're now
제거해야만 합니다   고도 기술 상품에 대한 수출의 통제는   문제가 있으며   우리도 지금
reviewing in the United States.
미국에서도 검토하고 있는 중입니다

Unit0831
And, very briefly, it is very important for the / infrastructure / to be modernized / as
간단히 말씀드려서   그것은 매우 중요합니다   기반 시설을 현대화하는 것은
quickly as possible, so that information / from around the world moves / quickly, freely /
가능한 한 빨리   세계 각지로부터의 정보가 빠르게 자유롭게 이동하게 하기 위해
throughout Russia, so that an entrepreneur such as yourself / are able to / learn from
러시아를 통해   여러분과 같은 기업가들이 배울 수 있도록 하기 위해
other entrepreneurs being connected through the Internet, which is going to be a
다른 기업가를   인터넷을 통해 연결된   인터넷은 중요한 근원이 될 것입니다
great source of ideas / and / potential wealth / for Russia.
                러시아를 위한 사고와 잠재적인 부의

Okay.
알겠습니다

Q : From the Foreign Affairs Department. And / the question is / addressed to President
Unit0832 외교 분야의 질문입니다   그리고 이 질문은 부시 대통령께 드립니다
Bush : What is the image of Russia / that exists in the United States / set-up, and how
러시아의 인상은 어떠하며   미국에 존재하는
this image of Russia influences / the image of Russians.
그리고 그러한 러시아의 인상이   러시아 사람들의 인상에 어떻게 영향을 줍니까?

President Bush : Image of Russia in the United States?
Unit0833 미국에서의 러시아에 대한 인상 말입니까?

Vocabulary Drills ⑬ _____ the leaders and professionals in the highest levels of a society
⑭ _____ the power to change or persuade others ; to change somebody's mind, have an effect on

1. 부시 대통령 본인도 More and more [mɔ́:æm mɔ́:]을 [mɔ̀ə rəm róə]로 비음화와 연음의 'r'을 살려 발음하기도 한다.

소리분석 *1.* More and more people : 비음화

2. is that the flat tax : 조음점 동화, 겹자음의 발음 생략

3. if you price yourself : 연음, 융합, 설측음의 dark 'l'

4. no one is going to buy : 연음, 기능어의 발음 생략

1. †a piece of : 하나의 / talk about : 1) ~에 관하여 이야기(의논)하다. 2) ~ 할까 하고 말하다. 3) [명령문으로] ~이 란 바로 이걸 말하는 거다.

구문분석 *1.* There's *one₁ piece of good news* about Russian taxation, and *one₂ that₁ I learned about yesterday, which Vladimir and I haven't had much time to talk about, that₂'s troubling.* … *one₁*은 수량형용사, *one₂*는 대명사로 쓰였다. 또 *that₁*는 *one₂*를 선행사로 하는 관계대명사, *that₂*는 앞에 있는 내용 전부를 받는 지시대명사이다.

2. The good news is that the flat tax *in Russia* is a good, fair tax —much more fair, by the way, than many Western countries, I might add. … <S + V + C> 구조에서 C로 that-명사절이 왔는데, that-절 또한 <S + V + C> 구조인 복문이다.

3. And the trouble *with that, of course,* is that no matter how good your goods are, if you price yourself out of the market, no one is going to buy. … <no matter ~>의 <양보구문>, price를 술어 동사로 하는 가정법 현재, 부정주어가 쓰였다.

4. And, very briefly, *it* is very important *for the infrastructure to be modernized* as quickly as possible, *so that* information from around the world moves quickly, freely throughout Russia, *so that* an entrepreneur *such as yourself* are able to learn from other entrepreneurs *being connected through the Internet, which* is going to be a great source of ideas and potential wealth for Russia. … 가주어 it, 진주어 to-inf., <목적>을 의미하는 <so that ~> 부사절, the Internet을 선행사로 하는 which-관계사 등이 쓰였다.

5. And the question is addressed to President Bush : What is *the image* of Russia *that* exists in the United States set-up, and how this image of Russia influences the image of Russians. … *that*은 *the image*를 선행사로 하는 관계대명사이며, and 이하 how-절의 술어동사는 influences이다.

번역 러시아에서의 사유재산의 소유는 70% 이상을 좀 넘습니다. 그것은 중요한 변화입니다. 점점 더 많은 사람들이 소규모 사업을 소유하고 있습니다. 그런 현상은 엘리트들이 경제를 통제하지 않는다는 것을 확인해주고 있기 때문에 그것은 믿기 어려울 정도로 중요합니다.

　13) 러시아의 조세제도에 관한 좋은 소식이 있는데, 그것은 어제 제가 안 것으로 유감스럽게도 푸틴 대통령과 저는 그에 관하여 얘기를 나눌 많은 시간을 갖지 못했습니다. 좋은 소식이란 러시아에서의 일률적인 세금은 훌륭하며 공정한 세금이라는 것입니다. 말이 난 김에 제가 추가 언급할 수 있는 서방의 많은 나라들보다 훨씬 더 공정하죠.

　러시아 상품에 수출세가 부과된다는 것을 들었을 때 저는 걱정했습니다. 14) 그리고 그에 관한 문제는 물론 여러분의 상품이 얼마나 훌륭하냐는 것이지만, 여러분이 시장에 내다 팔 스스로의 물건에 가격을 매긴다면, 사는 사람이 아무도 없습니다. 그것은 장벽입니다. 물론 서방 국가들로부터의 상품에도 장벽이 있으며, 그것은 우리가 제거해야만 합니다. 고도 기술 상품에 대한 수출의 통제는 문제가 있으며, 우리 미국에서도 지금 검토하고 있는 중입니다.

　간단히 말씀드려서, 세계 각지로부터의 정보가 러시아를 통해 빠르게 자유롭게 이동하게 하기 위해, 여러분과 같은 기업가들이 인터넷을 통해 연결된 다른 기업가를 배울 수 있도록 하기 위해 가능한 한 빨리 기반 시설을 현대화하는 것이 매우 중요합니다. 인터넷은 러시아를 위한 사고와 잠재적인 부의 중요한 근원이 될 것입니다.

　알겠습니다.

질문자 : 외교 분야의 질문입니다. 그리고 이 질문은 부시 대통령께 드립니다. 미국에 존재하는 러시아의 인상은 어떠하며 그러한 러시아의 인상이 러시아 사람들의 인상에 어떻게 영향을 줍니까?

부시 대통령 : 미국에서의 러시아에 대한 인상 말입니까?

[Nuance] **'중요(성)'의 뜻을 가지는 말**
① importance : 중요(성)을 뜻하는 가장 일반적인 말로 가치·영향·의미 등이 중대(요)함을 의미한다. ② consequence : importance와 거의 같은(다소 약함) 의미를 가지는 문어로, 특히 great, small, any, no 등과 함께 쓰여 엄밀하게는 효과나 결과의 중요성을 의미한다. ③ weight : 관련되는 다른 일과 비교하여 상대적으로 가지는 중요성 ④ significance : 반드시 표면적으로 드러나는 않지만 특별한 의미에 있어서나 비중을 차지하는 중요성 ⑤ moment : of great(no, small, etc.) moment 형태로만 사용되는 문어적인 말이다.

※CD를 듣고 공란에 들어갈 말을 받아쓴 후 본문의 밑줄 친 부분을 번역하고, 하단의 설명을 읽고 해당하는 단어를 본문에서 찾아 써라.

Q : Of Russia exists / in the American political set-up, and how this image of the Russians
Unit0834   15)
/influences the making of decisions / in the area of American foreign politics?

President Putin : This guy is very tricky, he's a very tricky young fellow. (Applause) Mr. President, he's
Unit0835   이 친구는 정말 교활하네요   그는 매우 교활한 젊은이 입니다   부시 대통령
going to listen to your answer, write a dissertation and get a degree. (Applause)
그는 당신의 답을 들으려 합니다   학위 논문을 쓰고 학위를 받기 위해

President Bush : Most Americans, — by far, the vast majority of Americans are very pleased by the
대부분의 미국인들은   정말 대부분의 미국인들은   매우 기뻐하고 있습니다
fact that / the United States and Russia / is entering into a new era. ① [wiv gàrə njú:wɔ:
사실에   미국과 러시아가 새로운 시대로 들어가고 있다는   우리는 새로운 전쟁을 맞이하였습니다
tuʃái təgérər]   . We're joined / to fight against / blood-thirsty killers. These people
          함께 싸워야 하는   우리는 싸움에 참여하고 있습니다   피에 굶주린 살인자들에 대항하는   그런 사람들은
hate freedom. They hate / multiethnic societies. ② [ðei kæn stæn rilíʤən]   . And it's a/
자유를 미워합니다   그들은 다민족 사회를 미워합니다   그들은 종교를 지지하지 않습니다   그리고 그것은
threat to America, and this is a threat to Russia, as you all / so well know. In this
미국에 위협인 동시에   이것은 러시아에게도 위협입니다   여러분 모두가 잘 알고 있다시피   이런 나라에서는
country / you've been hit / by terrorist acts / like we have been hit / by terrorist acts.
          사람들이 공격을 받고 있습니다   테러 행위에 의해   우리가 공격을 받았던 것처럼   테러 행위에 의해

Unit0836   The American people / truly appreciate / the cooperative spirit / of the Russian govern-
16)
ment, and truly appreciate / the sympathies / of the Russian people / for what took
place on September the 11th.

Unit0837   It's an interesting / ③ [kwésʧə nəbàut líːrərʃip]   . Does a leader lead, or does a leader
그것은 흥미로운 질문입니다   지도력에 관한   지도자가 이끄느냐   아니면 지도자가 따라가느냐?
follow? ④ [dʌzəlíːrər lìːrəpínjən]   , or does a leader try to chase public opinion? My
          지도자가 여론을 이끌어 가느냐   아니면 지도자가 대중의 여론을 쫓아가느냐?
view is the leader leads. And my administration, along with Secretary of State Powell /
제 생각은 지도자가 이끈다는 것입니다   그리고 저의 행정부는   파월 국무장관과
and National Security Advisor Rice, are going to do everything / we possibly can do to
라이스 국가안전보좌관과 함께   모든 것을 하고 있는 중입니다   우리가 할 수 있는
make relations with Russia / strong / and friendly / and cooperative / and productive / for
러시아와의 관계를   강력하고 우호적이고 협조적이며 생산적일 수 있도록
both people.
양국의 국민을 위해

Unit0838   Good foreign policy — good foreign policy sets / a foundation / that is so firm / that it
훌륭한 외교 정책은   기반을 갖고 있습니다   굳건한
won't crack / if one — one nation / or the other / gets weak in the commitment / to
깨어지지 않는   한 개인이나 한 국가 또는 상대 국가가   부족하다고 해도   선린관계에 대한 공약 이행이
friendship. And we're laying a strong foundation.
                그리고 우리는 강한 기반을 쌓고 있는 중입니다

Vocabulary Drills ⑮ _____ a long formal treatment of a subject, especially one written for a higher university degree
⑯ _____ the art or science of conducting government ; political views, affairs, questions, etc.

소리분석 **1.** We've got a new war / to fight together : 기능어의 축약, -th 의 -r 유음화

2. They can't stand religion : 자음 뒤 말음의 자음 생략(주로 -nt/-nd/-rt/-rd의 -d/-t)

3. question about leadership : 연음, -t/-d 의 -r 유음화

4. Does a leader lead opinion : 연음, -t/-d 의 -r 유음화

구문분석 **1.** Of Russia *exists* in the American political set-up, and how this image of the Russians *influences* the making of decisions in the area of American foreign politics? ··· comma(,) 앞의 내용은 주어가 될 수 있는 말이 없는 불완전한 문장인데, 앞서의 내용으로 보아 Image라는 말이 생략되었음을 알 수 있다. 또 comma(,) 다음의 의문문에서는 *influences*가 술어동사로 쓰였다.

2. Most Americans, — by far, the vast majority of Americans *are very pleased by* **the fact that** *the United States and Russia is entering into a new era.* ··· 동격의 that-절이 오고 있다.

3. The American people truly *appreciate* the cooperative spirit *of the Russian government*, and truly *appreciate* the sympathies of the Russian people for what took place on September the 11th. ··· <S + V + O₁, and V + O₂> 구조로, O₂에 대한 전치사의 목적어로 what-명사절이 오고 있다.

4. And my administration, *along with Secretary of State Powell and National Security Advisor Rice,* are going to do everything *we possibly can do to make relations with Russia strong and friendly and cooperative and productive for both people.* ··· <S + V + O> 구조로, S를 수식하는 전치사구가 comma(,)로 묶여 S와 V 사이에 오고, O를 수식하는 that이 생략된 that-관계절이 온 복문이다.

5. Good foreign policy — good foreign policy sets **a foundation that** *is so firm that it won't crack if one* —*one nation or the other gets weak in the commitment to friendship.* ··· **a foundation**을 선행사로 하는 **that**-관계절, 그리고 <so A that B: 너무 A한 결과 B하다>의 결과 구문과 가정법 현재형이 **that**-절 안에 왔다.

---

2. 감정을 나타내는 동사의 수동태에는 그 <행위자>의 표시를 with, at 등의 전치사를 써서 나타내는 것이 보통이나 반드시는 아님을 볼 수 있는 문장이다. 즉, 행위 자체에 초점을 둘 때에는 일반적인 방식에 따라 by를 써서 표시하기도 한다.
†**by far:** 1) 아주, 대단히 2) (비교급·최상급을 강조하여) 훨씬, 단연, 월등히
3. †**take place:** 1) (사건 등이) 일어나다, 발생하다(happen). 2) (행사 등이) 개최되다.

연구 65

동격의 명사절을 이끄는 주요 명사
··· (대)명사 뒤에 계속되어 앞의 명사를 구체적으로 또는 부연하여 설명하는 동격의 명사절(주로 that-절)을 이끄는 명사에는 다음과 같은 것들이 있다. fact, law, sign, agreement, chance, condition, effect, exception, possibility, principle, result, truth, information, message, news, report, claim, explanation, remark, promise, belief, hope, idea, knowledge, opinion, though, question, order, conviction, decision, duty, feeling, guess, pride, supposition, suspicion, understanding···

번역 **질문자:** 15) 미국인의 정치적인 자세에는 러시아에 대하여 (어떤 인상이) 존재하며, 러시아인들에 관한 이러한 인상이 미국의 대외 정책 분야 결정을 내리는데 어떻게 영향을 미칩니까?

푸틴 대통령: 이 친구는 정말 교활하네요. 그는 매우 교활한 젊은이입니다. 부시 대통령, 그는 학위 논문을 쓰고 학위를 받기 위해 당신의 답을 들으려 합니다.

부시 대통령: 대부분의 미국인들은, 정말 대부분의 미국인들은 미국과 러시아가 새로운 시대로 들어가고 있다는 사실에 매우 기뻐하고 있습니다. 우리는 함께 싸워야 하는 새로운 전쟁을 맞이하였습니다. 우리는 피에 굶주린 살인자들에 대항하는 싸움에 참여하고 있습니다. 그런 사람들은 자유를 미워합니다. 그들은 다민족 사회를 미워합니다. 그들은 종교를 지지하지 않습니다. 그리고 그것은 미국에 위협인 동시에 여러분 모두가 잘 알고 있다시피 러시아에게도 위협입니다. 이런 나라에서는 우리가 테러 행위에 의해 공격을 받았던 것처럼 테러 행위에 의해 사람들이 공격을 받고 있습니다.

16) 미국 사람들은 러시아 정부의 협조 정신에 진정으로 감사를 표하고 있으며, 9월 11일 우리에게 발생했던 일에 대한 러시아 사람들의 애도에 정말 감사를 드립니다.

그것은 지도력에 관한 흥미로운 질문입니다. 지도자가 이끄느냐, 아니면 지도자가 따라가느냐? 지도자가 여론을 이끌어 가느냐, 아니면 지도자가 대중의 여론을 쫓아가느냐? 제 생각은 지도자가 이끈다는 것입니다. 그리고 저의 행정부는 파월 국무장관과 라이스 국가안전보좌관과 함께 양국의 국민을 위해 러시아와의 관계를 강력하고 우호적이고 협조적이며 생산적일 수 있도록 우리가 할 수 있는 모든 것을 하고 있는 중입니다.

훌륭한 외교 정책은 한 개인이나 한 국가 또는 상대 국가가 선린관계에 대한 공양 이행이 부족하다고 해도 깨어지지 않는 굳건한 기반을 갖고 있습니다. 그리고 우리는 강한 기반을 쌓고 있는 중입니다.

Nuance Drills *Fill in the blanks with a suitable word as given:*
¹_____, the broadest of these terms, implies greatest of worth, meaning, influence, etc. ²_____, often interchangeable with the preceding, more specifically suggests importance with regard to outcome or result. ³_____ expresses this same idea of importance in effect with somewhat stronger force. ⁴_____ implies an estimation of the relative importance of something. ⁵_____ implies an importance or momentousness because of a special meaning that may or may not be immediately apparent.
(a) consequence (b) importance
(c) moment (d) significance
(e) weight

Answers for Vocabulary Drills ⑮ dissertation ⑯ politics

※ Answers for Nuance Drills : 1-b, 2-a, 3-c, 4-e, 5-d

※CD를 듣고 공란에 들어갈 말을 받아쓴 후 본문의 밑줄 친 부분을 번역하고, 하단의 설명을 읽고 해당하는 단어를 본문에서 찾아 써라.

President Putin [Unit0839] : I have to say that / ① _____ , we have public leaders, we have
저는 말하겠습니다   우리에게는 정치적인 지도자   대중적인 지도자 그리고 언론인이 있다고
journalists. Our journalists / and people who / are specialized / in the ministry, for in-
17)
stance, of international relations and foreign affairs, and other specialists in many

other departments and agencies confirm / what President Bush has just said.

President Bush : Yes, ma'am. Sorry.
예, 학생   미안합니다

Q [Unit0840] : A student of the Management / Department, and the question is / addressed to President
경영학과의 학생으로   푸틴 대통령께 질문을 드립니다
Putin : Our countries / have lived through quite / different relations. While in the second
우리나라는   살아왔습니다   전혀 다른 관계에서   2차 세계대전 중에는
world war / we had one type of relations, relations very close and friendly ; and then /
우리는 한 종류의 관계만이 있었고   매우 가까운 우방이라는   그리고
the Cold War came. And my question is, as a result of this evolution / of relationships,
냉전이 도래했습니다   제 질문은   관계 발전의 결과
what is / the state of our relationship / between these two countries now?
우리의 관계는 어떤 상태입니까   이 두 나라 사이의   오늘날

President Putin [Unit0841] : ② _____ Are there any / people from the History Depart-
경영학을 전공하는 것 맞습니까?   역사학을 전공하는 사람 없습니까?
ment? And I think the people from the History Department will probably support me /
저는 생각합니다   역사학을 전공한 사람이라면   아마도 저를 지지할 것이라고
in saying — in my saying the following — the World War II period / and the Cold War
다음과 같이 말할 때에   제2차 세계대전과 냉전의 기간은
period / were but two of the most / contrasting and sharpest examples / of the evolu-
있었습니다   오직 두 개의 가장 대조적이며   첨예한   관계의 진전만
tion of our relations. But we can talk about a lot of different episodes / in our cooper-
그러나 우리는 이야기할 수 있습니다   많은 서로 다른 에피소드에 관해   우리의 협조에 얽혀있는
ation.

[Unit0842] But it really began / in the times / of the Revolutionary War / in the United States. At
하지만 그것은 사실 시작했습니다   미국의 독립전쟁 때   18)
that time, the Crown of England appealed to Catherine the Great / and asked for

support / in quelling / the rebellion in the United States, and the Russian sovereign /

turned and said, that's not / what we're all about, and declared / a military / neutrality /

vis-a-vis the war. And this neutrality / ③ _____ / in allowing the United
그리고 그러한 중립은   중요한 역할을 했습니다   미국이
States / to gain its independence and gain its foundation.
그 독립을 획득하여 기초를 다지는데

[Unit0843] And today / I'm going to present to / President George Bush / two very interesting
그리고 오늘   저는 제시할 작정입니다   부시 대통령께   두 가지 재미있는 문서를
documents, two original documents / having to do / ④ _____
두 가지 원본 문서를   초기의 외교 서신과 관련이 있는
_____ / correspondence between our two countries.
우리 두 나라 사이에 주고받았던

Vocabulary Drills ⑰ _____ the art and science of directing the business of an organization
⑱ _____ the person with the highest political power in a country ; a ruler such as a king or queen

소리분석 *1.* we have political leaders : 강모음과 약모음 사이에 쓰인 -t / -d의 -r유음화

2. You're studying management, right? : 자음 뒤 말음의 자음 생략(주로 -nt / -nd / -rt / -rd에서)

3. played a significant role : 연음, 자음 뒤 말음의 자음 생략

4. with the earliest days of our diplomatic : 겹자음의 발음 생략, 말음 생략, 연음, -r유음화

구문분석 *1.* ***Our journalists and people who*** are specialized in the ministry, for instance, of international relations and foreign affairs, and ***other specialists*** in many other departments and agencies ***confirm*** what President Bush has just said. … 목적어로 what-명사절이 쓰인 복문이다.

2. A student of the Management Department, and the question is addressed to President Putin : Our countries have lived through quite different relations. … 문두에 'I'm a'라는 표현이 생략되었다.

3. And my question is, *as a result of this evolution of relationships*, what is the state of our relationship between these two countries now? … <S + V + C> 구조로, 의문절이 C가 되고 있다.

4. And I think **the people** *from the History Department* **will** probably **support** me in saying — in my saying the following — the World War II period and the Cold War period were ***but*** two of the most contrasting and sharpest examples of the evolution of our relations. … think 다음에 명사절을 유도하는 that-접속사가 생략되었고, dash(—)로 묶인 삽입어구 다음은 <S + V + C> 구조이다.

5. At that time, ***the Crown of England*** appealed to Catherine the Great and₁ *asked for* support *in quelling the rebellion in the United States*, and₂ **the Russian sovereign** turned and₃ *said*, that's not what we're all about, and₄ *declared* a military neutrality vis-a-vis the war. … <S + V₁ and₁ V₂, and₂ S' + V'₁ and₃ V'₂, + O'₁, and₄ V'₃ + O'₂> 구조의 서로 다른 두 대등절이 and₂로 연결되어 있다.

6. And today I'm going to present to President George Bush ***two very interesting documents, two original documents*** having to do with the earliest days of our diplomatic correspondence between our two countries. … 상당히 긴 호흡의 문장이나, <S + V + O> 구조의 단문이며, *having*~ 이하는 모두 앞의 명사 documents를 후위수식하는 현재분사구이다.

왼쪽 여백 주석:

1. 관계절과 전치사구의 수식을 받는 3개의 주어가 나열된 후 술어동사가 왔다.

2. 여기서의 address는 타동사로 쓰여 '(항의 · 질문 등을) 제기(제출 · 청원 · 건의)하다(to)'는 의미이다. 또 colon(:) 이하는 <S + V> 구조의 제1형식이다.

4. C 앞에 only의 의미로 부사로 쓰인 *but*이 왔다.

5. and₂가 두 대등절을 연결하고 있으며, 나머지 다른 and들은 모두 술어동사의 연결도구로 쓰였다. †what we're all about(진면목[진상]이 무엇인지) ¶What is all this about? ≒ What is the matter (with you)?(웬일이야?) ¶I don't know what all this is about.(이것이 무슨 말인지 나는 모르겠다.) ¶I can't make out what it's all about. ≒ I can make nothing of it.(그것이 무슨 영문인지 나는 모르겠다.)

6. †present A to B : A를 B에게 제출하다, 주다, 내놓다, 소개하다./ have something to do with : ~와 관계가 있다.

Nuance '간청 · 애원하다'의 뜻을 가지는 말
① **appeal** : 정의 · 정당한 이유 등에 입각하여 도움이나 지지 등을 열심히(긴급히) 청하다, 법적으로 상고하다. ② **petition** : 인정된 권리에 따라 문서로 정식으로 간청하다. ③ **plead** : 법정에서 변명이나 혐의 등을 늘어놓으며 열심히 진술하여 탄원하다. ④ **supplicate** : 윗사람이나 권력층 인사에게 무릎을 꿇듯이 비굴한 태도로 애원하다. ⑤ **ask** : 당연한 권리로써 요청하다. ⑥ **beg** : 스스로를 낮추고 공손하게 남의 호의를 간절하게 바라다. ⑦ **pray** : 신에게 기도하듯 열심히 간청하다. ⑧ **crave** : 일상회화에서는 거의 사용되지 않는 문어로 특히 간절하게 간청하다. ⑨ **demand** : require 보다 강한 의미로, 법률 등에 의한 강한 권위로 단호하게 요구하다. ⑩ **require** : 규칙이나 의무상 당연한 권위 또는 권리로써 상대방의 행위를 요구하는 말로 demand 보다 강하지 않으며, 간곡한 의미도 약하다. ⑪ **request** : ask 보다 격식을 갖춰 공손하게 부탁하다. ⑫ **claim** : 정당한 권리로써 요구하다. ⑬ **entreat** : 열심히 좋아 탄원하다. ⑭ **beseech** : 용서나 도움 등을 탄원하다. ⑮ **implore** : ⑬보다 강한 말로 울면서 부탁하는 경우에 쓰인다. ⑯ **solicit** : 앞의 ⑬⑭⑮보다 다소 약한 의미로 다소 간절하게 조르며 간청하다. ⑰ **sue** : 구원이나 호의 등을 정식 또는 정중하게 청하다.

번역 **푸틴 대통령** : 우리에게는 정치적인 지도자, 대중적인 지도자 그리고 언론인이 있다고 저는 말하겠습니다. <u>17) 우리의 언론인들과 예를 들어 국제관계와 외교 문제와 같은 내각에 전문적인 사람들과 다른 많은 정부 부서와 기관의 다른 많은 전문가들이 부시 대통령이 방금 말씀하신 것을 확인하고 있습니다.</u>
부시 대통령 : 예, 학생. 미안합니다.
질문자 : 경영학과의 학생으로, 푸틴 대통령께 질문을 드립니다. 우리나라는 전혀 다른 관계에서 살아왔습니다. 제2차 세계대전 중에는 우리는 매우 가까운 우방이라는 한 종류의 관계만이 있었고 그리고 냉전이 도래했습니다. 제 질문은 관계 발전의 결과, 이 두 나라 사이의 우리의 관계는 오늘날 어떤 상태입니까?
푸틴 대통령 : 경영학을 전공하는 것 맞습니까? 역사학을 전공하는 사람 없습니까? 저는 역사학을 전공한 사람이라면 아마도 저를 지지할 것이라고 생각합니다. 다음과 같이 말할 때 즉, 제2차 세계대전과 냉전의 기간에는 오직 두 개의 가장 대조적이며 첨예한 관계의 진전만 있었다고 제가 다음과 같이 말할 때에. 그러나 우리는 우리의 협조에 얽혀있는 많은 다른 일화들에 관해 이야기할 수 있습니다.
　하지만 그것은 사실 미국의 독립전쟁 때 시작했습니다. <u>18) 그 당시 영국의 왕은 케더린 황후에게 호소하며 미국 내에 혁명(독립운동)을 진화하는 일에 지원해줄 것을 요청하는데, 그녀는 거절하며 그것은 우리의 관심사가 아니라고 말하고 그 전쟁에 관한 군사적인 중립을 선언했습니다.</u> 그리고 그러한 중립은 미국이 독립을 획득하여 기초를 다지는데 중요한 역할을 했습니다.
　그리고 오늘 저는 부시 대통령께 두 가지 매우 흥미있는 문서, 우리 두 나라 사이에 주고받았던 초기의 외교 서신과 관련있는 두 가지 원본 문서를 제시할 작정입니다.

Answers for Vocabulary Drills ⑰ management ⑱ sovereign

※CD를 듣고 공란에 들어갈 말을 받아쓴 후 본문의 밑줄 친 부분을 번역하고, 하단의 설명을 읽고 해당하는 단어를 본문에서 찾아 써라.

Unit0844

The world was changing over time, our relations were changing over time. Today, for
세상은 세월이 감에 따라 변하고 있으며   우리의 관계도 시간 속에서 변하고 있습니다   오늘날
instance, the United States / is our number one / ① _____ , both in
예를 들면   미국은   우리 러시아의 제 1의 교역 상대입니다   both in
terms of the number of goods / that are traded, and also in terms of the accumulated
양국의 상품 수에 있어서나   교역하는   또는 투자 총액 모두에 있어서
investments that we have from the United States / in Russia. The United States / is a
우리가 미국으로부터 받은   러시아에   미국은
great and powerful power, and has an economy / that is powerful enough to a great
위대하고 강력한 강국이며   경제력을 가지고 있습니다   강력한   충분한 규모로
extent to determine / world economics.
세계 경제를 결정할 정도의

Unit0845

For decades, we voluntarily, on our own, created walls / and barriers around ourselves /
수십 년 동안   우리는 스스로   우리   장벽과 울타리를 만들었으며   우리 주위에
② _____ / within these walls. And at a time / when high technology / is
홀로 살아가기로 결정을 하였습니다   그런 장벽 안에서   그리고 때에는   고도 기술이
absolutely mandatory / to the beneficial development of any country, this circumstance
절대적으로 필수적인   어떤 나라의 유익한 발전에   오늘날의 이런 환경은
today / is just unforgivable. ③ _____, in the realms of / national security, international
단지 용서할 수 없는 것일 뿐입니다 19)
security, economics, trade, we now / are beginning to blend in together / with the
world economy / at large.

Unit0846

You can call our relations today / a multi-component / kind of a relationship / depending
여러분은 우리의 관계를 부를 수 있습니다   오늘날의   다수로 구성된   일종의 관계라고   의존하는
on / many, many different aspects. ④ _____ / the one and most important
많고 많은 다른 상황에   하지만 저는 지적하고 싶습니다   한 가지 가장 중요한
aspect. Over the last year and a half or two years, what we've experienced / is a
상황을 20)
huge growth / in confidence / and trust / manifested / between our two countries. And it
그리고 그것은
is precisely / this distinguishing characteristic / which colors our relationship.
분명히 말해 이와 같은 변별적 특성입니다   우리의 관계를 특징지우는 것은

Unit0847

If you're sitting next to the First Lady of the United States, I can't / say you can't
귀하가 앉아 있다면   미국 대통령의 영부인의 곁에   저는 말할 수 없겠군요 귀하가
have a question.
질문을 할 수 없다고

Q : The lady is from the Management Department, and she / addresses her question to
Unit0848   그 여학생은 경영학과 출신이라고 하며   그녀는 질문을 하고 있습니다
both / of you / gentlemen : To make up a manager, manufacturers / are involved. What
두분 모두에게   경영자를 만들어 내기 위해   공장주들이 열중하고 있습니다
were / those factors / that shaped you / as leaders, as managers?
그러한 요소는 무엇이었습니까   여러분을 형성시킨   지도자로서 경영자로서

Vocabulary Drills ⑲ _____ to become something different, (syn.) to transform ; to make something different, (syn.) to alter
⑳ _____ a person who runs a business on a day-to-day basis for the owner(s), or manages career of a performer, etc.

🔊 **소리분석** *1.* trading partner for Russia : -t/-d의 -r 유음화, 자음 뒤 말음의 자음 생략

2. and decided to live alone : 자음 뒤 말음의 자음 생략, -t/-d의 -r 유음화, 연음

3. And today : 자음 뒤 말음의 자음 생략, -t/-d의 -r 유음화

4. But I want to name : -t/-d의 -r 유음화, 자음 뒤 말음의 자음 생략

💡 **구문분석** *1.* Today, for instance, the United States is our number one trading partner for Russia, both in terms of *the number of goods that are traded*, and also in terms of *the accumulated investments that we have from the United States in Russia.* ··· <both A and B> 형태로 연결된 두 개의 <in terms of + N + 관계절>에 의한 수식을 받고 있는 <S + V + C> 구조의 복문이다.

2. The United States is a great and powerful power, and has *an economy that is powerful enough to a great extent to determine world economics.* ··· <S + V₁ + C₁, and V₂ + O₂ + that-관계절> 구조이다.

3. And *at a time when* high technology is absolutely mandatory to the beneficial development of any country, this circumstance today is just unforgivable. ··· <when + S' + V' + C', S + V + C> 구조이다.

4. And today, *in the realms of* national security, international security, economics, trade, we now *are beginning* to blend in together with the world economy at large. ··· 부사구가 문두에 쓰인 <S + V + O> 구조의 단문으로, to-inf.가 현재진행형의 술어동사 O로 왔다.

5. Over the last year and a half or two years, *what we've experienced* is a huge growth *in confidence and trust* manifested between our two countries. ··· what-명사절이 주어로 쓰였다.

6. If you're sitting next to the First Lady of the United States, I *can't* say you *can't* have a question. ···이중부정에 의한 긍정이 사용되고 있다.

3. †at a(one) time: 동시에
4. †in the realms of: ~의 세계(영역, 부문)에서/ blend in: 조화(융화)되다, 쉬이다(with)./ at large: 1)상세히, 충분히 2)(범인 등이) 도주중인, 잡히지 않은 3)뚜렷한 목적도 없이 4) [명사 뒤에 써서] 전체적으로, 일반적으로 5)圉 (분할된 선거구가 아니라) 주 전체에서 뽑힌
5. <S + V + C> 구조인데, 주어로 쓰인 what-명사절의 시제와 주절 술어동사의 시제 차이에 주의해야 한다.
6. †next to: ~의 옆에 (이웃한), 곁에

번역 세상은 세월이 감에 따라 변하고 있으며, 우리의 관계도 시간 속에서 변하고 있습니다. 예를 들면, 교역하는 양국의 상품 수에 있어서나 또는 우리 러시아가 미국으로부터 받은 투자 총액의 모두에 있어서 오늘날의 미국은 우리 러시아의 제 1의 교역 상대자입니다. 미국은 위대하고 강력한 강국이며 세계 경제를 결정할 정도의 충분한 규모로 강력한 경제력을 가지고 있습니다.

수십 년 동안 우리는 우리 스스로 우리 주위에 장벽과 울타리를 만들었으며, 그런 장벽 안에서 홀로 살아가기로 결정을 하였습니다. 19) 그리고 동시에 고도 기술이 어떤 나라의 유익한 발전에 절대적으로 필수적인 때에는 오늘날의 이런 환경은 단지 용서할 수 없는 것일 뿐입니다. 그리고 오늘날 국가 안보와 국제적인 안보와 경제, 교역 분야에 있어서 우리는 지금 세계 경제 전체와 서로 융합되기 시작하고 있습니다.

여러분은 오늘날의 우리 관계를 많고 많은 다른 상황에 의존하는 양상에 의존하고 있는 일종의 복합구성적 관계라고 부를 수 있습니다. 하지만 저는 한 가지 가장 중요한 상황을 지적하고 싶습니다. 20)지난 1년 반 또는 2년 이상 우리가 경험한 것은 우리 두 나라 사이에 나타난 신뢰와 신용의 거대한 성장입니다. 그리고 분명히 말해, 우리의 관계를 특징지우는 것은 바로 이와 같은 변별적 특성입니다.

귀하가 미국 대통령의 영부인의 곁에 앉아 있다면, 저는 귀하가 질문을 할 수 없다고 말할 수 없겠군요.

질문자 : 그 여학생은 경영학과 출신이라고 하며, 그녀는 두분 모두에게 질문을 하고 있습니다. 경영자를 만들어내기 위해 공장주들이 열중하고 있습니다. 지도자로서, 경영자로서 여러분을 형성시킨 그러한 요소는 무엇이었습니까?

Nuance Drills *Fill in the blanks with a suitable word as given:*

1. _____ implies an earnest, something urgent request and in legal usage connotes resort to a higher court or authority. 2. _____, applied to a formal statements on court answering to allegations or charges, carries into general usage the implication of entreaty by argument. 3. _____ implies respectful or formal solicitation for relief, a favor, etc. 4. _____ implies a formal request, usually in writing and in accordance with established right. 5. _____ and 6. _____ suggest humility in entreaty and imply that the request is addressed to God or to a superior authority. 7. _____ in addition suggesting a kneeling or other abjectly prayful attitude.

(a) supplicate (b) sue
(c) pray   (d) plead
(e) petition   (f) appeal

연구 66
공통관계(Parallelism)(1)
··· 문장 중의 하나의 어구가 다른 두 개 이상의 어구와 문법적으로 공통적인 관계를 가지는 상태로 병치(또는 병렬)관계라고도 하며, 1) 공통관계가 x(a + b) 형식으로 앞쪽에서 이루어지는 경우에는 ① 주어 공통 ② 술어 공통 ③ 관계사의 선행사 공통이 있으며, 2) 공통관계가 (a + b)x = ax + bx 형식으로 뒤쪽에서 이루어지는 때에는 ⓐ 목적어 공통 ⓑ 보어 공통 ⓒ 명사 공통 ⓓ 조동사에 대한 본동사 공통으로 나누어 생각할 수 있는데, 이러한 공통관계가 설정되는 경우에는 연결되는 각 요소(a, b)들이 원칙적으로 문법적인 구조나 성분, 형태가 항상 같아야 한다는 점에 주의해야 한다. 예컨대, 본문의 The United States is a great and powerful power, and has *an economy that is powerful enough to a great extent to determine world economics.*는 하나의 주어를 공통으로 해서 서로 다른 두 개의 술어동사가 이어지고 있으나, 주어의 수(number)와 인칭(person)에 대한 영향을 받아 모두 3인칭·단수로 표시되고 있으며, Today, for instance, the United States is our number one trading partner for Russia, both in terms of *the number of goods that are traded*, and also in terms of *the accumulated investments that we have from the United States in Russia.*에서도 <both A and B>로 연결되는 A와 B의 성분이나 구성이 서로 같으며, 이들은 모두 주절의 술어동사에 연결되고 있다는 등의 관계가 모두 공통관계에 해당한다.

Answers for Vocabulary Drills ⑲ change ⑳ manager

※CD를 듣고 공란에 들어갈 말을 받아쓴 후 본문의 밑줄 친 부분을 번역하고, 하단의 설명을 읽고 해당하는 단어를 본문에서 찾아 써라.

President Bush : ①_____. And so, therefore, a leader must be / willing
Unit0849   저는 지도자가 모든 것을 할 수는 없다고 생각합니다   그런 까닭에   지도자는   기꺼이
to / surround / himself, in my case, with smart, capable, honorable people. A leader
자신의 주위에 두어야만 합니다   저의 경우처럼   영리하고 능력있고 존경할만한 사람들을   지도자는
must be willing to listen. And then a leader / must be / decisive enough / to make a
기꺼이 그들의 말에 경청해야 합니다   그런 다음 지도자는   파단성이 있어야만 합니다
decision and stick by it.
결정을 내리고 그것을 고수하기에 충분한

Unit0850   In politics, in order to lead, ②_____. You have to stand
정치적으로 (사람들을) 이끌어 나가기 위해서는   알아야만 합니다   사람들이 믿는 것을   입각해야만 합니다
on principle ; you have to believe in certain values. ③_____ / at all
원칙에   어떤 가치를 믿어야만 합니다   그리고 그것들을 수호해야만 합니다   어떤 희생이
costs. A politician / who takes a poll / to figure out / what to believe / is a politician / who
있더라도 21)
is constantly going to be trying to / lead through — it's like a dog chasing its tail.

Unit0851   And, finally, any leader must — in order to lead, must understand — must have a
그리고 끝으로   어떤 지도자라도   이끌어 나가기 위해서는   이해해야만 하며   비전을 가져야만 합니다
vision / about where you're going. You must set / clear goals, and convince people of
당신이 지향하는 방향에 대한   분명한 목표를 설정하고   사람들에게 납득시켜야만 하며
those goals / ④_____.
그러한 목표를   그리고 계속적으로 그러한 목표를 향해 나아가야만 합니다

Unit0852   And, finally, you've got to treat people / with respect / on your team. And by
그리고 끝으로   사람들을 대우해야만 합니다   존경으로   당신 팀의 한 일원으로   22)
respecting people, they become — they become / better members of the team and,

therefore, give better advice / and work toward the same goal.

President Putin : To be successful in any kind of business, in any kind of enterprise, you have to have
Unit0853   성공하기 위해서는   어떤 종류의 일이나   어떤 종류의 사업에서든   여러분은 가져야만 하는데
two / qualities : you have to have a sense of responsibility / and you have to have a
두 가지 자질을   책임 의식이 있어야만 하며   사랑하는 마음이 있어야만 합니다
sense of love.

Unit0854   Unfortunately, we have to come to an end here. Somebody is going to start crying
아쉽게도   우리는 이쯤에서 끝내야만 합니다   불평을 하려는 사람이 있을 지도 모르겠습니다
back / there if they don't get a question.
뒤에서   질문할 기회를 갖지 못했다고

Q : (Asked in Russian)
Unit0855

President Putin : I did the right thing / by giving the question to her, she's asking President Bush /
저는 옳은 일을 했습니다   그녀에게 질문하게 함으로써   그녀는 부시 대통령께 질문을 하는 중이었습니다
instead. (Laughter)
저에게가 아니라

Q : (Asked in Russian)
Unit0856

Vocabulary Drills ㉑_____   to protect against attack ; (in law) to protect the rights of somebody accused of a crime
               ㉒_____   approval and honor for the qualities of a person or thing, (syn.) admiration

소리분석 *1.* I understand a leader can't do everything : 말음의 자음 생략, -r 유음화

2. you've got to know what you believe : 강모음과 약모음 사이에서의 -t/-d의 -r 유음화

3. And you must defend them : 자음 뒤 말음의 자음 생략

4. and constantly lead toward those goals : 말음의 자음 생략(주로 -nt/-nd/-rt/-rd 의 -t/-d)

구문분석 *1. A politician who* takes a poll to figure out what to believe is *a politician who* is constantly going to be trying to lead through ─ it's like a dog chasing its tail. ··· <S + V + C> 구조의 문장에 S 와 C가 각각 관계절을 동반하고 있으며, dash(─) 이하의 it는 앞 문장의 내용 전부를 가리킨다.

2. And, finally, *any leader* must ─ in order to lead, must understand ─ must have a vision about where you're going. ··· <S + V + O> 구조로 O를 선행사로 하는 관계부사절이 왔다.

3. You *must set* clear goals, and *convince* people of those goals and constantly *lead* toward those goals. ··· <S + V₁ + O₁, and V₂ + O₂ and V₃> 구조의 단문이다.

4. And *by respecting people*, they *become* ─ they *become* better members of the team and, therefore, *give* better advice and *work* toward the same goal. ··· <S + V₁ + C₁ and V₂ + O₂ and V₃> 구조의 단문으로, 술어동사가 <A and B and C> 구조로 연결되었다.

5. To be successful in any kind of business, *in* any kind of enterprise, you *have to have* **two qualities** : you *have to have* a sense of responsibility and you *have to have* a sense of love. ··· <S + V + O> 구조에 O를 구체적으로 설명하는 내용이 colon(:) 이하에 이어지고 있다.

---

1. †figure out : 1)(美)이해하다. 2)해결하다. 3)계산해서 합계를 내다.

2. 명사 앞의 any에 주목해야 한다. 주어에 any가 붙어 있을 때에는 <양보>의 의미를 가지게 된다.

Nuance '영리한'의 뜻을 가지는 말

① intelligent : 사람 이외의 동물에게도 사용하며, 본래 머리가 좋아 경험에서 어떤 것을 배우거나 이해하는 능력이 뛰어나. ② intellectual : 사람에 대해서 사용하는 말로, 교육·독서·지적 훈련 등을 쌓은 결과 수준 높은 지성과 고도의 지식을 지닌 ③ clever : 머리 회전이 빠르고 상황이나 문제 등에 대한 대처가 빠른. 미국에서는 '교활한'이라는 암시를 내포하며, 때로는 완전성이나 정신적 깊이, 인격을 알 수 없음을 암시한다. ④ bright, smart : 둘 다 구어적인 표현으로 젊은이들을 중심으로 이상 ①②③의 의미로 널리 사용되지만, bright는 보통 아랫사람에 대하여 사용하여 두뇌 활동과 태도 등이 활발함을, smart는 남보다 뛰어나기 위해 빈틈이 없어 때론 교활함을 암시한다. ⑤ brilliant : 고도의 지식을 갖춰 눈부실 만큼 두뇌가 명석한 ⑥ wise : 지혜나 지식이 있는 ⑦ judicious : 분별력이 있고(sensible) 사려가 깊은(prudent) ⑧ sagacious : 사물에 대하여 영리하게 대처할 능력이 있는(↔stupid) ⑨ shrewd : 영리하고 기민하여 실제적인 일을 빈틈없이 잘 처리하는(↔dull)

번역 **부시 대통령** : 저는 지도자가 모든 것을 할 수는 없다고 생각합니다. 그런 까닭에 지도자는, 저의 경우처럼 기꺼이 영리하고 능력있고 존경할만한 사람들을 자신의 주위에 두어야만 합니다. 지도자는 기꺼이 그들의 말을 경청해야 합니다. 그런 다음 지도자는 결정을 내리고 그것을 고수하기에 충분한 판단성이 있어야만 합니다.

정치적으로 이끌어 나가기 위해서는 사람들이 믿는 것을 알아야만 합니다. 원칙에 입각해야만 하며, 어떤 가치를 믿어야만 합니다. 그리고 어떤 희생이 있더라도 그것들을 수호해야만 합니다. 21)사람들이 믿는 것이 무엇인지 이해하기 위해 여론 조사를 하는 정치인은 계속해서 지도력을 발휘하려고 노력하는 정치인인데, 그것은 제 꼬리를 쫓는 강아지와 같습니다.

그리고 끝으로 어떤 지도자라도 이끌어 나가기 위해서는 당신이 지향하는 방향을 이해해야만 하며, 비전을 가져야만 합니다. 분명한 목표를 설정하고 그러한 목표를 사람들에게 납득시켜야만 하며 계속적으로 그러한 목표를 향해 나아가야만 합니다.

그리고 끝으로 사람들을 당신 팀의 한 일원으로 여기고 존경으로 대우해야만 합니다. 22)사람들을 존경함으로써 그들은, 그들은 팀의 더 훌륭한 일원이 될 것이며, 그 결과 더 좋은 조언을 주고 같은 목적을 위해 노력할 것입니다.

푸틴 대통령 : 어떤 종류의 일이나 어떤 종류의 사업에서든 성공하기 위해서는 여러분은 두 가지 자질을 가져야만 하는데, 책임 의식이 있어야만 하며, 사랑하는 마음이 있어야만 합니다.

아쉽게도 우리는 이쯤에서 끝내야만 합니다. 질문할 기회를 갖지 못했다고 뒤에서 불평을 하려는 사람이 있을 지도 모르겠습니다.

질문자 : (러시아 어)

푸틴 대통령 : 그녀는 제게가 아니라 부시 대통령께 질문을 하는 중이었는데, 마침 제가 그녀에게 질문하게 함으로써 저는 옳은 일을 했습니다.

질문자 : (러시아 어)

연구 67

공통관계(2)

··· 공통관계가 앞쪽에 있는 경우 : x(a+b) = ax + bx

① 주어가 공통인 경우 · She gets up at six *and* goes to school at eight.

She ┌ gets up at six
      └ goes to school at eight

② 술어동사가 공통인 경우 · I bought a book *and* a notebook.

③ 관계대명사가 공통인 경우 · *The person who* is rich, but *who* is not healthy, can never be happy.

④ 기타 · During his mother's absence, the baby *had spilled* his milk, *broken* a dish, *and torn* several pages from the book *she had been reading.* / · The forces mentioned above *have not only unified* the people of numerous origins *but also produced* an American with distinct characteristics.

Answers for Vocabulary Drills ㉑ defend ㉒ respect

※CD를 듣고 공란에 들어갈 말을 받아쓴 후 본문의 밑줄 친 부분을 번역하고, 하단의 설명을 읽고 해당하는 단어를 본문에서 찾아 써라.

President Putin : Great question, WTO. (Applause)
[Unit0857] WTO에 대한 좋은 질문입니다.

Q : The question is for President Bush / from — from the Department of International
부시 대통령께 드리는 질문입니다   국제관계학을 전공하는 학생으로부터의
Relations. What specific and / concrete steps / can we expect from the United States /
                                    23)
in order to support / our accession / to the World Trade Organization?

President Bush : Starting with having a President who thinks you ought to be in the WTO / ①
[Unit0858] 생각하는 대통령을 가지고 있다는 것에서 시작해 볼 때   여러분이 WTO에 가입해야만 한다고   저는 생각합니다
_____. And I think the accession to the WTO / ought to be based upon the
여러분은 그럴 필요가 있다고   그리고 저는 생각합니다   WTO의 가입은   규칙에 기초를 두어야만 한다고
rules that every other nation / has had to live up to. Nothing harsher, nothing less
         모든 다른 나라들이 준수해왔던   더 이상으로 엄하지도 않으며, 봐주는 것도 없습니다
harsh.

[Unit0859] And I've told Vladimir / in private and I've told the American people, I'm for Russia /
그리고 저는 푸틴 대통령께 개인적으로 말씀드렸으며   미국 국민들에게 말했습니다   저는 러시아가
going into the WTO. Just like I asked just like / I asked Congress yesterday / once in a
WTO에 가입하는 것을 지지한다고 24)
press conference / in Russia / to get rid of Jackson-Vanik.

[Unit0860] So, to answer your questions, I vote aye, assuming that / the President / the Russian
그래서 여러분의 질문에 답하기 위해   저는 생각하면서 찬성 투표를 했습니다   푸틴 대통령과 러시아 정부는
government continues to / ②_____, ③_____, make market-based
                계속적으로 그의 경제를 개혁하고   개방하며   시장 경제에 기반을 두게 될 것이라고
economy work. And that's exactly what the intentions of this President — that's the
                    그리고 그것이 바로   푸틴 대통령이 의도하는 바입니다
intention of this President.

President Putin : George said it very well. The President of Russia / has to want / to be a member of
[Unit0861] 부시 대통령께서 매우 잘 말씀해주셨습니다   러시아의 대통령은   회원이 되기를 원했음이 틀림없습니다
the WTO. ④_____. (Laughter and applause) If that's sufficient, I'm
WTO의   그리고 부시 대통령께서는 그것을 지지한다고 말했습니다   그것으로 충분하다면 저는 가입합니다
in. (Applause) But on conditions / acceptable to Russia. (Laughter)
          하지만 조건들이 러시아가 받아들일만한 것이어야 합니다

[Vocabulary Drills] ㉓_____ a governing group made up of the elected members of the House of Representatives and the Senate
㉔_____ expression of opinion or will by persons for or against somebody or something, especially by ballot, etc.

🔊 **소리분석** *1.* and I think you ought to be : 자음 뒤 말음의 자음 생략, 연음, -t /-d 의 -r 유음화

2. reform her economy : 연음과 'h'음의 유성음화

3. open it up : 연음, -t /-d 의 -r 유음화

4. And he said that /he's for it : 자음 뒤 말음의 자음 생략, 조음점 동화

💡 **구문분석** *1. What specific and concrete steps can we expect* from the United States *in order to* support our accession to the World Trade Organization? ···〈의문형용사 + 성상형용사 + 명사 + 조동사 + S + V?〉 구조의 의문문으로, 〈목적〉을 뜻하는 부사적 용법의 to-inf.가 오고 있다.

2. And I think the accession to the WTO *ought to be based upon the rules that every other nation has had to live up to.* ··· *the rules*을 선행사로 하는 *that*-관계절이 오고 있다.

3. And I've told Vladimir *in private* and I've told the American people, I'm *for Russia going* into the WTO. ···〈전치사 + 추상명사 → 부사〉, [(〈찬성〉을 나타내는 for + 의미상의 주어) + 동명사]가 쓰였다. [be + ~ing]에 의한 현재진행형이 아님에 주의해야 한다.

4. Just like I asked *just like I asked Congress yesterday once in a press conference in Russia to get rid of Jackson-Vanik.* ··· 주로 미국 남부지방의 구어에서 접속사처럼 쓰인 like에, '바로, 꼭'의 뜻으로 부사로 쓰인 just가 쓰인 중문이다.

5. So, to answer your questions, I vote aye, assuming that the President the Russian government continues *to reform* her economy, *open* it up, *make* market-based economy work. ··· that-절에는 앞에 사용된 to-inf.에 이어 계속되는 to-inf.에서 to를 생략하여 원형부정사를 쓰고 있으며, 문두에는 〈목적〉을 뜻하는 부사적 용법의 to-inf.가 오고, comma(,)로 묶인 주절 뒤에 부대상황의 현재분사가 왔다.

〔왼쪽 주석〕

4. †just like : ~와 꼭 같이 ··· 접속사로서의 like는 1600년대 이후 영문학 일류 작가들에 의해 널리 사용되었으나, 영국 영어에서는 TV나 라디오, 상품광고 등에서 주로 사용되는 비어(卑語) 또는 구어적인 표현이라 하여 그 사용을 피하지만, 미국(특히 남부지방)에서는 흔히 사용하는 추세에 있다. ¶Wood does not contract *like* steel does.(나무는 강철처럼 수축하지 않는다.) / People are strolling, buying ice cream for their children, *just like* they do every Sunday.(사람들은 그들이 매주 일요일마다 그러는 것처럼 그들의 아이들을 위해 아이스크림을 사면서 거닐고 있습니다.)

〔Nuance Drills〕 *Fill in the blanks with a suitable word as given:*

¹ _____ implies the ability to learn or understand from experience or to respond successfully to a new experience. ² _____ implies quickness in learning or understanding, but sometimes connotes a lack of thoroughness or depth. ³ _____ emphasizes quickness in sizing up a situation. ⁴ _____ and ⁵ _____ are somewhat informal, less precise equivalents for any of the preceding. ⁶ _____ implies an unusually high degree of intelligence. ⁷ _____ suggests keen intelligence coupled with interest and ability in the more advanced fields of knowledge.

(a) alert   (b) bright
(c) crilliant   (d) clever
(e) intellectual   (f) intelligent
(g) smart

연구 68
공통관계(3)
··· 공통관계가 뒤쪽에 있는 경우: (a+b)x = ax + bx
① 목적어가 공통인 경우 · I see many book *on and under the desk.*
② 보어가 공통인 경우
· I was, am and shall be, *your faithful servant.*
③ 명사가 공통인 경우
· Games give moral *as well as physical health.*
④ 조동사에 대한 본동사가 공통인 경우
· I must, and will, *help her.*
··· 이상과 같은 기본적인 연결관계 외에도 문장에서의 연결은 강조나 보충 등과 같은 저자의 다양한 목적에 의해 여러 가지 형태로 나타나고 있는데, 그 주요한 몇 가지를 살펴보면 다음과 같다.

1) a, b and c : 가장 일반적인 나열법으로, 마지막에 나열되는 것 앞에만 and를 붙이며 나머지에는 comma(,)를 붙이게 된다. · As a poet, I naturally have a passionate professional interest in *words, style and language.* / · The plain man's interest in philosophy is practical. He wants to know *what is the value of life, how he should live and what sense he can ascribe to the universe.*

〔번역〕

번역 **푸틴 대통령** : WTO에 대한 좋은 질문입니다.

질문자 : 국제관계학을 전공하는 학생으로부터의 부시 대통령께 드리는 질문입니다. 23) 세계무역기구로의 우리 가입을 지지하기 위해 어떤 명확하고 구체적인 조치를 우리가 미국으로부터 기대할 수 있습니까?

부시 대통령 : 여러분이 WTO에 가입해야만 한다고 생각하는 대통령을 가지고 있다는 것에서 시작해볼 때, 여러분은 그럴 필요가 있다고 저는 생각합니다. 그리고 저는 WTO의 가입은 모든 다른 나라들이 준수해야 했었던 규칙에 기초를 두어야만 한다고 생각합니다. 더 이상으로 엄하지도 않으며, 봐주는 것도 없습니다.

　　그리고 저는 러시아가 WTO에 가입하는 것을 지지한다고 푸틴 대통령께 개인적으로 말씀드렸으며, 미국 국민들에게 말했습니다. 24) 저는 어제 기자회견에서 러시아에서는 Jackson-Vanik 법안의 적용을 면제시켜 줄 것을 의회에 부탁드린 것과 같이 (미국 국민들에게) 부탁드렸습니다.

　　그래서 여러분의 질문에 답하기 위해, 저는 푸틴 대통령과 러시아 정부는 계속적으로 그의 경제를 개혁하고, 개방하며 시장 경제에 기반을 두게 될 것이라고 생각하면서 찬성 투표를 했습니다. 그리고 그것이 바로 푸틴 대통령이 의도하는 바입니다.

푸틴 대통령 : 부시 대통령께서 매우 잘 말씀해주셨습니다. 러시아의 대통령은 WTO의 회원이 되기를 원했음이 틀림없습니다. 그리고 부시 대통령께서는 그것을 지지한다고 말했습니다. 그것으로 충분하다면 저는 가입합니다. 하지만 조건들이 러시아가 받아들일만한 것이어야 합니다.

Answers for Vocabulary Drills ㉓ congress ㉔ vote

※ Answers for Nuance Drills : 1-f, 2-d, 3-a, 4-b, 5-g, 6-c, 7-e

※CD를 듣고 공란에 들어갈 말을 받아쓴 후 본문의 밑줄 친 부분을 번역하고, 하단의 설명을 읽고 해당하는 단어를 본문에서 찾아 써라.

Unit0862

Dear friends, I want to / thank you. ① _____ / for the warm and
동지 여러분   저는 여러분에게 감사를 드리고 싶습니다   저는 여러분에게 감사를 드립니다   따뜻하고
friendly atmosphere / in which we were. And it is of great importance for me /
우정어린 분위기에   우리가 있는 이곳의   그리고 그것은 제게 매우 중요합니다
personally. Because indeed, I want very much / ② _____ / to enjoy / my native
개인적으로   저는 사실 간절히 원했습니다   우리의 귀한 손님들께서   우리의 고향 마을이 마음에 들기를
city. And although, of course, our movements / create / some hurdles / for the move-
        그리고 물론 우리의 행동은   어떤 장애를 만날 것이지만
ment of other people / in the streets of Moscow, that, as George pointed out, the
모스크바 거리에 있는 사람들의 행동으로   부시 대통령께서 지적한대로
people are not very cross / ③ _____, since they wave their hands / at us / and smile at
사람들은 우리를 가로막지는 않을 것입니다   그들이 우리에게 손을 흔들며 웃고 있는 것으로 보아
us. (Laughter) And today, we had a friendly / and kind atmosphere here, and the
        그리고 오늘   우리는 여기서 호의적이며 친절한 분위기를 조성했고
questions / were / in that spirit. And I am grateful to you / for that.
질문들은 그런 마음을 담았습니다   그리고 저는 그런 점에 대하여 여러분께 감사를 드립니다

Unit0863

And, as I promised, I would like to hand over / to President Bush / the copies / of the
25)
first diplomatic documents. ④ _____ / actually initiated, they started / the
                                                                    26)
diplomatic / letters exchanged between our two countries, and they date back / to
1780. (Applause)

President Bush : Thank you all very much. (Applause)
                정말 감사합니다

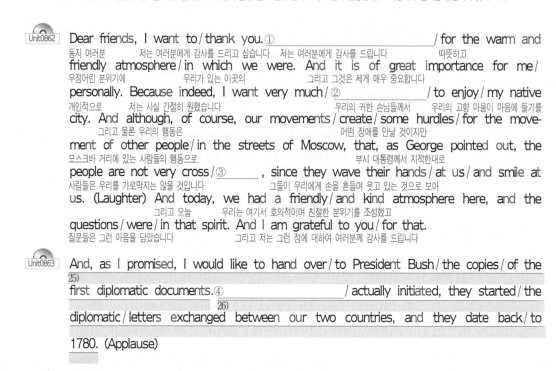

Vocabulary Drills ㉕ _____ *to turn the lips up at their corners, usually to show good feelings, such as amusement or happiness*
                   ㉖ _____ *to cause something to start, to begin ; to bring somebody into an organization with a ceremony or activity*

소리분석 **1.** I would like to thank you : 자음 뒤 말음의 자음 생략, 연음

2. our dear guests : 복합중자음의 중간자음 탈락

3. with us : -th의 -r 유음화

4. And these documents : 자음 뒤 말음의 자음 생략, 복합중자음의 중간자음 탈락

2. †hand over : 수교하다, 양도하다, 인계하다(to).

3. †date back to : ~으로 소급하다.

구문분석 **1.** And *although, of course, our movements create some hurdles for the movement of other people in the streets of Moscow, that, as George pointed out,* the people are not very cross with us, *since they wave their hands at us and smile at us.* ··· <양보>를 나타내는 부사절, <이유>를 뜻하는 부사절 사이에 <S + V + C> 구조의 주절이 왔다.

2. And, *as I promised,* I would like to hand over to President Bush the copies of the first diplomatic documents. ··· <양태 : ~대로>의 부사절이 comma(,) 사이에 삽입어구로 쓰인, <S + V + IO + DO> 구조이다.

3. And these documents actually initiated, they started the diplomatic letters exchanged between our two countries, and they date back to 1780. ··· <S₁ + V₁, S₂ + V₂ + O + p.p. as OC, and S₃ + V₃> 구조로, S₂, S₃ 모두 S₁을 가리키는 대명사이다.

$<S_1 + V_1, S_2 + V_2 + O + p.p.$ as OC, and $S_3 + V_3>$ 구조로, S_2, S_3 모두 S_1을 가리키는 대명사이다.

[Nuance] **'웃다'의 뜻을 가지는 말**

① **laugh** : '소리내어 유쾌하게 웃다'는 의미의 가장 일반적인 말. laugh at은 '조소하다, 비웃다'는 의미를 가지기도 한다. laugh over는 '웃으면서 이야기하다'는 의미이다. ② **smile** : 소리를 내지 않고 얼굴에 미소를 띄우다. 호의를 뜻하는 것이 보통이나 악의인 경우도 있다. ③ **chuckle** : 입을 벌리지 않고 낮은 소리로 내심 만족한 듯 조용히 부드럽게 웃다. 종종 혼자 즐거워하며 웃을 때 등을 가리킨다. ④ **giggle, titter** : 소녀나 아이 등이 약간 소리를 죽여 억지로 참는 듯이 킥킥 웃는 것이나 당혹하거나 어줍잖음에 대한 웃음을 가리킨다. titter에는 점잔을 빼면서 웃는 경우를 가리키기도 한다. ⑤ **sneer** : 꽉하고 경멸이나 비꼼을 나타내며 냉담하게 웃다. ⑥ **grin** : 장난기 어린 즐거움, 명랑, 쾌활 또는 어리석음 등을 나타내어 이를 드러내 놓고 싱긋 웃다. ⑦ **smirk** : 득의 만만한 기쁨, 넉살, 어리석음 등을 나타내는 웃음 ⑧ **guffaw** : 크게 소리내어 상스럽게 웃는 웃음

[Nuance Drills] *Fill in the blanks with a suitable word as given:*

¹_____ is the general word for the sounds or exhalation made in expressing mirth, amusement, etc.² _____ implies soft laughter in low tones, expressive of mild amusement or inward satisfaction.³ _____ and⁴ _____ both refer to a half-suppressed laugh consisting of a series of rapid, high-pitched sounds, suggesting embarrassment, silliness, etc., but ⁵ _____ is also used of a laugh of mild amusement suppressed in affected politeness. ⁶ _____ is used of a sly, half-suppressed laugh, as at another's discomfiture or a bawdy story. ⁷ _____ refers to loud, coarse laughter.

(a) chuckle   (b) giggle
(c) guffaw   (d) laugh
(e) snicker   (f) titter

[번역] 동지 여러분, 저는 여러분에게 감사를 드리고 싶습니다. 우리가 있는 이곳의 따뜻하고 우정어린 분위기에 저는 여러분에게 감사를 드립니다. 그리고 그것은 개인적으로 제게 매우 중요합니다. 저는 사실 우리의 귀한 손님들께서 우리의 고향 마을이 마음에 들기를 간절히 원했습니다. 그리고 물론 우리의 행동은 부시 대통령께서 지적한대로, 모스크바 거리에 있는 사람들의 행동 때문에 어떤 장애를 만날 것이지만, 그들이 우리에게 손을 흔들며 웃고 있는 것으로 보아 사람들은 우리를 가로막지는 않을 것입니다. 그리고 오늘 우리는 여기서 호의적이며 친절한 분위기를 조성했고 질문들은 그런 마음을 담았습니다. 그리고 저는 그런 점에 대하여 여러분께 감사를 드립니다.

25) 그리고 제가 약속드린 대로 저는 부시 대통령께 최초의 외교 문서 사본을 드리고 싶습니다. 26) 실제로 그러한 문서들은 두 나라 사이에 교환된 외교 서신을 발의하고 시작했으며, 1780년으로까지 소급됩니다.

부시 대통령 : 정말 감사합니다.

연구 69

공통관계(4)

2) **a, b, and c** : c 앞에 and가 있는 것은 앞서의 1)과 같지만, b 다음에 comma(,)를 찍어 b와 c의 관계가 그만큼 덜 밀접하게 된다. ·*To tear, to speak, and to write* good English, requires constant practice. / ·Despite our great scientific advances, we live in a primitive world of *violence, disease, and poverty.*

3) **a and b and c** : 나열되는 요소 a, b, c 모두에 and를 붙이는 경우로, 그 관계가 밀접하여 연속동작과 같은 어감을 주기 위해서이다. ·When To awoke in the morning, he wondered where he was. He *sat up and rubbed his eyes and looked around*: then he comprehended. / ·*Worry and fret and irritation* are emotions which serve no purpose.

4) **a, b, c** : 뒤에 d, e, f...등의 요소가 계속될 수 있는 여운을 남기는 연결법이다. ·A man must *learn to stand upon his own feet, to respect himself, to be independent of charity or accident.* / ·Physical science gives *power, power over steel, over distance, over disease.*

5) **a, and b, and c** : 강조적인 어감을 주기 위한 연결법이다. ·A good book *should be read, and reread, and loved, and loved again, and marked,* so that you can refer to the passages you want in it.

6) **(a and b)x** : ·She lived with no other thought than to *love and be loved by me.*

7) **x(a, and b,)y** : ·The intellectual lives in a world *which is both separate from,* and *potentially intertwined with, that* of the politician. / ·*He studied hard for,* and succeeded in the examination.

8) **x(a and b, c and d)** : ·We are always in danger of *confusing the vital and the unessential, the real and the sentimental.*

9) **x(a, not b)** : ·We *should eat to live, not live to eat. cf.* ·We *should not live to eat, but eat to live.*

10) **(a, but b)x** : ·The *pen may be a surer, but the tongue is a nicer, instrument. cf.* ·The pen may be a surer *instrument,* but the tongue is a nicer *one.*

11) 공통관계의 연결 요소들의 품사가 서로 다를 때 : 공통관계의 연결되는 요소들은 보통 그 형태와 품사가 같지만, 품사가 다르고 역할만 같은 경우도 있다. ·When we have a number of duties to perform, it is sometimes difficult to know *when and what* to begin.

Answers for Vocabulary Drills 25 smile 26 initiate

※ Answers for Nuance Drills : 1-d, 2-a, 3-b, 4-f, 5-f, 6-e, 7-c

Remarks by President Bush and President Chirac

미국 부시 대통령이 2002년 5월 26일, 유럽 순방 중 독일과 러시아에 이어 3번째 국가인 프랑스에 도착, 자크 시라크 대통령과 함께 파리 엘리제궁에서 아프가니스탄 전쟁 이후 이라크 등을 대상으로 한 대테러전 확대 문제 등에 대한 정상회담을 가진 뒤 공동기자회견을 하는 모습이다. 양국 정상의 회담은 이번이 6번째이나 부시 대통령의 프랑스 방문은 처음이라고 전해진다. 각 페이지 밑줄 친 부분을 번역하고, 하단의 설명을 읽고 해당하는 단어를 본문에서 찾아 써라.

President Chirac : Ladies and gentlemen, good afternoon. Welcome here. Welcome to / all of you here /
[Unit0901] 신사 숙녀 여러분　　　　안녕하세요?　　이곳에 오신 것을 환영합니다　환영합니다　　이곳에 오신 여러분 모두를
this afternoon. Of course, I extend a special welcome to / the members of the press
오늘 오후에　　　　물론　　　　저는 특별한 환영의 말씀을 드립니다　　　　기자단 여러분께
who have come with President Bush.
부시 대통령과 함께 오신

[Unit0902] Can I, first of all, say how pleased / I am that we'll have the opportunity to welcome
1)
on / his first trip to France / the President of the United States, and his wife. It's, of
물론
course, a great pleasure for me / to welcome them, and I think it's also a great
제게도 큰 기쁨이며　　　　　그들을 환영한다는 것은　　　또한 큰 기쁨이라고 저는 생각합니다
pleasure / for all the people of France / to welcome them. And that / is something that I
프랑스의 모든 국민들의　　　　그들을 환영하는 것　　그것이 바로 제가 말씀드리고자 하는 것입니다
wanted to say in / no uncertain terms.
분명히

[Unit0903] We had / this afternoon / a working session. We'll meet again over dinner. Tomorrow,
우리는 오늘 오후에 실무회담을 가졌습니다　　　　우리는 점심을 먹으면서 또 만날 것입니다　내일은
as all of you know, President Bush will be in Normandy. And I think it's / very moving
여러분 모두가 알고 있듯이　부시 대통령은 노르망디에 있을 것입니다　저는 매우 감동적이라고 생각합니다
/ for me and for the people of France / to know that, for the first time ever, if I'm not
제게나 프랑스 국민들에게　　　　안다는 것은　　사상 최초로　　제가 잘못 알고 있는 것이 아니라면
mistaken, the President of the United States / will not be / in the United States / on
미국 대통령이　　　　　　　　미국에 있지 않을 것이며
Memorial Day, and that / on this occasion / the President
현충일에　　　　이 행사에　　　　미국 대통령은
will / come and pay / a solemn tribute / to the great number
참석하여 찬사를 바치게 될 것이라는 것을　　수많은
of young / American servicemen / who gave up / their lives /
젊은 미국의 병사들에게　　　　그들의 생명을 바친
to fight / for Franc, for Europe, for freedom.
프랑스와 유럽과 자유를 위해 투쟁하느라

[Unit0904] This fight / for freedom, for liberty, is a constant fight, a
2)
fight that we all / engage in ; a fight that is a bond /

between the peoples of both sides of the Atlantic ; a fight

/ that is pursued still today / under very specific ties, the

fight against terrorism.

Vocabulary Drills ① ＿＿＿＿＿＿＿＿＿＿ *related to remembrance of the dead ; a monument dedicated to the memory of the dead*
　　　　　　　　② ＿＿＿＿＿＿＿＿＿＿ *a time when something happens ; an opportunity, chance ; a special event or ceremony, (syn.) a happening*

여기서도 시라크 대통령의 목소리는 거의 들리지 않고 전속 통역관의 비교적 또렷한 발음만 분명하게 들리는데, 프랑스어식 억양이 강하게 스며 있어 영국식이나 미국식 영어 발음과는 또 다른 느낌을 준다.

※on Memorial에서는 비음화가, first, constant, bond에서는 자음 뒤 말음의 자음 생략이 약하게 일어나고 있다. 또 good afternoon, that I, meet again, that we, fight against 등이 연음되면서 -r유음화가 일어나지 않고 [t] 발음이 그대로 소리나고 있음을 주목할 필요가 있다.

1. 감탄문의 문장 구조를 기억하고 있어야 한다. <How+형용사나 부사+주어+동사!> 또는 <What a+형용사나 명사+주어+동사> †first of all: 口語 우선 첫째로 ⋯ 1) firstly: 사물의 이름이나 이유 등을 secondly, thirdly, lastly 등과 함께 써서 그 순서를 나열할 때 사용하는 문어적인 표현이다. secondly에 대한 in the first place(우선 첫째로)의 뜻으로 firstly를 써도 무방하나 first가 더 널리 쓰인다. 2) first: 우선 첫째로, 최초로, 처음으로 3) in the first place: 우선 첫째로 4) at first: 처음에는, 처음은. first는 단순히 순서를 말함에 그치지만 at first는 대조를 암시하며 그 다음에 soon, afterwards, at last 등의 표현이 이어지는 것이 보통이다. 5) for the first time: 처음으로(first). 두 번째로(for the second time), 세 번째로(for the third time) 등에 대한 말.

Nuance '특별한'의 뜻을 가지는 말
① special: 같은 종류의 다른 것과 구별하여 일반적이지 않고 그것에 한하는, 보통 이상의 취급을 받을 만한 성질을 가졌음을 뜻하는 넓은 뜻의 말로, particular, peculiar 등의 의미로도 사용된다. ② particular: 다른 것에 없는 독특하고 독자적인 성질을 가져 주의를 끌기 때문에 같은 종류의 다른 것과 구별되는. special 보다 더 특수한 것을 나타내지만, 보통은 special과 같은 뜻으로 쓰인다. ③ especial: special과 같은 뜻이나 보통 다른 것 보다 뛰어난 의미를 가지는 다소 옛스러운 말이다. ④ specific: 실례로 또는 구체적으로 다루기 위해 선발된. particular는 우연적인 것에 사용하나 specific은 그것에 고유한 성질을 나타낼 때 사용한다. ⑤ peculiar: 동종류의 다른 것에 없는 독특한 성질을 가진

소리분석 *1.* Ladies and, Welcome here, all of you, this afternoon, extend a, members of, Can I, first of all, welcome on, think it's also, people of, meet again over, as all of you, time ever, come and, of young, gave up, engage in : 연음

2. welcome them, of France, is something, wanted to, fight that, of both sides : 조음점 동화

구문분석 *1.* Can I, first of all, say *how pleased I am* that we'll have the opportunity to welcome on his first trip to France the President of the United States, and his wife. ⋯ say의 목적어로 <감탄>을 의미하는 *how*-명사절이 문장 끝까지 이어지고, 그 안에 *how*-명사절의 술어동사(과거분사)인 *pleased* 뒤에 <원인·이유>의 that-부사절이 이어지는 복층구조의 혼합문이다.

2. It's, of course, a great pleasure *for me to welcome them*, and I think *it*'s also a great pleasure *for all the people of France to welcome them.* ⋯ 가주어로 쓰인 it, <for+목적어>로 표시된 의미상의 주어, 진주어로 쓰인 to-inf. 등으로 구성된 중문이다.

3. And I think *it*'s very moving *for me and for the people of France to know that*, for the first time ever, *if I'm not mistaken*, the President of the United States will not be in the United States on Memorial Day, *and that* on this occasion the President will come and pay a solemn tribute to *the great number of young American servicemen who* gave up their lives to fight for Franc, for Europe, for freedom. ⋯ 가주어 it, <for+목적어>로 표시된 의미상의 주어, 진주어로 쓰인 to-inf.로 구성된 문장으로, 진주어로 쓰인 *to know*의 O로 두 개의 that-명사절이 <A, and B>로 연결되고 있다.

4. This fight *for freedom, for liberty,* is a constant *fight, a fight that* we all engage in ; *a fight that* is a bond between the peoples of both sides of the Atlantic ; *a fight that* is pursued still today under very specific ties, *the fight* against terrorism. ⋯ C로 쓰인 *fight*를 구체적으로 설명하는 말들이 comma(,) 이하에 나열되고 있는데, 마지막에 쓰인 *fight*에만 the가 왔음을 주목해야 한다.

번역 **시라크 대통령**: 신사 숙녀 여러분, 안녕하세요? 이곳에 오신 것을 환영합니다. 오늘 오후에 이곳에 오신 여러분 모두를 환영합니다. 물론 저는 부시 대통령과 함께 오신 기자단 여러분께 특별한 환영의 말씀을 드립니다.

1) 무엇보다도 먼저 미국 대통령과 그의 부인의 프랑스로의 최초의 여행에 우리가 환영하는 기회를 갖게 될 것을 제가 얼마나 기뻐하는 지 말씀드릴 수 있겠습니까? 그들을 환영한다는 것은 제게도 물론 큰 기쁨이며, 또한 프랑스의 모든 국민들의 큰 기쁨이라고 저는 생각합니다. 그것이 바로 제가 분명히 말씀드리고자 하는 것입니다.

우리는 오늘 오후에 실무회담을 가졌습니다. 우리는 점심을 먹으면서 또 만날 것입니다. 내일은 여러분 모두가 알고 있듯이 부시 대통령은 노르망디에 있을 것입니다. 저는 제가 잘못 알고 있는 것이 아니라면 사상 최초로 현충일에 미국 대통령이 미국에 있지 않을 것이며, 미국 대통령이 이 행사에 참석하여 프랑스와 유럽과 자유를 위해 투쟁하느라 그들의 생명을 바친 수많은 젊은 미국의 병사들에게 찬사를 바치게 될 것이라는 것을 안다는 것은 제게나 프랑스 국민들에게 매우 감동적이라고 생각합니다.

2) 자유를 위한, 해방을 위한 이러한 투쟁은 끊임없이 계속되는 투쟁, 즉 우리가 참여해야 할 투쟁이며, 대서양 양쪽의 사람들을 결속하는 투쟁이며, 특별한 연대 아래 오늘날에도 여전히 추구되는 투쟁이며, 테러리즘에 대한 투쟁입니다.

연구 70
관사의 용법(1) ⋯⋯⋯ **연구 74** 에 계속(p.379)
⋯ 기능어(function word)의 하나로, 명사 앞에 붙어 그 명사의 뜻을 가볍게 한정하는 말로 ⓐ보통명사·집합명사·물질명사·추상명사의 어느 것이나 또는 단·복수명사 어느 것에 붙어 특정한 것을 가리키는 정관사 the와, ⓑ보통명사·집합명사의 단수형에 붙어 같은 종류의 것 중에서 임의의 하나를 가리키는 부정관사 a(또는 an)가 그것인데, 정관사의 주요 용법을 살펴보면 다음과 같다. ①앞에 나온 명사의 반복 ②세상에 유일한 것 ③by the+단위명사 ④전치사구나 형용사절 등의 수식어구로 한정되는 명사 ⑤the+단수 보통명사=대표단수(상징적 총칭)/추상명사, the+형용사=복수 보통명사/추상명사 ⑥앞서 말한 인물의 신체의 일부를 가리키는 명사에 인칭대명사의 소유격 대신 ⑦처음 쓰인 명사라도 문맥의 전후사정으로 보아 확실히 알고 있는 것을 가리키는 명사 앞에 ⑧'대표적', '뛰어난', '청대로' 등과 같은 강세적 의미를 가질 때 ⑨감탄의 의미를 나타낼 때 ⑩형용사나 부사의 비교급 앞에 붙어 <정도>를 나타낼 때 ⑪해협·도서·군도(群島)·만(灣)·강·산·바다·배·기차·비행기·호텔·점포·기관·악기·계절·문학작품·악곡·신문·잡지·계절·방위·자연현상·대학 이름·복수의 국가명·칭호의 서수·독특한 병명 등의 특수한 고유명사 앞에 ⑫기타 관용적인 표현 : in the day time, on the other hand~

※ 본문의 밑줄 친 부분을 번역하고, 하단의 설명을 읽고 해당하는 단어를 본문에서 찾아 써라.

 Unit0905

We exchanged views ; we had an intense, candid, friendly exchange of views. And I
우리는 견해를 나누었는데   우리는 열정적이며 솔직하고 우정어린 견해를 교환한 것입니다
                                                                                    3)
think this echoes / and epitomizes / the nature of the dialogue / that we have had / ever

since President Bush's election, in the number of contacts / we have had either / in

Europe / or when I have / been to the United States. I think the last time / we met
                                                              저는 생각하며   우리가 마지막으로 만난 것은
was when we / both were in Monterrey, in Mexico — and also / over the phone.
        우리 모두가 멕시코의 Monterrey에 있었던 때라고   또 전화 통화도 그렇고

 Unit0906

We mentioned a number of issues : the fight against terrorism, and in this respect,
    4)
we / have a similar understanding of what / is being done / and what should be done /

to fight / and eradicate terrorism. We both know that terrorism / still exists, that it can
                          우리 모두는 알고 있습니다   테러리즘이 여전히 존재하며   그것은
be active anywhere, at any time, and that, therefore, all the leaders / across the world
어느 곳에서든 활동할 수 있고   어느 때   그런 까닭에   모든 지도자들은   세계의
/ must pay great attention / to this issue, and be determined to eradicate / terrorism.
    중대한 관심을 가져야만 하며   이 문제에 대하여   결심해야 한다는 것을   테러리즘을 근절할 것을

 Unit0907

We also mentioned strategic issues. In this respect, we paid special attention to the /
우리는 또한 전략적인 문제들에 대해서도 언급을 했습니다   그런 관점에서   우리는 특별한 주의를 기울였습니다
change and the developments / in the relationship between / the U.S. and Russia. And
변화와 발전에   관계의   미국과 러시아 사이의   그리고
we welcome this change. Russia is a major / nation, a great nation. And I think that
우리는 이러한 변화를 환영합니다   러시아는 중요한 국가이며 큰 나라입니다   그리고 저는 생각합니다
the relationship / between Russia and the U.S. / are crucial / in the world today.
관계는   러시아와 미국과의   중대하다고   오늘날의 세계에 있어서

 Unit0908

On Tuesday, in Rome, we will have an opportunity to / set in stone this change / in
화요일에   로마에서   우리는 기회를 가질 것입니다   이 변화에 초석을 놓는
the relationship, to act upon also / the new treaty / that has been signed / between
관계의   마찬가지로 행동하기 위해   새로운 조약에 따라   서명된
both Presidents / in Moscow yesterday. We have an opportunity / to make / more
두 대통령 사이에   어제 모스크바에서   우리는 기회를 가졌습니다   더 구체화하는
concrete the relationship / between NATO and Russia. And as you know, for a long
        관계를   NATO와 러시아 사이의   그리고 여러분도 알다시피   오랫동안
time, the French position / has been that the relationship / between Russia / and NATO
      프랑스의 입장이었습니다   관계가   러시아와 NATO 사이의
should be strengthened. And you might / even remember that the founding act / was
강화되어야 한다는 것이   그리고 여러분은 기억할 지도 모르겠습니다만   기초 결의서가
signed here / in 1997, even though / it didn't
이곳에서 서명되었습니다   비록 그것이
have quite / the consequences / that we could
큰 중요성을 갖지 못했음에도 불구하고   우리가 예상할 수 있었던
have expected. This being said, nowadays
        그것은 말했지만   요즈음의
Russia — from now on, Russia will be closer /
러시아   지금으로부터   러시아는 더욱 밀접하게 결속될 것이라고
involved. And this will be the results of the
        그리고 그것이 결과가 될 것입니다
NATO council / in two days' time / in Rome.
NATO 회의의   2일 후   로마에서의

Vocabulary Drills ③ _____ *saying what one thinks even if it is unpleasant, (syns.) frank, forthright*
④ _____ *an event when people vote for or against somebody or something*

소리분석 *1.* had an intense, met was when we / both were, have an opportunity, act upon, as you, have expected, results of : 연음

2. of views, determined to, concrete the, that the, was signed : 조음점 동화

3. last, against, world, must, mentioned, developments, results : 자음 뒤 말음의 자음 생략

구문분석 *1.* And I think this *echoes and epitomizes* **the nature of the dialogue that** *we have had ever since President Bush's election, in the number of contacts we have had either in Europe or when I have been to the United States.* ··· <S + V + O> 구조에서 O를 선행사로 하는 ***that*-관계절이** 오면서 그 안에 *contacts*를 선행사로 하는 관계절, <때>를 나타내는 부사절이 오고 있다.

2. We mentioned a number of issues : the fight against terrorism, and₁ in this respect, we have a similar understanding **of** *what is being done* and₂ **what** *should be done to fight* and₃ *eradicate terrorism.* ··· <S + V + O> 구조의 절이 온 다음 colon(:) 다음에 O에 대한 구체적인 설명이 온 후 comma(,) 뒤에 또 다른 <and₁, S′ + V′ + O′> 구조의 절이 오고 있는데, and의 연결에 주의해야 한다.

3. We both know **that₁** *terrorism still exists,* **that₂** *it can be active anywhere, at any time,* and **that₃**, therefore, *all the leaders across the world* **must pay** *great* **attention** *to this issue,* and **be determined** *to eradicate terrorism.* ··· 술어동사 know의 O로 3개의 *that*-절이 오고 있다.

4. On Tuesday, in Rome, we will have an opportunity **to₁ set in** stone this change in the relationship, **to₂ act upon** also **the new treaty that** *has been signed between both Presidents in Moscow yesterday.* ··· <S + V + O> 구조로, O를 수식하는 to₁-inf.와 <목적>을 의미하는 부사적 용법의 to₂-inf.가 쓰였으며, **the new treaty**를 선행사로 하는 ***that*-관계절이** 오고 있다.

5. And you might even remember that the founding act was signed here in 1997, *even though it didn't have quite* **the consequences that** *we could have expected.* ··· <불확실한 추측>을 뜻하는 조동사 might와 <양보>를 뜻하는 even though-부사절이 오고 있다.

---

in Europe, when I, is a, that it, exchange of, mentioned a, set in, of issues, fight against, still exists, this issue, change and 등도 연음되고 있다. 또 And I, and epitomizes, and also, and in 에서는 자음 뒤 말음의 자음 생략이 먼저 일어난 후 연음되고 있다.

※in Mexico에서는 비음화가 일어나고 있다.

1. 두 개의 절을 연결하는 and₁, understanding of의 목적어가 되는 what-명사절을 연결하는 and₂, 그리고 and₃는 두 부정사를 연결하는 역할을 하고 있으며, 그래서 and₃ 다음에 원형부정사가 왔다.

4. †set in stone : 초석을 놓다[lay a cornerstone (in the foundation) of~]

번역 우리는 견해를 나누었는데, 우리는 열정적이며 솔직하고 우정어린 견해를 교환한 것입니다. 3) 그리고 저는 이것은 부시 대통령의 당선 이래로 유럽에서나 혹은 제가 미국을 방문했을 때 우리가 가졌던 많은 접촉에서 우리가 나누었던 대화의 특성을 반영하고 요약한다고 생각합니다.

우리가 마지막으로 만난 것은 우리 모두가 멕시코의 Monterrey에 있었던 때이며, 그리고 전화 통화도 또한 그때가 마지막이었다고 저는 생각합니다.

4) 우리는 테러리즘에 대한 투쟁을 비롯한 많은 문제들에 대해서 언급했으며, 이점에 있어서 우리는 테러리즘과 싸우고 근절하기 위하여 무슨 일이 진행 중이고 무엇을 해야만 하는 지에 대하여 비슷한 이해를 가지고 있습니다. 테러리즘이 여전히 존재하며 그것은 어느 때, 어느 곳에서든 활동할 수 있고, 그런 까닭에 세계의 모든 지도자들은 이 문제에 대하여 중대한 관심을 가져야만 하며, 테러리즘을 근절할 것을 결심해야 한다는 것을 우리 모두는 알고 있습니다.

우리는 또한 전략적인 문제들에 대해서도 언급을 했습니다. 이 점에 있어서 우리는 미국과 러시아 사이의 관계의 변화와 발전에 특별한 주의를 기울였습니다. 그리고 우리는 이러한 변화를 환영합니다. 러시아는 중요한 국가이며 큰 나라입니다. 그리고 오늘날의 세계에 있어서 러시아와 미국과의 관계는 중대하다고 저는 생각합니다.

화요일에 로마에서 우리는 마찬가지로 어제 모스크바에서 두 대통령 사이에 서명된 새로운 조약에 따라 행동하기 위해 (미소) 관계의 변화에 초석을 놓는 기회를 가질 것입니다. 우리는 NATO와 러시아 사이의 관계를 더욱 구체화하는 기회를 가지고 있습니다. 그리고 여러분도 알다시피 러시아와 NATO 사이의 관계가 강화되어야 한다는 것이 오랫동안 프랑스의 입장이었습니다. 그리고 여러분은 기억할 지도 모르겠습니다만, 기초 결의서가 비록 그것이 우리가 예상할 수 있었던 큰 중요성을 갖지 못했음에도 불구하고, 이곳에서 서명되었습니다. 그것은 이미 말했지만, 요즈음의 러시아, 아니 지금으로부터의 러시아는 더욱 밀접하게 결속될 것입니다. 그리고 그것은 2일 후 로마에서의 NATO 회의의 결과가 될 것입니다.

[Nuance Drills] *Fill in the blanks with a suitable word as given:*

¹_____ and ²_____ both imply that the thing so described has qualities, aspects, or uses which differentiate it from others of its class, and the choice of word generally depends on euphony, but ³_____ is usually preferred where preeminence is implied. ⁴_____ and ⁵_____ are both applied to something that is singled out for attention, but ⁶_____ suggests the explicit statement of an example, illustration, etc., and ⁷_____ emphasizes the distinctness or individuality of the thing so described.

(a) especial   (b) particular
(c) special   (d) specific

※ Answers for Nuance Drills : 1-c, 2-a, 3-a, 4-d, 5-b, 6-d, 7-b

※ 본문의 밑줄 친 부분을 번역하고, 하단의 설명을 읽고 해당하는 단어를 본문에서 찾아 써라.

Unit0909

We also mentioned, of course, the list of strategic issues, the fight / against prolifera-
5)
tion — proliferation / in a number of regions / across the world. We also mentioned the
　　　　　　　　　　　　　　　　　　　　　　　　　　　　　　우리는 또한 얘기를 나눴습니다
relationship between / France and the U.S. / and, of course, the relationship between
관계는　　　　　　프랑스와 미국의　　　　　　　그리고 물론　　　　관계에 대해서도
the EU / and the U.S. These relationships are / very good / at a political level. They are
유럽연합과 미국의　　　　　이들 관계는 매우 양호합니다　　　　정치적인 수준에서　　　그들은
instrumental for the / equilibrium and the balance of our world. At an economic level /
도움이 되고 있습니다　　　안정과 균형에　　　　　우리 세계의　　　경제적인 수준에 있어서
they're essential, instrumental in the good health / of the global economy. There can
그들은 필수적인 도움이 되고 있습니다　　　　　바람직한 상태에　　세계 경제의　　　　　있을 수 있습니다
be, indeed, no balance / in our world / if there is no / strong relationship / between the
　　사실　　불균형이　　우리 세계에는　　만약 강한 유대가 없다면
U.S. and the EU.
미국과 유럽연합 사이에

Unit0910

We also spoke about / issues where we have diverging views : trade issues, for
우리는 또한 문제들에 대하여 말했습니다　　　우리가 서로 견해를 달리하는 부문의　　무역 문제나
instance ; the farming bill, for instance. And in this respect, the President said that /
예를 들면　　농업 법안과 같은　　　　예를 들면　　　그리고 이 점에 있어서　　부시 대통령께서는 말씀하셨습니다
there might have been — there could have been / a misunderstanding of what the
있을 지도 모르며　　　　　　있을 수 있다고　　　　　오해나
goals of the farming bill was, a misunderstanding / here in France and in other places,
농업 법안의 목적이 무엇이냐에 관한　　　오해가　　　　　이곳 프랑스나 다른 곳의
maybe. But I think that / this means that / we have to have more consultation, more
어쩌면　　하지만 저는 생각합니다　　이것은 뜻한다고　　우리는 더 많은 협의를 해야만 하는 것을
consultation between the U.S. and the EU. We also, of course, mentioned steel.
　　　　미국과 유럽연합 사이에　　　　　　　우리는 물론 철강에 대해서도 언급하였습니다

Unit0911

These are, of course, very real issues and / real answers have to be given to these
물론 매우 새로운 문제들도 있으며　　　　　　진실한 대답이 주어져야만 합니다　　　그러한 문제들에는
problems, after consultation / and intense dialogue. But can I just remind you that /
　　　협상과 팽팽한 대화가 끝난 후에는　　　　　　　하지만 제가 여러분에게 생각나게 할 수 있습니다
these differences, these diverging views / only account / for 5 percent / of the trade
그러한 차이들　　　그렇게 달리하는 의견들은　　오직 5%밖에 되지 않는다는 것을　　무역 부문에서
between the EU / and the U.S. Of course, that's important, but we have to / have a
유럽연합과 미국 사이의　　　　　　물론 그것은 중요하지만　　우리는 보아야만 하며
look at the greater picture / and have a sense of perspective.
　　　대국적인 견지에서　　　　장기적인 안목을 가져야만 합니다

Unit0912

We also mentioned a number / of other issues / in which we have slight divergence / of
우리는 또한 언급하였습니다　　　　다른 많은 문제들도　　우리가 약간의 견해 차이를 가지는
views : environment, for instance ; the ratification / of the Kyoto protocol. And I,
환경 문제와 같은　　예를 들면　　도쿄 의정서의 비준이라는　　　　　　　　6)
personally, stressed / the fact that / there was a very real / danger, a very real / risk in
going on consuming / more / of our planet / than the Earth can actually produce. And I
　　　　　　　　　　　　　　　　　　　　　　　　　　　　　　　　　그리고 저는
think that / all of us / know that / these are very real issues and that we have to go
생각합니다　　우리 모두는 알아야 한다고　　이것들이 매우 사실적인 문제라는 것과　우리는 계속해서 해야만 한다는 것을
on / talking, discussing and working together / on these issues.
얘기하고　　토론하고　　일해야만　　함께　　그러한 문제들에 대하여

Vocabulary Drills　⑤ _____ the things necessary to something ; central, major ; necessary, required
　　　　　　　　　⑥ _____ first or original draft of an agreement (especially between States), signed by those making it, in preparation for a treaty

1. France and, relationships are, equilibrium and, in our, trade issues, goals of, can I, remind you, mentioned a, of other 등도 연음되고 있다. 또 at a, But I, might have 등이 연음에 그치고 -t/-d의 -r 유음화가 일어나지 않고 있는 시라크 대통령 전속 통역관의 발음으로 미루어 반드시 -r유음화를 발음하지 않아도 되는 것임을 알 수 있다.

1. the list of 앞에 according to가 생략되었다고 볼 수도 있을 것이다. '명부를 만들어 그에 따라 짚어가며'라는 의미인데, 막연히 '많은, 다수의' 의미로 옮겨도 무방하다. ¶a big waiting *list of* applicants for the employment examinations(다수의 입사 시험 희망자)

4. <가능>을 뜻하는 could와 <불확실한 추측>을 뜻하는 might이 사용되었는데, 문미에 maybe가 와서 might의 의미를 더욱 살려주고 있다. 그리고 평서문에서 조동사가 문두에 오는 재미있는 보기를 살펴보면 다음과 같다. ¶Were I to vanish from the earth tomorrow, none would feel sorry for it.(내일 내가 사라진다고 해도 섭섭하게 생각할 사람은 하나도 없겠지.)/ Only then *did* he think of what she had said.(겨우 그때서야 비로소 그는 그녀가 말했던 것이 생각났다.)

🔊 **소리분석**) *1.* list of strategic issues, balance of our, At an economic, France and in other, have a look at, have a sense of, all of us, these issues : 연음

2. against, world : 자음 뒤 말음의 자음 생략

3. mentioned the, said that, have been, what the, at the, slight divergence : 조음점 동화

💡 **구문분석**) *1.* We also mentioned, of course, **the list of strategic issues**, *the fight against proliferation* — proliferation in a number of regions across the world. … <S + V + O> 구조에 O를 부연해서 보충 설명하는 말들이 마지막의 comma(,)와 dash(—) 다음에 이어지고 있다.

2. And in this respect, the President said *that there* **might** *have been* — *there* **could** *have been a* **misunderstanding** *of what the goals of the farming bill was, a* **misunderstanding** *here in France and in other places, maybe.* … O로 쓰인 that-명사절은 <there + V + S> 구조이다.

3. But I think **that** *this means that we have to have more consultation, more consultation between the U.S. and the EU.* … [S + V + **that**-절 as O{S' + V' + **that**-절 as O'(S" + V" + O")}] 형식의 복층구조의 혼합문으로, *mean*이 O'를 이루는 **that**-명사절의 술어동사로 쓰였다.

4. But **can** I just remind you *that these differences, these diverging views only account for 5 percent of the trade between the EU and the U.S..* … DO로 사용된 that-명사절에 *account*가 술어동사로 쓰였으며, <강조>를 위해 조동사 **can**이 도치되어 주어 앞으로 왔다.

5. And I, personally, stressed **the fact that** *there was a very real danger, a very real risk in going on consuming more of our planet than the Earth can actually produce.* … O에 대한 동격의 **that**-절이 왔으며, comma(,) 뒤에는 **that**-절의 주어인 *danger*에 대한 보충설명에 불과하다.

6. And I think **that** *all of us know that₁ these are very real issues and that₂ we have to go on talking, discussing and working together on these issues.* … 이 또한 3층의 복층구조로, *know*의 O로 두 개의 **that**-절이 쓰이고 있다.

Nuance '필요한'의 뜻을 가지는 말

①**necessary** : '필요한'의 의미를 가지는 가장 일반적인 말로, 절대로 없어서는 안될 것은 아니지만(다른 말에 비하여 그 필요한 정도가 약함) 있는 것이 매우 바람직스러운. very useful의 의미로도 사용. ②**essential** : 어떤 것의 존재를 위해 본질적으로 필요하여, 그것이 없으면 그 것 자체의 존재나 기능이 상실되는. 그래서 그 필요한 정도가 indispensable보다 더 강하다. ③**indispensable** : 어떤 목적의 달성을 위해 필요 불가결한 ④**inherent** : 사람이나 물건에 처음부터 항구적인 특성으로 귀비된 ⑤**intrinsic** : 외부의 영향력에 관계없이 그 사물 자체에 갖춰져 있는 ⑥**needful** : 다른 말과는 달리 긴급한 필요성의 의미가 약한 말로, 부족하여 충족시킬 필요가 있는. 금전 등과 같이 실제적으로 필요한 것 또는 일시적으로 필요한 것에 사용된다. ⑦**requisite** : 어떤 조건이나 자격을 충족시키기 위해 외적인 상황에 의해 요구되는

번역) 5) 우리는 또한 당연히 세계적으로 많은 지역에서 확산되고 있는, (핵무기의) 확산에 대항하는 투쟁과 같은 많은 전략적인 문제들에 대해서도 얘기했습니다. 프랑스와 미국의 관계는 그리고 물론 유럽연합과 미국의 관계에 대해서도 우리는 또한 얘기를 나눴습니다. 이들 관계는 정치적인 수준에서 매우 양호합니다. 그들은 우리 세계의 안정과 균형에 도움이 되고 있습니다. 경제적인 수준에 있어서 그들은 세계 경제의 바람직한 상태에 필수적인 도움이 되고 있습니다. 만약 미국과 유럽연합 사이에 강한 유대가 없다면 우리 세계에는 사실 불균형이 있을 수 있습니다.

우리는 또한 예를 들면 무역 문제나 농업 법안과 같은 우리가 서로 견해를 달리하는 부문의 문제들에 대하여 말했습니다. 그리고 이 점에 있어서 농업 법안의 목적이 무엇이냐에 관한 오해가, 어쩌면 이곳 프랑스나 다른 곳에서 오해가 있었을 지도 모르며, 있었을 수 있다고 부시 대통령께서는 말씀하셨습니다. 하지만 저는 이것이 우리가 미국과 유럽연합 사이에 더 많은 협의를 해야만 하는 것을 뜻한다고 생각합니다. 우리는 물론 철광에 대해서도 언급하였습니다.

물론 매우 새로운 문제들도 있으며, 협상과 팽팽한 대화가 끝난 후에는 그러한 문제들에는 진실한 대답이 주어져야만 합니다. 하지만 저는 그러한 차이들, 그렇게 달리하는 의견들은 유럽연합과 미국 사이의 무역 부문에서 오직 5%밖에 되지 않는다는 것을 여러분에게 생각하게 할 수 있습니다. 물론 그것은 중요하지만 우리는 대국적인 견지에서 보아야만 하며, 장기적인 안목을 가져야만 합니다.

우리는 또한 도쿄 의정서의 비준이라는 예를 들면 환경 문제와 같이 우리가 약간의 견해 차이를 가지는 다른 많은 문제들도 언급하였습니다. 6) 그리고 저는 개인적으로 매우 심각한 위험, 즉 지구가 실제로 생산할 수 있는 것 보다 우리 행성을 필요 이상으로 계속해서 소비하고 있다는 매우 심각한 위험이 존재한다는 사실을 강조했습니다. 그리고 이것들은 매우 사실적인 문제들이라는 것과 우리는 계속해서 함께 그러한 문제들에 대하여 얘기하고, 토론하고, 일해야만 한다는 것을 우리 모두는 알아야 한다고 저는 생각합니다.

Answers for Vocabulary Drills ⑤ essential ⑥ protocol

※ 본문의 밑줄 친 부분을 번역하고, 하단의 설명을 읽고 해당하는 단어를 본문에서 찾아 써라.

Unit0913

And I'm sure, I'm convinced that we will find the right ways / to produce, to consume,
그리고 저는 분명히   확신하고 있습니다   우리는 옳은 방법을 찾아낼 것이라고   생산하고 소비할 수 있는
new ways / to do so. And I think / all the new technologies that are being developed
새로운 방법을   그렇게 할 수 있는 그리고 저는 생각합니다 모든 새로운 기술은   개발되고 있는
nowadays will / enable us to do so, while, at the same time, consuming less of our
오늘날   우리로 하여금 그렇게 할 수 있게 해줄 것이며   동시에   더 적게 소비하고
natural resources / and better control / of pollution.
우리의 자원들을   공해를 더 잘 관리하면서

Unit0914

Of course, these issues are being discussed in / other fora. We also discussed
물론   그러한 문제들은   의논되고 있습니다   다른 토론회들에서도   우리는 또한 토론했습니다
globalization. And I said that, yes, of course, globalization is unavoidable and is /
세계화에 대해   7)
positive, because it increases trade, and thus production, and thus wealth, and thus /
the number of jobs that there are / across the world. This being said, there is a
                                                  이렇게 말할 때에   필요한 것이 있습니다
necessity / that we have to bare in mind, and that is / controlling globalization / so that /
              우리가 명심해야 할   그것은 조절하는 것입니다   세계화를
the development of the people in other countries / is protected. So what I am saying
다른 나라 사람들의 발전이   보호될 수 있도록   그래서 제가 말씀드리는 것은
is / that globalization / in trade / has to go hand in hand / with globalization of solidarity.
    교역에 있어서의 세계화   연대의 세계화와 공동으로 보조를 맞추어 나아가야 한다는 것입니다

Unit0915

We will be, this evening, mentioning a number of other issues — international crisis,
8)
for instance ; the Middle East ; the topical issues, the tension between India and
Pakistan ; be talking about Afghanistan, Iran, Iraq, the Balkans, and Africa. We'll be
                                                                              우리는
talking / about Africa / in the context / of the new relationship / that is currently being
아프리카에 관하여 의논할 예정입니다 문맥 속에서   새로운 관계의   오늘날
developed / in the relationship / between rich / and poor countries.
전개되고 있는   관계에서   부자 나라들과 가난한 나라들 사이의

Unit0916

We've already, in a way, touched upon these issues. And I wanted to — I did stress
우리는 이미   어떤 면에서   언급하였습니다   그러한 문제들에 대해 그리고 저는 강조하고 싶고   강조했는데
when we were talking with / President Bush that / as a long-time advocate / of aid to
우리가 얘기하는 동안에   부시 대통령과   오랫동안 주장해왔던 사람으로서   지원과
poor countries / and relationship / between poor and rich countries, what I stressed is
가난한 나라들에 대한   관계를   부자 나라들과 가난한 나라들 사이의   제가 강조했던 것은
that / for a very long time, these issues haven't been considered properly, and that in
      오랫동안   그러한 문제들이 적절하게 고려된 적이 없다는 것이며
Genoa / we had, for the first time, a very real / discussion about Africa. And that will
제네바에서 우리가 처음으로 가졌던 것입니다   매우 진실된 토론을   아프리카에 관하여   그리고 그것은
be what / we should remember of Genoa, although people will remember other things /
        우리가 제네바에 대해 기억해야만 하는 것이 될 것입니다   사람들이 다른 것들을 기억하게 될지라도
of the Genoa summit.
제네바 정상회담의

Vocabulary Drills ⑦ _____ *a worker for a cause, a supporter ; to propose or support an idea*
                   ⑧ _____ *turning-point in illness, life, history, etc. ; time of difficulty, danger or anxiety about the future*

1. And I, enable us, discussed in, is a, this evening, of other, in a, hand in, globalization of, Middle East, topical issues, as a 등도 이에 해당하며, that we, that are, development of, what I 등이 단순히 연음됨에 그치고 -t/-d의 -r유음화가 일어나지 않음을 주목할 필요가 있다.

2. at the, have to 등도 이에 해당한다.

---

1. S를 선행사로 하는 관계절이 왔으며, <while + gerund>는 주절과 종속절의 주어와 동사가 같을 때 주어와 동사가 생략된 형태로, <동작이나 상태가 계속되는 기간>을 의미한다. ¶*While* (he was) *fighting* in Germany, he was taken prisoner.(그는 독일에서 참전 중에 포로가 되었다.)

3. bare in mind: bear in mind의 백악관 발표 원문의 오자로 보여진다. 또 그렇게 해야 의미가 통한다.

†**bear**(have, keep) ~ **in mind**: ~을 마음에 간직하다, 기억하고 있다, 잊지 않다.

5. <때>를 나타내는 when-부사절, <자격>을 뜻하는 as, *what*-관계절 등이 사용된 복잡한 구조의 혼합문이다.

(소리분석) *1.* less of our, these issues are, globalization is unavoidable and is, because it increases, people in other, touched upon these issues, when we, stressed is : 연음

2. convinced that, natural resources, said that, that there, wanted to : 조음점 동화

3. find, East, haven't, first : 자음 뒤 말음의 자음 생략

(구문분석) *1.* And I think **all the new technologies that** are being developed nowadays **will enable us** to do so, *while, at the same time, consuming less of our natural resources and better control of pollution.* … think + (that-절) 이하의 <S + V + O + to-inf. as OC, while-gerund> 구조이다.

2. And I said that, yes, of course, **globalization is** unavoidable and **is** positive, *because it increases trade, and thus production, and thus wealth, and thus the number of jobs that there are across the world.* … <S + V + O> 구조에 <S' + V' + C' and V" + C", because-절> 구조의 that-절이 O로 왔는데, 문미의 *that*-관계대명사는 because-절의 O를 선행사로 한다.

3. This being said, there is **a necessity that** we have to bare in mind, **and that** is controlling globalization *so that the development of the people in other countries is protected.* … <주격의 주어 + 분사>의 독립분사구문이 문두에 오고, <there + V + S> 구조에 S를 선행사로 하는 that-관계절이 왔으며, 두 번째 that은 '*a necessity*'를 가리키는 지시대명사이고, 이어 <so that-부사절>이 왔다.

4. We will **be**, this evening, **mentioning** a number of other issues ─ international crisis, for instance ; the Middle East ; the topical issues, the tension between India and Pakistan ; **be talking** about Afghanistan, Iran, Iraq, the Balkans, and Africa. … <S + V + O, V'> 구조의 단문이다.

5. And I **wanted** to ─ I **did** stress *when we were talking with President Bush* **that** as a long-time advocate of aid to poor countries and relationship between poor and rich countries, **what I stressed** is **that** for a very long time, these issues haven't been considered *properly*, and **that** in Genoa we had, *for the first time*, a very real discussion *about Africa.* … **wanted** to 다음에는 stress가 생략되었고, stress의 O는 이어지는 **that**-절의 내용이 되고 있다.

Nuance Drills *Fill in the blanks with a suitable word as given :*

[1] _____, in strict usage, is applicable to that which constitutes the absolute essence or the fundamental nature of a thing and therefore must be present for the thing to exist, function, etc. [2] _____ person or thing cannot be done without if the specified or implied purpose is to be achieved. [3] _____ is applied to that which is required by the circumstances or for the purpose and generally suggests a requirement that is imposed externally rather than an inherent need. [4] _____ implies a pressing need but does not always connotes absolute indispensability.

(a) essential   (b) indispensible
(c) necessary   (d) requisite

[번역] 그리고 우리는 생산하고 소비할 수 있는 옳은 방법, 그렇게 할 수 있는 새로운 방법을 찾아낼 것이라고 저는 분명히 확신하고 있습니다. 오늘날 개발되고 있는 모든 새로운 기술은 우리의 자원들을 더 적게 소비하고 공해를 더 잘 관리하면서 동시에 우리로 하여금 그렇게 할 수 있게 해줄 것이라고 저는 생각합니다.

물론 그러한 문제들은 다른 토론회들에서도 의논되고 있습니다. 7)우리는 또한 세계화에 대해 토론했습니다. 그리고 세계화는 교역과 생산과 복지를 증진시키고, 전 세계적으로 일자리의 수를 증대시킬 것이기 때문에 저는 물론 그래요, 세계화는 불가피한 것이며, 긍정적인 것이라고 말했습니다. 이렇게 말할 때에, 우리가 명심해야 할 (필요한) 것이 있습니다. 그것은 다른 나라 사람들의 발전이 보호될 수 있도록 세계화를 조절하는 것입니다. 그래서 제가 말씀드리는 것은 교역에 있어서의 연대의 세계화와 공동으로 보조를 맞추어 나아가야 한다는 것입니다.

8)우리는 오늘밤 예를 들어 중동과 같은 국제 분쟁, 인도와 파키스탄의 긴장과 같은 시사적인 문제들 등 많은 문제들에 대해 언급할 예정이며, 아프가니스탄, 이란, 이라크, 발칸반도와 아프리카에 관해 의논할 예정입니다. 우리는 오늘날 부자 나라들과 가난한 나라들 사이의 관계에서 전개되고 있는 새로운 관계를 언급하면서 아프리카에 관하여 의논할 예정입니다.

우리는 이미 어떤 면에서 그러한 문제들에 대해 언급하였습니다. 그리고 우리가 부시 대통령과 얘기하는 동안 저는 강조하고 싶고, 강조했는데, 가난한 나라들에 대한 지원과 부자 나라들과 가난한 나라들 사이의 관계를 오랫동안 주장해 왔던 사람으로서 제가 강조했던 것은 오랫동안 그러한 문제들이 적절하게 고려된 적이 없다는 것과, 아프리카에 관하여 우리가 처음으로 제네바에서 매우 진실된 토론을 가졌다는 것입니다. 그리고 그것은 사람들이 제네바 정상회담의 다른 것들을 기억하게 될지라도 우리가 제네바에 대해 기억해야만 하는 것이 될 것입니다.

Answers for Vocabulary Drills ⑦ advocate ⑧ crisis

※ 본문의 밑줄 친 부분을 번역하고, 하단의 설명을 읽고 해당하는 단어를 본문에서 찾아 써라.

Unit0917

And I think that / this was / partly do to the initiative taken by / President Bush, that
그리고 저는 생각합니다   이것은 어느 정도는 발의(권)에 대한 경사스러운 모임이었다고 부시 대통령에 의해 제기된

gave us a real opportunity / to talk about / development—development at large and
우리에게 진정한 기회를 준   발전에 대하여 말할 수 있는   일반적인 발전과

development of Africa, more specifically. And this also / enabled us to / move from a
아프리카의 발전   좀더 명확하게는   9)

situation / where we give assistance / to Africa, to a situation / where we have a

partnership / with Africa. And that / also / is / one of the goals of our next meeting / in
                                        10)

the G7 format / in Kananasakis, in Canada, where we will talk about (inaudible). We
                                                                    우리는

also / spoke / of some / local situations about / in Africa.
또한 말했습니다   몇몇 지역 상황에 대하여   아프리카의

Unit0918

So all that is what we've done / today. We've spoken in a very / understanding / and
그렇게 그 모든 것이 오늘 우리가 처리한 일입니다   우리는 말했습니다   서로를 잘 이해하는

friendly atmosphere.
우호적인 분위기에서

President Bush : It's true. (Laughter)
Unit0919   그것은 사실입니다

I am honored to be here in France. It's my first trip as the President / to this beautiful
저는 이곳 프랑스를 방문한 것이 영광입니다   이것은 저의 첫 여행입니다 대통령으로서   이렇게 아름다운

country / and to this beautiful capital. I always find it a great joy to talk with Jacques
나라 이렇게 아름다운 수도에   저는 항상 매우 즐겁다는 것을 압니다   이야기하는 것이 자크 시라크

Chirac. He's a—it's not hard to figure out / where he stands on issues. And / he's a
대통령과   그는   파악하기는 어렵지 않습니다   그가 문제들에 대해 어떤 입장을 취하는 지   그리고 그는

good friend. He's a friend to me, personally ; he's a friend to my country—and for
좋은 친구입니다   그는 개인적으로도 제게 친구이고   저의 나라에 대한 친구이며   그래서

that, I'm grateful.
저는 감사하게 생각합니다

Unit0920

I'm also looking forward to going to Normandy tomorrow. We do believe / this is the
저는 또한 고대하고 있습니다   내일 노르망디에 가는 것을   우리는 믿습니다   이것이

first time a President has been out of the country / for Memorial Day. I'm looking
처음이라고   대통령이 조국을 떠나있는 것은   현충일에   저는 고대합니다

forward to giving a speech. Memorial Day / in my country is a / day to honor those /
        연설하는 것을   저의 나라에서의 현충일은   그런 사람들에게 영광을 돌리는 날입니다

who have sacrificed for freedom,
자유를 위해 희생하고

given their lives. Many died / in
그들의 생명을 바친   많은 사람들이 죽었는데

France, and I'm looking forward to /
프랑스에서   저는 고대하고 있습니다

the moment to share / my country's
그 순간을   함께 하는   저의 나라의

appreciation.
감사를

Vocabulary Drills ⑨ _____ *shape and size of a book, including the type, paper and binding*
⑩ _____ *located nearby, as in a neighborhood, town, or area ; affecting or limited to a certain area*

2. talk about, large and, this also, enabled us, have a, with Africa, one of, time a 등도 연음이 일어난다.

※Unit0919의 I always find it a great joy~는 사실 I also find it a great joy~로 발음하고 있다. 그리고 Unit0919 이하 Bush의 발음 중 capital, it a, forward to going to, Normandy tomorrow, forward to 등에서 -t/-d의 -r유음화와 기능어의 발음 생략이 일어나고 있다.

1. 동사의 성질에 관하여 알아두어야 할 것으로, 1)be-동사 다음에 오는 동사의 형태는 ①진행형의 현재분사, ②과거분사, ③be to 용법의 to-부정사뿐이라는 사실이다. ④미국 구어에서 동사 원형이 오는 경우도 있지만(ex. What I've got to do *is go* and *see* him. 내가 할 일은 가서 그를 만나는 것이다.). 따라서 *was partly do*의 *do*는 동사가 아니라, '축하연, 잔치, 경사의 모임'이라는 의미의 명사절인데, '사기, 기만'이라는 의미도 있음을 주목할 필요가 있다.

[Nuance] **'진실의·사실의'의 뜻을 가지는 말**
① true: 현실의 어떤 기준이나 형식 등에 대조하여 실제와 합치하는. fictitious(지어낸), false(허위의), erroneous(틀린) 등이 반의어가 된다. ② real: 외관과 내용이 일치하여 상상적인 것이 아니라 현실과 실제로 존재하는, 가짜나 가공의 것이 아닌 진짜의. true나 actual과도 바꿔 쓸 수 있지만 true이 감정적인 판단, actual이 현실적인 판단임에 비하여 real은 관념적인 판단이며, imaginary(상상적인), apparent(외관상의), feigned(거짓의)의 반의어가 된다. ③ actual: 상상·이론·가공이 아니라 실제로 존재하거나 일어났던 일을 강조하고, 주로 구체적인 일에 사용되며, ideal(이념상의), possible(가능한), supposed(가정의), reported(소문으로 들은)의 반의어가 된다. ④ genuine: 순수하고 가짜가 아닌. counterfeit(모조의, 겉치레의)의 반의어가 된다. ⑤ practical: 실제에 입각한, 실제적인. 명목은 틀리지만 실질상의, 사실상의. speculative(사색적인), theoretical(이론적인)의 반의어이다. ⑥ positive: 확실한, 실증적인. uncertain(불확실한), doubtful(의심스러운)의 반의어가 된다. ⑦ proper: 수식하는 명사 뒤에 와서 본래의, 진정한

1. President, development, next, first, friend, moment: 자음 뒤 말음의 자음 생략

2. gave us a, development of Africa, goals of our, that is what we've, spoken in a, stands on issues: 연음

3. move from, honored to: 조음점 동화

💡 구문분석 *1.* And I think *that₁* *this was partly do to* **the initiative** *taken by President Bush,* **that₂** *gave us a real opportunity to talk about development —development at large and development of Africa, more specifically.* … 술어동사 think의 O가 되는 명사절을 이끌고 있는 *that₁*, 명사로 쓰인 **the initiative**를 선행사로 하는 *that₂*-관계절 등에 주의해야 한다.

2. And this also *enabled us* **to move from a situation** where we give assistance to Africa, **to a situation** where we have a partnership with Africa. … <S + V + O + to-inf. as OC> 구조이다.

3. And that also is one of the goals of our next meeting in the G7 format in Kananasakis, in Canada, *where we will talk about* (inaudible). … 기본적으로 <S + V + C> 구조로, 계속적 용법의 관계부사절이 이어지고 있다.

4. Memorial Day in my country is a day *to honor* **those who** *have sacrificed* for freedom, *given their lives.* … <S + V + C> 구조에, C를 후위 수식하는 to-inf.의 O를 선행사로 하는 관계절이 왔다.

[번역] 그리고 이것은 발전, 일반적인 발전과 좀더 명확하게는 아프리카의 발전에 대하여 말할 수 있는 진정한 기회를 우리에게 준 어느 정도는 부시 대통령에 의해 제기된 발의(권)에 대한 경사스러운 모임이었다고 저는 생각합니다. 9) 그리고 이것은 또한 우리가 아프리카에 도움을 주는 상황으로부터 아프리카와 우리가 협력하는 상황으로 이동하는 것을 가능하게 해주었습니다. 10) 그리고 그것은 또한 캐나다의 Kananasakis에서 G7 형식의 우리 다음 번 회담의 목표들 중의 하나이며, 거기서 우리는 그것에 관하여 얘기를 나눌 것입니다. 우리는 또한 아프리카의 몇몇 지역 상황에 대하여 말했습니다.
그렇게 그 모든 것이 오늘 우리가 처리한 일입니다. 우리는 서로를 잘 이해하는 우호적인 분위기에서 말했습니다.

부시 대통령: 그것은 사실입니다.
저는 이곳 프랑스를 방문한 것이 영광입니다. 이것은 이렇게 아름다운 나라 이렇게 아름다운 수도에 대한 대통령으로서 저의 첫 여행입니다. 저는 항상 자크 시라크 대통령과 이야기하는 것이 매우 즐겁다는 것을 압니다. 그가 문제들에 대해 어떤 입장을 취하는 지 파악하기는 어렵지 않습니다. 그리고 그는 좋은 친구입니다. 그는 개인적으로도 제게 친구이고, 저의 나라에 대한 친구이며 그래서 저는 감사하게 생각합니다.
저는 또한 내일 노르망디에 가는 것을 고대하고 있습니다. 대통령이 현충일에 조국을 떠나있는 것은 이번이 처음이라고 우리는 믿습니다. 저는 연설하는 것을 고대합니다. 저의 나라에서의 현충일은 자유를 위해 희생하고, 그들의 생명을 바친 그런 사람들에게 영광을 돌리는 날입니다. 프랑스에서는 많은 사람들이 죽었는데, 저의 나라의 감사를 함께 하는 그 순간을 저는 고대하고 있습니다.

연구 71
부정사의 특징 및 한정동사와 비한정동사
··· 부정사(infinitive)란 동명사와 분사와 마찬가지로 준동사의 하나이면서도 그들과는 달리 문장 중에서 명사적·형용사적·부사적 역할도 하는 까닭에 그 성격을 한 마디로 정할 수 없는 것으로, to + 동사원형(root) 또는 단순히 동사원형만으로 사용되는 두 형태가 있는데, 문법이 특정한 주어를 갖지 않고 단순히 동작(action)만을 말하는 까닭에 명령문 외에는 문장의 술어동사로 쓰이지 않으며, 원칙적으로 시제나 인칭, 수, 법에 의한 변화도 없다.
1) 준동사(Verbals or Verbids)란 ①의미상의 주어가 아닌 문법적으로 정당한 주어를 가질 수 없고, ②그 위치도 문두, 문중, 문미의 어디에나 자유롭게 쓰이며, ③인칭(person)·수(number)·법(mood)·시제(tense) 등에 의해서도 제한을 받지 않는 까닭에 비한정동사(infinitive verb)라고도 한다. 그러나 ⓐ동작이나 상태를 의미하고, ⓑ그 자체로 목적어나 보어를 가질 수 있으며, ⓒ부사 상당어구에 의한 수식도 받을 수 있는 등의 동사적 성격도 가지는 부정사, 분사, 동명사를 말한다.
2) 한정동사(Finite Verbs)란 서술동사(술어동사, Predicate Verbs)라고도 하는 것으로, ①주어를 가지고 그에 의한 제한을 받으며, ②그 위치가 보통 주어 바로 다음 또는 가능한 한 주어와 가까운 곳으로 제한되며, ③인칭(person)·수(number)·법(mood)·시제(tense)의 제한을 받아 주어·목적어·보어와 함께 문장의 주요 성분이 되는 동사를 말한다.
3) 분사의 성격: ①be-동사와 함께 진행형(현재분사)이나 수동태(과거분사)를 만들고, ②조동사 have와 함께 완료형(과거분사)을 만들고, ③보어나 목적어를 취하며, ④부사 상당어구의 수식을 받으며, ⑤일정한 형태의 시제형을 취하는 등의 동사적 기능을 부분적으로 간직하면서 명사의 앞 뒤에서 명사를 수식하는 형용사적 성질도 가진다.
4) 동명사의 성격: ①주어·목적어·보어로 쓰이거나, ②관사·형용사 등의 수식을 받으며, ③소유격이나 복수형을 취하며, ④복합어 형태를 취하며, ⑤의미상의 주어를 전치사 of로 취하는 등의 명사적 성격을 가지는 동시에, ⓐ동명사 자신의 목적어·보어를 취하고, ⓑ부사 상당어구의 수식을 받으며, ⓒ일정한 시제형이 있으며, ⓓ수동태가 되기도 하는 등의 동사적 성질도 가진다.

※ CD를 듣고 공란에 들어갈 말을 받아쓴 후 본문의 밑줄 친 부분을 번역하고, 하단의 설명을 읽고 해당하는 단어를 본문에서 찾아 써라.

Unit0921

And we — in the talk, I'm going to talk about — there's been current — modern-day
그리고 우리는   이야기하는 중에   저는 말할 작정입니다   작금에 존재하는   오늘날의

sacrifices. We still fight / people who hate civilization. It was — or at least, civilization
희생에 대하여   우리는 여전히 사람들과 싸우고 있습니다   문명을 증오하는   적어도 문명이었습니다

that we love, they can't stand freedom. It was President Chirac / who was the first
우리가 사랑하는 것은   그들은 자유를 참아낼 수 없습니다   시라크 대통령이었습니다   최초의 수반은

head of state to visit me / in the White House / right after September the 11th. I was
저를 방문한 나라의   백악관으로   9.11 테러 직후에   저는

very grateful / for that visit. As he, himself, said, that we're in a fight / to defend
매우 감사하고 있습니다   그러한 방문에   그는 그 자신도 말했듯이   우리는 투쟁하는 중에 있으며   수호하기 위해

civilization, and I couldn't agree more with him.
문명을   그리고 저는 그의 의견에 절대적으로 공감합니다

Unit0922

And I want to thank the French people / for not only / the sympathy / shown / for my
11)

country / after September the 11th, but the strong support / in the war against terror.

Unit0923

Jacques and I spent a lot of time talking about / ① [hau tə bérər]   / fight this fight. And
시라크 대통령과 저는 많은 시간을 이야기하면서 보냈습니다   이 싸움에서 더 잘 싸울 수 있는 방법에 대하여

that's not just in military terms. I speak in terms of doing a better job / of cutting off /
그것은 단지 군사적인 점에서만 진행된 것은 아닙니다   저는 임무를 더 잘 수행하는 문제에 관하여 말씀드리는 것입니다   차단하고

money / to terrorists, denying them / safe haven. And as we fight for / a safer world,
테러리스트들에 대한 자금을   그들에게 안전한 피난처의 제공을 거절하는   그리고 우리가 싸우고 있듯이   더욱 안전한 세상을 위해

② [hau rə méik ðəwərl əbérərwərl]   . And one of the things / I really admire about — I
세상을 더 좋은 세상으로 만드는 방법에 대해   그리고 제가 정말로 감탄하는 것들 중의 하나는

guess I should call you President Chirac — President Chirac / is that / you've had this
제 생각으로는 당신을 시라크 대통령이라고 불러야 될텐데   시라크 대통령   그는 가져왔으며

great compassion / for the developing world, and I appreciate your compassion and I
이렇듯 커다란 동정심을   발전하는 세상을 위한   그리고 저는 당신의 동정심을 높이 평가하며   저는 당신의

appreciate your heart. It's important that we continue to work together / to make sure
양심을 높이 평가하고 있습니다   그것은 중요합니다   우리가 계속하여 함께 일하는 것이   분명히 하기 위해

that / there is a strategy in place to help people / develop and grow and prosper.
전략이 적절한 위치에 존재하도록   사람들이 발전하고 성장하고 번영하는 것을 돕기 위한

Unit0924

I'm / looking forward to the dinner. He's always saying that the food here / is fantastic,
저는 저녁 만찬을 고대하고 있습니다   그는 항상 말해왔으며   이곳의 음식이 환상적이라고

and I'm going to give him a chance / ③ [tu ʃóumi rənáit]   . And I also look forward to
저는 그에게 기회를 줄 예정입니다   오늘밤 그가 저에게 보여줄   12)

continuing our discussions / on important issues, like how to make sure NATO works

better ; how best to continue to work with our friends / in Russia ; how we can work

together to — in the Middle East to bring peace / ④ [tu ðæt pá:rəv ðə wə:rl]   . I

appreciate this good man advice. I listen carefully / to it when he gives it. And I'm
저는 이 훌륭한 사람의 충고를 고맙게 생각합니다   저는 주의를 기울여 그것을 경청했습니다   그가 그것을 말할 때   그리고 저는

proud to call him friend. Thank you for your hospitality.
자랑스럽습니다   그를 친구라 부를 수 있어   여러분의 환대에 감사합니다

President Chirac : Thank you.
감사합니다

 Vocabulary Drills ⑪ _____ belonging to present time, (syn.) contemporary ; knowing what has happened, (syn.) up-to-date
⑫ _____ a nation ; a rural area outside cities and towns ; land suitable for a particular purpose

2. -t/-d의 -r유음화 외에 자음 뒤 말음의 자음 생략도 나타나고 있다.

🔊 **소리분석** **1.** how to better : 강모음과 약모음 사이에 쓰인 -t/-d의 -r유음화

2. how to make the world a better world : how to에서도 -t/-d의 -r유음화가 나타나고 있다.

3. to show me tonight : 강모음과 약모음 사이에 쓰인 -t/-d의 -r유음화

4. to that part of the world : -rt/-rd에서의 -t/-d음 생략, 자음 뒤 말음의 자음 생략

3. †in terms of : 1)~의 말로, 특유의 표현하여 2)~에 의하여, ~으로 환산하여 3)~에 관하여, ~점에서 보면 / cut off : 1)베어내다, 삭제하다(from). 2)중단하다, 끊다. 3)圖 (자식과) 의절하다. 4) (통화·연락 등을) 가로막다, 끊다.

4. 미국 Bush 대통령의 부적절한 어휘 사용 등에 의한 말실수나 말더듬은 너무도 유명한데, 9.11 테러와 관련해서 "인질 (hostage)"이라는 말을 써야 할 곳에 엉뚱하게도 "적대적(hostile)"이라는 말을 사용해 "나는 (테러리스트들이) 이 나라를 적대적으로 만들도록 하지 않을 것 이다"라고 말하기도 했다.

5. that₂는 make sure의 O가 되는 명사절을 이끄는 접속사로 쓰였다. †in place : 1)적소에, 적당한, 적절한 2)제 자리에 cf. in place of : ~대신에

6. comma(,) 이하는 모두 issues에 대한 보기일 뿐이다. †look forward to + (동)명사 : ~을 고대하다, 기대를 갖고 기다리다.

💡 **구문분석** **1.** *It* was **President Chirac who** was the first head of state to visit me in the White House right after September the 11th. … <It ~ that … 강조구문>에서 who-관계사가 쓰였다.

2. And I want to thank the French people for **not only** the sympathy shown for my country after September the 11th, **but** the strong support in the war against terror. … **but** 뒤에 also가 생략되었다.

3. I speak *in terms of* **doing** a better job of cutting off money to terrorists, **denying** them safe haven. And as we fight for a safer world, how to make the world a better world. … 형식은 두 문장이나, 내용은 이어지는 한 문장이며, 두 번째 이어진 문장은 <S + V>가 모두 생략된 불완전한 문장이다.

4. And one of the things *I really admire about* ― I guess I should call you President Chirac ― President Chirac is *that you've had this great compassion for the developing world, and I appreciate your compassion and I appreciate your heart.* … *that*-절의 you, your는 President Chirac 을 가리키며, 첫 번째 dash(―) 앞 내용은 Bush 대통령의 습관에 의한 불완전한 문장이다.

5. *It*'s important *that₁ we continue to work together to make sure that₂ there is a strategy in place to* **help** people **develop and grow and prosper.** … 가주어 *It*, 진주어로 쓰인 *that*-절이 왔다.

6. And I also **look forward to continuing** our discussions on important issues, *like how to make sure NATO works better ; how best to continue to work with our friends in Russia ; how we can work together to ―in the Middle East to bring peace to that part of the world.* … <S + V + O> 구조이다.

번역 그리고 우리는, 이야기하는 중에 저는 작금에 존재하는, 오늘날의 희생에 대하여 말할 작정입니다. 우리는 여전히 문명을 증오하는 사람들과 싸우고 있습니다. 우리가 사랑하는 것은 적어도 문명이었습니다. 그들은 자유를 참아낼 수 없습니다. 9.11 테러 직후에 백악관으로 저를 방문한 나라의 최초의 수반은 시라크 대통령이었습니다. 저는 그러한 방문에 매우 감사하고 있습니다. 그는 그 자신도 말했듯이, 우리는 문명을 수호하기 위해 투쟁하는 중에 있으며, 저는 그의 의견에 절대적으로 공감합니다.

11) 그리고 저는 9.11 테러 이후에 저의 나라에 보여준 동정심 때문에만이 아니라 테러와의 전쟁에 대한 강력한 지지에 대해 프랑스 국민들에게 감사를 드리고 싶습니다.

시라크 대통령과 저는 많은 시간을 이 싸움에서 더 잘 싸울 수 있는 방법에 대하여 이야기하면서 보냈습니다. 그것(이 야기)은 단지 군사적인 점에서만 진행된 것이 아닙니다. 저는 테러리스트들에 대한 자금을 차단하고, 그들에게 안전한 피 난처의 제공을 거절하는 임무를 더 잘 수행하는 문제에 관하여 말씀드리는 것입니다. 그리고 더욱 안전한 세상을 위해 그리고 세상을 더 좋은 세상으로 만드는 방법을 위해 우리가 싸우고 있는 것처럼. 제 생각으로는 당신을 시라크 대통령 이라고 불러야 될텐데, 제가 시라크 대통령에 대해 참으로 감탄하는 것들 중의 하나는 당신(시라크 대통령)은 발전하는 세상에 대한 커다란 동정심을 지녀왔다는 것입니다. 그리고 저는 당신의 동정심을 높이 평가하며, 저는 당신의 양심을 높이 평가합니다. 사람들이 발전하고 성장하고 번영하는 것을 돕기 위한 전략이 적절한 위치에 존재하도록 확실히 하기 위해 우리가 계속하여 함께 일하는 것이 중요합니다.

저는 저녁 만찬을 고대하고 있습니다. 그는 이곳의 음식이 환상적이라고 항상 말해왔으며, 오늘밤 저는 그가 저에게 보 여줄 기회를 줄 예정입니다. 12) 그리고 또한 NATO가 더 훌륭하게 역할을 하는 것을 확실히 하는 방법, 러시아에서 우 방국들과 함께 계속적으로 일하는 가장 좋은 방법, 중동이라는 세계의 지역에 평화를 가져오기 위해 함께 할 수 있는 방 법과 같은 중요한 문제에 관하여 우리가 계속해서 토론하는 것을 저는 고대하고 있습니다. 저는 이 훌륭한 사람의 충고 를 고맙게 생각합니다. 그가 그것을 말할 때 저는 주의를 기울여 그것을 경청했습니다. 그리고 저는 그를 친구라 부를 수 있어 자랑스럽습니다. 여러분의 환대에 감사합니다.

시라크 대통령 : 감사합니다.

Nuance Drills *Fill in the blanks with a suitable word as given:*

¹_____, ²_____, and ³_____ are often used interchangeably to imply correspondence with fact, but in discriminating use, ¹_____ implies conformity with a standard or model or with what actually exists, ²_____ stresses existence or occurrence and is, hence, strictly applied to concrete things, and ³_____ highlights a distinction between what something is and what a substitute, counterfeit, etc. seems or pretends be ³_____ rubber, ³_____ courage.
(a) actual   (b) real
(c) true

※CD를 듣고 공란에 들어갈 말을 받아쓴 후 본문의 밑줄 친 부분을 번역하고, 하단의 설명을 읽고 해당하는 단어를 본문에서 찾아 써라.

Q : Mr. President, you mentioned this morning / that you had expressed strong reserva-
Unit0925   부시 대통령 각하   각하께서는 오늘 아침 언급하셨습니다   각하께서는 표시하셨다고   강한 걱정을

tions / to President Musharraf / ① [əbàuðə mísail tés]   / in Pakistan. I'm wondering, sir,
무샤라프 대통령에게   미사일 실험에 관해서   파키스탄에서의   13)

whether your administration actually asked / President Musharraf / not to conduct those

tests, and second, whether you regard the / escalating conflict there / as a threat to

U.S. forces in the region? And finally, as tomorrow / is the first Memorial Day / since
끝으로   내일이 최초의 현충일인 인데   9.11 테러 이후

9/11, can you say / to the American people / ② [hàuris mímɔ́:riəldei]   / will be somehow
각하께서는 미국의 국민들에게 말할 수 있겠습니까   이 현충일이 어떻게 다를 것이라고

different / from those past?
과거의 그 날과

Unit0926   And, President Chirac, you mentioned in your opening comments that / the response /
14)

to the President's / strategic initiative with Russia from a year ago / had not been what

you had anticipated. Do you think that / perhaps the Europeans / overreacted / a year
각하께서는 생각하십니까   어쩌면 유럽인들이 과민 반응을 했다고   일년 전에

ago / to what President Bush was proposing to do with Russia? And were you
부시 대통령이 제안했던 것에 대하여   러시아를 처리하기 위해   그리고 각하께서는

suggesting, sir, that / perhaps you underestimated this President?
생각하십니까   어쩌면 부시 대통령을 과소 평가했다고

President Bush : ③ [lai kévribàri els]   . (Laughter) Pakistan, yes, we expressed deep concern / and we'll
Unit0927   모두가 다 똑 같습니다   예, 파키스탄   우리는 깊은 우려를 나타냈고   우리는

continue to express concern about testing / and our — I'm more concerned about /
계속해서 우려를 나타낼 것이며   실험에 대하여   우리 아니 저는 더 많은 관심을 가지고 있습니다

making sure that — insisting, along with / other world leaders, that — including the
확실히 하는 일   다른 세계적인 지도자들과 함께 그것을 주장하는 일에   프랑스 대통령을 포함해서

President of France — that President Musharraf show / results / in terms of stopping
무샤라프 대통령은 결과를 보여주어야 한다는 것을   금지시키고

people from crossing the line of control, stopping terrorism. That's what's more
사람들이 넘어가는 것을   규제선을   테러리즘을 금지시키는 것에 관하여   그것이 더 중요한 것이며

important than the missile testing, is that he perform.
미사일 실험보다   그가 이행해야 하는 것입니다

Unit0928   I'm jet lagged — what's the first couple of questions.
저는 시차 때문에 피곤합니다   다음 두, 세 번째의 질문은 무엇이죠

Q : The second one, sir, was I was wondering if the escalating conflict / posed a threat to
Unit0929   두 번째 질문은   저는 걱정스럽게 생각하고 있다는 것입니다   급증하는 분쟁이 위협이 되지나 않을까

U.S. forces in the region.
그 지역의 미국 군대에

President Bush : I would certainly hope not. Third? ④ [iʤèrít]   ? (Laughter)
저는 그렇지 않기를 바랍니다   세 번째는 그것으로 되었습니까?

Q : Memorial Day.
현충일에 관한 것입니다

Vocabulary Drills ⑬ _____ *fast, strong stream of gas liquid, steam or flame, forced out of a small opening*
⑭ _____ *a doubt about something, worry, or concern, (syn.) hesitation ; a place saved in a hotel, on a airplane ride, etc*

소리분석 *1.* about the missile test : 조음점 동화, 자음 뒤 말음의 자음 생략

2. how this Memorial Day : 강모음과 약모음 사이에 쓰인 -th/-d/-t의 -r 유음화

3. Like everybody else : 연음, 강모음과 약모음 사이에 쓰인 -th/-d/-t의 -r 유음화

4. Is that it : 조음점 동화, 강모음과 약모음 사이에 쓰인 -th/-d/-t의 -r 유음화

---

1. reservations이 여기서는 '보류, 예약' 이라는 의미가 아니라 '(입 밖에 낼 수 없는) 마음의 걱정, 의혹'이라는 뜻이다.

2. †wonder whether(또는 if)-절: ~이 아닐까 생각하다.

3. †be different from: ~와 다르다 (differ from).

5. 부시 대통령이 이 문장을 통해 말하려는 주된 내용은 *that* President Musharraf show ~이하이며, 나머지는 시차 때문에 오는 피곤 때문인지 부시 대통령의 더듬거리는 어법에 따른 표현일 뿐이다. †in terms of: 1) ~의 말로, 특유의 표현으로 2) ~에 의하여, ~으로 환산하여 3) ~에 관하여, ~점에서 보면

※jet-lag: jet는 비행기의 jet airplane을, lag는 '차이, 격차, 또는 '뒤떨어지다'는 의미로 jet-lag는 '시차로 오는 피곤함'을 뜻하여 I am jet-lagged (much).라는 표현은 '저는 시차 때문에 피곤합니다'라는 뜻이다.

구문분석 *1.* Mr. President, you mentioned this morning *that you had expressed strong reservations to President Musharraf about the missile test in Pakistan.* … O로 <S′ + V′ + O′> 구조의 that-절이 쓰인 복문으로, *reservations*의 의미에 주의해야 한다.

2. I'm wondering, sir, whether your administration actually asked President Musharraf *not to conduct* those tests, and second, whether you **regard** the escalating conflict there **as** a threat to U.S. forces in the region? … 부정사의 부정어, <regard A as B: A를 B로 간주하다>가 쓰였다.

3. And finally, as tomorrow is the first Memorial Day since 9/11, can you say to the American people *how this Memorial Day will be somehow different from those past*? … *how*-명사절은 술어 동사 say의 O로 왔으며, as-부사절이 <원인·이유>를 뜻하는 왔다.

4. And, President Chirac, you mentioned in your opening comments *that* **the response** to the President's strategic initiative with Russia *from a year ago* **had not been** *what you had anticipated.* … *that*-절의 주어는 **the response**이며, **had not been**이 술어동사이다.

5. Pakistan, yes, we *expressed* deep concern and we'*ll continue to express* concern about testing and our —*I'm more concerned* **about making sure that**—*insisting*, along with other world leaders, **that**—including the President of France—**that** President Musharraf show results *in terms of* **stopping** people *from* crossing the line of control, **stopping** terrorism. … 부시 대통령의 더듬거리는 어법이 그대로 드러난 문장으로, 실제적인 술어동사가 되는 것은 *am more concerned* **about**이며, 그 O는 **making sure**와 **insisting**이 또 이들 동명사의 O로 *that*-절이 왔다.

Nuance '멈추다'의 뜻을 가지는 말

① stop: '동작이나 행위 등이 갑작스럽게 멈추다'는 의미의 가장 일반적인 말로 '단기간의 정체'를 의미하기도 한다. ② cease: stop 보다는 품위가 있는 문어적인 말로, 그때까지 계속되고 있던 어떤 행위나 상태가 서서히 멈추다, 정지하다. stop이 주로 동작의 갑작스런 멈춤에 사용하는데 반하여 cease는 상태나 존재의 점차적인 멈춤에 사용한다. ③ pause: '어떤 운동이나 행위, 존재 등이 일시 중지하며, 쉬다'는 의미로 다시 계속되거나 재개될 것을 암시한다. ④ halt: 본래 군사용어였으며, 지금은 stop과 같은 의미로 널리 사용되기도 하는 말. 보통 명령에 의해 (휴식 등을 위해 일시적으로) 진행을 정지하다. ⑤ arrest: 갑자기 완전히 멎게 하다. ⑥ check: 갑자기 어느 정도 또는 일시적으로 멈추게 하다. ⑦ quit: 실패나 좌절 등을 인정하고 영원히 그만두다. ⑧ let up: 風 바람이나 비 따위가 그치고 가라앉다. ⑨ give up, leave off: 그만두다. stop과 같은 의미로 평이하게 널리 사용되는 말.

번역 **질문자**: 부시 대통령 각하, 각하께서는 오늘 아침 무샤라프 대통령에게 파키스탄에서의 미사일 실험에 관하여 강한 걱정을 표시하셨다고 언급하셨습니다. 13)저는 각하의 정부가 무샤라프 대통령에게 그러한 실험을 실시하지 말라고 정말로 요청했는지 그리고 둘째로 각하께서는 그곳의 급증하고 있는 분쟁을 그 지역의 미군에 대한 위협으로 생각하시는 지 알고 싶습니다. 끝으로 내일이 9.11 테러 이후의 최초의 현충일 인데, 각하께서는 이 현충일이 과거의 그 날과 어떻게 다를 것이라고 미국의 국민들에게 말할 수 있겠습니까?

14) 그리고 시라크 대통령께 말씀드립니다. 각하께서는 개회사에서 일년 전에 러시아에 대한 부시 대통령의 전략적인 주도권에 대한 그 반응은 각하께서 예상하셨던 것이 아니었다고 말씀하셨습니다. 일년 전에 부시 대통령이 러시아를 처리하기 위해 제안했던 것에 대하여 어쩌면 유럽인들이 파민 반응을 했다고 각하께서는 생각하십니까? 그리고 각하께서는 어쩌면 부시 대통령을 과소 평가했다고 생각하십니까?

부시 대통령: 모두가 다 똑 같습니다. 예, 파키스탄, 우리는 실험에 대하여 깊이 우려했고, 계속해서 우려를 나타낼 것이며, 프랑스 대통령을 포함해서 다른 세계적인 지도자들과 함께 우리 아니 저는 무샤라프 대통령은 사람들이 규제선을 넘어가는 것을 금지시키고 테러리즘을 금지시키는 것에 관하여 결과를 보여주어야만 한다는 것을 확실히 하는 일, 그것을 주장하는 일에 더 많은 관심을 가지고 있습니다. 그것이 미사일 실험보다 더 중요한 것이며, 그가 이행해야 하는 것입니다. 저는 시차 때문에 피곤합니다. 다음 두, 세 번째의 질문은 무엇이죠?

질문자: 두 번째 질문은, 저는 급증하는 분쟁이 그 지역의 미국 군대에 위협이 되지나 않을까 걱정스럽게 생각하고 있다는 것입니다.

부시 대통령: 저는 그렇지 않기를 바랍니다. 세 번째는? 그것으로 되었습니까?

질문자: 현충일에 관한 것입니다.

Answers for Vocabulary Drills ⑬ jet ⑭ reservation

※ CD를 듣고 공란에 들어갈 말을 받아쓴 후 본문의 밑줄 친 부분을 번역하고, 하단의 설명을 읽고 해당하는 단어를 본문에서 찾아 써라.

President Bush : Oh, Memorial Day. Thanks. That's what happens / when you're over 55. (Laughter) You
Unit0930   아 현충일 감사합니다 그것은 일어나는 일입니다 귀하가 55살 이상일 때 여러분은
know what I mean. Let me say / one quick thing / about Memorial Day.
제가 말하는 것을 알고 있습니다 간단히 한 말씀드리겠습니다 현충일에 관해서

All Memorial Days / are solemn days, particularly for those who / mourn the loss / of a
모든 현충일은 엄숙한 날입니다 특히 그런 사람들에게 잃은 것을 슬퍼하는
loved one. All Memorial Days / are days in which Americans / ① [ɔ́ːrə gív θǽŋs] _____ / for
사랑하는 사람을 15)
freedom / and the fact that somebody sacrificed / for their freedom. This Memorial Day /
16)
is the first Memorial Day / ② [inə lɔ́ːŋ tàimin hwítʃ] _____ / younger Americans / know firsthand
the price / that was paid / for their freedom.

President Chirac : On that very / last point, can I maybe just say that / it really / is very moving / for all
Unit0931   바로 그 마지막 지적에 대하여 어쩌면 저도 말씀드릴 수 있을 것입니다 그것은 진정으로 감동적인 것이라고 모든
the people of France and Europeans / at large / to see that President Bush — that the
사람들과 프랑스의 전체 유럽인들이 본다는 것은 부시 대통령이
President of the United States / will be for the first time outside / the United States /
미국의 대통령이 처음으로 밖에 있는 것을 미국의
on Memorial Day, and that he come / to Normandy / to pay tribute / to all those, many
현충일에 그리고 그가 노르망디에 오는 것을 찬사를 바치기 위해 모든 사람들에게
American, who gave their lives / for freedom. This, I think, is a very strong gesture
많은 미국인들에게 그들의 생명을 바쳤던 자유를 위해 저는 생각합니다 이것은 매우 강한 행동이라고
that / we will not forget.
우리가 잊지 못할

Maybe a question / for a French journalist? Yes.
질문이 있을 것도 같습니다만 프랑스 기자의 예

Q : Mr. President, Mr. Bush, ③ [áːftə juər trip tu rʌ́ʃə] _____ , what would be / for you a more /
Unit0932   부시 대통령 각하 각하께서 러시아 방문을 마친 후 각하에게 누가 되겠습니까 더 중대한
④ [disísi vǽlai] _____ / in your war / against terrorism? Would it be Russia, or this little corner /
동맹국은 테러리즘에 대한 각하의 전쟁에 있어서 그것이 러시아가 되겠습니까 아니면 이 작은 구석진 나라가 되겠습니까
of this continent / which is called / Western Europe? And please, Mr. President, don't
이 대륙의 서유럽이라고 불리는 그리고 대통령 각하 마십시오
say "both" — this wouldn't be the beginning of an answer.
모두라고 말하지 그것은 될 수 없을 것입니다 대답의 시작이

President Bush : Both. (Laughter) What was that? I didn't get the full question. I got "Russia," and I
Unit0933   모둡니다 무슨 일이 있었습니까 저는 질문을 충분히 듣지 못했습니다 저는 "러시아를" 택했으며 아울러
got "this little corner / of Europe." But what was the question, who do I rely on more?
"유럽의 이 작은 구석"도 택했습니다 그런데 질문이 무엇이지요 제가 누구를 더 신뢰하느냐구요?

Q : What is for you / the more decisive ally / in your war against terrorism?
Unit0934   각하께 누구냐는 것입니다 더 중대한 동맹국은 테러리즘에 대한 각하의 전쟁에 있어서

Vocabulary Drills ⑮ _____ *a body movement to show something (a feeling, an idea, etc.) ; something you do or say to show your feelings*
⑯ _____ *praise, honor, admiration ; a payment, such as money, paid by a defeated people to a conqueror*

3~4. after를 [áːftə]로, decisive를 [disíːsiv]로 발음하는 등의 영국식 발음의 흔적이 보이며, 상당히 투박하게 들리는 그 억양 등으로 미루어 세계화 시대라 해도 미국식 발음만 통용되는 것이 아님을 볼 수 있다.

🔊 **소리분석** *1.* ought to give thanks : -t / -d 의 -r 유음화, 복합자음군에서의 중간자음 생략

2. in a long time in which : 연음

3. after your trip to Russia : after 등에 대한 영국식 발음의 흔적과 억센 억양이 두드러진다.

4. decisive ally : decisive에 대한 영국식 발음의 흔적과 연음

💡 **구문분석** *1.* All Memorial Days are *days* in *which* Americans ought to give thanks for *freedom and the fact that somebody sacrificed for their freedom.* ···*days*를 선행사로 하는 *which*-관계절 안에 for의 O로 두 개의 명사가 오고 있는데, 두 번째 명사 *the fact*에는 동격의 that-절이 이어지고 있다.

2. This Memorial Day is *the first Memorial Day* in a long time in *which younger Americans know firsthand the price that was paid for their freedom.* ···*days*를 선행사로 하는 *which*-관계절 안에 *the price*를 선행사로 하는 *that*-관계절이 들어있는 혼합문이다.

3. 가주어 it에 대한 의미상의 주어는 *for all the people of France and Europeans*이 된다.

3. On that very last point, can I maybe just say *that₁ it* really is very moving *for all the people of France and Europeans* at large *to see that₂* President Bush — *that₃* the President of the United States will be for the first time outside the United States on Memorial Day, *and that₄* he come to Normandy to pay tribute to *all those, many American, who gave their lives for freedom.* ··· 본문의 술어동사 say의 O로 *that₁*-명사절이 왔는데, 그 안에 가주어 it와 진주어 to-inf.가 쓰였고, 이 to-inf.에 대한 O로 3개의 *that₂~₄*-절이 오고 있으며, *that₄*-절 안에 who-관계절이 들어 있다.

4. *Mr. President, Mr. Bush,* after your trip to Russia, what would be for you a more decisive ally in your war against terrorism? ··· 호격과 <때>를 나타내는 부사절을 먼저 말한 후 의문문이 왔다.

번역 **부시 대통령** : 아, 현충일. 감사합니다. 그것은 귀하가 55살 이상일 때 일어나는 일입니다. 여러분은 제가 말하는 것을 알고 있습니다. 현충일에 관해서 간단히 한 말씀 드리겠습니다.

모든 현충일은 특히 사랑하는 사람을 잃은 것을 슬퍼하는 사람들에게는 엄숙한 날입니다. 15) 모든 현충일은 자유에 대해 그리고 그들의 자유를 위해 누군가가 희생을 했다는 그런 사실에 대해 미국인들이 감사를 드려야만 하는 날입니다. 16) 이번 현충일은 오랜 세월에 있어서 보다 젊은 미국인들이 그들의 자유를 위해 치렀던 대가를 직접적으로 알게 된 최초의 현충일입니다.

시라크 대통령 : 바로 그 마지막 지적에 대하여 프랑스의 모든 사람들과 전체 유럽인들이 미국의 부시 대통령이 현충일에 처음으로 미국의 밖에 있는 것과 자유를 위해 그들의 생명을 바쳤던 모든 사람들과 많은 미국인들에게 찬사를 바치기 위해 그가 노르망디에 오는 것을 본다는 것은 진정으로 감동적인 것이라고 어쩌면 저도 말씀드릴 수 있을 것입니다. 이것은 우리가 잊지 못할 매우 강한 행동이라고 저는 생각합니다.

프랑스 기자의 질문이 있을 것도 같습니다만, 예.

질문자 : 부시 대통령 각하, 각하께서 러시아 방문을 마친 후, 테러리즘에 대한 각하의 전쟁에 있어서 누가 더 중대한 동맹국이 되겠습니까? 그것이 러시아가 되겠습니까 아니면 서유럽이라고 불리는 이 대륙의 이 작은 구석진 나라가 되겠습니까? 그리고 대통령 각하, 모두라고는 말하지 마십시오. 그것은 대답의 시작일 수 없을 것입니다.

부시 대통령 : 모두입니다. 무슨 일이 있었습니까? 저는 질문을 충분히 듣지 못했습니다. 저는 "러시아를" 택했으며 아울러 "유럽의 이 작은 구석"도 택했습니다. 그런데 질문이 무엇이며, 제가 누구를 더 신뢰하느냐구요?

질문자 : 테러리즘에 대한 각하의 전쟁에 있어서 더 중대한 동맹국이 각하께 누구냐는 것입니다.

Nuance Drills *Fill in the blanks with a suitable word as given:*

¹____ implies a suspension or ending of some motion, action, or progress. ² ____ implies a suspension or ending of some state or condition or of an existence. ³ ____ is equivalent to either ¹ ____ or ² ____. ⁴ ____ suggests the suspension of some action that is a habitual practice, an occupation, etc. ⁵ ____ implies a ceasing of some action that is annoying, harmful, futile, etc.

(a) cease   (b) desist

(c) discontinue   (d) quit

(e) stop

연구 72

상관접속사(Correlative Conjunction)(3)

3) **either A or B** : A가 아니면 B··· 선택적 부정에 사용하며, 주어에 사용될 경우 술어동사는 B에 일치시킨다. ·*Either you or I am* to blame./ ·You *either love him or hate him.* / ·*Either his sisters or his mother is* coming.

4) **neither A nor B** : A도 아니고 B도 아니고··· ·He *neither* ate, drank, *nor* smoked; he liked *neither* the meal, the liquor nor the cigarettes./ ·*Neither John nor Mary were* at home.(=*John and Mary were both out.*)/ ·They went away *neither by day nor by night.* / It's just warm, *neither cold nor hot.*

5) **(just) so A as B** : A하듯이 B한다··· ·*As* rust *eats* iron, *so* care *eats* heart./ ·*As two is to four, (so) eight is to sixteen.* / ·*Just as* French people *enjoy* their wines, *so* the Germans *enjoy* their beer.

6) **what with A and (what with) B** : A하기도 하고, B하기도 해서··· 여기서의 what은 partly의 뜻을 가지며, what by 형식으로 쓰이기도 한다.

·*What with* bad weather *and (what with)* my sprained ankle I didn't much enjoy our excursion./ ·*What by* policy *and what by force,* he always accomplished his purpose.

Answers for Vocabulary Drills ⑮ gesture ⑯ tribute

※ Answers for Nuance Drills : 1-e, 2-a, 3-d, 4-c, 5-b

※CD를 듣고 공란에 들어갈 말을 받아쓴 후 본문의 밑줄 친 부분을 번역하고, 하단의 설명을 읽고 해당하는 단어를 본문에서 찾아 써라.

President Bush : Decisive ally? Ally? Decisive ally? Of course, Jacques Chirac. (Laughter) I—listen,
중대한 동맹국 동맹국이라 중요한 동맹국   물론   자끄 시라크가 있습니다   저는 들어보세요
[Unit0935]

thank you for the trick question. ① [lèmmi tɔ́::kəbàu ðisǽlai]   . The phone rang / the day
감사합니다 까다로운 질문에   이러한 동맹국에 대해 말씀드리겠습니다   전화가 울렸습니다   다음날

after the attack—the day of the attack. I can't remember exactly when, but it was
공격의   공격의 다음날   제가 정확하게 기억할 수는 없습니다만   언제인지   하지만

immediately. And he said, "I'm your friend." On this continent, France takes the lead in
그 직후였습니다   그리고 그는 말했습니다 저는 각하의 친구입니다 17)

/ helping to hunt down / people who want to harm America and / or the French, or

anybody else.

We've shared intelligence / in a way that is / really important. One of the most
[Unit0936]   우리는 정보를 공유하고 있습니다   어느 정도   정말로 중요한   가장 중요한 것 중의 하나는

important things / in fighting the war on terror / is to understand / how the enemy
가장 중요한 것은   테러와의 전쟁을 치르는데 있어서   이해하는 것입니다   적들이 어떻게 생각하고

thinks, and when the enemy might strike. ② [æm meik nóu mistéik əbáurit]   , they'd like
적이 언제 공격할 것인 지   그리고 틀림없이   그들은

to strike again. You know, some people would wish / that their thoughts / go away.
다시 공격하고 싶어합니다 여러분도 알겠지만 기대하려는 사람도 있습니다   자신들에 대한 생각이 사라지기를

These are cold-blooded killers, and it requires / strong cooperation / to protect our
그들은 냉혈한 살인자들이며   강한 협력을 요구합니다   보호하는 것은

citizens. My most important job, and I suspect / Jacques feels the same way, is to
우리 시민들은   저의 가장 중요한 임무는   그리고 저는 시라크 대통령도 공감하고 있다고 짐작하지만

protect our citizens / from further attack. And it's—we've got no stronger ally / in that
우리 시민들을 보호하는 것입니다 더 이상의 공격으로부터   그리고 그것은 우리는 더 강한 동맹국이 없습니다   그 임무에는

task. I mean, he is willing to take / steps necessary, obviously / within the laws and
제 말씀은   그는 기꺼이 꼭 필요한 조치를 취할 것이라는 점입니다   분명하게   법률과

Constitution / of this country, just like I'm within the Constitution / of mine, to protect
헌법의 테두리 내에서   이 나라의   제가 우리의 헌법의 테두리 안에서   기꺼이 보호하는 것처럼

our people. And for that, I'm very grateful, Mr. President.
우리 국민들을   그리고 그에 관하여   저는 매우 감사를 드립니다 시라크 대통령께

I'll call on the Americans.
저는 미국인들을 방문할 예정입니다

President Chirac : An American journalist, maybe?
[Unit0937]   혹시 미국인 기자인가요?

Q : Yes, sir. You said in Russia that / President Putin had offered some assurances / about
[Unit0938] 예   18)

Russian sales of nuclear energy technology to Iran / ③ [ðərwi wùd fain kʌ́mfəriŋ]   .

Aside from his statement that / Russia doesn't want Iran / to have nuclear weapons,
그의 얘기는 별문제로 하고   러시아가 원하지 않는다는   이란이 핵무기를 갖는 것을

what did you find comforting? And secondly, President Putin also argued that the
각하께서는 무엇이 다행스럽다고 여기고 있습니까?   그리고 둘째로   푸틴 대통령 또한 주장했습니다

plant he's building there / is quite similar to the one and others have offered to build
그가 그곳에 건설하고 있는 (원자력) 발전소는 매우 비슷한 것이라고   누군가가 건설하기를 제안했던

in North Korea. ④ [idʒə ǽkjurət sə:r]   ?
북한에   그것이 사실입니까, 각하?

[Vocabulary Drills] ⑰ _____ a partner, friend ; to join or unite, as by political agreement or marriage
⑱ _____ something done in order to deceive, to outwit or outdo, somebody ; something done to make a person appear ridiculous

🔊 **소리분석** *1.* Let me talk about this ally: 비음화, 연음, 조음점 동화

2. And make no mistake about it: 비음화, 연음, -t/-d의 -r 유음화

3. that we would find comforting: -t/-d의 -r 유음화, 자음 뒤 말음의 자음 생략

4. Is that accurate, sir: 조음점 동화, -t/-d의 -r 유음화

1. †take the lead: 선도하다, 솔선하다, 선두에 서다, 주도권을 잡다(among, in)./ hunt down: 몰아넣다(대다), 추적하다.

3. †be willing to: 기꺼이 ~하다./ take steps: 조치를 취하다, 방법을 강구하다.

5. †be similar to: ~와 비슷하다, 유사하다.

💡 **구문분석** *1.* On this continent, France takes the lead in helping to hunt down *people who* want to *harm America and/or the French, or anybody else.* ··· *people*을 선행사로 하는 *who*-관계절이 오고 있으며, <타동사＋추상명사> 형태의 takes the lead가 술어동사로 쓰인 <S＋V> 구조이다.

2. One *of the most important things in fighting the war on terror* is *to understand how* the enemy thinks, *and when* the enemy might strike. ··· <S＋V＋C>의 구조로, to-inf.가 C로 쓰였으며, to-inf.의 O로 두 개의 명사절이 오고 있다.

3. I mean, he is willing to take steps necessary, *obviously within the laws and Constitution of this country, just like I'm within the Constitution of mine, to protect our people.* ··· I mean~은 '저는 ~을 말하는 것입니다' 또는 '제 말씀은 ~을 말하는 것입니다'로 옮긴다.

4. You said in Russia that₁ President Putin had offered *some assurances* about Russian sales of nuclear energy technology to Iran *that₂ we would find comforting.* ··· *that₂*-관계사의 선행사는 *some assurances*인, [S＋V＋that₁-clause as O{S'＋V'＋O'}] 구조의 문장이다.

5. And secondly, President Putin also argued that *the plant he's building there* is quite similar to the one and others have offered to build in North Korea. ··· O로 쓰인 that-명사절의 주어를 선행사로 하는 관계절이 뒤따르고 있으며, and others~이하 또한 one을 선행사로 하는 관계절 형식으로 이해하는 것이 우리말로 옮기기에 더 좋다.

[연구 73]

관계대명사와 접속사의 차이

··· ①관계대명사가 유도하는 관계절은 주절 안에 있는 일정한 낱말, 즉 선행사를 수식하지만, ②접속사가 유도하는 일반종속절은 앞에 있는 주절 전부를 수식한다. 따라서 관계대명사는 ⓐ관계절을 유도하며, ⓑ앞에 있는 선행사를 받아 대신하며, ⓒ선행사를 수식하는 역할을 한다.

그리고 계속적 용법의 관계대명사는 '~인 사람(또는 물건)'이라고 뒤에서부터 해석되는 제한적 용법과는 달리 앞에서부터 낱말을 따라가며 중문의 경우처럼 <and나 but 등의 접속사＋선행사를 받는 대명사>로 해석하는 것이 보통이다.

[번역] **부시 대통령:** 중대한 동맹국? 동맹국이라? 중요한 동맹국? 물론, 자고 시라크 대통령이 있습니다. 저는, 들어보세요, 까다로운 질문에 감사합니다. 이러한 동맹국에 대해 말씀드리겠습니다. 공격의 다음날, 공격의 다음날 전화가 울렸습니다. 언제인지 제가 정확하게 기억할 수는 없습니다만, 하지만 그 직후였습니다. 그리고 그는 "저는 각하의 친구입니다"라고 말했습니다. 17) 이 대륙에서, 프랑스는 미국에 또는 프랑스인들에게 혹은 다른 누구에게 해를 끼치고자 하는 사람들의 추적을 돕는 일을 주도하고 있습니다.

우리는 정말로 중요한 정보를 어느 정도 공유하고 있습니다. 테러와의 전쟁을 치르는데 있어서 가장 중요한 것 중의 하나는 적들이 어떻게 생각하고 적이 언제 공격할 것인 지 이해하는 것입니다. 그리고 틀림없이 그들은 다시 공격하고 싶어 합니다. 여러분도 알겠지만, 자신들에 대한 생각이 사라지기를 기대하려는 사람도 있습니다. 그들은 냉혈한 살인자들이며, 우리 시민들을 보호하는 것은 강한 협력을 요구합니다. 저의 가장 중요한 임무는, 그리고 저는 시라크 대통령도 공감하고 있다고 짐작하지만, 더 이상의 공격으로부터 우리 시민들을 보호하는 것입니다. 그리고 그것은, 우리에게 그 임무에는 더 강한 동맹국이 없습니다. 제 말씀은, 제가 우리 헌법의 테두리 안에서 기꺼이 우리 국민들을 보호하는 것처럼 그는 분명히 이 나라의 법률과 헌법의 테두리 내에서 기꺼이 꼭 필요한 조치를 취할 것이라는 점입니다. 그리고 그에 관하여, 저는 시라크 대통령께 매우 감사를 드립니다.

저는 미국인들을 방문할 예정입니다.

시라크 대통령: 혹시 미국인 기자인가요?

질문자: 예. 18) 부시 대통령께서는 푸틴 대통령께서 우리가 다행스럽다고 여기게 될 핵연료 기술의 이란에 대한 러시아의 판매에 관한 어떤 언질을 주었다고 러시아에서 말했습니다. 이란이 핵무기를 갖는 것을 러시아가 원하지 않는다는 그의 얘기는 별문제로 하고, 각하께서는 무엇이 다행스럽다고 생각하십니까? 그리고 둘째로, 그가 그곳에 건설하고 있는 (원자력) 발전소는 누군가가 북한에 건설하기를 제안했던 것과 매우 비슷한 것이라고 푸틴 대통령 또한 주장했습니다. 그것이 사실일까요, 각하?

[Nuance] '공격하다'의 뜻을 가지는 말

① attack: '공격하다'는 의미의 일반적인 말로, 구체적인 물건이나 신체뿐만 아니라 사람의 명성이나 의견 등과 같은 추상적인 대상에 대해서도 사용하는데, 본래 계획된 전투 행위의 개시를 의미한다. ② assail: 문어적인 말로, 맹렬하고 끈덕지게 되풀이해서 타격을 가하는 것을 가리키며, 추상적인 대상에 대한 공격에도 사용한다. ③ assault: 문어적인 말로, assail보다 강한 말로 우악스럽게 폭력을 써서 공격하는 것을 의미하며, 개인적으로 주먹이나 돌을 사용해서 직접적으로 상대방의 몸 등에 타격을 주는 경우에도 사용한다. ④ charge: 돌격하다. 기병대가 갑자기 맹렬하게 공격하는 것을 의미한다. ⑤ storm: 폭풍우나 비바람처럼 맹렬하게 assault하다. ⑥ bombard: 폭탄이나 포화로 계속적으로 공격해서 파괴하다. ⑦ set upon, fall (up)on: 일상용어로, 갑자기 맹렬하게 습격하는 것을 가리킨다. ⑧ go at: 일상용어로 공격하다.

※CD를 듣고 공란에 들어갈 말을 받아쓴 후 본문의 밑줄 친 부분을 번역하고, 하단의 설명을 읽고 해당하는 단어를 본문에서 찾아 써라.

Unit0939 And, President Chirac, ① _____ /the two of you were talking about /
그리고 시라크 대통령 각하   각하께서는 언급했습니다   두 분께서는 얘기하고 있는 중이라고
proliferation matters. Do you also have concerns /about Russia's relations with Iran?
(핵무기의) 확산문제에 관하여   각하께서도 관심을 가지고 계십니까   이란에 대한 러시아의 관계에 대하여

President Bush : Well, first, I think it's important to understand /that President Putin /understands that
Unit0940 19)
a /Iran that's got the capacity to launch a missile /is dangerous for him /and his
country. ② _____ .
그는 그것을 이해하고 있습니다

Unit0941 Secondly—and we had a very frank discussion about /the potential—or the
둘째로   그리고 우리는 매우 기탄 없는 대화를 나눴습니다   가능성   즉
development of a nuclear power plant /that he is convinced /will not lead to /the
원자력 발전소의 개발에 관하여   그가 확인하고 있으며   이르지 못할 것이라고
spread of technologies that will enable Iran /to develop weapons of mass destruction,
핵기술의 확산에까지는   이란이   대량살상무기를 개발하는 것을 가능하게 해줄
and is willing to allow for international inspection /teams to determine whether that's
기꺼이 허용하는   국제사찰단이   규명하는 것을   그것이
true or not. ③ _____ .
사실인지 아닌지   그리고 우리는 고려하고 있습니다   그가 우리에게 말한 것을

Q : And the plant /in North Korea, sir, is that different from the one he's building in Iran?
Unit0942 그리고 북한에 있는 발전소는   다른 것입니까   그가 이란에 건설 중인 것과

President Bush : As I say, we're thinking about /what he told us.
제가 말했다시피 우리는 고려하는 중입니다   그가 우리에게 말한 것을

Q : President Chirac?
Unit0943 시라크 대통령께서는

President Chirac : I share, unreservedly, the position /outlined by President Bush, by George.
저는 솔직히 함께 하고 있습니다   입장을   부시 대통령께서 정리한

French journalist?
프랑스 기자가 질문해보세요

Q : France would like to see /the Middle East peace conference convene /the quickest
Unit0944 프랑스는 보고 싶습니다   중동 평화 회의가   소집되는 것을   가능한 한 빨리
possible, and the U.S. to do—to act for it. May we know, what are your forecasts /
미국이 그것을 위해 행동하는 것을   20)
for this Middle East conference, and when do you think it will happen, and if
president Arafat /will be /④ _____ ? Also, I would like to
또한   저는 알고 싶습니다
know, if possible, what are your plans /for the Iraqi regime? Are you really /willing to
가능하다면   각하의 계획이 무엇인지   이란 정권에 대한   각하께서는 진정으로 바꾸고 싶습니까
change /the Iraqi regime, and how?
이란 정권을   그렇다면 어떤 방식으로 하시겠습니까

Vocabulary Drills ⑲ _____ *the ability to contain, hold, or absorb ; the greatest amount that something can contain, (syn.) the maximum volume*
⑳ _____ *terrible and complete ruin, (syn.) devastation ; the act of pulling or breaking down, (syn.) demolition*

3. and이 [d] 발음은 흔히 생략되는 것이 보통이지만, 반드시 그렇다는 것은 아님을 보여준다.

🔊 **소리분석** *1.* you mentioned that : 말음의 자음 생략(주로 -nd/-nt/-rd/rt에서의 -t/-d)

2. He understands that : 복합중자음의 중간자음 생략, 조음점 동화

3. And we're thinking about/ what he told us : 연음

4. participating in such a conference : 연음

1. 관계대명사로 쓰인 *that*를 제외한 3개의 that-절은 모두 앞에 쓰인 타동사의 O가 되고 있다.

2. 여기서도 모두 3개의 that이 사용되었는데, ₁that과 ₂that은 모두 관계대명사, ₃that은 지시대명사로 쓰였다.

3. <지각동사+O> 다음에 원형부정사가 와야 하는데, the U.S.를 목적으로 하고 뒤에 to-부정사가 쓰였다.

💡 **구문분석** *1.* Well, first, I think *it*'s important *to understand* ₁that President Putin understands ₂that a Iran ₃*that's got the capacity to launch a missile* **is** *dangerous for him and his country.* ··· think 다음에 생략된 that까지 포함하여 that-명사절이 3층의 복층으로 이루어져 있으며, ₃that는 ₂that-절의 주어인 a Iran을 선행사로 하는 관계대명사이다. think 다음의 *it*는 가주어, 진주어는 to-inf.가 된다.

2. Secondly ─ and we had a very frank discussion about *the potential* ─ or *the development of a nuclear power plant* ₁*that he is convinced* **will not lead to** the spread of technologies ₂*that will enable Iran to develop weapons of mass destruction,* and is willing to allow for international inspection teams to determine whether ₃*that's true or not.* ··· about 다음의 *the potential ~ nuclear power plant*가 ₁*that*-관계사의 선행사, *he is convinced*는 ₁*that*-관계절 속에 삽입어구로 쓰였다.

3. France would like to **see** *the Middle East peace conference* **convene** the quickest possible, and *the U.S. to do* ─ *to act* for it. ··· <지각동사+O+원형부정사>가 쓰였다.

4. May we know, what are your forecasts for this Middle East conference, and **when** do you **think** it will happen, and if president Arafat will be participating in such a conference? ··· Wh-Question의 간접의문문이 사용되었다.

연구 74

관사의 용법(2) ··· 연구 75 에 계속(p.385)
···① There lived once in this old castle *a powerful king. The king* had a lovely daughter.(옛날 이 고성에는 어떤 강력한 왕이 살고 있었다. 그 왕에게는 사랑스러운 딸 있었다.) *cf. An adult* can learn a foreign language, but it is usually easier for a child to learn it than for *an adult.* (어른이 외국어를 배울 수 있지만, 일반적으로 어른보다 어린이가 더 배우기 쉽다. ··· 그러나 두 번째 이후에 쓰인 명사라 하더라도 그것이 앞에 쓰인 것 그 자체를 가리키는 것이 아니라 특정불정한 것이거나 총칭으로 쓰이는 때에는 부정관사를 붙인다.) ② He is *the president* of our university. ··· 총장은 한 명으로 유일하여 특정함. *cf.* He is *a student* of our university. ··· 학생은 여럿으로 특정한 것이 될 수 없다. ··· 이렇게 특정한 것임을 보다 분명하게 나타내기 위해 only, last, same, very 또는 서수나 최상급의 형용사가 뒤따르기도 한다. He said the **very same** *words* as I had.(그는 내가 한 것과 똑같은 말을 사용했다.) / · Brown is *the only person* who can do this trick.(브라운은 이 재주를 부릴 줄 아는 유일한 사람이다.) ③ They sell tea *by the pound.*(그들은 차는 파운드 단위로 판다.) ④ This is *the picture that he painted yesterday.*(그림 하나 한 장인 경우) *cf.* This the *a picture that he painted yesterday.*(그린 그림이 여러 장인 경우) ··· one of the pictures) ⑤ *The horse* is a useful animal.(종족 전체를 나타내므로, '말이라는 것은'의 의미가 된다.) / What is learned in the **cradle** is carried to the **tomb**.(세 살적 버릇 여든까지 → 요람에서 배운 것은 무덤까지 간다. ··· 단수 보통명사의 추상명사화)

번역 그리고 시라크 대통령 각하, 각하께서는 두 분께서는 (핵무기의) 확산문제에 관하여 얘기하고 있는 중이라고 언급했습니다. 이란에 대한 러시아의 관계에 대하여 각하께서도 관심을 가지고 계십니까?

부시 대통령 : 19) 글쎄요, 저는 먼저 미사일을 발사할 능력을 갖고 있는 이란이 그와 그의 나라에 위험하다는 것을 푸틴 대통령이 이해하고 있다는 것을 이해하는 것이 중요하다고 생각합니다. 그는 그것을 이해하고 있습니다.

그리고 둘째로, 이란이 대량살상무기를 개발하는 것을 가능하게 해줄 핵기술의 확산에까지는 이르지 못할 것이라고 확신하고 있으며, 국제사찰단이 그것이 사실인지 아닌지 규명하는 것을 그가 기꺼이 허용하는, 원자력 발전소의 가능성, 즉 그러한 개발에 관하여 우리는 아주 기탄없는 대화를 나눴습니다. 그리고 우리는 그가 우리에게 말한 것을 고려하고 있습니다.

질문자 : 그리고 북한에 있는 (원자력) 발전소는 그가 이란에 건설 중인 것과 다른 것입니까?

부시 대통령 : 제가 말했다시피, 그가 우리에게 말한 것을 우리는 고려하는 중입니다.

질문자 : 시라크 대통령께서는?

시라크 대통령 : 저는 솔직히 부시 대통령께서 정리한 입장을 함께 하고 있습니다. 프랑스 기자가 질문해보세요.

질문자 : 프랑스는 중동 평화 회의가 가능한 한 빨리 소집되는 것과 미국이 그것을 위해 행동하는 것을 보고 싶어합니다. 20) 우리에게 알려 주십시오. 중동 평화 회의에 대한 각하의 예상은 어떻습니까? 그리고 그것이 언제 열릴 것으로 각하께서는 생각합니까? 또 만약 아라파트 의장이 그 회의에 참석할 것으로 보입니까? 또 가능하다면 이란 정권에 대한 각하의 계획이 무엇인지 저는 알고 싶습니다. 각하께서는 정말 이란 정권을 바꾸고 싶으십니까? 그렇다면 어떤 방식으로 하시겠습니까?

Nuance Drills *Fill in the blanks with a suitable word as given:*

¹_____ implies vigorous, aggressive action, whether in actual combat or in an undertaking. ²_____ means to attack by repeated blows, thrusts, etc. ³_____ implies a sudden, violent attack or onslaught and suggests direct contact and the use of force. ⁴_____ implies an attack or onset from all sides. ⁵_____ suggests a rushing, powerful assault that is stormlike in its action and effect. ⁶_____ means to attack with artillery or bombs, and in figurative use suggests persistent, repetitious action.

(a) assail　　(b) assault
(c) attack　　(d) beset
(e) bombard　(f) storm

Answers for Vocabulary Drills ⑲ capacity ⑳ destruction

※ Answers for Nuance Drills : 1-c, 2-a, 3-b, 4-d, 5-f, 6-e

※CD를 듣고 공란에 들어갈 말을 받아쓴 후 본문의 밑줄 친 부분을 번역하고, 하단의 설명을 읽고 해당하는 단어를 본문에서 찾아 써라.

President Bush : Okay. Whew, a lot of questions here.① _____. The stated
[Unit0945] 알겠습니다 휴 많은 질문들이 이곳에 있습니다   살펴보겠습니다   이라크 정권부터   발표된 정책은
policy of my government is that / we have a regime change. And as I told President
저의 정부의   우리가 어떤 정권을 변화시키겠다는 것입니다   그리고 제가 시라크 대통령께 말한 것처럼
Chirac, I have no war plans on my desk. And / I will continue to consult closely with
제 책상 위에는 전쟁 계획이 없습니다   그리고 저는 계속해서 면밀하게 의논할 것입니다
him. We do view Saddam Hussein / as a serious, significant — serious threat / to
그와   우리는 사담 후세인을 보고 있습니다   심각하고도 현저한   심각한 위협(적 인물)로
stability and peace.
안정과 평화에 대한

[Unit0946] ② _____, this week / we will be sending / American officials back /
21)
into the region to / work with the parties to / ③ _____, start a political

dialogue, as well as / develop a / security force / within the Palestinian Authority that

can — will function like a security force, actually / do what they're supposed to do.

[Unit0947] And / in terms of meetings, conferences, our view is, is that / we need to / develop a
회의와 관련해서   제 견해는 이렇습니다   우리는 개발할 필요가 있으며
strategy, ④ _____ / on that strategy, and then the
전략을   계속해서 함께 일하기 위해서는   아랍의 동맹국들과   그런 전략에서   그런 다음
Secretary will be convening a / ministerial conference sometime this summer. Obviously,
국무장관이 소집할 것입니다   장관급회의를   올 여름 언젠가   22)
depending upon the progress being made / and how much progress / we are making

toward establishment of the / institutions necessary for a Palestinian state to evolve,

that progress will determine / how many / conferences are necessary, until we eventu-

ally get to, hopefully, the end of the process.

[Unit0948] My government and I, personally, strongly believe that it's in everybody's interest that
저의 정부는   그리고 개인적으로 저는   강하게 믿습니다   모든 사람들의 관심사라는 것을
there be two states, living side by side in peace. And / that's the vision / we work
두 정부의 존속은   평화 속에서 나란히 공존하는   그리고 그것이 미래입니다   우리가 나아가는
toward. The good news is, is that / many in the Arab world are now working with us
좋은 소식은   아랍 세계의 많은 나라들이   지금 우리와 함께 노력하고 있다는 것입니다
/ to help / create an environment so we can get to that — to those two states. And
어떤 환경을 만들어내기 위해   우리가 도달할 수 있도록   그와 같은 두 개의 국가에   그리고
to that end, I viewed the Crown Prince of Saudi Arabia's declaration of a — declaration
그 때문에   저는 사우디 아라비아 왕자의 선언을 평가했습니다
that Israel should live in peace with its neighbors is incredibly important breakthrough.
이스라엘은 평화 속에 살아야만 한다는   그 이웃 국가들과   매우 중요한 발전이라고
And we're seizing that initiative, and seizing that / opportunity / to work together.
그리고 우리는 그러한 주도권을 확보했으며   함께 공존할 수 있는 그러한 기회를 잡았습니다

President Chirac : Last question, for the American press, maybe?
[Unit0949] 마지막으로 미국 기자가 질문해보시기 바랍니다

[Vocabulary Drills] ㉑ _____ *method or system of government or administration ; prevailing system of things*
㉒ _____ *the warmest season of the year in the northern hemisphere*

🔊 소리분석 **1.** Let me start / with the Iraqi regime : 비음화, 겹자음의 발음 생략

2. In terms of the Middle East : 연음, -t/-d의 -r 유음화, 자음 뒤 말음의 자음 생략

3. have a political dialogue : 연음, -t/-d의 -r 유음화

4. to continue working with our Arab friends : 연음, 복합중자음에서의 중간 자음 생략

💡 구문분석 **1.** In terms of the Middle East, this week we *will be sending* **American officials** back into the region *to₁ work with* the parties *to₂ have* a political dialogue, **start a political dialogue**, as well as **develop a security force** within the Palestinian Authority *that can — will function like a security force, actually do what they're supposed to do.* ··· <B as well as A : A뿐만 아니라 B도 역시>, **a security force**를 선행사로 하는 *that*-관계대명사, *what*-관계대명사 등이 쓰였다.

2. And in terms of meetings, conferences, our view is, is *that₁* we need *to₁ develop* a strategy, *to₂ continue* working with our Arab friends on *that₂* strategy, and then the Secretary will be convening a ministerial conference sometime this summer. ··· *that₁*은 접속사, *that₂*는 지시형용사이며, *to₁*-inf.는 목적어로 쓰인 명사적 용법, *to₂*-inf.는 <목적>을 뜻하는 부사적 용법이다.

3. Obviously, depending upon **the progress** *being made* **and how much progress** *we are making toward establishment of the institutions necessary for a Palestinian state to evolve*, that progress will determine *how many conferences are necessary*, until we eventually get to, hopefully, the end of the process. ··· 부대상황의 현재분사가 온 후 comma(,) 다음의 that progress가 주어가 되고 있다.

4. The good news is, is that many in the Arab world are now working with us to help create an environment *so we can get to that — to those two states.* ··· <목적>의 부사절이 오고 있다.

5. And to that end, I viewed *the Crown Prince of Saudi Arabia's declaration* of a — *declaration that Israel should live in peace with its neighbors* is incredibly important breakthrough. ··· <considered **the declaration** as incredibly important breakthrough>와 같은 의미의 문장이다.

※ Unit0945의 부시 응답 중 Whew, a lot of questions here.는 here 앞에 술어동사 is가 생략된 불완전한 문장이다.

1. <B as well as A>에서 A와 B는 그 문법적인 구성이나 성분이 같아야 한다. 또 to₁-inf.는 <목적>을 뜻하는 부사적 용법, to₂-inf.는 앞의 명사를 수식하는 형용사적 용법으로 쓰었다. †**in terms of** : 1) ~의 말로, ~의 특유한 표현으로 2) ~에 의하여, ~으로 환산하여 3) ~에 관하여, ~의 점에서 보면 / **work with** : 1) ~와 함께 일하다, ~의 동료이다. 2) (도구 등을 써서) 일하다. 3) (일 등에서) ~을 다루다(대상으로 하다).

3. depending upon의 목적어로 명사와 *how*-명사절이 이어지고 있으며, 다시 술어동사 determine의 목적어로 how-명사절이 오고 있다.

5. view는 <consider A as B : A를 B로 간주하다, 생각하다, 평가하다, 보다>에서의 consider, regard, look 등과 같은 의미로 사용되었다.

†**to that**(this, what) **end** : 그(이, 무엇) 때문에

번역 **부시 대통령** : 알겠습니다, 휴! 많은 질문들이 이곳에 있습니다. 이라크 정권부터 살펴보겠습니다. 저의 정부의 발표된 정책은 우리가 어떤 정권을 변화시키겠다는 것입니다. 그리고 제가 시라크 대통령께 말한 것처럼 제 책상 위에는 전쟁 계획이 없습니다. 그리고 저는 계속해서 그와 면밀하게 의논할 것입니다. 우리는 사담 후세인을 안정과 평화에 대한 위험하고 심각하고도 현저한, 심각한 위험(적 인물)으로 보고 있습니다.

21) 중동 문제와 관련해서, 팔레스타인 권한 내에서 그들이 해야만 하는 일을 실제로 하는 보안군과 같은 기능을 할 수 있고 하게 될 보안군을 발전시키는 것뿐만 아니라 정치적인 대화를 갖기 위해, 즉 정치적인 대화를 시작하기 위해 여러 정파(당사국)들과 함께 일할 수 있는 미국 관리들을 우리는 이번 주에 그 지역으로 파견할 예정입니다.

회의와 관련해서, 제 견해는, 그런 전략에서 아랍의 동맹국들과 계속해서 함께 일하기 위해서는 우리는 전략을 개발할 필요가 있으며, 그런 다음 올 여름 언젠가 국무장관이 장관급회의를 소집할 것입니다. 22) 분명히 밝히지만, 진전이 이루어지는 정도에 따라 그리고 얼마나 많이 진전하느냐에 따라 우리는 팔레스타인이 발전하는 데에 필수적인 제도의 설립을 향해 나아가고 있으며, 우리가 희망을 가지고 궁극적으로 발전의 끝에 도달하기 전에 얼마나 많은 회의가 필요할 지 발전은 결정될 것입니다.

저의 정부는 그리고 개인적으로 저는 평화 속에서 나란히 공존하는 두 정부의 존속은 모든 사람들의 관심사라는 것을 강하게 믿습니다. 그리고 그것이 우리가 나아가는 미래입니다. 좋은 소식은 아랍 세계의 많은 나라들이 그와 같은 두 개의 국가에 우리가 도달할 수 있도록 어떤 환경을 만들어내기 위해 지금 우리와 함께 노력하고 있다는 것입니다. 그리고 그 때문에 저는 이스라엘은 그 이웃 국가들과 평화 속에 살아야만 한다는 사우디 아라비아 왕자의 선언을 매우 중요한 발전이라고 평가했습니다. 그리고 우리는 그러한 주도권을 확보하였으며, 함께 공존할 수 있는 그러한 기회를 잡았습니다.

시라크 대통령 : 마지막으로 미국 기자가 질문해보시기 바랍니다.

Nuance '의지하다'의 뜻을 가지는 말

① **depend** : 자기 자신의 힘·생각·경제력 등의 부족을 암시하며, 상대의 호의 여부에 관계없이 그의 원조, 지지 등에 의지하다. ② **rely** : 인칭(人稱) 주어에만 쓰여, 과거의 경험이나 객관적인 판단에 따라 어떤 확실성·행동·결과·능력 등이 기대대로 될 것이라고 신뢰하다. ③ **trust** : 기대가 어긋나지 않을 것임을 확신하며 절대적으로 신뢰하다. 의지하는 쪽의 무능 등은 시사되지 않으며, 오히려 의지하는 쪽이 명예스러움을 암시한다. ④ **count, reckon** : 타산이나 계산의 의미를 내포하며, 어떤 것을 확실하다 생각하고 의지하다. ··· 이들 모두 의지의 대상 앞에 전치사 (up)on을 사용한다.

※ CD를 듣고 공란에 들어갈 말을 받아쓴 후 본문의 밑줄 친 부분을 번역하고, 하단의 설명을 읽고 해당하는 단어를 본문에서 찾아 써라.

Q : You said in reaction to demonstrations / against you and your administration during
Unit0950 23)
this trip / in Europe / that it's simply a healthy democracy exercising its will, and that

disputes / are positive. ①_____ / there are strong — such
하지만 각하께서는 왜 생각하십니까   그토록 강한
strong sentiments in Europe / against you / and against this administration? Why,
정서가   유럽에 존재한다고   각하와 각하의 행정부에 저항하는   왜
particularly, there's a view that you and your administration / are trying to impose
특히   견해가 존재하며   각하와 각하의 정부가 강요하려 하고 있다는
America's will / on the rest of the world, particularly when it comes to the Middle East
미국의 의지를   미국 이외의 다른 세계에   특히 중동 문제에 대해서
and / where the war on terrorism goes next?
또   테러리즘에 대한 전쟁은 이후 어떻게 되어 갑니까?

(Asked in French) And, Mr. President, would you maybe comment on that?
그리고 시라크 대통령께 말씀드립니다   각하께서 그에 관하여 논평해주시겠습니까?

President Bush : Very good. The guy memorizes four words, and he plays like he's intercontinental.
Unit0951 매우 좋습니다   이 친구는 4개의 단어를 기억하면서   그가 유럽 대륙을 대표하는 것처럼 말하고 있습니다
(Laughter)

Q : I can go on.
저는 계속할 수 있습니다

President Bush : I'm impressed. Que bueno. Now I'm literate / in two languages. (Laughter) So you go
인상적입니다   저는 두 개의 언어를 할 줄 압니다   그러니 귀하는 가세요
to a protest, and I drive through the streets of Berlin / seeing hundreds of people
시위장으로   저는 베를린 거리로 차를 몰아가겠습니다   수백 명의 사람들을 보면서
lining the road, waving. And I'm — look, the only thing I know to do is speak / my
길에 늘어서   손을 흔들며   24)
mind, to talk about my values, ②_____ / and the

willingness to defend freedom. And, David, ③_____ / ④_____
그리고 David 기자 저는 생각합니다   유럽 대륙의 많은 사람들이
_____. Appreciate the fact that / we're friends ; appreciate the fact
그것을 옳게 평가하고 있다고 우리가 동맹국이라는 사실을 알고 있으며   사실을 알고 있습니다
that / we've got — we work together ; that there's a heck of a lot more that / unites us
우리는 해야 한다는 우리는 함께 하고 있다는   엄청난 행운이 존재한다는   우리를 통합하는
than divides us. We share the same values ; we trade $2 trillion / a year. I mean,
우리를 분열시키는 것 이상으로   우리는 같은 가치관을 가지고 있으며   우리는 해마다 2조 달러를 교역합니다   제 말씀은
there's — so I don't view hostility here. I view the fact / we've got a lot of friends
그런 것이 있으며 그래서 저는 이곳에서 적개심을 보지 못합니다   저는 우리가 많은 친구들을 갖고 있다는 사실을 봅니다
here. And I'm grateful for the friendship. And / the fact that / protestors show up,
이곳에   그리고 저는 그 우정에 감사를 드립니다   그리고 시위자들이 등장한다는 사실도
that's good. I mean, I'm in a democracy. I'm traveling to a country that / respects
좋습니다   제 말씀은 저는 민주적인 국가에 있다는 것입니다   저는 나라를 여행하고 있습니다   존중하는
other people's / points of view.
다른 사람의 견해를

Vocabulary Drills ㉓_____ something known to be true or accepted as true ; something that has happened or been done
㉔_____ an argument, quarrel ; a lawsuit, court case ; to argue against, quarrel over ; to question the truth of

소리분석 *1.* But I wonder why it is you think: -t/-d의 -r 유음화

2. to talk about our mutual love for freedom: -t/-d의 -r 유음화, 조음점 동화

3. I think a lot of people: 연음, -t/-d의 -r 유음화

4. on the continent of Europe/appreciate that: -nt/-nd 등의 -t/-d음 생략, 연음, 조음점 동화

구문분석 *1.* You **said** in reaction to demonstrations against you and your administration during this trip in Europe *that₁* it's simply a healthy *democracy exercising its will*, and that₂ disputes are positive. ⋯ said의 O로 *that₁*-명사절이 왔으며, that₂는 지시형용사로 쓰였다.

2. But I wonder *why it is* **you think** there are strong —such strong sentiments in Europe against you and against this administration? ⋯ 모두 4층의 복층구조로 이루어진 혼합문으로, **you think** 앞과 there are 앞에는 명사절을 이끄는 접속사 that이 생략되어 있다.

3. Why, particularly, there's **a view that** you and your administration are trying to impose America's will on the rest of the world, particularly when it comes to the Middle East and where the war on terrorism goes next? ⋯ 주어로 쓰인 **a view**와 동격을 이루는 *that*-명사절과 <때>를 나타내는 부사절이 온 후, <장소>를 뜻하는 의문부사절이 이어지고 있다.

4. And I'm — look, **the only thing** I *know to do* **is** speak my mind, *to₁* talk about₁ my values, *to₂* talk about₂ our mutual love *for freedom* and the willingness *to₃ defend freedom*. ⋯ be-동사 다음에 쓰인 원형부정사 speak와 이것을 부연 설명하는 to₁-₂-inf., about₂에 대하여 and로 연결된 두 개의 목적어(our mutual love, the willingness) 등에 주의해야 한다.

5. Appreciate **the fact that₁** *we're friends*; appreciate **the fact that₂** *we've got —we work together*; *that₃* there's a heck of a lot more *that₄ unites us than divides us*. ⋯ 앞 문장에 이어져 주어(they)가 생략되었으며, *that₁-₃*은 모두 **the fact**에 대한 동격의 that-절이지만, *that₄*은 lot을 선행사로 하는 관계대명사로 쓰였다.

1. †*in reaction to*: ~에 대한 의견(태도, 반응)으로

3. *that you and your administration~* 가 *a view*를 선행사로 하는 관계절로 볼 수도 있으나, *that*-절의 내용이 <S+V+O> 구조로 완전하여 관계대명사를 이용해서 연결시킬 말이 없다는 점에 주의해야 한다.

5. †*a heck of*: 대단한, 터무니없는

Nuance Drills *Fill in the blanks with a suitable word as given:*

To¹＿＿＿ *(on or upon)* a person or thing is to have confidence, usually on the basis of past experience, that what is expected will be done. *To²*＿＿＿ is have complete faith or assurance that one will not be let down by another. To³＿＿＿ *(on or upon)* a person or thing is to be assured of support or aid from that person or thing. *To⁴*＿＿＿ *(on)* or, colloquially, *to⁵*＿＿＿ *(on)* something is to consider it in one's calculations as certain. *To⁶*＿＿＿ *(on)*, a colloquial term, is to have confidence like that of one who is willing to risk money on something.

(a) bank (b) count
(c) depend (d) reckon
(e) rely (f) trust

번역 **질문자**: 23) 각하께서는 유럽에서의 이번 여행기간 동안에 각하와 각하의 행정부에 항의하는 시위에 대한 반응으로 자신의 의지를 발휘하는 것은 오직 건강한 민주주의일 뿐이며, 논쟁은 건설적이라고 말씀하셨습니다. 하지만 각하께서는 왜 각하와 각하의 행정부에 저항하는 강한, 그토록 강한 정서가 유럽에 존재한다고 생각하십니까? 왜, 특히 각하와 각하의 정부가 특히 중동 문제에 대해서, 미국의 의지를 미국 이외의 다른 세계에 강요하려 하고 있다는 견해가 존재하며, 또 테러리즘에 대한 전쟁은 이후 어떻게 되어 갑니까?

그리고 시라크 대통령께 말씀드리는데, 각하께서 그에 관하여 논평해주시겠습니까?

부시 대통령: 매우 좋습니다. 이 친구는 4개의 단어를 기억하면서, 그가 유럽 대륙을 대표하는 것처럼 말하고 있습니다.

질문자: 저는 계속할 수 있습니다.

부시 대통령: 인상적입니다. 저는 두 개의 언어를 할 줄 압니다. 그러니 귀하는 시위장으로 가세요. 저는 손을 흔들며 길에 늘어선 수백 명의 사람들을 보면서 베를린 거리로 차를 몰아가겠습니다. 24) 그리고 저는, 보세요, 해야 한다고 알고 있는 한 가지는 저의 마음을 전하는 것, 즉 저의 가치관에 관하여 말하고, 자유에 대한 우리 공통의 사랑 그리고 자유를 수호하고자 하는 의지에 관하여 말하는 것입니다. 그리고 David 기자, 저는 유럽 대륙의 많은 사람들이 그것을 옳게 평가하고 있다고 생각합니다. 우리가 동맹국이라는 사실을 알고 있으며, 우리는 해야 한다는, 우리는 함께 하고 있으며 우리를 분열시키는 것 이상으로 우리를 통합하는 엄청난 행운이 존재한다는 사실을 알고 있습니다. 우리는 같은 가치관을 가지고 있으며, 우리는 해마다 2조 달러를 교역합니다. 제 말씀은, 그런 것이 있으며, 그래서 저는 이곳에서 적개심을 보지 못합니다. 저는 우리가 이곳에 많은 친구들을 갖고 있다는 사실을 봅니다. 그리고 저는 그 우정에 감사를 드립니다. 그리고 시위자들이 등장한다는 사실도 좋습니다. 제 말씀은 제가 민주주의 국가에 있다는 것입니다. 저는 다른 사람의 견해를 존중하는 나라를 여행하고 있습니다.

Answers for Vocabulary Drills 23 fact 24 dispute

※CD를 듣고 공란에 들어갈 말을 받아쓴 후 본문의 밑줄 친 부분을 번역하고, 하단의 설명을 읽고 해당하는 단어를 본문에서 찾아 써라.

 Unit0952 But / I feel very comfortable / coming to Europe ; I feel very comfortable / coming to
그러나 저는 매우 편안함을 느끼며   유럽에 오게 되어   저는 매우 편안합니다   프랑스에 오게 되어

France, ① _____ .
저는 이곳에 많은 친구들이 있습니다

Q : Sir, if I could just follow ~
각하, 각하께서 이해하신다면

President Bush : Thank you.
감사합니다

President Chirac : Look, the demonstrations / you've been referring to, sir, are indeed, as the President
Unit0953 보세요 여러분들이 언급한 시위들은   참으로   부시 대통령께서

has just said, healthy and normal / in democracies. That is / one of the means of
말씀하신 것처럼   건강하고 정상적인 것입니다   민주주의에 있어서는   그것은 수단들 중의 하나입니다

expression that / people have. And it's / only normal and important that / people should
표현   사람들이 가진   그리고 단지 정상적이고 중요합니다   사람들이 한다는 것은

respect that. Of course, there are limits, there are constraints / that have to / be
그것을 존중해야만   물론   제한이 있으며   강제가 있으며   강요되어져야만 하는

enforced, and that is what is being done. But I think that it is / only normal that, in
그것은 지금도 이루어지고 있는 것입니다   25)

the face of a very important political event, those who have a different understand-

ing of things / should express / their diverging view.

 Unit0954 ② _____ / is / a fundamental right / intertwined with democracy. And
시위에 대한 권리는   기초적인 권리입니다   민주주의와 결부된   그리고

there's no need to tell Americans / about that, they know it. ③ _____
미국인에게 그것을 말할 필요는 없으며   그들은 그것을 알고 있습니다 26)

_____ / these demonstrations are really / marginal / demonstrations ; that / you

shouldn't / give too much credit / to these demonstrations. They do not reflect / a /
그것들은 반영하지는 않습니다

so-called natural / aversion / of such-and-such a people in Europe / to the President of
이른바   본래적인 혐오를   유럽의 무뢰한들의   미국의 대통령에 대한

the United States / or to the U.S. people / as a whole.
또는 전체 미국 사람들에 대하여

 Unit0955 Yes, we do have diverging views on this / or that issue ; it's only normal. And that is /
그렇습니다 우리는 서로 다른 견해를 갖고 있으며   이런 문제 혹은 다른 문제에 대하여   그것은 정상적일 뿐입니다   그리고 그것은

the result of interests, ④ _____, and they're not always converging.
관심의 결과이며   자연적인 관심   그것들이 항상 수렴되는 것은 아닙니다

And I think it's / only healthy / that these demonstrations should occur, that we should
그리고 저는 생각합니다   그것은 유익할 뿐이라고   그러한 시위들이 발생하는 것   우리가 표현하는 것

express our diverging points of views, and that we
서로 다른 관점들을   그리고 우리가

should find / democratic / answers / to these questions.
찾아내는 것은   그러한 문제에 대한 민주적인 정답을

Vocabulary Drills ㉕ _____ to experience a sensation (warmth, cold, pain, hunger, etc.) ; to touch in order to find or learn something
㉖ _____ in agreement with what is representative, usual, or regular

🔊 소리분석 **1.** I've got a lot of friends here : -t/-d의 -r 유음화, 복합중자음의 중간 자음 생략

2. The right to demonstrate : 겹자음의 발음 생략

3. But what I just wanted to say is that : 연음, 자음 뒤 말음 생략, 조음점 동화

4. of our national interests : 연음, 3개 이상 중첩된 복합중자음에서의 중간 자음 발음 생략

---

1. †refer to : ~ 언급하다, 조회하다, 문의하다, 설명하다.

2. †diverging = divergent / in (the) face of : ~의 정면에서, ~와 마주 대하여, ~에도 불구하고(in spite of)

💡 구문분석) **1.** Look, **the demonstrations** *you've been referring to*, sir, **are** indeed, *as the President has just said*, **healthy** and **normal** in democracies. ··· 주어를 선행사로 하는 관계절이 오고, 술어동사 **are**를 수식하는 부사 indeed가 온 후, C로 쓰인 형용사가 <A and B>로 나열되고 있다.

2. But I think that **it** is only normal **that**, *in the face of a very important political event*, **those** who have a different understanding of things **should** express their diverging view. ··· 가주어 it, 진주어 that-절, 주어를 선행사로 하는 관계절 등이 사용되고 있다.

3. But **what I just wanted to say** is **that** these demonstrations are really marginal demonstrations ; **that** you shouldn't give too much credit to these demonstrations. ··· 주어로 what-관계절이 왔으며, C로 두 개의 that-절이 쓰였다.

4. They do not reflect a so-called *natural aversion of such-and-such a people in Europe* to the President of the United States or to the U.S. people as a whole. ··· <주술관계, Nexus>의 전치사 of가 쓰였다.

5. And I think **it**'s only healthy **that** *these demonstrations should occur*, **that** *we should express our diverging points of views*, and **that** *we should find democratic answers to these questions*. ··· 가주어 it, 진주어 that-절이 쓰였다.

연구 75

관사의 용법(3)

··· *The pen* is mightier than *the sword*.(문이 무보다 강하다. ··· the pen = literary influence, the sword = military power)/ · *The rich*(*All rich people*) are not always happy.(부자들이 항상 행복한 것은 아니다.··· '~하는 사람들'이라는 복수보통명사와 같은 의미로 인간의 어떤 계층 전체를 가리킨다.)/ · Talk of *the absent* and he'll appear.(호랑이도 제말하면 온다.··· 습관적으로 단수 보통명사와 같은 의미를 갖는 경우도 있다.)/ · *The most important* is yet to be explained.(가장 중요한 것이 아직 설명되지 않았다. ··· 추상적인 의미를 갖기도 한다.) ⑥ · He kissed the girl on *the forehead*.(그는 그 소녀의 이마에 키스를 했다.)/ · I have a pain in *the knee*.(나는 무릎이 아프다.) ⑦ · Will you open *the window*!(창문 좀 열어주겠습니까?)/ · Please pass me *the salt*.(소금 좀 주시겠습니까?) ⑧ · Caesar was *the general* of Rome.(시저는 로마의 의동가는 장군이었다.)/ · He is *the pianist* of the day.(그는 오늘날 최고의 피아니스트이다.) ⑨ · His own fault, *the simpleton*!(자신의 잘못이라고, 바보같은 녀석!)/ · Oh, *the wretch*!(불쌍한 놈 같으니라고!) ⑩ · *The more* women look in their glasses, *the less* they look to their house.(여자가 거울을 더 자주 들여다볼수록, 그 집 살림을 덜 돌보게 된다.··· 앞의 the는 관계부사로 by how much, 뒤의 the는 지시부사로 in that degree의 뜻이다.)/ · He had *the kindness* to help me out of my difficulties.(그는 곤경에 빠진 나를 도와줄 정도로 친절했다.= He had *such* kindness *as to* help me~.= He was *so* kind *as to* help me~.= He was *so* kind *that* he helped me~.= He *kindly* helped me~.··· such나 so의 의미를 갖기도 한다.)

번역) 그러나 저는 유럽에 오게 되어 매우 편안함을 느끼며, 프랑스에 오게 되어 저는 매우 편안합니다. 저는 이곳에 많은 친구들이 있습니다.

질문자 : 각하, 각하께서 이해하신다면····.

부시 대통령 : 감사합니다.

시라크 대통령 : 보세요, 여러분들이 언급한 시위들은 참으로 부시 대통령께서 말씀하신 것처럼, 민주주의에 있어서는 건강하고 정상적인 것입니다. 그것은 사람들이 가진 표현 수단들 중의 하나입니다. 그리고 사람들이 그것을 존중해야만 한다는 것은 단지 정상적이고 중요합니다. 물론, 제한이 있으며, 강요되어져야만 하는 강제가 있으며, 그것은 지금도 이루어지고 있는 것입니다. 25)그러나 저는 매우 중요한 정치적인 사건에 임해서, 사건에 대한 서로 다른 이해를 가진 사람들이 그들의 서로 다른 견해를 표시해야만 하는 것은 단지 정상적인 것이라고 생각합니다.

시위에 대한 권리는 민주주의와 결부된 기초적인 권리입니다. 그리고 미국인에게 그것을 말할 필요는 없으며, 그들은 그것을 알고 있습니다. 26)하지만 제가 말씀드리고 싶은 것은 그러한 시위는 정말 별로 중요하지 않은 시위이며, 여러분은 그러한 시위들을 너무 많이 믿지 말아야 한다는 것입니다. 그것들이 미국 대통령에 대한 또는 전체 미국인들에 대한 유럽의 무리한들의 이른바 본래적인 혐오를 반영하지는 못합니다.

그렇습니다, 우리는 이런 문제 혹은 다른 문제에 대하여 서로 다른 견해를 갖고 있으며, 그것은 정상적일 뿐입니다. 그리고 그것은 관심, 자연스러운 관심의 결과이며, 그것들이 항상 수렴되는 것은 아닙니다. 그리고 저는 그러한 시위들이 발생하는 것, 서로 다른 관점들을 우리가 표현하는 것, 그리고 우리가 그러한 문제에 대한 민주적인 정답을 찾아내는 것은 유익할 뿐이라고 생각합니다.

Nuance '강요하다'의 뜻을 가지는 말

①compel : 권위와 같은 정신적 또는 물리적인 저항하기 어려운 힘으로 어떤 일을 무리하게 시키다. ②force : compel보다 강한 의미로, 완력과 같은 물리적인 강한 힘이나 어쩔 수 없는 사정 등에 의해 의지에 반하여 어떤 일을 억지로 시키다. ③impel : 강한 욕망이나 동기, 감정 등에 떠밀려 충동적으로 어떤 행동으로 몰고 가다. ④oblige : compel 보다 더 뜻이 약한 말로, 의무나 필요, 도덕, 의리 등을 이유로 부득이 남에게 어떤 일을 시키다. ⑤constrain : 사랑, 감탄, 감사 등과 같은 내심의 어떤 속박이나 제한을 가하여 무리하게 어떤 일을 시키다. ⑥coarse : 폭력이나 협박 등을 써서 어떤 일을 무리하게 시키다.

Answers for Vocabulary Drills ㉕ feel ㉖ normal

※CD를 듣고 공란에 들어갈 말을 받아쓴 후 본문의 밑줄 친 부분을 번역하고, 하단의 설명을 읽고 해당하는 단어를 본문에서 찾아 써라.

 Unit0956

As for / the relationship between / Europe and the United States, it is a / very old
관계에 관하여 말하자면   유럽과 미국의   그것은 매우 오랜 관계입니다
relationship, as you know. It is a / fundamental relationship / for the balance, for the
              여러분도 알고 있듯이   그것은 기초적인 관계입니다   균형과 안정을 위한
equilibrium / of our world. But I would / also add that / it's an increasingly important
우리 세계의   (27)
relationship / and it's — it would be / the sign of short-sightedness to / refuse to

acknowledge that.

 Unit0957

The United States / and Europe / are the two major economic powers / in our world.
미국과 유럽은   두 개의 주요한 경제대국입니다   우리 세계의
①_____ / the economy drives social progress. Economic power / helps / express
그리고 우리 세계에서   경제는 주도하고 있습니다   사회적인 발전을   경제력은 표현하는 것을 돕습니다
political power. So I think that / there is a very real, a deep-rooted link / between
정치력을   (28)
Europe and the United States, and that's — the bedrock of that link, the roots of that
link / is the shared values that we have together. And that must be / used to /
                                                            그리고 그것은 사용되었음이 틀림없습니다
guarantee the balance of our world, the stability of our world.
보증하는데   세계의 균형을   세계의 안정을

 Unit0958

And that's precisely why we / welcome / ②_____ / in Europe
그리고 그것이 정확한 이유입니다   우리가 환영하는   미국 대통령의 여행을   유럽
— President Bush, in this case. But, generally, a statement of generalities would be
부시 대통령을   이번에는   하지만 일반적으로   일반 성명은 말해야만 할 것입니다
to say that / we welcome a visit by the President of the United States / because it
            우리가 환영한다고   미국 대통령의 방문을
shows the solidarity between the / ③_____, the two sides of the
그것이 연대를 보여주기 때문에   대양의 양쪽   즉, 대서양의 양쪽 사이의
Atlantic, something that is fundamental / for the stability / of our world.
              초석이 되는 어떤 것인   우리 세계의 안정에

Well, thank you, ladies and gentlemen.
감사합니다   신사 숙녀 여러분

Vocabulary Drills ㉗_____ to say no, (syn.) to decline ; to reject, not agree to (do something)
                   ㉘_____ of or about people and society ; friendly, liking to be with others

🔊 소리분석 *1*. And in our world : 자음 뒤 말음의 자음 생략, 연음

2. the trip of an American President : 연음, 자음 뒤 말음의 자음 생략

3. two sides of the pond : 연음, 자음 뒤 말음의 자음 생략

💡 구문분석 *1*. But I would also add that ₁*it's* an increasingly important relationship and ₂*it's* ― ₃*it* would be the sign of short-sightedness *to refuse to acknowledge that*. ⋯ 모두 3개의 it이 사용되었는데, ₁-₂*it*는 지시대명사, ₃*it*은 이어지는 부정사 *to refuse*에 대한 가주어로 쓰였다.

2. So I think ₁*that* there is a very real, a deep-rooted link between Europe and the United States, and ₂*that's* ― the bedrock of ₃*that* link, the roots of ₄*that* link is **the shared values** ₅*that we have together*. ⋯ 모두 5개의 that이 쓰였는데, 1은 명사절을 이끄는 접속사, 2는 지시대명사, 3~4는 지시형용사, 5는 관계대명사로 쓰였다.

3. But, generally, a statement of generalities **would be** to say **that₁** *we welcome a visit by the President of the United States because it shows the solidarity between the two sides of the pond, the two sides of the Atlantic,* **something that₂** *is fundamental for the stability of our world*. ⋯ 서법 조동사 would가 왔으며, **that₁**은 명사절을 이끄는 접속사, **that₂**는 관계대명사로 쓰였다.

번역 유럽과 미국의 관계에 관하여 말하자면, 여러분도 알고 있듯이 그것은 매우 오랜 관계입니다. 그것은 우리 세계의 균형과 안정을 위한 기초적인 관계입니다. 27) 그러나 그것은 중요성을 더해 가는 관계이며, 그것은, 그것을 인정하기를 부인한다는 것은 근시안적인 안목의 표시가 될 것이라고 저는 또한 덧붙이겠습니다.

미국과 유럽은 우리 세계의 두 개의 주요한 경제대국입니다. 그리고 우리 세계에서 경제는 사회적인 발전을 주도하고 있습니다. 경제력은 정치력을 나타내는 것을 돕습니다. 28) 그래서 저는 유럽과 미국 사이에는 진정한 뿌리깊은 연관성이 존재한다고 그리고 그것, 그러한 연관의 근본, 그러한 연관의 뿌리는 우리가 함께 공유하고 있는 가치들이라고 생각합니다. 그리고 그것은 세계의 균형, 세계의 안정을 보증하는 데 사용되었음이 틀림없습니다.

그리고 그것이 미국 대통령의 유럽여행을, 이번에는 부시 대통령을 우리가 환영하는 정확한 이유입니다. 하지만 일반적으로 보편적인 성명은 그것이 우리 세계의 안정에 기초가 되는 어떤 것, 대양의 양쪽, 즉 대서양 사이 양쪽의 연대를 보여주기 때문에 우리가 미국 대통령의 방문을 환영한다고 말하는 것이 될 것입니다.

신사 숙녀 여러분, 감사합니다.

Nuance Drills *Fill in the blanks with a suitable word as given:*

¹ _____ implies the exertion of power in causing a person or thing to act, move, or comply against his or its resistance and may refer to physical strength or to any impelling motive. ² _____ implies a driving irresistibly to some action, condition, etc. To ³ _____ is to compel submission or obedience by the use of superior power, intimidation, threats, etc. ⁴ _____ implies the operating of a restricting force and therefore suggests a strained, repressed, or unnatural quality in that which results.

(a) coerce   (b) compel
(c) constrain   (d) force

연구 76

관사의 용법(4)

⋯ 부정관사는 원칙적으로 셀 수 있는 명사, 즉 가산명사인 보통명사나 집합명사의 단수형 앞에 붙어 같은 종류 중의 임의의 하나를 가리키는 기능인데, 그 주요 용법을 살펴보면 다음과 같다.

1) one의 뜻으로 쓰인다. ・Rome was not built in *a day*.(로마는 하루만에 이루어진 것이 아니다.) / ・*A shotgun* is no good.(엽총으로는 안된다. 다른 것이 있어야 한다.) *cf.* One *shotgun* is no good.(엽총 한 자루로는 안된다. 2자루 이상이 있어야 한다.)

2) 처음으로 화제에 올리는 명사 앞에 ・Long, long ago, there lived a *fisherman* in a small village.(옛날 옛적 어떤 마을에 한 어부가 살고 있었습니다.)

3) <a(an)+단수 보통명사> ① 대표단수 ・ᵃ*A whale* is a mammal.(고래는 포유동물이다. ⋯ 이때의 a whale은 any whale의 의미로 종류나 크기에 관계없이 일반적인 의미에서의 고래라는 동물전체를 대표하게 된다. ᵇ*The whale* is a mammal. = ᶜ*Whales* are mammals. ⋯ 총칭명사로서의 대표단수는 ⓐⓑⓒ 모두 가능하나, ⓐ는 ⓒ 보다 그 사용빈도가 적지만 이야기 등의 첫 문장에 쓰이는 구어적 표현이고, ⓑ는 말하는 사람이나 듣는 사람이 서로 알고 있는 것을 말할 때 쓰이는 문어(文語), ⓒ는 가장 일반적인 구어적 표현이다.) 2) a certain(some) ・I saw *a horse under the tree*.(나는 나무 아래에 있는 어떤 말을 보았다. ⋯ 이때는 이어지는 부사구로 한정되어 특정한 말이 된다.) 3) 추상명사 ・He has *an eye* for the beautiful.(그는 아름다움에 대한

안목이 있다. ・이때의 eye은 심미안(審美眼)의 의미로 eyes를 쓸 수 없는 추상명사이다.) *cf.* He is blind of *one eye*.(그는 한쪽 눈이 장님이다. → 보통명사)

4) the same ・Birds of *a feather* flock together.(같은 것을 가진 새들은 함께 모인다. → 유유상종)

5) some ・She thought for *a while*.(그녀는 잠시동안 생각했다.)

6) ～・

7) 단위를 나타내어 per의 뜻으로 쓰인다. ・This car runs thirty miles *an hour*.(이 차는 시속 30마일로 달린다.) *cf.* This car does thirty miles to *the gallon*.(이 차는 1갤런당 30마일을 주행한다.)

8) 기타 관용적인 용법 ① <부정관사+고유명사> 형태로 i) ~이라는 분 ii) ~와 같은 인물 iii) ~가(家)의 사람 iv) ~의 작품・제품 ② <부정관사+형용사> 형태로 i) <부정관사+수량형용사> ii) <부정관사+최상급의 형용사> iii) <부정관사+서수사> = another ③ <부정관사+추상명사> → 행위나 실례를 의미한다. ④ <부정관사+물질명사> → 종류나 제품을 의미한다.

Unit 10

President Bush and Prime Minister Blair
About Reiterates Path for Peace in Middle East

미국 기업사상 최악의 분식회계 사건으로 기록되는 월드컴 회계부정 사건이 발생하여 달러 약세와 주가 폭락 등을 이유로 불안했던 미국 경제의 투명성과 신뢰가 더욱 추락하던 2002년 6월 26일 캐나다의 Kananaskis에서 개최된 G7 회의는 러시아에 정식 회원국 지위를 부여하면서 G8으로 그 명칭을 바꾸게 되는데, 여기에 참석한 부시 대통령과 토니 블레어 영국 수상의 공동기자회견 모습이다. 각 페이지 밑줄 친 부분을 번역하고, 하단의 설명을 읽고 해당하는 단어를 본문에서 찾아 써라.

The President : _Unit1001_ First, I'm—it's great to be with my friend, the Prime Minister. This is our second
먼저　　저는　제 친구와 함께 있게 되어 즐겁습니다　　　블레어 수상　　　이번이 우리의 두 번째 쌍무 회담입니다
bilateral of the day, the first was / in the gym. I went down after a run and there
오늘의　　　　첫 회담은 체육관에서 있었고　　 1)
was the Prime Minister / working out—an impressive regime, I might add. (Laughter)

So we had a good visit there, and we'll have a good visit here. America has got no
우리는 그곳을 멋지게 방문했고　　　　　그리고 이곳에서 멋진 방문을 갖게 될 것입니다　　　미국에게 친구는 없습니다
better friend / than the government of Great Britain. And I really appreciate his advice /
　　　　　영국 정부 이상의　　　　　　　　　그리고 저는 진정으로 고맙게 생각하고 있습니다
and friendship, it's good to see him.
그의 충고와 우정에　그를 만난다는 것은 즐겁습니다

Unit1002 I am / deeply concerned about / some of the accounting practices that take place in
저는 깊이 우려하고 있습니다　　　어떤 회계 부정에 대해　　　　　　　　발생한
America. Today the revelations that Worldcom / has misaccounted $3.4 billion / is
미국에서　　　오늘의 뜻밖의 새로운 사실은　　　　월드컴이 34억 달러를 잘못 회계 처리했다는
outrageous. We will fully investigate / and hold people accountable / for misleading not
괘씸합니다　　　 2)
only shareholders, but employees, as well. There is a / need for a renewed corporate
　　　　　　　　　　　　　　　　필요가 있습니다　　　　법인의 책임을 새롭게 할
responsibility in America. Those entrusted with shareholders' money / must—must—
미국에는　　　주주의 돈을 위탁받은 사람들은
strive for the highest of high standards. The good news is most corporate leaders / in
최고의 규범을 위해 노력해야만 합니다　　　　　　좋은 소식은 대부분의 법인 경영진들이
America are good, honest, open people who care deeply about shareholders and
미국의　　　선량하고 정직하며 솔직한 사람들이라는 것입니다　　철저하게 돌보는　　　주주들과 종업원들을
employees. And our economy is strong.
　　　　　그리고 우리의 경제는 강합니다

Unit1003 When we find / egregious practices, such as the one revealed today, we'll go after
우리가 발견하면　　 못된 부정을　　　　　오늘 적발된 것과 같은　　　　우리는 극복할 것입니다
them. And need to.
그것들을　그럴 필요가 있습니다

Mr. Prime Minister.
블레어 수상께서 말씀하시겠습니다

The Prime Minister : _Unit1004_ Well, Mr. President, first of all, thank you / for your kind words. And I thought you
무엇보다 먼저 부시 대통령께 감사를 드립니다　　　　각하의 친절한 말씀에　　　그리고 저는 생각합니다
looked in pretty good shape yourself / this morning.
각하께서 매우 건강해 보이셨다고　　　　오늘 아침에

| Vocabulary Drills | ① _____ | opinion(s) given to somebody about what to do, (syn.) guidance ; direction, warning |
| | ② _____ | to go to a place and stay for a time ; a stay with someone or at a place |

소리분석 *1*. than the, good to, revealed today, need to: 조음점 동화

2. accounting, misaccounted, and hold, standards, President, kind words: 말음의 자음 생략

3. This is our, bilateral of, an impressive, concerned about, and employees, looked in: 연음

4. bilateral, better, not only, but employees, responsibility, leaders: -t/-d의 -r 유음화

구문분석 *1*. I went down after a run and there was the Prime Minister *working out*—an impressive regime, I might add. … 1형식 구조의 두 절(clause)이 이어진 문장으로, dash(—) 다음에는 앞의 명사를 후위수식하는 현재분사에 대한 목적어가 부연 설명되고 있다.

2. I am deeply concerned about some of ***the accounting practices that*** *take place in America*. … practice는 보통 단수로 쓰여 '(개인의) 습관, (사회의) 관례, (반복되는) 연습·실습, 업무' 등의 의미를 갖지만, 복수로 쓰이면 '악습, 음모, 책략' 등의 뜻으로 쓰인다.

3. We ***will*** fully ***investigate*** and ***hold*** people accountable for misleading ***not only*** shareholders, ***but*** employees, ***as well***. … 조동사 ***will***을 공통으로 두 개의 술어동사가 and로 연결되고 있는데, and 이하 <O+OC>에는 Nexus 관계가 성립되고, <not only A but also B>가 쓰였다.

4. The good news is most corporate leaders in America are *good, honest, open* ***people who*** *care deeply about shareholders and employees*. … most가 관사없이 쓰이면 '대부분의, 대개의'라는 의미의 형용사로 쓰이며, is 다음에는 명사절을 이끄는 접속사 that이 생략되었고, that-절의 C를 선행사로 하는 관계절이 오고 있다.

번역 **부시 대통령**: 저는 먼저, 제 친구 블레어 수상과 함께 있게 되어 즐겁다는 말씀을 드립니다. 첫 회담은 체육관에서 있었고, 이번이 오늘 우리의 두 번째 쌍무 회담입니다. 1) 저는 조깅을 한 후 아래층으로 내려갔는데, 그곳에서 블레어 수상이 운동 중이었는데, 덧붙여 말씀드리자면, 인상적인 건강관리였습니다. 그래서 우리는 그곳을 멋지게 방문했고 그리고 이곳에서 멋진 방문을 갖게 될 것입니다. 미국에게 영국 정부 이상의 친구는 없습니다. 그리고 저는 진정으로 그의 충고와 우정을 고맙게 생각하고 있으며, 그를 만난다는 것은 즐겁습니다.

저는 미국에서 발생한 어떤 회계 부정에 대해 깊이 우려하고 있습니다. 월드컴이 34억 달러를 잘못 회계처리했다는 오늘의 뜻밖의 새로운 사실은 괘씸합니다. 2) 우리는 완벽하게 수사를 하고 주주뿐만 아니라 종업원들까지 오도한 사람들로 하여금 책임지게 할 것입니다. 미국에는 법인의 책임을 새롭게 할 필요가 있습니다. 주주의 돈을 위탁받은 사람들은 최고의 규범으로 노력해야만 합니다. 좋은 소식은 대부분의 미국 법인 경영자들이 주주들과 종업원들을 철저하게 돌보는 선량하고 정직하며 솔직한 사람들이라는 것입니다. 그리고 우리의 경제는 강합니다.

오늘 적발된 것과 같은 못된 부정을 발견하면, 우리는 그것들을 극복할 것입니다. 그럴 필요가 있습니다. 블레어 수상께서 말씀하시겠습니다.

블레어 수상: 무엇보다 먼저 부시 대통령의 친절한 말씀에 감사를 드립니다. 그리고 오늘 아침 각하께서는 매우 건강해 보이셨다고 저는 생각합니다.

연구 77

조건문장

… 영문을 보면 일정한 가정법의 형식을 모두 갖춘 문장보다는 문맥 속에 가정의 조건이 포함되어 있거나, 조건절이나 귀결절의 하나가 생략된 문장을 흔히 보게 되는데, 이런 문장은 보통 조동사가 가정법의 일정 형식의 형태를 갖는 서법조동사인 것이 보통이다.

1) 조건문장 · It ***would be*** wrong *to steal*.(도둑질을 하는 것은 나쁜 짓이다. =If one were to steal,~)/ · *To hear him speak English*, you ***would have thought*** that he was educated at a university in the US.(그가 영어를 하는 것을 들으면, 미국의 대학에서 공부했다고 생각할 것이다. =If you had heard him speak English~.)/ · *Left to herself*, she ***would have wandered*** here and there.(그녀가 혼자 남게 되었더라면 여기저기 방황했을 텐데. =If she had been left to herself,~.)/ · *Born* in better times, he ***would*** surely ***have risen*** to the highest position in political circle.(보다 좋은 시대에 태어났더라면, 그는 정치계에서 최고의 지위까지 올라갔을 텐데. =If he had been born in better times,~.)/ · *A true friend* ***would*** not ***have betrayed*** me.(참다운 친구였더라면, 나를 배반하지 않았을 텐데. … 명사-주어)/ · *Your refusal* to go there ***might give*** offence to them.(당신이 그곳에 가기를 거절한다면, 그들을 화나게 할지도 모른다.)/ · I ***would*** not ***do*** so *in his place*.(내가 만일 그의 입장이었다면 그렇게 하지 않았을 것이다. =If I were in his place,~. … 부사구)/ · *One minute later*, we ***might have been crushed*** to death.(일분만 늦었더라면, 우리는 압사했을지도 모른다. =If we had rushed out of the building one minute later,~.)/ · One can imagine what ***would have happened*** to the man *who should have dared to tell the truth* in this fashion.(만일 그런 방식으로 감히 사실을 말하는 사람이 있었더라면 무슨 일이 그에게 일어났을 거라는 것은 누구나 상상할 수 있다. =If he dared~. … 형용사 상당어구인 관계절)/ · He ***might come*** today.(그는 오늘 올지도 모른다. =~, if he could. … 조건절 생략됨)/ · That ***would seem*** strange.(이상하게 보일 수도 있다. =If you didn't know the truth,~.)/ · If the bee were to sting her nose?(만일 벌이 그녀의 코를 쏜다면 (어떻게 될까?) … 귀결절 생략됨)/ · If I ***had*** a son worthy the name!(내게 아들이라고 말할 수 있는 아들이 있었으면!)

2) 기타 조건절 대용어구 · But for~ =But for the fact that~ =Without~ =Except for~ =If it were not for~(past) 또는 If it had not been for~(p.p.) =Unless~ =Except that ~ =Save that ~

2. accountable, most, must, honest, friend, second, went: 주로 -nt/-nd/-rt/-rd에서의 -t/-d음 생략도 이 범주에 넣어 정리하였다.

3. run and, had a, have a, some of, place in, as well, in America, news is, And our, such as, thank you: 연음

※ great to: 겹자음의 발음 생략

※**bilateral**[bàilǽtərəl]은 본래 형용사로 쓰여 '양쪽(면)이 있는, 쌍무적인'의 뜻이지만, 명사로 쓰여 '쌍무회담'이라는 의미도 있다.

1. 여기서의 *working out*은 앞의 명사를 수식하는 현재분사로 쓰여 '운동 중인'의 의미이다. †**work out**: 1) (금액 등이) 산정되다(at), 산출하다. 2) 점점 나오다. 3) (계획 등이) 잘 되어가다. 4) (문제가) 풀리다, (합계가) 나오다. 5) (권투 선수가) 연습(훈련, 운동)하다. 6) (문제를) 풀다, 애써서 성취하다. 7) (계획 등을) 완전히 세우다. 8) ~을 노력해서 이해하다./ **regime**: 醫(식사·운동에 의한) 섭생, 양생법(regimen)

2. †**be concerned about**: 1) ~을 걱정(염려·우려)하다. 2) ~에 관계하다, 관심을 가지다./ **take place**: 1) (사건 등이) 일어나다. 2) (행사 등이) 개최되다. *cf.* take the place of: ~을 대신하다.

Nuance **'조사하다'의 뜻을 가지는 말**

① **investigate**: 사건·원인·사실 등을 조직적으로 조사하고 진상을 알아내다. ② **examine**: 어떤 것의 성질이나 효력 등을 결정하기 위해 지식·능력·피고 등을 엄밀하게 관찰하고 시험해보며 조사하고 음미하다. ③ **scrutinize**: 극히 세밀한 곳까지 철저하게 파고들어 조사하고 검사하다. ④ **research**: 새로운 사실이나 과학적인 법칙 등을 발견하기 위해 고도의 지식을 바탕으로 주도 면밀한 조사를 하다. ⑤ **inspect**: 과실이나 결함 등을 찾아내기 위해 군대·경찰·우편물·수출입품·무기 등을 직무상 또는 전문적인 입장에서 검사, 심사, 시찰하다. ⑥ **inquire into**: 사실·신원·인물·피해자 등을 조사, 취조하다. ⑦ **look into**: '조사하다'는 의미의 일상용어. ⑧ **see about**: '조사해보다'는 의미의 일상용어로, '주의하다, 탐구하다'는 뜻을 내포한다. ⑨ **look up**: '사전을 찾다'는 뜻의 미국의 구어로, 영국에서는 look out을 쓴다. ⑩ **look over**: 하나씩 또는 일부분씩 음미해가면서 조사하다, 훑어보다. ⑪ **look through**: 철저하게 조사하다. ⑫ **go through**: 주로 미국에서 사용하며, 훑어보며 조사하다.

Answers for Vocabulary Drills ① advice ② visit

※ 본문의 밑줄 친 부분을 번역하고, 하단의 설명을 읽고 해당하는 단어를 본문에서 찾아 써라.

Unit1005　And / once again / let me pay tribute / to your leadership / at this time, particularly / post
3)
September the 11th, but / actually / on all the range of issues in the world today. Our
　　　　　　　　　　　　　　　　　　　　　　　　　　　　　　　　　　　　우리의
relationship is strong, partly because / you and your colleagues are so / easy and open
관계는 강합니다　　　　　　　부분적으로는 부시 대통령과 그의 동료들은　　　　　너무도 여유가 있고 개방적이며
and transparent / to deal with it, and I thank you for that.
　　　　투명하게　　　그 일을 처리하고 있는 까닭에　　　저는 그 점에 감사를 드립니다

Unit1006　And, obviously, we have discussed and will discuss all the key issues that are to do
4)
with the summit, and the issues to do with the Middle East and so forth. And I'm
　　　　　　　　　　　　　　　　　　　　　　　　　　　　　　　　그리고 저는
sure / our discussions will be good and fruitful, as they always are.
확신합니다　우리의 논의가 잘되고 성과가 있을 것임을　　　항상 그래왔던 것처럼

The President : Finlay.
Unit1007　Finlay 기자가 말씀하세요

Q : Mr. President, in your speech / you made it very clear / that the / current leadership / in
대통령 각하　　각하께서는 연설을 통해 분명히 하셨습니다　　　현재의 지도력이
Palestinian / is not acceptable. If the outcome of the election / in January / were to result /
팔레스타인에서의　마음에 들지 않는다고　만약 1월 선거의 결과가　　　　귀착된다면
in the reelection / of Yasser Arafat, what would be the policy / of your government?
Yasser Arafat 재선으로　　　　　　　　　정책은 어떻게 될 것으로 보십니까　각하의 행정부의

The President : I meant what I said, that there needs to be change. If people are interested in
Unit1008　제가 진정으로 말씀드렸던 바, 그것은 변화가 있을 필요가 있다는 것입니다　　만약 사람들이 평화에 관심이 있다면
peace, something else has got to happen. We're mired in the situation now where
　　　무엇인가가 일어나야만 한다는 것입니다　　　　　우리는 오늘날의 상황에 빠져 있습니다
there is / terror on the one hand and / hopelessness on the other, and that's
한 편에는 테러가　　　　　　　　　　그리고 다른 편에는 절망이 있는　　　　그것은
unacceptable.
받아들일 수 없습니다

Unit1009　And therefore I laid out a way forward / for Palestinians, the Israelis, the Arab world
그래서　　　　　저는 진전된 방법을 준비했습니다　　팔레스타인과 이스라엘과 아랍 세계와
and all the rest of us worried about. And it said basically / the new institutions —
　　　　걱정하는 모두를 위한　　　　　　그리고 그것은 기본적으로　새로운 제도에 대해 진술하고 있습니다
there needs to be a new constitution, there needs to be elections, there needs to be
새로운 헌법이 있어야 하며　　　　　　　선거가 있어야 하며　　　　　있어야 하며
balance of power, there needs to
힘의 균형이　　　　있어야 하며
be new security forces, there
새로운 보안군이
needs to be transparency amongst /
투명성이 있어야 하는
financial institutions.
재정적인 관례에는

UNITED KINGDOM

Vocabulary Drills ③ ＿＿＿＿＿＿＿＿＿＿　effect or result of an event, or of circumstances
④ ＿＿＿＿＿＿＿＿＿＿　the ability to stand, walk, etc. without falling down, (syn.) equilibrium ; to keep in equal strength, weight, etc.

390 | 제3편 통·번역학 실제연습

여기서는 통역관을 통해서가 아니라 직접 토니 블레어 영국 수상의 육성 연설을 들으면서 미국 영어와 영국 영어의 다양한 차이점을 느끼게 될 것이다. 그런데, 블레어의 발음도 부시 못지 않게 빠르며, 부시의 발음에는 전에 없던 리듬이 두드러져 보인다.

1. amongst

2. with it, discussed and, discuss all, always are, in your, interested in, mired in, rest of us, hopelessness on, worried about 등에서도 연음이 일어나고 있다. 또 and open, and I, and all, And it 등에서는 먼저 자음 뒤 말음의 자음 생략이 생한 후 연음된다.
※with the에서는 겹자음의 발음 생략

2. because~ 이하는 앞 절 Our relationship is strong에 걸린다. †deal with: 1)다루다, 취급하다, 처리하다. 2)관계하다, 교제하다. 3)(사람을) 죽이다, 없애다.

3. †and so forth: ~등, 운운. 라틴어 et cetera의 약자인 etc.로 표기되기도 하지만, 말로 할 때는 and so on, and the rest, and the like 등으로 말한다.

5. †be mired in (difficulties): (곤경에) 빠지다.

6. institution은 '제도, 관례'의 의미로, need to는 '~해야 한다, ~할 필요가 있다'는 의미로 쓰였다.

🔊 **소리분석** *1.* And, post, world, transparent, President, current, forward : 말음의 자음 생략

2. once again, on all, range of issues, colleagues are, outcome of, laid out, balance of : 연음

3. at this, issues that, that the, needs to : 조음점 동화

4. made it, not acceptable, got to, out a, security : -t/-d의 -r 유음화

💡 **구문분석** *1.* And once again *let me pay* tribute to your leadership at this time, particularly post September the 11th, but actually on all the range of issues in the world today. … <제안>을 뜻하는 명령문 형식, <타동사 + 명사> 구조가 사용되었으며, 나머지는 모두 부사적 수식어이다.

2. Our relationship is strong, partly *because you and your colleagues are so easy and open and transparent to deal with it*, and I thank you for that. … <so + 형용사 + to-inf.> 구조로 <결과>를 뜻하는 to-inf.가 사용된 부사절과 연결된 <S₁ + V₁ + C> 절과 <S₂ + V₂ + O> 구조가 연결된 중문이다.

3. And, obviously, we *have discussed* and *will discuss* **all the key issues** that are to do with the summit, and **the issues** to do with the Middle East and so forth. … S와 O를 공통요소로 서로 다른 시제형의 술어동사가 연결되었으며, O를 선행사로 하는 관계절이 오고 있다.

4. If the outcome of the election in January *were to* result in the reelection of Yasser Arafat, what *would be* the policy of your government? … 순수가정이라고도 하는 가정법 미래가 쓰였다.

5. We're mired in **the situation** now **where** there is terror on the one hand and hopelessness on the other, and that's unacceptable. … <상황>의 관계 부사 where, 지시대명사 that이 사용되었다.

6. And it said basically the new institutions — there needs to be a new constitution, there needs to be elections, there needs to be balance of power, there needs to be new security forces, there needs to be transparency amongst financial institutions. … <S + V + O>의 O를 설명하는 말이 dash(—) 다음에 왔다.

> **연구 78**
> **후치형용사를 써야만 하는 경우**
> … ①긴 수식어구를 동반하며 명사를 수식하는 경우 · I've never heard a *tale so sad, so tender, and so true*.(나는 지금까지 그렇게 슬프고, 부드럽고, 진솔한 얘기는 들어본 적이 없다.) ②-able, -ible 등으로 끝나는 형용사가 all, every, any 등과 함께 강조적인 용법으로 쓰이거나 최상급과 함께 쓰인 경우 · *every means imaginable*(상상할 수 있는 모든 수단) · *He attends the best school imaginable*.(그는 상상할 수 있는 최고의 학교에 다닌다.) ③—thing, —body, —one 등으로 끝나는 명사를 수식하는 경우 · Is there *anything interesting* in today's paper?(오늘 신문에 뭐 재미있는 거라도 있습니까?) ④동사적 성질이 강한 분사형용사 · Nick was among the twenty *people arrested*.(Nick은 체포된 20명중의 하나였다.) ⑤old, long, wide, thick 등이 수사와 함께 명사를 수식하는 경우 · He is a *boy ten years old*.(=a ten-year-old boy) ⑥기타 관용적인 표현 · the *sum total*(총액) / · *God Almighty*(전지전능한 하나님) / · *Asia Minor*(소아시아)

번역 3) 그리고 지금 이 순간, 특히 9.11 이후에 그러나 실제로 오늘날의 세계에 있어서 모든 분야의 문제에 대한 부시 대통령의 지도력에 다시 한번 찬사의 말을 드립니다. 부분적으로는 부시 대통령과 그의 동료들은 너무도 여유가 있고 개방적이며 투명하게 그 일을 처리하고 있는 까닭에 우리의 관계는 강하며, 저는 그 점에 감사를 드립니다.

4) 그리고 분명하게 우리는 정상회담과 관련이 있는 모든 주요한 문제들과 중동 등과 관련이 있는 문제들을 논의를 했고 또 논의할 것입니다. 그리고 항상 그래왔던 것처럼 우리의 논의가 잘되고 성과가 있을 것임을 저는 확신합니다.

부시 대통령: Finlay 기자가 말씀하세요.

질문자: 대통령 각하, 각하께서는 연설을 통해 현재의 팔레스타인에서의 지도력이 마음에 들지 않는다고 분명히 하셨습니다. 만약 1월 선거의 결과가 Yasser Arafat 재선으로 귀착된다면, 각하의 행정부의 정책은 어떻게 될 것으로 보십니까?

부시 대통령: 제가 진정으로 말씀드렸던 바 그것은 변화가 있을 필요가 있다는 것입니다. 만약 사람들이 평화에 관심이 있다면, 무엇인가가 일어나야만 한다는 것입니다. 우리는 오늘날 한 편에는 테러가 그리고 다른 편에는 절망이 있는 오늘날의 상황에 빠져 있으며, 그것은 받아들일 수 없습니다.

그래서 저는 팔레스타인과 이스라엘과 아랍 세계와 걱정하는 모두를 위한 진전된 방법을 준비했습니다. 그리고 그것은 새로운 헌법이 있어야 하며, 선거가 있어야 하며, 힘의 균형이 있어야 하며, 새로운 보안군이 있어야 하며, 재정적인 관례에는 투명성이 있어야 하는 기본적으로 새로운 제도에 대해 진술하고 있습니다.

※ CD를 듣고 공란에 들어갈 말을 받아쓴 후 본문의 밑줄 친 부분을 번역하고, 하단의 설명을 읽고 해당하는 단어를 본문에서 찾아 써라.

Unit1010 I also made it plenty clear that / if there leadership compromised / by terror, we won't
저는 또한 충분히 분명히 했습니다 　　　　만약 테러에 의해 손상된 지도력이라면　　　　　우리는 못할 것이라고
be on the path to peace. I've got confidence in the Palestinian / when they understand
평화의 길에 있지　　　　　5)
/ fully what we're saying, that they'll make right decisions / as to how we get down
the road for peace. The status quo / is simply unacceptable, and it should be
　　　　　　　　　　　　현재의 상태는　　　　　　　단지 받아들일 수 없다는 것일 뿐이며　　　　　그것은 분명
unacceptable to them. They live in a—you know, they've been pawns / in the game
그들에게도 용납될 수 없을 것입니다　6)
of peace, they have no hope, their economy is in shambles, they live in squalor.

① [ðèiə líːrərʃip hæzlèðem dáun]　　　　　　　.
그들은 그들을 실망시키는 지도자들입니다

Q : Mr. President, who will be the judge, though, in the sufficiency / of the reforms that
Unit1011 대통령 각하　　　　누가 판단하겠습니까　　　　그렇지만　충분히　　　　　　개혁을
you're calling for?
각하께서 요청하는

The President : The free world, the people that / ② [ɑːgóunə bi æsktə púrʌp mʌni]　　　　. Listen, I
Unit1012 자유 세계의 사람들이 그렇게 할 것입니다　　　　재정 지원을 요청받은　　　　　　　이것 보세요 저는
can assure you / ③ [wiwʌnbi púriŋ mʌni ìntuə]　　　　　　/ society which is not transparent
여러분에게 단언할 수 있습니다　우리는 재정 지원을 하지 않을 것임을　　　　투명하지 않고 부패한 사회에
and corrupt. And I suspect / other countries won't either.
　　　　　　　다른 나라 역시 그렇게 하지 않을 것이라고 여기지만 서도.

Q : Mr. Prime Minister, can I ask you, do you agree / that there's got to be change, and
Unit1013 블레어 수상께 드리는 질문인데　수상께선 동의하십니까　　변화가 있어야만 하며
that means an end to Yasser Arafat? And can I ask you also, Mr. President, whether
그것은 야세르 아라파트가 그만 두는 것을 의미한다는 데에　또 부시 대통령께 질문을 드리는데　대통령께서는
you agree with the Europeans / that you're not as serious / as Mr. Blair about helping
동의하십니까?　　　유럽인들의 의견에　블레어 수상만큼 진지하지 않다는　　　아프리카를 돕는 데에
Africa?

The President : Okay.
동의합니다

The Prime Minister : First of all, let me just make it clear, ④ [æzai sétu ju jéstərdèi]　　　, it's for the
Unit1014 먼저　　　분명히 말씀드립니다　　　　어제 제가 말씀드린 대로
Palestinians / to elect the people that they choose to elect. But / if we're going to
팔레스타인 사람들을 위한 것입니다　　사람들을 뽑는 것은 그들이 뽑기로 결심하는　　그러나 우리가 발전하려고 한다면
make progress, we need people / that we can
　　　　　　　　우리는 사람들을 필요로 합니다　우리가
negotiate with, who are serious / about
협상할 수 있으며　　　중요하게 여기는
negotiating / around the issues of security and
문제들에 대한 협상을　　안보와
political reform necessary / for the peace
필요한 정치 개혁의　　　평화의 과정이
process to work.
추진되기 위해

Vocabulary Drills ⑤ _____ as much as or more than is needed or desired ; a large number or quantity
⑥ _____ the situation of something at a particular time ; one's position in society in terms of power and importance

4는 블레어 수상의 목소리로 영국식 발음이 그대로 들려온다. 즉, yesterday는 미국식으로 발음하면 [jéstərdi]가 된다. 또 부사의 발음 중 ask는 영국식이라면 [ɑsk]로 소리날 것이다. 그러한 차이에도 불구하고 이들의 의사소통에는 거의 문제가 없는 것으로 미루어 영국식 발음과 미국식 발음 사이의 소통에는 문제가 없음을 보여준다.

2. †get confidence un: ~에 대한 신뢰를 갖다./ make decision: 결심을 하다./ get down: (말·나무·기차에서) 내리다.

4. let me just make it clear의 it은 it's for the Palestinians을 가리키는 가목적어로 쓰였다.

🔊 **소리분석**

1. They're leadership has let them down : -t/-d의 -r유음화, 조음점 동화

2. are going to be asked to put up money : 기능어의 축약, 조음점 동화, -t/-d의 -r유음화

3. we won't be putting money into a : 자음 뒤 말음의 자음 생략, -t/-d의 -r유음화

4. as I said to you yesterday : 연음, 조음점 동화

💡 **구문분석**

1. I've got confidence in the Palestinian **when** they understand fully **what** we're saying, **that** they'll make right decisions **as to how** we get down the road for peace. ··· <S + V + O> 구조의 주절에 when-부사절이 이어지고 있는데, when-절의 술어동사 O로 what-명사절이 오고, what-절과 동격의 that-절이 이어지고 있으며, that-절 안에 또 how-명사절이 들어있는 혼합문이다.

2. They live in a ─ you know, they've been **pawns in the game of peace**, they have no hope, their economy is in shambles, they live in squalor. ··· live in a 다음에 (state of) **pawns in the game of peace**이라고 말하려 했는지, 또 말을 더듬는다. 부시 미국 대통령의 습관적인 버릇이다.

3. And can I ask you also, Mr. President, **whether you agree with the Europeans that you're not as serious as Mr. Blair about helping Africa?** ··· ask의 DO로 whether-의문사절이 오고 있는데, you는 Bush를 가리키며, <not as A as B>의 열등비교가 사용되고 있다.

4. First of all, let me just make it clear, as I said to you yesterday, **it's for the Palestinians to elect the people that they choose to elect.** ··· <제안>의 명령문이 오고, 가주어 it 앞에 접속사 that이 생략되었으며, 가주어 it, 진주어 to-inf., to-inf.의 목적어를 선행사로 하는 that-관계절이 쓰였다.

5. But if we're going to make progress, we need **people that** we can negotiate with, **who** are serious about negotiating around the issues of security and political reform necessary for the peace process to work. ··· **people**을 선행사로 하는 이중한정의 관계절이 이어지고 있다.

[Nuance] **'길'의 뜻을 가지는 말**

① **path, trail**: 사람이 다녀 밟아서 저절로 생긴 작고 좁은 길, 소로(pathway). trail은 특히 사냥꾼 등이 이용하는 숲 속의 좁은 길을 가리킨다. ② **lane**: 생울타리나 집 등의 사이에 있는 작고 좁은 길 ③ **footpath**: 사람이 다니기 위한 작은 길, 보도 ④ **alley**: 건물 사이의 좁은 주로 빈민가의 골목길(back lane), 뒷골목이나 오솔길(shady walk) ⑤ **street**: 거리 양쪽으로 건물이 줄지어 서 있는 도로, 미국 대도시의 동서로 뚫린 도로를 가리키기도 한다. ⑥ **road**: 구체적인 '길·도로'라는 의미의 가장 일반적인 말로, 도시와 도시를 연결하는 자동차 등의 교통이나 토목 사업의 대상으로써의 '길'을 말하며, 비유적으로도 종종 쓰인다. ⑦ **avenue**: 길 양쪽에 가로수가 늘어선 도로, 미국의 남북으로 뚫린 도로를 가리키기도 한다. ⑧ **way**: road의 의미 중 토목 사업 대상물로서의 의미를 제외하고 추상적·비유적 의미까지를 포함하는 일정 지점에서 다른 지점으로 이동을 가능케 하는 길이나 방법. ⑨ **route**: 어떤 장소에서 다른 장소로 통하는 roads의 결합 또는 특별한 경우에 항상 택하거나 지나치는 지정된 경로 ⑩ **thoroughfare**: 도로, 통행을 가리키는 문어

번역 저는 또한 만약 테러에 의해 손상된 지도력이라면 우리는 평화의 길에 있지 못할 것이라는 점을 충분히 분명히 했습니다. 5) 우리가 말하는 것, 즉 평화의 길에 우리가 내려서는 방법에 대하여 그들이 올바른 결정을 내려야 한다는 것을 그들이 충분히 이해할 때, 저는 팔레스타인에 대한 신뢰를 가져왔습니다. 현재의 상태는 단지 받아들일 수 없다는 것일 뿐이며, 그것은 분명 그들에게도 용납될 수 없을 것입니다. 6) 여러분도 알고 있지만, 그들은 평화의 게임에 볼모였으며, 지금도 (볼모로) 살고 있고, 그들에게 희망은 없으며, 그들의 경제는 대혼란에 빠져있고, 그들은 더럽게 살고 있습니다. 그들은 그들을 실망시키는 지도자들입니다.

질문자: 그렇지만 부시 대통령 각하, 각하께서 요청하는 개혁의 충실도를 누가 판단하겠습니까?

부시 대통령: 재정 지원을 요청받은 자유 세계의 사람들이 그렇게 할 것입니다. 이것 보세요, 투명하지 않고 부패한 사회에 우리는 재정 지원을 하지 않을 것임을 저는 여러분께 단언할 수 있습니다. 다른 나라들 역시 그렇게 하지 않을 것이라고 여기지만 서도.

질문자: 블레어 수상께 드리는 질문인데, 변화가 있어야만 하며 그것은 야세르 아라파트가 그만 두는 것을 의미한다는 데에 수상께선 동의하십니까? 또 부시 대통령께 질문을 드리는데, 대통령께서는 블레어 수상만큼 아프리카를 돕는 데에 진지하지 않다는 유럽인들의 의견에 동의하십니까?

부시 대통령: 동의합니다.

블레어 수상: 먼저, 분명히 말씀드립니다 어제 제가 말씀드린 대로, 그들이 뽑기로 결심하는 사람들을 뽑는 것은 팔레스타인 사람들을 위한 것입니다. 그러나 우리가 발전하려고 한다면, 우리가 협상할 수 있으며, 평화의 과정이 추진되기 위해 필요한 안보와 정치 개혁의 문제에 대한 협상을 중요하게 여기는 사람들을 우리는 필요로 합니다.

연구 79

as long as, so long as(2)

— · I shall not never forget your kindness **as long as** I live.(내가 살아있는 한 당신의 친절을 결코 잊지 않을 것입니다.)/ · We went **as far as** page thirty-five. (우리는 35쪽까지 나갔다.) ··· 구체적인 범위를 나타낼 때는 so far as 보다 as far as가 더 보편적이다.)/ · Stay **as long as** you like.(있고 싶은 만큼 있어도 좋다.) ··· 이처럼 as long as는 보다 강의적이며 문어에서 주로 쓰이는 so long as와 거의 구분없이 쓰이기도 하지만, 요즘의 일상회화에서는 as long as가 더 자주 사용되는 경향을 보인다.

※CD를 듣고 공란에 들어갈 말을 받아쓴 후 본문의 밑줄 친 부분을 번역하고, 하단의 설명을 읽고 해당하는 단어를 본문에서 찾아 써라.

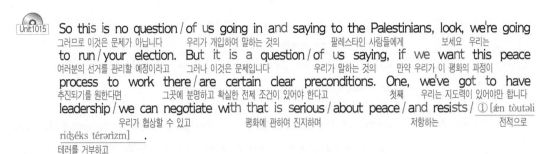

Unit1015
So this is no question / of us going in and saying to the Palestinians, look, we're going
그러므로 이것은 문제가 아닙니다   우리가 개입하여 말하는 것의   팔레스타인 사람들에게   보세요 우리는
to run / your election. But it is a question / of us saying, if we want this peace
여러분의 선거를 관리할 예정이라고   그러나 이것은 문제입니다   우리가 말하는 것의   만약 우리가 이 평화의 과정이
process to work there / are certain clear preconditions. One, we've got to have
추진되기를 원한다면   그곳에 분명하고 확실한 전제 조건이 있어야 한다고   첫째   우리는 지도력이 있어야만 합니다
leadership / we can negotiate with that is serious / about peace / and resists / ① [金n tòutəli
           우리가 협상할 수 있고   평화에 관하여 진지하며   저항하는   전적으로
ridʒéks térərìzm].
테러를 거부하고

Unit1016
Two, we've got to have a security infrastructure / in Palestine / that has integrity. And,
둘째   우리는 안보 하부 구조가 있어야만 합니다   팔레스타인에   완전한   7)
three, ② [wiv gùtəhæv pəlítikəl ìnstətjú:ʃəns]_____ / capable of giving rise / to the viable
Palestinian state that we believe should be the outcome / of this process.

Unit1017
So / if in the end / you want, as we want, an Israeli state / that is confident about its
그래서 결국 여러분이 원한다면   우리가 원하듯이   이스라엘 국가와   확신하는
own security / and a viable Palestinian state, those are the preconditions. For Israel to
그 자체의 안보를   존속 가능한 팔레스타인 국가를   그러한 것들이 전제 조건입니다   이스라엘이
be confident, ③ [its gùtəhævə nigóuʃièitiŋ pá:tnər]_____ / that is serious / about tackling
확신한다면   그것은 협상의 상대를 갖게 될 것임에 틀림이 없습니다   진지한   테러의 방지에
terrorism.

Unit1018
Now, that is, I think, ④ [ði ésnsə vìt]_____. So, you know, it's not a question of saying /
말이 났으니 말이지   제 생각에 그 일이 그것의 핵심입니다   그래서 여러분도 알다시피 이 문제는 말하고 자시고의 문제가 아닙니다
we're going to tell people who they elect / or not elect — that's for them. But it's for
우리가 사람들에게 이야기할 작정이라는 것을   그들이 누구를 뽑으라 말라   그것은 그들의 문제입니다   하지만 말하는 것은
us to say the consequences / of electing people who aren't serious negotiating
우리입니다   사람들을 선출한 결과는   진지한 협상 상대가 못되는
partners / is that we can't move this forward.
        우리가 이 진전에 동의할 수 없는 것이라는 점을

Q : And that's Arafat you're talking about~
그리고 그것은 아라파트입니다 수상께서 말하고자 하는 것은

The Prime Minister : Well, you know, as I said to you yesterday, we've had a situation / over the past few
아무튼   여러분도 알고 있고   제가 어제 여러분에게 말한 것처럼   우리는 어떤 상황을 맞이해 왔고   과거 몇 년 동안
years — and I've tried as hard as anyone, I think / I've had 30 different meetings / with
        저는 누구 못지 않게 열심히 노력해왔으며   제 생각으로 저는 30여 번의 회의를 해왔습니다
Chairman Arafat over the past few years. But as I said to you yesterday, you've got
아라파트 의장과   과거 몇 년 동안   8)
a situation / where we have not been able to make progress / and there has been an
attitude / towards terrorism / that is / inconsistent / with the notion of Israel's security.

Vocabulary Drills ⑦ _____ not to allow something to touch or hurt, (syn.) to fend off, withstand
⑧ _____ that which makes a thing what it is ; the inner nature or most important quality of a thing

소리분석 **1.** and totally rejects terrorism : 말음의 자음 생략, 복합중자음에서의 중간 자음 생략

2. we've got to have political institutions : 겹자음의 발음 생략

3. it's got to have a negotiating partner : 겹자음의 발음 생략, 연음

4. the essence of it : 연음

구문분석 **1.** One, we've got to have **leadership** we can negotiate with **that is** serious about peace and resists and totally rejects terrorism ··· **that**-관계절은 $[V_1 + C \text{ and } \{(V_{2-1} \text{ and } V_{2-2}) + O\}]$ 구조이다.

1. O로 쓰인 **leadership**을 선행사로 두 개의 격이 다른 관계절이 이중한정으로 연결되고 있다. †have got to : ~해 야 한다, 하지 않으면 안된다. 주관적·객 관적 사정에 의한 필요나 논리적 추측, 자연의 법칙 결과 등을 나타내는 must 와는 달리 객관적인 사정에 의한 다소 약 한 필요를 의미하는 have to에 대한 구 어적인 표현.

3. †in the end : 마침내, 결국

4. 가주어 it, <for + O> 구조의 의미상의 주어가 왔으며, 또 (that)-절의 주어 the consequences에 대한 전치사구가 되는 동명사 electing의 O를 선행사로 하는 **who**-관계절이 온 후 술어동사 **is** 가 왔는데, 수(Number)의 일치상 **are** 로 써야 옳은 표현이다.

2. And, three, we've got to have political institutions *capable of giving rise to* **the viable Palestinian state that** we believe should be the outcome of this process ··· O인 institutions을 후위 수식하는 형용사구, **state**을 선행사로 하는 **that**-관계절 안에 삽입어구 등이 사용되고 있다.

3. So if in the end you want, as we want, **an Israeli state that** is confident about its own security and **a viable Palestinian state**, those are the preconditions. ··· if-조건절과 as-삽입절은 두 개의 O를 공통요소로 하고 있는데, O_1은 **that**-관계절의 선행사가 된다.

4. But **it**'s for us to say the consequences of electing **people who** aren't serious negotiating partners **is** that we can't move this forward. ··· 진주어로 쓰인 to-inf.의 O로 (that)-명사절이 왔다.

5. Well, ¹you know, ²as I said to you yesterday, ³we've had a situation over the past few years — and ⁴I've tried as hard as anyone, ⁵I think ⁶I've had 30 different meetings with Chairman Arafat over the past few years. ··· 1과 5라는 두 개의 주절 속에 모두 6개의 절이 나열되거나 복합적으로 연결된 혼합문으로, 3과 4는 1과 2의 공통적인 O′가 되며, 6은 5의 O″가 된다.

6. But as I said to you yesterday, you've got **a situation where** we have not been able to make progress and there has been an attitude towards **terrorism that** is inconsistent with the notion of Israel's security. ··· O로 쓰인 **a situation**을 선행사로 하는 **where**-관계절, **terrorism**을 선행사로 하는 **that**-관계절이 사용되고 있는 $[S_1 + V_1 + O \text{ and there } V_2 + S_2]$ 구조의 혼합문이다.

Nuance Drills Fill in the blanks with a suitable word as given:

We usually speak of¹＿＿＿ in the city and² ＿＿＿ in both the country and city. A³＿＿＿ is a narrow way, often between houses, walls, or fences. A⁴＿＿＿ is a short street. A⁵＿＿＿ is a road closed at one end, often with houses built around a small circle of pavement. An ⁶＿＿＿ is a wide street, often but not always lined with trees. A⁷＿＿＿ is a broad, tree-lined avenue, which may have a central island dividing the lanes of traffic. These terms are sometimes used incorrectly in naming streets, often because someone simply likes the ⁸＿＿＿ they sound.

(a) avenue　　(b) boulevard
(c) court　　　(d) cul-de-sac
(e) lane　　　(f) roads
(g) streets　　(h) way

번역 그러므로 보세요, 이것은 팔레스타인 사람들에게 우리가 여러분의 선거를 관리할 예정이라고 우리가 개입하여 말하는 것의 문제가 아닙니다. 그러나 이것은 만약 이 평화의 과정이 추진되기를 원한다면 그곳에는 분명하고 확실한 전제 조건이 있어야 한다고 우리가 말하는 것의 문제입니다. 첫째, 우리는 우리가 협상할 수 있고 평화에 관하여 진지하며 테러를 전적으로 거부하고 저항하는 지도력이 있어야만 합니다.

둘째, 우리는 팔레스타인에 완전한 안보 하부 구조가 있어야만 합니다. 7)그리고 셋째, 이 과정의 결과가 되어야만 한 다고 우리가 믿는 존속 가능한 팔레스타인 국가를 탄생시킬 수 있는 정치적인 제도를 우리는 가져야만 합니다.

그래서 결국 우리가 원하는 것처럼, 여러분이 그 자체의 안보를 확신하는 이스라엘과 존속 가능한 팔레스타인 국가를 원한다면, 그러한 것들이 전제 조건입니다. 이스라엘이 확신한다면, 그것은 테러의 방지에 진지한 협상의 상대를 갖게 될 것임에 틀림이 없습니다.

말이 났으니 말이지, 제 생각으로는 그 일이 그것의 핵심입니다. 그래서 여러분도 알다시피 이 문제는 우리가 사람들에 게 누구를 뽑으라 말라 '이야기할 작정이라는 것을 말하고 자시고의 문제가 아닙니다. 그것은 그들의 문제입니다. 하지만 진지한 협상 상대가 못되는 사람들을 선출한 결과는 우리가 이 진전에 동의할 수 없을 것이라는 점을 말하는 것은 우리 입니다.

질문자 : 그리고 수상께서 말하고자 하는 것은 아라파트입니다.

블레어 수상 : 아무튼, 제가 어제 여러분에게 말한 것처럼 여러분도 알고 있고, 우리는 과거 몇 년 동안 어떤 상황을 맞이해 왔 고, 저는 누구 못지 않게 열심히 노력해왔으며, 제 생각으로 저는 과거 몇 년 동안 아라파트 의장과 30여 번의 회의를 해 왔습니다. 8)그러나 어제 제가 말씀드린 것처럼, 여러분은 우리가 진전을 이룰 수 없었으며, 이스라엘의 안보 관념과 모 순되는 테러에 대한 자세가 존재했던 상황을 맞이하였습니다.

※ CD를 듣고 공란에 들어갈 말을 받아쓴 후 본문의 밑줄 친 부분을 번역하고, 하단의 설명을 읽고 해당하는 단어를 본문에서 찾아 써라.

The President : As to Africa, all of us are doing as much as we possibly can. I don't think /this is a/
아프리카에 관하여　우리 모두는　많은 일을 하고 있는 중입니다　가능한 한　　　저는 생각하지 않습니다 이것이

competition. I'm proud of the /Blair government's efforts for Africa /① [æn àim práurəv
경쟁이라고는　저는 자랑스럽고　　블레어 정부의 노력이　　아프리카를 위한　또한 자랑스럽습니다

mai éfərs]　/for Africa. After all, I laid out what I call a Millennium Challenge Account /
아프리카를 위한 저 자신의 노력도　9)

in Monterrey, Mexico that says if countries adopt the habits of democracy /and

freedom /② [æn práivət prápəri æn rì:fó:m]　　, there will be $5 billion a year available. I

laid out /a new AIDS initiative /that is the first /of its kind, that says /we're going to
저는 새로운 AIDS 처리 계획을 제안하였습니다　그 종류의 것으로는 최초인　　　말하는　　우리는

provide a lot of money, about half a billion dollars, to mother-to-child ─ to affect
많은 돈을 제공할 예정이라고　　　약 5억 달러를　　　　모자감염 예방 프로그램에　　예방하기 위해

mother-to-child transmission of HIV/AIDS.
HIV/AIDS의 모자감염을

We're also /significantly involved in the AIDS fund. I laid out /another initiative on a
우리는 또한 상당히 열중하고 있습니다　　　　AIDS 기금에도　　저는 다른 계획을 제안하였습니다

$200 million education fund. So I'm plenty pleased with the progress we're making.
2억 달러의 교육 기금 (마련)을 위해　　그래서 저는 매우 기쁩니다　　우리가 일궈내고 있는 발전에

Stretch. We call him Stretch.
Stretch 기자. 우리는 그를 Stretch라 부르기로 했습니다

Q : Glad to have it back. (Laughter) Mr. President, if Yasser Arafat /is compromised by
제자리로 돌려주어 기쁩니다　　　　　　부시 대통령 각하　　만약 야세르 아라파트가 변질되었다면

terror, and if the Palestinian Authority has trafficked /with terrorists, under your
테러로　　　또 팔레스타인 당국이　　　　테러리스트들과 거래를 했다면　　　　각하의 정책에 따라

doctrine /are you prepared /for the U.S. to step up /its military role in eliminating him
미국이 증대하는 것을 각하께서는 준비하고 있습니까　　그 군사적인 역할을　그를 제거하는데 있어서

and those terror organizations /which the administration believes /that he props up?
그러한 테러 조직을　　　　　미국 정부가 믿고 있는　　　　　그가 지원한다고

③ [æn tóutəli ànriléirirə ðət]　　　, do you believe that /there is a crisis /in confidence /
10)
among the American people, vis a vis the economy, and particularly the stock market

/in view of yet another failure /of an American

corporation?

The President : ④ [lèm mi ǽnsər ðə sékən kwésʃən fə:rs]　　. The market
두 번째 질문부터 답하겠습니다　　　　　　　　　시장은
isn't /as strong as it should be /for three reasons.
충분히 튼튼하지 않습니다　　　　　3가지 이유 때문에
One, corporate profits. There's no question /some
첫째는　기업의 이익 때문입니다　　그것은 확실하며
sectors of our economy /are recovering from the
우리 경제의 몇몇 부문들은　　　회복하는 중이라는 것은
slow-down, but they'll recover.
경기후퇴로부터　　그것들은 회복할 것입니다

Vocabulary Drills ⑨ _____ an organized event in which people try to do a specific activity better than everyone else
⑩ _____ somebody's settled practice, especially something that cannot easily be given up

1. efforts는 3개 이상 중첩된 복합중자음의 중간 자음 생략 또는 -rt/-rd/-nt /-nd에서의 -t/-d음의 생략 어느 쪽으로 보아도 같은 결과이다. [éfərts]→[éfərs]

1. †after all: 1)(문두에 써서) 아무튼, 하지만, 어쨌든 2)(문미에 써서) 역시, 결국/ lay out: 1)펼치다, 진열하다. 2)기절시키다, 죽이다. 3)(정원·도시 등을) 설계하다. 4)(책 등을) 레이아웃하다. 5)(돈을) 대량으로 쓰다, 투자하다./ what one calls: 소위, 이른바(what we(they, you) call, what is called)

3. †be prepared for: ~을 각오(준비)하다./ step up: 1)올라가다, 접근하다. 2)구애(구혼)하다. 3)(전압을) 높이다. 4)촉진하다, 빠르게 하다.

🔊 소리분석 *1.* and I'm proud of my efforts : 말음의 자음 생략, -t/-d의 -r유음화

2. and private property and reform : 말음의 자음 생략, -rt/-rd/-nt/-nd에서의 -t/-d음의 생략

3. And totally unrelated to that : 말음의 자음 생략, -t/-d의 -r유음화

4. Let me answer the second question first : 비음화, 말음의 자음 생략

💡 구문분석 *1.* After all, I laid out *what I call* **a Millennium Challenge Account** in Monterrey, Mexico *that* says *if countries adopt the habits of* **democracy and freedom and private property and** **reform**, there will be $5 billion a year available. ··· **Account**를 선행사로 하는 *that*-관계절이 오고 있으며, *if*-조건절에서 전치사 *of*의 O가 <A and B and C···> 형태로 나열되고 있다.

2. I laid out **a new AIDS initiative that** is the first of its kind, **that** says we're going to provide a lot of money, about half a billion dollars, to mother-to-child —to affect mother-to-child transmission of HIV/AIDS. ··· **initiative**를 선행사로 하여 이중한정의 *that*-관계절이 오고 있다.

3. Mr. President, [1]*if Yasser Arafat is compromised by terror, and* [2]*if the Palestinian Authority has* *trafficked with terrorists*, under your doctrine **are you prepared for the U.S. to step up** its military role in eliminating **him and those terror organizations which** the administration believes that he props up? ··· 두 개의 조건절이 있는 의문문으로, 의미상의 주어가 딸린 to-inf.가 오고 있으며, 동명사 eliminating의 O를 선행사로 하는 **which**-관계절이 오고 있다.

4. And totally unrelated to that, do you believe that there is a crisis in confidence **among** the American people, vis a vis the economy, and particularly **the stock market** in view of yet another failure of an American corporation? ··· 부수적인 요소를 제외하면 Do you believe that there is a crisis in confidence **among** A and B?라는 의문문이다.

Nuance '습관, 관습'의 뜻을 가지는 말
①custom: 단체·사회·국가 등에서 오랫동안 전통적으로 정착되어 온 관습이나 개인적 습관. 법률용어로는 '관례·관행'이라는 의미로 쓰이기도 한다. ②habit: 자주 반복되어 행동하는 사이에 저절로 굳어진 개인적이며 무의식적인 버릇이나 습관 ③convention: 지역사회 구성원이 무언중에 인정하는 관습 ④usage: 사회에서 장기간 행해지고 널리 인정되어 온 까닭에 일의 지침이 되는 practice나 custom. 따라서 a *new custom*이라고는 말할 수 있어도 a *new usage*라고는 말하지 않는다. ⑤manner: 넓은 의미로 본 어떤 민족이나 계급, 시대 등의 지배적인 관습이나 생활 양식. habit와 custom 양쪽의 의미 모두로 쓰이는 넓은 뜻의 말이다. ⑥practice: 규칙적으로 자주 자진해서 행하는 습관, 습관적인 방식으로 무의식적으로 하는 것만을 포함하지는 않는다. ⑦wont: 주로 문어적인 말로, 동물이 어떤 장소에 집착하는 것과 같은 맹목적이고 본능적인 habit를 말한다. ⑧ways: 도덕상의 개인적인 버릇

번역 **부시 대통령:** 아프리카에 관하여 우리 모두는 가능한 한 많은 일을 하고 있는 중입니다. 저는 이것이 경쟁이라고는 생각하지 않습니다. 저는 아프리카를 위한 블레어 정부의 노력이 자랑스럽고, 또한 아프리카를 위한 저 자신의 노력도 자랑스럽습니다. 9)아무튼 많은 나라들이 민주주의와 자유와 사유재산과 개혁의 관습을 받아들인다면 해마다 50억 달러의 시장이 열릴 것이라고 말하는 소위 Millennium Challenge Account을 저는 멕시코의 몬테레이에서 제안하였습니다. 모자감염 예방 프로그램에, HIV/AIDS의 모자감염을 예방하기 위해 우리는 약 5억 달러라는 많은 돈을 제공할 예정이라고 말하는 그 종류의 것으로는 최초인 새로운 AIDS 처리 계획을 저는 제안하였습니다.

우리는 또한 AIDS 기금에도 상당히 열중하고 있습니다. 저는 2억 달러의 교육 기금 (마련)을 위한 다른 계획을 제안하였습니다. 그래서 저는 우리가 일궈내고 있는 발전에 매우 기쁩니다.

Stretch 기자가 질문하세요. 우리는 그를 Stretch라 부르기로 했습니다.

질문자: 제자리로 돌려주어 기쁩니다. 부시 대통령 각하, 만약 야세르 아라파트가 테러로 변질되었고 또 팔레스타인 당국이 테러리스트들과 거래를 했다면, 각하의 정책에 따라 각하께서는 미국이 그와 그가 지원한다고 미국 정부가 믿고 있는 그러한 테러 조직을 제거하는데 있어서 그 군사적인 역할을 증대하는 것을 준비하고 있습니까?

10) 그리고 그것과는 전혀 관계가 없는 것이지만, 각하께서는 직면하는 경제 문제에 있어서 그리고 미국 기업의 또 다른 실패를 보면서 특히 주식 시장에 있어서 미국 국민들 사이에 신뢰에 위기가 존재한다고 믿으십니까?

부시 대통령: 두 번째 질문부터 답하겠습니다. 시장은 3가지 이유 때문에 충분히 튼튼하지 않습니다. 첫째는 기업의 이익 때문입니다. 우리 경제의 몇몇 부문들은 경기후퇴로부터 회복되고 있는 중이라는 것은 확실하며, 그것들은 회복될 것입니다.

연구 80
미국 영어와 영국 영어의 차이(1)
···21세기 세계 정치, 경제, 사회, 문화, 과학 등 인류 문명 전반의 공용어로 등장한 미국식 빠른영어는 영국식 영어와 철자, 구두점, 어휘, 문법 전반에 걸쳐 다소의 차이를 보이고 있지만 가장 큰 차이점은 바로 그 발음 분야라 할 정도로 상당한 차이가 있는데, 그 주요한 부분을 살펴보면 다음과 같다.

① 어휘의 강세(강세가 오는 부분을 대문자로 표기함)

영국식	미국식	영국식	미국식
adDRESS	ADDress	DEtail	deTAIL
artiSAN	ARTisan	GArage	gaRAGE
cigaRETTE	CIGarette	laBOratory	LABoratory
reCESS	REcess	reVEILLE	REveille
docTrinal	DOCtrinal		

② 강모음과 약모음 사이에 쓰인 -t/-d-th음의 -r유음화의 결과 다음과 같은 어휘의 발음이 같게 소리난다.

bitter—bidder	catty—caddy
latter—ladder	petal—pedal
shutter—shudder	written—ridden

Answers for Vocabulary Drills ⑨ competition ⑩ habit

통번역학 이론과 실제

※CD를 듣고 공란에 들어갈 말을 받아쓴 후 본문의 밑줄 친 부분을 번역하고, 하단의 설명을 읽고 해당하는 단어를 본문에서 찾아 써라.

 Unit1024 Secondly, there are still some concerns / as to whether or not / the United States / ① _____
둘째로   여전히 몇가지 우려가 있습니다   미국과
/ will be able to prevent further terrorist attack. In other words,
우리의 우방국 및 동맹국들이   더 이상의 테러 공격을 예방할 수 있는 지의 여부에 대한   다른 말로 해서
there's some concerns about / ② _____. And I want
약간의 우려가 존재합니다   적의 역량에 대한   우리를 다시 공격할 수 있는 11)
to assure / American investors / and our friends / that we're doing everything we
possibly can — the government is on / full alert, attempting to run down every hint /
and every lead.

 Unit1025 And, thirdly, there are some concerns / about the / validity of the balance sheets / of
그리고 셋째   우려도 있으며   대차대조표의 정당성에 관한
corporate America — and I can understand why. ③ _____ / people
미국 기업의   저는 그 이유를 이해할 수 있습니다   우리는 경우를 너무 많이 보아왔습니다   사람들이
abusing their responsibilities. And people just need to know that the SEC is on it, our
그들의 책임을 오용하는   그리고 사람들은 꼭 알 필요가 있으며   미국 증권거래소가 준비가 되어 있으며
government is on it — after all, Arthur Andersen has been prosecuted. We will / pursue
우리 정부가 준비가 되어 있다는 것을   결국   Arthur Andersen은 기소되었습니다   우리는 기소할 것입니다
/ within the full — within our laws / those who / are irresponsible.
전면적으로 그리고 우리 법률의 범위 내에서   무책임한 사람들을

Unit1026 Having said that, ④ _____ / and I know that most people /
12)
that run / businesses in America / are aboveboard, honest, care deeply about their
employees and their shareholders.

First question?
첫째 질문이 무엇이었죠?

Q : Under the Bush doctrine, any~
Unit1027 부시 정부의 정책 아래서

The President : Under the Bush doctrine I said / we'd use all resources, all available resources / to fight
부시 정부의 정책 아래서   저는 말했습니다 우리는 모든 수단을 사용할 것이라고   모든 이용 가능한 수단들을   퇴치시키기 위해
off terror. And that includes working with our friends and allies / to cut off money, to
테러를   그리고 그것은 작업하는 것도 포함합니다   우리의 우방국이나 동맹국과 함께   자금을 차단하기 위해
use diplomatic pressure, to convince — to convince those
외교적인 압력을 사용하기 위해   확신시키기 위해   사람들에게 확신시키기 위해
that / think they can / traffick in terror / that they're going to
테러를 거래할 수 있다고 생각하는   그들이
face a / mighty coalition. And sometimes we use military
강력한 연합을 맞이하게 될 것이라는 점을   그리고 때로는 우리는 군사력을 사용하고
force and / sometimes we won't.
때로는 사용하지 않을 것입니다

Vocabulary Drills ⑪ _____ *a person, military, or nation that intends harm to another*
⑫ _____ *body of teaching ; beliefs and teachings of a church, political party, school of scientists. etc.*

소리분석 **1.** and our friends and allies : 말음의 자음 생략, 연음, -nd/-nt 등의 -t/-d음 생략

2. the capacity of the enemy to hit us again : -t/-d의 -r 유음화, 연음

3. We've had too many cases of : 조음점 동화, 연음

4. I do believe the economy is strong : 조음점 동화

구문분석 **1.** Secondly, there are still some concerns *as to whether or not the United States and our friends and allies will be able to prevent further terrorist attack.* ··· <there + V + S> 구조에 S를 수식하는 <as to + whether-간접의문의 명사절>이 이어지는 1형식의 복문이다.

2. And I want to **assure** American investors and our friends **that** we're doing everything *we possibly can*—the government is on full alert, *attempting to run down every hint and every lead.* ··· < I want to **assure that**~> 구조의 문장으로, dash(—) 이하에 부대상황의 분사구문이 이어지고 있는데, lead가 여기서는 명사로 쓰여 '(문제 해결의) 계기, 실마리(clue)'라는 뜻으로 쓰였다.

3. And people just **need to** know **that** the SEC is on it, our government is on it—after all, Arthur Andersen has been prosecuted. ··· '~할 필요가 있다'는 의미의 조동사 need to가 사용된 <S + V + O> 구조의 복문이며, dash(—) 이하는 앞서의 내용에 대한 부연 설명일 뿐이다.

4. *Having said that*[1], I **do believe** *the economy is strong* and I know *that*[2] **most people that**[3] run businesses in America **are** aboveboard, honest, care deeply about their employees and their shareholders. ··· **believe** 다음에 생략된 것까지 모두 4개의 that이 사용되었는데, 생략된 that과 *that*[2]는 명사절을 이끄는 접속사로, *that*[1]은 지시대명사, **that**[3]은 관계대명사로 쓰였다.

5. And *that*[1] includes **working** with our friends and allies *to cut off money, to use diplomatic pressure, to convince* — *to convince* **those that**[2] think *they can traffick in terror that*[3] *they're going to face a mighty coalition.* ··· *that*[1]은 지시대명사, **that**[2]는 관계대명사, **that**[3]은 접속사로 쓰였으며, 부사적 용법으로 <목적>을 의미하는 to-inf. 4개가 O로 쓰인 동명사 **working** 다음에 이어지고 있다. think 다음에도 명사절을 이끄는 접속사 that이 생략되었다.

---

1. †whether or not(no) : 어느 쪽이든, ~인지 아닌지··· 간접의문의 명사절을 이끄는 whether는 보통 or not이나 이에 해당하는 의미를 가지는 말과 함께 주로 문어적인 표현에서 사용하며, 구어적인 표현에서는 if를 쓰는데, if를 사용할 때는 see, ask, learn, doubt, know 등의 동사가 앞에 오며, or not이 뒤따르지 않는 것이 옳으나 오용되어 오기도 한다. 즉, 원칙적으로 ① '~인지 아닌지'가 주절로 쓰일 때, ② or not이 이어질 때, ③ whether 다음에 to-inf.가 이어질 때는 if로 바꿔쓸 수 없다.

3. †SEC : Securities and Exchange Commission의 약자. 圈 증권거래소/ be on it : 준비가 되어 있다, 익숙해 있다.

4. †care about : ~을 걱정(근심·염려· 유념)하다, 상관하다(take care of)

5. †convince + O + that³-절 : 목적어에게 that³-절 이하를 확신시키다.

번역 둘째로, 여전히 미국과 우리의 우방국 및 동맹국들이 더 이상의 테러 공격을 예방할 수 있는 지의 여부에 대한 몇가지 우려가 있습니다. 다른 말로 해서 우리를 다시 공격할 수 있는 적의 역량에 대한 약간의 우려가 존재합니다. 11) 그리고 저는 미국인 투자자들과 우리의 우방국들에게 우리는 우리가 할 수 있는 모든 것을 하고 있는 중이며, 정부는 모든 단서와 모든 실마리를 추적하기 위해 노력하면서 모든 경계를 다하고 있음을 보증하고 싶습니다.

그리고 셋째, 미국 기업의 대차대조표의 정당성에 관한 우려도 있으며, 저는 그 이유를 이해할 수 있습니다. 우리는 사람들이 그들의 책임을 오용하는 경우를 너무 많이 보아왔습니다. 그래서 사람들은 미국 증권거래소가 준비가 되어 있으며, 우리 정부가 준비가 되어 있다는 것을 꼭 알 필요가 있으며, 결국 Arthur Andersen은 기소되었습니다. 우리는 무책임한 사람들을 전면적으로 그리고 우리 법률의 범위 내에서 기소할 것입니다.

12) 그렇게 말씀드리면서, 저는 경제는 튼튼하다고 믿으며, 미국에서 사업을 하는 대부분의 사람들은 공명정대하며 정직하고 그들의 종업원과 그들의 주주들을 진심으로 유념하고 있다는 것을 저는 알고 있습니다.

첫째 질문이 무엇이었죠?

질문자 : 부시 정부의 정책 아래서….

부시 대통령 : 부시 정부의 정책 아래서 테러를 퇴치시키기 위해 우리는 모든 수단, 모든 이용 가능한 수단들을 사용할 것이라고 저는 말했습니다. 그리고 자금을 차단하기 위해, 외교적인 압력을 사용하기 위해, 확신시키기 위해, 즉 테러를 거래할 수 있다고 생각하는 사람들에게 그들이 강력한 연합을 맞이하게 될 것이라는 점을 확신시키기 위해 그것은 우리의 우방국이나 동맹국과 함께 작업하는 것도 포함합니다. 그리고 때로는 우리는 군사력을 사용하고, 때로는 사용하지 않을 것입니다.

Answers for Vocabulary Drills ⑪ enemy ⑫ doctrine

※ CD를 듣고 공란에 들어갈 말을 받아쓴 후 본문의 밑줄 친 부분을 번역하고, 하단의 설명을 읽고 해당하는 단어를 본문에서 찾아 써라.

Unit1028

In the case of the Middle East, obviously, the road map I've laid out is one that calls
중동의 경우에는   분명하게   행동 방향은   제가 구상했던   요청하는 것입니다
upon all our friends and allies / to join and bind together against terror ; it calls upon
        모든 우방국과 동맹국에게   참여해 함께 단합하자고   테러에 대항하여   그것은 요청합니다
the Arab nations to step up / and firmly reject terror. ①＿＿＿＿＿＿＿＿＿＿＿＿＿＿＿, I
이랍의 국가들에게   조치를 강화하고   테러를 강하게 거부할 것을   13)
said they need to get on their / public airways and denounce terror, they need to

work on / Syria and Lebanon, to prevent Hezbollah from / ②＿＿＿＿＿＿＿ / in the Middle

East. We all have responsibilities / and in this case the tool / ③＿＿＿＿＿＿＿
                                                          14)
＿＿＿＿＿ / to work with our friends and allies / to convince all parties / they have a

responsibility to bear.

Q : Are you ruling out military action?
Unit1029   각하께서는 군사 작전을 배제하고 있습니까?

The President : I'm never ruling out military. ④＿＿＿＿＿＿＿＿＿＿＿＿. But in this case, at the path /
Unit1030   저는 결코 군사 작전을 배제하지 않을 것입니다 모든 선택이 가능합니다   그러나 이번 경우에   방침에서
I've laid out, is the path / that ought to be clear to you by now. It's one that — the
제가 구상했던   그 방침은   분명해져 있어야 하는   여러분에게 지금쯤에는   그것은
one that I spoke to clearly.
제가 분명히 말할 방침입니다

Mr Fleischer : Final question, British reporter.
Unit1031   마지막으로   영국 기자가 질문하세요

Q : I'm the only British reporter here. (Laughter)
Unit1032   저는 이곳의 유일한 영국 기자입니다

The President : British accent? (Laughter)
영국식 억양이겠군요

Q : I speak English.
저는 영어를 말합니다

The President : I may not understand you. (Laughter)
어쩌면 제가 알아듣지 못할 수도 있겠군요

Q : Can we just ask about the war on terror, because you know, anyone who has come
Unit1033   우리는 오직 테러에 대한 전쟁에 관해서만 질문할 수 있습니까   각하께서도 알고 있다시피   이곳에 참석한 누구든
up here knows / what a fortress you've got here. What more / have you got to agree /
알고 있는데   각하께서 얼마나 튼튼한 요새를 갖고 있는 지   각하께서는 그 이상 어떤 문제에 대해 동의를 받아아만 합니까
with your G8 partners here on~
        이곳에 참석한 G8 상대국들로부터

The President : On the war on terror?
테러에 대한 전쟁에 관하여

Q : On the war on terror.
테러에 대한 전쟁에 관하여

Vocabulary Drills ⑬＿＿＿＿＿＿＿＿＿＿＿ representation on paper, etc of the earth's surface or a part of it, showing countries, oceans, rivers, mountains, etc
⑭＿＿＿＿＿＿＿＿＿＿＿ an example, particular event, or condition ; a situation or set of circumstances

소리분석 *1.* If you remember in my speech: 연음, 비음화

2. creating chaos: -t/-d의 -r 유음화

3. I'm using is diplomatic pressure: -t/-d의 -r 유음화

4. All options are available: 연음

구문분석 *1.* In the case of the Middle East, obviously, the road map *I've laid out* is **one that** *calls upon* **all our friends and allies** *to join and bind together against terror*; it calls upon **the Arab nations** *to step up* and firmly *reject* terror. ··· semi-colon(;) 앞 주절은 기본적으로 <S + V + C>의 구조로, S와 C를 선행사로 하는 각 관계절이 오고 있으며, calls upon 다음에는 Nexus 관계가 되는 <O + to-inf. as OC>가 이어지고 있다. 또 주어를 선행사로 하는 관계사 that은 생략되었다.

2. If you remember in my speech, I said they *need to* get on their public airways and denounce terror, they *need to* work on Syria and Lebanon, to **prevent** Hezbollah *from creating* chaos in the Middle East. ··· '~하지만, ~이지만'의 의미로 <대조>를 나타내는 if-부사절, 조동사 need to, <prevent A from + 동명사, 명사: ~을 막다, 방해하다, 방지하다> 등이 쓰였다.

3. We all have responsibilities and in this case **the tool** I'm using **is** diplomatic pressure ¹*to work with* our friends and allies ²*to convince* all parties *they have a responsibility* ³*to bear*. ··· **the tool** 다음에는 관계사 that이 생략되었고, **parties** 다음에는 명사절을 이끄는 접속사 that이 생략되었다.

4. Can we just ask about the war on terror, because you know, **anyone who** has come up here **knows** what a fortress you've got here. ··· S를 선행사로 하는 **who**-관계절, <감탄>을 뜻하는 what-명사절을 O로 하는 <S + V + O> 구조의 because-부사절이 이어지는 수사의문문이다.

1. †road map: '(특히 자동차 여행용) 도로 지도를 가리키는데, 여기서는 문맥에 맞추어 '행동 방향'과 같은 식으로 적절하게 의역할 필요가 있다./ call up(on): 방문하다, 청하다, 요구(부탁)하다.

2. †prevent A from + 동명사, 명사: ~을 막다, 방해하다, 방지하다. prevent 외에 keep, stop, hinder, withhold, prohibit, refrain, disable, abstain, enjoin, forbid, protect 등도 같은 문형으로 비슷한 의미를 가지며, 때에 따라서는 from이 생략되기도 한다.

3. 모두 3개의 to-inf.가 사용되고 있는데, 1, 3은 앞에 있는 명사를 수식하는 형용사적 용법, 2는 <목적>을 뜻하는 부사적 용법으로 쓰였다.

4. 상대방의 대답을 기다리는 것이 아니라 자신의 생각을 의문문의 형식을 빌어 말하는, 형식은 의문문이지만 전하고자 하는 의미는 평서문인 **수사의문문**(rhetorical question)은 1) 긍정의문은 부정의 서술문, 2) 부정의문문은 긍정의 서술문에 상당하게 되며, 3) 강조적·감상적인 수사의문문은 감탄문에 가까운 형식을 취하게 된다.

Nuance **'거절하다'의 뜻을 가지는 말**
① **reject**: refuse보다 더 강하고 적대적인 태도로 상대방을 의식하지 않고 딱 잘라 거절하다. ② **refuse**: '거절하다'는 의미의 가장 일상적인 말로, 요구·부탁·제의 등을 단호하게 강한 태도로 거절하여 수락할 의사가 없음을 분명히 하는 것을 의미하므로, 일상회화에서 사용할 때는 주의해야 한다. ③ **decline**: refuse 보다는 정중하고 사교적인 말로, 상대방에 대한 예의를 잃지 않는 배려를 하며 거절하다. ④ **spurn**: 경멸적으로 reject하다. ⑤ **repel**: 격렬하게 reject하다. reject나 repudiate보다 더 강하고 단호한 거절을 의미한다. ⑥ **repudiate**: 본래 아내를 내버리듯 내버리는 것을 가리키는 말로, 옳지 않고, 권위가 없고, 받아들일 가치가 없다고 생각하여 경멸하며 관계(인연)를 끊으며 거절하다.

번역 중동의 경우, 분명하게, 제가 구상했던 행동 방향은 모든 우방국과 동맹국에게 테러에 대한 (전쟁에) 참여해 함께 단합하자고 요청하는 것인데, 그것은 아랍의 국가들에게 테러에 대한 조치를 강화하고 테러를 강하게 거부할 것을 요청합니다. 13) 여러분이 저의 연설을 기억하겠지만, 저는 그들이 그들의 대중 항공회사 사업을 계속하고 테러를 비난할 필요가 있으며, 중동에서 헤즈볼라가 혼란을 만들어내는 것을 방지하기 위하여 그들은 시리아와 레바논을 움직일 필요가 있다고 말했습니다. 14) 우리 모두 책임이 있으며, 이번과 같은 경우에 제가 사용하는 도구는 그들이 인내할 책임이 있다는 것을 모든 당사국들에게 확신시키기 위해 우리의 우방국 및 동맹국과 함께 나아갈 수 있는 외교적인 압력입니다.

질문자: 각하께서는 군사 작전을 배제하고 있습니까?
부시 대통령: 저는 결코 군사 작전을 배제하지 않을 것입니다. 모든 선택이 가능합니다. 그러나 이번 경우에, 방침에서, 제가 구상했던 그 방침은 지금쯤에는 여러분에게 분명해져 있어야 하는 방침입니다. 그것은 제가 분명히 말했던 방침입니다.
Mr. Fleischer: 마지막으로, 영국 기자가 질문하세요.
질문자: 저는 이곳의 유일한 영국 기자입니다.
부시 대통령: 영국식 억양이겠군요.
질문자: 저는 영어를 말합니다.
부시 대통령: 어쩌면 제가 알아듣지 못할 수도 있겠군요.
질문자: 각하께서도 알고 있다시피, 이곳에 참석한 누구든 각하께서 얼마나 튼튼한 요새를 갖고 있는 지 알고 있는 데 우리는 오직 테러에 대한 전쟁에 관해서만 질문할 수 있습니까? 각하께서는 이곳에 참석한 G8 상대국들로부터 그 이상 어떤 문제에 대해 동의를 받아야만 합니까?
부시 대통령: 테러에 대한 전쟁에 관하여.
질문자: 테러에 대한 전쟁에 관하여.

연구 81
미국 영어와 영국 영어의 차이(2)
③ 영국식 영어에서는 모음 앞에만 -r음이 오고 자음 앞이나 어휘 끝에는 오지 않지만, 미국식 빠른영어에서는 모음과 자음 앞, 어휘 끝에도 사용된다.
air, are, jar, leer, bird, curve, urban, worth
④ 모음

	영국식	미국식		영국식	미국식
ask	[ɑːsk]	[æsk]	dance	[dɑːns]	[dæns]
shone	[ʃɔn]	[ʃoun]	ate	[et]	[eit]

⑤ 억양
英 Where are you going to be?↗ 美 Where are you going to be?↘
英 Are you sure?↗ 美 Are you sure?↘
英 Let me know where you're going to be?↗ 美 Let me know where you're going to be?↘
英 Don't tell me that you're sure.↗ 美 Don't tell me that you're sure.↘

Answers for Vocabulary Drills ⑬ map ⑭ case

통번역학 이론과 실제

※ CD를 듣고 공란에 들어갈 말을 받아쓴 후 본문의 밑줄 친 부분을 번역하고, 하단의 설명을 읽고 해당하는 단어를 본문에서 찾아 써라.

The President : I think it's just an up time to give an update. We've got to do everything / ①
저는 그것은 단지 새로워지는 시간에 달려 있다고 생각합니다 우리는 모든 것을 해야만 하며 우리가 할 수 있는
_____, do everything we can to / keep the pressure on / countries which
그들의 자금을 차단하기 위해 지속적으로 압력을 가하기 위해 우리가 할 수 있는 모든 것을 해야만 합니다 나라들에게
might / not realize that we're still serious.
깨닫지 못할 지도 모르는 우리는 여전히 심각하다는 것을

Unit1035 We've had some great successes. One of the most recent successes, of course, is
우리는 상당한 성공을 거두었습니다 가장 최근의 성공 중의 하나는 물론
Gloria Arroyo / in the Philippines. She's a part of our vast coalition. She early on said
필리핀의 Gloria Arroyo입니다 그녀는 우리의 거대 연합의 일부입니다 그녀는 곧 말했는데
we need to get after Abu—you know, the Abu Zubaydah group. ② _____. And
우리가 Abu를 추적할 필요가 있다고 여러분도 압니다 Abu Zubaydah 그룹을 그리고 그녀는 그렇게 했습니다
/ to her credit, it looks like the leader / met his demise. And / the Philippines are better
믿음직스럽게도 그것은 보입니다 그 지도자는 사망한 것으로 그리고 필리핀 사람들은 사정이 더 좋습니다
off for that / ③ _____.
그 때문에 세계를 위해서

Unit1036 And so this is a chance for us to continually / remind / each other that we—our
15)
countries are still under threat, but we're making good progress.④
이것은 다른 종류의
_____, I readily concede that. Sometimes people are going to see success / and
전쟁이며 저는 진정으로 그것을 인정합니다 사람들은 때로는 성공을 보려고 하지만
sometimes they're not. But we're making success.
이따금 그들은 그렇지 않습니다 그러나 우리는 성공하고 있습니다

The Prime Minister : And I think the important thing, too, is to emphasize / to people / that it's a continuing
그리고 저는 중요한 것은 역시 사람들에게 강조하는 것이라고 생각합니다 그것은 진행 중인 추세라는 것을
trend. I mean, this threat / is not over yet. We have to make sure that / in every
제 말씀은 이 위협이 아직 끝나지 않았다는 것입니다 우리는 확실하게 해야 합니다 모든
single battle / we carry this fight on, and it will take / a long time.
한판의 전쟁에서 우리가 이 싸움을 계속하고 있으며 그것은 시간이 걸릴 것이라는 것을

Unit1038 But I think if you—if we're to look at Afghanistan today / and think back seven, eight
16)
months, I think we've come a very, very long way, indeed. And I'm optimistic about
그리고 저는 그에 대하여 낙관적입니다
it, because I think the coalition / against terror / is as strong today / as it was / all those
테러에 대한 연합이 오늘날 충분히 강력하기 때문에 그랬던 것처럼
months ago.
수개월 전에

The President : Let me just make sure you /
여러분에게 확실히 알게 하겠습니다
understand, Fournier, what I said. I
Fournier 기자 제가 말하는 것을
can tell from the tone of your
저는 말할 수 있습니다 여러분의 묻는 말투에서
question that / there was a little
약간의
doubt / in your mind—some doubt.
의심이 여러분의 마음에 있다고 어떤 의심이

Vocabulary Drills ⑮ _____ an amount of money available to draw on at a store, at a company, or on a credit card
⑯ _____ to be unsure but tend not to believe ; uncertainty, lack of sureness ; disbelief, distrust

402 | 제3편 통·번역학 실제연습

소리분석 *1*. we can to cut off their money : 조음점 동화, -t/-d의 -r 유음화

2. And she did it : -t/-d의 -r 유음화

3. and so is the world : 자음 뒤 말음의 자음 생략, 조음점 동화, 자음 뒤 말음의 자음 생략

4. This is a different kind of war : 연음, 자음 뒤 말음의 자음 생략

1. '~일지도 모른다'는 의미로, 불확실한 추측을 뜻하는 might이 쓰였다. †have got to : ~해야만 한다. have to의 구어적인 표현/ cut off : 차단하다, 중단하다, 끊다.

4. as(지시부사) + 형용사나 부사 + as(접속사) : 동등비교

구문분석 *1*. We've got to *do everything* we can to cut off their money, *do everything* we can to keep the pressure on *countries which* might not realize that we're still serious. ··· 목적어로 쓰인 *everything*을 선행사로 하는 관계절(관계사 that은 생략됨), *countries*를 선행사로 하는 *which*-관계절이 오고 있으며, *that*은 realize의 O로 명사절을 이끄는 접속사이다.

2. And so this is a chance *for us* *to* continually *remind* each other *that we —our countries are still under threat, but we're making good progress.* ··· chance를 후위 수식하는 형용사적 용법의 to-inf.와 그에 대한 의미상의 주어가 오고 있으며, to-inf.의 DO로 that-절 이하의 내용이 오고 있다.

3. But I think if you — if we're to look at Afghanistan today and think back seven, eight months, I think we've come a very, very long way, indeed. ··· and 다음의 think는 앞의 공통어구 we're to에 연결되어 있다.

4. And I'm optimistic about it, because I think the coalition *against terror* is *as* strong today *as it was all those months ago.* ··· <동등비교>의 접속사 as가 사용되고 있다.

번역 **부시 대통령** : 저는 그것은 단지 새로워지는 시간에 달려 있다고 생각합니다. 우리는 그들의 자금을 차단하기 위해 우리가 할 수 있는 모든 것을 해야만 하며, 우리는 여전히 심각하다는 것을 깨닫지 못할 지도 모르는 나라들에게 지속적으로 압력을 가하기 위해 우리가 할 수 있는 모든 것을 해야만 합니다.

우리는 상당한 성공을 거두었습니다. 물론, 가장 최근의 성공 중의 하나는 필리핀의 Gloria Arroyo입니다. 그녀는 우리의 거대 연합의 일부입니다. 그녀는 곧 우리가 Abu를 추적할 필요가 있다고 말했는데, 여러분도 Abu Zubaydah 그룹을 압니다. 그리고 그녀는 그렇게 했습니다. 믿음직스럽게도, 그 지도자는 사망한 것으로 보입니다. 그리고 필리핀 사람들은 세계를 위해서 그 때문에 사정이 더 좋습니다.

15) 그래서 우리에게 지금이 우리, 우리 국가들이 여전히 위협을 받고 있지만 우리는 훌륭한 진전을 보고 있다는 것을 각자에게 계속적으로 상기시킬 기회입니다. 이것은 다른 종류의 전쟁이며, 저는 진정으로 그것을 인정합니다. 사람들은 때로는 성공을 보려고 하지만 가끔 그들은 그렇지 않습니다. 그러나 우리는 성공하고 있습니다.

블레어 수상 : 그리고 저는 중요한 것은 역시 그것은 진행 중인 추세라는 것을 사람들에게 강조하는 것이라고 생각합니다. 제 말씀은 이 위협이 아직 끝나지 않았다는 것입니다. 모든 한판의 전쟁에서 우리가 이 싸움을 계속하고 있으며, 그것은 시간이 걸릴 것이라는 것을 우리는 확실하게 해야 합니다.

16) 하지만 저는 만약 여러분이, 만약 우리가 오늘의 아프가니스탄을 바라보고, 7, 8개월 전을 돌이켜보면, 정말 우리는 멀고 먼 길을 걸어왔다고 생각합니다. 그리고 수개월 전에 그랬던 것처럼 테러에 대한 연합이 오늘날 충분히 강력하기 때문에 저는 그에 대하여 낙관적입니다.

부시 대통령 : Fournier 기자, 제가 말하는 것을 여러분에게 확실히 알게 하겠습니다. 여러분의 묻는 말투로부터 약간의 의심이, 어떤 의심이 여러분의 마음에 있다고 저는 말할 수 있습니다.

[Nuance Drills] *Fill in the blanks with a suitable word as given:*

¹_____ implies courtesy in expressing one's nonacceptance of an invitation, proposal, etc. ²_____ is a more direct, sometimes even blunt term, implying an emphatic denial of a request, demand, etc.³_____ stresses a negative or antagonistic attitude and implies positive refusal to accept, use, believe, etc. ⁴_____ implies the disowning, disavowal, or casting off with condemnation of a person or thing as having no authority, worth, validity, truth, etc. To ⁵_____ is to refuse or reject with contempt or disdain.

(a) decline   (b) refuse

(c) reject   (d) repudiate

(e) spurn

연구 82

어순(word orders)

···일반적으로 주어와 술어동사 역할을 할 수 있는 말을 포함한 둘 이상의 단어들이 하나의 완전하고 통일된 의미 전달을 위해 규칙적인 순서에 따라 각자의 주어진 문법적 역할에 적합한 형태로 결합된 것을 문장이라 하였다. 즉, 순서에 따라 적합한 형태로 결합되지 않은 것은 옳은 문장이 될 수 없을 정도로 어순(語順)은 매우 중요하다.

① 어순에 관한 일반 원칙: 연결될 각 품사의 성격, 전하거나 강조하려는 의미 등에 따라 다양한 위치를 갖게 되지만, 일반적인 사항을 정리하면 다음과 같다. ① 평서문의 주어는 문두에 온다. ② 관사는 명사 앞에 온다. ③ 동사가 되는 말(조동사 포함)은 원칙적으로 주어 뒤에 온다. ④ 형용사(상당어구 포함)는 수식하는 말(명사나 그 상당어구) 앞이나 뒤에 온다. ⑤ 전치사는 원칙적으로 명사 앞에 온다. ⑥ 부사는 각각의 용법에 따라 그 위치가 비교적 자유로우나, 원칙적으로 수식하는 말 가까이에 온다. ⑦ 중문이나 복문 또는 혼용문의 경우에는 공통요소를 중심으로 연결요소가 서로 같은 형태와 성질을 가져야 한다. ⑧ 계속되는 일련의 문장에서 전하려는 새로운 정보(新情報)는 구정보(舊情報) 보다 앞에 온다.

② 전치수식어의 어순: 일반적인 평서문은 <주부 + 술부>의 순서로 문장이 구성되는데, 주어가 되는 말 앞에 오는 전치수식어는 1) [① Half, Both, All 등의 전치한정사 ② my, these, the 등의 한정사 ③ 서수 ④ 기수나 수량형용사 ⑤ new, Danish 등의 전치수식어], 2) [ⓐ 지시형용사 ⓑ 수량형용사 ⓒ (대소·형상 + 성질·상태 + 연령·신구·소속·국적 + 재료)의 일반형용사 ⓓ 고유형용사 ⓔ 물질형용사 ⓕ 형용사적 용법의 명사]의 순서로, 3) 부사는 [장소 + 방법 + 시간], 그리고 짧은 부사가 긴 부사보다 앞에 위치하게 된다.

※ Answers for Nuance Drills : 1-a, 2-b, 3-c, 4-d, 5-e

※CD를 듣고 공란에 들어갈 말을 받아쓴 후 본문의 밑줄 친 부분을 번역하고, 하단의 설명을 읽고 해당하는 단어를 본문에서 찾아 써라.

Unit 1040　No leader ever takes /① _____ . But the path to peace / that I believe / is

17)
appropriate is the one /② _____ / in the Rose Garden the other day — just to

make sure you understand.

Q : Diplomacy.
　　외교 문제는

The President : Absolutely.
　　　　　　절대적입니다

Vocabulary Drills　⑰ _____ *piece of furniture consisting of a flat top with (usually four) supports (called legs)*
　　　　　　　　　⑱ _____ *a narrow way or trial for walking or cycling, either built or made by repeated use*

404 | 제3편 통·번역학 실제연습

🔊 **소리분석** *1.* options off a table : 연음

2. I talked about : 연음

💡 **구문분석** *1. No* leader *ever takes* options *off* a table. …'~하는 것은 없다'는 의미를 가지는 부정주어 구문으로, <경험>을 의미하는 부사 ever가 사용되었다.

2. But *the path* to peace *that* I believe *is appropriate is* the one *I talked about in the Rose Garden the other day* —just to make sure you understand. … I believe는 삽입어구로 왔고, S를 선행사로 하는 *that*-관계절이 온 후에 술어동사 *is*가 왔다. 또한 C로 쓰인 the one을 선행사로 관계사 that이 생략되고 있다.

번역 17)선택권을 책상 위에서 제거한 적이 있는 지도자는 없습니다. 18) 그러나 제가 적절하다고 믿는 평화로 가는 길은 일전에 Rose Garden에서 여러분을 이해시키기 위해 얘기했던 길입니다.

질문자 : 외교 문제는?
부시 대통령 : 절대적입니다.

연구 83

비교변화와 관계대명사 what에 의한 관용 표현

1) 원급의 주요 관용표현

① as good as : ~와 다름이 없는　He is *as good as* his word.(그는 약속을 잘 지킨다.)

② as ~as any + 명사 = as ~ as ever + 동사(과거) : 누구 못지 않은, 세상에 드문
　· He is wise *as any man* alike.(그는 누구 못지 않게 현명하다.) = He is *as wise a man as ever* lived.

③ as many ~ = so many ~ : 같은 수의 / as much ~ = so much ~ : 같은 양의 / like so many ~ = as so many ~ : 마치 ~인 것처럼 / as so much ~ : 그만큼의 ~
　· The boys began to work *like so many ants*.(그 소년들은 마치 많은 개미들처럼 일하기 시작했다.)
　· I waited for ten minutes ; it seemed to me *as many hours*.(나는 10분을 기다렸는데 그것은 10시간처럼 느껴졌다.)

④ as much A ~ as B : B와 마찬가지로 A도 / as much as ~ : ~만큼　· He is *as much clever as* you.(당신이 영리한 만큼 그도 영리하다.)

⑤ not so much A ~ as B : ~ not A ~ so much as B : ~ rather B ~ than A ~ : B ~ rather than A ~ : A라기 보다는 오히려 B가 ···
　· He is *not so much as* a scholar *as* a writer. = He is *not* a scholar *so much as* a writer. = He is a writer *rather than* a scholar.(그는 학자라기 보다 오히려 저술가이다.)

⑥ as it is in(with) A~, so it is in(with) B = it is in(with) A~, as in(with) B : ~ A ~ is like B ~ : A가 ~인 것은 B가 ···인 것과 같다.
　· *As* bees love sweetness, *so* flies love rottenness.(벌이 단 것을 좋아하는 것은 파리가 부패를 좋아하는 것과 같다.)

2) 최상급의 여러 가지 표현법

① 주어 + the 최상급 + ··· + of all + 복수명사　　　② 주어 + 비교급 + than any other + 단수명사
③ 주어 + 비교급 + than all the other + 복수명사　　④ 주어 + 비교급 + than any one else
⑤ 부정주어 + 비교급 + than ~　　　　　　　　　　⑥ 부정주어 + so + 원급 + as ~

　· Tom is *the tallest boy* in his class. = Tom is the *tallest of all the boys* in his class. = Tom is *taller than any other boy* in his class. = Tom is *taller than all the other boys* in his class. = *No other boy(None)* in his class is *taller than* Tom. = *No other boy(None)* in his class is *so tall as* Tom.

ⓐ the + 최상급 + ··· + that + ··· ever ~　　　ⓑ 비교급 + than any other that + ··· ever ~
ⓒ as ~ 원급 as ever + 과거동사
　· He is *the greatest* man *that* has *ever* lived. = He is *greater than any other* man *that* has ever lived. = He is *as great* a man *as ever* lived.

3) 관계대명사 what에 의한 관용구

① what we(you, they) call = what is called = so called : 소위, 이른바　· He belongs to *what we call* the "upstairs."(그는 소위 말하는 상류층에 속한다.)

② what is + 비교급 : 더욱 ~한 것은　　　· He is honest and, *what is better* very diligent.(그는 정직한데다가 매우 부지런하다.)

③ A is to B what C is to D : A의 B에 대한 관계는 C의 D에 대한 관계와 같다, A의 B에 대한 것과 같이 C도 D에 대한다, A:B = C:D.
　· Reading *is to* the mind *what* food *is to* the body.(독서의 마음에 대한 관계는 음식이 육체에 대한 것과 같다.)

④ what with A, and (what with) B : A하기도 하고, B하기도 해서
　· *What with* fatigue *and (what with)* hunger, he fell down.(그는 피로하기도 하고 배도 고파 쓰러졌다.)

⑤ what by A, and (what by) B : A하기도 하고, B하기도 해서
　· *What by* policy, *and what by* force, he gained his ends.(책략을 쓰기도 하고, 무력을 쓰기도 해서 그는 목적을 달성했다.)

⑥ what one is : 오늘날의 ~(인물, 인품, 본질)　　· She has made me *what I am*.(그녀가 오늘의 나로 만들었다.)

⑦ what he was = what he used to be = the man which(that) he *was*(*used to be*)　· He is not *what he used to be*.(그는 과거의 그가 아니다.)

⑧ what = all that : ~의 모든 것, 전부　　· He gave out *what* he had them.(그는 그가 가지고 있던 모든 것을 그들에게 주었다.)

⑨ what make the matters worse = what is worse = to make matters worse = to add to their suffering : 설상가상으로
　· We were overtaken by the night on the way, and *what was* (still) *worse*, it began to rain.(도중에 어두워졌고, 설상가상으로 비까지 내리기 시작했다.)

⑩ and what not : (어떤 것을 열거한 후) 그밖에, 그런 따위의 것, 등등　　· He called me a fool *and what not*.(그는 나를 바보라든가 그런 말로 불렀다.)

---

1. †**take off** : 1) (모자·구두 등을) 벗다.
2) †제거하다, 떼내다.

2. †**the other day** : 수일 전, 일전에(약 1주일 정도의 전에)

Nuance '적당한'의 뜻을 가지는 말

① fit : 조건·목적·요구·용도 등에 대한 적응성이 있고, 특히 사용이나 행동에 대한 준비 또는 필요한 자격이나 능을 암시한다. ② suitable : 일반적인 말로, 목적이나 요구, 필요한 조건이나 상황 등에 합치되는 ③ appropriate : 어떤 특정한 조건이나 목적에 꼭 들어맞는 방법이나 성질 ④ proper : 정당한 이유·관습·성질 등으로 보아 본래적으로 합당하고 무엇보다 잘 어울리는 ⑤ fitting, befitting : 다른 말에 비해 우아한 표현으로, 특정한 정신·기분·목적 등과 조화되는 ⑥ apt : 어떤 목적에 알맞아 목표하는 결과를 가져올 수 있는, 수동적인 암시를 갖는 fit에 비해 능동적이며, 자연의 경향 등에 적용된다. ⑦ happy : 말·행동·생각 등이 특히 apt하여 효과적인 ⑧ felicitous : 매우 happy한 ⑨ becoming : 옷을 예로 들어 말하면, 어떤 사람의 얼굴이나 맵시, 성질 등에 잘 어울린다고 말할 때 사용하며, suitable은 연령·신분·지위 등에 잘 어울린다는 의미를 갖게 된다. ⑩ adapted : 어떤 일이나 목적에 알맞게 변경하거나 고쳐 쓸 수 있는

Nuance Drills *Fill in the blanks with a suitable word as given:*

¹____, the broadest term here, means having the qualities or qualifications to meet some condition, circumstance, purpose, or demand. ²____ is applied to that which accords with the requirements or needs of the occasion or circumstances. ³____ implies reference to that which naturally or rightfully belonging to something or suggests a fitness or suitability dictated by good judgement. That is ⁴____ which is especially or distinctively fir or suitable. ⁵____ is applied to that which accords harmoniously with the character, spirit, or tone of something. ⁶____, in this connection, is used of that which is exactly suited to the purpose.

(a) appropriate　(b) apt
(c) fit　　　　　(d) fitting
(e) proper　　　(f) suitable

연구 84

동명사(gerund)에 의한 관용 표현

···부정사의 독립부정사처럼 동명사에도 몇 개의 단어가 모여 동명사를 유도하는 관용적인 표현의 사용이 상당히 많은데, 그 중 주요한 것만 정리하면 다음과 같다.

① cannot help ~ ing : ~하지 않을 수 없다
· I *cannot help*(*stop, avoid, forbear, resist*) *smiling* at the idea. (나는 그의 생각에 웃지 않을 수가 없었다.)
= I *cannot but smiling* at the idea. = I *cannot keep*(*desist, refrain, abstain, prevent, hold back, keep back*) *from smiling* at the idea.
= I *cannot do otherwise than*(*to*) *smile* at the idea. = I *cannot choose but smile* at the idea. = I *have no choice but to smile* at the idea.
= I *cannot do nothing but smile* at the idea. = I *have no other alternative but to smile* at the idea.

② cannot(never) ··· without ~ ing : ~하지 않고 ···하는 일은 없다, ~하면 반드시 ···한다.
· I *cannot read* her letter *without being* reminded of my poor lost sister. = I *never read* her letter *without being* reminded of my poor lost sister.
= *Whenever* I *read* her letter, I am being reminded of my poor lost sister. (그녀의 편지를 읽으면 나의 죽은 불쌍한 누이동생이 생각난다.)

③ It goes without saying that ~ : ~은 말할 필요도 없다.
· *It goes without saying that* health is above wealth. = *It is needless to say that* health is above wealth.
· *It is a matter of course that* health is above wealth. = *It is quite obvious*(*evident, certain*) *that* health is above wealth.
· *It is not too much to say that* health is above wealth. (건강이 부(富)보다 중요함은 말할 필요도 없다[물론이다].)

④ of one's own ~ ing : 스스로 ~한
· This is a picture *of my own painting*. (이것은 내가 직접 그린 그림이다.) = This is a picture *which I painted myself*. = This is a picture (which was) *painted by myself*.

⑤ make a point of ~ ing : ~을 규칙적으로 하다.
· I *make a point of getting* up early. (나는 아침 일찍 일어나는 것을 규칙으로 하고 있다.) = I *make it a rule to get* up early. = I *am in the habit of getting* up early.
= *It is my rule to get* up early. = I *usually get up* early.

⑥ be on the point of ~ ing : 막 ~하려고 한다.
· He *was on the point of leaving* his office. (그는 막 사무실을 나가려는 참이었다.) = He was *on the verge*(*brink, edge*) *of leaving* his office.
= He *was about to leave* his office.

⑦ what do you say to ~ ing? : ~하는 것이 어때?, ~하는 것을 어떻게 생각하느냐?
· *What do you say to going* round the lake by boat? (보트를 타고 호수를 한 바퀴 돌아보는 것이 어떻겠습니까?) = *How*(*What*) *about going* round the lake by boat?
= *What do you think about going* round the lake by boat? = *Let's go* round the lake by boat?

⑧ far from ~ ing = never : 결코 ~아니다, ~하기는커녕 ···하다.　· He is *far from telling* a lie. = He *never tells* a lie. (그는 결코 거짓말을 하지 않는다.)

⑨ instead of ~ ing : ~대신에, ~하지 않고　· *Instead of being* shy, she is unsocial. = She is *not* shy, *but* unsocial. (그녀는 수줍은 것이 아니라, 비사교적이다.)

⑩ Besides ~ ing : ~이외에도
· *Besides being* brave, he is wise. (그는 용감할 뿐만 아니라, 현명하기도 하다.) = He is *not only* brave, *but* (*also*) wise. = He is wise *as well as* brave.

⑪ on ~ ing = as soon as ~ = when ~ : ~하자마자, ~하면　· *On*(*Upon*) *seeing* me, he *ran away*. (그는 나를 보자마자 달아났다.) = *As soon as*(*The moment,
The instant, Immediately, Instantly*) he *saw* me, he *ran away*. = He *had no sooner*(*hardly, scarcely*) *seen* me *than*(*before, when*) he *ran away*. = *No
sooner*(*Hardly, Scarcely*) *had* he *seen* me *than*(*before, when*) he *ran away*.

⑫ be worth ~ ing : ~할 가치가 있는
· This book *is worth reading*. = It is *worth while to read*. = This book *is worthy to be read*. = It is *worthy to read* this book.
= This book *deserves to be read*. (이 책은 읽을 가치가 있다.)

⑬ feel like ~ ing : ~하고 싶다, ~하고 싶다는 생각이 들다.　· I don't *feel like sleeping* now. = I don't *feel inclined to sleep* now. = I don't *have a mind
to sleep* now. = I am not *disposed to sleep* now. = I *should not like to sleep* now. (나는 지금 자고 싶지 않다.)

⑭ near ~ ing : ~가 가까워졌다, 거의 ~할 뻔했다.
· He *came near being* drowned. = He *went near being* drowned. = He *narrowly*(*barely, nearly*) *escaped being* drowned. (그는 거의 익사할 뻔했다.)

⑮ There is no ~ ing : ~을 할 수 없다, ~하는 것은 불가능하다.
· *There is no knowing* what may happen. = *It is impossible to know* what may happen.
= *We cannot know* what may happen. = *No one can know* what may happen. (무슨 일이 일어날 지는 알 수 없다.)

⑯ It is no use ~ ing : ~해도 소용없다.
· *It is no use*(*good*) *crying* over spilt milk. (엎질러진 우유는 한탄한들 소용없다.) = *It is of no use to cry* over spilt milk.
= *It is useless to cry* over spilt milk. = *There is no use* (*in*) *crying* over spilt milk. = *What is the use of crying* over spilt milk. = *What is the point of crying*
over spilt milk.

연구 85

무생물 주어 구문(4)

9) 조건의 의미를 가지는 무생물주어
· *A glance at the map* will show you the way to the airport. = *If you glance at the map*, you will find the way to the airport.
→ 그 지도를 얼핏 본다는 것은 당신을 공항으로 가는 길을 보여줄 것이다. (×) → 당신이 그 지도를 얼핏 보기만 하면, 공항으로 가는 길을 발견하게 될 것이다. (○)
···무생물을 나타내는 명사나 의인화된 추상명사를 문장의 주어로 하는 경우가 이상과 같이 정형적이라면 좋겠지만, 그렇지 않은 경우도 많아 각 내용에 따라 적절한 부사절로 바꾸어 우리말로 옮겨야 할
것이다.
· *Time* will take care of that.　　· *Your absence* left a sad blank.　　· *My hunger* told me that I could not keep working.

연구 86

Nexus(주술관계)(5)

④ <for + 목적격>인 경우 ·*For man to tell* how life began is hard.(인간이 생명의 기원을 말하기는 어렵다.··· 주어)／ ·It is good *for a man* not to touch a woman.(남자는 여자를 가까이하지 않는 것이 좋다.··· 진주어)／ ·What I like best is *for a nobleman's son to marry* a miller's daughter, and what I like next best is *for a poor fellow to run away* with a rich girl.(내가 가장 좋아하는 것은 귀족의 아들이 방앗간집 딸과 결혼하는 것이고, 그 다음으로 좋아하는 것은 가난한 사나이가 돈많은 처녀와 도망치는 것이다.)／ ·There is nothing *for you to do*.(당신이 할 일은 아무것도 없다.··· 형용사구로 명사 수식)／ ·I should be sorry *for you to think* that.(당신이 그렇게 생각한다면 내가 섭섭하다.··· 부사구로 형용사 수식)／ ·I long *for her to be* happy.(나는 그녀가 행복할 것을 고대했다.··· 동사 뒤에 와 전치사의 목적)／ ·He stood aside *for her to enter*.(그는 그녀가 들어갈 수 있도록 비켜섰다.···부사적 용법의 목적)／ ·Am I too wicked *for you and me to live together*?(당신과 내가 함께 살기에는 내가 악하다는 말이오?)／ It is low enough *for me to touch*.(그것은 내가 충분히 닿을 수 있을 정도로 낮다.)

⑤ <of + 목적격>인 경우 : 부정사의 의미상의 주어는 원칙적으로 <for + 목적격>으로 나타나지만, 앞에 kind, clever, good, nice, stupid, foolish, wrong, wise, bad, right, silly···등 사람의 감정·기분·정신상태 등을 나타내는 소위 말하는 <인성형용사>가 왔을 때에는 <of + 목적격>으로 의미상의 주어를 나타내게 된다. ·It is very *kind of you to help* me.(저를 도와주시다니 당신은 친절하군요.= You are very kind to help me. ·감탄문적 성격을 가진다.)／ ·It is *wise of you to do* the work.(당신이 그 일을 한다는 것은 현명한 일이다.= You are wise to do the work. = The work is wise for you to do.··· <of + 목적어>를 주어로 하는 문장으로 바꿔쓸 수 있다.)

⑥ <It is + 비인성형용사 + to-inf.> ·It is *impossible to study with him*.(그와 함께 공부한다는 것은 불가능한 일이다.= To study with him is impossible. = He is impossible to study with.)／ *cf*. He is *impossible to go* abroad.(×)(부정사 to go에서 go는 자동사인 까닭에 비인성형용사가 쓰인 문장에서 사람을 주어로 하는 문장에 쓸 수 없다. 이때의 주어는 의미상 to-부정사의 목적어 역할을 하기 때문이다.)／ ·It is *tough to park cars* in Seoul.(서울에서 자동차를 주차시키기란 어렵다.= To park cars in Seoul is tough. = Cars are tough to park in Seoul.)／ It is *hard to convince Bob*.(Bob을 설득하기는 어렵다.= To convince Bob is hard. = Bob is hard to convince.)···이러한 비인성형용사에는 necessary, convenient, natural, important, (im)possible, (un)pleasant, easy(comfort), dangerous, hard(tough), difficult(tricky), nice, interesting 등이 있다.

2) 술어동명사 : 동명사도 준동사이며 따라서 주어를 표시할 수는 없는 까닭에 필요한 때에는 의미상의 주어를 나타내게 되는데, 소유격으로 나타내는 것이 원칙이나 무생물 명사인 때에는 공통격, 구어체 영어인 경우에는 목적격이나 주격으로 나타내게 되며, 이들 의미상의 주어와 동명사가 <주어-술어관계>인 Nexus가 된다.

① 's-속격 ·*John's coming* here is surprising.(John이 이곳에 오다니 놀랍다.)／ ·He objected to *the defendant's addressing* the jury.(그는 피고가 배심원에게 말하는 것을 반대했다.)

② of-속격 ·The time came for *the sailing of the emigrant ship*.(이민선이 출발해야할 시간이 왔다.)／ ·They were surprised by the sudden *coming* in *of a stranger*.(그들은 낯선 사람이 들어오자 깜짝 놀랐다.)

③ 인칭대명사의 소유격 ·She has no doubt of *his coming* back to her.(그녀는 그가 그녀에게 돌아올 것을 의심하지 않았다.) *cf*. I don't like going to such a place.(나는 그런 곳에 가고싶지 않다. ··· 의미상의 주어와 본문의 주어가 모두 'I'로 같다.)／ ·What is the use of *his going* there?(그가 거기에 간들 무슨 소용이 있겠는가?)

④ 공통격 ·The teacher insisted on *the boy apologizing*.(선생님은 그 소년이 사과할 것을 주장했다.)／ ·I remember *my grandfather giving* me a dollar.(나는 할아버지가 내게 1달러를 준 것을 기억한다.)／ Is *the lady bothering* you any reason for you to come bothering me?(그 부인이 당신을 귀찮게 한 것이 당신이 와서 나를 귀찮게 할 어떤 이유가 된다는 것입니까?)

찾아보기(Index)

저자소개

박영순

공주대학교 관광학부 관광영어통역학전공

통번역학 이론과 실제
MP3 CD, 별책부록 포함

2015년 3월 3일 초판 1쇄 발행
2016년 1월 15일 초판 2쇄 발행

지은이 박영순
펴낸이 진욱상 · 진성원
펴낸곳 백산출판사
교 정 편집부
본문디자인 박채린
표지디자인 오정은

저자와의
합의하에
인지첩부
생략

등 록 1974년 1월 9일 제1-72호
주 소 경기도 파주시 회동길 370(백산빌딩 3층)
전 화 02-914-1621(代)
팩 스 031-955-9911
이메일 editbsp@naver.com
홈페이지 www.ibaeksan.kr

ISBN 978-89-6183-017-1
값 25,000원